박윤선 성경주석

개역개정판

신약주석
요한복음

A Commentary on the GOSPEL OF ST. JOHN

신약주석 요한복음

발 행 일 2022년 6월 20일

지 은 이 박윤선

펴 낸 곳 도서출판 영음사
주 소 서울특별시 강남구 광평로 56길 8-13, 1406호
전 화 02-3412-0901
팩 스 02-3412-1409
이 메 일 biblecomen@daum.net
등 록 2008년 4월 21일 제2021-000311호

디 자 인 디자인집(02-521-1474)

ISBN 978-89-7304-001-8(03230)

박윤선 성경주석

개역개정판

신약주석
요한복음

A Commentary on the GOSPEL OF ST. JOHN

박윤선 지음

도서출판 **영음사**

"본래 하나님을 본 사람이 없으되
아버지 품 속에 있는 독생하신 하나님이 나타내셨느니라."
(요 1:18)

Θεὸν οὐδεὶς ἑώρακεν πώποτε· μονογενὴς θεὸς ὁ ὢν εἰς τὸν
κόλπον τοῦ πατρὸς ἐκεῖνος ἐξηγήσατο.

머리말

신약학계에서 요한복음은 특히 신학적인 저술이라고 알려져 왔다. 사도 요한이 1세기 말엽에 다양하게 전개된 신학 사상들을 배경으로 집필하였기 때문에 공관복음보다는 진리에 대해 체계적인 해설을 제시한 것만은 확실하다.

그러므로 이 주석에서는 신약 시대 사도 요한의 역사관이나 계시관을 종종 지적하였다. 그는 구약 시대의 선지자들이 내다보던 종말 시대가 예수님의 초림에서 시작되었다고 보았다. 종말의 종말, 다시 말해 주님의 재림은 미래에 도래할 것이지만, 일반적인 종말의 시대는 이미 우리 가운데 임했다는 것이 사도들의 역사관이었다(행 2:17-18; 히 1:1-2).

이 주석서는 칼빈주의 성경 해석 원리를 기준으로 삼았으며, 간혹 신학적 관점이 정통주의를 벗어난 학자들의 견해도 비판적으로 인용하였다.

독자들에게 양해를 구하고자 하는 바는 이 주석서에서 오탈자로 인하여 뜻이 달라졌거나 해석상 잘못된 점이 있더라도 너그럽게 용서하시기 바란다는 것이다.

이 주석서를 읽는 이마다 성경을 바로 깨닫는 데 조금이나마 도움이 되기를 간절히 기도한다.

박윤선

신약주석
요한복음

A Commentary on the Gospel of St. John

요한복음 주석

목차

서론

해석

설교

특별참고

제1부 신약 총서론

I. 신약의 정경 문제

정경이란 말의 뜻은 헬라어 카논(κανών)의 의역이다. 카논은 척도나 표준을 의미한다. 기독교에서 그 경전에 이 말을 붙인 시기는 4세기 중반이었다.

1. 정경이란

우리는 정경이라고 할 때 절대적 권위를 생각한다. 그러므로 하나님 개념만이 정경 개념이다. 사람은 하나님의 형상으로 지음 받았기 때문에 하나님을 알 수 있다. 우리가 하나님을 생각할 때 그를 최고의 입법자로 생각한다. 만일 하나님이 입법자가 아니시면, 그 자신이 법이 아니시며 모든 것의 표준도 될 수 없다. 그런 하나님은 하나님이 아니다. 진정한 하나님께서 하시는 것은 그 무엇이든지 절대적인 표준이 된다. 그런데 그는 자기를 알리심에 있어서 그의 성육신의 말씀(로고스)으로 하셨다(요 1:1-3; 히 1:3). 이 말씀(성육신

하신 말씀)이 하나님을 가장 충만히 계시하셨는데(마 11:27; 요 1:14), 그것을 기록한 것이 신약성경이며, 그것이 정경이 된다. 그 이유는 그리스도께서 하나님 아버지와 일체이시기 때문이다. 그러므로 우리는 정경 문제에 대하여 다음과 같이 구체적으로 말할 수 있다.

1) 예수님이 정경이심. 이 사실에 대하여 예수님이 친히 증거하셨다. 예수님은 구약을 하나님의 말씀, 곧 정경으로 여기셨고, 자기 자신도 정경이라고 말씀하셨다(마 11:27; 참조. 요 5:24; 마 16:16, 27:54)."

2) 사도들도 정경임. 예수님은 자기가 땅 위에 늘 계시지 않을 것을 아시고, 자기의 대리자로 사도들을 택하셨다(마 28:19; 막 3:14; 눅 6:13; 요 15:26-27). 사도들은 친히 자기들이 정경인 사실을 주장하였고 (엡 2:20), 교부들은 그 사실대로 믿어 왔다. 그들이 사도들을 정경으로 안 사실은, 그들이 사도의 말씀을 정경으로 생각한 사실이 증거한다. 그들은 사도직과 영감을 동일하게 보았다.[1] 예를 들면 순교자 유스티누스(Justin Martyr)가 그렇게 생각했다. 이 점에 있어서 한 가지 문제가 있다. 교부들이 사도들을 저렇게 높일 때 그들의 구술 전도를 염두에 두고 말한 것일까? 혹은 그들의 기록을 가리켰을까? 이 문제는 해결하기 쉽다. 그들은 사도들의 서책에서 인용하면서 그 권위를 그렇게 높이 생각한 것이다. 교회가 사도들이 기록한 서책을 정경으로 여긴 사실은 벌써 베드로 후서(3:15-16)도 증거한다. 거기 바울의 서신들은 이미 그리스도인들이 소유하고 있었고, 높이 평가되고 있었던 증거가 있다. 로마의 클레멘스(Clement of Rome)도 바울의 서신을 "특별한 사도, 복된 바울의 서신"이라고 불렀고(Clement of Rome 47:1), 폴리카르포스(Polycarp)도 그와 유사하게 말하였으며(Philip. 3:2), 이그나티오스(Ignatius)도 그리하였다(Ef. 12:2).

---

1) Apostoliciteit was inspiratie en inspiratie was Apostoliciteit.—Grosheide, Algemeene Canoniek, 56-57.

2. 정경 승복에 대하여

하나님은 자기의 정경 권위를 인간에게 주장하시고 거기 복종하기를 요구하신다(마 7:24; 롬 10:10; 약 1:21). 교회가 신약을 정경으로 받은 증거는 다음과 같다.

1) 고대 교부들이 그리스도와 사도들을 정경으로 알고 복음과 서신에서 말씀을 인용하였다. 유스티누스는 사도들과 교부들과의 사이에 다리가 되는 시기의 인물로서, 신약을 구약과 동등시하였다. 교부들은 신약을 "경"(grafh,), 혹은 그와 유사한 술어로 불렀다. 바나바 서신과 로마의 클레멘스 서신과 이레나이우스, 테르툴리아누스, 알렉산드리아의 클레멘스의 신약 인용문에서도 이런 실례들을 볼 수 있다. 그런데 이 점에 반대론들이 있다. 그 인용문에서 신약을 정경으로 여긴 증거가 없다는 것이다.

① "경"이란 말과 "기록되었으되"란 말(γέγραπται)이 교부들의 신약 인용문에 보다 그들의 구약 인용문에 더욱 많이 나왔으니, 그것은 신약을 구약만큼 높이지 않은 증거라고 한다. 그러나 이것은 이유가 되지 않는다. 교부들의 글은 신약이 구약의 성취임을 증거함에 주력했으므로 구약 인용이 비교적 많아졌으며, 따라서 그 비례로 "경"이란 말과 "기록되었으되"(γέγραπται ετχ̀)란 말도 많아졌을 것이다.

② 교부들의 신약 인용이 정확하지 못하게 된 것을 보니, 그 인용하는 신약을 정경으로 높이지 않은 것이라고 한다. 그러나 이 학설도 성립될 수 없다. 그들이 구약을 인용한 때도 정확하지 않게 하였다. 그때의 사람들은 성경 인용을 기억한 대로 인용하였으므로, 정확하게 하지 못하였던 것이다.

2) 고대 교회에서 어떤 책들을 함께 읽는 풍속이 있었으니, 그것은 그 책들이 권위 있는 책들이기 때문이었다. 그 풍속은 마치 유대인들이 회당에서 구약을 읽던 것과 같은 것이다. 사도 바울도 이 풍속을 권장하였다(골 4:16;

살전 5:27; 참조. 계 1:3). 이때 권위 있는 책들(정경)을 공적으로 낭독한 것도 사실이지만, 다른 책들(클레멘스서신, 헤르마스의 목자서 같은 것)도 그렇게 한 일이 있었다. 그러나 그것은 그 문서들을 정경 문서들과 동일시한 의미는 아니었다. 그것은 오늘날 우리가 교회에서 간혹 교리 문서나 예식서를 읽는 것과 같은 성질의 것이었다.

3) 정경 목록의 결정. 정경 목록의 완성은 정경에 대한 신학적 의견이 일치하게 된 시대에 되었다. 정경 목록은 제4세기 말의 히포 레기우스(Hippo Regius, 303) 공의회와 카르타고(Carthage, 397) 공의회에서 완성되었다.

정경 목록이 완성된 뒤에는 그 직후의 교회나 중세대의 교회가 모두 아무 이설 없이 지내 왔다(개혁 시대에 로마 교회의 잘못으로 가경을 정경과 동일시한 일은 있었으나). 그러면 정경 결정 이후 그것이 문제없이 오늘날까지 내려온 이유가 무엇인가? 누가 말하기를, 아우구스티누스(Augustine)와 같은 위대한 신학자가 관계한 정경 결집이었기 때문에 그 후의 교회가 잘 받아왔다고 한다. 그것도 일리 있는 말이지만, 그보다도 그때의 정경 결집이 모든 교회의 행위였기 때문일 것이다. 그런데 우리는 이 점에 있어서 주의해야 한다. 곧, 정경 결집은 교회의 승복 행위였고, 작성 행위가 아니었다는 것이다. 그것은 옛날부터 정경에 대한 신자의 태도이다. 우리는 이 승복 행위가 개인행동이 아니고 교회의 행위임을 기억해야 한다. 정경 승복의 주체가 교회라는 것은, 옛날부터 내려온 역사적인 진리이다.

3. 정경 승복의 원칙

기독교회가 성령의 감동에 의하여 정경을 식별하였는가? 만일 그렇다면, 정경을 알아보는 영감의 은혜도 역시 정경일 것이다. 그런 정경이 있다면, 그것은 제2의 신약일 것이다. 그러나 제2의 신약은 없다. 신약은 최종 계시이다. 그러면 신약을 정경으로 알아본 인식의 원리는 무엇인가? 그것은 정경에 관한 특별 섭리(Providentia specialissima circa canonem)이다. 하나님께서는 이 특별 섭리에 의하여 신약 전서를 정경으로 교회에 알게 하셨다. 우리는 이 점에 있어서 '특별 섭리'란 것과 '성령의 증거(Testimonium Spiritus Sancti)'를 동일시하지 않아야 한다. '성령의 증거는' 개인이 성경을 읽을 때 그것을 직접 하나님의 말씀으로 확인하게 하는 것이다. 그러나 '특별 섭리'는 하나님께서 역사적으로, 또는 교회적으로 친히 정경을 나타내어 주신 것이다(이 일에 개인이 받은 성령의 증거가 관련되어 있기는 하다).

4. 정경의 종결

우리가 가진 신약은 27권으로 끝나고 마는가? 그 이상 신약 시대에 요구되는 성경은 다시없는가? 여기 대한 답변은, 27권으로 신약은 끝나고 그 이상 필요하지도 않게 완전 충족하다는 것이다. 이것이 신약 정경의 종결이라는 교리이다.

1) 그 종결에 이르는 과정과 관련된 몇 가지 사실들

우리는 신약 자체에 있는 말씀의 증거로 보아서 이미 사도 시대에 바울 서신들이 한 개의 뭉치로 교회에 보관되어 있었던 사실을 찾아볼 수 있다(골 4:16; 살전 5:27; 벧후 3:15-16). 주후 200년경에는 신약 책이 뭉치로 알려져 있었다. 예를 들면, 무라토리 정경목록은 단일성 있는 정경을 인식하는 입장에서 결정한 한 개의 서책이다. 교부들도 단일성 있는 정경 서책들의 한 뭉치를 인식하는 입장에서 말하였다. 테르툴리아누스(Tertullianus)는 그때의 신약 문서들을 하나의 단일성 있는 하나님의 말씀, 혹은 정경(κανών)이라고 말하였고, 알렉산드리아의 클레멘스(Clement of Alexandria)는 구약에 병립하여 신약(νέα διαθήκη)이란 말을 쓰면서 한 개의 뭉치로서의 신약 문서들을 인식하였다(Strom., 5, 85)

① 한동안 교회가 신약 문서의 대부분을 정경으로 알았으나, 몇몇 부분에 대하여는 논쟁한 일이 있었다. 그러나 이 쟁론 서신(ἀντιλεγόμενα)의 문제 해결은 마침내 쉽게 되었다.

2) 신약의 정경은 왜 27권으로 종결되었는가?

① 주님이 땅 위에 계신 기간이 일정한 시기에 국한되었으며, 주님이 사용하신 특별한 사신인 사도들의 활동 시기도 그러한 고로 주님을 중심한 사도들의 기록도 일정한 분량과 재료에 국한될 것은 필연적 사실이다(p. 171).

② 하나님께서 예수 그리스도를 증거하심에 있어서 영감된 기록의 말씀만 사용하신다면, 영감은 신약성경의 종결도 반드시 포함한다. 곧, 영감은 영감서 아닌 것을 배척할 수밖에 없다.

③ 신약성경 자체가 신약 정경의 종결성을 함축적으로 가르친다. 우리는 이 점에 있어서, 요한계시록 22:18-19의 말씀을 근거로 삼는다. 거기 말하기를 "내가 이 두루마리의 예언의 말씀을 듣는 모든 사람에게 증언하노니 만일 누구든지 이것들 외에 더하면 하나님이 이 두루마리에 기록된 재앙들을 그에게 더 하실 터이요 만일 누구든지 이 두루마리의 예언의 말씀에서 제하여 버리면 하나님이 이 두루마리에 기록된 생명나무와 및 거룩한 성에 참여함을 제하여 버리시리라"고 하였다. 위의 성구는 계시록에 관하여 한 말씀이다. 그러나 실제적으로는 신약 전체에 미치는 것이다. 복음은 예수님의 행적을 보여 주고, 사도행전은 예수님 승천 후 성령님의 역사를 보여 주고, 서신들은 이 모든 일에 대한 설명이고, 계시록은 복음의 종막을 보여 준다. 종말관을 가르친 계시록은 연대적 순서라기보다는 차라리 신약 전체에 미치는 것이며, 그 책의 성격상으로 보아 신약의 끝에 붙을 책이다. 신약의 끝 책인 계시록에 무엇을 가감하지 못한다는 말씀은, 결국 신약 전체에 무엇을 가감하지 못한다는 말씀과 같다.

5. 신약 정경 개방설의 오착

신약 정경 개방설이란 신약 시대에 정경이 될 만한 서책이 사도시대 이후에도 계속하여 산출하게 된다는 학설이다. 이 학설은 그릇된 것이다. 정경 개방설의 종류는 다음과 같다.

① 몬타누스(Montanus)는 성경 밖에 새 예언을 한다고 하였고, ② 로마 가톨릭교회는 교회 유전에 권위를 붙여서 그것도 정경과 같다고 하였고, ③ 재세례파(Anabaptists)는 심령상 조명을 성경과 같은 권위 있는 것으로 생각하였다. ④ 또 다른 학설은, 사도 바울의 분실된 서신이 나타난다면, 그것도 정경이 될 것이라고 한다. 홀츠만(H. J. Holtzmann)은 말하기를, 바울의 분실된 서신 내용이 실질에 있어서 현존한 서신들의 내용과 같은 것이기 때문에 그것이 분실되었을 것이라고 하였다. 그러나 우리는 이 문제를 하나님의 섭리로 미루어 해결한다. 곧, 하나님의 뜻에 의하여 어떤 서신들은 분실되어도 좋겠기 때문에 그렇게 되었을 것이다(p. 182).

* * * * *

{특별참고}

가경은 정경이 아님

1. 신약의 가경

1) 마리아전. 이것은 제 6세기경의 작품인 듯한데, 마리아를 신성하게 내세우는 것을 목적으로 한다.

2) 야고보의 복음. 마리아전과 예수전을 포함하는 23장의 긴 문서로, 많

은 비역사적 사실들을 보충하여 삽입한 것이다. 아돌프 폰 하르낙(Adolf von Harnack)은 이것을 4세기 중엽의 산물로 보았다.

3) 가(假)마태복음. 위의 야고보 복음에서 많은 재료들을 참고할 뿐만 아니라, 많은 전설들을 다시 첨가한 것이다. 이것이 제5세기 안에는 기록되었을 수 없다고 본다.

4) 요셉의 복음. 제4세기경에 이집트어로 기록되었던 것으로, 요셉을 추앙하는 것을 목적으로 썼다.

5) 도마의 복음. 제2세기에 나타난 것으로, 영지주의 분파의 신자가 저작하였고, 예수의 아동 시절의 이적을 많이 기록하였다.

6) 니고데모의 복음. 이것은 제5세기경에 기록된 것으로, 주요 내용은 예수님의 별세를 전후하여 된 일들을 상상하여 기록하였으니, 빌라도와 관련된 일화, 예수님의 음부행에 관한 설화 같은 것이다.

7) 바울과 데킬라. 데킬라라는 여신자가 바울의 전도를 듣고 독실히 믿어 기적을 행한 일화를 담은 문집으로, 제2세기 말에 시작된 것이다.

8) 베드로 전. 제2세기 말엽에 저작된 것으로, 베드로가 반신불수 된 자기 딸을 이적으로 고친 일, 이적으로 시몬 마구를 로마에서 무섭게 한 일, 그가 로마에서 순교한 일에 관한 이야기 등이다.

9) 요한 전. 주후 150-180년경에 기록된 것으로, 요한이 에베소에서 이적을 행한 일, 예컨대 아데미 신당을 기도로 무너뜨린 일과 그가 밧모에 귀양살이 간 것에 대하여 기록되었다.

10) 안드레 전. 이것은 위의 요한 전의 저작자가 지은 듯한데, 안드레가 에게 지방에서 막시밀라란 여자를 독신 생활하도록 가르친 탓으로 박해받아서 십자가에 못 박혀 순교한 이야기이다.

11) 도마 전. 도마가 인도에 가서 선교하면서 행한 많은 이적들과 그의 순교에 대한 이야기다.

12) 예수님이 압갈에게서 받은 서신과 회답. 에데사 왕 압갈이 서면으로 예수님을 초청하였으나 그가 가지 아니하시고 후에 그의 사도를 보내기로 약속하신 것이다.

13) 바울의 라오디게아서.

14) 바울과 세네카와의 서신 거래. 이것은 제4세기에 위조된 문서이다.

15) 클레멘스의 고린도 서신. 로마의 클레멘스가 저작한 것으로, 주로 교회의 단합을 가르치고, 예수님의 부활을 증거하고, 회개와 선행을 촉구한 것이다.

16) 바나바의 서신. 주후 90-180년경에 기록된 것으로, 구약의 모든 의식들은 영적 진리를 가르치는 비유에 지나지 않는다는 것을 역설하였다.

17) 이그나티오스의 7서신. 라이트푸트(Lightfoot)와 찬(Zahn)이 이 7서신을 이그나티오스의 친서로 보았다. 이 7서신은 에베소 서신, 마그네시아 서신, 트랄레스 서신, 빌라델비아 서신, 서머나 서신, 로마 서신, 폴리카르포스 서신이다. 이 모든 서신에 나타난 주요 사상은 ① 순교의 기쁨이니 "나는 온 세계를 다스림보다 그리스도를 위하여 죽겠나이다(롬 6), "검에 근접된 자는 하나님께 근접하였다"(서 4)라고 하였고, ② 이단과 분열의 위험을 경고하고, ③ 교직에 순종하라는 것이다.

18) 폴리카르포스의 빌립보 서신. 이것은 빌립보 교회가 보냈던 서신에 대한 회답으로, 주로 신앙생활을 격려하고 바울의 서신을 잘 지키라고 하는 것이다.

19) 헤르마스 목자서. 테오도르 찬은 이 서신이 주후 100년경에 기록되었다고 한다. 이 글의 내용은 저자가 로마에 종으로 팔려 갔다가 후에 놓여 로마에서 살면서, 경건에 깊이 들어가 환상을 보게 되어 지은 것으로, 다섯 가지의 환상, 열두 명령, 열 비유 등으로 되었다. 이 서신의 특색은 교리적이라기보다 윤리적인데, 옛 교회의 천로역정이다. 이 서신의 환의 부분에서는

교회가 존경스러운 부인으로 나타났고, 완성되어가는 탑으로도 비유되어 있다. 명령부에서는 정결, 진실, 인내, 온유, 경외, 기도, 회개를 재촉하고, 또 성령을 근심되게 하지 말라고 하였다. 비유부에 이르러 교회는 다시 완성되어가는 탑으로 비유되고, 또 신자들을 나무에도 비유하여 말하였다.

2. 가경 문학에 대한 평가

가경 문학이 정경이 될 수 없음은 정경의 맛을 아는 자가 그것을 읽어보므로 식별할 수 있다. 가경은 영감서가 아니고 위작(僞作)이라는 것이다. 그것이 정경이 될 수 없음에 대하여는 고대의 교부들과 교회가 판정하고, 또 그것의 사용을 금한 사실이 증거하고, 또 그 문학의 내용이 자증한다.

1) 고대 교부들과 교회가 가경을 정경으로 여기지 않을뿐더러, 그것의 사용을 금지하였다.

① 에우세비오스(Eusebius)는 이것을 이단 문학으로 여겼고(He. Ⅲ, 25:6,7),

② 에프라임(Ehraim, 373)은 이것을 가리켜 불신앙의 전파자라 하였고,

③ 에피파니오스(Epiphanius, 375)는 이 문학(특히 사도들의 전기들)이 사도들의 행적을 기록한 것이 아니고 마귀들의 행적을 기록한 것이라고 저주하였고,

④ 아우구스티누스는 "가경 사도전"은 마니교(3세기 사람 마니가 세운 종합식 이방 종교에서 사용하는 것이라고 지적하였고,

⑤ 레오 1세(Leo, Ⅰ, 450)는 가경 문학(특히 가경 사도전)은 교회가 금할 뿐만 아니라, 태워버려야 한다고 하였다.

2) 가경 문학 자체 내용이 정경이 아님을 자증한다. 이 문학의 특색은 다음과 같다.

① 전기적임(Romantic). 인간성을 무시하고 공허하며 환상적이어서 예수님과 사도들을 무제한으로 이적을 행하는 이들로만 내세운다.

② 기괴함. 이 문학에서 예수님과 사도들로 말미암은 이적들은 정경의 그것과 달리 숭고하지 못하고 기괴하고 난잡하다. 예컨대 신자를 보호하기 위하여 구름이 내려와 덮였다든지, 그리스도께서 사도들에게 나타나시되 어떤 때는 노인으로, 어떤 때는 청년으로, 어떤 때는 아이로, 또 흔히는 그 당사자인 사도 자신의 형상으로 나타나셨다는 것과 같은 것이다.

③ 독신 생활을 최고의 경건으로 여기는 사상. 사도들이 극단적으로 싸운 것이, 대부분 부녀들로 하여금 그 남편과 동거하지 못하게 한 것이었다고 한다. 이것은 정경에서 보여주는 사도들의 교훈과 다르다.

④ 예수님의 진정한 인성을 부인함. 이 문학에서는 예수님의 지상생활이 사람의 몸으로 된 것이 아니고, 일종의 환상으로 된 것이라고 보았다. 예컨대 가경 요한전을 보면, 요한이 예수님의 몸을 붙잡을 때 그 손이 아무런 접촉도 느끼지 않게 되었다고 한다. 이것은 예수 그리스도의 참된 인성을 부인하는 이단이다.

위의 몇 가지 특색들은, 가경 문학이 사실에 대한 역사성 있는 기록이 아니며, 따라서 정경이 아님을 확실히 자증한다.

Ⅱ. 신약 각 책의 저작자론

1. 공관복음

마태복음, 마가복음, 누가복음을 공관복음이라고 한다. '공관'이란 말은, "synoptic"이란 영어(함께 본다는 뜻)의 번역이다. 이 세 복음서는 서로 공통점들을 지니고 있기 때문에 이 명칭으로 불린다. 마태복음을 사도 마태가 기록하였다는 중요한 증거자는 파피아스(Papias)이다. 파피아스는 주후 140년경의 사람으로서 친히 사도들의 전통을 많이 연구하고, 복음서에 대하여 다섯 권의 책을 기록하였다고 한다. 그러나 그 책들이 전하여지지 못했기 때문에 에우세비오스(Eusebius)의 서적(주후 300년경)에 들어있는 그의 단편 문서들만 참고할 수 있다. 어쨌든 그의 증거가 요긴한 이유는, 그는 사도 요한의 제자 폴리카르포스(Polycap)와 같은 시대 사람이기 때문이다. 파피아스는 마태가 그 복음을 아람어로 저술했는데 그것이 번역되었다고 말한다. 그러나 실상 아람 원본은 없어졌다. 생각하건대 마태가 그 복음을 아람어로도 저술하고, 후에 헬라어로도 친히 번역한 듯하다.

마가복음에 대해서도 파피아스는 전하기를, 마가는 베드로의 지도로 그 복음을 저술했다고 한다. 순교자 유스티노도 마가복음을 사용했고, 이레나이우스(Irenaeus)도 그것을 마가의 저술이라고 믿었다.

누가복음은 의사 누가가 기록하였는데, 그 증거는 다음과 같다. ① 이 복음서의 기자는 사도행전 기자와 같은 사람이다(행 1:1-2; 눅 1:1-4). ② 그러면 사도행전 저자는 누구인가? 그는 사도 바울과 함께 전도여행한 인물이다. 그것은 사도행전에 있는 "우리"란 말이 증거한다(참조. 행 16:10, 17, 20:5-21, 27:1-28:16). ③ 사도 바울과 함께 전도한 자로서 사도행전을 기록한 사람은 누구일까? 그는 의사이다. 그 이유는 사도행전에 의학적 술어가 많기 때문이다. 이 책에 있는 의학적 술어에 대하여는 호바트(Hobart)가 지적하였고, 모든 신약 학자들이 일치하게 인정한다. ④ 그러면 사도와 함께 전도한 자들(누가, 디모데, 기타) 중 어느 사람이 의사였는가? 그는 바울의 제자 누가이다(참조. 골 4:14).

2. 요한복음

요한복음의 저자는 누구인가? 2세기 말의 유명한 교부들, 곧 알렉산드리아의 클레멘스(Clement of Alezandria), 이레나이우스, 테르툴리아누스 (Tertullian) 등이 이 책을 사도의 글, 곧 정경으로 받았다. 위의 삼대 교부의 증거가 중요한 이유는, 이들이 당시 세계 모든 교회들의 대표자였기 때문이다.

우리는 요한복음의 내용을 보아서 이 책이 사도 요한의 저술임을 알 수 있다. 그것은 다음과 같다. 곧, 이 책에 "사랑하시는 제자"라고 하여 이름을 나타내지 않은 것이 여러 번 있다(13:23, 19:26, 21:7, 20). 그것은 사도 요한을 가리키며, 이 책이 사도 요한의 저작임을 증거한다(21:20-24).

3. 사도행전

이 책의 저작자는 누가복음을 기록한 바울의 제자 의사 누가이다(1:1-4; 행 1:1-2). 누가복음의 저작자론을 참조하여라.

4. 바울의 13서신

이 서신들은 바울의 이름을 그 편지의 초두에 지니고 있기 때문에 그것이 바울의 저작임에 대하여 비평가들도 의심하지 않는다. 바울 서신이 저작된 연대와 그 장소는 다음과 같다.

책이름	기록연대	기록장소
데살로니가 전서	주후 52년	고린도
데살로니가 후서	주후 53년	고린도
갈라디아서	주후 53년	에베소
고린도전서	주후 56년	에베소
고린도 후서	주후 56년	마게도냐
로마서	주후 57년	고린도
골로새서	주후 62년	로마
빌레몬서	주후 62년	로마
에베소서	주후 63년	로마
빌립보서	주후 63년	로마

디모데전서	주후64년	마게도냐
디도서	주후64년	에베소
디모데후서	주후67년	로마

5. 히브리서

이 책의 저작자에 대해 주후 4세기 전에는 동방 교회(수리아 중심)와 서방 교회(로마 중심)가 서로 의견을 달리 하였다. 동방 교회에서 판테누스(185년)는 이 책을 바울의 저작이라고 하였다. 오리게네스(Origen)도 200회 이상 이 책에서 인용하며 이 책이 바울의 저작임을 의심치 않았으나, 다른 사람들의 의심과 관련하여 논한 바 있다. 역사가 에우세비오스(315 년)는 바울 서신이 모두 14서신이라고 하며, 이 책을 그 가운데 포함시켰다. 그러나 서방 교회에서는 로마의 가이우스(Caius, 210년)와 히폴리투스(Hippolytus, 220년경)가 공공연하게 이 책을 바울의 저작이 아니라고 반대하였다. 그러나 4세기에 이르러서는 서방 교회도 이 책을 바울의 저작으로 여기게 되었다. 칼빈(Calvin)은 이 책의 저작자가 사도인 것은 분명하지만, 그가 누구인지 알 수 없다고 하였다. 많은 학자들은 이 책의 문체가 바울 서신들과 다르다고 한다. 예를 들어 구약을 인용할 때의 어투가 그렇다는 것이다.

6. 공동 서신

공동 서신은 야고보서, 베드로전후서, 요한1서, 요한2서, 요한3서, 유다서 등이다. 이 책들을 공동 서신이라고 부르게 된 것은, 그 서신들의 내용이 한 개체 교회를 상대한 것이 아니고, 교회 전반을 대상으로 하여 기록되었기 때문이다. 에우세비오스(Eusebius)와 오리게네스는 베드로전서와 요한 일서를 인정된 서신으로 보고, 그 밖의 다른 서신들을 논쟁서(Antilego,mena)라고 하였다. 논쟁서라고 함은, 그 저작자가 확실히 사도였는지 아닌지를 결정하지 못하고 쟁론 중에 있었다는 의미이다. 이 서신들이 한동안 논쟁서로 내려왔으나 4세기에 이르러서는 확실히 사도의 서신으로 알려졌다.

1) 야고보서

이 책의 저작자 문제가 쉽게 해결되지 않은 듯하나 문제될 것은 없다. 학자들은 이 책의 저작자에 대해 세 사람을 거론한다. 혹은 세베대의 아들 야고보라 하고(마4:21), 혹은 알패오의 아들 야고보라 하고(마 10:3), 혹은 예수님의 동생 야고보라고도 한다. 이 세 사람 중에서 주님의 동생 야고보를 택하는 것이 옳다(마 13:55; 갈 1:19; 행 15:13; 참조. 행 12:2). 그 이유는 주님의 동생 야고보가 예루살렘 초기 교회에서 진리의 기둥이었고(갈 2:9), 또한 그가 이 책의 저작자라는 고대 교부들의 증거가 유력하기 때문이다. 전설에 의하면, 야고보는 율법을 엄수하였으므로 예루살렘 성도들에게 추앙을 받았다고 한다. 그가 그렇게 율법을 엄수하였으니, 행위를 역설한 것이 자연스럽다.

2) 베드로전서

이 책이 베드로의 저작이라는 증거가 너무도 강하여 합리주의자 르낭(Renan)도 이를 인정하였다. 그는 베드로전서에 대해 신약 모든 책 중에 가장 오랜 것이요, 모든 사람들의 믿음직한 책이라고 말하였다. 이 책의 내증을 보면, 그 저자는 그리스도를 보았다고 하니(5:1) 사도 중 한 사람인 것이 명백하다. 그리고 그 어투가 사도행전에 있는 베드로의 설교에 나오는 그것과 비슷하다. 그뿐 아니라 이 책의 저작자는 마가와 실바노와 더불어 가까이 지냈으니, 그들은 베드로를 수종한 자들이었다. 무엇보다 이 책 초두에 베드로의 이름이 밝히 기록되었으니, 그것은 이 책이 사도 베드로의 저술임을 확증한다.

3) 베드로후서

이 책의 내증을 보아도 그것이 베드로의 저작인 것을 보여 준다. 이 책 초두에 시몬 베드로의 저작이라고 하였고(1:1), 또한 저작자 자신이 변화산 위에서 예수님과 함께 있었던 경험을 가졌다고 한다. 그러므로 이 책은 사도 베드로의 저술인 것이 확실하다(1:16-18). 그뿐 아니라 이 책에는 베드로전서와 비슷한 점이 있음을 무시할 수 없다.

4) 요한1서

이 책은 물론 사도 요한의 저작이다. 이 책의 사상과 문체는 요한복음의 그것과 같기 때문이다. 웨스트코트(Westcott)는 말하기를 "두 책 사이의 관계를 알려면, 그 모든 말들을 비교해 보면 알 수 있다. 곧, 그 두 책에 있어서 같은 마음과 같은 사상이 움직였으니, 그 둘의 관련은 외부적인 것이 아니고 내부적인 것이다"라고 하였다.

5) 요한2서와 요한3서

요한2서는 요한3서의 저작자와 같은 사람의 저작이다. 이 두 책의 사상과 내용이 서로 비슷하기 때문이다. 요한2서 1절과 요한3서 1절, 요한2서 4절과 요한3서 4절을 비교해 보라. 이 두 책의 저작자는 사도 요한이다. 이레나이우스는 요한2서 11절을 사도 요한의 저작으로 여겨 인용하였고, 알렉산드리아의 클레멘스는 요한이 그 큰 서신(요한복음) 외에 작은 서신들을 저작한 사실이 있음을 알려 준다. 그뿐 아니라 두 책의 사상 내용이 요한1서의 그것과 비슷하다.

6) 유다서

에우세비오스(Eusebius)에 의하면, 그의 전에 어떤 사람들이 이 책의 정경성에 대하여 의심하였으나 많은 교회들이 이 책을 정경으로 받았다고 하였다. 알렉산드리아의 클레멘스도 이 책을 유다의 저술로 여겨 5, 6, 8-16절

등을 인용하였다. 테르툴리아누스(Turtullian)도 이 책을 유다의 저작이라고 하며 인용하였다.

이 책 1절에 야고보의 형제 유다가 기록했다고 하였는데, 이는 주님의 동생이다(마 13:55; 막 6:3). 어떤 학자는 이 유다가 열두 사도 중의 가룟 유다 아닌 다른 유다(다대오)라고도 한다.

7. 요한계시록

순교자 유스티누스가 이 책을 사도 요한의 저작으로 보고, 그 사실을 여러 번 역설하였다. 무라토리 정경목록도 이 책을 사도 요한의 저작이라 하였고, 테르툴리아누스(Tertullian)와 알렉산드리아의 클레멘스도 이 책을 사도 요한의 저작이라고 하였다.

이 책의 문체를 볼 때 그것이 사도 요한의 저작인 것이 드러난다. 또한 이 책에는 요한복음의 문투와 같은 표현들이 있다. 예를 들면, "하나님의 말씀"(계 19:13; 요 1:1), "어린 양"(계 5:6, 8, 12, 13; 요 1:29), "이기는 자"(계 2:7, 11, 17, 26, 3:5, 12, 21, 12:11, 17:14; 요 16:33) 등의 표현들이다. 특히 이 두 책에서 스가랴 12:10을 똑같이 인용한 사실(계 1:7; 요 19:37)은 놀랄만한 유사점이다.

III. 신약사본론

사본이란 파피루스(Papyrus)나 가죽에 손으로 베낀 책을 말한다. 어떤 학자에 의하면, 사본의 수효가 대략 5,000여 개라고 한다. 그 중에 대서 사본이 240여 개이고, 소서 사본이 2,500 여개이고, 독본이 1,800여 개이고, 파피루스 사본이 75개 가량 된다고 한다.

사본들은 그 체제와 성격에 따라 다음과 같이 네 가지 계통으로 분류한다. 첫째는, 알파(a)식 사본 계통으로 수리아 사본이라고도 하며, 안디옥 지방에서 베껴 내려온 것들이다. 그것은 혼합식 체제를 가진다. 둘째는, 베타(b)식 계통으로 중립 사본이라고도 한다. 그것은 원본대로 베껴 내려온 점에서 신임을 받는다. 셋째는, 델타(d)식 계통으로 서부 사본이라고도 한다. 이것은 설명식으로 길게 베끼는 경향이 있어서 부족한 점들이 있다. 넷째로는, 감마(g)식 계통으로 알렉산드리아 계통이라고도 한다. 이 계통에 속한 사본들은 문학적 경향을 띠고 있다.

1. 파피루스 사본

이것은 근년에 많이 발견된 것으로서, 모든 다른 사본들보다 연대가 훨씬 이르다는 점에서 중요성이 있다. 이 사본들 중에 중요하다는 것을 간추려 보면 다음과 같다.

1) 체스터 비티 파피루스(Chester Beatty Papyrus). 이것은 1931년에 비티(Beatty)가 이집트에서 얻은 것이다. 세 종류로 되었는데, P45(복음과 사도행전), P46(바울 서신), P47(요한계시록)이다. P45, P46은 3세기 말에 기록되었고, P47은 3세기 초에 기록되었다.

2) 라일랜즈 파피루스(Rylands Papyrus). 이것은 요한복음 중에서 다섯 절을 포함한다(31-33; 37-38). 125년경에 기록된 것으로, 그렌펠(Bernard P. Grenfell)이 1920년에 이집트에서 얻었다. 이것이 오늘까지 가장 오랜 사본이다.

3) 보드머 파피루스(M. M. Bodmer Papyrus). 이것은 1954년부터 발행된 것이다. P66(요한복음, 200년경에 필사한 것), P72(유다서, 베드로 서신들, 시편 33, 34편, 3세기에 필사한 것), P74(사도행전과 정교 서신, 6세기, 혹은 7세기에 필사한 것), P75(누가복음과 요한복음의 대부분, 2세기 혹은 3세기에 필사한 것) 등이다.

2. 가죽 사본, 혹은 대문자 사본

것은 4세기 이후로 있게 된 사본들로서, 송아지 가죽에 베낀 것이다. 4세기 이전에도 가죽 종이가 없었던 것은 아니나, 4세기부터 유행하였다.

1) 시내산 사본. 이 사본을 알렙(א)이라고도 하는데, 신약 전부를 포함하였다(구약은 일부만 포함되었음). 그밖에 바나바 서신, 헤르마스의 목자서 일부가 포함되었다. 이 사본은 4세기(331 AD)에 베낀 것인데 대영박물관에 소장되었다. 이 사본은 독일인 티센도르프(Tischendorf)가 시내산 수도원에서 얻은 것인데(1859), b식 사본에 속하며, 매우 신임을 받고 있다.

2) 바티칸 사본(Codex Vaticanus). 일명 B사본이라고도 한다. 신구약이 포함되었는데 그중에서 창세기 1:1-46:28과 시편 105:27-137:6이 빠졌고, 또 히브리서 9:14-13:25, 목회 서신, 빌레몬서, 요한계시록도 빠졌다. 이 사본은 현재 로마의 바티칸 도서관에 보관되어 있다. 4세기(300 AD 이후)에 베낀 것인데, b식 사본의 머리가 되는 것이다. 이 사본은 아마도 이집츠에서 작성된 듯하다. 그 이유는, 히브리서가 갈라디아서와 에베소서 사이에 들어 있는 순서가 사히드역(Sahidic Version, 이집트어)과 서로 같기 때문이다. 이 사본이 1481년부터 바티칸에 있다가 나폴레옹이 일시 그것을 프랑스로 옮겨 간 일이 있었으나(1809), 그 후에 다시 바티칸으로 옮겼다.

3) 제2바티칸 사본. 이 사본은 일명 B2라고도 하는데, 8세기경에 베낀 듯하다. 바티칸 사본에 계시록이 없는 것을 보충하여 계시록을 가졌는데, 바티칸 도서관에 보관되어 있다.

4) 알렉산드리아 사본. 일명 A사본이라고 하는데, 이 사본을 베낀 장소는 알렉산드리아였고, 루카의 키릴로스(Cyril of Lucar)로 말미암아 콘스탄티노플을 경유하여 대영박물관에 들어가게 되었다. 이 사본은 신약 전부를 포함했으나, 마태복음 25:6부터 있으며, 요한복음 6:50-8:52; 고린도후서 4:13-12:6은 빠졌다. 그리고 로마의 클레멘스 제1서 전부와 제2서 일부가 들

어 있다. 이 사본은 5세기 말에 작성된 것인데, g식 사본의 머리가 된다.

5) 에프라임 사본. 일명 C사본이라고도 하는데, 5세기에 베낀 것이며 낡은 가죽에 썼던 것을 지워버리고 다시 베낀 것(Palimpsest)이다. 신구약 전서이지만 데살로니가후서와 요한2서가 없고, 그밖에 다른 책들은 완성되지 못한 형태로 있다. 이 사본의 성격이 a식도 아니고 b식도 아닌 중간형으로 되어 있는 것을 보아서, 베낀 사람이 a식과 b식 두 사본을 앞에 놓고 베낀 듯하다. 이 사본에 두 교정자의 교정도 있다(C2, C3).

6) 베자 사본. 일명 D라고 한다. 이는 베자(Beza)라고 하는 성경학자가 1562년에 프랑스의 니옹(Nyons)에 있는 이레나이우스 사원에서 얻은 것인데, 본래부터 구약은 들어 있지 않았고, 복음서와 사도행전(20:29에서 끝까지는 파상되었음)과 공동 서신들의 조각들(요한3서 11-15절은 라틴어로)이 들어 있다. 이것은 헬라어와 라틴어로 기록되었는데, 아마도 6세기경에 작성된 듯하다. 이 사본은 성격상으로 d식에 속하는 것인데, 케임브리지 대학교에 보관되어 있다.

7) D2. 클라로몬타누스 사본(Codex Claramontanus). 이것은 바울 서신을 포함한 것으로, 다만 몇 구절이 파상되었다. 베자(Beza)가 프랑스의 클레르몽(Clermont) 사원에서 발견한 것인데, 6세기의 것으로 프랑스 파리 루아얄 도서관(Royal Libray)에 보관되어 있다.

8) E. 바실리엔시스 사본(Codex Basilliensis). 이제부터 나오는 사본들은 중요하지 않은 것이다. 그 이유는, 그것들이 단편적인 것이고, 또 그 베낀 연대가 늦기 때문이다. 여기(E)에는 4복음(누가복음은 일부만 포함되었음)과 계시록의 일부가 포함되었다. 8세기의 것으로 스위스 바젤(Basel) 대학교에 있는 사본이다.

9) E2. 라우디아누스 사본(Codex Laudianus). 이것은 로드(Laud) 대감독의 소유였다. 여기에는 사도행전만 있으며, 7세기 초의 것으로 옥스퍼드

(Oxford) 보들레이안 도서관에 있는데, 역시 a식 사본이다.

10) E3. 상게르마넨시스 사본(Codex Sangermanensis). 이 사본은 바울서신만을 포함하였는데 D2를 베낀 것이다. 9세기의 것으로 현재 레닌그라드(Leningrad)에 보관되어 있다.

11) F. 보릴리아누스 사본(Codex Boreelianus). 이것은 네덜란드 사람 보릴(Boreel)의 소유였다. 복음서만 포함한 것인데, 마태복음 9:1에서 요한복음 13:34까지만 있다. 현재 위트레히트트(Utrecht) 대학 도서관에 보관되어 있으며, 9세기의 것으로 a식 사본이다.

12) Fα. 코이슬리니아누스 사본(Codex Coislinianus). 이것은 70인역 사본인데, 그 사본 가에 신약 몇 구절(26 구절)이 있을 뿐(복음서, 사도행전, 바울서신에서 뽑은 것)이다. 7세기의 것으로 프랑스의 국립 도서관(Bibliotheque Nationale)에 보관되어 있다.

13) F2. 아우기엔시스 사본(Codex Augiensis). 이것은 바울 서신들을 포함한 것인데 로마서 1:1-3:19 이 없다. 8세기의 것으로 현재 케임브리지 대학교의 트리니티 칼리지(Trinity College)에 보관되었으며, d식 사본이다.

14) G. 월피 A 사본(Codex Wolfii A). 이것은 복음서들을 파상된 형태로 포함한 것인데, 여기에는 마태복음 1:1-6:6이 없다. 9세기의 것으로 대영박물관(British Museum)에 보관되어 있다.

15) G2. 이것은 사도행전 2:45-3:8까지만 있는 것으로, 상트페테르부르크에 있다.

16) G2. 보엘네리아누스 사본(Codex Boernerianus). 이것은 뵈너(Borner) 교수의 소유였는데, 여기에는 히브리서와 바울 서신이 포함되었으며, 9세기의 것이다. 드레스덴(Dresden)에 보관되었으며, d식 사본이다.

17) H. 월피 B 사본(Codex Wolfii B). 이것은 본래 월프 교수의 것이었다. 여기에는 복음서들을 포함했지만, 4복음서의 3,780절 중 679절이 없고, 가

장 뚜렷한 것은 마태복음 1:1-15:30이 빠진 사실이다. 이것은 9세기의 것으로 케임브리지(Cambridge)에 있으며, a식 사본이다.

18) H2. 무티넨시스 사본(Codex Mutinensis). 이것은 사도행전과 서신들을 포함한 사본인데, 모데나(Modena) 도서관에 보관되어 있다. 이것은 a식 사본이다.

19) H3. 코이슬리니아누스 사본(Codex Coislinianus). 이것은 바울 서신을 포함한 것인데, 6세기에 베낀 것이다. 현재 있는 것이 모두 41매인데 몇 매씩 나뉘어서 파리, 레닌그라드, 모스크바, 키에프(Kiev), 투린(Turin), 아토스산 등지에 각각 보관되어 있다.

20) I. 티센도르피아누스 사본(Codex Tischendorfianus). 이것은 일곱 문서로 된 28개의 대용판인데, 티센도르프가 마르 사바 사원(Convent of Mar Saba)에서 가져왔다. 말 사바는 예루살렘과 사해 사이에 있다. 성경 255절을 포함한 중 190절이 복음서의 것이다. 그 기록 연대는 5세기로부터 9세기 어간의 어느 때일 것이다.

21) K. 키프로스 사본(Codex Cyprius). 이것은 복음서의 전부를 포함한 사본인데, 9세기의 것이다. 프랑스 국립 도서관에 보관되어 있으며 a식 사본이다.

22) L. 레기우스 사본(Codex Regius). 이것은 복음서 전부를 포함한 사본이며, 8세기의 것인데 프랑스 국립 도서관에 보관되어 있다. B사본과 일치한 점이 많으며, 특히 마가복음 끝에 짧게 끝나는 사본과 길게 끝나는 사본을 대조한 점에 있어서 흥미를 끈다.

23) M. 캄피아누스 사본(Codex Campianus). 이것도 복음서를 완비한 것인데 9세기의 것이다. 프랑스의 국립 도서관에 보관되었고 a식 사본이다.

24) N. 푸르푸레우스 페트로폴리타누스 사본(Codex Purpureus Petropolitanus). 이것은 4복음 중 얼마씩을 포함하였는데, 은자(銀字)로 썼

고 하나님과 예수 그리스도의 이름들의 약자를 금자(金字)로 썼다. 6세기의 것이며, 45매의 자색 가죽에 쓴 것으로, 4부로 나누어 밧모(Patmos), 바티칸(Vaticanus), 영국 박물관, 비엔나(Vienna)에 각각 보관되어 있으며 a식 사본이다.

25) P. 켈퍼비타누스 A사본(Codex Guelphervytanus B). 이것은 복음서들 중 518절을 포함했는데, 6세기의 것으로 볼펜뷔텔Wolfenbuttel)에 있다. 이것은 a식인데, 종종 b식 사본 사구가 섞여 있다.

26) Q. 구엘페르비타누스 B사본(Codex Guelphervytanus B). 이것은 누가복음과 요한복음 중에서 247절을 포함하였다. 5세기의 것으로 상트페테르부르크에 있으며, b식에 가까운 것이다.

27) R. 니트리엔시스 사본(Codex Nitriensis). 이것은 누가복음 사본인데 니트리엔 사막의 마리아 다이파라 수도원에서 가져왔다. 현재 대영박물관에 있으며, b식에 속한다.

28) S. 바티칸 354 사본(Codex Vaticanus 354). 이 사본은 복음서를 완비한 것인데, 미카엘(Michael)이란 사람이 949년에 베낀 것이다. a식 사본이며, 바티칸 도서관에 보관되어 있다.

29) T. 보르기아누스 사본(Codex Borgianus). 이 사본은 17매로 되어 있으며, 누가복음 22-23장과 요한복음 6-8장 중에서 179절을 보유했다. 이것은 이집트에서 가져왔는데, 헬라어와 이집트어 두 가지 말이 섞여 있다. 5세기에 기록되었고 현재는 로마에 보관되었으며, β식 사본에 속한다.

30) V. 모스쿠엔시스 사본(Codex Mosquensis). 이것은 복음서 사본인데, 요한복음 8:39까지는 대문자 사본이고, 그 뒷부분은 10세기 이후의 소문자 사본체로 기록되었다. 요한복음 1:1-8:39까지의 부분은 9세기의 것으로, 현재 모스크바에 있다. 이것은 a식 사본이다.

31) U. 나니아누스 사본(Codex Nanianus). 이 사본은 복음서 전부를 포

함하였는데, 5, 6세기의 것이며 베네치아(Venice) 도서관에 보관되었다. 이것은 a식 사본이다.

32) W. 이것은 여러 사본으로 된 한 뭉치(Wa-Wo)인데, 그 중 가장 중요한 것은 Wb 이며, 마태, 마가, 누가 세 복음서의 일부씩을 포함하였다. 7세기의 것으로, 지금 나폴리(Naples)에 있다. 그 성격은 여러 가지이다.

33) X. 모나켄시스 사본(Codex Monacensis). 이것은 복음서 사본인데, 10세기의 것으로 현재 뮌헨(Munich)에 있으며, a식이면서 알렉산드리아식도 있고, 또는 b식도 있다.

34) Z. 두블리넨시스 사본(Codex Dublinensis). 이 사본에는 마태복음의 $\frac{1}{3}$쯤 있는데, 6세기의 것이며 지금 더블린(Dublin)에 있다. 이것은 b식 사본이다.

35) G. 티셴도르피아누스 사본 Ⅳ(Codex Tischendorfianus Ⅳ). 이 사본은 주로 마가, 누가 두 복음 사본(막 3:15-6:56은 없음)인데, 마태복음과 요한복음의 일부씩을 포함하였다. 8세기의 것으로, 지금 옥스퍼드에 있으며, a식 사본이다.

36) D. 상갈렌시스 사본(Codex Sangallensis). 이것은 4복음 전체 사본으로, 헬라어로 읽어주는 것을 듣고 베낀 것이 분명하다. 그 이유는, 낱말 구분에 있어서 잘못된 점이 많이 보일 뿐만 아니라, 글씨도 매우 고르지 못한 까닭이다.

37) Ca-h. 이것은 한 무리의 복음 사본인데, 여러 조각으로 되어 있다. 그 중 네 조각은 라이프치히(Leipzig)에 있고, 다른 네 조각은 상트페테르부르크에 있다. 6세기에서 10세기 어간 어느 시기에 베낀 것이며, b식이다.

38) L. 티셴도르피아누스 사본 Ⅲ(Codex Tischendorfianus Ⅲ). 이것은 누가복음과 요한복음 사본인데, 둘로 나뉘어서 옥스퍼드와 상트페테르부르크에 있다. 이것은 a식 사본이다.

39) Q. 자킨티우스 사본(Codex Zacynthius). 이 사본에는 누가복음 1:1-11:33이 있는데, 거기에 대한 주석이 책 가에 기록되었다. 이것은 8세기의 것으로 장별까지 되어 있으며, 런던 영국성서공회에 보관되었는데 b식 사본이다.

40) P. 페트로폴리타누스 사본(Codex Petropolitanus). 이것은 복음 사본인데, 마태와 요한 두 복음서에서 77절을 빼놓았다. 9세기의 것이며, a식 사본으로 상트페테르부르크에 보관되어 있다.

41) S. 로사넨시스 사본(Codex Rossanensis). 이것도 복음 사본인데 마태와 마가 두 복음을 포함했으며, 자색 가죽에 은자로 기록한 것이다. 6세기의 것이며, 이탈리아 남쪽 로사노(Rossano)에 보관되어 있는 a식 사본이다.

42) S^b. 시노펜시스 사본(Codex Sinopensis). 이 사본은 마태복음 1:13-24을 포함하였는데, 자색 가죽에 금자로 베낀 것이다. 6세기의 것이며 프랑스 국립 도서관에 보관되었는데, *α*식 사본이다.

43) F. 베라티누스 사본(Codex Beratinus). 이것은 은자로 쓴 복음서인데, 6세기의 것으로 마태, 마가, 두 복음만 있으며, a식 사본이다. 현재 알바니아의 벨그라드(Belgrade)에 보관되어 있다.

44) V. 이 사본은 마가복음 9:5에서 시작하여 그 나머지와 누가복음이 포함되었으며, 또 사도행전, 공동 서신, 바울 서신, 히브리서(한 장만 제외됨)도 포함되었는데, 9세기의 것이다. b식과 d식으로 되었으며, 아토스산 라우라(Laura) 사원에 보관되어 있다.

45) J. 이 사본은 4복음서(눅 1:15-28을 제외함)를 포함하였다. 9세기의 것으로 아토스산 다이오니우스 사원에 보관되었으며, a식이다.

46) ב. 이것은 복음 사본인데, 10세기경의 것으로 아토스산 안드레 사원에 보관되었다.

47) ב2. 이 사본에는 사도행전 일부와 공동 서신, 그리고 바울 서신이 포

함되어 있다. 5세기의 것이며 바티칸 도서관에 보관되었고, 알렉산드리아식 (g식)이다.

48) ג. 이 사본은 신약 전서인데, 16세기의 것이며 코시니차(Kosinitsa)에 보관되어 있다.

49) ד. 이 사본은 여러 조각 문서로 되었는데, 아래와 같다.

① 마 14:28-31 (5세기)

② 마태복음 후반과 마가복음 앞부분을 합해서 모두 153절(5세기)

③ 마태, 마가 두 복음 중에서 몇 구절(6세기).

④ 마가복음 끝부분 일부(7세기).

⑤ 마태복음 11:27-28 (8세기)

⑥ 마태복음 13:15(9세기)

⑦ 마태복음 13:46-52(9세기)

3. 소문자 사본

이것은 11세기 이후에 베끼던 글체로 된 사본이다. 이 사본 총수는 대략 2,500이 넘는다. 소서 사본들의 부호는 아라비아 숫자로 되어 있다. 그 가장 중요한 것들을 들면 대략 다음과 같다.

1) 제1사본(Fam. 1). 이 사본은 12세기에 기록되었는데, 스위스의 바젤에 보관되어 있으며, 에라스무스(Erasmus)가 헬라어 신약을 처음 출판할 때 이 사본이 사용된 점으로 보아 유명하다.

2) 제13사본(Fam. 13). 이 사본은, 230, 2543, 788, 826, 828, 983, 1689, 1709 사본 등과 함께 훼라(Ferrar)씨에 의해 발견되었다. 이 사본에서는 간음하다가 잡힌 여인의 사건(요 7:53-8:11)이 요한복음에는 없고, 누가복음에 (21:38 다음에) 기록된 것이 특이한 점이다.

3) 제61사본(Fam. 61). 이 사본은 신약 전부를 포함하고 있으며, 16세기

에 기록되었다.

4) 제565사본(Fam. 565). 이것은 레닌그라드에 있는데, 가장 아름다운 사본으로 유명하다. 10세기경에 금자(金字)로 기록되었는데 매우 아름답다.

5) 제1424사본(Fam. 1424). 이것은 신약 전부를 포함한 것인데, 사바스(Sabas)라는 수도사로 말미암아 10세기에 기록되었다. 신약 27권 중 계시록 외에는 모두 변주(邊註)를 가지고 있어서 유명하다.

6) 제1739사본(Fam. 1739). 이것은 사도행전과 서신들만 포함한 것으로 10세기에 기록되었다. 그것이 매우 중요한 이유는, 그 변주에 이레나이우스, 클레멘스, 오리게네스, 에우세비오스, 바실리오스 등의 해석을 지니고 있기 때문이다.

소문자 사본의 가치는 중세 시대 교회에서 사용하던 성경이 어떤 것임을 보여 주고, 그 이전 사본들에 대하여 참고를 주며, 대문자 사본 중 분실된 문구를 충당하여 밝힌다.

소문자 사본 외에 특선 독본이란 것이 있는데, 그것은 신약 여기저기서 뽑은 문집이다. 그 수효는 대략 1,800여개이다.

4. 옛 번역 성경들

1) 시리아역(The Syriac Version)

① 타티아노스의 디아테사론(The Diatessaron of Tatian). 타티아노스는 시리아 사람으로서 그리스도인이었는데(에우세비오스의 말에 의하면) 170년에 4복음 대조를 저작하였다. 혹설에 의하면, 저서의 명칭이 헬라어(Diatessaron)이므로 그 저서의 원어는 본래 헬라어였을 것이라고 한다. 그러나 그것의 아라비아역은 확실히 시리아어에서 번역한 증거를 보인다. 그러므로 본래는 시리아말로 기록되었던 것이 사실일 것이다. 이 저서의 원본은 우리에게 전해지지 않았고, 다만 그것의 역본(아라비아역) 두 권이 있을 뿐이다.

이 문서는

d식의 것인데 그것이 우리의 흥미를 끄는 이유는, 주후 170년경의 것이란 옛적 산물이기 때문이다.

② 옛 시리아역. 이것은 두 가지 시리아역, 곧 쿠레토니안(Curetonian) 역본(5세기)과 시내산(Sinaitic) 역본(4세기)을 가리킨 것이다. 앞의 것은 타탐(Tattam)이 마리아 데이파라(St. Maria Deipara) 사원(이집트의 나트리안 사막에 있음)에서 발견한 것이고, 뒤의 것은 루이스 부인과 깁슨 부인(쌍둥이)이 시내산에서 발견한 것이다. 이 두 문서는 모두 d식이다. 이 사본들은 페시타(Peshitto) 보다 더 오랜 것이라고 함이 일반 학자들의 의견이다.

③ 페시타(Peshitto). 이것은 에데사(Edessa)의 감독 라불라(Rabbula)가 번역했다(5세기 초). 구약 전서와 신약 전서(요한계시록, 베드로후서, 요한2, 3서, 유다서를 제외하고)를 포함한다. 페시타는 평범 혹은 단순을 의미하는데, 수리아 교회의 보편적 사용을 위한 역술이다. 그것의 사본 총수는 350에 달한다고 하며(G. H. William), 주후 5세기나 6세기에 베낀 것들이라고 한다. 이것은 b식과 a식의 중간 성격을 가졌다.

④ 필록세노스와 하르켈 역(The Philoxenian Harkleian Syriac, 508 A. D.). 시리아의 마북(Mabug) 감독 필록세노스를 위하여 어떤 폴리카르포스라는 사람이 번역한 것인데, 후에 하르켈이 교정역을 냈다. 이 번역의 성격은 극히 문자적이어서 본문비평에 많은 도움이 된다.

2) 아르메니아역(Armenian Version)

아르메니아는 시리아의 남쪽 지대이다. 5세기의 저작자들의 말에 의하면, 메스롭(St. Mesrop 385-400 AD)과 사학(St. Sahak) 두 사람이 아르메니아역을 냈다고 한다. 그 번역이 기준한 것은 시리아역인 듯하다. 위의 두 사람의 것이 최초의 아르메니아역은 아니고, 그 전에 벌써 아르메니아역 신약이 있던 것으로 판명되었다. 그것은 아르메니아 사람 테오도레(7세기 사람)가 증거한대로 아르메니아역의 가장 오랜 사본이 현재 모스크바에 있는데, 887년에 베낀 것이라고 한다. 아르메니아역의 특이한 점들 중 하나는 이렇다. 곧, 아르메니아역의 오랜 사본 4개 중 셋은 마가복음 16:8로 끝나고, 하나는 마가복음 16:8에 뒤이어 열 두 절(9-20절)을 더 지니고 있으며, 거기 붙여 말하기를 "이것은 장로 아리스티온이 붙인 것이라"고 한 것이다. 파피아스는 말하기를 "아리스티온은 예수님의 문도들 중 한 사람이었다." 라고 하였다.

3) 콥트역(Coptic Version)

중요한 콥트역은 2세기에 번역되었다고 한다. 콥트역이 중요한 이유는 ① 일찍이 번역된 까닭이고, ② 그 번역의 사본 성격이 원본대로 보수하여 베껴진 까닭이고, ③ 주로 b식에 속하는 까닭이다.

애굽역은 주로 셋으로 나누이는데, 보하르역(이것은 하애굽 방언으로 번역한 것)과 사히드역(이것은 상이집트 방언으로 번역한 것)과 중 이집트역(이것은 중부 애굽 방언으로 번역한 것)이다.

4) 아라비아역

이 역문은 너무도 늦은 것이며, 그 사본 성격이 잡성이기 때문에 본문 비평상 그다지 중요하지 않은 것이다.

5) 라틴역

① 고대의 라틴역. 이것이 번역된 지방은 아프리카인 듯하다. 그 이유는 이 번역이 아프리카 교부들의 인용문과 타협하는 특성을 지녔기 때문이다. 테르툴리아누스 등 아프리카 교부들이 이 번역을 사용했다면, 이 번역은 2세기경에 완성되었을 것이다. 이 번역의 성격은 δ식 사본을 따른 것이다.

② 불가타(The Vulgate Version). 이것은 히에로니무스(Jerome)가 4세기에 작성한 것인데 구약은 히브리어에서 직역했고, 신약은 고대의 라틴역을 다소 교정한 것이다. 이 번역의 사본들은 6세기 이후로 인쇄술이 발명(15세기)되기에 이르기까지 많이 나왔다. 인쇄술이 발명된 후 가장 먼저 인쇄된 책이 이 불가타 역이다. 이 번역의 가치는, 본문비평에 도움을 주는 것보다는 성경 해석상 많은 도움을 주는 데 있다. 히에로니무스는 유대인 해석가들의 지식에 익숙하였으므로, 그 영향이 이 번역에 많이 미쳤다.

5. 고대 교부들의 인용문

본문비평에 사용되는 또 한 가지 재료는 교부들의 신약 인용 문구들이다. 이것은 그들의 주석과 설교, 기타 그들의 문건들에 포함되어 있다.

1) 속사도 교부들의 인용문은 매우 결핍하여 본문 비평에 효용이 아주 적다고 볼 수 있다. 그들의 인용문은 단지 신약 문서들의 순정성 연구에만 도움이 된다고 할 수 있다. 그들의 신약 인용문이 포함된 책이름들은 주로 클레멘스(Clement)의 고린도전후서, 바나바의 서신, 헤르마스의 목자서, 이그나티오스의 서신들, 폴리카르포스의 서신, 12사도의 교훈 등이다. 그들 중 좀 더 풍부한 인용문을 포함한 저서들을 낸 사람은 순교자 유스티누스와 타티아노스(Tatian)이다.

2) 그 후에 일반 교부들 중 ① 이레나이우스가 기준한 신약 사본과 알렉산드리아의 클레멘스가 기준한 신약 사본은 고대의 라틴역 계통에 속하는 것이며, ② 오리게네스는 최초의 본문비평가로서 뛰어나고, 그가 선택한 신약 사본은 주로 b식의 것이며, ③ 테르툴리아누스(Tertullian)는, 그 인용에 있어서 매우 자유롭게 하였으므로 어느 사본에 기준했는지 알기 어렵다. 그러므로 그의 인용문은 본문 비평에 있어서 그리 참고되지 못한다. 위에 말한 여러 사람들 외에도 히폴리투스, 키프리아누스, 에우세비오스, 크리소스토

모스, 아타나시오스, 히에로니무스, 암브로시우스, 아우구스티누스 등을 들 수 있다.

주요 교부들의 신약 인용 회수에 대한 표는 다음과 같다.

교부이름	복음	사도행전	공동서신	바울서신	요한계시록	
순교자 유스티누스	268	10	6	43	3	330
이레나이우스	1038	194	23	499	65	1819
알렉산드리아의 클레멘스	1017	44	207	1127	11	2406
오리게네스	9231	394	399	7778	165	17922
테르툴리아누스	3822	502	120	2609	205	7258
히폴리투스	743	42	27	387	188	1378
에우세비오스	3258	211	88	1592	27	5176

Ⅳ. 헬라어 신약 출판 역사 및 근대역

1. 헬라어 성경 출판사

1) 제1기

이 시기에는 사본 비평이 적었다. 이 시대를 공인 성경 시대라고 한다. 공인 성경(Textus Receptus)의 유래에 대하여 다음과 같이 생각한다.

① 1520년에 몇 가지 말로 복합식 성경(Complutensian Polyglot)이 크시메네스 주교(Ximenes)의 노력에 의하여 인쇄되었고,

② 1516년에 에라스무스가 준비한 성경이 출판되었다.

③ 1546년부터 스테파누스(Stephanus-Estienne라고도 함)가 위의 크시메네스(Ximenes)의 본문과 에라스무스의 본문을 겸용하는 동시에, 15개의 사

본들을 참조하여 성경을 출판하기 시작하였다. 그의 제4판(1551)에서 절을 나누어 숫자를 붙였다. 장을 나눈 것은 이보다 훨씬 일찍이 11세기에 캔터베리 대주교 스티븐 랭턴(Stephen Langton)이 하였다.

④ 베자(Theodor Beza)가 1565년부터 헬라어 성경을 출판하기 시작했는데, 그 본문은 에라스무스와 스테파누스(Stephanus)의 것을 그대로 옮긴 것이었다.

⑤ 엘제비르(Elzevir) 형제들이 1624년부터 네덜란드에서 성경을 출판하기 시작하였는데, 그것은 스테파누스와 베자의 본문에 근거한 것이었다. 그것의 제2판을 "공인 성경"이라고 불렀다(1633). 이 성경을 그렇게 부른 것은, 서문에 "모든 사람들이 받은 본문"이란 말을 썼기 때문이다. 이 공인 성경은 사본상으로 비평을 별로 가지지 않았다. 이 성경을 간행하면서 참고한 사본들은 서부 사본(D)과 몇 개의 소서 사본에 불과하다. 이 공인 성경은 후일에 영국역의 기준이 되었다.

2) 제2기

이때는 공인 성경의 본문에 대하여 비평적 태도를 가졌기 때문에 다른 사본들의 읽는 방법을 많이 취하였다.

① 밀(John Mill)이 발행한 것은 공인 성경인데, 78개의 사본들을 대조하였다. 그는 많은 번역문들과 교부들의 인용문들을 참조하는 의미로 공인 성경에 붙였다.

② 벵겔과 그리스바흐(Bengel, Griesbach)는 본문 비평 원리, 곧 사본들에 대한 가치 판단에 의하여 원본의 내용을 찾아내는 원칙들을 말하였다.

3) 제3기

이 시대에는 공인 성경을 반대하고, 가장 오랜 원본을 회복하는데 몰두 하였다. 우리가 제2기를 가리켜 아직 공인 성경을 비평하면서도 보류하는 시기라고 한다면, 이 시기는 공인 성경을 아주 무시한 시기이다. 라흐만(Carl Lachmann)은 이 시기의 선구자이고, 그밖에 트레겔레스(Tregelles), 알포드(H. Alford), 웨스트코트, 호트(Hort) 등을 꼽을 수 있다. 이들 중에 특히 웨스트코트와 호트는 신약 본문 비평의 대원칙을 세운 자들이다. 그 원칙은 사본을 네 가지로 나눈 것(수리아식, 서부식, 알렉산드리아식, 중립식)이다.

2. 근대 신약 번역사 소고

이 논제에서는 신약 번역사의 전폭을 고찰하지 않고, 다만 우리가 가지고 있는 한국어 성경의 유래를 알아보는데 필요한 부분만을 고찰하려 한다. 한국어 성경과 밀접히 관련된 번역은 영역 성경일 것이다. 그러므로 영역 성경에 대한 역사적 고찰을 한 뒤에 한국어 성경의 역사를 간단히 말하고자 한다.

1) 영역(英譯)

① 존 위클리프(John Wycliff 1384)가 최초로 영역을 완성하였다. 이것은 여러 해 동안 손으로 쓴 글로 있다가 1831년에 비로소 인쇄되었다.

② 윌리엄 틴데일(William Tyndale)은 교황보다 농민에게 성경을 더 잘 알게 할 목적으로 역술하였다. 그는 1525년에 성경을 번역했다는 죄명으로 순교하였다. 순교할 때 그가 기도하기를 "주여! 영국 왕으로 하여금 눈을 뜨게 하옵소서!"라고 하였다. 그 후 3년 만에 왕은 교황을 반대하고 전국에 있는 예배당에 "큰 성경"(The Great Bible)이란 영역 성경을 한 권씩 비치하도록 하였다.

③ 큰 성경(The Great Bible 1539)은 카버데일(Coverdale)이 번역한 것으로, 후에 그가 교정하였다.

④ 제네바 성경(1557)은 카버데일과 그밖에 몇 사람이 힘을 합하여 제네바에서 번역한 것으로, 주해(註解)가 붙어 있다.

⑤ 감독 성경(The Bishop's Bible)은 파커 감독이 이미 있던 번역문을 교정하여 베낀 것으로, 역시 주해가 붙어 있다.

⑥ 흠정역(Authorized Version)은 영국 왕 제임스가 54명의 학자들에게 번역을 맡긴 것으로, 그 중 47명이 종사하여 4년 후인 1611년에 완성하였다.

⑦ 영국 수정역(Revised English Bible). 새로운 사본들의 발견은 수정역의 필요를 느끼게 하였다. 64명의 번역 위원들과 미국의 34명의 학자들의 도움을 받아 새롭게 번역해 낸 것이 이 수정역이다.

⑧ 미국 수정역(American Revised Version). 영국 수정역 사업에 협력하던 미국인 학자들은 영국 수정역이 완필된 후에도 흩어지지 않았다. 그들은 계속하여 독특한 번역을 냈는데, 그것이 미국 수정역이다(1810).

2) 한국역

한국어 번역은 헬라어 원문을 기초로 하고, 영국 수정역을 참고하였다고 한다.

① 초역. 번역회(1887년에 선교사들로 구성된 것)에서 신약전서를 처음 인쇄한 해는 1900년이었다. 1904년에 수정 재판이 나오고, 1906년에는 수정 3판이 나왔다. 그리고 1910년에는 구약까지 마쳤다.

② 개역. 1937년 5월에 구약이 개역되고, 1937년 6월에 신약이 개역 되었다.

제2부 요한복음 서론

Ⅰ. 요한복음의 정경성

1) 일찍이 고대 교회가 요한복음을 하나님 말씀의 권위 있는 책으로 받았음

이레나이우스는 그때 세계의 모든 교계의 대표 자격으로 많은 여행을 한 교부로서, 요한복음의 저자는 사도 요한이라는 것이 당시 모든 교계에 알려져 있는 사실을 증거하였다. 그와 같은 시대의 교부인 테르툴리아누스(Tertullian), 알렉산드리아의 클레멘스(Clement) 등이 역시 같은 증거를 하였다. 타티아노스(Tatian)는 그의 『디아테사론(Diatessaron, "4복음서 조화")』에서 요한복음을 취급하였다. 『디아테사론』은 제4복음의 처음 다섯 구절로 시작되었다. 심지어 이단자 헤라클레온(Heracleon)은 발렌티누스 학파(Valentinians, 140-180)의 사람으로서 요한복음에 대하여 주석까지 냈다. 이 학파의 프톨레마이오스(Ptolemy)도 요한복음을 사도적 문서로 알고 권위 있

게 여겼다.[2] 유스티누스가 요한복음을 알았고, 이그나티오스는 특별히 요한복음을 회상하며 글을 썼다. 그의 에베소서는 그 흔적을 많이 보인다.

특히 1920년에 얻어진 파피루스 문건은 맨체스터(Manchester)의 도서관에 있는데, 그 앞면에는 요한복음 18:31-33의 말씀이 기록되었고, 뒷면에는 요한복음 18:37-38의 말씀이 기록되어 있다. 이 파피루스 문건은 주후 150년경에 기록된 것이라고 한다. 이런 문서를 보아서 요한복음이 기독교회의 초기에 벌써 정경으로 알려져 있었던 사실이 드러난다.

2) 요한복음을 정경이라고 할 수 없다는 학자들의 이론은 모순됨

① 요한복음의 그리스도론이 너무 사색적이므로, 그것을 1세기의 사람이 기록하였을 수 없다고 하는 이들이 있다. 이것은 이론이 되지 않는다. 바울도 1세기의 사람이지만 그리스도론을 그 서신에 기록하였다(참조. 골 2:9; 빌 2:6; 롬 9:5). 공관복음의 그리스도론도 사색적이다. 마태복음 11:27-28을 읽어 보라(Hendriksen).

② 요한복음에는 예수님을 메시아라고 하는 사상이 공관복음에서처럼 점진적이 아니고 처음부터 나타나 있다. 그러므로 이런 글은 사도들 중 한 사람이 기록하였다고 보기 어렵다고 한다. 그러나 이것은 잘못된 이론이다. 공관복음에서도 처음부터 예수님을 메시아라고 한다(참조. 막 1:7-8, 24, 34, 3:11). 물론 요한복음이 예수님을 메시아라고 하는 사상을 처음부터 표시함에 있어서 좀 더 직설적인 것은 사실이다(Hendriksen). 우리가 요한복음의 성격을 이해할 때 그 사실이 이해된다. 요한복음은 공관복음처럼 예수님의 행적과 사건들을 수록하는 역사만이 아니고, 무엇보다도 명료하게 복음을 알려 주려는 목적으로 기록된 것이다. 따라서 이 책은 초두부터 예수님을 하

---

2) Hendriksen, *The Gospel of John Vol. I*, 24-25.

나님의 아들이라고 말하게 되었다. 그러므로 요한복음이 메시아 계시에 있어서 공관복음처럼 점진적이 아닐 것은 예상된다.

3) 계시록을 저술한 사람이 사도 요한이라면, 요한복음은 다른 사람이 기록했을 것이라고 한다. 그 이유는 이 두 책이 내용이나 문체에 있어서 서로 다르기 때문이라고 한다. 그러나 이것도 그릇된 이론이다. 요한복음과 계시록의 문체가 표면상으로는 서로 달라 보이지만, 예수님을 "어린 양"(1:29, 36)이라고 한 것, "하나님의 말씀"이라고 한 것(1:1) 같은 것은, 역시 계시록의 사상과 같다(계 5:6, 19:13).

II. 요한복음의 저작자

1) 내증

제4복음서의 저작자는 팔레스타인에서 생활한 유대인(사도 요한)이었다. 그것은 그가 유대의 제사 제도와 지리와 풍속을 너무도 자세히 아는 사람으로 드러나기 때문이다.[3)]

그뿐 아니라 제4복음서의 저작자가 사도 요한으로 알려지는 또 한 가지 내적 증거는 이것이다. 곧 그 기록에서 집필자가 목격자의 표를 나타내는 그것이다. 1:40, 2:6, 4:6, 40, 52, 21:8, 11 등은 숫자에 대한 기록인데, 사건이 일어난 현장의 참관한 자가 아니고는 그렇게 자세히 기록할 수 없을 것이다. "우리가 그의 영광을 보니"란 말씀(1:14)과 "이를 본 자가 증언하였으니 그 증언이 참이라 그가 자기의 말하는 것이 참인 줄 알고 너희로 믿게 하려 함이

---

3) 2:1, 3:23, 4:9, 45, 46, 5:1, 6:17, 7:37, 9:7, 14, 22, 10:22, 11:18, 38, 12:21, 18:1, 28, 19:31, 40, 20:1.

니라"(19:35)고 한 말씀도 역시 그 집필자가 목격자인 사실을 드러낸다. 그러면 그가 누구였을까? 그는 "다른 제자" 혹은 "사랑하시는 제자"라는 것이다(13:23, 19:26, 21:20). 그 제자가 사도 요한일 것은 명백하다. 그 이유는 제4복음에는 사도 요한의 이름이 한 번도 나오지 않고, "다른 제자" 또는 "사랑하시는 제자"라고만 기록되어 있기 때문이다. 책을 저술하는 사람이 자기의 이름을 말하지 않은 것은 자연스러운 심리 작용이다.

2) 외증

순교자 유스티누스는(135년경) 이 책이 사도의 저술임을 나타냈고, 무라토리 정경목록(Canon Muratorianus)도 제4복음서를 사도 요한의 저술로 간주하였다(180~200년경). 그리고 2세기 말의 이레나이우스는 사도 요한을 직접 알고 있었던 폴리카르포스를 친히 만난 일이 있다고 하였는데, 사도 요한이 제4복음서의 저자라고 밝히 말하였다.[4] 또한 1세기 말에 알렉산드리아의 클레멘스가 요한을 제4복음서의 저자로 알았고, 테르툴리아누스도 그리하였다(Adv. Marc., 4, 2). 폴리크라테스(Polycrates)는 에베소 교회의 감독으로서 196년경에 사도 요한이 에베소에 살다가 별세하였다고 말하면서, 요한복음 13:25이 그가 쓴 글이라는 의미로 설명하였다.[5] 시리아 안디옥 교회의 제6 감독이었던 테오필로스(Theophillus)도 역시 2세기 말에 기록하기를, 사도 요한이 제4복음서의 저작자라고 하였다.

4) נובתאד טאסוש טהת וסשש נש נלנגאש ת כודחש טתשא..רכ ת טהתהקאמ ע טהננאוש אתפ. Adv. Haer, 1, 9, 2.

5) Eusebius, *Ecclesiastical History,* Ⅴ, 24.

Ⅲ. 요한복음의 저작 연대와 장소

어떤 학자는 사도 요한이 밧모섬에서 돌아온 뒤에 이 책을 저술했다고 한다. 그러나 그보다는 그가 밧모섬에 가기 전에 저술하였다고 하는 것이 유력한 견해이다. 이 책이 주후 90년 이후에 기록되었다고는 볼 수 없다. 그 이유는 주후 90-100년 어간에 나온 로마의 클레멘스의 문헌에 요한복음의 사상이 벌써 반영되어 있기 때문이다. 이 책은 요한의 말년에 저술된 듯하고, 이미 공관복음이 세상에 나온 때 저술되었을 것이다. 그러므로 이 책은 주후 80-90년 어간에 기록되었을 것이다(C. Bouma).

이 책의 저술 장소는 에베소이다. 그것은 다음과 같은 이유로 그렇게 생각된다. 요한복음은 공관복음과 달리 근본 사색의 경향이 농후하니, 그것 역시 그 집필 환경이 헬라 철학의 분위기, 곧 이방이었던 것을 암시한다. 저자는 헬라 철학의 그릇된 사상을 극복하고 복음을 나타내려는 동기를 가졌을 것이다. 그러므로 4세기의 제롬은 다음과 같은 뜻으로 말하였다. 요한이 아시아(에베소가 있는 곳)에 있을 때, 그리스도의 육체적 강림, 곧 성육신을 반대하는 케린토스(Cerinthus)나 에비온(Ebion)같은 이단자들의 교훈이 퍼져 있었던 것이다. 그러므로 그는 이 이단에 대하여 답변하지 않을 수 없었을 것이다.[6]

뿐만 아니라 교부들의 증거를 보아도 사도 요한이 그의 말년에 에베소에 있었던 것이 확실하다. 이레나이우스는 말하기를 "아시아(에베소가 있는 곳)에 유하던 주님의 제자 요한을 본 장로들이 그의 교훈을 증거한다. 그는 트라야누스(Traian) 황제 때까지 거기서 살았다"라고 하였다(Adv. Haer., 2.22, 5). 이레나이우스는 자기와 함께 폴리카르포스에게 배운 친구 플로리누스

---

6) Godet, *Commentary on St. John's Gospel,* Ⅰ.277-280.

(Florinus)에게 다음과 같은 편지를 보낸 일이 있다. "이 교리(영지주의 교리)들은 사도들의 계승자들, 곧 우리보다 선배인 장로들이 전해 준 것이 아니다. 나는 아이 때 소아시아에서 폴리카르포스와 함께 있으면서 너를 보았다. 나는 지금도 폴리카르포스가 앉아서 가르치던 자리까지 네게 보여 줄 수 있다. 그는 그때 그 자리에 앉아서 요한과 및 주님을 직접 본 다른 이들과 더불어 가졌던 그의 교제에 대한 이야기를 해 주었다"라고 하였다(Eusebius 24). 특별히 2세기 말에 에베소 교회 감독이었던 폴리크라테스는 사도 요한이 별세하여 에베소에 묻힌 사실까지 말하였다(Eusebius, V. 24:3).

Ⅳ. 요한복음의 저작자론에 대한 논쟁사

학문이란 것은 독단이 아니다. 그것은 진리 탐구에 대한 역사적 유산을 공정하게 취급한다. 양심적인 학자는 비판할 것은 비판하고 그대로 소개할 것은 그대로 소개한다. 남의 것이 옳은 줄 알 때 그것을 그대로 소개하는 것이 진리의 친구 된 학적 양심이다. 하나님 말씀에 대하여 탐구하는 자들은 그렇게 공정하여 진리만 내세우기를 힘써야 한다. 나는 이 점에 있어서 고데(F. Godet)를 존경한다. 그는 이와 같은 학적 양심의 소유자로서 하나님의 진리를 많이 깨달았다. 그는 요한복음의 서론을 기록하면서 저작자론에 대한 논쟁사를 길게 취급하였다. 그는 학자들의 학설 내용과 저서의 명칭을 우리에게 알려 주었다.[7] 그것을 대략 소개하면 다음과 같다.

1) 17세기 말엽에 이르기까지 요한복음의 저작자론에 대한 논쟁은 별로 없었다. 1792년에 이르러 영국 신학자 에반슨(Evanson)이 플라톤 철학사상

---

7) *Commentary on St. John's Gospel, Vol.* Ⅰ, 9-32.

의 소유자가 2세기에 요한복음을 기록하였다는 그릇된 주장을 하였다. 이에 따라서 독일에도 그런 그릇된 학설들이 일어났다. 그러나 영국의 두 학자 프리슬리(Priestley)와 심슨(Simpson)이 거기에 대해 제4복음은 사도 요한이 기록했다고 주장하였다. 이로 인해 독일 학자 에커만(Eckermann)과 슈미트(Schmidt)는 자기들의 의심을 취소한다고 선언까지 하였다.[8)]

2) 1801년에 독일 학자 브레트슈나이더(Bretschneider)도 제4복음의 저작자가 사도 요한임을 반대하고, 알렉산드리아 사람인 어떤 장로가 저술하였을 것이라고 말하였다. 그러나 여기에 대항하여 올스하우젠(Olshausen), 크로메(Crome), 하우프(Hauff), 뤼케(Lucke) 등이 답변서를 내게 되었다. 그들의 답변서를 그 원명대로 소개하면 각주와 같다.[9)]

이 답변서들이 나옴으로써 사도 요한의 제4복음 저작을 반대하던 브레트슈나이더는 자기가 의심하던 문제가 해결되었다고 선언하기를 "이 답변들은 충분하고도 남는다."고 하였다.[10)] 그리고 그 자신도 그때부터 요한복음의 저자가 사도 요한이라는 사실을 열심히 변증하였다.[11)]

3) 슈트라우스(Strauss)는 1835년에 『예수님의 생애』라는 책을 내면서 제4복음이 사도 요한의 저술임을 반대하였다. 그러나 또다시 여기 대한 답변이 군대와 같이 일어나게 되었으니, 톨루크(Tholuck)와 네안더(Neander) 등의 답변이었다. 아래의 각주에 그들의 답변서의 명칭을 소개한다.[12)] 특별히

---

8) Erklarung alles dunkeln Stellen des N.T.

9) Die Echtheid der vier Canonischen Evaagelien Probabilia haud probabilia, Die Authentie und der hohe Werth des Evang. Johannis.

10) In Tzschirner's Magazin fur Christliche Prediger.

11) Handbuch der Dogmatik, 8, 268.

12) Die Glaubwiirdigkeit der Evangel. Geschichte, Das Leven Jesu Christi.

네안더(Neander)의 답변서는 매우 온유하고 공정하였으므로 효과를 거두었다. 이처럼 답변서들이 나옴에 따라서 슈트라우스가 그의 저서 『예수님의 생애』 제3판에는 그 학설을 취소하다시피 말하였다고 한다.

4) F. C. 바우어(Ferdinand Christian Baur)와 그 학파는 소위 경향 비판(Tendency Criticism)의 학설을 주장하면서, 요한복음은 종합적 색채를 지녔으므로 주후 170년경에 기록되었을 것이라고 하였다. 경향 비판은 무엇인가? 이 학파는 일명 튀빙겐 학파(Tubingen School)라고 하며 바우어(Baur)라는 학자로 말미암아 시작된 것이다. 이 학파는 헤겔(Hegel)의 변증법 철학 원리에 의지하여 연구를 전개하였다. 곧 역사는 정반합(正反合)의 진전으로 볼 수 있는데, 초기 교회는 베드로파와 바울파의 투쟁이 있었고, 그 후 2세기에 이르러서 이 두 파가 화합되었다고 한다. 따라서 성경의 문서들 중에 투쟁적 색채가 있는 것은 보다 일찍이 기록된 것이지만, 종합적 색채가 있는 것들은 후대의 작품이라고 한다. 이런 그릇된 논거에서 그들은 요한복음을 2세기의 산물이라고 한다. 이 경향 비판 학설은 헤겔 철학의 편견을 가지고 성경을 잘못 본 것이다.

성경을 보면 초기 교회에 바울과 베드로가 파당을 지었거나, 서로 투쟁한 일이 있었다고 할 수 없다. 갈라디아서 2장에서 말한 대로 바울이 베드로를 꾸짖었다는 말은 있으나, 그것은 바울과 베드로 사이에 복음적 견해가 근본적으로 달라서 투쟁하였다는 의미가 아니다. 거기 있는 말은 도리어 그들 사이에 복음적 견해가 일치하였다는 사실을 보이는 것뿐이다(갈 2:11-21). 그뿐 아니라 베드로는 바울을 가리켜 "사랑하는 형제"라고 하였다(벧후 3:15).

그러므로 초기 교회에 바울과 베드로 사이에 사상적 투쟁이 있었다고 하는 것은 어리석은 생각이다. 경향 비판 학설은 리츨(Ritzsch)이 여지없이 공격하였으므로 더 이상 주장되지 못하고 말았다.

V. 요한복음의 사상 배경 문제

1) 학자들 중에는 요한복음의 사상이나 술어가 유대의 계시문학 사상의 영향을 많이 받았다고 한다.[13] 바레트(C. K. Barrett)도 역시 요한복음의 사상 배경이 유대주의 계시문학에도 관계한 줄로 생각하였다. 그는 말하기를 "요한은 자기의 특수한 사상을 가졌음에도 불구하고 의심 없이 유대 계시문학과 접촉을 가진 것이다"라고 하였고, 특별히 요한복음의 "인자" 사상이 계시문학에 관련을 가졌을 것이라는 의미로도 말하였다.[14] 그러나 유대의 계시문학은 본래의 유대 사상에 많은 이교적인 사상을 포함한 비정경적 문헌으로서, 헬라 시대에 속한 것이다. 이 문헌은 바벨론 사상과 파사 종교의 사상도 포함한 그릇된 문헌이다.[15] 그러므로 사도 요한의 사상 배경이 이런 문학에 있지 않을 것은 확실하다. "인자"란 말도 하필 계시문학과 관계있는 명칭이라고 할 것은 없다. 그 이유는 정경인 다니엘 7장에 "인자"란 말이 메시아의 명칭으로 사용되어 있기 때문이다. 예수님과 사도들은 "인자"란 말을 다니엘서에서 인용하셨다.

2) 또 어떤 학자들은 요한복음이 영지주의(Gnosticism)로부터 많은 영향을 받았다고 하였다.[16] 그러나 이같이 그릇된 학설은 비교적 현대주의에 가까운 세벤스터(G. Sevenster)도 배척한다. 그는 말하기를 "요한복음에는 우주론에 대한 번잡한 이론이 없으나, 영지주의 철학에는 그것이 있다. 또 한

---

13) E. Stauffer, Die Theologie des Neuen Testament. 1941. 24, 242.

14) Commentary on ohe Gospel according to St. John, 26.

15) Oesterley, The Jews and Judaism During the Greek Period, 75-76.

16) M. Lindsbarski, Das Johannesbuch der Mandaer, 1915, R. Bultmann, Die Bedeutung der neuerschlossenen mandaischen und manichaischen Quellen far das Verstandnis des Johannes Evangeliums, ZNW., 1925, S. 100.

가지 중요한 차이점은 요한복음은 물질을 정죄하지 않으나 영지주의 철학은 그것을 정죄하였다. 요한의 문집에는 이원론의 흔적이 전혀 없다"라고 하였다.[17)]

3) 요한복음의 사상이 헬라식 유대주의 문헌의 영향을 받았다고 하는 학자들도 있다. 예를 들면 바렛트와 같은 사람이다. 헬라식 유대주의는 알렉산드리아의 필론(Philo)이라는 철학자로 대표되었다. 그가 사용한 술어들이 요한복음의 술어와 비슷한 점들이 있기 때문에 그렇게 말한다. 예를 들면 "로고스"라는 말을 양자가 많이 사용하고 있다. 그러나 술어가 같다고 하여 사상이 같은 것은 아니다. 정통적이 아닌 도드(C. H. Dodd)도 말하기를 "필로가 사용한 로고스는 인격적 존재가 아닌 반면에, 요한복음의 것은 인격적 존재자이다"라고 하였다.[18)] 버나드(J. H. Bernard)도 말하기를 "필로와 요한복음이 어떤 점에 있어서 유사한 것이 있으나, 그것은 양자가 동일한 제목을 취급하는 경우에 있어서 피할 수 없는 일이었다. 요한복음이 글자대로 필로의 문헌을 인용했다는 증거는 아직까지 없다"라고 하였다.[19)]

뿐만 아니라 사도 요한의 사상은 필론(Philo)의 철학과 반대되는 것이다. 사도 요한은 철학적으로 엄격한 유신론인데, 필론은 헬라의 무신론 사상에 구약의 표현을 옷 입힌 것이다. 필로의 "로고스"도 실상 플라톤의 "이상 세계"를 말함인데, 그것은 무인격자요, 만물과 같다고 볼 수밖에 없다. 그는 이원론자로서 물질 개악설을 믿었으니, 그것 역시 성경과 반대되는 그릇된 사상이다. 그렇다면 사도 요한이 이런 비성경적 사상을 배척하였을지언정 인용

17) De Christologie van Het Nieuwe Testament, 210.

18) The Fourth Gospel, 73

19) The International Critical Commentary, St. John, p. Xciii.

하지는 않았을 것이 확실하다.

4) 일설에 요한복음의 사상이 플라톤(Plato)의 사상과 유사한 듯이 말한다. 바레트는 말하기를 "요한복음에는 적지 않은 플라톤 사상이 들어 있다. 예를 들면 예수님께서 말씀하시기를, 자기는 이 세상에 속하지 않고 위에서 왔으나 그의 원수들은 아래서 났다고 한 것이다(8:23). 이처럼 위 세계와 아래 세계를 구분함은 유대적 사상이 아니고 플라톤에게 속한다"라고 하였다.[20] 그러나 이것은 바레트의 오해이다. 플라톤(Plato)이 이층 세계관을 가졌으나, 그것은 요한복음에 있는 것과는 다르다. 플라톤의 것은 물질 개악설의 관념으로 현상 세계를 취급하므로 성경과 다르고, 또한 그의 철학에서 위 세계라고 한 것은 그의 이른바 이데아 세계를 가리킨 것이다. 플라톤의 이데아 세계는 실상 구체적 존재가 아니고 추상적 개념에 불과하다. 그리고 플라톤 철학에 있어서는 두 세계 사이의 화목을 위한 중보자를 필요하게 여기지 않는다. 그러나 요한복음은 두 세계 사이에 중보자가 절대적으로 필요하다고 말한다(14:6). 사도 요한이 플라톤의 비진리 철학을 사용하였을 수 없다.

VI. 요한복음에 나타난 역사와 신학

제4복음의 저작자 요한은 신학자이다. 그렇다고 요한이 신학 사상만을 우리에게 말하고 있지 않다. 그는 일어난 사건에 대한 말씀을 들려주고 있다. 많은 학자들은 요한복음이 공관복음과 달리 우리에게 전정한 전통을 주지 못한다고 주장한다. 그러나 사도 요한은 곳곳에서 그의 복음이 역사적 사건

---

20) Commentary on the Gospel of St. John, 28.

임을 보여 주고 있으며, 신학적 진리도 보여 주고 있다. 그는 물론 사건을 위한 사건을 기록하는 것이 아니라, 독자들로 하여금 믿게 하기 위하여 기록한 것이다. 그러기에 사도 요한은 사건들에 해설을 붙여 기록하였다. 해설을 붙였다고 하여 사건이던 것이 사건 아닌 것으로 변하는 것은 아니다. 해설 없는 역사는 존재하지 않는다. 그러므로 복음을 연구할 때 어떤 사건에 해설이 붙었느냐가 문제가 아니라, 그 해설이 분명히 그 역사적 자료를 만족하게 설명하고 있는가가 문제이다. 요한복음 19:35에는 "이를 본 자가 증언하였으니 그 증언이 참이라" 하였고, 21:24에는 "이 일들을 증언하고 이 일들을 기록한 제자가 이 사람이라 우리는 그의 증언이 참된 줄 아노라"고 하였다. 이런 말씀들은 사도 요한의 기록이 사실에 기준하고 있다는 것을 보여 주고 있다. 또한 이 말씀들은, 모두가 역사적인 예수님에게 강한 관심을 기울이고 있다는 사실을 알려주고 있다.

하나님은 역사 속에 자신을 계시하셨다. 그러기에 우리는 역사 속에서 하나님을 찾아야 한다. 누구든지 예수님이 육신을 입고 이 역사 속에 오셨다는 것을 주장하지 않는다면, 그는 하나님 편에 선 자가 아니다. 하나님은 구약 시대에 선지자들을 통하여 계시하신 것처럼, 신약 시대에는 자신을 아들 안에서 계시하시고, 예수님의 삶과 죽음, 또 예수님의 부활과 승천 속에서 자신을 계시하셨다. 그럼에도 불구하고 현대의 많은 학자들이 복음서의 역사성을 무시한다. 그들은 복음서를 가리켜 신앙의 주관적 산물일 뿐이고 실제 역사는 아니라고 생각한다. 이런 생각은 구약의 예언 성취를 망각한 그릇된 것이다. 신약의 복음서들은 구약 시대 예언의 성취 사건들이고, 신앙의 주관적 산물이 아니다. 초기 교회의 복음서 기자들과 성도들은 신학에도 관심이 있었고, 역시 사실에 관하여도 심각한 관심이 있었다.

특별히 요한복음 저자는 사실 묘사에 정확하다. 한두 가지 실례를 들면 이렇다. 곧 그는 지리적 묘사에 있어서 정확성을 보여 주고 있다. 그는 팔레스타인 지방을 잘 알고 있었다. 또 한 가지 정확한 점은 시간에 대한 그의 서술이다. 그는 어떠한 일이 어느 날, 어느 시간에 발생했다고까지 정확히 묘사하고 있다.

Ⅶ. 요한복음과 다른 복음과의 관계

사도 요한이 그의 복음을 집필하기 전에 공관복음의 어느 책(혹은 책들)을 알고 있었을 것이라고 대부분의 학자들이 인정한다. 그들 중에는 요한이 마가복음을 읽었을 것이며, 누가복음을 사용했을 것이라고 주장하는 학자들이 있다. 그러나 요한복음은 공관복음의 어느 책도 참조하지 않고 기록된 표를 많이 보여 주고 있다. 요한복음과 공관복음이 서로 다른 점은 다음과 같다.

1) 예수님의 성역 환경의 차이점

성역의 성격에 대하여 말하자면, 요한복음은 그 전체에 있어서 주로 예루살렘을 중심으로 예수님의 성역을 기록한데 비하여, 공관복음은 갈릴리를 중심으로 기록하였다. 그리고 요한은 예수님과 그의 원수들 사이의 긴 논쟁을 기록하고 있는 반면에, 공관복음에는 그런 점이 별로 없다. 공관복음은, 주로 세례 요한의 투옥 후로부터 예수님의 성역을 기록하였으나, 사도 요한은 세례 요한의 투옥 전에도 예수님의 성역이 이미 시작되었음을 기록하고 있다.

2) 같은 사건에 대한 기록의 차이점

성전 청결 사건에 있어서 요한복음은 성역 초기의 것을 기록하였고, 공관복음은 성역 말기의 것을 기록하였다. 그러므로 이 기록에 있어서도 요한이 공관복음을 참조하지 않은 것이 확실하다.

5천명 이상에게 떡을 먹이신 이적이 공관복음에도 기록되었고, 요한복음에도 있다(마 14:13-21; 막 6:30-44; 눅 9:10-17; 요 6:1-15). 그러나 그 묘사에 있어서 공관복음과 요한복음이 서로 다르다. 공관복음에는 제자들이 그들의 전도 보고를 마친 후에 이 사건이 있는 것으로 기록되었으나, 요한복음에는 그런 말이 없을 뿐만 아니라 그 이적이 있은 후에 무리들이 예수님을 억지로 임금 삼으려는 운동을 일으켰다고 기록되었다(요 6:15). 그러나 공관복음에는 그 어느 책에도 이런 말이 없다.

마리아가 예수님의 머리에 기름 부은 사건이 공관복음에 있지만(마 26:6-13; 막 14:3-9), 요한복음에도 있다(12:1-8). 그런데 이 사건에 대한 묘사에 있어서도 요한복음은 공관복음에 비교하여 다른 점들을 가지고 있다. 예를 들면 ① 마가복음에는 마리아가 기름 부은 곳이 예수님의 머리라고 하였는데, 요한복음에는 예수님의 발이라고 하였고, ② 마가복음에는 기름 부은 여자의 이름이 밝혀지지 않았으나, 요한복음에는 "마르다의 형제 마리아"라 하였고, ③ 마가복음에는 그 기름의 분량이 "한 옥합"이라고 하였는데, 요한복음에는 "한 근"이라고 하였고, ④ 마가복음에는 그 기름 부은 일을 어떤 사람들이 비평하였다고 하였으나, 요한복음에서는 그 비평자를 "가룟 유다"라고 지적하였으며, ⑤ 마가복음의 기사에서는 "온 천하에 어디서든지 이 복음이 전파되는 곳에는 이 여자가 행한 일도 말하여 저를 기억하리라"고 하였는데(막 14:9), 요한복음에는 그런 말이 없다. 이 사실을 보면 요한의 기록이 마가복음을 참조하였다고 보기 어렵다.

그리스도의 수난과 부활 사건에 있어서도 요한복음과 공관복음 사이에 유사한 점들이 있으나, 꼭 같은 모양으로 진술되지는 않았다. 그러므로 요한복음이 공관복음에 의지하여 기록되었다는 학설은 받기 어렵다.

위에 언급된 재료들 이외에 요한복음의 거의 전부는 공관복음에 없는 재료들이다.

Ⅷ. 요한복음의 특색

사람들이 흔히 요한복음을 가리켜 신령한 복음이라고 한다. 그것은 요한복음을 공관복음에 비교하여 말한 것이다. 신령한 복음이라고 하는 것은 그리스도의 사건을 기록하면서 특별히 사건의 외부적인 현상보다 그 의의에 대하여 중점적으로 말한 것을 가리킨다. 예를 들면, 공관복음은 그리스도의 탄생 사건을 기록함에 있어서 그가 탄생한 지방과 연대 같은 것을 명백히 기록하였다. 이처럼 그 기록이 외부적인 역사를 보여주는데 상세한 내용을 갖추었다. 그러나 요한복음은 그런데 치중하지 않고 예수님이 영원 전부터 계시는 사실을 말하면서 그의 영적 활동을 말해오다가 그의 성육신에 대하여 알려 준다(1:14). "말씀이 육신이 되셨다"는 것은 예수님께서 베들레헴에 탄생하셨다는 사건의 형이상학적(形而上學的)인 의의를 보여 주는 것이다. 다시 말하면 예수님이 인간성을 입으셨다고 하여 인간성에서 멎었다는 것이 아니고, 인간성을 초월하신 영원하신 하나님의 아들이심을 보여 준다. 또 한 가지 예를 들면, 요한은 예수님의 죽으심에 대하여 기록할 때 죽는다는 말을 쓰지 않고 "들린다", "영광을 받는다"는 표현들을 사용하였다. 이것 역시 그의 죽으심의 영적인 의의를 보여 주는 것이다. 요한복음에는 이런 성격의 표현들로 가득 찼다. 그러므로 이 복음을 읽는 자들의 심리는 그 글을 읽음과 함께 고차원적인 영적 세계로 들림 받는다. 그뿐 아니라 요한복음은 그리스도의 이적을 말할 때도 언제나 영적인 의의를 강조한다. 이적이란 명칭에 대해서도 요한은 특별한 술어를 사용하였으니, 곧 "표적"이란 말을 사용하였다. "표적"이란 말은 이적이 가리키는 영적 의의에 대한 명칭이다. 이처럼 요한은 그리스도의 표적을 역사적 사건으로 알려주는데 멈추지 않고, 뒤이어 그 이적이 가리키고 있는 영적 생명 운동 및 구원 운동을 길게 설명한다. 예를 들면 38년 된 병자를 고치신 역사적 기록에 뒤이어 사람들을 중생시켜 영생 주시는 그리스도의 구원운동에 대하여 길게 기술하였고(5장), 또한 5천 명 이상에게 떡을 먹이신 이적을 역사적으로 기록한 다음에 뒤이어 생명 떡에 대하여 길게 기술하였다(6장).

요한복음의 특색으로 우리가 또 한 가지 명심할 것이 있다. 그것은 요한의 중복식 문체이다. 그는 종종 같은 말을 되풀이한다. 이런 중복체는 진리에 대한 그의 확신과 말씀을 전하는 데 있어서 그의 간절성을 보여 준다. 누구든지 요한복음을 집중하여 읽으면 이와 같은 문체를 맛보게 되는 동시에 그 심령에 많은 은혜를 받게 된다.

마지막으로 우리가 한 가지 더 명심할 것은, 이 복음에서 예수님을 가리켜 하나님이 보내신 자라고 하는 표현이다. 이 복음에는 이러한 표현이 가득하다. 이것 역시 우리로 하여금 땅에서 하늘을 느낄 만큼 우리에게 신령한 은혜를 준다. 예수님은 일반 선지자들과 달라서 그 자신이 바로 하나님이시고, 그의 역사가 바로 하나님의 말씀 그대로를 가져왔다는 것이다. 예수님은 말씀하시기를 "그가 친히 보고 들은 것을 증언"한다고 하셨으며(3:32), "아버지께서 가르치신 대로……말하는 줄도 알리라"고 하셨다(8:28). 이와 비슷한 말씀이 이 외에도 많이 있다. 이처럼 요한복음은 우리로 하여금 예수님의 말씀을 액면 그대로 하나님 말씀으로 믿게 해준다.

요한이 이같이 기록한 목적은 무엇인가? 그것은 물론 우리로 하여금 그리스도 사건의 내부적인 함축, 곧 그 성품을 사람들에게 밝히 보여 주려는 것이다. 이 말은 다른 복음서들이 이와 같은 목적을 이루지 못한다는 것이 결코 아니다. 다른 복음서들은 또 다른 방법으로 이와 같은 역할을 한다. 다른 복음서들은 특별히 그리스도 사건이 사람들과 접촉하는 방면, 곧 외부적인 방면을 알려 준다. 이처럼 하나님의 아들이 인간을 불쌍히 여기시고 지극히 낮아지셔서 임마누엘을 이루셨다는 것이다. 다른 복음서들은 이 방면을 강조하여 역시 신령한 일을 이룬 것이다. 이런 의미에서 물론 다른 복음서들도 신령한 책들이다. 특별히 마태복음 11:27은 요한복음의 성격과 같은 말씀이다. 거기 말하기를 "내 아버지께서 모든 것을 내게 주셨으니 아버지 외에는 아들을 아는 자가 없고 아들과 또 아들의 소원대로 계시를 받는 자 외에는 아버지를 아는 자가 없느니라"고 하였다. 플러머(Plummer)는 이 말씀을 가리켜 "요한의 하늘"이라고 하였다. 다시 말하면 이 말씀(마 11:27)이 요한복음의 신령한 성격, 곧 하늘에 속한 성격을 지니고 있다는 것이다.

Ⅸ. 요한복음의 제목과 구분

제목: 하나님의 아들로 증거되신 예수 그리스도

구분

머리말 (1:1-18)

Ⅰ. 예수께서 하나님의 아들로 공적으로 증거되심(1:19-12:50)

1) 세례 요한의 증거(1:19-34)

2) 유대 초기 성역에서 예수님이 친히 증거하심(1:35-3:36)

3) 예수께서 사마리아와 갈릴리에서 증거하심(4:1-54)

4) 유대인들과 변론하시며 증거하심(5:1- 6:71)

5) 유대인들과 충돌 되신 성역의 증거(7:1-10:42)

6) 위기를 당하신 성역의 증거(11:1-12:50)

Ⅱ. 예수님이 받으실 고난 및 부활과 관련된 증거(13:1-21:25)

1) 사도들을 준비시키신 말씀(13:1-17:26)

2) 그의 죽으심과 관련된 증거(18:1-19:42)

3) 그의 부활과 관련된 증거(20:1-21:25)

제 1 장

내용분해

1. 로고스(λόγος)의 성육신(1-18절)
    1) 로고스의 영원성과 신성(1-2절)
    2) 로고스의 활동(3-5절)
    3) 세례 요한의 성역 목적(6-8절)
    4) 로고스의 오심과 그 결과(9-18절)

2. 세례 요한의 증거(19-36절)
    1) 제사장들과 레위인에게 대하여(19-28절)
    2) 민중에게 대하여(29-34절)
    3) 제자들에게 대하여(35-36절)

3. 예수님의 성역 초기의 제자들(37-51절)
    1) 안드레와 요한과 베드로(37-42절)
    2) 빌립과 나다나엘(43-51절)

개요

1. 말씀(λόγος)은 하나님과 동등이심 (1-2절)

그것은 "태초에 말씀이 계시니라"고 한 말씀과 "하나님과 함께 계셨으니"라는 말씀이 증거한다. 말씀이 하나님과 동등인 사실은 우리가 믿는 예수님이 얼마나 위대하신 사실을 보여 준다. 우리를 위하여 죽으신 분이 바로 이 분이시다. 그러므로 그로 말미암아 오는 구원은 하나님이 가지신 부요이다.

2. 만물 창조의 운동 (3절)

창조는 인격적 신에 대한 참된 계시이다. 일반 철학에서 말하는 유출설은 결국 범신론에 불과하다. 노자의 현빈이나 플라톤(Plato)의 이데아 사상은 유출설에 근거한 것이다. 이처럼 이 세상 사람들은 하나님을 알지 못한다(고전 1:21). 그러나 성경대로 그리스도의 우주 창조를 믿는 신자는 그의 지혜가 무한하신 줄을 알며 그의 사랑을 알며 그의 권능을 알게 되어, 그를 찬송하며 그 앞에서 겸손하며 어려운 가운데서도 그를 믿어 위로를 받게 된다(시 33:6, 65:6, 89:12, 121:2, 134:3; 사 37:16, 40:28, 42:5). "지은 것이 하나도 그가 없이는 된 것이 없느니라"고 한 말씀을 보면, 그의 뜻을 거슬러 있는 것은 없다는 것이다. 이것은 그리스도만 우리의 구주이심을 성립시키며, 그의 구원 행위를 방해할 자가 없다는 뜻도 가진다.

3. 빛으로 생명을 주시는 운동 (4-5절)

'빛'은 계시 운동을 가리킨다. 생명 계시는 곧 빛이다(Schlatter). 다시 말하면, 그것은 하나님 말씀의 내림이다. 그것은 유월절 양과 기타 성전의 제물이나 들려진 놋뱀(민 21:8-9) 등이며, 또 메시아를 예표하기 위한 모든 구약 계시이다. 하나님의 말씀과 생명은 나뉘어 있지 않으나, 사람들이 말씀을 생명에서 나누어 생각한다. 그렇게 하는 것은 사람들의 무지(無知)와 불신앙과 불순종이다. 우리는 하나님 말씀을 알아야 하고 신앙해야 하고 순종해야 한다. 지각(知覺)을 사용하는 것도 이 빛을 깨닫는 방법이지만, 신앙과 순종이 더욱 그것을 깨닫게 하는 방법이다. 인간들은 어두움과 같아서 이 빛을 깨닫지 못한다. 그러므로 5절은 그것을 탄식한다.

4. 세례 요한을 통한 운동 (6-8절)

여기 "증거"라는 표현이 세 번 나온다. 이 "증거"는 증거자가 성령으로 말미암아 친히 경험한 바를 남들에게 책임 있게 말해 주는 것이다. 이것은 양심적일 뿐만 아니라 생사 문제를 걸어 놓은 책임 있는 증거이다. 그러므로 그 증거를 듣는 자는 그 증거의 내용을 받아 믿어야 한다. 루터(Luther)는 말하기를 "영적세계의 일에 대한 증거란 것의 성질은 어떤 것인가? 사람들은 증거자의 증거 내용을 보거나 느끼려고 하지 말고 그것을 믿으려고만 해야 한다."고 하였다.[21] 세례 요한의 증거는 참된 것으로 유명하다. 요한복음 10:40-42에 "다시 요단 강 저편 요한이 처음으로 세례 주던 곳에 가사 거기 거하시니 많은 사람이 왔다가 말하되 요한은 아무 표적도 행하지 아니하였으나 요한이 이 사람을 가리켜 말한 것은 다 참이라 하더라 그리하여 거기서 많은 사람이 예수를 믿으니라"고 하였다.

5. 예수 그리스도의 복음 전도를 통한 운동 (9-13절)

9절은 예수님의 성역 시작을 말하고, 10절은 예수님을 알지 못하는 일반 세상의 고질(痼疾)을 회고하고, 11절은 예수께서 사람이 되신 이후 유대인들

---

21) Num ist die Natur des Zeugnisses, dass es von dem Ding redet, das man nicht siehet, weiss noch fuhlet, sondern glauben muss dem Zeugen, der es bezeugt.—Evangelien Auslegung, 4, 31.

중에서 배척받으신 사실을 말한다. 그리고 12-13절은 이방인이나 유대인이나 할 것 없이 이 믿음 중심으로 하나님의 자녀 되게 하는 세계적 복음 운동을 설명한다. 하나님께서 그리스도를 세상에 보내시고, 사람들에게는 그를 믿으라고 하셨다. 사람이 알기 어려운 일에 있어서는 권위 있는 증거를 근거하여 믿을 뿐이다. "알라"고 하지 않으시고 "믿으라"고 하심은 "알 수 없는" 인생들에게 적합한 요구이다. 12절에 "그 이름을 믿는 자들에게는 하나님의 자녀가 되는 권세를 주셨으니"라고 한 말씀이 그 뜻이다.

권세를 주어 하나님의 자녀가 되게 하심은 그들 자신에게 공로와 의가 없어도 되게 하심을 가리키는데, 그것은 그리스도의 공로 때문이다. 그러나 그들이 하나님의 자녀가 되게 하심은 이처럼 외부적 권위로만 하는 것은 아니다. 그것은 내부적 원리를 가지고 있다. 13절이 그것을 보여 준다. 이 내부적 원리는 중생이니, "하나님께로부터 난 자들"이라는 말씀이 그 의미이다. 신자는 내부적으로 변화하여 천국에서 그리스도와 함께 기업을 누리는 적응성을 갖게 되어 있다. 그는 중생하여 그리스도의 형상을 닮아간다(고후 3:18). 이것이 없이는 그리스도와 함께 기업을 누릴 수 없다.

6. 세계적 구원 운동의 원천 (14-18절)

위의 12-13절에서 세계적 구원 운동이 진술되었다. 그리고 이 부분에서 그 운동의 원천에 대하여 말한다. 그것은 로고스(말씀)의 성육신으로 이룩된 신약 계시의 최후적 완전이다. 말씀이 육신이 되신 것은 인생이 깨달을 수 있는 지능의 수준에 맞추어 계시가 임한 것을 말한다. 그가 육신이 되셔야 인간들에게 하나님을 알 수 있도록 하실 것이다. 이런 의미에서 예수 그리스도는 "휘장"이시다(히 10:20). 태양이 그 열을 사람에게 직접 전달하면 인간은 타서 죽을 수밖에 없다. 그러나 그것이 공기라는 휘장을 경유하여 우리에게 올 때, 우리의 시신경에 알맞은 광도로 온다. 이 계시는 최후적 완전성을 갖추었다. '충만'이라는 말은 그 이상 더 할 수 없이 가득히 채운 것을 의미한다. 그리고 "은혜 위에 은혜"라는 말은 은혜가 끊임없이 임함을 가리킨다.

이처럼 신약 계시는 최종적 완전성을 가진 것이다. 그러므로 이 계시의 말씀을 받는 자에게는 믿는 그때부터 벌써 영생이 있고, 그것을 반대하는 자는 그때부터 정죄를 받는다. 이런 의미에서 그리스도께서 인생들의 멸망과 영생의 분수령이다(고후 2:14-16).

7. 사람들의 증거 (19-51절)

세례 요한은 예수님을 하나님의 어린 양이라고 하였으니(29절), 그것은 그리스도의 속죄에 대한 최초의 증거라고 할 만하다. 그리고 그는 예수님을 하나님의 아들이라고 하여(1:34) 최후적인 완전한 계시자(히 1:2)로 지적하였다.

최초 제자들의 증거는 개인 전도의 형태로 나타나 있어서 우리의 주목을 끈다. 성경에는 대중 전도의 운동도 있으나, 이처럼 한 사람 한 사람 주께로 인도하는 운동도 그보다 못하지 않은 일이다. 안드레가 자기 형제 시몬 한 사람을 인도한 그것이 후에 큰 능력의 역사를 가져왔다. 그리고 빌립이 나다나엘을 예수님에게 인도한 결과로 나타난 주님의 말씀은 신약적 계시의 특징을 보여 준다. 그것은 "하늘이 열리고 하나님의 사자들이 인자 위에 오르락 내리락 하는 것을 보리라"고 하신 말씀이다(51절). 이것은 실상 신약 시대 그리스도로 말미암아 하나님께 대한 신자들의 관계가 새로워질 것을 예언한 것이다. 신자들이 하나님으로 더불어 가질 교통은 중단 없이 성립된다. 그것은 구약 선지자들의 경우와 같이 어떤 환상이나 이상을 봄으로 되는 정도가 아니다. 슐라터(Schlatter)도 이런 의미로 해석하였다.[22)]

---

22) Seine Gemeinschaft mit Gott besteht ohne Unterbrechung und entsteht nicht, wie beim Propheten, durch einen visionaren Vorgang.—Der Evangelist Johannes, 63.

⚜ 해석

1-18절. 이 부분은 요한복음의 머리말이다.

1 태초에 말씀이 계시니라 이 말씀이 하나님과 함께 계셨으니 이 말씀은 곧 하나님이시니라. 요한은 예수님의 신성에 대하여 증거하는 것을 그 주요 목적으로 한다. 그러므로 그는 예수님의 전재성을 지적하는 것으로 시작한다. 여기 말한 대로 "태초에 말씀이 계셨다"고 하였고 "계시기 시작하였다"는 것이 아니니, 그것은 그가 태초 전에도 영원 전부터 계셨음을 알려 준다. "말씀"이란 말은 헬라어로 로고스(λόγος)인데, 예수 그리스도께서는 언제나 하나님 아버지의 계시자란 의미에서 이 명칭을 취하셨다. 어떤 학자들은 예수 그리스도를 로고스라고 한 것이 예수님을 철학자 필론(Philo)이 말한 로고스와 동일하게 본 사상이라고 한다. 그러나 필론이 말한 로고스는 플라톤 철학의 이데아 사상을 가리킨 것이니, 이상은 인격이 아니며 창조자가 아니다. 사도 요한이 어찌 예수 그리스도를 그런 것과 동일시하였으랴? 로고스란 말은 구약에도 많이 있다. 바울이 그리스도의 역사(役事)의 성질에 따라서 그를 "능력"이라고도 하였고 "지혜"라고도 한 것처럼(고전 1:24), 사도 요한이 그리스도의 계시하시는 역사를 말하기 위하여 그를 가리켜 "말씀"(로고스)이라고 한 것은 이상할 것 없다.

"하나님과 함께 계셨으니." 여기 "함께"라는 말은 성자 그리스도의 격위가 성부와 대등하심을 명백히 하는 말이다. 그뿐만 아니라 이것은 성부에게 대한 그의 윤리적 관계를 보여 준다(5:19). 곧 이것은 그가 성부의 명령에 순종하여 행하시는 관계를 보여 준다.

"이 말씀은 곧 하나님이시니라." 그는 이렇게 하나님 아버지와 따로 계시는 완전하신 하나님이시다. 그는 우선 만물 창조의 행위로 하나님을 계시하셨다.

2 그가 태초에 하나님과 함께 계셨고. 1절에 있는 같은 말 해석을 참조하라. 이 문구는 다음과 같은 뜻도 가졌다. 곧, 그가 창조하실 때는 성육신 하신 때와는 달리 사람들에게 나타나시지 않고 하나님과 함께 계셨다는 것이다.

3 만물이 그로 말미암아 지은 바 되었으니 지은 것이 하나도 그가 없이는 된 것이 없느니라 창조는 계시 운동의 최초 계단이다. 창조가 인류에게 보여 주는 것은 무엇인가? 그것은 ① 겸손을 보여 줌. 만물이 본래 없던 것이고 인간도 없었던 것이었는데, 하나님의 권능으로 지음을 받아서 비로소 있게 되었다. 그렇다면 우리 인간은 현재에도 자신이 없는 것처럼 낮아지며 겸손해야 한다. 우리는 본래 아무것도 가진 것이 없으니 어찌 높은 마음을 품을 수 있으랴? ② 믿음을 보여 줌. 우주 만물은 우연히 된 것이 아니다. 우연은 만물 생성의 원리가 아니다. 우연이란 것에는 법칙이 있을 수 없다. 그러므로 만일 우연으로 된 만물이라면 이 세상에 과학도 있을 수 없다. 그뿐만 아니라 우연에 의하여 원리와 법칙이 있는 것들이 생겨날 수 있다면, 그런 일이 현재에도 있어야 하지 않겠는가? 그런데 그런 일은 현재에 전연 없다. 그러므로 우주 만물이 우연히 되었다는 것을 믿기는 이적을 믿기보다 더 어렵다. 우리는 하나님의 창조 행위에 의하여 우주 만물이 이루어진 것을 진리라고 생각하며 믿는다. 우리는 창조의 진리를 믿으며 창조의 권능을 기쁘게 믿는다. ③ 사랑을 보여 줌. 만일 만물의 주인공이 없다면 사람들은 서로끼리 빼앗아도 정죄할 자가 없을 것이다. 그러나 만물을 창조하신 이가 만물의 주인공이시므로 사람들은 만물을 취급하되 청지기의 자격으로만 할 수 있다. 곧, 그들은 만물을 하나님의 거룩하신 뜻에 따라서 다스릴 의무가 있다. 거기에 사랑의 사회가 성립될 수 있다. ④ 소망을 보여 줌. 천지 만물을 그 기쁘신 뜻대로 지으신 하나님께서 그것들을 쓸 데 없게 폐지시키시랴? 하나님께서 특별히 사람을 그의 형상으로 지으셨으니, 사람을 구원하시지 않으시랴?

"지은 것이 하나도 그가 없이는 된 것이 없느니라." 이 말씀을 기록한 요한의 목적은 창조 전에 원물질이란 것(ὕλη)이 있었다는 플라톤의 학설을 반대하기 위한 것이라는 학설도 있다. 만물 중에 그 무엇이든지 로고스(말씀)이신 지혜자의 인(印)을 맞지 않은 것이 없다. 고데(F. Godet)는 "곤충 한 개나 풀잎 하나라도 하나님의 간섭, 곧 지혜의 인을 받지 않은 것이 없다."고 하였다. "우주의 기초는 빛(곧, 말씀)이다."(Lange). 그 이유는 로고스(말씀)께서 천지 만물을 창조하셨기 때문이다.

4-5 그 안에 생명이 있었으니 이 생명은 사람들의 빛이라 빛이 어두움에 비치되 어두움이 깨닫지 못하더라. 벵겔(Bengel)은 이 두 구절 말씀을 각각 두 시대로 나누어 놓았으니, 곧 4절은 인류의 타락 전에 로고스(말씀)와 인류와 관계된 일을 말함이라 하고, 5절은 그 타락 이후의 일을 말한다고 하였다.[23] 그러나 그런 구분이 옳은지 알 수 없다.

"그 안에 생명이 있었으니." 이 말은 로고스 안에서 만물이 그 자체를 보존하게 되며 그 품성을 발휘하게 됨을 의미한다. 이것은 만물의 존재 원리에서(3절) 생명 원리로 옮겨 말한 것이다. 만물은 로고스로 말미암아 존재하게 되었고(3절) 또한 그로 말미암아 생명을 얻는다. 로고스는 창조된 것들(영적 또는 물적)의 생명 근원이다.[24] 크로샤이데(Grosheide)는 말하기를 "여기 생명이란 말이 관사를 가지지 않았으니, 그것은 일정한 생명이 아니고 영적 생명이나 자연적 생명을 모두 의미한다"라고 하였다.[25] 로고스는 이렇게 만물의 생명과 영적 생명의 근본이므로, 인간들에게 영생을 주시는 자(그리스도)로서의 자격을 가진 것이다.

"이 생명은 사람들의 빛이라." 스밀데(E. Smilde)는 여기 "빛"이란 말이 성

---

23) Gnomon Vol. Ⅱ. Edinburgh, 240.

24) E. Smilde, Leben in de Johanneische Geschriften, 15.

25) Het Heilige Evangelie Volgens Johannes, Kommentaar Ⅰ, 70.

육신 하신 로고스의 역사를 의미하지 않고 일반 인류에게 비취어 있는 일반적 계시를 가리킨다고 하였다.[26] 다시 말하면, 여기 이른바 "빛"은 인생들이 일반적으로 누릴 수 있는 지적 또는 도덕적 관계의 광명을 가리킨다. 만일 인생이 범죄하지 않았더라면, 그 광명도 하나님을 아는 계시로써 효과를 낼 뻔하였다.

6-8 이 구절들은 세례 요한에 대하여 말했는데. 그것이 너무 갑작스러운 것 같다. 그러나 예수님의 성육신을 미리 증거하는 선지자들의 대표로서 그가 여기 소개된 것이다(Westcott). 세례 요한은 구약 시대 선지자들의 종결이고(마 11:9-11), 신약 시대의 선구자였다.

사도 요한이 세례 요한에 대하여 묘사한 것은 특수하다. 그는 다른 복음에서처럼 세례 요한을 회개의 전파자로는 별로 말하지 않았다. 그는 세례 요한을 로고스(말씀, 곧 영원하신 성자로서 하나님이심)의 증거자로만 보여 준다. 이것이 그렇게 된 이유는, 사도 요한은 무엇보다도 예수님의 신성을 증거하는 데 주력하였기 때문이다. 그가 기록한 대로, 세례 요한의 증거도 예수님의 신성에 대하여 확실하게 말하였다(1:15,34, 3:31-36).

9 참 빛 곧 세상에 와서 각 사람에게 비추는 빛이 있었나니. ① 이 말씀은 4절 말씀과 같이 로고스께서 일반적 계시 사역으로 온 인류에게 하나님을 알게 하시는 운동에 대한 말씀이라고 한다. 고데(F. Godet)는 해석하여 말하기를 "인류에게 빛을 주신다 함은 인류로 하여금 진선미에 대하여 고상한 직관(直觀)을 가지게 함을 의미한다. 물론 인류가 타락하였으므로, 그 직관적 깨달음이 완전치 못하여 하나님을 참으로 아는 데는 이르지 못한 것이다"라고 하였다. ② 크로샤이데(Grosheide)는 이 구절에 있는 "세상에 와서"란 말을 이유로 이 구절은 로고스가 성육신하신 때부터의 계시 운동, 특히 세례 요한의 전도

---

26) Leben in De Johanneisch Geschriften, 17.

하던 때 예수님의 초기 전도를 의미한다고 했다.[27] 이 해석이 옳다. ③ 또 다른 해석에 의하면, 이 구절의 헬라어 원문은 "각 사람이 세상에 올 때 그에게 비취는 참 빛이 있었나니"라고 번역된다고 한다. 그렇다면 여기 "세상에 올 때"란 말이 "각 사람"이란 말에 붙었기 때문에, 그 뜻은 각 사람이 세상에 오는 때(출생하는 때)에 로고스의 빛을 비췸 받아 하나님을 알 수 있는 지식을 가지고 출생했다는 것이다. 크로샤이데는 이 해석을 반대하였다.

10 그가 세상에 계셨으며 세상은 그로 말미암아 지은 바 되었으되 세상이 그를 알지 못하였고. 여기서 그가 세상을 창조하심보다 그가 세상에 계셨다는 말씀이 먼저 나오는 순서는 언뜻 볼 때 거꾸로 된 것 같다. 그러나 이 순서는 끝에서 거슬러 올라가면서 심각하게 말하는 것이다. 그가 세상에 계실 뿐만 아니라, 그것보다도 세상을 창조하기까지 하신 분이란 뜻이다. 곧, 세상은 그리스도와 일반적으로 접촉할 뿐만 아니라 한 걸음 깊이 들어가 본다면 그것의 존재가 그리스도의 능력으로 성립되었다.[28]

인간이 하나님을 모르게 된 원인은 그가 범죄하여 어두워진 까닭이다. 그는 하나님을 보지 못하는 우둔한 자가 되었다(롬 1:21-23). 마치 이것은 사람이 병에 걸렸다가 어떤 지각을 잃은 것과 마찬가지이다. 어떤 사람은 질병으로 인하여 미각을 아주 잃어버린 실례도 있다. 인간의 영혼에게는 죄악이 금물이다. 죄악은 인간과 하나님 사이에 장벽을 만든다. 이제라도 세계 만민들에게서 죄악만 없앤다면 그들은 다 하나님을 공경하게 될 것이다. 이사야 59:1-2에 말하기를 "여호와의 손이 짧아 구원하지 못하심도 아니요 귀가 둔하여 듣지 못하심도 아니라 오직 너희 죄악이 너희와 너희 하나님 사이를 갈라놓았고 너희 죄가 그의 얼굴을 가리어서 너희에게서 듣지 않으시게 함이

---

27) Het Heilige Evangelie Volgens Johannes, Kommentaar Ⅰ, 83.

28) Grosheide, Die wereled dankt mede aan Hem haar ontstaan. —Het Heilige Evanglie Volegens Johannes, Kommentaar Ⅰ, 84.

니라"고 하였다. 어두워진 자는 하나님이 가까이 계셔도 찾지 못한다. 사도행전 17:27에 말하기를 "이는 사람으로 혹 하나님을 더듬어 찾아 발견하게 하려 하심이로되 그는 우리 각 사람에게서 멀리 계시지 아니하도다"라고 하였다. 농촌의 어떤 사람이 캄캄한 밤중에 길을 잘못 들어서 밤새도록 헤매며 많은 고생을 하였다. 날이 샌 다음에 보니 자기 집을 지나서 들에서 방황했던 것을 알게 되었다. 어두움은 이처럼 사람으로 하여금 어리석게 만들며 실패하게 만든다. 그것은 그들로 하여금 곡식이 가득한 창고 안에서 굶어 죽게 하며 샘물 곁에서 목말라 죽게 만든다. 그러므로 시편 14:1에 말하기를 "어리석은 자는 그 마음에 이르기를 하나님이 없다 하는도다"라고 하였다. 인간이 하나님을 모름은 하나님을 가장 섭섭하게 함이다. 하나님께서 인간을 지으신 목적이 인간으로 하여금 그를 아는 자가 되게 하려는 데 있다.

11 자기 땅에 오매 자기 백성이 영접하지 아니하였으나. "자기 땅"이란 말은 하나님께서 택하신 백성, 곧 이스라엘의 땅 유대를 가리킨다. 이 세상 그 어디나 다 주님의 세계라고 할 수 있다. 그러나 여기서는 특별히 신령한 관계로 생각하는 입장에서, 유대를 그의 땅이라고 하였다. 이 말씀의 요점은 하나님과 신령한 관계를 가지고 수천 년 동안 신령한 훈련을 받은 이스라엘 민족 자체도 주님을 알지 못한 사실을 탄식함이다. 인간은 이처럼 죄로 인하여 깊이 어두워졌다. 1장의 설교("하나님에 대한 인간의 무지와 그 해결책")를 참조하라. "영접하지 아니"함은 주님을 믿지 아니함을 가리킨다.

12-13 영접하는 자 곧 그 이름을 믿는 자들에게는 하나님의 자녀가 되는 권세를 주셨으니 이는 혈통으로나 육정으로나 사람의 뜻으로 나지 아니하고 오직 하나님께로부터 난 자들이니라. "그 이름을 믿는 자"는 그리스도의 계시와 그리스도의 권능을 믿는 자라는 뜻이다. 그리스도로 말미암은 계시는 어떤 것인가? 인간이 그것을 전적으로 이해할 수 있을까? 거기에는 우리가 이해하지 못할 것이 많다. 신자는 진리에 대한 자기의 깨달음이 그렇게 부족한 줄 알기 때문에, 하나님

앞에서 지식 행위보다 믿음을 주장한다. 무디는 "신앙인은 하나님 앞에서 자기의 천박한 지식을 희생시키는 자이다."[29]라고 말했다. 신앙은 지식보다 앞선다고 할 수 있다. 아브라함은 갈대아 우르를 떠날 때 갈 바 방향을 모르고 떠났다. 그러나 그는 누구(하나님)와 함께 가는지를 알았다. 우리가 이처럼 믿어야 할 이유는, 그가 우리를 구속하심도 우리로서는 알기 어려운 창조의 권능으로 하시기 때문이다. 그는 무수한 천체들을 없는 가운데서 창조하시고 그것들을 허공에 달아 놓으셨다.

"자녀가 되는 권세." 하나님의 자녀 된 권세가 가져오는 특권은 (1) 종처럼 두려움으로 하나님을 섬기지 않고, 하나님을 아바 아버지라고 하여 당당히 주님 앞에 나아간다. 히브리서 4:16에 말하기를 "그러므로 우리는 긍휼하심을 받고 때를 따라 돕는 은혜를 얻기 위하여 은혜의 보좌 앞에 담대히 나아갈 것이니라"고 하였다. 로마서 8:15에는 말하기를 "너희는 다시 무서워하는 종의 영을 받지 아니하고 양자의 영을 받았으므로 우리가 아빠 아버지라고 부르짖느니라"고 하였다. 이것은 하나님 앞에 기도할 수 있는 특권이다. 부모가 자녀의 우는 소리를 주의하여 듣는 이유는 그 울음소리에 아름다움이 있는 까닭이 아니고 자기 자녀이기 때문이다. (2) 종처럼 삯을 받고 일하는 자가 아니고 기업을 누릴 자이다. 로마서 8:17에 말하기를 "자녀이면 또한 상속자 곧 하나님의 상속자요 그리스도와 함께 한 상속자니"라고 하였다. 그의 자녀는 현세에서 좋은 것을 받는 자가 아니다. 그는 미래에 다 큰 것을 받는다. 그러므로 그는 약속으로 구원받으며, 소망으로 구원 받는다(참조. 롬 8:24-25).

"오직 하나님께로부터 난 자들이니라." 이 말씀은 거듭난 생명을 의미한다. 거듭나지 않고는 그리스도를 믿을 자가 하나도 없다. 거듭난 생명은 마

---

29) Moody, Faith is the sacrifice of the understanding to God.

치 바다 가운데 항해하는 배의 나침판과 같다. 거듭난 생명은 하나님을 찾아간다. 1) 중생은 하나님을 사랑하는 마음으로 나타남. 데살로니가후서 3:5에 "주께서 너희 마음을 인도하여 하나님의 사랑과 그리스도의 인내에 들어가게 하시기를 원하노라"고 하였다. 2) 중생은 선한 마음으로 나타남. 고린도후서 3:18에 말하기를 "우리가···그와 같은 형상으로 변화하여" 간다고 하였다. 3) 중생은 그리스도를 믿는 마음을 일으킴. 요한복음 6:44에 말하기를 "나를 보내신 아버지께서 이끌지 아니하시면 아무도 내게 올 수 없으니"라고 하였다. 우리는 거듭난 영혼이 인정하고 따르는 진리와 사실을 참되다고 확신할 수밖에 없다. 하나님께서 ① 그리스도로 말미암은 구속의 사실을 이루시고, ② 우리로 하여금 그것을 믿도록 하기 위하여 우리를 거듭나게 하셨다. 이 둘은 영원히 그릇됨이 없는 두 가지 사실이다.

14 **말씀이 육신이 되어 우리 가운데 거하시매 우리가 그의 영광을 보니 아버지의 독생자의 영광이요 은혜와 진리가 충만하더라.** 여기 "말씀이 육신이 되어"라는 말의 헬라어(ὁ λόγος σὰρξ ἐγένετο)는 로고스께서 육(몸과 영혼)으로 변하였다는 의미가 아니고 육(몸과 영혼)을 취하셨다는 의미이다(요일 4:2). 그러므로 ① 그는 육신을 취하셨으나 하나님 그대로 오셨음. ② 그는 죄 있는 육신의 모양(실상 죄는 없으심)으로 보내심을 입어 육신에 죄를 정하심이 되셨음(롬 8:3). 갈라디아서 3:13에 말하기를 "그리스도께서 우리를 위하여 저주를 받은 바 되사"라고 하였다. ③ 그는 하나님을 나타내시기 위하여 육신(몸과 영혼)이 되셨음. 디모데전서 3:16에 말하기를 "그는 육신으로 나타난 바 되시고"라고 하였다. 우리는 그리스도를 보므로 하나님 아버지를 본다(14:9). 그러나 우리가 가까이하지 못할 영광 빛은 예수님의 육신으로 휘장과 같이 가리어 주신다(히 10:20). 디모데전서 6:16에 말하기를 "오직 그에게만 죽지 아니함이 있고 가까이 가지 못할 빛에 거하시고 어떤 사람도 보지 못하였고 또 볼 수 없는 이시니 그에게 존귀와 영원한 권능을 돌릴지어다 아멘"이라고 하였다.

"우리 가운데 거하시매." 여기 "거하시매"(ἐσκήνωσεν)는 장막으로 거하심을 의미한다. 그러므로 슐라터(Schlatter)는 말하기를 "이것은 예수님이 성전을 대신하게 되셨다는 의미이다. 하나님의 아들이신 예수님은 실상 성전보다 크시다(마 12:6)."라고 하였다.30)

15 요한이 그에 대하여 증언하여 외쳐 이르되 내가 전에 말하기를 내 뒤에 오시는 이가 나보다 앞선 것은 나보다 먼저 계심이니라 한 것이 이 사람을 가리킴이라 하니라. 세례 요한에 대하여는 벌써 6-7절에 말한 바 있다. 그러나 거기서는 계시의 시대 순서를 생각하여 말하였다. 곧 구약 계시의 말기에 세례 요한의 운동이 이르렀다는 의미로 거기서는 말하였다. 그러나 여기서는 성육신 하신 로고스의 계시 운동에 대한 그의 증거 내용을 소개한다.

"증언하여"라는 말의 헬라어(μαρτυρεῖ)는 현재사인데, 그의 증거가 과거에 된 일이면서도 현재까지도 살아서 귀에 쟁쟁한 사실을 가리킨다. 세례 요한이 예수님을 가리켜 "나보다 앞선" 분이라고 함은 자기보다 위대하다는 뜻이다. "먼저 계심"(πρῶτός μου ἦν)이라는 말은 그리스도의 영원 전재를 의미한다.

16 우리가 다 그의 충만한 데서 받으니 은혜 위에 은혜러라. 이 말씀은 세례 요한의 말이 아니고 사도 요한의 말이라고 생각함이 옳다. 그 이유는 여기 "우리가 다"라는 말이 세례 요한 이후에 나타난 말이라고 생각되기 때문이다.31)

"그의 충만"은 성육신하신 로고스, 곧 그리스도께서 하나님의 아들이시므로 그가 주시는 계시와 은혜가 그 이상 없는 최후적 완성으로 나타났음을 가리킨다. 이처럼 충만한 데서 신자들은 계속해서 새 은혜를 받고 있다. 그것

---

30) Damit ist Jesus an den Platz de Tem-pels gestellt. ...Die Gottessohnschaft Jusu"War mehr als da Tempel", Mat. 12:6.-Der Evangelist Johannes, 23.

31) Grosheide, ἡμεῖς πάντες past op een latere periode dan die an den Dooper. —Het Heilige Evangelie Volgens Johannes, Kommentaar Ⅰ, 103.

이 "은혜 위에 은혜러라"고 한 말씀의 뜻이다.

17 율법은 모세로 말미암아 주어진 것이요 은혜와 진리는 예수 그리스도로 말미암아 온 것이라. 헬라어 원문에서 이 구절 초두에 "왜냐하면"이라는 말(ὅτι)이 있어서 앞 절 말씀의 이유를 보여 준다. 앞 절에서 말한바 "은혜 위에 은혜"를 받게 된다는 이유가 무엇인가? 그것은 율법은 장차 올 것(은혜)의 그림자로 사람일 뿐인 모세로 말미암아 주어진 것이다. 그러나 은혜와 진리는 율법, 곧 예언의 성취로서 기다리던 실체이다. 그리고 그것은 예수 그리스도, 곧 천래의 중보자로 말미암아 온 것이다.

여기 이른바 "주어진 것"이란 말과 "온 것"이란 말은 서로 대조된다. 주심은 하나님이 아직 먼 거리에서 인간에게 은혜의 한 부분을 주심이고, 온다는 것은 하나님 자신이 예수 그리스도로 말미암아 친히 오심이다.

18 본래 하나님을 본 사람이 없으되 아버지 품 속에 있는 독생하신 하나님이 나타내셨느니라. 이 구절은 위의 "은혜와 진리는 예수 그리스도로 말미암아 온 것이라"고 한 말씀 뜻을 설명해 준다. 은혜와 진리가 예수 그리스도로 말미암아 왔다는 의미는 무엇인가? 그것은 바로 하나님 아버지 자신이 예수 그리스도로 말미암아 계시됨이다.

인간은 범죄 하였으므로 하나님을 볼 수 없다. 그가 하나님을 보면 죽는다(출 19:21; 삿 13:22; 사 6:5; 딤전 6:15-16). 그러나 "아버지 품 속에 있는 독생하신 하나님", 곧 그리스도께서 그를 계시하셨다. "품 속"이란 말의 헬라어(εἰς τὸν κόλπον)는 "가슴 속"을 의미한다. 하나님 아버지의 가슴 속에 있음은 그가 하나님 아버지와 일체이심을 보여 준다. 그러므로 이런 관계에 계신 그리스도는 그 아버지를 계시하실 유일하신 분이다. "독생하신 하나님"(μονογενὴς θεός)이라는 말은 가장 유력한 사본들(ℵ, B)이 지지하는 것이다. 독생자(μονογενὴς υἱός)라는 말을 가진 사본들(A, C[3])도 있다. 그러나 독생하신 하나님이라는 말이 본래의 원본일 것이라 생각된다. 그 이유는 위에 말한 바와 같이 그것을 지지하는 사본들의 성격이 우수한 까닭이며, 또한 예수 그리스도를 하나님이라고 하는 사상은 사도 요한이 주장하는 바이기 때문이다.

19-34절. 이 부분은 세례 요한의 메시아 증거이다.

19 유대인들이 예루살렘에서 제사장들과 레위인들을 요한에게 보내어 네가 누구냐 물을 때 요한의 증언이 이러하니라. 예루살렘은 종교와 정치의 중심 도시였으며, 거기에 70인 공의회가 있었다. 그러므로 유대에 특수한 종교 운동이 일어난 때 거기서 조사단이 파견될 것은 예측할 수 있다. 이제 세례 요한의 전도 운동이 일어나 많은 사람이 따르게 되니, 조사단이 오게 된 것이다. "제사장들"은 종교 문제에 있어서 전문가들이므로 파견되었고, "레위인들"은 성전 하속들인데 호위의 책임자로서 파견되었을 것이다. "네가 누구냐"라는 질문은 "무슨 권위를 가졌는가?" 하는 물음이다.

20-21 요한이 드러내어 말하고 숨기지 아니하니 드러내어 하는 말이 나는 그리스도가 아니라 한대 또 묻되 그러면 누구냐 네가 엘리야냐 이르되 나는 아니라 또 묻되 네가 그 선지자냐 대답하되 아니라. 세례 요한의 인격은 하나님의 사람으로서 너무 위대하였으므로(마 11:11), 그를 가리켜 메시아(그리스도)가 아닌가 하는 자들이 있었다(눅 3:15). 그러므로 세례 요한은 먼저 그런 의혹을 깨뜨려 준 것이다(눅 3:16; 요 1:20).

"네가 엘리야냐." 그때의 유대인들은 착각하여 엘리야가 다시 살아올 줄 알았다. 요한은 그런 의미의 엘리야는 아니었다. 그러므로 그는 "아니라"고 대답하였다. 실상 세례 요한은 말라기 4:5에 예언된 대로의 엘리야와 같은 자였다. 곧, 그리스도의 길잡이로 앞서 올 선지자로서 엘리야의 생활 특징을 가지고 일할 자였다(마 11:14; 눅 1:17).

"그 선지자." 이는 신명기 18:15에 예언된 메시아를 의미한다. 그러나 유대인들은 이 말씀도 오해하여 하나의 큰 선지자를 의미하는 것으로만 생각하였다. 그러나 세례 요한은 바로 알았기 때문에 자기에 대하여 "그 선지자냐" 하고 물을 때, 그는 명백하게 "아니라"고 하였다. 이 대답을 보면, 세례 요한은 자기의 신분을 명백히 한다. 곧, 자기는 메시아가 아니라는 것을 먼저 밝힌다. 그는 엘리야도 아니요 그 선지자도 아니라고 한다.

그리스도의 증인이 그리스도께서 받으실 영광을 받을 때, 자기를 그리스도의 위치에 높이는 죄를 범한다. 우리가 그리스도께서 받으실 영광을 받는다면 그것은 위험한 일이다. 헤롯이 백성을 가르칠 때 백성들이 말하기를 "이것은 신의 소리요 사람의 소리는 아니라"고 하였는데, 헤롯이 그 영광을 하나님에게 돌리지 않았으므로 벌레에게 먹혀 죽었다(행 12:21-23). 그러므로 사도 바울은 겸손히 자기 지위를 지켜 말하기를 "하나님이 사도인 우리를 죽이기로 작정한 자 같이 끄트머리에 두셨으매 우리는 세계 곧 천사와 사람에게 구경거리가 되었노라"(고전 4:9) 하였고, 또 말하기를 "우리가 지금까지 세상의 더러운 것과 만물의 찌꺼기같이 되었도다"라고 하였다(고전 4:13).

세례 요한은 자기가 엘리야도 아니요 그 선지자도 아니라고 하였다. 따라서 그는 그들을 모방하는 자도 아니었을 것이다. 그는 자기의 개성대로 주님을 섬긴 자였다. 우리는 각각 하나님께서 내신대로 그의 영광을 드러내야 한다. 내가 남을 모방하면, 그것은 하나님께서 내신 것 하나를 말살시키는 그릇된 행위이다. 나는 나로서 할 일을 해야 한다. 내가 그것을 하지 않으면 영원히 그 일은 못한 채로 남아 있을 것이다. 그러므로 우리는 먼저 나 자신이 누구임을 알아야 한다. 노르웨이의 어떤 청년은 누워서 일어나지 못하는 환자였으나, 누워서도 그 동네 사람들을 위하여 하나하나 이름 불러 기도하는 일을 쉬지 않았다. 하나님은 그의 기도를 들으시고 그 동네 사람들을 축복하셨다. 그 뒤에 그 동네 사람들은 늘 그에게 찾아와서 기도를 부탁하였다고 한다. 일평생 누워 있는 병자도 자기가 맡은 사명이 따로 있었던 것이다.

22 또 말하되 누구냐 우리를 보낸 이들에게 대답하게 하라 너는 네게 대하여 무엇이라 하느냐. 그들은 예루살렘에 있는 산헤드린 공의회의 권위로 파송을 받았으므로 세례 요한에게서 구체적인 답변을 받은 뒤에 물러서려고 한다. 그만큼 그때의 교권은 종교 사무에 기계적이었고 또 엄격하였다.

23 이르되 나는 선지자 이사야의 말과 같이 주의 길을 곧게 하라고 광야에서 외치는 자의 소리로라 하니라. "광야에서 외치는 자의 소리"란 말뜻은 광야에서 외치는 그 사람은 보이지 않는데 그 사람의 음성만 들림을 가리킨다. 그것은 모범적 전도자의 생활 특징 두 가지를 보여 준다. ① 그것은 전도자 자신을 감추고 하나님의 말씀만 드러내는 외침이다. 그의 설교의 결과는 듣는 자들이 그리스도만 알게 되고 설교자 자신을 드러내지 않게 된다. ② 그것은 사람들이 적은 데서도 사명에 충실한 외침이다. 그것은 사람들에게 끌리지 않으며 아첨하지 않고 말씀만 바로 전하는 전도자를 상징한다.

전도자는 청중에게 아첨하기 쉽다. 그것은 말씀 증거를 죽이는 것이다. 성도들은 광야에서 외치는 자의 소리를 들어야 산다. 미국의 유명한 정치가 다니엘 웹스터(Daniel Webster)는 주일마다 워싱턴에서 예배하지 않고 농촌 교회에 가기를 원했다고 한다. 그가 그렇게 한 이유는 워싱턴 도시의 목사들은 그를 높여 설교하지만, 농촌 교회 목사는 하나님의 말씀만을 바로 전하기 때문이라고 하였다. 마이어(F. B. Meyer)는 영국의 유명한 목사로 광야에서 외치는 자의 소리와 같은 설교자였다. 그는 미국 워너메이커(Wanamaker)라는 부자의 전보를 받고 미국으로 건너가 그를 만났다. 워너메이커는 말하기를 "목사님, 내가 큰 강당을 짓고 성경학교도 지어 목사님에게 드릴 터이니 내가 사는 필라델피아로 오십시오."라고 하였다. 그때 마이어 목사는 대답하기를 "나는 할 수 없습니다. 그렇게 된다면 나는 하나님의 사람이 못되고 워너메이커의 사람이 됩니다"라고 하였다. 그때 워너메이커는 도리어 그 목사를 존경하였다고 한다.

24-25 그들은 바리새인들이 보낸 자라 또 물어 가로되 네가 만일 그리스도도 아니요 엘리야도 아니요 그 선지자도 아닐진대 어찌하여 세례를 베푸느냐. 이 부분에 나타난 질문자들은 앞에서(19-22절) 질문한 자들과 같은 자들이다. 여기서 저자가 논평하는 것은 그들은 바리새인들이므로 바리새 식 질문을 나타낸다는 것이다. 그들이 바리새인들이었으므로 종교 문제에 있어서 상세하게 질문하며 이론을 전개할 줄 알았다. 그러므로 그들은 세례를 주는 권위 문제까지 논하였다.

26 요한이 대답하되 나는 물로 세례를 베풀거니와 너희 가운데 너희가 알지 못하는 한 사람이 섰으니. 누가복음 3:16을 참조하라. 이 말씀을 보면, 그때 예수님이 그 군중 가운데 임석하여 계셨다. 이것이 바로 예수님이 세례 받으신 때였을 것이다(마 3:13-17 참조).

27 나는 그의 신발 끈 풀기도 감당하지 못하겠노라. 이 말씀을 보면, 세례 요한이 얼마나 그리스도 앞에 겸손했던 것을 알 수 있다. 그가 예수님의 "신발 끈 풀기도 감당하지 못하겠노라"고 함은 예수님의 종노릇도 할 수 없을 만큼 부족하다는 말이다. ① 전도자들은 흔히 그리스도의 종 된 자격이 있는 줄로 자처하고, 자신이 종의 자격도 없는 자임을 탄식할 줄 모른다. 종의 자격은 순종인데, 우리가 얼마나 순종을 잘 하는가? 종의 가장 중요한 자격은 순종이다. 하나님은 순종하는 자들을 통하여 복음 전파를 이루신다. 그 이유는 복음 전파는 실상 하나님께서 홀로 지휘하시기 때문이다. 우리는 그의 종의 일을 할 뿐이다. 예수님 자신도 아버지께 복종하시므로 우리의 구원을 완성하셨다. 히브리서 5:8-9에 말하기를 "그가 아들이시면서도 받으신 고난으로 순종함을 배워서 온전하게 되셨은즉 자기를 순종하는 모든 자에게 영원한 구원의 근원이 되시고"라고 하였다.

아프리카에서 선교한 헨리 리처즈(Henry Richards)는 토인들에게 누가복음을 가르치기 시작한 일이 있었다. 그는 매일 10절씩 번역하여 그들에게 강해하였다. 요한복음 6:30에 이르러 "네게 구하는 자에게 주며 네 것을 가져가는 자에게 다시 달라 하지 말며"라는 말씀을 보고 그는 근심하였다. 만일 그것을 번역하여 가르치면 그 토인들은 그 선교사의 소유를 전부 달라고 할 것을 예측하고, 그는 그 말씀을 번역하지 않고 다시 뒤로 물러가서 다른 말씀을 강해하였다. 그는 다시 그 말씀 있는 데까지 와서 이제는 순종하여 그 말씀을 번역하여 가르쳐 주었다. 즉시 토인들은 선교사의 물건과 소유를 달라고 하기 시작하였던 것이다. 그가 그들에게 다 주었더니, 토인들은 감동되어 리차드 목사를 하나님의 사람으로 알고, 그 받았던 것을 도로 가져다주었다고 한다. 하나님의 말씀에 대한 순종은 이처럼 복된 것이다.

사람들이 하나님을 순종하지 않고 무시하는 일이 많다. 그것은 하나님께 대한 그들의 행동과 사람에 대한 행동을 비교할 때 알 수 있다. 한 가지 가까운 예를 들면, 그들은 사람을 만나기 위하여 하나님과의 교제를 중단하는 일이 많은 것이다. 그와 반대로 무디(Moody)는 설교한 직후에 그 지방의 유명한 사람들의 면회 청원을 거절하고 먼저 예배당 뒷문으로 나가서 방에 돌아가 기도하였다고 한다.

28 이 일은 요한이 세례 베풀던 곳 요단강 건너편 베다니에서 일어난 일이니라. 이 말씀을 보면, 이 책을 기록한 사람이 바로 이 사실들을 직접 목격한 자임을 알 수 있다. 그는 이처럼 그때 사건의 장소에 대하여 지리적으로 밝히 알고 그것을 나타낸다.

29 보라 세상 죄를 지고 가는 하나님의 어린 양이로다. "죄를 지고 간다"는 말은 죄를 치워버림을 의미하기도 한다. 이것은 구약에도 나와 있는데(민 14:18; 삼상 15:25; 미 7:18), 엄격한 의미에서 속죄의 희생을 가리키며, 가장 큰 은혜의 계시이다(Schlatter). "어린 양"이란 말은 유월절 양을 가리킨다(요 19:36; 고전 5:7; 벧전 1:19). 어떤 학자들은 이것이 이사야 53장의 사상과 관련되었다고 하며, 본래 세례 요한은 예수님을 이사야 53장의 예언 대상인 "여호와의 종"이란 뜻으로 아람어로 '종'(טַלְיָא)이라는 말을 사용하였을 것인데 사도 요한

이 어린 양이란 말로 바꾸었다고 한다(J. Jermias, C. J. Ball). 그러나 아람어의 권위자 버니(C. F. Burney)는 이런 해석을 반대하였다.[32] 성령의 감동에 의하여 말을 옮기는 사도 요한은 세례 요한의 말 그대로 "어린 양"(ὁ ἀμνός)이라고 한 것이다. 위에 말한 것과 같이, 이 구절은 그리스도가 속죄자임을 보여 준다. 이것은 예수님이 십자가를 지고 죽으심으로 믿는 자들의 죄가 용서될 것을 가리킨다. 기독교는 그리스도의 속죄의 죽으심이 핵심이다. 바울도 말하기를 "내가 너희 중에서 예수 그리스도와 그의 십자가에 못 박히신 것 외에는 아무 것도 알지 아니하기로 작정하였음이라"(고전 2:2)고 하였다. 모라비아 교파 선교사들이 그린란드(Greenland)에서 선교하던 때, 토인들이 너무 무식하여서 먼저 교육을 하다가 일이 잘되지 않자 선교 사업을 중지하고 그곳을 떠나려 하였다. 배를 기다리는 동안 어떤 선교사가 복음을 번역하여 토인들에게 가르쳤는데, 그 지방 장관이 예수께서 죽으신 기사를 듣다가 감동되어 떠나려는 선교사를 붙잡아 선교를 계속하게 하였다고 한다.

30 이 구절에 대하여는 1:15의 해석을 참조하라.

31 나도 그를 알지 못하였으나 내가 와서 물로 세례를 베푸는 것은 그를 이스라엘에게 나타내려 함이라 하니라. 여기 "나도 그를 알지 못하였으나"라고 한 것은 무슨 뜻인가? 요한은 예수님의 친척이었으므로(눅 1:36) 그를 보통 사람으로는(혹은 다소 비범한 인물로는) 평소에 알았을 듯하다. 그러나 그가 하나님의 아들이심을 깨닫기는 이때가 처음이었다(1:33 참조). "그를 이스라엘에게 나타내려 함"이라는 말씀의 뜻은 이렇다. 곧, 세례 요한이 예수님에 대하여 그렇게 자세히는 몰랐으나 성령의 인도를 받아(눅 3:2) 백성에게 세례를 베풀 때, 그를 메시아로 더욱 확신하게 되어 이스라엘에게 증거하게 되었다.

32 요한이 또 증언하여 가로되 내가 보매 성령이 비둘기같이 하늘로부터 내려와서 그

---

32) The Aramaic Origin of the Fourth Gospel, Oxford, 1922, p. 107.

의 위에 머물렀더라. 비둘기는 온유하므로 그것으로써 예수님의 초림 역사를 비유할 만하다. 마태복음 12:18-21에 말하기를 "보라 내가 택한 종 곧 내 마음에 기뻐하는 바 내가 사랑하는 자로다 내가 내 영을 그에게 줄 터이니 그가 심판을 이방에 알게 하리라 그는 다투지도 아니하며 들레지도 아니하리니 아무도 길에서 그 소리를 듣지 못하리라 상한 갈대를 꺾지 아니하며 꺼져가는 심지를 끄지 아니하기를 심판하여 이길 때까지 하리니 또한 이방들이 그의 이름을 바라리라"고 하였다.

교역자는 있으나 없는 것과 같이 부드러워야 한다. 어떤 어부가 고기를 잘 낚는 비결에 대하여 말하기를 "고기들이 사람을 보지 못하도록 숨어 있어야 한다."고 하였다. 그와 같이 교역자도 자신을 없는 것과 같이 숨어 살며 온유하게 살아야 한다.

33 나도 그를 알지 못하였으나 나를 보내어 물로 세례를 베풀라 하신 그이가 나에게 말씀하시되 성령이 내려서 누구 위에든지 머무는 것을 보거든 그가 곧 성령으로 세례를 베푸는 이인 줄 알라 하셨기에. "나도 그를 알지 못하였다"는 것은 세례 요한이 예수님을 메시아로 확실히 몰랐다는 뜻이고, 친척의 한 사람으로 알지 못하였다는 뜻이 아니다. 친척으로 아는 것은 하나의 육적 지식이고 영적 지식은 아니다. 예수님의 형제들도 그를 메시아로 알지 못하고 육적으로 오해한 일이 있었다(7:3-5). 예수님을 메시아로 알기는 오직 성령의 감동으로만 된다. 세례 요한도 성령의 감동하심으로 예수님을 바로 알게 되었다. 그가 받은 계시는 내적인 것이다.

34 내가 보고 그가 하나님의 아들이심을 증언하였노라 하니라. 예수님을 가리켜 "하나님의 아들"이라고 한 것은 그를 메시아로 증거한 것이다. 세례 요한의 이와 같은 증거는 예수님에 대한 더할 수 없는 종교적 지식이다. 그러나 발덴스페르거(Baldensperger)는 마태복음 11:1-5에 근거하여 세례 요한의 종교운동이 예수님의 그것과 관계없다고 한다. 그 학설의 요점은 만일 세례 요한

이 예수님을 메시아로 믿었다면, 어찌하여 예수님의 메시아 신분을 의심하는 질문(마 11:2-5)을 하였냐는 것이다. 그렇지만 이 학설의 논거는 공정한 해석학으로 보아서 성립되지 못할 것은 물론이다. 세례 요한이 제자들을 예수님에게 보낸 것은 ① 그 자신은 의심이 없었겠지만 제자들의 의혹이 풀리기 위해서 그리했을 것이며, ② 그렇지 않다면, 그가 옥중에서 예수님의 메시아 신분에 대해 보다 명백한 지식이 아쉬워서 제자들을 보냈을 수도 있다. 그런데 그 제자들이 요한의 말을 바로 전하지 못하고 마태복음 11:2-3에 나타난 것 같은 의혹스러운 말로 전하였을 것이다.

세례 요한이 예수님의 메시아 신분에 대하여 의심하지 않은 사실을 예수님 자신이 증거해 주셨다. 곧 세례 요한은 갈대와 같은 인격이 아니며 안일주의자가 아니라고 하신 말씀이 그것이다(마 11:7-11).

35 또 이튿날 요한이 자기 제자 중 두 사람과 함께 섰다가. 이 문구에 대하여는 37절의 해석을 참조하라.

36 하나님의 어린 양이로다. 이 말씀은 예수님의 속죄제물 되심을 가리킴이다. '양'은 구약 시대의 속죄제물이었다. 그것은 이제 신약 시대의 속죄제물, 곧 그리스도를 예표한다. "하나님의 어린 양"이란 말은 하나님께서 예비하신 속죄제물이란 뜻이다. 요한은 그렇게 예수님을 속죄자로 믿었고, 그의 제자들에게도 그런 믿음을 가져야 할 것을 지시하였다. 이 부분(29-40절)에 나타난 그의 전도는 회개를 전파함이 아니고, 예수님의 구주 되심을 나타내며 제자들을 신앙으로 인도하는 것이다(Schlatter).

37 두 제자가 그의 말을 듣고 예수를 따르거늘. 여기 "두 제자"는 안드레(40절)와 사도 요한인 듯하다.

38 예수께서 돌이켜 그 따르는 것을 보시고 물어 이르시되 무엇을 구하느냐 이르되 랍비여 어디 계시오니이까 하니 (랍비는 번역하면 선생이라). 예수님이 몸을 돌이키신 것은 그를 따르는 자들의 요구를 알아보시려는 동정심의 표시이다. 그는 이렇

게 긍휼이 풍부하시다. "무엇을 구하느냐"라는 말은 그들의 소원을 명백하게 하시려는 질문이다. 우리는 때로 일정한 소원이 없이 주님을 따른다. 그러나 주님은 우리의 소원이 일정하게 되기를 원하신다. 두 제자들의 소원은 주님이 계신 곳을 알고자 하는 데 있다. 그것은 가장 합당한 소원이다. 그것은 주님 자신과 함께 있기를 원하는 소원이다. 시편 16:2에 말하기를 "주 밖에는 나의 복이 없다 하였나이다"라고 하였다. "랍비"란 말은 히브리어인데, "나의 큰 자"란 뜻으로 선생을 가리킨다. 사도 요한은 이 말뜻을 설명하여 이방인 독자들로 하여금 깨닫게 한다(Grosheide).

39 예수께서 이르시되 와서 보라 그러므로 저희가 가서 계신 데를 보고 그 날 함께 거하니 때가 열 시쯤 되었더라. "와 보라"는 말은 46절에 한 번 더 나온다. 이것은 뜻깊은 말이다. 그것은 ① 예수님은 진리 그대로 메시아이시고, 사실 그대로 메시아이시기 때문에 이론보다 실제가 증거한다는 뜻이고, ② 영혼의 요구는 이론으로 만족시킬 수 없고, 예수님을 친히 만나는 것으로만 할 수 있다는 뜻도 여기 포함되어 있다(Bernard).

"열 시쯤 되었더라." 이것은 로마의 시간대로 말한 듯하니, 그렇다면 우리 시간과 마찬가지이므로 오전 10시이다. 여기 시간에 대한 자세한 진술로 보아서, 이 복음서의 저자가 그 두 제자 중 하나였다는 것이 드러난다. 그렇다면 그는 사도 요한일 것이다.

40 요한의 말을 듣고 예수를 따르는 두 사람 중의 하나는 시몬 베드로의 형제 안드레라. 여기 "요한"은 세례 요한을 가리킨다. "형제"라는 말은 형인지 아우인지 밝히지 않는 명칭이다.

41 그가 먼저 자기의 형제 시몬을 찾아 말하되 우리가 메시아를 만났다 하고 (메시아는 번역하면 그리스도라). 안드레는 예수님의 제자 중 그리 큰일을 한 것 같지 않다. 그러나 그가 자기의 형제 베드로를 주님께로 인도한 것은 결과적으로 보아서 위대하다. 그 자신은 베드로처럼 위대하지 못하지만, 베드로로 하여금 베

드로 되게 한 인도자는 안드레이다. 남들로 하여금 위대하여지도록 하는 자는 역시 위대하다. 그런 일을 하는 자는 사람들로부터는 칭찬을 받지 못하되 하나님께는 칭찬을 받는다. 그는 은밀히 선을 행하는 복된 자리에 있다.

"메시아" 이것은 히브리어로 마쉬아흐(מָשִׁיחַ)라고 한다. 곧 "기름 부음을 받은 자"란 뜻이다. 구약에 말한 대로 기름부음 받는 것은 세 가지 직분이니, 곧 선지자, 제사장, 왕이 세움 받을 때이다. 예수님은 이 세 가지 직분을 함께 가지신 분이다.

42 데리고 예수께로 오니 예수께서 보시고 이르시되 네가 요한의 아들 시몬이니 장차 게바라 하리라 하시니라(게바는 번역하면 베드로라). 안드레가 먼저 자기 형제 베드로를 주님께로 인도한 사실은 개인 전도의 가장 정당한 실례이다. 여기 "요한"이라고 기록된 이름(א, B의 기록)이 어떤 사본(A, B^3)에는 "요나"로 기록되었다.

예수님은 "시몬"을 보시고 그의 장래를 예언하셨다. 시몬이 그 당시에 이미 게바였던 것은 아니었고, 장차 그렇게 될 것이라고 하신다(마 16:18). 그는 예수님의 부활 전까지는 나약해 보이던 인물이었다. 그는 여러 번 실패하였다. 그러나 그는 예수님이 부활하신 후에 주님을 사랑한다는 고백으로 자신의 반석 같은 신앙을 나타내었다(21:15-17).

43 이튿날 예수께서 갈릴리로 나가려 하시다가 빌립을 만나 이르시되 나를 따르라 하시니. 여기 "나를 따르라"고 한 말씀은 "나를 믿으라"는 말과는 다르다. 앞의 것은 사도로서 헌신하고 일평생 전도자로 지내야 할 것을 의미한다.

44 빌립은 안드레와 베드로와 한 동네 벳새다 사람이라. 세 사람이 다 함께 한 동네 사람인 사실은 우리의 흥미를 끈다. 어떤 때는 진리 운동이 같은 부류에 속한 인물들로 말미암아 이루어진다. 그런 관계의 맥을 통하여 진리가 전파되고 또 그런 관계의 결속을 통하여 그 운동이 전개되는 수도 있다. 그러나 인간적인 관계는 외부적인 인연이고 근본적인 요소가 아닌 만큼, 그것이 진

리 운동에 언제나 그런 편의를 주는 것은 아니다. 예수님의 제자들 중에는 이런 연류적 인연이 있는 자들이 이 밖에도 있다. 곧 형제 관계에 있는 자들로서 베드로와 안드레의 관계가 그러하고, 요한과 야고보의 관계가 역시 그러하다.

45 빌립이 나다나엘을 찾아 이르되 모세가 율법에 기록하였고 여러 선지자가 기록한 그 이를 우리가 만났으니 요셉의 아들 나사렛 예수니라. "나다나엘"은 바돌로매와 동일한 사람일 것이다(눅 6:14). "율법에 기록하였고···선지자가 기록한 그 이"는 메시아이다. 이렇게 예언된 대로 성취되어 "그 이"는 마침내 이 세상에 오셨다. 예언된 대로 오신 분이시므로 그의 오심은 누구나 믿을 만한 진리이다. 이런 위대하신 그가 평범하신 사람으로 나타나셨다. 그 이는 "요셉의 아들 나사렛 예수"이시다. 그는 누구나 만나 볼 수 있는 겸손하시고 비천하신 처지에 계시었다(비록 하나님의 아들이지만).

46 나다나엘이 이르되 나사렛에서 무슨 선한 것이 날 수 있느냐 빌립이 이르되 와서 보라 하니라. 인간은 언제나 외모를 숭상한다. 그리하여 나다나엘과 같이 진실한 사람도 생각하기를, 선한 것이 미천한 나사렛 땅에서 날 수 없겠다고 추측한 것이다. 이런 답답한 질문에 대하여 빌립은 사실주의에 입각하여 사실 그것으로써 대답하려 한다. 곧 "와서 보라"고 하였다. 기독교는 사실주의에 입각하고 있다. 그것은 어떤 이상주의가 아니다. 그것은 사실에서 시작하고 사실로 마감한다. 그러므로 기독교를 진실하게 연구하는 자는 누구든지 믿음에 이른다.

위(38-46절)의 기사에서 우리가 기억할 것은, 주님의 전도를 받은 자가 나아가서 다른 사람들에게 계속하여 전도한 사실이다. 이는 마치 불이 한 곳에 붙으면 또 다른 데로 번지는 것과 같다. 생명의 말씀은 한 곳에 갇혀 있지 않다. 빌립은 나다나엘에게 전도하였다. 위(40-42절)에 나온 것과 같이, 안드레는 베드로에게 전도하였다.

47 보라 이는 참으로 이스라엘 사람이라 그 속에 간사한 것이 없도다. "참으로 이스라엘 사람"이란 말은 종교적으로 진실한 자를 가리킨다. 이것은 바리새인과 반대되는 자를 말함이다. 바리새인들은 종교에 진실하지 않고 외식한 자들이다. 하나님의 종교는 진실을 생명으로 여기는데, 이 종교를 외식으로 대하는 것은 그 종교를 박해함과 같다. 진리는 믿음 없이 외식으로 대하는 자를 가장 섭섭히 여긴다. 이 세상 사람들은 진실을 외모에만 나타내고, 그 중심에는 진실을 가지지 않는다. 그러나 하나님은 중심에 진실을 원하신다. 시편 51:6에 말하기를 "주께서는 중심이 진실함을 원하시오니"라고 하였다.

이 세상 사람들 앞에서도 결국은 우리 중심이 다 드러난다. 우리는 사람들도 속일 수 없는 줄 알아야 한다. 시간문제이지 결국은 다 드러난다. 네로 황제가 그리스도인을 박해하기 위하여 로마 화재의 책임을 그리스도인들에게 돌려 거짓된 선동을 하였다. 그러나 역사는 그것을 거짓으로 드러냈고, 천여 년이 흐른 오늘날까지 사람들은 네로 황제를 정죄한다.

48 예수께서 대답하여 이르시되 빌립이 너를 부르기 전에 네가 무화과나무 아래에 있을 때 보았노라. "무화과나무 아래에 있을 때 보았노라"고 한 말씀은 나다나엘이 무화과나무 아래서 메시아를 묵상하며 혼자 있을 때, 예수님이 그를 보셨다는 말씀이다. 혼자 있을 때 주님을 잘 믿고 조심하는 생활이 있어야 마귀가 두려워하고 하나님이 함께하신다. 마태복음 6:4에 말하기를 "은밀한 중에 보시는 너의 아버지가 갚으시리라"고 하였다.

49 나다나엘이 대답하되 랍비여 당신은 하나님의 아들이시요 당신은 이스라엘의 임금이로소이다. 나다나엘이 예수님을 하나님의 아들, 곧 하나님으로 깨닫게 된 것은 ① 그가 예수님의 전지성에 부딪힌 까닭이다. 예수님이 하나님이 아니시라면, 그가 어떻게 나다나엘이 무화과나무 아래 있던 것을 아셨으랴? 그뿐만 아니라 ② 예수님이 나다나엘의 기도 응답자이신 사실이, 그로 하여금 예수님을 하나님으로 알게 하였다. 나다나엘이 무화과나무 아래 있었던 것은

기도하기 위함이었다. 우리는 예수님을 우리의 기도 자리에서 만나 뵈어야 신앙을 굳게 가진다. 루터(Luther)는 "내가 하루라도 기도하지 않으면 내 신앙은 많이 식는다"라고 하였다.

"하나님의 아들"이란 성호와 "이스라엘의 임금"이란 칭호는 함께 메시아를 의미한다. 이와 같은 사상은 시편 2:6-7에서 왔다. 특별히 "하나님의 아들"이란 성호가 메시아의 칭호로 많이 나와 있다(마 16:16; 14:33; 요 11:27; 20:28). 슐라터(Schlatter)는 이 두 가지 명칭의 순서도 중요시하여 예수님의 "이스라엘의 임금" 되시는 자격이 그가 "하나님의 아들"이신 사실에서 유래되었다고 한다.[33] 메시아께서 "이스라엘의 임금"이라고 함은 그의 영적 왕권이 유대 민족에게만 국한된다는 것이 아니다. 이것은 구원이 유대인에게서 났다는 말씀과 같은 뜻이다(요 4:22). 이 구원은 하나님께서 세계 만민 중에 있는 영적 이스라엘에게 주시는 것이다.

50 이보다 더 큰 일. 이것은 다음 구절(51절)이 설명해 주었으니, 곧 하늘과 사람과의 영적 교통이 크게 열림이다. 그것은 예수님의 속죄 사업을 통하여서만 이루어질 것이었다. 신약 시대에는 하늘이 열린 것과 같이 누구든지 그리스도 안에서 하나님과 교통할 수 있다. 하나님과 교통하는 것은 나 자신의 여러 가지 떠드는 방식으로 가질 수 있는 것이 아니다. 다시 말하면, 그것은 인간의 어떤 노력으로 될 수 있는 것이 아니다. 그것은 우리를 대신하신 그리스도로 말미암아 벌써 이루어졌으니, 우리로서는 믿는 마음으로 그것을 받을 뿐이다. 그것은 우리가 고요히 신약 계시의 말씀을 상고하고 믿음으로 가질 수 있는 것이다. 어떤 사람이 얼음 창고에서 일하다가 시계를 잃었다. 그는 얼음 덩어리를 물리면서 창고 안을 살피며 시계를 찾으려고 애썼다. 그러나

---

33) Aus dem Ersten folgt das Zweite' aus dem Ursprung aus Gott, der ihm die Eintracht mit Gott gibt, entsteht sein kongliches Recht.—Der Evangelist Johannes, 61.

그는 끝내 찾지 못하였다. 점심때가 되어서 그가 집으로 돌아가서 점심을 먹고 와서 보니, 그 창고에서 심부름하는 아이가 시계를 찾아 가지고 기다렸다. 그가 시계를 찾은 경위를 물으니, 그 아이는 대답하기를 "얼음 창고 바닥에 누워서 고요히 시계 소리를 들었습니다"라고 하였다. 우리는 모든 정욕의 떠드는 소리를 물리치고 고요히 성경 말씀에 귀를 기울여야 하나님과 교통할 수 있다.

51 하늘이 열리고 하나님의 사자들이 인자 위에 오르락내리락 하는 것을 보리라 하시니라. 이 말씀은 신약 계시의 열림을 가리킨다. 이 계시가 모든 사람에게 직접 임하는 것은 아니고 "인자", 곧 예수님에게 임하신 것이다. 만일 그것이 각 사람에게 직접 임한다면, 그들의 거짓된 성품은 그것을 잘못 받을 것이다. 그러나 그것이 인자, 곧 예수님에게 임했으므로 안전히 또는 참되이 그대로 받아지고, 또 그렇게 사람들에게 전해진다. 예수 그리스도 밖에는 하나님의 계시를 바로 받아 바르게 전할 중보자가 없다.

여기 "인자"라는 말(ὁ υἱὸς τοῦ ἀνθρώπου)은 해석하기 어렵다. ① 크로샤이데(Grofsheide)는 이것이 여기서 메시아 칭호가 될 수 없고 다만 온 인류의 대표라는 뜻을 가질 뿐이라고 한다.[34)] ② 또 다른 학자들은 다음과 같이 말한다. 이 칭호가 아람어로는 바르 에나쉬(בר אנש)인데, 아람 말로 말씀하신 예수께서 이 말을 쓰실 때 단순히 사람이란 의미로 사용하였을 것이고 메시아란 의미는 생각하지도 않았을 것이라고 한다. 그 이유는 이 비평가의 생각에는, 발에나쉬가 아람 말의 관용적 의미로서는 그저 "사람" 혹은 "그 이", "어떤 이"란 뜻이기 때문이다. 그러나 아람 말의 권위자인 달만(Dalmann)과 피비히(Fibig) 등은 발에나쉬가 단순히 "사람" 혹은 "그 이", "어떤 이"를 의미할 뿐만 아니라, 어떤 특별한 인물의 칭호로서도 사용될 수 있었다고 한다.

---

34) Het Heilige Evangelie Volgens Johannes, Kommentaar Ⅰ, 164.

③ 우리 생각에는 예수님이 다니엘 7:13 말씀을 아셨으며, 거기에 있는 "인자"라는 말(거기서 "인자"는 메시아를 가리킴)을 생각하시고 자기에 대하여 그 칭호를 사용하셨을 것이라고 본다. 주전 1세기경에 기록된 에녹1서를 보아도 "인자"라는 말이 메시아의 칭호로 사용된 실례가 적지 않으니, 그것을 보아도 "인자"라는 말은 벌써 일반에게 메시아의 칭호로 인식된 듯하다. 그렇다면 예수님도 이 "인자"라는 말을 사용하실 때 단순히 사람이라는 의미만을 생각하신 것이 아니고, 의의 깊은 메시아의 내용을 함축하는 의미에서 말씀하셨을 것이다.

설교 하나님에 대한 인간의 무지와 그 해결책(1:1-11)

우리는 4-5, 10-11절에 기록된 대로 하나님에 대한 인간의 무지에 대하여 생각하려 한다. 예수님은 영원자존하신 하나님이시며, 창조자이시며, 생명을 주시는 분이시며, 계시자이시다. 그런데도 인간이 그를 모르는 일이 많다.

1. 인간이 죄를 회개하기 전에는 하나님을 알지 못함

사람에게 있어서 불행한 일 중 가장 큰 것은 무식이다. 부모를 알지 못하는 자식이 있다면, 그는 사람이라고 할 수 없다. 더욱 만물을 내시고 나를 내신 이를 모르는 자는 참 사람이 아닌 것이다. 성경에 인간을 가리켜 어둠이라고 한 것은 무엇을 의미하는가? 이것은 인간은 하나님을 전혀 모르는 죄인이라는 의미이다. 성경은 어디서나 인간의 전적 부패를 말한다. 성경에 말씀하기를 "여호와께서 하늘에서 인생을 굽어살피사 지각이 있어 하나님을 찾는 자가 있는가 보려 하신즉 다 치우쳐 함께 더러운 자가 되고 선을 행하는 자가 없으니 하나도 없도다"(시 14:2-3) 하였고, 또 "만물보다 거짓되고 심히 부패한 것은 마음이라 누가 능히 이를 알리요마는"(렘 17:9) 하였고, "하나님의 지혜에 있어서는 이 세상이 자기 지혜로 하나님을 알지 못하므로 하나님께서 전도의 미련한 것으로 믿는 자들을 구원하시기를 기뻐하셨도다"(고전 1:21)라고 하였다. 역사는 이 말씀대로 이루어졌다. 죄를 회개하는 자 밖에는 참 하나님을 아는 자가 없었다. 아우구스티누스(Augustine)는 청년 시절에 방탕 생활을 하였고, 회의주의에 빠졌던 일이 있었다. 그러나 그가 정원의 무화과나무 아래서 울며 회개할 때 하나님께서 만나 주셨고, 로마서 13:13-14을 펴서 읽는 중 마음이 뜨거워져서 말하기를 "주님께서 주님을 위하여 우리를 지으셨나이다. 우리의 마음은 주님에게 편히 쉬기 전에는 평안이 없나이다"라고 하였다.

2. 인간은 하나님 말씀의 증거를 받음으로만 참되이 회개하고 그리스도를 알게 됨

증거란 무엇인가? 진정한 증거는 증거자 자신을 숭배하게 만들지 않는다. 우리는 베드로서를 읽을 때, 베드로 자신을 숭배할 마음이 없다. 바울은 자기를 죄인의 괴수로 나타냈고, 베드로는 그의 실수를 그대로 기록하여 전하게 하였다. 세례 요한의 증거는 "주의 길을 곧게 하라고 광야에서 외치는 자의 소리"(1:23)였다. 그것은 자기를 나타내지 않고 오직 주님만을 나타내는 참된 증거이다. 그뿐 아니라 예수님의 다른 제자들의 전도도 역시 참된 증거였으니, 곧 남을 데려오는 전도요(1:42), "와 보라"(1:46)고 한 전도였다. 참된 증거는 이처럼 되었다. 성경은 이런 성격을 가진 증거이다. 성경을 보고서 선지자와 사도를 숭배할 마음이 나지 않는다. 우리는 성경을 통하여 그리스도를 알게 되고 복음을 믿게 된다. 성경의 증거는 진실하므로, 성경을 반대하려고 성경을 읽다가 회개한 자들도 많다.

1) 약 200년 전에 영국의 유명한 두 학자, 길버트 웨스트(Gilbert West) 경

과 리틀턴(Lyttelton) 경이 서로 약속하기를, 성경의 믿을 수 없는 점들을 발견해 보자고 하였다. 웨스트는 예수님의 부활에 대하여 연구하였고, 리틀턴은 바울의 개종 문제를 연구하였다. 연구 후에 그들은 성경의 참됨을 깨닫고, 서로 만나서 그리스도 앞에 자복하였다고 한다. 리틀턴이 바울을 증거한 저서에 대하여 유력한 학자들도 탄복하였다. 잰슨 박사는 "이는 불신자로서 답변할 수 없는 것이다"라고 말했다.

2) 로체스터(Roshester) 경은 교만한 반기독교주의자였다. 그도 성경을 반대하려고 성경을 읽다가, 이사야 53장을 읽는 중 회개하고 그리스도의 신성과 성경의 무오를 믿었다.

3) 이탈리아의 문호 조반니 파피니(Giovanni Pappinni)는 무정부주의자요, 무신론자였고, 허무주의자이며, 반기독교주의자였다. 그도 성경을 반대하려고 성경을 읽다가 회개하고, 그리스도를 가리켜 "평화의 왕, 구주, 기름부음 받은 이, 하나님의 아들, 사람의 아들"이라고 하였다. 세계 최대의 법률학자 시몬 그린리프(Simon Greenleaf) 박사는 말하기를 "네 번째 복음의 증거는 법정에서 요구하는 증거 문서로서도 확신할 수 있는 완전한 문서이다"라고 하였다.

설교 믿는 자의 행복 (1:10-12)

참으로 행복한 자는 누구인가? 한 나라의 왕이라고 해서 행복한 것도 아니며, 왕의 아들이라고 하여 행복한 것도 아니다. 성경은 말하기를 "모든 육체는 풀과 같고 그 모든 영광은 풀의 꽃과 같으니 풀은 마르고 꽃은 떨어지되"(벧전 1:24)라고 하였다. 성경이 우리에게 알려주는 행복은 영구성 있는 것을 그 요점으로 한다. 그러나 세상 행복은 잠깐이다. 우리는 참된 행복이 어디에 있는가 알아보자. 그것은 그리스도를 믿는 데 있다. 그 이유는 믿음이 우리로 하여금 영원히 행복하게 하기 때문이다.

1. 믿음은 희귀함

믿음은 사람마다 가질 수 있는 것이 아니다. 바울은 말하기를 "믿음은 모든 사람의 것이 아니니라"(살후 3:2)고 하였다. 본문 10-11절에 말하기를 "그가 세상에 계셨으며 세상은 그로 말미암아 지은 바 되었으되 세상이 그를 알지 못하였고 자기 땅에 오매 자기 백성이 영접하지 아니하였으나"라고 하였다. 사람들은 하나님이 지어 주신 세상에서 살면서도 하나님을 모른다. 그것은 은혜를 은혜로 알아보지 못하는 무지이다. 우리는 이 땅이 얼마나 아름다우며 그것이 하나님의 선물인 줄 알아야 한다. 미국의 우주선 아폴로 11호를 탄 우주인 세 사람이 달세계에 착륙하여(1969년 7월) 거기서 우리가 사는 지구를 보니, 다른 천체에 비교하여 매우 아름답게 보였다고 한다. 달세계에는 산소도 없다. 하나님께서 이처럼 지구를 사람들이 살도록 귀하게 지으셨다. 그런데 사람들은 이 땅에 살면서도 하나님을 모른다. 그것은 그들의 어두움이다. 앞으로 우주 과학이 발달할수록 지구가 다른 천체들보다 귀하게 지어진 사실이 더욱 밝혀질 것이다. 어떤 우주 과학자가 말하기를 "사람이 달세계에 가서 그곳의 구조를 보면 우리의 세계를 알게 될 것이다"라고 하였는데, 그것은 옳은 말이다. 지구의 구조가 잘 된 사실은 다른 천체들과 비교할 때 더욱 밝히 알 수 있다. 무슨 물체에 대한 참된 지식은 언제나 다른 것과 비교될 때 깨달아진다. 우리는 이 세상이 하나님의 창조로 된 줄 알고 믿을 만한 증거를 많이 가지고 있다. 그러나 믿음은 보배이기 때문에 사람마다 그것을 가지지 못한다. 부흥사 빌리 선데이는 야구 선수였는데, 열한 명이나 되는 친구들이 모두 예수 믿지 않고 이럭저럭 다 죽었고, 예수를 믿은 자기 혼자만 은혜를 받아 부흥회를 인도한다고 증언한 일이 있다. 사람이 하나님을 믿기가 왜 이처럼 힘든가? 그 원인은 사람의 영혼이 죄와 허물로 죽었기 때문이다. 많은 사람이 하나님을 모르는데, 그중에서도 하나님을 알고 믿는 자는 행복하다.

2. 그리스도를 믿는 내용은 참으로 귀함

본문은 "믿는 자"를 가리켜 "영접하는 자"(12상)라고 하였다. "영접"은 받음을 의미한다. 하나님은 우리를 창조하신 분이시니, 그가 우리에게서 무엇을 받아서 이익을 보실 분은 아니시다. 욥기 22:2에 말하기를 "사람이 어찌 하나님께 유익하게 하겠느냐"라고 하였다. 그는 우리가 진토임을 기억하신다(시 103:14). 그러므로 그는 우리에게 그의 것을 주시기만 하여 잘 되게 하신다. 우리는 하나님에게서 받음으로만 복을 받게 마련이다. 우리는 그에게 늘 받는 태도를 가지되, 겉으로만 할 것이 아니라 깊이 영혼으로 해야 한다. 믿는 것은 하나님 앞에서 복 받는 유일한 방법이다. 우리가 하나님에게 충성하는 것도 역시 "받는 방법"인 것이다. 예수님에게서 병을 고침 받은 자들도 그저 그를 믿음으로 그렇게 되었다. 미국 역대 대통령들 중 가장 위대한 대통령으로 알려진 링컨(Lincoln)은 자기 조상에게서 아무 유산도 받은 것이 없고, 다만 그 모친에게서 성경책 한 권을 받았으며 믿음을 배웠을 뿐이다. 그는 믿음으로 하나님의 은혜를 받아서 저렇게 대통령으로서도 위대해졌다.

우리가 하나님께 충성하는 것도 역시 "받는 방법"인 것이다. 우리의 힘으로는 그에게 충성할 수도 없다. 우리는 그의 주시는 힘을 기대하면서 충성하기 시작한다. 또한 우리는 충성한 결과로 하나님이 주시는 합당한 상급을 받는다. 그러므로 그리스도를 믿는 믿음 그 자체가 복이 된다.

설교 말씀이 육신이 되심에 대하여(1:14)

말씀이 육신이 되셨다 함은 하나님께서 그의 백성을 구원하시기 위한 최종적이고 최고의 방침이다(히 1:2 참조).

1. 그의 성육신은 은혜의 충만임

본문에 말하기를 "은혜와 진리가 충만하매"라고 하였다. 은혜는 누가 주시기에 충만한 은혜란 것도 있는가? 은혜를 주시는 이는 하나님뿐이시다. 세상 사람들은 남에게서 받기를 원하며, 받는 것을 영광으로 안다. 그러나 하나님께서는 값없이 주시기를 원하신다. 그가 얼마나 많이 값없이 우리에게 주시는가? 그가 우리에게 주시는 자연 만물을 생각해 볼 때도 우리가 실상 귀한 보배들을 많이 받고 있다. 몇 가지 실례를 들면, 그가 우리에게 주시는 공기가 얼마나 귀한 것인가? 그것은 우리가 몇 분 동안만 마시지 않아도 죽는다. 그가 이런 보배로운 것을 값없이 풍성하게 우리에게 공급하신다. 또 하나님이 거저 주시는 물은 얼마나 귀한가? 우리가 며칠 금식하다가 물을 보면 그것이 얼마나 반가운가? 그것은 수소 두 원자와 산소 한 원자(H_2O)로 된 것인데, 약이라고 하면 그 이상 좋은 약이 없다. 물의 용도가 얼마나 광범위한가? 인체의 구조를 보아도 수분의 양이 80%라고 한다. 만일 물이 식량과 같이 결핍하여 사서 먹는다면, 그것이 얼마나 비싸겠는가? 이처럼 귀한 것들을 거저 주시기 원하시는 하나님께서 그의 아들 그리스도 예수님을 세상에 거저 주셨으니, 이것이 은혜 충만이다. 그가 오신 것은 우리를 영생하게 하시는 은총이다(3:16).

2. 성육신은 진리의 충만임

첫째, 하나님께서는 일찍이 선지자들을 통하여 진리를 그의 백성들에게 보여 주셨다. 그 진리도 위대하다. 그것은 율법과 선지자들의 진리인데, 땅을 진동할 만한 예언이었다(히 12:26 상). 그런데 이제 그 예언대로 그리스도는 성육신하셨다. 이것은 땅만 아니라 하늘도 진동할 만한 것이다(히 12:26하).

성경학자들에 의하면, 그리스도에 대한 구약의 예언이 456번이나 있다고 한다. 이렇게 몇 백 번 예언한 것이 이제 이루어져 나타난 성육신은 진리의 최고봉이다. 그는 하나님의 모든 언약들에 대한 "아멘"이시다. 고린도후서 1:19-20에 말하기를 "하나님의 아들 예수 그리스도는 예 하고 아니라 함이 되지 아니하였으니 그에게는 예만 되었느니라 하나님의 약속은 얼마든지 그리스도 안에서 예가 되니 그런즉 그로 말미암아 우리가 아멘 하여 하나님께 영광을 돌리게 되느니라"고 하였다. 456번이나 오시리라고 하신 그리스도는 과연 오셨는데, 또 두 번째 오시리라고까지 직접 혹은 간접으로 신약에 많이 말씀하신다. 그대로 그가 다시 오실 것도 확실하다. 재림에 대한 신구약의 예언은 1,518번이나 나타난다고 성경학자들은 말한다. 그러면 456번 예언된 초림이 성취되었는데 1,518번이나 예언된 재림은 이루어지지 않겠는가? 그는 언제나 진실하셔서 말씀하신 대로 이루신다. "예수 그리스도는 어제나 오늘이나 영원토록 동일하시니라"고 히브리서 13:8은 말한다.

둘째, 이 세상에 많은 "진리"들이 있다. "과학적 진리", "문학적 진리" 또 여러 가지의 "진리"가 있다. 그러나 그것들이 그리스도를 떠나서는 진정한 의미에서 진리가 아니다. 그리스도만이 참으로 모든 진리를 성립시키는 유일한 진리이다(요 14:6). 우리가 이 진리를 찾기 전에는 모든 다른 진리를 참되이 진리답게 가지지 못한다. 헤르만 도이베르트(Herman Dooyeweerd)는 말하기를 "이 세상에 있는 상대적 진리들을 절대화하여 그 자체를 자충족한 진리로 여기면, 그것은 진리를 거짓된 것으로 만드는 것이다"라고 하였다.[35)]

---

35) Any hypostatizing, i, e. any absolutizing of that which is relative, turns truth into falsehood.—New Critique of Theoretical Thought Vol. II, 572.

설교 나다나엘을 신앙으로 인도한 증거 운동(1:43-49)

1. "기록한 그 이"를 만났다는 증언(45절)

기독교 신앙은 인간의 사상이나 철학을 믿는 것도 아니고, 막연한 신비를 믿는 것도 아니다. 기독교 신앙은 기록되어 있는 정확한 진리의 성취를 믿는 것이다. 신앙 신앙하면서 기록된 성경에 흥미를 가지지 않는 자는, 정확하게 믿기를 싫어하는 그릇된 신비주의자로 일종의 자유주의자이다. 그것은 인생의 행로를 되는대로 걸어가는 것이니 위태하다. 그러나 참된 신앙은 정확한 것을 목표한다. 따라서 그것은 진리의 기록을 요구한다. 사람들이 금전 거래에 있어서도 서로 말뿐으로 그치지 않고 계약 증서를 교환하여 문서로 남긴다.

2. "와 보라"고 하는 증언(46-48절)

우리가 사람을 신앙으로 인도함에 있어서 유력한 언론도 필요하게 생각한다. 그와 같은 언론이 성경적이어야 될 것은 물론이다. 이런 언론에 의하여 많은 사람이 그리스도를 믿게 된다. 그러나 그보다 더 유력한 방법은, 사람들로 하여금 실제적으로 주님께로 나오게 함이다. 먼저 믿고 다음에 아는 것이, 기독교 진리를 아는 지식 방법이다. 그 이유는 기독교의 근본적 진리는 인간의 지식으로 파악하기 어렵기 때문이다. 오늘날 우리가 주께로 나가는 방법은 그 앞에 나아가 기도함과 또한 주님의 말씀을 순종함이다. 우리가 그리할 때 기적적 역사를 체험하게 된다.

나다나엘이 "와서 보라"는 빌립의 권고에 순종하여 나올 때(47절), 주님은 그 인격의 진실함을 아셨다. 그것은 그의 초자연적인 통찰력으로 된 것이었다. 그뿐 아니라 그가 육신으로는 접촉해 보신 적도 없으시면서 나다나엘이 무화과나무 아래 있는 것을 보셨다고 말씀해 주셨다. 그것도 초자연적 역사였다. 이처럼 주님께로 나온 나다나엘에게 초자연적 역사가 임하였다. 우리는 초자연적 역사를 체험해야 확신을 얻고 또 자원하여 주님의 말씀을 순종하는 은혜도 받는다.

나는 10년 전에 자동차 사고로 부상을 당했다는 어떤 성도를 만나 보았다. 그는 그때 부상당한 상처를 열 번이나 대수술을 받았다고 하는데, 그의 방광은 없어졌고, 창자도 끊겨서 복부에 구멍을 내어 배설하는 처지였다. 그는 그동안 너무 괴로워서 자살하려 한 적도 여러 차례였다고 한다. 그러나 그가 하나님의 기적을 몇 번이나 체험하는 가운데 죽지 않고 살아 있다고 하였다. 그는 지금도 몸이 많이 괴롭지만, 그의 심령은 그리스도의 은혜로 평안하다고 한다.

제 2 장

내용분해

1. 가나의 혼인잔치(1-12절)
    1) 예수님이 청함 받으심(1-2절)
    2) 그 모친에게 나타내신 계시(3-4절)
    3) 그 모친이 하인들에게 순종을 부탁함(5절)
    4) 하인들이 예수님의 명령에 순종함(6-8절)
    5) 기적으로 된 포도주에 대한 연회장의 호평(9-10절)
    6) 처음 표적의 의미(11절)
    7) 예수님이 가버나움에 가심(12절)

2. 성전 청결의 사건(13-22절)
    1) 성전 속화에 대한 예수님의 발견(13-14절)
    2) 그의 질서 있는 숙청 행위(15-16절)
    3) 제자들의 깨달음(17절)
    4) 예수님이 유대인들에게 대답하심(18-20절)

5) 요한복음 저자 사도 요한의 논평(21-22절)

3. 예수님의 전지하심(23-25절)

⚜ 개요

1. 물로 포도주를 만드신 이적에 대하여(1-11절)

이 기적은 표면만 볼 것이 아니다. 그 진정한 의의는 그 속에 들어 있다. 이것은 표적(σημεῖον)이기 때문이다. 11절에 말하기를 "예수께서 이 첫 표적을 갈릴리 가나에서 행하여 그의 영광을 나타내시매 제자들이 그를 믿으니라"고 하였다. 이 기적이 그의 영광을 나타내셨다고 하니, 예수님 성역의 영적 성격을 가리키기 위한 것임이 분명하다. 크로샤이데(Grosheide)도 이와 같은 뜻으로 말하였다. "표적이란 것은 무엇을 가리키는 것인데, 여기서는 그리스도의 영광을 알려 준다.· · ·그가 하나님 아들의 영광을 가지셨다는 것을 알려 준다."고 하였다.[36] 그러므로 우리는 포도주를 만드신 행적이 영적 교훈을 준다고 주장함이 마땅하다. 그러면 그 표적이 그의 영광(하나님 아들의 영광)을 나타낸 내막이 무엇인가? 그 기적이 무엇을 나타냈기에 그것으로 하나님 아들의 영광이 나타났다고 하는가?

물로 포도주를 만든 기적에 대하여 트렌취(R. C. Trench)는 다음과 같이 해석하였다. "그가 오신 것은 기쁜 때나 슬픈 때를 막론하고 인간의 생활을 성화하시기 위한 것이다. 그가 가나의 혼인집에 오신 것은, 그의 장래 성역의

36) Een wijst iets aan, predikt iets, hier...Hij heeft geopenbaard, dat Hij heerlijkheid had als de Zoon van God. — Het Heilige Evangelie Volgens Johannes, Kommentaar Ⅰ, 178.

성격을 말해주는 전주곡이다. 그는 또 하나의 세례 요한은 아니다. 그는 일반 민중의 길에서 떠난 광야의 전도자가 아니다. 그는 보다 고상하고 보다 어려운 일을 하시는데, 곧 일반 민중과 섞여서 그들의 생활을 성화시키시는 것이다"라고 하였다.[37] 트렌취의 이 말은 주님 성역의 어떤 특색을 지적한 것이다 그러나 우리는 여기서 한 가지 뜻을 더 생각해야 한다. 가나의 혼인집에서 포도주를 만드신 기적은, 그리스도의 초림과 함께 천국이 이미 시작되었음을 가르킨다(마 22:1-14). 이 사실은

1) 메시아가 오실 것을 예언한 이사야 55:1-5 말씀의 성취임. 거기 말하기를 "오호라 너희 모든 목마른 자들아 물로 나아오라 돈 없는 자도 오라 너희는 와서 사 먹되 돈 없이, 값없이 와서 포도주와 젖을 사라 너희가 어찌하여 양식이 아닌 것을 위하여 은을 달아 주며 배부르게 하지 못할 것을 위하여 수고하느냐 내게 듣고 들을지어다 그리하면 너희가 좋은 것을 먹을 것이며 너희 자신들이 기름진 것으로 즐거움을 얻으리라 너희는 귀를 기울이고 내게로 나아와 들으라 그리하면 너희의 영혼이 살리라 내가 너희를 위하여 영원한 언약을 맺으리니 곧 다윗에게 허락한 확실한 은혜이니라 보라 내가 그를 만민에게 증인으로 세웠고 만민의 인도자와 명령자로 삼았나니 보라 네가 알지 못하는 나라를 네가 부를 것이며 너를 알지 못하는 나라가 네게로 달려올 것은 여호와 네 하나님 곧 이스라엘의 거룩하신 이로 말미암음이니라 이는 그가 너를 영화롭게 하였느니라"고 하였다. 이 말씀이 신약 시대에 대하여 예언한 것은 확실하다. 특히 "너희 목마른 자들아 물로 나아오라 돈 없는 자도 오라 너희는 와서 사먹되 돈 없이 값없이 와서 포도주와 젖을 사라"고 한 말씀이 그러하다. 이 말씀을 요한계시록 22:17 말씀에 비교하면, 그것이 신약 시대에 그리스도의 초림으로 말미암은 천국의 도래 단계를 가리

37) Notes on the Miracles of our Lord, P. 85.

킨 것이 명백하다. 즉 "성령과 신부가 말씀하시기를 오라 하시는도다 듣는 자도 오라 할 것이요 목마른 자도 올 것이요 또 원하는 자는 값없이 생명수를 받으라 하시더라"(계 22:17)고 하였다.

2) 본문 4절에 "내 때가 아직 이르지 아니하였나이다"라고 한 말씀은 메시아의 행동 원리에 대하여 쓰이는 술어이다(5:25, 7:6, 30, 8:20, 12:23, 27, 17:1). 메시아가 오신 것은 천국의 도래이다.

3) 물로 포도주를 만드신 이적은 복종 문제와 관계되어 있다. 그것이 1-11절에 설명되어 있다. 예수님의 모친이 하인들에게 이르기를 "너희에게 무슨 말씀을 하시든지 그대로 하라"(5절) 하였고, 또 그들은 그렇게 예수님에게 순종하였다(7-8절). 천국은 하나님의 통치를 의미하는데, 그 통치를 받아 축복을 누리려는 자는 주님에게 순종해야 한다. 그러므로 물로 포도주를 만드신 일에 관하여 순종을 역설한 것은, 그 기적이 바로 천국 운동인 사실을 암시한다.

2. 성전 청결로 나타난 예수님의 메시아(13-22절)

성전 청결 기사는 예수님이 유대의 부패한 종교계에 영적 전쟁을 벌이실 것과 또 승리하실 것을 나타낸다. 이 영전은 요한복음에 있는 모든 영적 전투의 대표 격으로 여기 나타났다. 요한은 예수님과 불신 유대인들과의 충돌 사건을 많이 기록하였다. 이 책에 "유대인"이란 말이 70 번이나 있다. 그들의 부패는 예수님을 메시아로 알지 않는 불신앙으로 나타난 것인데, 여기서도 그 같은 사실이 전주곡과 같이 나타난 것이다.

여기서 예수님이 발언하신 것은 메시아의 처지에서 하신 것이다. 그가 성전에 오신 것은 곧바로 말라기 3:1의 성취로서 메시아의 나타나심이다. 고데(F. Godet)는 말하기를 "예루살렘 성전에서 메시아의 역사는 시작된다. 말라기 선지자는 말하기를 '너희가 구하는 바 주가 갑자기 그의 성전에 임하시리니 곧 너희가 사모하는 바 언약의 사자가 임할 것이라. 그가 · · · 레위 자손을 깨끗하게 하되'(말 3:1-3)라고 하였다. 이 예언은 성전에서 자신을 기적으로 선포하지 않으시고 오직 성결의 행위로 하실 것을 의미한다"라고 하였다. 이 사건에 관련하여 예수님이 자신을 메시아로 주장하시는 뜻은 몇 가지 표현으로 나타났다.

1) "내 아버지의 집으로 장사하는 집을 만들지 말라"는 말씀(16절). 그가 이 말씀으로 주장하신 것은 그를 보내신 이의 권리를 찾으심이다. 그것이 메시아가 하시는 일이다. 크로샤이데는 말하기를 "그 표현은 예수님이 오심의 이유를 말해 준다. 그가 오신 것은 그의 아버지, 곧 그를 보내신 이의 권리를 찾기 위하심이다"라고 하였다.[38)]

"내 아버지의 집"이란 말은 예수님 자신이 메시아, 곧 하나님의 아들이심을 포함한다. 예수님은 레위의 자손들을 정결하게 하시려고 땅에 오셨다(말 3:1-3). 곧 그는 이스라엘 종교의 떨어진 영광을 찾아 그 아버지 하나님께 바치시려고 오셨다. 그들은 조용한 기도의 처소인 성전을 세상 사업 장소로 삼아 종교계에 소란을 가져왔다. 그러나 성전은 본래 조용한 기도의 장소이다. 성전을 지을 때도 조용히 지은 사실은, 성전이 마땅히 고요한 경건의 장소여야 할 것을 상징한다. 열왕기상 6:7에 말하기를 "이 성전은 건축할 때 돌을 그 뜨는 곳에서 다듬고 가져다가 건축하였으므로 건축하는 동안에 성전 속에서는 방망이나 도끼나 모든 철 연장 소리가 들리지 아니하였으며"라고 하여, 거기서는 무릇 혈기 있는 자들이 잠잠할 것을 요구한다. 기도도 보통으로는 조용히 실행되어야 한다. 조용함은 겸손함과 회개하는 정신을 가리킨다. 전도서 5:1-2에 말하기를 "너는 하나님의 집에 들어갈 때 네 발을 삼갈지어다 가까이 하여 말씀을 듣는 것이 우매한 자들이 제물 드리는 것보다 나으니 그

---

38) Het Heilige Evangelie Volgens Johanns, Kommentaar Ⅰ, 187.

들은 악을 행하면서도 깨닫지 못함이니라 너는 하나님 앞에서 함부로 입을 열지 말며 급한 마음으로 말을 내지 말라 하나님은 하늘에 계시고 너는 땅에 있음이니라 그런즉 마땅히 말을 적게 할 것이라"고 하였다. 이 말씀에 대하여 알더스(G. Ch. Aalders)는 주석하기를 "작은 인간이 헛된 말을 지껄임으로 장엄하신 하나님의 전에 가까이 할 수 있을까?"라고 하였다.[39]

2) "주의 전을 사모하는 열심이 나를 삼키리라"는 말씀(17절). 이 말씀은 사도 요한이 시편 69:9에서 인용한 것이다. 그가 이것을 인용할 때 그것을 메시아 예언으로 알고 그리하였을 것이다(Westcott). 칼빈(Calvin)은 해석하기를 "교회의 대리자 격으로 말씀하는 다윗이 자기에게 대하여 말한 것은, 무엇이든지 교회의 머리 되시는 이에게 관계되어 성취를 본다"라고 하였다.[40] "나를 삼킨다"고 함은, 하나님의 종교에 대한 예수님의 불같은 열심을 예언한다.

3) 너희가 이 성전을 헐라 내가 사흘 동안에 일으키리라"고 한 말씀(19절). 예수님의 이 말씀은 "표적"을 구하는 유대인들에게(18절) 하나의 수수께끼 예언이다. 그때 이 예언을 듣는 자들은 그 의미를 깨닫지 못하였다(참조. 21절). 이런 예언은 하늘나라 밖의 사람들에게는 하나의 심판과 같다. 곧, 그들에게는 가리워진 진리이다(마 13:11). 그러나 이런 예언이 성취되는 날에는 성도들의 신앙을 증가시킨다(13:19). 이 예언은 예수님의 죽으심과 부활을 가리킨다. "너희가 이 성전을 헐라"고 하신 것은, 유대인들이 예수님을 죽일 것을 내다보시고 하신 말씀이다. 이 말씀은 그대로 이루어져서 후에 그가 잡혀서 공회 앞에서 심문 받으실 때 거짓 증인들의 거짓된 고소거리가 되었다. 그들은 이 말씀을 오해하여 "내가(예수께서) 하나님의 성전을 헐 것이라"는 말

---

39) Kommentaar op Het Oude Testament, De Prediker, 107.

40) Psalms vol. III, 56.

로 뒤집어 전하였다(마 26:60-61). 예수님이 죽었다가 다시 사신 사건이야말로 그가 하나님 아들이신 표적인 것이다(참조. 롬 1:4; 마 12:40). 예수님이 죽었다가 다시 살아나심이 이처럼 중대한 표적이기 때문에, 그는 유대인들의 표적 요구에 대하여 이것을 말씀하실 뿐이었다.

⚘ 해석

1 **사흘째 되던 날 갈릴리 가나에 혼례가 있어 예수의 어머니도 거기 계시고.** "사흘째 되던 날." 이것은 1:43에 기록된 날부터 계산 된 날짜인 듯하다. 이처럼 자세히 날짜까지 기록한 것은, 그 저술자가 예수님의 제자였던 사실을 확증한다.

"갈릴리 가나." 팔레스타인에는 이 밖에 또 다른 "가나"란 지방이 있으므로, 여기서 "갈릴리"란 말을 붙여서 밝힌다. 이곳은 나사렛 동북 쪽 8km 되는 곳에 있다고 한다. 혼인은 기쁨의 상징이다. 이것은 신약 시대의 복음이 율법과 달라서 그 주는 기쁨이 가정적이고 보편적일 것을 표상한다.

2 **예수와 그 제자들도 혼례에 청함을 받았더니.** 예수님은 염세주의자가 아니었다. 그는 이 세상 사람들과 잘 어울리시며 그들에게 복음을 전하셨다. 이것은 그의 겸손인 동시에 그의 긍휼이다. 성결은 격리가 아니다(Sanctity is not singularity).

3 **포도주가 떨어진지라 예수의 어머니가 예수에게 이르되 저들에게 포도주가 없다 하니.** 당시에 "포도주"는 팔레스타인에서 일반 음료였고, 다른 나라에서처럼 유흥과 오락을 위한 것은 아니었다. 팔레스타인은 사막 지방과 같아서 물이 귀하므로 과즙으로 된 음료가 필요하였다. 예수님의 어머니가 예수님에게 "포도주가 없다"고 한 것은, 포도주를 기적적으로 만들어 주시기 위하여 겸손히 말한 청원이다. 예수님이 그 전에 이적을 행하신 일이 없었을 터인데, 그

의 모친이 이런 청원을 어떻게 하였을까? 그것은 난제가 아니다. 예수님이 그 전에 이적을 행하신 일이 없다 할지라도, 그의 인격에 초자연적이고 비범한 일들이 관련되어 있는 것인 만큼, 마리아로서는 그에게 이적을 기대할 만하였다.

4 예수께서 가라사대 여자여 나와 무슨 상관이 있나이까 내 때가 아직 이르지 아니하였나이다. 예수님이 자기 어머니에게 "여자여"라고 하신 것은 하대하는 말이 아니다. 이것은 한국 풍속으로는 이해하기 어려운 말이나, 헬라 시대에는 무례한 말이 아니다(Hendriksen). 여기서 예수님이 어머니를 향하여 "여자여"라고 하신 것에는 뜻이 있다. 메시아의 공적 역사에서는 하나님의 뜻만이 주장하고 혈통적 모친 된 권세가 간섭할 수 없다. 그 점에서는 예수님의 모친도 하나의 "여자"의 지위를 가질 뿐이다. 크로샤이데는 말하기를 "예수님이 여기서 자기 어머니를 '여자여'라고 부르실 때, 그는 자기 어머니도 하나님의 말씀 앞에 순종해야 될 자로만 취급하신 것이다. 메시아의 공생애에 있어서 예수님은 그가 하실 바 일을 자기 자신의 방식으로만 하시지 않으면 안 되었다. 그는 혈통적 인연에 매이지 않아야 했다"라고 하였다.[41]

"나와 무슨 상관이 있나이까." 이런 표현은 구약에도 많은데(삿 11:12; 삼하 16:10; 왕상 17:18; 왕하 3:13), 반드시 냉정한 어투는 아니다. 이 말씀은 메시아의 구속 사업에서는 비록 예수님의 모친이라도 그 모친 된 권세로써 간섭할 수 없다는 뜻이다. 예수님 밖에는 하나님 앞에서 인간을 도울 중보자가 없다.

"내 때가 아직 이르지 아니하였나이다." "내 때"란 말은 메시아의 영광을 나타낼 때를 의미한다(7:30, 8:20, 13:1, 17:1). 그가 물로 포도주를 만드신 것은, 혼인잔치에 포도주를 보급하는 자선 사업을 목적하신 것이 아니고, 제자들로

---

41) Het Heilige Evangelie Volgens Johannesm, Kommentaar Ⅰ, 171-172.

하여금 그를 메시아로 확실히 믿게 하려는 것이었다(11절). "내 때가 아직 이르지 못하였나이다"라고 한 말씀에 대하여 고데는 해석하기를, 그가 메시아의 영광을 나타내시는 일은 예루살렘에서 할 일이고 가나에서 할 일이 아니라는 의미라고 한다. 그러나 그것은 잘못된 해석이다. 그가 가나에서 포도주를 만드심으로 메시아로서의 영광을 나타내셨다고 본문은 말하지 않는가(참조. 11절). 그러므로 여기의 "내 때"는 바로 가나의 혼인 잔치에서 그의 권능을 나타내실 일정한 시간을 가리킨다고 생각된다. 예수님은 하나님 아버지의 뜻에 순종하시어 그의 중보 역사의 일체를 시행하신다. 그리고 이 점에 서 그의 순종은, 시간까지 하나님 아버지의 정하신 대로 맞추어 움직이신 것이다. 이런 일은 일반인으로서는 생각도 해 볼 수 없는 절대 완전한 순종이다.

5 그의 어머니가 하인들에게 이르되 너희에게 무슨 말씀을 하시든지 그대로 하라 하니라. 이것을 보면 그 모친은 예수님이 의미하신 바를 깨달았다. 예수님이 하나님 아버지께만 순종하여 성역을 이루어 나가신 사실이 그 모친에게 알려졌다. 예수님의 성역은 순종으로 일관하셨다. 그러므로 거기에 참가하는 사람들은 순종 일관주의에서 움직여야 한다. 그 모친은 하인들에게 "무슨 말씀을 하시든지" 순종하라고 부탁한다. 순종은 무엇에서든지 하나님으로 하여금 일하시게 하는 비결이다. 루터(Luther)는 말하기를 "순종은 이적보다 낫다."고 하였다.

6 거기에 유대인의 정결 예식을 따라 두세 통 드는 돌 항아리 여섯이 놓였는지라. 유대인의 가정에는 연회 때 물을 많이 사용하기 위하여 돌 항아리를 비치하였다. 그것은 주로 식사 전후에 손 씻는 예식을 행하기 위함이었다. 그 풍속은 성경이 제정한 것이 아니라, 유대 장로들의 유전이었다(마 15:2). 그것은 물론 인간이 제정한 것이므로 진정한 종교적 의의와 효과를 가진 것은 아니었다. 예수님은 이런 번잡한 예식을 맛있는 신약의 종교(포도주는 신약의 기독교를 상징함)로 변화시켰다. 그것이 물로 포도주를 만드신 비유의 의미이다.

"두세 통 드는 항아리"의 크기는 약 77 리터, 혹은 115 리터에 해당된다. 이처럼 큰 항아리가 여섯 개나 놓여 있었다. 본문이 이처럼 많은 분량에 대하여 설명한 이유는 예수님이 만드신 포도주의 많은 분량을 말하여, 그의 이적의 놀라운 사실을 지적하려는 까닭이다.

7-8 예수께서 그들에게 이르시되 항아리에 물을 채우라 하신즉 아귀까지 채우니 이제는 떠서 연회장에게 갖다 주라 하시매 갖다 주었더니. 하인들은 즉시 순종하였다. "이제는 떠서"라는 말을 샘물에서 "물을 길어서"라고 해석하는 견해도 있으나(Westcott), 확실치 않다. "연회장"은 그때 풍속에 연회의 손님들 중 주빈이었다고 한다. 이 이적에서 물이 어떻게 포도주가 되었는지에 대하여 말한 바 없고, 다만 고요히 역사하시는 주님의 권능으로 말미암아 그런 기적이 나타났다.

9 연회장은 물로 된 포도주를 맛보고도 어디서 났는지 알지 못하되 물 떠온 하인들은 알더라 주님의 기이한 역사의 유래를 사람마다 알지 못하나 오직 주님께 충성하는 종들만은 안다. 물로 포도주를 만드신 이적에서 우리가 배울 것은 다음과 같다.

1) 복종의 원리. 마리아는 자신이 예수님의 말씀 앞에서(4절) 침묵하며 순종한 후 하인들에게 "너희에게 무슨 말씀을 하시든지 그대로 하라"(5절)고 하였다. 이것은 무조건 순종을 말함이다. 무조건 순종은 하나님께만 하는 법인데, 여기서 예수님이 하나님 대우를 받으신 것은 당연하다. 과연 하인들은 조금 후에 그렇게 순종하였다(7-8절). 루터(Luther)의 말과 같이, 참된 신앙의 사람은 그리스도에게 무슨 일을 지정해 드리지 아니하고, 자신을 그리스도에게 복속시킨다.[42)]

---

42) Wahrer Glaube schreibt Christus nicht vor — was er tun soll-, sondern weiss sich darin zu schicken. — Evangelien Auslegung, 4, 93.

2) 변화의 원리(6-9절). 정결 예식의 항아리 물이 포도주로 변화된 것은 예수님의 권능 때문이었다. 이와 같은 이적은 그리스도의 복음으로 말미암아 죄인들이 변화되어 성도가 될 것을 비유하기도 한다. 그리스도의 복음은 어떤 악한 사람이라도 변화시킬 수 있다. 1733년부터 선교사들이 5년 동안 창세기 1장을 가르쳤어도 도무지 하나님을 알지 못했던 에스키모족 중에서도 마침내 그리스도를 믿는 자들이 생겼다. 루터는 하나님의 말씀이 모든 것을 창조하시고 보존하시고 또 변화시킬 수 있다는 뜻으로 말하였다.[43] 그리스도의 구원운동은 죄인들을 변화시키는 운동이다.

10 말하되 사람마다 먼저 좋은 포도주를 내고 취한 후에 낮은 것을 내거늘 그대는 지금까지 좋은 포도주를 두었도다 하니라. 기독교의 복음은 사람들을 이 세상보다 선미한 내세로 인도하는 것이다. 여기서 "좋은 포도주"는 그리스도로 말미암아 실현되는 구원의 기쁨을 가리키는 비유이다. ① 혹설에 "좋은 포도주"는 취할 수 있는 강한 술을 의미한다고 하나, 반드시 그렇다고는 할 수 없다. 그 이유는 그것이 이적으로 만든 술이므로 취하게 하는 성분이 강하지 않고도 좋은 술일 수 있다. ② 어떤 학자들은 말하기를, 예수님이 만드신 술은 발효하지 않은 취하지 않는 술이었을 것이라고 하나, 그렇게 주장할 만한 본문의 증거는 없다. 설혹 예수님이 만드신 술이 취할 수 있는 성질을 가졌다 할지라도, 그것을 절제 있게 마시는 사람들은 취하지 않을 것이다. 그러므로 성경은 "절제"의 덕을 가르친다(갈 5:23). 금주를 규칙으로 가지는 한국 교회에서 예수님의 이 이적이 문제 될 것은 없다. 한국인의 특수한 사정(술 취하기 잘 하는 한국인)으로 보아, 금주는 당연한 것이다. 그것은 성경이 가르친 "절제"를 위한 것이다.

11 예수께서 이 첫 표적을 갈릴리 가나에서 행하여 그의 영광을 나타내시매 제자들이

---

43) Evangelien Auslegung, 4, 98.

그를 믿으니라. "표적"(σημεῖον)이란 예수님을 메시아로 알리는 신령한 증표라는 뜻이다. "그의 영광을 나타내셨다"는 것은, 메시아의 증표로서의 권능을 나타내셨다는 의미이다.

12 **그 후에 예수께서 그 어머니와 형제들과 제자들과 함께 가버나움으로 내려가셨으나 거기에 여러 날 계시지는 아니하시니라.** 예수님이 이제부터 공생애 사역에 헌신하셨으므로 가정에서 지체하지 않는 사실을 보여 준다.

13 **유대인의 유월절이 가까운지라 예수께서 예루살렘으로 올라가셨더니.** 이 구절부터 22절까지 예수님이 유월절에 예루살렘에 올라가셔서 성전을 청결하게 하신 사건을 보여 준다. 성전 청결 사건은 두 번 있었는데, 여기에 그 첫 번째 것이 기록되었고, 두 번째 것은 성역 말기에 된 일이다. 이 사건이 가르치는 교훈은, 하나님의 거룩하신 것이 사람들로 말미암아 속화되었을 때 그것을 방임하지 않아야 한다는 것이다. 슐라터(Schlatter)는 예수님의 성전 청결 사건이 곧바로 그 시대의 제사장들을 위한 복음(Das Evangelium fur die Priester)이라고 하였다.[44]

"유월절"이란 말에 "유대인의"란 설명을 붙인 것은, 사도 요한이 상대한 독자들이 이방인들이었기 때문이다. "유월절"은 유대인들이 모세의 인도로 애굽에서 나온 구원을 기념하면서 지킨 것이다. 그들이 애굽에서 학대를 받다가 해방될 때 애굽의 장자를 죽이는 여호와의 형벌이 내려졌다. 그때 이스라엘 집만은 그 재앙에 들지 않게 하려고 문설주에 양의 피를 발랐던 것이다. 그것은 여호와의 명령대로 순종한 규례였다(출 12:12-20, 13:2, 12). 그런데 이 명절은 아빕월(3, 4 월 사이에 있었음) 14일에 지키고, 거기 이어서 1주간 누룩 없는 떡 먹는 절기를 지켰다. 유대인들이 이 명절을 지키기 위하여 각처에서 예루살렘 성전으로 올라온 것이다(신 16:1-8). 예수님이 유월절에 예루살

44) Der Evangelist Johannes, 74.

렘에 올라가신 것은 많은 사람들에게 복음을 증거하시려는 것이었다.

14 성전 안에서 소와 양과 비둘기 파는 사람들과 돈 바꾸는 사람들이 앉아 있는 것을 보시고. 멀리 이방에서 제물을 드리기 위하여 오는 순례자들에게는 성전 안에서 소와 양을 살 수 있는 것이 편리한 일이었다. 그러나 그 편리를 위하여 고요히 예배드릴 장소에 혼잡을 가져오는 것은 도리어 영적으로 큰 손해를 보는 것이다. 인간은 편리를 도모하는 것이 당연하나, 영적 손해를 보면서까지 그것을 취하는 것은 주님께서 기뻐하시지 않는다. 돈을 바꾸는 것은 이방에 살던 유대인들이 가지고 온 로마 돈을 성전에 바치기 위하여 유대의 세겔과 바꾸는 것을 의미한다(출 30:13). 그들이 그때 성전에서 이런 매매 행동을 통하여 부당한 수입을 가졌으니, 그것은 기도하는 집을 장사하는 집으로 만드는 잘못이었다(사 56:7; 렘 7:11).

15 노끈으로 채찍을 만드사 양이나 소를 다 성전에서 내쫓으시고 돈 바꾸는 사람들의 돈을 쏟으시며 상을 엎으시고. 이때 예수님의 의분이 나타났다. 그러나 그것이 의분인 만큼, 질서 있게 움직였다. 예를 들면, 그가 돈 바꾸는 사람들의 돈을 쏟으셨을 뿐이고 그것을 뿌리지는 않으셨다. 그가 그렇게 하신 것은 그 소유자들로 하여금 돈을 잃지 않도록 하기 위함이었다. 만일 그가 그 돈을 뿌리셨다면, 돈 임자가 찾기 어려웠을 것이다.

16 비둘기 파는 사람들에게 이르시되 이것을 여기서 가져가라 내 아버지의 집으로 장사하는 집을 만들지 말라 하시니. 여기에도 예수님의 의분이 질서 있게 나타난다. 그는 그저 말씀으로 비둘기를 파는 사람들에게 "이것을 여기서 가져가라"고 하셨을 뿐이고, 그것을 날려 버리지 않으셨다. 그는 남의 소유물을 이처럼 존중히 여기셨다.

"내 아버지의 집으로 장사하는 집을 만들지 말라." 이것은 상업을 정죄하는 의미가 아니고, 성별된 기관을 세속과 혼동시키지 말아야 할 것을 가르치신 것이다. 공관복음에서 취급된 두 번째 성전 청결 기사(마 21:12-13; 막

11:15-17; 눅 19:45-46)에서는 "강도의 소굴을 만들었도다"라고 하셨다. 이것은 성전에서 장사하는 자들이 정직하지 않은 것을 꾸짖은 말씀이다. 물론 이 말씀에는 성전 안에서 그런 영업을 할 수 없다는 뜻이 포함되어 있다.

17 제자들이 성경 말씀에 주의 전을 사모하는 열심이 나를 삼키리라 한 것을 기억하더라. 이 말씀은 시편 69:9의 인용인데, 다윗이 그 원수들 앞에서 하나님을 위하여 박해 받은 사실을 가리킨 말씀이다. 그때 예수님의 제자들은 예수님의 성전 청결의 날카로운 행사를 보고, 그가 유대인들 앞에 박해 받으시게 될 것을 예측하게 된 것이다. 예수님은 성전으로 비유된 하나님의 교회를 위하여 박해를 받아 죽으실 수밖에 없었다.

18-19 이에 유대인들이 대답하여 예수께 말하기를 네가 이런 일을 행하니 무슨 표적을 우리에게 보이겠느냐 예수께서 대답하여 이르시되 너희가 이 성전을 헐라 내가 사흘 동안에 일으키리라. 유대인들은 예수님을 불신앙하는 태도로 표적을 구하였다. 인간은 이처럼 그 불신앙 때문에 하나님이 나타내신 권위를 알아볼 줄 모르고 자기들의 호기심을 만족시킬 기이한 일을 요구하는 법이다. 인간의 호기심을 만족시키기 위한 이러한 요구에 대하여 하나님께서는 응답하시지 않는 법이다. 그러므로 예수님도 여기서 그들이 이해할 수 없는 수수께끼 예언을 주신다. 곧 "너희가 이 성전을 헐라 내가 사흘 동안에 일으키리라"고 하셨다. 그들은 이 말씀의 뜻을 이해하지 못했다. 그러므로 이 예언을 오해한 그들이 후일에 이 말씀을 책잡아 예수님을 송사한 일도 있다(마 26:61). 그들은 여기서도 저희의 무식을 폭로하였다(20절). 이런 수수께끼 예언은 그것이 성취될 때야 비로소 사람들이 깨달을 수 있는 것이며, 그 깨닫는 때 믿음이 굳세어지는 법이다.

20 유대인들이 이르되 이 성전은 사십육 년 동안에 지었거늘 네가 삼일 동안에 일으키겠느냐 하더라. 요세푸스 책에 의하면, 헤롯의 성전건축은 주전 20년에 시작하였다고 한다. 그렇다면 유대인들이 말한 이때는 주후 27년경이었을 것이다.

유대인들은 예수님의 예언(19절)을 이해하지 못하고 여기서 이런 말을 하였다. 영적으로 어두운 자들은 언제든지 하나님의 말씀을 피상적으로 해석하다가 저렇게 오해한다.

21 그러나 예수는 성전 된 자기 육체를 가리켜 말씀하신 것이라. 예수님이 성전으로 그의 육체를 비유하신 이유는, 구약 성전이 신약 교회와 같기 때문이었다. 신약에는 교회가 예수님의 몸으로 비유되었다. 이 구절은 예수님이 유대인들에게 죽임을 당하신 후 다시 살아나실 것을 예언하신 것이다.

22 죽은 자 가운데서 살아나신 후에야 제자들이 이 말씀하신 것을 기억하고 성경과 예수께서 하신 말씀을 믿었더라. 여기서 "성경"은 구약에 있는 부활 예언을 가리킨다. 예를 들면 시편 16:10과 같은 것이다. 예수님의 제자들은 성경과 예수님의 말씀을 깨달음에 있어서 점진적이었다. 그 이유는 하나님의 말씀은 깊고 오묘하므로, 인간의 많은 경험과 체험을 경유하기 전에는 깨닫기 어려운 까닭이다.

23 유월절에 예수께서 예루살렘에 계시니 많은 사람이 그의 행하시는 표적을 보고 그의 이름을 믿었으나. 이적을 제일로 알고 믿는 믿음은 변동되기 쉬운 것이다. 그러나 기적보다 하나님 자신 때문에 생긴 믿음은 전진성과 지속성을 가진다.

24-25 예수는 그의 몸을 그들에게 의탁하지 아니하셨으니 이는 친히 모든 사람을 아심이요 또 사람에 대하여 누구의 증언도 받으실 필요가 없었으니 이는 그가 친히 사람의 속에 있는 것을 아셨음이니라. 인간은 인간의 마음을 참으로 알기 어렵다. 속담에 말하기를 "물은 건너 가 보아야 알고, 사람은 지나보아야 안다."는 말이 있다. 또는 "사람의 마음은 죽을 때까지도 다 모른다"라고 하였다. 사람의 마음을 밝히 아시는 분은 하나님뿐이시다. 예수님은 하나님이시기 때문에 이런 지혜를 가지셨다. 오늘날 신자들 중에도 사람의 마음을 들여다보는 이들이 있다고 한다. 그러나 우리는 그들이 안다고 하는 것을 끝까지 시험해 보아야 한다(요일 4:1). 만일 그들이 무엇을 알아맞힌다는 일에 조작스럽고 번잡한 것

이 있다면, 그것은 하나님께로 말미암은 것이 아니다. 하나님의 아들 예수님은 사람의 마음을 들여다보시고, 그것이 믿을 수 없다는 사실을 지적하신다. 그것은 심판자의 정당한 지식이다. 그 이유는 "만물보다 거짓되고 심히 부패한 것은 마음"(렘 17:9)이기 때문이다.

설교 사람들이 범죄하는 곳에 주님께서 나타나심(2:13-22)

성전은 기도하는 집이다(마 21:13). 솔로몬 성전을 건축할 때는 돌도 미리 다른 곳에서 다듬어다가 조용히 건축하였다. 열왕기상 6:7에 말하기를 "이 전은 건축할 때 돌을 뜨는 곳에서 다듬고 가져다가 건축하였으므로 건축하는 동안에 성전 속에서는 방망이나 도끼나 모든 철 연장 소리가 들리지 아니하였으며"라고 하였다. 이처럼 고요한 기도의 장소여야 할 성전을, 유대인들은 장사하는 집으로 삼은 것이다. 예수님은 그들의 이 행동을 강도의 행동이라는 의미로 말씀하셨다(마 21:13).

1. 세속화를 꾸짖으심

그들은 표면으로는 하나님 백성의 편리를 보아준다는 명목 아래 장사를 하였다. 사람들이 이 세상 것들 중 어떤 것들에 대하여는 죄가 아니라는 생각에서 그것들을 과도히 사용하는 일이 있다. 그렇게 할 때 신앙은 점점 생기를 잃어버린다. 벌이 꽃을 찾아다니며 꿀을 조금씩 섭취하기를 싫어하여 벌통에 담긴 꿀 속으로 먹어 들어간다면, 그 온 몸이 꿀에 젖어 움직일 수 없게 될 것이다. 언제든지 세속주의는 거룩한 일에 방해된다. 그뿐 아니라 그것으로 말미암아 사람들이 실제적 무신론에 떨어진다(참조. 딛 1:16).

2. 그의 엄격한 숙청

죽음이 있는 곳에 독수리는 찾아온다. 주님은 홀연히 성전에 임하셨다. 주님의 심판은 홀연히 나타난다고 성경은 말한다. 영광의 주님은 죄악의 잠을 자는 자에게 도적 같이 임하신다. 요한복음의 이 사건은 말라기 3:1 말씀의 성취인 것이다. 거기 말하기를 "너희의 구하는 바 주가 갑자기 그의 성전에 임하리니 곧 너희가 사모하는 바 언약의 사자가 임할 것이라"고 하였다. 다니엘 5:3-5을 보면, 교만한 죄를 채우는 벨사살 왕에게 주님의 손가락이 갑자기 나타나서 "메네 메네 데겔 우바르신"이라고 썼다. "메네"는 왕의 세대를 세어서 끝냈다는 뜻이고, "데겔"은 왕이 저울에 달려서 부족함이 보였다 함이요, "베레스"는 왕의 나라가 나뉘어서 메대와 파사 사람에게 준 바 되었다 함이다. 하나님은 이처럼 사람을 달아 보시다가 회개하지 아니하면 심판하신다. 우리는 하나님의 저울에 달릴 줄 알아야 한다. 각 사람의 중량은 숨길 수 없이 그대로 나타난다. 몸무게를 다는 저울에 올라가서 자기 체중을 더 무거워지게 할 수 있는가? 언제든지 각 사람의 중량은 그대로 드러나는 법이다. 우리 신앙의 중량은 어떠한가? 겨와 같이 가볍지 않은가? 공기와 같이 가볍지 않은가?

설교 주님의 삼대 비범(2:13-22)

주님의 비범하신 일은 몇몇이 아니고, 그 모든 행하심이 다 비범하다. 본문에 나타난 대로만 세 가지를 찾아보고자 한다.

1. 홀연히 임하심(13-16절)

사람들은 언제나 죄 중에 있으면서도 죄인인 줄 모르고 도리어 자기를 변명한다. 그것은 죄악의 잠을 자는 것이다. 사람들은 흔히 이처럼 잠자며 세월을 보낸다. 죄악의 밤에 잠든 사람들에게는 주께서 판단을 내리시기 위하여 오시는 시간이 반드시 한 번 있다. 그러므로 데살로니가전서 5:3에 말하기를 "저희가 평안하다, 안전하다 할 그때 임신한 여자에게 해산의 고통이 이름과 같이 멸망이 갑자기 그들에게 이르리니 결단코 피하지 못하리라"고 하였다. 그러므로 요한계시록 16:15에 말하기를 "보라 내가 도둑 같이 오리니 누구든지 깨어 자기 옷을 지켜 벌거벗고 다니지 아니하며 자기의 부끄러움을 보이지 아니하는 자는 복이 있도다"라고 하였다. 그러므로 신자들은 미리부터 진리로 책망을 받아 깨어 있음이 귀하다. 에베소서 5:13-14에 말하기를 "그러나 책망을 받는 모든 것은 빛으로 말미암아 드러나나니 드러나는 것마다 빛이니라 그러므로 이르시기를 잠자는 자여 깨어서 죽은 자들 가운데서 일어나라 그리스도께서 너에게 비추이시리라 하셨느니라"고 하였다. 동방 박사들로 말미암아 예수님의 탄생 소식을 들은 헤롯왕과 예루살렘은 소동하였는데(마 2:1-3), 그 소동도 역시 죄악 가운데서 잠자던 자들이 의로운 새 일의 소식을 듣고 놀란 것이다. 그들이 죄와 불 경건에 깊이 잠들고 있었던 증거는, 그들 중에서 예수님이 탄생하신 것을 기뻐하여 찾아온 자가 없었음을 보아서 알 수 있다.

예수님이 예루살렘 성전에 나타나시니, 거기 모였던 자들이 놀라지 않을 수 없었다. 그들은 조용히 기도할 장소를 복잡한 시장으로 만들었던 것이다. 성전에서 고요히 행해야 할 이유는 그곳이 하나님의 집이요, 신자들이 하나님과 교통하는 곳이기 때문이다.

2. 주의 전을 사모하는 열심에 삼키우심(17절)

"삼키웠다" 함은 그 열심에 사로잡힌 듯이 되신 것을 의미한다. 이것은 하나님의 성결을 변호하시기 위한 정의감에 불타심이다. 주님을 따르려는 성도는 이러한 열성을 본받아야 한다. 주님의 성결을 변호할 마음이 있어야 한다.

그 이유는 그는 무엇보다 성결을 사랑하기 때문이다. 그는 행복보다 성결을 사랑한다(Holiness rather than happiness). 시편 119:136에 말하기를 "그들이 주의 법을 지키지 아니하므로 내 눈물이 시냇물 같이 흐르나이다"라고 하였다.

3. 사람들이 이해하지 못할 깊은 사상과 말씀을 소유하셨음(18-22절)

19절에 말씀하기를 "예수께서 대답하여 이르시되 너희가 이 성전을 헐라 내가 사흘 동안에 일으키리라"고 하셨다. 그때 제자들도 이 말씀을 깨닫지 못하였다. 우리는 하나님의 말씀 중에서 특히 우리로서 이해하기 어려운 말씀에 관심을 더욱 가질 줄 알아야 한다. 현재에 알기 어려운 말씀도 미래에는 우리를 복되게 하는 말씀이다. 그뿐 아니라 우리도 주님의 자녀이므로 주님을 본받아 의미심장한 장래성을 가진 언행이 있어야 한다. 우리의 생활도 그날그날 헛되게 지내지 말고 깊이가 있어야 한다.

설교 예수님이 인정하시는 신앙(2:23-25)

1. 예수님이 몸을 의탁하실 만한 신앙(24절)

하나님은 사람들에게 오셔서 계시기를 원하신다. 이것은 하나의 놀라운 일이다. 그는 지극히 높은 곳에 계시면서도 지극히 낮은 사람의 심령 속에 계시기를 원하신다. 이사야 57:15에 말하기를 "지극히 존귀하며 영원히 거하시며 거룩하다 이름 하는 자가 이같이 말씀하시되 내가 높고 거룩한 곳에 있으며 또한 통회하고 마음이 겸손한 자와 함께 있나니"라고 하였다. 여기 "통회"와 "겸손"은 서로 밀접한 관계를 가진다. 진정한 죄의식이 없이는 진정한 겸손은 이루어지지 않는 사실이 여기 나타나 있다. 하나님은 겸손한 자와 함께 하신다.

하나님의 아들이 그 몸을 의탁하실 만한 사람은 통회하는 자, 곧 겸손한 자이다. 아무리 놀라운 것으로도 우리에게 겸손을 이룰 수는 없다. 눈으로 직접 볼 수 있는 이적도 겸손을 만들어 내지 못한다. 그 이유는 이적을 보기만 하는 자는 자기로서 유달리 영계의 이상한 것들을 보고 안다는(혹은 확신한다는) 교만으로 살기 때문이다. 마귀도 믿고 떤다고 하였으니(약 2:19), 그는 하나님의 권능을 확신하고 떨고 있다. 그러나 마귀는 죄의식을 느끼지 못하며 겸손해지지도 않는다. 사람으로 하여금 겸손하게 하는 것은 죄의식 밖에 없다.

어떤 신실한 형제를 만나서 그의 신앙생활 상태를 물어 보았다. 내가 묻기를 "기도 응답을 많이 받지요?"하니, 그는 대답하기를 "내가 나 자신을 공격한 그날 특별히 기도 응답을 받습니다"라고 하였다. 이처럼 통회는 귀하다.

2. 중심이 참된 신앙(25절)

시편 51:6에 말하기를 "주께서는 중심이 진실함을 원하시오니 내게 지혜를 은밀히 가르치시리이다"라고 하였다. 하나님은 우리의 중심을 외부보다 귀중히 여기신다. 그러므로 그는 우리의 중심에 죄를 깨닫는 지혜를 주신다. 사람들이 죄를 깨닫는 것은 쉬운 일이 아니다. 그러나 사람마다 그 중심 깊이에 큰 죄들이 들어 있다. 이것들을 깨닫는 것이 지혜이다. 하나님은 이런 지혜를 우리에게 주시어 우리를 깨끗하게 하신다. 중심이 깨끗한 자가 하나님의 인정을 받는다.

뿐만 아니라 그리스도를 믿는 우리의 믿음이 두뇌에 있지 않고 중심에 있어야 한다. 그 이유는 중심에 있는 믿음이 사랑 있는 믿음이기 때문이다. 우리가 무엇을 소유하였다고 할 때, 애착 없는 소유 관념은 참된 것이 아니다. '나'의 사랑이 관련되지 않은 것은 그 무엇이든지 내 것이 아니다. 내가 주님을 사랑할 수 있게 되어야 주님이 내 주님이 되신다. 주님과 나와의 참된 관계는 나의 중심, 곧 심장에서만 이루어진다. 성경은 이 진리를 가르치기 위하여 말하기를 "처녀가 어찌 그의 패물을 잊겠느냐"(렘 2:32)라고 하였다. 우리가 주님을 믿는 믿음은 이처럼 사랑의 바탕을 가진 것이다. 그러므로 요한1서 4:8에 말하기를 "사랑하지 아니하는 자는 하나님을 알지 못하나니 이는 하나님은 사랑이심이라"고 하였다.

제 3 장

⚜ 내용분해

1. 중생에 대한 예수님의 교훈(1-15절)
   1) 니고데모의 방문(1-2절)
   2) 중생의 필요와 그 유래(3-8절)
   3) 니고데모의 영적 무지와 예수님의 탄식(9-15절)

2. 하나님께서 속죄하여 주시는 독생자를 주심과 그 결과(16-21절)
   1) 독생자를 세상에 보내심(16절)
   2) 구원과 심판의 판가름(17-19절)
   3) 빛으로 오지 않는 자의 동기(20-21절)

3. 세례 요한과 예수님의 공동 성역(22-36절)
   1) 유대 땅에서 각각 세례를 베품(22-24절)
   2) 세례 베푸는 사건에 대하여 세례 요한의 제자들이 그 선생에게 보고함(25-26절)

3) 예수님을 높이는 세례 요한의 대답(27-30절)

4) 위로부터 오시는 이와 땅에서 난 이를 대조시킴(31-36절)

⚜ 개요

1. 중생에 대하여(1-15절)

니고데모는 예수님과 접촉하면서 예수님의 외부적인 권능에 치중하였다. 그는 예수님을 구약적인 랍비로, 하나님의 보내심을 받은 분으로만 알았다(Westcott). 이처럼 구약의 사상으로 접촉하는 니고데모에게 예수님은 신약적인 중생 문제로 답변하셨다.

이제 중생의 신약적 의의를 말하기 전에 먼저 중생 문제의 근본의미를 알아보는 것이 필요하다. 개인을 거듭나게 하며 거룩하게 하시는 역사는 구약 시대에도 있었다(시 51:11; 사 63:10-11). 우리는 구약 시대에도 영생에 참가하는 하나님의 백성이 거듭나는 은혜를 받았다는 것을 무시하면 안 된다. 구약 시대 성령의 역사는 신약 시대의 그것과 같다(신 30:6). 다만 구약 시대의 것은 예비적인 것이고, 신약 시대의 것은 완성적인 것이며 더욱 풍부하다(Warfield, Biblical Doctrines, p. 129). 이점에서만 성령님의 역사가 구약 시대와 신약 시대에 따라 다르다. 이런 의미에서 예수님은 성령님의 신약적인 성격을 별달리 생각하신 것이다(7:37-39). 선지자들도 이런 의미에서 성령님의 신약적 역사(役事)를 예언하였고, 그 예언이 마침내 이루어졌다(사 32:15, 43:3, 59:21; 겔 11:19, 18:31, 36:26, 37:14, 39:29; 슥 12:10; 욜 2:28-32). 신약 시대는 그리스도께서 오셔서 성령으로 세례를 주시는 시대이다(마 3:11; 막 1:8; 눅 3:16; 요 1:33). 성령으로 세례를 주신다는 것은 그의 백성에게 성령님을 물 붓듯이 주셔서 거듭나게 하시는 역사를 말함이니, 그것은 물론 오순절의 성령 강림으로 이루어진 것이다.

그러면 중생은 어떤 성질을 가지는가? (1) 중생은 그리스도를 믿을 마음을 일으킴. 6:44에 말하기를 "나를 보내신 아버지께서 이끌지 아니하면 아무도 내게 올 수 없으니"라고 하였다. 따라서 중생은 (2) 하나님께로 나아갈 마음으로 나타남. 히브리서 10:22에 말하기를 "우리가 마음에 뿌림을 받아···참 마음과 온전한 믿음으로 하나님께 나아가자"라고 하였다. (3) 중생은 하나님을 사랑하는 마음으로 나타남. 데살로니가후서 3:5에 "주께서 너희 마음을 인도하여 하나님의 사랑과 그리스도의 인내에 들어가게 하시기를 원하노라"고 하였다.

위에 있는 성경 구절들을 보면 성령님을 받은 마음, 곧 거듭난 마음은 예수 그리스도를 알며 믿게 된다. 그것은 진리에 속하고 선에 속하여 오직 그리스도를 따른다. 넓은 바다를 건너는 배에 작은 나침판이 귀한 것처럼, 인간에게는 거듭난 마음이 귀하다.

하나님께서는 그리스도를 보내셔서 우리를 대신하여 죽었다가 다시 살아나게 하시어 구원의 복음을 이루시고, 우리의 속에는 그것을 믿기 위한 마음, 곧 거듭난 마음을 주신다. 이 사실로 말미암아 하나님을 믿는 우리 신앙이 더욱 강하여진다. 그리스도의 복음과 우리의 거듭난 마음은 서로 합치하는 것이고, 또 그것들은 하나님을 참되시다고 증거하는 아멘의 두 증인이다.

2. 영생에 대하여(12-21절)

이 문제를 연구하기에 앞서 먼저 영원이란 말을 알아야 한다. 플라톤(Plato)은 영원이란 것을 아무런 변동도 없고 시간적 측량을 받지 않는 것이라고 하였다. 그러나 신약에서 영원이란 것은 오는 세상을 가리켰고, 끝이 없는 세상을 가리켰다.

시간성에 대하여 내세의 형편을 우리로서는 전적으로 이해하기 어렵다.

그 이유는 내세는 현세와는 다른 새로운 세상이기 때문이다. 아우구스티누스(Augustine)는 말하기를 "우리에게는 모를 것이 있는 것이 오히려 만족하다. 그 이유는 우리가 잘 아는 것들로는 만족을 얻지 못하기 때문이다. 우리는 하나님을 찾는 중에 혹시 모를 것이 있는 고로, 과연 하나님을 찾는 줄 알고 기뻐해야 한다"라고 했다(Con. 1,6). 아우구스티누스의 이 말은 일고를 요한다. 그러면서도 우리는 내세에 우리에게 시간 개념이 전연 없다고 하지 않는다. 만일 내세에 우리에게 시간 개념이 없다고 한다면, 그것은 인간의 신격화 혹은 절대화를 의미하는 것이다. 시간성, 혹은 계속성은 유한성의 성격이다. 유한성에 속한 인간은 언제나 새것을 배우게 되며, 모를 것도 있다. 그에게 단회적 완전성은 없다. 그러므로 그는 연속성을 띠지 않을 수 없다. 그러나 내세에 우리의 인간성이 현세의 그것과 똑같다고 할 것인지는 우리가 알기 어렵다. 게할더스 보스(Geerhardus Vos)는 말하기를 "바울은 어디서나 이 세상 생명이 지나간 후에 시간의 기간이나 구분이 없다고 말하지 않는다. 시간의 구분이나 기간에 제약 받지 않는 생명은 창조자의 것이다. 오는 세상에 살 사람을 이같이 생각하는 것은 인간을 신격화 함이니, 이것은 이교적 사상이라고 할 수는 있겠으나 성경적 진리는 아니다"라고 하였다.[45)]

다음으로 영생의 질적 내용을 생각해 보자. 그것은 신자가 현세에서 벌써 인격적으로 그리스도와 연합한 내용이다. 6:56에 말하기를 "내 살을 먹고 내 피를 마시는 자는 내 안에 거하고 나도 그의 안에 거하나니"라고 하였다. 이것은 그리스도와 신자와의 연합, 곧 안식을 말한다. 내세에 들어간 신자는 안식한다. 그러나 안식이란 것이 무의식 상태를 의미하거나 혹은 나태를 의

45) Paul nowhere affirms that to the life of man, after the close of this aeon, no more duration, no more divisibility in time-units shall exist. Life so conceived is plainly the prerogative by nature of the Creator:to eternalize the inhabitants of the coming aeon in this sense would be equivalent to deifying them, a thought whose place is in a pagan type of speculation but not within the range of biblical religion.—The Pauline Eschatology, 290.

미하는 것이 아니다. 안식하는 곳은 사랑이 충만한 곳이니(고전 13:13), 활동이 많을 것은 확실하다. 일하는 것은 성결의 중요한 부분이므로, 일 없는 곳은 성결하지 못하다. 그러나 내세의 일은 승리자가 가지는 수확으로서의 일인 것이다. 이 세상에서 노력하고 구하고 사모하던 것을 저 세상에서는 받는다. 그러나 그것은 활동과 수고를 제외하는 것은 아니다.

3. 세례 요한과 예수님(22-36절)

세례 요한은 예수님에게 대한 자기 제자들의 보고를 듣고 그 (예수님)에게 대하여 다시 증거하였다 그것은 어디까지나 자기를 낮추고 예수님을 높이는 것이다. 그것이 세례 요한의 전도의 특징이다.

해석

1 그런데 바리새인 중에 니고데모라 하는 사람이 있으니 유대인의 지도자라. 니고데모는 이 밖에 두 번 나타난다(7:50; 19:39). 이 이름은 헬라 이름인데 유대인이 채용한 것이다. "유대인의 지도자"란 산헤드린 공의회의 회원임을 의미한다.

2 그가 밤에 예수께 와서 이르되 랍비여 우리가 당신은 하나님께로부터 오신 선생인 줄 아나이다 하나님이 함께하시지 아니하시면 당신이 행하시는 이 표적을 아무도 할 수 없음이니이다. 니고데모가 밤에 찾아온 것은 그가 유대인들을 두려워하였기 때문이다(참조. 19:39). 혹설에는 니고데모가 밤에 찾아온 것이 그의 열심을 드러낸 것이라고 한다. 그 이유는 랍비들이 밤에 공부하는 것을 장려하였기 때문이라는 것이다(Strack und Billerbeck). 그러나 첫째 해석이 옳다. 니고데모는 처음에 겁약하게 주님을 따랐으나, 후에 담대하여져서 예수님의 시체를 가져다가 장례하였다. 이처럼 나중 되었던 자가 첫째로 꼽힐 만한 큰 봉사를 하

는 일이 인간 중에는 많다.

그가 예수님에 대하여 "하나님께로부터 오신 선생인 줄 아나이다"라고 한 것은, 아직 메시아로 알았다는 의미는 아니다. 그가 그런 정도로 예수님을 알게 된 것도 표적을 본 까닭이었다(참조. 2절 하). 표적(이적)을 보고 예수님을 알게 되는 신앙은 언제나 약한 것이다. 표적보다도 예수님 자신이 더욱 믿을 만하다.

3 사람이 거듭나지 아니하면 하나님 나라를 볼 수 없느니라. "거듭"이란 말은 헬라어로 "아노텐"(ἄνωθεν)이니, "위에서부터" 혹은 "새로이"라는 뜻이다. 그러나 5절에서는 거듭난다는 것이 성령에 의하여 된다고 하여 "위에서부터"라는 의미를 지지한다.

불트만(Bultmann)은 중생을 영지주의의 원리에 의하여 해석하였다. 그는 말하기를 "중생은 단지 사람을 개량시키는 정도의 무엇을 의미하지 않는다. 그것은 사람이 그의 시원을 새로이 회복하여 보존함이다"라고 하였다.[46] 불트만의 이와 같은 해석은 잘못된 것이다. 그는 또 말하기를 "요한은 영지주의의 술어만 사용할 뿐만 아니라, 영지주의 내용을 어느 정도 채택하였다"라고 하였다.[47] 그러나 불트만은 이 점에 있어서 명백히 과오를 범하고 있다. 영지주의 문헌은 주로 만다교(Mandean) 문건들과 마니교(Manechian) 문건들이다. 이 문건들은 그 대부분이 그리스도 이후의 것들이라고 권위 있는 학자들은 판정한다. 다만 어떤 학자들의 말에 의하면, 이런 문전들의 근본 사상이 그리스도 이전에 세례 요한을 중심으로 한 작은 종파에서 유래되었다고 하나, 이 주장을 반대하는 학자들도 많다. 자유주의 학자들 중에서도 리츠만(Lietzmann)같은 학자는 이를 맹렬히 반대한다. 그러므로 세계적 신약 학자

---

46) Denn Wiedergeburt bedeutet nicht einfach so etwas wie eine Besserung des Menschen, sondern bedeutet dieses, dass der Mensch einen neuen Ursprung erhalt. —Das Evangelium Des Johannes, Gottingen 1956, 97.

47) Johannes Evangelium, 96.

인 메이첸(Machen)과 리델보스(H. Ridderbos) 같은 이들은 영지주의 문헌들이 기독교에 영향을 준 것이 아니고, 도리어 이 문헌들이 기독교의 영향을 받았다고 주장한다. 그뿐 아니라 영지주의 문헌에서 말하는 중생이라는 것은 어디까지나 범신론적인 사상을 보여 주는 반면에, 기독교의 것은 어디까지나 유신론적인 것이다. 우리가 영지주의의 소위 중생 사상에 관한 그 한 구절을 인용하면 다음과 같다. 헤르메스(Hermes)의 아들 타트(Tat)가 말하기를 "아버지여, 하나님이 나를 새로운 존재로 만드셨다. 나는 모든 것을 아나이다. 육안으로가 아니고 심령의 작용으로 아나이다"라고 하니, 그 부친 헤르메스가 대답하기를 "과연 그렇다. 사람이 거듭나면 그가 아는 것이 육체적인 몸으로 말미암은 것이 아니고 비육체적인 것이니라."고 하였다. 그때 그의 아들 타트가 다시 말하기를 "아버지여, 내가 이제 마음으로 보나이다. 나는 나 자신이 모든 것임을 보나이다. 나는 하늘에도 있고, 땅에도 있고, 물속에도 있고, 공기 중에도 있으며, 나는 짐승이며 또 식물이니이다. 나는 모태 속에 있는 태아이기도 하고, 아직 잉태되지 않은 자이기도 합니다. 나는 어디든지 있습니다"라고 하였으니,[48] 범신론적 사상이다.

위에서 말한 것과 같이 불트만은 우선 요한복음에 나오는 '중생'이라는 술어가 영지주의의 영향을 받은 것이라고 하였다. 그러나 여기서 '중생'이란 술어가 영지주의의 전용 술어라고 할 필요는 없다. 그리스도의 시대에 있어서도 이런 술어가 있었을 것이다. 물론 그 술어가 기독교적인 내용을 가지고 그때 사용되었을 것이라고 할 수는 없다. 그러나 기독교는 그 고유의 진리를 전파함에 있어서 세속적 언어를 어느 정도 사용할 수 있었다. 물론 그렇게 사용할 때 기독교의 새로운 내용을 가지고 그리한 것이다. 우리는 이 점에 있어서 한 가지 예를 들 수 있다. 우리 한국에 선교사들이 처음 와서 복음을

48) W. Scott, Hermetica, Oxford, 1924, 246-247.

전할 때 참되신 신의 명칭을 '하나님'이라고 하였다. 그때는 '하나님'이란 말이 어느 한 종교에 전속된 것이 아니고, 일반적으로 사용되었다. 그럼에도 불구하고 그들은 이 명칭을 성경 번역에 채용하였다. '중생'이란 말이 구약에는 별로 나오지 않는다. 그러나 구약에 중생 사상은 엄연히 존재하고 있다. 이런 경우에 있어서 구약의 사상은 헬라의 술어에 의하여 표현될 수도 있는 것이다. 우리는 이와 같은 사실을 또 볼 수 있다. 곧 구약에는 '양심'이란 낱말이 없다. 그러나 '양심'이란 말로 표현될 인간의 심리에 대하여 구약은 많이 말하고 있다. 이 심리가 신약에 이르러 비로소 '양심'이란 말로 표현되었다. 구약에 없던 어떤 술어가 갑자기 신약에 나온다고 하여, 우리는 그것을 어떤 다른 종파의 영향이라고 할 것은 없다.

4 니고데모가 이르되 사람이 늙으면 어떻게 날 수 있사옵나이까 두 번째 모태에 들어갔다가 날 수 있사옵나이까. 니고데모는 여기서 중생 도리에 대한 무식을 나타낸다. 그는 주님의 말씀을 문자적 의미로 오해하고 잘못 생각하였다. 하나님의 말씀은 이처럼 깨닫기 어려운 것이므로 언제나 주의 깊은 해석이 필요하다.

5 예수께서 대답하시되 진실로 진실로 네게 이르노니 사람이 물과 성령으로 나지 아니하면 하나님의 나라에 들어갈 수 없느니라. 어떤 학자들의 해석에 의하면, 여기 "물"은 진리를 상징한다. 그러나 실상 예수님은 여기서 사람이 세례 받는 때 되는 일, 곧 깨끗하여지는 것을 가리킨 것이다.[49] 세례가 영적 청결을 의미한다는 것은 구약에도 많이 예언되어 있다(렘 31:34; 겔 36:25, 37:23). 그러므로 슐라터(Schlatter)는 말하기를 "물과 성령을 연결시켜 말한 것은 에스겔 36:25-27에 나와 있다.···성령에 대한 위의 에스겔서의 약속은, 예수님의 복음과 세

---

49) Grosheide, anders gezegd, de doop is bedoeld, hetgeen bijen in den doop geschiedt, is genoemd.—Het Heilige Evangelie Volgens Johannes, Kommentaar Ⅰ, 212.

례 요한의 물세례를 연결시켜 예언한 것이다"라고 하였다.[50)]

"성령"은 인생에게 중생을 발생시키는 분으로서 삼위 중 한 분이시다. "성령으로"란 말씀을 여기 부가한 이유는, 위의 "물"의 세례만으로는 진정한 중생을 성립시키지 못하기 때문이다.

6 육으로 난 것은 육이요 영으로 난 것은 영이니. 이것은 세상과 영적세계의 차별을 엄정히 따진 동시에, 영적 갱생의 절대 필요성을 보여준 말씀이다. 육의 사람 그대로는 영적 세계를 깨닫지 못하며, 그 세계에 들어갈 수도 없다. 천국은 영적 세계이다.

"육"이란 말(σάρξ)은 자연 인간, 곧 부패한 인간(영혼과 몸)을 가리킨다. 그리고 영으로 난 "영"이란 것은, 물론 종래의 영혼 그 자체를 말함이 아니고 성령으로 말미암아 거듭난 생명을 가리킨다. 그것은 본래의 인간 실체 그것에 발생된 변질을 가리킨 것도 아니고, 혹은 그 인간 그 존재에 어떤 부가물을 말함도 아니다.[51)] 그것은 본래의 인간이(영혼과 몸이 함께) 성령의 붙들어 주심에 의하여 하나님과의 관계에 있어서 올바르게 된 범위 안의 생명 형태를 가리킨다. 이것은 씨앗과 같은 출발에 지나지 않는다.[52)] 이런 의미에서 요한1서 3:9에는 "하나님께로부터 난 자마다 죄를 짓지 아니하나니 이는 하나님의 씨가 그의 속에 거함이요"라고 하였다. "하나님의 씨"란 것은 성령의 역사가 씨앗과 같이 영혼 속에 시작된 것을 가리킨다. 이것이 "성령으로 난 영"이다.

---

50) Zur Verbindung von Wasser und Geist siehe Ezech. 36:25-27, ...die Verheissung des Geistes verbindet die Botschaft jesu mit der des Taufers. —Der Evangelist Johannes, 89.

51) Bavinck, Geref. Dog. Ⅳ, 79.

52) Bavinck, Geref. Dog. Ⅳ, 80.

* * * * *

{특별참고}

몸과 영혼과 영에 대하여

신약에서 인간의 성립 요소를 말하면서 그 외부를 몸이라 하고, 그 내부를 영혼이라고 한다. 그런데 인간의 내부, 곧 "영혼"을 "영"이란 말로도 가리킨다. 이 세 가지(몸, 영혼, 영)는 삼부분설을 말함이 아니다. 우리는 이 점에 대하여 바빙크(Bavinck)와 같이 생각한다. 곧 히브리서 4:12과 데살로니가전서 5:23에 "몸, 영혼, 영"이란 말이 함께 나오나, 결코 근본적으로 서로 구별된 인간 성립 요소들을 말함이 아니다. 성경에서 사람의 심리적 활동을 어떤 때는 "영"에 속한 것으로 말하고, 어떤 때는 "영혼"에 속한 것으로 말한다.[53] 그리고 사람이 별세한 것을 가리켜 어떤 때는 "영혼"(혹은 "혼"이라고도 번역됨)이 떠났다 하고(창 35:18; 왕상 17:21; 마 27:50; 행 5:5; 10), 어떤 때는 "영"이 떠났다고 한다(시 31:5; 눅 8:55, 23:46; 행 7:59). 또한 인생의 불멸에 대해서도 어떤 때는 "영"이 죽지 않는다고도 하고(전 12:7), 어떤 때는 "영혼"이 죽지 않는다고 한다(마 10:28). 그리고 별세한 자들을 가리켜 "영들"이라고 한 동시에(히 12:23; 벧전 3:19). "영혼들"이라고도 한다(계 6:9, 20:4). 이처럼 본질적으로는 구별되지 않는 인간의 내부적 요소를 두 가지 술어로 표현하였다. 사람의 내부적 요소를 "영"이라고 한 것은, 그가 짐승과는 달리 하나님이 기운 불어넣으신 역사로 성립되었기 때문이다. 이 "영"이 "영혼"으로 표현되어 있다.[54]

---

53) 민 21:4; 삼상 1:10; 욥 10:1; 시 42:5, 77:6, 139:14; 눅 1:46-47; 고전 2:11.

54) Geref. Dog. 1908, II, 596-597.

7 내가 네게 거듭나야 하겠다 하는 말을 기이히 여기지 말라. 니고데모는 이때까지 인간이 자기 힘으로 율법을 지켜 구원을 얻는다는 그릇된 도리에 관하여서만 알고 있었을 것이다. 그러므로 그는 예수님의 중생 교훈에 대하여 놀랐던 것이다. 이때 예수님은 그 교훈의 당연성을 고조하시는 의미에서 니고데모에게 "기이히 여기지 말라"고 하신 것이다. "거듭나야 하겠다"는 말씀은 인간이 자기 힘으로 중생해야 한다는 의미가 아니다. 그것은 하나님께서 작정하시고 그가 이루시는 것인데, 인간은 이 은혜를 받아야 한다는 뜻이다. 그렇다면 그것은 인간의 자력으로써 될 일이 아니고, 순전히 하나님의 능력으로 될 일이다.

8 바람이 임의로 불매 네가 그 소리는 들어도 어디서 와서 어디로 가는지 알지 못하나니 성령으로 난 사람도 다 이러하니라. 바람이 어느 지점에서 일어나서 어느 지점에서 멎을 것인지 알기 어려운 것처럼, 성령님의 역사의 출발과 그 범위를 알기 어렵다는 말씀이다. 그러나 바람의 소리는 들을 수 있는 것처럼, 성령의 역사로 된 결과 곧 중생에 대하여는 우리가 알 수 있다는 말씀이다. 성령의 열매는 현저히 알 수 있다(참조. 갈 5:22-23). 그러면 예수님의 비유는 성령의 역사가 사람이 알 수 있는 것도 있고 모를 것도 있다는 것을 의미한다(Schlatter). 성령을 바람으로 비유한 실례는 특별히 사도행전 2:2의 것이 중요하다. "바람"이란 헬라어(πνεῦμα)가 "성령"이란 헬라어(πνεῦμα)와 같은 것으로 보아서도 이런 비유는 매우 흥미 있는 것이다.

9-10 니고데모가 대답하여 이르되 어찌 그러한 일이 있을 수 있나이까 예수께서 그에게 대답하여 이르시되 너는 이스라엘의 선생으로서 이러한 것들을 알지 못하느냐. 니고데모는 이스라엘의 선생이지만, 이때까지 바리새식 종교에서 호흡하고 있었으므로 생명의 도리인 기독교의 중생 도리를 깨닫기 어려웠다. 그것은 이스라엘 지도자로서의 자격 없음을 스스로 증거한 것이다. 그러므로 예수님은 이 점에 대해 책망하신 것이다.

11 진실로 진실로 네게 이르노니 우리는 아는 것을 말하고 본 것을 증언하노라. "우리"란 말은 예수님 밖에 누구를 포함하는지 알기 어렵다. 칼빈(Calvin)은 이 말씀이 예수님 자신과 선지자들을 가리킨다고 하였다. "아는 것"이란 말과 "보는 것"이란 말은, 그리스도께서 친히 하늘에서 영적으로 보시고 아시는 확실한 진리를 가리킨다. 이 세상 철학자들은 확실하지 못한 그들의 추상을 말할 뿐이다.

12 내가 땅의 일을 말하여도 너희가 믿지 아니하거든 하물며 하늘의 일을 말하면 어떻게 믿겠느냐. "땅의 일"과 "하늘 일"은 각각 무엇을 의미하는가? 본문대로 보아 "땅의 일"에 대하여는 예수님께서 벌써 말씀하셨다고 하니(εἶπον), 이는 두말할 것 없이 그가 이미 말씀하신 바 중생에 관한 일이다. 그리고 "하늘 일"에 대하여는 그가 앞으로 말씀하시려고 하니(ἐὰν εἴπω), 그것은 13절 이하에 계시될 하나님 아버지의 구속 사업, 곧 그의 아들을 보내실 것에 대하여 말함이다. 테오도르 찬(Theodor Zahn)은 잘못 말하기를 "땅의 일"은 땅 위의 천국을 가리키고, "하늘 일"은 하늘 위의 천국을 가리킨다고 하나, 그것은 본문의 문맥에 맞지 않는 해석이다.

13 하늘에서 내려온 자 곧 인자 외에는 하늘에 올라간 자가 없느니라. "하늘의 일"(12절)을 계시하실 이가 예수님 자신밖에 없다는 의미이다. "하늘에 올라간 자"란 말은 두 가지 해석을 가진다. ① 예수님이 인성을 취하신 동시에 신성이신 만큼, 현재에도 하늘에 계신 사실을 가리킨다고 한다. ② 예수님이 앞으로 죽었다가 부활 승천하실 것을 미리 당겨서 말씀하셨다는 것이다. 이 구절은 중요한 사실을 알게 한다. 곧 인간 중에는 누구라도 하늘 세계의 것을 알 자가 없으니 전적으로 예수님만 의뢰해야 한다는 것이다. 예수님은 인자, 곧 인성을 가지신 중보자이시므로 인간들과 하늘 세계를 연결시키실 수 있다.

우리는 하늘의 일에 대하여 그분의 증거로 만족해야 되고, 우리의 눈으로 친히 하늘의 일을 보려고 하면 안 된다. 그 이유는 우리가 완전해지기 전에는 죄악 성품 때문에 하늘의 일을 친히 취급할 수 없기 때문이다. 우리가 하늘의 일을 친히 볼 수 있는 때는 지금이 아니다(참조. 고전 13:12). 기어다니기 시작하는 아기는 불을 직접 취급할 수 없다. 그는 장성한 뒤에야 불을 유익하게 이용할 수 있다.

14 **모세가 광야에서 뱀을 든 것같이 인자도 들려야 하리니.** 이 말씀은 "하늘 일"(12절)이 무엇인지를 보여 준다. 그것은 인자께서 들리심이다. 여기 "들림"은 무엇을 의미하는가? 민수기 21:9을 보면, 불뱀에게 물린 자들이 장대 위에 달린 놋뱀을 쳐다볼 때 살아났다. 이 사건은 예수님을 쳐다보며 믿는 자들이 멸망에서 건짐 받을 사실을 비유한 것이다. 그러므로 예수님이 들리신다고 함은, 십자가에 달리실 사실을 위시하여 그의 부활 승천하실 사실까지 가리킨다. 칼빈은 "들린다"는 말씀이 그리스도를 높이는 복음 전도를 가리킨다고 하였는데, 일리 있는 말이다.

불뱀에 물린 자들이 장대 끝에 달아 맨 놋뱀을 쳐다보기만 하면 구원을 받았다. 그들은 장대 끝에 달아맨 뱀이 무엇을 의미하는지 알지 못했다. 그러나 하나님께서 그것을 쳐다보라고 하신 명령에 순종한 것뿐이다. 신앙이란 이처럼 단순한 것이고, 따라서 쉬운 것이다. 어떤 때는 복잡한 지식이 신앙을 방해한다. 실상 지식이 있는 자도 지식이 없는 자처럼 되어야 힘 있는 믿음을 가진다. 시각장애인이었던 헬렌 켈러(Hellen Keller)는 말하기를 "시각장애인의 손이 하나님의 손에 붙들리기만 하면 눈 뜬 사람보다 오히려 구원의 길을 더 잘 간다"라고 하였다. 헬렌 켈러의 이 말은 믿음이란 아무 다른 것에게 구애를 받지 않아야만 단순하게, 힘 있게 움직인다는 것을 보여 준다. 이스라엘 백성이 장대 끝에 달아맨 뱀을 단순하게 믿은 것처럼, 우리도 십자가에 못 박히신 예수 그리스도를 단순하게 믿어야 한다. 그것이 구원 받는 믿음이다.

* * * * *

{특별참고}

놋뱀에 대하여

놋뱀에 대하여 자유주의자들은 여러 가지로 설명한다. ① 토템(Totem), 곧 종족의 표상으로 생각되는 자연물을 숭배하는 사상에서 놋뱀 시설이 유래되었다고 함(W. R. Smith). 그러나 이스라엘에는 토템 사상이 없었다. ② 해로운 동물을 축출하기 위한 고대 국가들의 풍습에서 유래되었다고 함(Frazer). 이 경우에는 다음과 같은 설명이 따른다. 곧 어떤 나라에서 우물에 거머리가 성하므로 놋거머리를 만들어 우물에 넣어서 그것을 없앴다고 한다.

그러나 성경은 종교적인 면에서 이방의 미신을 정죄할지언정 그것의 영향을 받지 않았다. ① 본문에 놋뱀을 장대 위에 달았다는 것은, 어느 지점 사람이든지 그것을 쳐다보도록 하기 위한 목적으로 그리했다는 것이다. "장대"란 말의 히브리 원어 네스(נֵס)는 특별한 장대로서 오늘날 국기 게양대와 같이 높은 것이며, 될 수 있는 대로 높이 들어 보이도록 하는 것이다. 그러므로 예수님도 이 점에 유의하시고 "인자도 들려야 하리니"라고 하셨다(요 3:14). 예수님이 들리신다 함은, 그가 십자가에 높이 달리시어 못 박혀 죽으실 것을 가리킨다. ② 하나님께서 하필 불뱀에 물린 자들로 하여금 뱀의 형상을 바라보도록 하신 것은, 그들의 병세를 증가시킬 듯한 일이었다. 뱀에게 물린 자가 뱀을 보기 좋아할 리 없다. 그러나 하나님께서 불뱀에게 물린 이스라엘로 하여금 놋뱀을 쳐다보게 하신 것은, 신앙의 진리를 가르친다. 신앙은 어떤 때는 사람의 이성을 죽이고 성립된다. 루터(Luther)는 사람의 이성을 짐승으로 비유하기도 하였다. 병세를 더할 우려 있는 행동(놋뱀을 쳐다봄)이라도 하나님의 명령을 순종하는 의미에서 취해진 것은 신앙이다. 이처럼 놋뱀 시설은 피해자를 상대한 것이며, 그들의 신앙을 위한 것이다. 그리스도는 죄(뱀으로 상징됨)를 알지도 못하시는 분으로서 죄로 삼음이 되셨다(고후 5:21; 롬 8:3). ③ 고등 비평가 그레이(B. Gray)는 놋뱀에 대한 말씀을 신화(saga)라고 잘못 말하였다.[55)]

15 이는 그를 믿는 자마다 영생을 얻게 하려 하심이니라. "영생"이란 다니엘 12:2에 말한 대로 의인의 분깃이다. 그것이 신자의 현재 소유도 되지만(3:36, 5:24, 6:47; 요일 5:13), 사후의 소유로도 말한 바 있다(6:54). 그것은 하나님의 생명에 참여하는 것을 의미한다(5:26). "믿는 자마다"란 말은, 영생의 길은 믿음뿐이고 또한 믿음만으로 충족하다는 것을 보여 준다.

16 하나님이 세상을 이처럼 사랑하사 독생자를 주셨으니 이는 그를 믿는 자마다 멸망하지 않고 영생을 얻게 하려 하심이라. 이 구절 맨 앞에 헬라어 원문에는 이유 접속사(γάρ)가 있어서 이 구절이 앞 절의 이유가 된다. 하나님께서 이 세상에 독생자를 주셨으므로 이 세상은 소망이 있다. 사도 요한은 인간이 무엇을 하기 전에 하나님이 먼저 하신 일이 있음과 사랑하심이 있음을 종종 말한다(요일 4:9-10). "세상을···사랑하사"라고 하였으니 하나님의 사랑이 넓음을 알 수 있고, "독생자를 주셨으니"라고 하였으니 그 사랑의 뜨거움을 알게 한다. "사랑하사"란 말과 "주셨으니"란 말은 둘 다 과거사로서, 하나님께서 독생자를 성육신 시키신 일과 십자가에 못 박도록 내어 주신 일과 같은 역사적 사건을 가리킨 것이 분명하다. 그것은 주로 속죄의 죽음을 위하여 그 아들을 선물로 주신 사건을 염두에 두었을 것이다.

55) International Critical Commentary Numbers, 1903, 275.

"세상을 사랑하사"와 "믿는 자마다"라는 말은 요한복음에 흔히 나타나는 구원의 보편성을 가리킨다. 요한복음은 구원의 보편성에 대하여 역설한다(4:42, 6:33, 51, 8:12, 17:2). 그러나 그와 동시에 그리스도를 믿는 자들의 배후에 하나님의 선택이 있었다는 사실도 종종 역설한다(6:39, 10:26-29, 17:2). 그러므로 우리는 구원의 보편성에서 선택의 교리를 제외하면 안 된다. "믿는 자"란 말도 역시 15절에서처럼 현재 분사로 되어 있으니, 신앙의 계속성을 가리킨다.

그러면 요한복음에 계시된 믿음은 어떤 것인가?

1) 믿음은 예수님의 말씀을 받는 것이다. 5:25에 "죽은 자들이 하나님의 아들의 음성을 들을 때가 오나니 곧 이때라 듣는 자는 살아나리라"고 하였다. 바울도 로마서 10:17에 말하기를 "믿음은 들음에서 나며 들음은 그리스도의 말씀으로 말미암았느니라"고 하였다. 믿음은 지적인 말씀의 권위를 배경으로 하여 우리에게 임한다. 이 권위는 우리가 전혀 이해할 수 없는 비합리에 속한 것이 아니다. 그것은 인간의 합리보다 초월한 합리이다. 따라서 신앙은 지적 요소를 중요하게 여긴다. 슐라이어마허(Schleiermacher)를 위시하여 많은 신학자들은 하나님을 정서로써만 상대할 수 있다고 하였다. 곧 하나님은 무엇이라고 형용할 수 없는 분이시니, 우리 인간은 그에 대하여 지식적으로 알 수 없고 다만 정서적으로 느낄 수 있는 것뿐이라고 하였다. 그러나 성경은 신앙의 지적 요소를 역설한다. 성경은 인간이 초월하신 하나님에게 대하여 "증거"를 받아 믿게 되는 사실을 가르친다. "증거"라는 말이 성경에 많이 있으니, 그것은 그리스도인이 복음 진리를 배워야 할 것을 가리킨다.

2) 믿음은 하나님의 아들을 사랑으로 신뢰하여 그와 연합함이다. 우리는 그리스도를 신뢰할만한 절대적 조건을 받아 가지고 있다. 그것은 그가 우리를 위하여 죽으셨다가 다시 사신 사랑이다. 6:50, 51, 58을 보면, 신앙을 가리켜 예수님의 살을 먹고 피를 마심과 같다고 하였다. 곧 그것은 우리의 속죄

를 위하여 죽기까지 하신 그의 사랑을 받아 그를 사랑하여 신뢰하는 행위이다. 신앙은 이렇게 그리스도의 생명에 참여함을 얻을 만큼, 그로 더불어 살 깊이 연락되고 있다.[56)]

"영생"이란 무엇인가? 이것은 인간의 이 세상 생명의 무한 연장을 의미하지 않는다. 이 세상 생명은 죄로 말미암아 불행하여졌으니, 그것을 그대로 연장하여 받는 것은 행복이 아니다. 영생은 곧 하나님께서 주시는 복된 생명을 받아 누림이다. 이런 의미에서 사도 요한은 하나님 또는 인자를 생명의 근원이라고 하였다(1:4, 5:26, 11:25, 14:6; 요일 5:20). 그리스도께서는 생명이시므로 그를 믿는 자가 살게 된다. 그러므로 14:19에 말하기를 "내가 살아 있고 너희도 살아 있겠음이라"고 하였다. 이 생명은 현세에서부터 소유되는 동시에 내세에는 영원히 존속한다. 아들을 믿는 자에게는 벌써 영생이 있다고 하였다(3:36).

17 하나님이 그 아들을 세상에 보내신 것은 세상을 심판하려 하심이 아니요 그로 말미암아 세상이 구원을 받게 하려 하심이라. 이 말씀은 유대인들의 편견을 반대하시는 것이다. 유대인들은 메시아가 오셔서 유대와 원수 된 나라들을 정죄하고 벌하실 것이라고 생각하였다. 아모스 선지자도 유대인들의 이런 편견을 책망하였던 것이다(암 5:18-20). 예수님은 여기서 유대인들의 이방 제외주의를 배척하시며, 어떤 나라 사람이든지 신앙으로 메시아의 구원에 참여할 수 있음을 주장하신다.

18 그를 믿는 자는 심판을 받지 아니하는 것이요 믿지 아니하는 자는 하나님의 독생자의 이름을 믿지 아니하므로 벌써 심판을 받은 것이니라. 독생자를 믿는 자는 그의 온 인격이 그리스도 안에 있는 것이니, 정죄를 받지 않는다(롬 8:1). 그러나 믿지 아니하는 자(ὁ μὴ πιστεύων, 끝까지 믿지 않기를 계속하는 자)는 벌써 심판, 곧

---

56) A. Wikenhauser, Das Evangelium nach Johannes, 1961, 89.

정죄를 받은 것이다.

"벌써 심판을 받은 것이니라." 미래 심판의 존재를 무시함이 아니다. 이것은 믿지 않는 자에게는 미래에 당할 불행도 있지만, 벌써 그 가름이 현재에 나타났다는 것이다. 그뿐 아니라 여기 사용된 현재 심판 성격을 보여 주는 표현은, 현재적 시간 성격을 강조함보다는 그리스도의 구원운동 성격의 완전성을 강조한다. 다시 말하면, 그리스도로 말미암은 계시운동이나 구원운동이 최종적 완전성을 지니고 있다는 것이다. 하나님의 아들 예수 그리스도 이상 유력한 계시자나 구원자는 없다. 그를 하나님의 독생자라고 증거하는 요한의 사상도, 역시 이 점을 강조한다. 곧 그는 하나님의 일반적인 종들과 달라서 유일무이하신 아들이시다(마 21:37-42; 히 1:1-2). 그러므로 그리스도를 믿는 여부에 따라서 사람의 최후적 전망이 판가름 된다. 요한은 이것을 강조한 것뿐이다. 그는 미래에 실시될 심판을 무시하지 않는다. 테오도르 찬(Theodor Zahn)은 이 구절에 대하여 말하기를 "믿지 않는 자들에게는 벌써 심판이 떨어진 셈이다. 그러나 그 심판에 대한 선포는 세상 끝 날에 실시된다." 하였고, 버나드(J. H. Bernard)도 같은 뜻으로 말하였다.[57] 반면에 불트만은 이 구절에서 심판이 극적인 우주적 사건임을 부인한다.[58] 그러나 그것은 사도 요한의 사상과 다르다.

하나님의 독생자를 믿지 않음이 죄인 이유는 다음과 같다. ① 죄인이 구원 받을 소망은 오직 한 분이신 하나님의 독생자에게 있는데, 그를 배척하면 다른 길이 없다. ② 하나님이 주신 독생자를 믿지 않음은, 하나님의 최대의 사랑(그 이상 없는 사랑)을 배척함이니, 하나님의 이런 사랑으로써도 이제는 그에게 대하여 어찌해 볼 도리가 없다. ③ 하나님께서 보내신 독생자를 믿지

---

57) International Critical Commentary, Gospel ac-cording to John Ⅰ, 121

58) Es ist nicht ein dramatisches komisches Ereignis.—Johannes Evangelium, 111.

않는 자는 하나님을 거짓말하시는 이로 여기는 큰 죄를 범하는 자이니, 그런 자는 하나님이 주시는 구원을 받을 수 없다.

19-20 영원히 정죄 받는 자들은 그 행위의 악함을 인하여 빛(예수님)을 피하여 죄악 편으로 가서 숨었다고 한다. 그것은 정죄를 면하는 길이 아니고, 도리어 그 본래 정죄된 것을 확고하게 하는 것뿐이다.

어둠을 더 사랑한 것이니라. "어둠"이란 이 세상을 가리킨다고 할 수 있으나, 그보다는 루터의 해석과 같이 그리스도 신앙과 반대되는 "인간의 이성과 인간의 의견"이다.[59]

빛으로 오지 아니하나니 이는 그 행위가 드러날까 함이요. 악을 행하는 자가 빛으로 나오지 않는 이유가 여기 있다. 그것은 그의 행위가 드러날까 두려워함이다. 그러나 그가 이처럼 생각하는 것은 잘못이다. 그가 이런 처세를 하는 동안 그는 계속하여 율법의 정죄 아래 매어 있다. 슐라터(Schlatter)도 이와 같은 뜻으로 해석하였다.[60] 사람이 자기의 죄를 드러내어 회개함으로 은혜를 받고 영생을 얻는다. 잠언 28:13에 말하기를 "자기의 죄를 숨기는 자는 형통하지 못하나 죄를 자복하고 버리는 자는 불쌍히 여김을 받으리라"고 하였다.

21 진리를 따르는 자는 빛으로 오나니 이는 그 행위가 하나님 안에서 행한 것임을 나타내려 함이라 하시니라. "진리를 따르는 자"란 말은 헬라어 원문(ὁ δὲ ποιῶν τὴν ἀλήθειαν)대로 "진리를 행하는 자"라고 번역되어야 한다. 이것은 율법주의의 행위를 말함이 아니고, 사람이 하나님의 은혜로 거듭나서 행하게 되는 것을 가리킨다. 21절 하반절에 말한 대로 "그 행위가 하나님 안에서 행한 것"이란 말씀이 이 해석을 보장한다. 슐라터는 진리가 사상과 이론으로만 성립되는 것이 아니고 행동에 의하여 성립된다는 의미에서 "진리를 행하는 자"란 말

---

59) Finsternis aber ist die Vunft und unser Gutdunken. —Evanglien Auslegung 4, 162.

60) Das ist die Weise, wie er an das Gesetz ausch dann gebunden bleibt, wenn er sundigt.—Schlatter, Der Evangelist Johannes, 101.

을 해석하였다. 그는 말하기를 "진리는 단순한 영혼의 사상이 아니다. 그것은 사람이 무엇을 행함으로 나타난다"라고 하였다.[61)]

"그 행위가 하나님 안에서 행한 것임을 나타내려 함이라." 인간이 그리스도에게 오기 전에도 선을 행한 바 있어서 그것을 나타내려고 그리스도에게 오게 된다는 것이 아니다. 이것은 성령으로 중생한 자가 그에게 이루어진 일(중생)이 하나님으로 말미암아 된 줄 알고 담대히 빛이신 그리스도에게로 나아가게 된다는 뜻이다.

22 그 후에 예수께서 제자들과 유대 땅으로 가서 거기 함께 유하시며 세례를 베푸시더라. 그는 이때까지 예루살렘에서 역사하셨다. 그러나 그가 이제는 거기서 떠나 유대 땅으로 가셨다. "세례를 베푸셨다" 함은, 그가 친히 하신 일이 아니고 그의 제자들이 한 것이다(4:1-2).

23 요한도 살렘 가까운 애논에서 세례를 베푸니 거기 물이 많음이라 그러므로 사람들이 와서 세례를 받더라. "살렘"은 요단강과 얍복강이 합류하는 곳에 가까운 지방이라고 한다(Calvin). "애논"은 아람어(물 근원이란 뜻)에서 유래된 듯하다(Hendriksen). 많은 학자들은 이 지방이 베다니의 서남쪽으로 13km쯤 떨어진 곳에 있다고 하나, 다른 이들은 말하기를 이곳은 사마리아, 베뢰아, 데가볼리 등지의 접경으로서 스키토폴리스(Scythopolis)에서 13km 남쪽에 있다고도 한다(Eusebius, Jerome).

24 요한이 아직 옥에 갇히지 아니하였더라. 마태복음 4:12을 보면, 예수님이 광야에서 시험 받으신 뒤에 세례 요한은 옥에 갇혔다는 말씀이 있고, 뒤이어 예수님께서 갈릴리로 가신 기사가 있다. 그런데 여기서는 좀 더 자세하게 말하였으니, 곧 세례 요한이 옥에 갇히기 전에 예수님과 같은 시기에 역사한 기

---

61) Darum ist sie nicht das Ergebnis rein seelischer Vorgange, sondern entsteht durch das, was er tut. —Der Evangelist Johannes, 101.

간이 있었음을 말해준다.

25 이에 요한의 제자 중에서 한 유대인과 더불어 정결예식에 대하여 변론이 되었더니. 세례 요한의 제자들 중에서 어떤 제자가 예수님의 세례를 지지하는 한 유대인과 더불어 변론하였다. 그 변론의 제목이 구체적으로 무엇이었는지는 모르나, 각각 그 선생의 편을 지지하는 경향이 있었던 것은 사실이다. 그것은 다음 구절의 말씀을 보아서 알 수 있다.

26 그들이 요한에게 가서 이르되 랍비여 선생님과 함께 요단강 저편에 있던 이 곧 선생님이 증언하시던 이가 세례를 베풀매 사람이 다 그에게로 가더이다. 세례 요한의 제자들이 이처럼 말한 것은, 그 선생으로 하여금 예수님을 시기하도록 충동하는 말이다. 영적 수양이 낮은 자들은 이처럼 저열한 말로써 아첨한다. 그러나 세례 요한은 이런 말에 충동을 받지 않고, 냉정하게 시기심을 멀리 하는 말을 하였다.

27-30 세례 요한은 이 구절에서 예수님을 시기하는 마음을 물리치는 강한 말을 하였다. ① 모든 좋은 것은 하늘로부터 임한 것이니, 그것을 보는 자가 귀히 여기고 사모할지언정 시기하지 말라고 함(27절). ② 자기 자신은 그리스도의 앞잡이라는 것을 밝혀서 자기의 낮음을 밝힘(28절). ③ 자기는 신랑의 친구처럼 예수님에게로 가는 무리로 말미암아 기뻐할 뿐이라고 함(29절). 남이 잘되는 것을 보고 기뻐하는 것은 시기를 물리치는 비결이다. 그런데 사람들은 흔히 남들의 슬픔을 볼 때는 다소 동정하면서도 남들의 경사를 볼 때는 기뻐하지 않는 경향이 있다. 이처럼 인간은 깊이 타락하였다. ④ 그리스도는 흥하여야 하겠고 자기는 쇠하여야 한다는 말로써 시기심을 배척함(30절). 나를 희생시켜서 남을 도와 줄 때 시기하지 않게 된다.

31 위로부터 오시는 이는 만물 위에 계시고 땅에서 난 이는 땅에 속하여 땅에 속한 것을 말하느니라. 예수님과 세례 요한의 일의 차이를 지적한다. 요한 자신도 하나님으로부터 사명을 받은 것이니, 하늘에 속한 말을 전한다고 생각한다. 그러

나 예수님이 하시는 일에 비교하면, 자신의 일은 땅과 같이 낮은 것이다(히 12:25). "위로부터 오시는 이"란 메시아를 가리키고, "땅에서 난 이"란 선지자 요한을 가리킨다. "만물 위에 계시고"란 그가 비록 땅에 오셨을지라도 땅의 것들이 그를 물들이지 못하고 언제나 초월하여 계신다는 뜻이다. 이 사실은 그가 십자가로 승리하시고 부활 승천하신 후에 더욱 그렇다(참조. 마 28:18; 요 3:35; 13:3).

32 그가 친히 보고 들은 것을 증언하되 그의 증언을 받는 이가 없도다. 사람이 그리스도를 믿어야 할 이유를 강하게 보여 주면서 그들의 불신앙을 꾸짖는다. "친히 보고 들은 것"이란 그가 하늘에서 보고 들은 일들을 의미한다. 이처럼 그가 하늘의 일들을 확실하게 체험하고 증언하시지만, 땅 위의 사람들이 그 증거를 받지 않는 것은 이상하다. 이처럼 요한복음은 인간의 불신앙을 탄식하는 말씀을 많이 가지고 있다(1:5, 10-11).

33 그의 증언을 받는 자는 하나님이 참되시다는 것을 인쳤느니라. 이 말씀은 예수 그리스도의 증언을 받아야 할 둘째 이유(첫째는 32절에 포함되었음)를 보여 준다. 그것은 그리스도의 증언이 하나님의 그것과 일치한다는 것이다. 그의 증언을 받음은 곧바로 하나님의 증언이 참되다고 하면서 믿음과 같다. 그러므로 이 말씀은 그리스도인들의 신앙의 중대성을 지적한다고도 할 수 있다. 그리스도를 믿느냐 안 믿느냐의 문제는 중대하다. 그것은 그리스도를 보내신 하나님을 참되시다고 하는가, 혹은 거짓말하시는 이로 여기는가 하는 중대성을 띤다. 그리스도의 증언을 받지 않는 것은 결국 하나님을 거짓말하시는 이로 여기는 큰 범죄이다(요일 5:10). 그러나 그리스도의 증언을 받아 믿음은 하나님을 참되시다 하여 인침이다. 하나님께서 절대로 신임하시고 보내신 중보자 그리스도를 인간이 불신임 할 수 있는가? 인간이 하나님보다 더 신임할 만한 권위를 가졌는가? 결단코 그렇지 않다. "사람은 다 거짓되되 하나님은 참되시다 할지어다"(롬 3:4; 참조. 렘 17:9).

34 하나님이 보내신 이는 하나님의 말씀을 하나니 이는 하나님이 성령을 한량없이 주심이니라. 사람이 예수 그리스도의 증언을 받아야 할 셋째 이유를 보여주는데(첫째 이유는 32절에 있고, 둘째 이유는 33절에 있음), 그것은 그가 하시는 말씀이 온전히 하나님 자신의 말씀뿐이라는 것이다. 그가 성령을 받으신 것은, 제한 있게 받은 선지자들과 달리 무한히 받으셨다. 그러므로 그는 하나님의 말씀만 하신다.

35 아버지께서 아들을 사랑하사 만물을 다 그 손에 주셨으니. 이 구절과 다음 구절은 그리스도를 믿는 자들이 얻을 영생에 대하여 말한다. 그리스도를 믿으면 영생을 얻는 이유는, 하나님 아버지께서 만물을 다 그리스도의 손에 주셨기 때문이다. 만물에 대한 권세가 영생을 주는 일과 긴밀한 관계를 가진다고 성경은 말한다(17:2; 마 11:27-30). 그리스도께서 정식으로 이런 권세를 받으신 것은 죽었다가 다시 사신 뒤이다(마 28:18; 요 13:3). 31절의 "만물 위에 계시다"는 말씀도 역시 이런 의미를 포함했을 것이다.

36 아들을 믿는 자에게는 영생이 있고 아들에게 순종하지 아니하는 자는 영생을 보지 못하고 도리어 하나님의 진노가 그 위에 머물러 있느니라. 이 구절은 35절의 사상을 받아서 나온다. 하나님 아버지께서 그리스도에게 만물을 주신 것이니, 그에게 영생 주실 권세가 있다. 그러므로 아들(그리스도)을 믿는 자에게는 영생이 있다. 곧 그를 믿는 현재부터 영생을 소유한다는 말이다. 3:16에서 해석된 바와 같이, 여기서도 "믿는 자"란 말이 현재 분사이므로 그것은 계속적으로 신앙하는 자를 가리킨다.

"순종하지 아니하는 자." 이 말의 헬라어(ἀπειθῶν)가 70인역(LXX)에서는 하나님의 계시(말씀), 또는 하나님의 뜻을 거역함에 대하여 사용되었다(수 5:6; 신 1:26). 여기의 "순종하지 아니함"은 하나님께서 보내신 독생자를 믿지 아니함을 가리킨다. 독생자를 믿는 것은 쉬운 것이로되, 인간이 죄를 고집하는 동안 이에 순응하지 않는다.

"하나님의 진노." 미래의 심판 때 임할 진노만을 가리키지 않고 현재와 미래에 영생을 얻지 못할 것을 염두에 두고 한 말이다. 그러나 우리가 경계해야 될 것은, 이 "진노"란 말이 어떤 학자들(Holtzmann, Bousset)의 그릇된 해석처럼 원시 교회의 영화적 종말관을 가리키지 않는다는 것이다. "진노"란 말이 머문다는 말과 관련된 것을 보니, 그것이 불신자들에 대해 하나님이 현재 진노하고 계심을 가리키는 동시에 미래의 종말 심판까지 이르게 될 것을 의미한다. 이것은 이처럼 현재와 미래를 통하여 구체적이고 역사적이고 객관적인 사건의 존속이다. 위에서 말한 "영화적 종말관"이란 하나의 주관적이고 신비적이고 현재적인 것을 가리키는데, 이 성경 본문에서 말하는 것과는 다르다.[62] "하나님의 진노"란 말이 여기서 "영생"(상반절)에 대조된 표현으로 사용된 것을 보면, "영생"의 뜻의 한 방면이 더 밝혀진다. 곧 영생은 사람이 하나님의 진노를 받지 않는 상태(죄와 및 그 결과에서 해방된 생명)라는 것이다.

* * * * *

{특별참고}

천국론

천국에 대한 말씀은 요한복음 3:3에 있다. 그것은 그때 천국이 임한 것을 마음에 두고 한 말씀이다. 그 이유는, 거듭난 자가 천국을 볼 수 있다는 말씀이 신약 시대에 될 일을 가리키기 때문이다. 이처럼 요한복음은 천국의

62) Smilde, Leven in de Johanneische Gschriften, 29.

현재 임하심에 대하여 역설하였다. 물론 그것은 여러 가지 표현으로도 나타나고 있다. 곧 "아들을 믿는 자는 영생이 있고"(3:36), "때가 오나니 곧 이 때라"(5:25)고 한 말씀과 같은 것이다.

그러나 천국의 장래, 곧 대종말에 대해서도 요한복음은 침묵하지 않는다(5:28-29, 6:44, 12:48, 14:3, 21:22). 천국의 현재와 장래에 대하여는 공관복음도 많이 말하고 있다. 이 사실을 밝히 이해하기 위하여 화란의 신약 학자 리델보스(H.N. Ridderbos)의 저서 『천국이 온다』(De Komst van Het Koninkrijk)에서 요약한 것을 여기 소개한다.

1. 천국이란 말의 배경

예수님과 세례 요한이 사용한 "천국"이란 말(마 3:2, 4:17)은 구약을 배경으로 하였다고 생각할 수밖에 없다. 구약에 "천국"이란 술어는 없으나, 하나님의 왕권에 대한 사상은 많이 있다. 하나님의 왕권은, 천지를 지으시고 통치하시는 그의 왕권, 또는 이스라엘의 통치에 대한 그의 왕권이다. 이스라엘에 대하여 특별히 하나님께서 장차 왕으로 오신다는 사상은, 메시아 대망 사상이다. 그것이 예언서에 많이 나타난다.[63] 이 예언들의 내용은 이스라엘 국가를 상대한 것이지만, 실상은 영적이고 영원적이고, 온 세계 백성들에게까지 미치는 큰 구원에 관한 것이다.

예수님과 세례 요한의 천국 사상 배경은 유대의 계시문학일 수 없다. 계시문학이 천국에 관하여 약간 말하는 듯하다. 구체적인 실례를 들면, 〈솔로몬의 시편〉(De Psalmen van Solmon)은 이스라엘 민족의 국가 회복을 말하고, 〈12족장의 유언〉(De Testamenten der 12 Patriarchen)는 이스라엘의 국가적 구원과 초자연적인 우주적 구원 소망을 가지고 있으며, 〈에녹서〉(Enoch)

---

63) 사 40-50장; 52:7, 59:16; 미 4:3; 습 3:15; 슥 14:16-17.

와 〈모세 승천기〉(Assumptio Mosis)는 초자연적으로 천계에서 이루어질 천국을 말하고 있다.

그러나 위의 계시문학에서 예수님의 천국 개념이 유래되었을 수 없다. 그뿐 아니라 계시문학의 중심은 천국이 아니지만, 예수님의 전도 내용은 천국이 그 중심 사상이다. 그만큼 이 둘은 서로 다르다. 우리는 예수님의 천국 개념이 구약에서 유래되었다고 생각한다. 그 사실은 복음 문서를 역사적으로 연구할 때 알 수 있다.

2. 천국 운동과 교회

우리는 천국 운동과 교회를 똑같이 보지 말아야 한다. 그러면 이 둘은 어떻게 분별되는가? 천국 운동은, 그리스도 안에서 교회를 내포하면서도 더욱 널리 성취와 완성을 보는 우주적인 구원운동이다. 그리고 하나님의 교회는 그가 불러내신 백성을 말함이다.

3. 세례 요한과 예수님이 전파하신 천국의 일반적 특징

1) 하나님 중심

하나님 나라의 도래는 두 가지 의미를 가진다. 그것은 구속과 심판인데, 구속은 하나님께서 그의 백성을 자기와 바로 관계되도록 인도하심이고, 심판은 그를 반대하는 자들을 처분하심이다. 이 둘은 하나님 중심 사상을 보여 준다. 세례 요한의 전도가 그러하였고, 예수님의 전도도 그러하였다. 구속에 관하여 자유주의자 하르낙(Harnack)은 잘못된 해석을 한다. 예수님의 구속 운동, 곧 전도 운동의 동기는 사람의 영혼의 가치를 귀중히 여김에 있었다고 한다. 벤틀란트(Wendland)도 멸망하게 된 인간의 정형이 천국 운동(예수님의 전도)의 동기라고 생각한다. 그러나 천국 운동은 "하나님 중심" 사상에 근거하여 보아야 한다. 구속이 아무리 중요해도 그것은 천국 운동 자체가 아니고, 그 운동의 선물에 불과하다. 천국 운동은 하나님께서 창조자이시며, 왕이시며, 계약자이시며, 구원자이신 사실을 보여주는데 있다. 신약은 하나님 중심 사상으로 시작하고, 또 그것으로 마친다. 신약이 보여주는 천국은 이상적인 지상 사회도 아니며, 인간의 도덕적 발전 상태도 아니다. 천국은 하나님이 이 세상을 깨뜨리고 들어오심이다.

2) 능력 중심

복음서는 천국에 대하여 그 장소적인 의미보다 운동적인 의미를 내세운다. 예수님과 세례 요한도 "천국이 가까왔다"는 말씀을 사용하셨다(마 3:2, 4:17). 이처럼 천국이 온다 함은 인격적인 요소를 중심으로 포함한다. 천국은 인격(하나님의 아들, 혹은 인자)이 중심이 되어 모든 일들을 나타낸다. 그것은 특별히 복음서의 비유 교훈이 많이 보여 준다(마 13:24, 18:23, 20:1, 22:2, 25:1).

3) 메시아 중심

복음서의 초두, 특히 누가복음 초두에서 메시아의 탄생과 함께 천국의 임함을 말하고 있다(눅 1:32-33, 2:5-14). 세례 요한의 전도에도 천국의 임함과 메시아의 오심을 병행시킨다. 그가 말한 대로 메시아께서 "성령과 불"로 세례를 주신다고 하였으니, 그것은 메시아의 구원운동과 심판에 대하여 말한 것이다. 예수님의 전도에도 같은 내용이 드러난다(참조. 마 10:23, 13:41, 16:18; 막 9:1).

4) 장래성 혹은 미래성

세례 요한은 그의 전도에서 "장래의 진노"란 말로 천국의 미래성을 표시하였고, 예수님은 한 걸음 더 나아가서 내세의 형편, 특히 미래의 축복에 대하여 많이 말씀하셨다.[64)]

---

64) 참조, 마 6:10, 7:21, 8:11, 13:43, 16:28; 눅 13:29.

현대의 비평가들은 종말관 구절들을 잘못 해석한다. 도드(C. H. Dodd)는 말하기를 "이 종말관 장절은 실상 이 세상 끝에 임할 종말을 의미하지 않는다. 그것은 유대 나라의 멸망을 의미한 것이다. 인자가 오리라는 말이 복음서에 있으나, 그것은 대부분 예수님이 말하지 않은 것이고 후대인의 삽입구이다. 예수께서도 그런 것을 말씀한 일도 있으나, 그것은 상징적 언사로 해석해야 한다. 곧 영원한 천국이 현실에 임한 것을 시간과 공간의 경험으로 표시할 수 없으니, 비유적으로 장래의 천국인 것처럼 말한 것이다"라고 하였다.[65] 그러나 도드의 이 학설은 억설이다. 불트만은 그의 실존 사색적인 '결정'(Entscheidung)의 원리에 의하여 복음서의 종말관을 신화로 보았다. 그는 복음서의 종말관을 직선적인 시간 개념으로 보지 않고, 하나님의 실존에 대한 인간의 실존적 관계를 의미한다고 하였다. 곧 그것은 인간의 결정, 혹은 선택의 태도를 가져오는 시간을 의미한다는 것이다. 그러나 복음서에 있는 종말관 구절의 뜻을 고의로 파괴하지 않고는, 그런 해석이 불가능하다.

그뿐 아니라 복음서의 종말관이 유대의 후대 계시문학에서 유래되었다는 학설도 옳지 않다. 그 이유는 유대의 후대 계시문학의 종말관 성격이 예수님의 그것과 다르기 때문이다. 유대 계시문학의 종말관은 너무도 상상적이다.

5) 현재성

예수님은 천국을 미래의 것으로 말씀하시면서 역시 그의 지상 생활과 함께 임재한 것으로도 말씀하셨다. 이 점에 있어서 우리가 특별히 주목할 만한 구절들이 있다. 마가복음 1:15에 "때가 찼다"는 말씀이 있고, 누가복음 4:18-19에는 예수님의 역사가 곧바로 이사야 61:1-2의 성취라는 의미를 보여주셨다. 특히 "이 글이 오늘 너희 귀에 응하였느니라"(눅 4:21)고 한 말씀은 주목

---

65) De Komst van Het Koninkrijk, 54.

할 만하다. 그리고 또 한 가지는 세례 요한이 그의 제자들을 보내어 질문하기를 "오실 그 이가 당신이오니이까" 했을 때 예수님이 대답하신 말씀이다. 그는 명백히 자기의 역사가 메시아의 그것임을 밝히셨다(마 11:5). 그리고 이어서 그는 세례 요한과 그 이후의 시대가 서로 판이할 것을 지적하며, 그가(자기가) 오신 것은 천국이 벌써 온 것을 의미한다고 하셨다(마 11:11).

① 천국의 도래는 그가 마귀를 이기심으로 증거됨. 천국이 이르렀다는 말은 누가복음 11:20에 이미 나온다. 이 본문에 있는 "임하였다"는 말에 대한 비평가들의 견해가 각각 다르지만, 그 아래 문맥은 명백히 이 뜻을 지지한다. 그리스도 예수께서 마귀를 내쫓으신 일은, 그의 권위와 통치가 벌써 땅 위에 임한 증거이다. 그가 마귀의 시험을 이기신 사적과 기타 마귀들이 그를 접근하고는 견딜 수 없이 된 것은, 모두 하나님의 나라와 그의 통치가 임한 증거이다.

② 천국의 도래는 예수님의 이적이 증거함. 요한의 제자의 질문에 대해 예수님은 병 고치신 이적이 곧바로 메시아의 오신 증거라고 답변하셨다(마 11:5). 메시아가 오신 것은 곧바로 천국이 임한 사실을 의미한다(단 7:13-14). 어떤 학자들은 예수님의 이적도 다만 개인으로서 받아야 하는 하나의 은사라고 하였다. 예를 들면, 알 오토(R. Otto)는 말하기를 "이런 이적은 선지자들이나 마호메트교 신자들도 행하였으니, 예수님의 이적도 그런 것이다"라고 하였다. 그러나 그것은 예수님의 이적을 잘못 본 것이다. 예수님의 이적은 천국의 임재를 의미하는 초자연적인 것이다(눅 10:17-19). 특히 예수님이 그런 이적 행할 권능을 제자들에게 주시기까지 한 것은 특이한 것이며(마 10:1; 막 9:28, 29, 16:17-18, 20; 눅 9:2), 죽은 자들을 다시 살리신 이적은 무엇보다도 천국 임재의 의미를 가진다.

예수님의 이적은 또한 메시아 언약 성취를 의미하는 것이니(마 11:5-12:23, 15:22; 요 9:7, 37), 천국의 임재를 의미한다. 그뿐 아니라 그의 이적은 복음 전도와 함께 그 이적을 보는 자들에게 천국에 들어가는 여부의 '결단'을 독촉하는 의미 있는 것이었다(마 12:30, 13:58).

③ 천국의 도래는 복음 전도로 증거됨. 천국의 임재가 예수님의 복음 전도로 이루어진 것은, 역시 세례 요한의 질문에 답하신 그의 말씀에서 잘 밝혀졌다(마 11:5). "복음"이란 말은 이사야서에서 나온 말이다(사 52:7). 이것을 보면 복음 전도는 구약 예언의 성취이다. 이 예언 성취가 천국 현림을 성립시킨 것이다.

④ 천국의 도래는 현재적 구원 소유의 사실로 증거됨. 예수님이 신자들에게 천국을 주시기로 약속하실 때 현재사로 말씀하신 것도 있고, 미래사로 말씀하신 것도 있다(마 6:33, 21:43, 25:34; 막 10:15; 눅 12:32, 22:29). 그러나 우리가 천국의 미래적 방면과 현재적 방면을 아는 한, 이 두 가지 시간 표현이 서로 모순이라고 생각할 것 없다. 그뿐 아니라 천국의 현재적 방면에 대해서도 미래사를 사용하지 못할 것은 없다. 아직 구원을 받지 않은 개인들에게는 천국이 미래와 같이 취급될 수밖에 없다. 복음서는 천국에 대하여 말할 때, 그것을 보화로 비유하였고, 신자는 현재에 그것을 사서 얻은 자로 간주되었다(마 13:44-46). 그리고 복음서에는 신자에게 구원이 "오늘" 임하였다는 말씀도 있다(눅 19:9, 10:20).

⑤ 천국의 도래는 예수 그리스도의 의의로 증거됨. 천국의 현림 사건은 예수님의 메시아 신분이 미래적인 것이 아니고 현재적(예수님이 땅에 오셨을 때도 벌써)인 것이라는데 있다. 예수님의 메시아 신분이 미래의 것이라면, 위에서 길게 말한 "천국의 현림"이란 것은 성립될 수 없다. 그 이유는 천국은 메시아와 함께하기 때문이다. 슈바이처(Schweitzer)나 미하엘리스(Michaelis) 등은 예수님의 메시아 신분은 미래의 것이고, 땅 위에 계시던 예수님이 벌써 자기를 그때 메시아라고 한 것이 아니라고 한다. 그들은 예수님을 가리켜 현재(예수님이 땅 위에 계시던 그때)의 메시아라고 하는 언사는 모두 후대 교회의

개정 구절이라고 하였다. 그러나 이것은 억설이다. 예수님께서 땅 위에 계시던 그때도 메시아이신 사실을 복음서가 일률적으로 증거한다.

㉠ 예수님이 세례 받으실 때 하나님께서 증언하신 말씀, 곧 "이는 내 사랑하는 아들이요 내 기뻐하는 자라"(마 3:17) 하신 말씀이 예수님의 현재적 메시아이심을 알게 한다. 하나님께서 이와 같은 말씀을 변화산에서도 하셨는데, 그것을 세 제자가 들었다(마 17:5). 이 말씀의 뜻은 예수님이 메시아라는 것이다.

㉡ 예수님의 절대 권위로 행하신 행적은 그가 땅 위에서 벌써 메시아이심을 증명한다. 예수님의 절대적 권위는 여러 가지로 나타났다. 이 점에 있어서 우리가 몇 가지 성경 구절을 생각할 수 있다. 마태복음 11:27과 누가복음 10:22에 있는 말씀은 특별히 예수님과 하나님과의 관계가 존재론적으로 부자 관계임을 밝히면서, 예수님 자신이 그 현재에 모든 권위를 받으신 사실을 선포하신다. 거기에 그가 받으신 권위에 대한 말씀이 과거사로 나오는 것은 더욱이 그의 메시아 사명이 벌써 그의 어깨에 있음을 밝히고 있다.

"내가 왔노라"는 말씀이 역시 그의 메시아 권위의 절대성을 보여 주고 있다.[66] 특별히 그가 예언대로 오셨다는 구절들이 이 사실을 보여 준다(마 5:17, 10:34-36; 눅 12:51-53). 그는 예언의 대상이었고, 또 예언의 성취자였다.[67] "내가 이르노니" "내게 오라"는 어구들이 역시 그의 메시아 권위를 증거한다(마 7:23, 25:12, 11:28). 그리고 예수님이 자신을 가리켜 천국, 혹은 하나님과 동등시하신 말씀도 이 사실을 증거한다(마 10:32-42).

위에 말한 바와 같이, 예수님은 땅 위에 오신 그때 벌써 메시아이셨다. 그러므로 천국은 그의 지상 임재와 함께 현재 임하게 된 것이 확실하다.

---

66) 마 5:17, 10:34, 40, 15:24; 막 1:38, 2:17, 9:37, 10:45; 눅 10:16, 12:49, 51.

67) Hij is dus niet slechts subject, maar ook object van de profetie, vanaf het ogenblik, dat Hij op aarde verscheen. —idem, 98.

⑥ 천국과 계명의 관계로 증명됨. 예수님은 우리가 그의 계명을 지키기 위하여, 혹은 주님을 위하여 모든 것을 버릴 경우도 있음을 가르치셨다(눅 12:33; 마 19:12). 이런 교훈을 주신 것은 그가 새 사회를 조직하시려는 의미도 아니고, 천국은 무소유의 상태로 돌아가게 된다는 의미도 아니다. 추후 종말론자들은 예수님이 주신 이런 계명(주님을 위하여 모든 것을 버리라는 계명)은 머지않아 나타날 천국을 위한 일종의 예외 법규(Ausnahme gesetzgebung)라고 하였다. 곧 이 법규들은 일종의 전시법과 같아서 모든 정상적 생활을 보류한 것이라고 하였다(Joh. Weiss). 그러나 이 학설은 불가하다. 이 계명은 천국이 이미 현림하였으므로 비상성을 띠고 선포된 것이다. 그러므로 그것은 그때 현림한 천국을 위한 "새 계명"이다. 천국은 장차 완전히 나타날 것이지만, 그때 예수님의 초림과 함께 이미 나타난 것도 사실이다.

⑦ 현재 임한 천국의 성격. 천국의 현재 임함은, 그것의 완성과 종말론적 최후 계단을 의미하지 않고 과도적인 내림을 의미한다. 예수님이 땅 위에 오신 것이 이미 천국의 현림이고, 그 완성은 미래에 속한다. 현림 천국이 과도기적 성격을 띤 사실은, 악한 자의 시기가 아직 남아 있음을 보아서 알 수 있다. 예수님께서 베드로와 다른 제자들을 위하여 기도하심으로 그들로 마귀의 손에 빠지지 않게 하시겠다는 말씀도, 마귀의 역사가 천국의 현림 시대, 곧 이 세상에 계속되고 있음을 말한다. 예수님을 시험한 마귀가 일시동안 예수님을 떠났다는 말씀도 역시 이 세상에서 마귀의 역사가 당분간 계속되고 있음을 말하며, 귀신 들렸던 자가 고침 받은 후에 적극적으로 예수님을 따르지 않으면 마귀가 다시 찾아오게 된다는 말씀도 역시 같은 원리를 가르친다. 그뿐 아니라 천국 비유(마 13장)에서 마귀가 가라지를 뿌렸다는 비유의 말씀은, 천국 운동에 있어서 마귀가 결정적으로 반역하고 있음을 보여 준다. 그러나 마귀가 이처럼 천국 운동을 방해하는 것은 천국 운동의 현재적 확실성을 보여주는 것이다.

4. 천국에 대한 접근 대망의 문제

하나님 나라의 도래에 관한 소망의 구절은 마태복음 10:23과 마가복음 9:1, 13:30 등이다. 마태복음 10:23에 말하기를 "이 동네에서 너희를 박해하거든 저 동네로 피하라 내가 진실로 너희에게 이르노니 이스라엘의 모든 동네를 다 다니지 못하여서 인자가 오리라"고 하였다. 이 말씀을 보면, 천국이 예수님 당시에 올 듯이 가르친다. 이런 구절은 어떻게 해석되어야 하는가? 다음에 소개되는 학설들은 한편으로 옳은 해석을 하면서도 잘못된 말도 한다.

1) 브레데(W. Wrede)를 위시하여 극단적인 회의주의자들은 말하기를, 이 접근 대망의 구절들은 복음서의 순정 부분이고, 예수님의 죽으심과 다시 사심에 관한 말씀들은 후대 교회의 삽입구라고 잘못 말하였다. 클로스터만(Klostermann)과 불트만도 이 학설을 지지하였다.

2) 슈바이처(Schweitzer)는 말하기를 "예수님이 천국에 대하여 접근 대망을 가졌을 때, 자기 당대에 천국이 영광과 권능으로 임할 줄 착각하였다"라고 잘못 말하였다.

3) 오스카 쿨만(O. Cullmann)과 베르너 큄멜(Werner Kümmel)은 내세를 중요시하지 않고 예수님의 초림 사실만 중대시하였다. 쿨만은 말하기를 "천국이 가까왔다 함은 예수님의 오심으로 새 시대가 시작된 것을 의미한다."고 바로 말하면서도 대종말 구절들에 대해서는 중요시하지 않았다. 슈니빈트(Schniewind)도 말하기를, 천국에 대한 예수님의 접근 대망이 착각이 아니라, 1세기에 새 시대가 이를 것을 의미한 것이었다고 한다. 그러나 이 학자들이 예수님의 종말론 중에 대종말 구절을 중요시하지 않고 이런 말(접근 대망설)을 하니 잘못이다.

4) 우리는 위의 세 가지 오해를 해결하려 한다. 그것은 두 가지 사실을 고려할 때 해결된다. 접근 대망의 구절이 실상 복음서에 몇 구절 되지 아니한다는 사실과, 그 접근 대망 구절들은 실상 예수님의 죽으심으로 이루어진 사실

을 가리키는 예언이라는 것이다. 그리고 우리는 위의 세 가지 학설들이 등한히 여기는 대종말 구절들을 중요시해야 한다. 복음서에는 이 접근 대망 구절 외에 대종말의 구절들이 뚜렷하게 있다.

5. 천국과 대종말 문제

대종말은 신약 시대에 연결된 끝이다. 대종말은 예수님이 오심으로 이미 이루어진 새 시대에서 분리될 수 없는 종점이므로, 그것이 벌써 현시대에서 그 맥박이 통하고 있다(다만 그것의 실현은 신약 시대의 자연적 연장이 아니고, 인자 강림의 초자연적 사건으로 이루어진다). 복음서들에는 이 대종말에 대한 말씀이 많이 있다. 어떤 학자들은 종말의 징조가 미리 있으리라는 대종말 장절(마 24장; 막 13장; 눅 21장)과 번개 같이 순식간에 천국이 임한다는 대종말 장절(눅 17:20-21)이 서로 충돌되므로, 그 어느 하나가 잘못된 기록이라고 한다. 곧 종말의 징조를 말하는 기록이 그릇된 것이고, 그것은 후대 교회의 정정 혹은 개편의 결과라고 한다. 그러나 이 학설은 옳지 않다. 재림의 징조를 말하지 않는 누가복음 17:20-21의 말씀도 징조가 종말 전에 있을 것을 반대함이 아니고, 다만 종말 그것이 오는 그때가 어떠할 것에 국한하여 말한 것뿐이다.

설교 하나님의 사랑(3:16-21)

이 본문에서 특히 16절을 가지고 설교하려 한다. 이 구절은 유명하므로 많은 사람들이 암송하고 있다.

1. 하나님의 넓고 깊은 사랑

본문에 말하기를 "하나님이 세상을 이처럼 사랑하사"라고 하였으니, 여기 "세상"이란 말은 넓은 범위를 가리킨다. 로마서 3:22에 말하기를 "곧 예수 그리스도를 믿음으로 말미암아 모든 믿는 자에게 미치는 하나님의 의니 차별이 없느니라"고 하였다. 기독교만큼 세계성을 띤 종교는 오늘날까지 없다. 그 이유는 하나님의 아들이 구주이신 까닭이다. 하나님은 어떤 한 민족의 하나님이 아니시다. 하나님의 아들도 역시 그러하시다. 그가 지으신 모든 민족들은 모두 그의 은혜를 입을 만한 처지에 있다. 유교는 중국의 편견을 벗어나지 못하고, 불교는 인도의 습성을 버리지 못하였으나, 기독교는 온 세계 인류를 구원할 수 있는 하나님의 진리를 전한다. 하나님은 우리를 위하여 독생자를 주셨다. 그만큼 그의 사랑은 깊다. 그가 독생자를 희생하시되 우리의 죗값으로 그리하신 것은 말할 수 없이 뜨거운 사랑이다.

2. 하나님의 은혜로운 사랑

16절은 말하기를 "그를 믿는 자마다 멸망하지 않고 영생을 얻게 하려 하심이니라"고 하였다. 만일 하나님께서 우리에게 우리의 공로로 구원을 받으라고 하셨다면, 구원 받을 자는 한 사람도 없을 것이다. 그러나 믿기만 하면 구원 받는다는 것은, 거저 받기만 하여 구원을 받는다는 기쁜 소식이다. 거저 받는 것은 고역이 아니다. 그것은 기쁨이며 안식이다. 사람들은 모두 받기를 좋아한다. 그러므로 믿음은 결코 고역이 아니다. 이런 구원 제도는 사랑의 극치이다. 그런데 사람들은 그리스도를 믿기 싫어한다. 우리가 진실한 사람은 믿어주면서, 왜 하나님의 아들을 믿지 못하는가? 우리는 기술자의 기술도 믿지 않는가? 옛글에 다음과 같은 이야기가 있다. 어느 날 목수와 미장이가 자기들의 기술을 한 번 구경시키게 되었다. 그때 미장이는 단번에 흙을 펴서 자기 콧등에 한 치를 바르고, 목수는 미장이의 콧등에 바른 흙을 말끔히 깎아내리도록 서로 약속했다. 그때 그 두 사람은 그대로 실행하였다. 곧 목수는 미장이의 콧등을 조금도 상하지 않고 그 흙을 단번에 깎아내렸다. 그 두 기술자는 서로 신뢰한 것이 확실하다. 이처럼 사람은 남의 기술도 믿어준다. 하물며 절대로 진실하신 그리스도를 왜 못 믿는가? 믿으면 영생을 얻는다.

설교 하나님의 사랑(3:16-21)

1. 독생자를 주신 것이 사랑임

그것이 왜 사랑인가? 그것은 죄악의 문제를 해결하여 주시는 것이기 때문이다. 죄악의 문제는 왜 큰 문제인가? 이것이 큰 문제인 사실은 진리를 아는 자들만이 안다. 죄는 하나님과 나와의 사이를 멀어지게 하는 것이니, 이 문제 해결이 가장 긴요하다. 이사야 59:1-2에 말하기를 "여호와의 손이 짧아 구원하지 못하심도 아니요 귀가 둔하여 듣지 못하심도 아니라 오직 너희 죄악이 너희와 너희 하나님 사이를 갈라놓았고 너희 죄가 그 얼굴을 가리어서 너희에게서 듣지 않으시게 함이니라"고 하였다. 우리는 우리 죄악의 문제를 해결하고 하나님과 화합하는 것이 가장 긴요하다. 사람들이 이 필요성을 평상시에는 부인하다가도 가장 요긴한 시간에는 이 필요를 인정한다. 우리가 죽기 전의 시간은 가장 요긴한 시간인데, 그 시간에 누가 우리에게 가장 요긴한 말 한 마디를 하라고 한다면, 그때 할 말은 "하나님이시여 내 죄를 사해 주소서." 라고 할 것이다. 그러므로 하나님께서 우리의 죄악을 용서하시기 위하여 독생자를 주신 것은 큰 사랑이다. 그가 독생자를 주시되 보통으로 주신 것이 아니고 속죄하는 희생제물로 주셨다. 그뿐 아니라 그를 우리의 영원한 구주로 주셨다.

2. 그 사랑을 받는 방법도 사랑으로 되었음

이 사랑을 받는 방법은 우리가 어떤 공로를 세움이 아니고, 오직 그의 사랑을 받음(믿음)이다. 믿음은 주님을 의지하는 것이니, 쉽고 기쁜 것일 뿐이다. 다만 걱정은 믿어지지 않는 것인데, 그것까지도 하나님께서 그의 말씀으로 해결하여 주신다. 로마서 10:17에 말하기를 "믿음은 들음에서 나며 들음은 그리스도의 말씀으로 말미암았느니라"고 하였다. 우리는 사람의 기술을 믿기도 한다. 우리는 의사를 믿기 때문에 그에게 우리의 몸을 내어 맡기고 대수술을 받기도 하지 않는가! 그러나 하나님의 말씀은 수천 년 참된 것으로 증명되었으니 더욱 믿을 만하다. 우리는 하나님의 말씀을 가지고 역사하시는 성령님이 믿게 하여 주셔서 믿는다. 참된 신앙 운동은 실패하지 않는다.

설교 두 종류의 사람들(3:19-21)

창세기 3:15의 예언과 같이, 이 세상에는 여인의 자손(택한 백성)과 뱀의 자손(마귀의 자손, 곧 마귀에게서 생산된 자라는 뜻이 아니고, 마귀의 사상을 받은 자라는 뜻)이 있다. 본문도 이와 같은 두 종류의 사람들을 보여 준다.

1. 빛보다 어두움을 더 사랑하는 자

여기서 "빛"이란 말은 하늘에서 이 땅에 찾아오신 예수 그리스도를 비유한다. 예수님을 모시지 못한 세계는 실상 어두움의 세계이다. 사람이 어떻게 어두운 가운데서 살 수 있을까? 방안을 비추던 전기가 꺼지면 얼마나 캄캄한가? 그럼에도 불구하고 악인들은 빛(예수님)을 싫어하고 "어두움"을 사랑한다. 중생하지 못한 자의 악독과 부패는 이처럼 빛을 싫어한다. 악독한 병균들도 빛을 싫어한다. 결핵균과 나병균과 같은 것들은 빛이 없는 데서 존재한다. 캄캄한 세계에서는 사람이 참되게 살 수 없다(욥 12:25). 어떤 산골 사람이 집을 떠나 먼 길을 갔다. 그가 집으로 돌아오는 날은 흐려서 밤이 매우 캄캄하였다. 밤중에 길을 가다가 잘못 들어서서 애를 많이 썼다. 날이 밝아올 때 보니 바로 앞이 절벽이어서 매우 위태한 자리에 있었던 것을 알게 되었다.

죄악을 따라가는 자는 이처럼 캄캄한 밤중에 산길을 가는 것과 같다. 또다시 비유를 들어 말하면, 그는 위험한 길을 위험한 줄 모르고 택한 자와 마찬가지이다. 예전에(1969. 12. 11) 우리 비행기가 북한으로 납북될 때 거기 탔던 40여명은 그 비행기가 위험해질 줄 모르고 탔던 것이다. 악인들이 간 길은 정신적으로는 어두운 곳이다. 예수님을 따르는 길 외에는 이 세상의 모든 길이 다 캄캄하고 위험하다. 그리스도의 빛으로 나아가지 않는 자는 어두움을 사랑하기까지 한다고 하니(19절), 얼마나 위험한 자리에 있는가?

2. 진리를 따르는 자

"진리를 따르는 자"란 진리를 행하는 자라는 뜻이다. 그리스도를 따르는 자는 말만 하는 자가 아니고, 행실로써 그 믿는 진리를 나타낸다. 혹시 그가 잘못한 점은 회개로써 그 문제를 해결한다. 이처럼 기독교의 회개는 위대한 효과를 가진 것이다.

이 점에 있어서 우리가 한 가지 다시 생각할 것은 21절 하반절 말씀이다. 거기 말하기를 "그 행위가 하나님 안에서 행한 것임을 나타내려 함이라"고 하였다. 이것은 신자가 하나님 앞에 찾아 나가는 담력을 말해준다. 신자의 담력은 자기 자신에게 있는 것이 아니고, 다만 하나님이 주신 선물로서의 행위에서 유래된다. 그러나 우리가 주의할 것은 신자가 그 행위를 자기의 업적으로 자랑하는 의미에서 그렇게 담대해진다는 것은 아니다. 사람이 언제든지 자기 자신이나 업적을 생각할 때는 실상 담력을 얻지 못해야 한다. 그는 자기의 어떤 행위를 생각할 때 그것이 하나님의 선물임을 알고, 하나님의 사랑이 자기에게 통하여 있음을 느끼며 담대해진다. 사도 요한은 이와 같은 사상을 요한1서 4:12, 17-18에도 나타냈다. 특별히 17-18절에서 하나님의 선물로 사랑을 행할 수 있는 자에 대하여 말하기를 "이로써 사랑이 우리에게 온전히 이루어진 것은 우리로 심판 날에 담대함을 가지게 하려 함이니 주께서 그러하심과 같이 우리도 이 세상에서 그러하니라 사랑 안에 두려움이 없고 온전한 사랑이 두려움을 내쫓나니 두려움에는 형벌이 있음이라 두려워하는 자는 사랑 안에서 온전히 이루지 못하였느니라"고 하였다. 야고보가 말한 대로 "긍휼을 행하지 아니하는 자에게는 긍휼 없는 심판이 있으리라 긍휼은 심판을 이기고 자랑하느니라"(약 2:13)고 한 말씀도 역시 같은 뜻을 보여 준다(참조. 엡 3:12; 히 4:16).

우리는 하나님 앞에 나아갈 때 하나님의 사랑을 받은 증거로서 하나님 앞에 내놓을 만한 것이 있어야 한다. 그것은 우리 자신을 자랑하는 것이 아니고, 하나님의 사랑에 대한 확신이다. 바울은 말하기를 "내게 사는 것이 그리스도니 죽는 것도 유익함이니라"(빌 1:21)하였고, 또 말하기를 "이로 말미암아 내가 또 이 고난을 받되 부끄러워하지 아니함은 내가 믿는 자를 내가 알고 또한 내가 의탁한 것을 그 날까지 그가 능히 지키실 줄을 확신함이라"(딤후 1:12)고 하였다.

설교 최대의 신앙 보장(3:31-36)

우리의 믿음을 최대한도로 보장하시는 이는 그리스도이시다. 본문은 그리스도가 어떤 분이심에 대하여 다음과 같이 말한다.

1. 위로부터 오시는 이(31절)

인류는 죄로 인하여 멸망에 빠졌다. 그들은 이 세상에 나자마자 울고, 그들의 마지막은 극단의 비애, 곧 죽음이고, 그들 생의 중간 토막은 괴로움이다. 그들은 구원을 찾는다. 물에 빠진 자의 구원은 육지에 있는 힘밖에 없고, 무저갱에 떨어진 자의 구원은 위에서 오시는 이, 곧 하나님 아들의 힘밖에 없다. 위에서 오시는 이의 힘은 초자연적 능력이다. 인간은 이와 같은 능력의 원조 없이 구원 받을 수 없다. 이 세상의 힘으로는 죄인을 구원하지 못한다. 죄인의 죄를 용서하고 초자연적으로 구원하는 것은, 높은 차원에서 오는 힘으로야 한다. 어떤 배를 타고 가던 무신론자를 한 선원이 밀쳐서 바다에 빠뜨렸다. 그는 배 밑에 들어가 물을 먹고 죽게 되었는데, 사람들이 건져내어 인공호흡을 시켜서 살려 놓았다. 그가 살아나서 처음으로 하는 말은 주님께 감사한다는 것이었다. 그는 물속에서 정신 차릴 수 없이 죽어갈 때 자기 어머니의 기도 소리를 들었고, 자기의 죄는 산과 같이 높은 것을 보았다. 그때 그는 주님께 용서를 빌어 사죄의 평안을 얻었다고 한다. 그래서 그가 주님께 감사한 것이었다.

그리스도는 위에서 오시는 이시다. 그는 찾는 자에게 오시는 이시다. 그는 하나님의 아들로 오셨고, 성령으로 늘 오시고, 최후에는 심판주로 오신다. 그는 "오시는 이"시다. 그는 이처럼 늘 오시는 이시다. 에스겔 47:1-12에서 생명강은 성전에서 흘러서 계속적으로 흐른다고 한 것처럼, 하나님의 아들은 부르짖는 자들에게 계속적으로 찾아오신다. 그의 오심은 결단코 중단되는 법이 없다. 그러므로 우리 신자들은 항상 기도할 용기를 얻는다. "쉬지 말고 기도하라"(살전 5:17)는 말씀은, 그가 언제든지 기도자에게 오시겠다는 약속이기도 하다.

2. 보고 들은 것을 증거하시는 이(32절)

그리스도께서 보신 것은 참된 것이다. 그 이유는 그가 보고 들으신 것은 영적인 것이기 때문이다. 그는 땅 위에 오시기 전 하늘에 계실 때는 육안을 가지지 않으셨다. 그때는 하늘의 것들을 영안으로만 보셨다. 우리도 영적으로 보기를 힘써야 한다. 그렇게 보는 것이 참된 것이다. 그럼에도 불구하고 인간은 육안으로 보는 것이 제일인 줄 안다. 인간의 육안은 실상 독수리의 눈만도 못하다. 독수리는 낭떠러지에 둥지를 틀고 있으며, 높은 곳에서 몇 십리 밖의 산중에 토끼 한 마리도 본다고 한다. 이처럼 독수리는 망원경식으로 그 눈을 조절하며 멀리 본다. 그뿐 아니라 그 눈을 현미경식으로도 조절하여 작은 것도 밝히 본다. 그러므로 우리는 하늘의 것들을 이 육안으로 보려고 하지 말고, 심령의 눈으로 보려고 힘써야 한다. 우리의 육안이 본 것은 우리에게 구원을 가져다주지 못한다. 예수님이 땅에 계실 때 그를 직접 본 사람들 중에는 구원 얻지 못한 자들이 많다. 그들이 예수님을 눈으로 보았으나 예수님을 십자가에 못 박았다. 그러므로 우리는 육안으로 보는 것을 우리의 구원 문제와 관련시키지 말아야 한다. 우리는 성령에 의하여 속 심령의 눈으로 하나님을 본 것을 구원 문제와 관련시켜야 한다. 우리 심령의 눈이 보며 심령의 귀가 들으려면, 예수님의 증거를 받아야 한다. 그가 보고 들으신 것이 바로 영적인 것이다. 성령에 의하여 보는 것과 듣는 것이 언제나 참되다.

3. 하나님의 말씀을 하시는 이(34절)

하나님의 말씀을 한다 함은, 하나님의 말씀을 전한다는 말과 다르다. 이것은 그의 말씀이 사생활의 것이나 공생에의 것이나 모두 하나님의 말씀이라는 뜻이다. 그것은 그가 바로 하나님의 말씀 자체라는 것을 뜻하기도 한다. 따라서 그것은 무한한 말씀이라는 뜻이다. 그러므로 하반절에 그가 무한하신 성령을 받으셨다는 말씀이 뒤따른다.

신앙은 이와 같은 예수님의 권위 앞에서 생기는 결단이다. 예수님의 권위는 바로 하나님의 권위이다. 하나님의 권위 앞에서 누가 엎드러지지 않으랴? 우리가 그의 말씀 앞에서는 신뢰와 안식을 가질 뿐이다. 그뿐 아니라 위에서 언급 된 것과 같이, 그의 말씀은 곧 살리는 영이시다(요 6:63). 그런데 그 영은 무한하다고 본문이 말한다(34절 하). 하나님의 은혜는 언제나 말씀과 성령의 병행으로 성립된다. 하나님의 능력은 말씀(진리) 없이 나타나는 법이 없다. 그가 모든 것을 순종하게 하심은 진리의 능력으로 하신다. 인간의 변론은 난제들을 해명함에 있어서 진리를 어느 정도 지니고 있어도 완전치 못하며, 따라서 능력이 함께하지도 않는다. 그러므로 변론은 무익하다고 한다(딤후 2:14). 그러나 하나님이 하시는 일은 언제나 진리도 있고 능력도 있다. 진리 없는 능력은 하나님의 것이 아니다. 그런데 이처럼 병행하는 그 둘이 무한하다고 하였으니, 그 결과로 구원 질서에 나타난 하나님의 은혜는 무한하다. 성경에 의하여 그의 은혜의 몇 가지 방면만 보아도 그 내용이 방대하다. ① 사죄해 주시는 은혜로 말하면, 죄 많은 곳에 은혜가 많다는 사실(롬 5:20)과 우리 죄가 주홍 같을지라도 눈과 같이 희게 해 주신 다는(사 1:18) 사실이 그것을 말해주고 있으며, ② 외부적 은혜를 말할 때도, 모든 일이 합력하여 선을 이루게 하시는 사실(롬 8:28)과 만물이 은혜 되게 하시는 사실(롬 8:32; 고전 3:21-23), 말씀의 검으로 마침내 사탄의 역사를 멸절시키시는 사실(살후 2:8) 등이다. 위에 말한 것과 같이, 그리스도께서 우리에게 은혜 주시는 권위가 이처럼 크다. 그러므로 본문 35절은 그 사실을 다른 말로 밝혀 준다. 그것은 그가 만물을 그 손에 받으셨다는 것이다. 그가 이처럼 무한한 영을 받으심은, 믿는 자에게 살리는 말씀을 끝없이 주시려는 것이다. 우리는 그리스도의 풍성한 말씀을 들음으로써 끊임없이 믿음을 얻는다(롬 10:17).

우리는 원하기만 하면 생명수를 받는다(계 22:17). 원하면 받는다는 것은, 그 은혜의 풍성을 의미한다. 인간에게 원하는 마음이 별로 없기 때문에 그들에게 은혜가 임하지 않는다. 원한다 함은 무엇인가? 그것은 간절함을 그 특징으로 지니고 있다. 사람들이 주님의 은혜를 원한다고 하면서 간절함이 없다면, 그것은 진정한 소원이 아니다.

제 4 장

내용분해

1. 예수님이 사마리아에서 전도하심(1-42절)
   1) 유대를 떠나 갈릴리로 가심(1-3절)
   2) 사마리아의 수가에 도착하심(4-6절)
   3) 사마리아 여자에게 전도하심(7-26절)
   4) 제자들과 더불어 가지신 담화(27-38절)
   5) 복음이 사마리아에 널리 전파됨(39-42절)

2. 예수님의 갈릴리 성역(43-54절)
   1) 갈릴리로 가신 이유와 그 효과(43-45절)
   2) 왕의 신하의 아들을 고쳐 주심(46-53절)
   3) 저자의 결론(54절)

⚜ 개요

1. 생수(10, 11, 14절)

위의 구절들에 의하면 두 종류의 물이 대조적으로 묘사되었다. 하나는 육체적 갈증을 멈추어 주는 야곱의 우물의 물인데, 구약 시대의 외부적 종교를 상징한다(히 9:9-10). 다른 하나는 그 마시는 자가 영원토록 목마르지 않고 그 속에서 영생하도록 솟아나는 샘물이다(14절). 곧 그것은 신약 시대 오순절에 오신 성령을 가리킨다(7:38-39). 이것은 일찍이 구약에 예언되었다(시 36:9; 렘 2:13, 17:13; 겔 47:1-12; 욜 2:28; 슥 14:8). 위의 예언의 말씀들은 신약 시대에 성령의 은혜가 풍성할 것도 가리킨 것이다. 신약 시대에는 한 개인이 받는 성령의 은혜도 저렇게 풍성하다. 4:14에서 "내가 주는 물은 그 속에서 영생하도록 솟아나는 샘물이 되리라"고 한 것이 그 뜻이다. 그런데 성령을 생수로 비유한 이유는 무엇인가? 그것은 성령의 은혜를 받은 자가 메마른 땅의 초목이 단비로 생기를 얻는 것처럼 참된 만족을 얻기 때문이다. 그야말로 허물과 죄로 죽었던 자가(엡 2:1) 성령을 받으므로 살아난다.

2. 사마리아 여자의 전환(15-26절)

그 여자는 이때까지 예수님의 종교적인 교훈을 알아듣지 못하고 육적인 사상으로 받아넘겼다. 그러나 이제 예수님이 자신의 과거 죄악을 지적하시는 초자연적 지식 앞에서 여자는 종교적 사색을 하기 시작하였다(19절). 참된 종교는 인간의 죄악을 참되게 밝히며, 또 거기서 건져줄 만한 참된 초자연을 보여 준다. 이처럼 참된 종교에 접촉하게 된 여자는 예배의 장소에 대하여 문의하다가 신약 시대의 참된 예배를 배우고(23-24절), 또 마침내 예수님이 메시아이심을 알게 되었다(26절).

참된 예배는 영과 진리로 예배함인데, "영"으로 예배한다 함은 무엇인가?

그것은 성령을 받은 자(거듭 난 자)가 성령의 도우심으로 예배드림이다. "진리"로 예배한다 함은 무슨 뜻인가? 이는 다음과 같이 설명된다. 과거의 개역 한글판 성경은 헬라어 "알레테이아"(ἀληθείᾳ)를 "진리로"라고 번역하지 않고 "진정으로"라고 번역했는데, 그것은 독자로 하여금 본문의 뜻을 오해하게 만드는 번역이었다. "진정"이라는 것은 인간의 주관대로의 진실성만을 가리킨 것으로서 이것으로는 만족한 예배를 성립시키지 못한다. 우상숭배자들도 헛된 우상 앞에서 그들 자신의 주관대로 정성스럽고 진실되게 섬기는 경우가 있을 것이다. 본문은 객관적 표준에 인정된 진리에 부합된 예배를 의미하였을 것이니, 개역개정판 성경에서 "진리로"라고 번역한 것은 바람직하다. 그러면 "진리"는 무엇인가? 이것은 궁극적으로 예수님 자신을 의미한다. 요한복음 14:6에 "내가 곧 길이요 진리요"라고 하였다. 그 이유는 그 자신이 하나님 자신이시기 때문이다. 하나님은 존재의 근원 되시는 존재이시고, 참의 근원 되시는 참이시고, 선(善)의 근원 되시는 선이시다.[68] 예수님은 이런 절대적 진리이시기 때문에 히브리서 13:8 에 말하기를 "예수 그리스도는 어제나 오늘이나 영원토록 동일하시니라"고 하였다. 이와 같은 분이 세상에 오셔서 하나님의 모든 약속을 성취하셨으니, 그 성취 역사가 참된 것으로 나타날 것은 두 말할 것도 없다. 그의 성취 역사에 대하여 성경은 말하기를 "하나님의 아들 예수 그리스도는 예 하고 아니라 함이 되지 아니하셨으니 그에게는 예만 되었느니라"(고후 1:19)고 하였다. 그러므로 그가 보내신 성령도 "진리의 성령"이시고(16:13; 요일 5:6), 그가 전하신 하나님의 말씀도 "진리"라고 하였다(요 17:17). 그러므로 진리로 예배한다는 말씀은, 예수 그리스도를 중보자로 모시고 그가 계시하신 말씀에 합당하게 예배함을 말함이다. 그것은 실상 바

---

68) (H. Bavinck, de bron van alle waarheid, de waarheid in alle waarheid:de grond van waarheid, van het ware zijn allen dingen ... Gerf. Dog. Ⅱ, 1908, p. 177, Uitgave Van. J. H. Kok, Te Kampen. 1928)

울 서신에 흔히 나오는 바, "그리스도 안에서" 예배함이다. 그것은 신약 종교의 특징이다.

예수님은 사마리아 여자에게 자기가 메시아라고 밝히 말씀하셨다(26절). 그가 어떤 때 자기의 메시아 신분을 감추신 사실은 공관복음이 특별히 지적한다. 요한복음은 예수님이 메시아이신 사실을 비교적 밝히 드러내어 말하였으니, 예를 들면 "아버지 품속에 있는 독생하신 하나님"이라고 한 것(1:18), 또한 그 자신이 "하나님" 이라고 한 것(1:1), 그 자신이 하늘에서 내려오신 분이라는 것(6:38; 51), 그 자신이 아브라함이 있기 전에 계셨다는 것(8:58) 등이다. 그리고 또한 세례 요한의 증거와 제자들의 증거도 그를 그리스도라는 의미로 말하였다(1:26, 29, 36, 41, 49). 그뿐 아니라 그는 개인들에게도 자기가 그리스도이신 사실을 밝히 지적하셨다(4:26, 29, 9:37, 11:27). 그러나 요한복음에서도 그가 형편에 따라 메시아이신 사실을 밝히 드러내지 않으시는 경향도 없지 않다. 예를 들면, 그가 죽었다가 다시 살아나실 것을 비유적으로 말씀하신 것과 같은 것이다(2:19). 그밖에도 비유로 말씀하신 것이 적지 않다. 그러므로 제자들이 깨닫지 못한 때가 많았다(참조. 13:7, 16:25).

3. 예수님의 양식(27-34절)

예수님의 전도를 들은 사마리아 여자는 이제 물동이를 버려두고 동네에 들어가서 전도하였다(28-29절). 이 사실을 보신 예수님은 만족하셨다. 그뿐 아니라 그 여자의 전도로 사마리아 사람들이 그에게로 오고 있으니(30절), 그것을 보시는 그는 더욱 만족하셨다. 그러므로 "랍비여 잡수소서"라고 하는 제자들의 말(31절)에 대하여, 그는 "나의 양식은 나를 보내신 이의 뜻을 행하며 그의 일을 온전히 이루는 이것이니라"(34절)고 하셨다. 우리는 이 점에서 몇 가지 지적할 것이 있다. ① 사람들은 보통으로 자기 자신의 뜻을 이룰 때 만족하게 생각한다. 그러나 예수님은 그와 정반대로 하나님 아버지의 뜻을 즐거워하셨다. ② 사람들은 하나님의 일 중에도 어떤 큰일을 이루어야 기쁘게 생각한다. 그러나 예수님은 이때 사마리아 여자 한 사람의 영혼의 구원을 보시고도 기뻐하셨다. ③ 사람들은 물질로 된 떡만을 양식으로 안다. 그러나 예수님은 그들이 알지 못하는 양식(32절), 곧 영적 양식을 더욱 귀중시하셨다. 그것은 그가 복음을 전파하시면서 누리는 기쁨이다. 이 영적 양식은 받아본 사람만이 안다. 그래서 그가 이것을 가리켜 "너희가 알지 못하는 먹을 양식"이라고 하셨다. ④ 사람들은 하나님의 일을 하되 예수님처럼 기쁨으로 하지 못한다. 예수님은 주릴 때 음식을 먹듯이 기쁨으로 하나님의 일을 하셨다. 그렇기 때문에 그의 순종은 만민의 죄악을 대속할 만한 의가 되신다. 순종의 가치는 기쁨으로 순종하는 데서 발생된다.

4. 복음 전도의 종말관적 동기(35-38절)

예수님은 복음 전도를 추수에 비유하셨다(38절). 마태복음 9:37-38에도 이와 같은 뜻으로 말씀하셨으며, 요한복음 4:38의 "내가 너희로 노력하지 아니한 것을 거두러 보내었노니"란 말씀이 그것이다. 예수님이 복음 운동을 추수로 간주하신 것은, 그것이 구원 사상의 최후적 완성 단계라는 뜻이다. 신약 종교가 계시운동의 최후 단계요 구원운동의 최후 방침이라는 것은, 히브리서가 특별히 고조한다(히 1:1-3, 10:1, 12:18-29). 이렇게 종말관성을 띤 신약의 구원 운동은 대종말 완성을 향하여 움직인다. 예수님은 대종말 완성을 가리켜 "추수"라고 하셨다(마 13:30, 39-43). 그러나 그는 대종말 이전의 신약시대의 복음 운동도 추수라고 하셨다(마 9:37-38; 요 4:35-38). 그것은 대종말이 구원운동의 결말이기 때문이다. 요컨대 종말과 대종말은 어떤 의미에서는 일체이다. 복음 운동에 관하여 인생들이 믿는 여부는 대종말에 최후적 의미를 가진다. 3:18에 말하기를 "그를 믿는 자는 심판을 받지 아니하는 것이요 믿지 아니하는 자는 하나님의 독생자의 이름을 믿지 아니하므로 벌써 심판을 받은 것이니라" 하였고, 12:48에는 말하기를 "나를 저버리고 내 말을 받지 아니하는 자를 심판할 이가 있으니 곧 내가 한 그 말이 마지막 날에 그를 심판하리라"고 하였다.

5. 세상의 구주(39-42절)

사마리아 사람들은 친히 예수님을 만난 뒤에 그가 "세상의 구주"이신 사실을 믿었다고 한다. "세상의 구주"라는 그리스도의 칭호는 어떤 의미를 가지는 것인가? 우리는 이것도 신약 계시의 특색을 이룬다고 본다. "구주"란 말은 헬라어로 소테르(σωτήρ)인데, 이 말의 뜻을 알려면 이 말의 해당 동사 소제인(σῴζειν)의 의미를 찾아 볼 수밖에 없다. 보스(Geerhardus Vos)는 다음과 같이 말하였다. "구주란 말의 해당 동사 소제인은 예수께서 병자를 고치실 때 흔히 사용하셨는데, 그것은 죽을 위험에서 건짐을 의미한다. 이 말이 이처럼 사망, 혹은 멸망에서 구원함을 가리키므로 바울은 구주란 말을 사용할 때 내세 심판에서 건져주시는 자라는 것을 의미하였다"라고 하였다. 42절에 있는 "세상의 구주"라는 것은 신약 시대의 보편적 구원론을 포함하는 명사이다.

해석

1-2 예수께서 제자를 삼고 세례를 베푸시는 것이 요한보다 많다 하는 말을 바리새인들이 들은 줄을 주께서 아신지라 (예수께서 친히 세례를 베푸신 것이 아니요 제자들이 베푼 것이라). 이 말씀을 보면 예수님은 남들과 무의미한 충돌을 피하신 사실이 드러난다. 그는 종종 바리새인들과 변론하신 일도 있다. 그러나 무의미하게 그들과 충돌하기를 피하셨다. 바리새인들은 예수님을 따르는 사람들이 많아지자

시기심을 발하였다. 예수님이 실상 세례를 베푸신 일은 없었으나 소문이 잘못 퍼져서 그가 친히 세례를 베푸신 것처럼 선전되었다. 세상 사람은 언제나 진리와 사실대로 믿는 것보다 뜬소문을 얼른 청취하여 쉬이 전한다.

3-4 유대를 떠나사 다시 갈릴리로 가실새 사마리아를 통과하여야 하겠는지라. 일반 유대인들은 유대에서 갈릴리로 갈 때 베레아로 돌아간다. 그 이유는 그들이 사마리아 사람을 피하려는 까닭이다. 그러나 예수님은 사마리아에서 자기의 영광을 나타내셔야 할 필요를 느끼셔서 그곳을 직접 통과하시게 되었다.

5 사마리아에 있는 수가라 하는 동네에 이르시니 야곱이 그 아들 요셉에게 준 땅이 가깝고. "수가"라는 곳은 세겜을 가리킨다고 하나, 에우세비오스(Eusebius) 이래로 이 두 지방은 각각 다른 곳으로 생각되어 왔다. "수가"는 오늘날의 아스카르(Askar)라는 지방이었을 것이다. "야곱이 그 아들 요셉에게 준 땅"(참조. 수 24:32; 창 33:19).

6 거기 또 야곱의 우물이 있더라 예수께서 길 가시다가 피곤하여 우물 곁에 그대로 앉으시니 때가 여섯 시쯤 되었더라. "그대로"란 말은 피곤한 태도를 숨김없이 그대로 나타내신 것을 가리킨다. 이것은 예수님의 인성을 그대로 나타내신 태도이다. 예수님은 우리를 동정하신 대제사장이시다(히 4:15). "여섯 시"는 유대 시간으로 말한 것인데, 우리 시간으로는 정오를 가리킨다.

7 사마리아 여자 한 사람이 물을 길으러 왔으매 예수께서 물을 좀 달라 하시니. 예수님이 사마리아 여인에게 물을 좀 달라고 하신 동기는 자신의 갈증을 멈추시기 위함보다, 그 여인의 영적 요구를 채워 주시려는 것이었다. 그는 우리에게 무엇을 청구하신다. 그러나 그의 청구는 언제든지 우리를 유익하게 해 주시기 위한 동기에서 일어나는 것이다.

8 이는 제자들이 먹을 것을 사러 그 동네에 들어갔음이러라. 이것은 예수님이 그 여자에게 물을 청하시게 된 이유를 설명한다. 제자들이 그 자리에 있었다면 그들이 예수님을 위하여 물을 공급하였을 것이다.

9 사마리아 여자가 이르되 당신은 유대인으로서 어찌하여 사마리아 여자인 나에게 물을 달라 하나이까 하니 이는 유대인이 사마리아인과 상종하지 아니함이러라. 이 여자가 예수님을 유대인으로 알게 된 원인이 어디 있었는가? 그의 옷을 보고 알았는지, 혹은 그의 말을 듣고 알았는지 우리는 추측하기 어렵다. 어쨌든 예수님은 일반 유대인과는 달리 민족 차별의 기분이나 감정을 전연 가지지 않으셨으므로 그 여자로서도 놀랄 수밖에 없었다. 이처럼 다른 민족을 형제처럼 대하심은 하나님의 마음이다. 하나님께서는 일찍부터 이스라엘 민족에게 그들 중에 거주하는 이방인들을 동포와 같이 대우하라고 하셨다(레 19:34).

10 예수께서 대답하여 가라사대 네가 만일 하나님의 선물과 또 네게 물 좀 달라 하는 이가 누구인 줄 알았더라면 네가 그에게 구하였을 것이요 그가 생수를 네게 주었으리라. "하나님의 선물"이란 말은 그리스도로 말미암은 구원의 선물을 가리키고, "물 좀 달라 하는 이가 누구인지"란 말은 메시아를 염두에 두고 한 말씀이다. 예수님은 샘에서 솟아나는 "생수"로써 성령을 비유하셨다.

11 여자가 이르되 주여 물 길을 그릇도 없고 이 우물은 깊은데 어디서 당신이 그 생수를 얻겠사옵나이까. 그 여자는 예수님의 말씀을 영적으로 알아듣지 못하고 오해하였다. 곧 물 길을 그릇도 없고 그 우물은 깊은데 거기서 생수를 길어낼 수는 없는 것이었으니, 어디 다른 우물에서 길어 올 수 있을 것인가 하였다. 실상 그 지방에는 다른 우물이 없었다. 옛날에 야곱도 그 우물을 사용했던 것이다.

12 당신이 야곱보다 더 크니이까. 예수님이 "생수"를 주신다고 하니, 그 여자는 야곱보다 위대한 자가 아니고는 그런 더 좋은 물을 내어 줄 수 없다고 생각한 것이다. 이것은 아직도 "생수"란 것을 이 세상의 음료수로 아는 착각에서 한 말이다.

13-14 예수께서 대답하여 이르시되 이 물을 마시는 자마다 다시 목마르려니와 내가 주는 물을 마시는 자는 영원히 목마르지 아니하리니 내가 주는 물은 그 속에서 영생하도록 솟아

나는 샘물이 되리라. 예수님은 여기서 물질적 생수와 영적 생수와의 구분을 말씀하신다. "내가 주는 물을 먹는 자"란 말은 유대인이나 사마리아인을 다 함께 가리킨 것이니, 기독교 구원의 보편성, 곧 무차별성을 보여 준다. "목마르지 아니하리니"란 말은 영적 기갈이 없다는 뜻이다. 성경은 하나님과 성령님을 생수로 비유한다(사 58:11). "솟아난다"는 말은 그 영적 생명이 무궁무진할 것을 가리킨다.

15 여자가 이르되 주여 그런 물을 내게 주사 목마르지도 않고 또 여기 물 길으러 오지도 않게 하옵소서. 그 여자는 또다시 주님의 말씀을 오해한다. 그는 예수님이 말씀하신 생수에 흥미를 가지고 그것으로 말미암아 늘 갈증 없이 육신의 욕망을 채우고자 하며, 또한 물 길으러 다니는 수고도 면하려 한다. 이것은 그릇된 인간의 욕심을 대표적으로 나타낸 것이다. 이처럼 인간은 언제나 영적 요구를 채우려 함보다 육적 요구를 채우려 하는데 급급하다.

16 이르시되 가서 네 남편을 불러 오라. 고데(Godet)는 말하기를 "예수께서는 그 여자의 주인이 없는 환경에서 중대한 생명 문제의 말씀을 주시기 원하지 않으셨기 때문에, 그와 같이 말씀하셨다."고 한다. 그러나 남편이 함께 있는 장소에서만 여자에게 전도할 수 있다는 사상은 성경에 없다. 우리는 다음과 같이 생각한다. 곧 사마리아 여자는 남편을 취하므로(불법하게라도) 이 세상 만족을 찾았다. 심지어 방금 예수님의 전도를 듣는 중에도 생수가 이 세상 행복을 의미하는 것으로 오해하였다. 먼저 그런 그릇된 인생관이 깨어져야 한다. 그 여자의 생활은 개편되어야 한다. 그 뒤에야 진정한 생수를 받을 만한 준비가 성립된다. 생수 곧 복음이라는 보화는 우리에게 있는 것을 다 팔아서야 사는 법이다(마 13:45-46). 천국은 이 세상의 연장이 아니다. "육으로 난 것은 육이요 영으로 난 것은 영"(3:6)이다. "살리는 것은 영이니 육은 무익하다"(6:63). 사마리아 여자의 육적 사상은 깨어져야 한다. 그러므로 예수님은 "네 남편을 불러 오라"고 하셨다. 이 말씀은 그 여자의 육적 심리에 대한

심판이었다.

17-18 여자가 대답하여 이르되 나는 남편이 없나이다 예수께서 이르시되 네가 남편이 없다 하는 말이 옳도다 너에게 남편 다섯이 있었고 지금 있는 자도 네 남편이 아니니 네 말이 참되도다. 그 여자는 한 남편을 사귄 것이 아니라, 다섯 사람이나 사귀었던 것이다. 예수님은 그 사실을 정확히 아시기 때문에 그 여자의 생활상을 지적하시면서 그 가슴을 뜨끔하게 하였다. 어떤 학자들은 여기 다섯 남편이란 것을 풍유적으로 해석한다. 곧 사마리아 지방에는 바벨론, 구다(Cuthah), 아와(Auva), 하맛(Hamath), 스발와임(Sepharvaim) 등 다섯 나라 사람들을 이주시켰는데(왕하 17:24), 그 다섯 나라에서 들어온 이방신이 역시 다섯이었다고 한다. 사마리아인은 이와 같은 다섯 가지 이방신을 섬겼다고 한다. 그리고 "지금 있는" 남편은 이교 사상과 혼합하여 여호와 하나님을 잘못 섬기는 그들의 종합 종교를 가리킨다고 한다. 이 해석은 너무 상상적이다. 차라리 여기 "남편"들은 그 여자의 생활에 여러 번 개가(改嫁)하게 된 것을 지적하시는 말씀으로 생각된다.

19 여자가 이르되 주여 내가 보니 선지자로소이다. 이 여자는 예수님의 초자연적 지식에 놀라 이제 겨우 예수님을 선지자로 알았다. 그 여자의 중심이 이제부터 종교적으로 움직이기 시작한다. 인간은 초자연(하나님)을 접촉하기 전에는 진정한 종교심과 영적 사색을 가져보지 못한다. 그 여자는 이제부터 정상적으로 예수님에게 돌아오기 시작한다.

20-21 우리 조상들은 이 산에서 예배하였는데 당신들의 말은 예배할 곳이 예루살렘에 있다 하더이다 예수께서 이르시되 여자여 내 말을 믿으라 이 산에서도 말고 예루살렘에서도 말고 너희가 아버지께 예배할 때가 이르리다. 유대인들은 예루살렘에서 예배하여야 할 것을 본래부터 주장하여 왔다(신 12:5, 16:2, 26:2). 사마리아 사람들은 그리심 산에서 예배하여야 정당하다고 주장하였다. 유대 사람들이 바벨론 포로에서 돌아온 후에 사마리아 사람들은 성전을 그리심 산에 세웠다(BC

400). 그 뒤에 유대인과 사마리아인은 서로 미워하였다.

그 여자의 의문에 대하여 예수님은 신약적 예배를 보여주시며 문제 해결을 주신다. 곧 이제부터는 그리심산이니 예루살렘이니 할 것 없고, 오직 어디서든지 하나님을 아버지로 알고 영적 예배를 드릴 때가 왔다는 것이다. "아버지께 예배할 때"란 말은 이 부분에서 커다란 의미를 가진다. 이것은 하나님을 아버지로 믿는 신약적 예배를 가리킨다. 하나님을 아버지로 대하는 예배는 어떤 장소의 제재를 받는 외부적 예배가 아니고, 성령을 받은 자가 하나님을 아바 아버지로 의식하고 부르면서 드리는 영적 예배이다.

22 너희는 알지 못하는 것을 예배하고 우리는 아는 것을 예배하노니 이는 구원이 유대인에게서 남이니라. 사마리아 사람들은 모세오경만 믿고 다른 선지서들을 버렸으므로, 하나님을 공경하는 일에 있어서 잘못된 것이 많았다. 그러나 유대인들은 구약을 전부 가졌으니, 진정한 종교를 받았다. 이처럼 그들이 하나님의 계시를 받아 보수하였고 메시아(그리스도)도 그들 중에서 나오실 것이므로 "구원이 유대인에게서 난다"고 말씀하시게 되었다.

23 아버지께 참되게 예배하는 자들은 영과 진리로 예배할 때가 오나니 곧 이 때라. "영으로 예배함"은 무엇을 의미하는가? 이것은 위의 21절에서 이미 말한 "아버지께 예배함"을 가리킨다. 하나님은 어떤 지방, 어떤 민족이 독점적으로 소유할 신이 아니시다. 어디서든지 누구든지, 성령으로 거듭난 자이면 그를 아버지로 섬길 수 있다. 거듭난 자만이 하나님을 아버지라고 할 수 있다. 성령으로 거듭남은 하나님의 말씀으로 이루어진다(벧전 1:23). 사람이 거듭난 표는 무엇인가? 그것은 그가 성경 말씀을 듣기 좋아하며, 읽기 좋아하며, 순종하기 좋아함이다. 이처럼 그가 성령에 의하여 하나님의 아들이 되었다. 그가 영적인 자녀로서 영적인 아버지에게 예배하게 되는데, 그것이 신령한 예배이다.

"진리로 예배함"은 무엇을 의미하는가? "진리"란 예수님이 22절에 말씀하신 내용의 성취 형태이다. 이스라엘이 "아는 것"(22절 하), 곧 구약적 계시가 신약 시대에 성취된 형태이다. 이것이 유대인에게서 난 구원 사건(예수 그리스도)이다. 이에 근거한 예배가 "진리"로 예배하는 것이다. 그것은 실상 아브라함의 자손 중에서 메시아가 나시리라는 약속의 성취를 내포한 구원사적 진리에 순종하고 드리는 예배이다. 참된 예배는 결코 사람들의 추측이나 깨달음에 근거한 것이 아니고, 하나님의 계시에 근거한 것이다. 다시 말하면 "참"이란 말은 "진리"(ἀλήθεια)를 의미하는데, 구약에 기록된 하나님의 모든 약속들(메시아 약속)이 성취된 사실, 곧 그리스도를 말함이다. 하나님의 약속은 얼마든지 그리스도 안에서 예가 되었다(고후 1:20). 그러므로 우리의 예배는 신앙적 예배가 될 수밖에 없다. 신앙적 예배만이 하나님을 기쁘시게 한다. 히브리서 11:6에 말하기를 "믿음이 없이는 기쁘시게 하지 못 하나니 하나님께 나아가는 자는 반드시 그가 계신 것과 또한 그가 자기를 찾는 자들에게 상 주시는 이심을 믿어야 할지니라"고 하였다.

25 여자가 이르되 메시아 곧 그리스도라 하는 이가 오실 줄을 내가 아노니 그가 오시면 모든 것을 우리에게 알려 주시리이다. 이 사마리아 여자는 메시아를 대망하였던 것이 분명하다. 아마도 신명기 18:15-18에 있는 모세의 예언에 기준하여 사마리아인들도 메시아를 대망하였을 것이다. 그들은 모세오경만을 성경으로 가지고 있었던 것이다.

26 예수께서 이르시되 네게 말하는 내가 그라 하시니라. 예수님은 그 여자의 심리가 이제 진정한 종교로 바로 움직이는 것을 보시고 그 기회를 타서 자기가 메시아이신 것을 알려 주신다. 이 부분(1-26절)의 의미를 좀 더 명백히 알기 위하여 앞에 있는 강해를 자세히 읽는 것이 좋다.

27 이 때 제자들이 돌아와서 예수께서 여자와 말씀하시는 것을 이상히 여겼으나 무엇을 구하시나이까 어찌하여 그와 말씀하시나이까 묻는 자가 없더라. "제자들이 돌아왔다" 함은, 그들이 먹을 것을 구하려고 동네에 들어갔다 온 것을 말함이다(8절). 유대 랍비들의 예법대로는 유대 남자가 거리에서 여자로 더불어 말하지

못했고, 심지어 자기 아내와도 말하지 못했다고 한다. 이런 사상 테두리를 벗어나지 못한 제자들에게는 예수님이 사마리아 여인과 말씀하심이 이상스럽게 보였을 것이다. 그러나 제자들의 생각에 그것을 허물로 여기지 않았다. 그들은 예수님이 하시는 일에는 반드시 이유가 있을 것이라고 믿었기 때문에 질문하지 않았다.

28 여자가 물동이를 버려두고 동네에 들어가서 사람들에게 이르되. 그때의 물동이는 상당히 무거운 것이었으므로 여자는 그것을 버려두고 동네에 들어갔다. 그 여자는 그처럼 예수님과 예수님의 말씀에 대하여 열중하였다. 그는 급히 동네에 들어가서 전도하지 않으면 안 되었던 것이다.

29 내가 행한 모든 일을 내게 말한 사람을 와서 보라 이는 그리스도가 아니냐 하니. 그 여자는 자기의 과거 생활을 알아맞히신 예수님의 초자연적 지식 때문에 그를 믿었다. 그는 이제 그 사실에 대하여 증언한다.

31-34 그 사이에 제자들이 청하여 이르되 랍비여 잡수소서 아르시되 내게는 너희가 알지 못하는 먹을 양식이 있느니라 제자들이 서로 말하되 누가 잡수실 것을 갖다 드렸는가 하니 예수께서 이르시되 나의 양식은 나를 보내신 이의 뜻을 행하며 그의 일을 온전히 이루는 이것이니라. 제자들은 육신의 양식만을 양식으로 알았다. 그러나 예수님은 영적 양식을 참된 양식이라고 생각하셨다. 영적 양식은 그가 하나님의 뜻을 행하며 구속사업을 완성하심이다.

슐라터(Schlatter)는 이 구절에 대하여 해석하기를 "하나님의 뜻에 일치하므로 하나님의 일을 하게 되는 것은 그의 생명의 근거가 되며, 그의 능력의 원천이 된다"라고 하였다.[69] 이것은 예수님에게 있어서 특수한 의미로 그러하다. 그러나 어떤 의미에서는 일반 신자도 하나님의 일을 하므로 하늘의 생

---

69) Dieses Einssein mit dem gottlichen Willen, das ihn dem gottlichen Wirken dienstbar macht, ist der Grund seines Lebens und der Quell seiner Kraft. —Schlatter, Der Evangelist Johannes, 130.

명력을 받는다. 음식을 먹음으로 육신이 생명력을 얻음과 같이, 신자는 하나님의 일을 참되게 할 때 영적 생명력을 받는다. 하나님은 그의 일을 하는 자에게 한하여 이런 귀한 은혜를 주신다. 그런데 우리 신자들이 이룰 하나님의 일은 무엇인가? 그것은 다음과 같이 설명할 수 있다. 곧 우리가 예수 그리스도를 믿는 것이 무엇보다 중요한 일이 된다는 것이다. 요한복음 6:29에 말하기를 "하나님께서 보내신 자를 믿는 것이 하나님의 일이니라"고 하였다. 믿음은 하나님의 선물이며, 금보다 귀하다(엡 2:8; 벧전 1:7). 우리가 전쟁하듯이 힘쓰지 않으면 믿음을 지킬 수 없다. 디모데전서 6:12에 말하기를 "믿음의 선한 싸움을 싸우라"고 하였으며, 히브리서 12:4에는 말하기를, 피 흘리기까지 죄를 대적하라고 하였다.

신자는 믿음으로 남들을 위하여 행해야 될 선한 일들도 책임지고 있다. 행함이 없는 믿음은 실상 죽은 믿음이다(약 2:17, 26). 에베소서 2:10에 말하기를 "우리는 그가 만드신 바라 그리스도 예수 안에서 선한 일을 위하여 지으심을 받은 자니"라고 하였다.

35 너희는 넉 달이 지나야 추수할 때가 이르겠다 하지 아니하느냐 그러나 나는 너희에게 이르노니 눈을 들어 밭을 보라 희어져 추수하게 되었도다. "넉 달이 지나야 추수할 때가 이르겠다 하지 아니하느냐" 이것은 하나의 속담으로서, 사람들이 추수 때를 고대한다는 의미이다. 그러면 이 구절의 뜻은 사람들이 곡식을 거둘 일에 대하여는 미리부터 손꼽아 기다리면서도 영적 추수에 대하여는 등한히 생각한다는 것이다. 영적 추수의 때는 그때 임박하였으니 만큼, 예수님은 화급히 일하셔야 될 것을 느끼시고 일하셨다.

"희어져 추수하게 되었도다." 영적 추수를 염두에 두고 하신 말씀이다. 영적 추수는 무엇인가? 선지자들이 예언해 두었던 진리가 이제 예수님의 역사로 말미암아 성취되었는데, 제자들이 그 성취된 진리 곧 복음을 전하여 사람들을 교회로 모으는 것이 영적 추수이다.

36 거두는 자가 이미 삯도 받고 영생에 이르는 열매를 모으나니 이는 뿌리는 자와 거두는 자가 함께 즐거워하게 하려 함이니라. "삯도 받고"란 말씀은 그 아래 말씀이 해설한다. 곧 "삯"은 다른 것이 아니고, 영생에 이르는 열매를 받음이다. 다시 말하면 그것은 복음을 전하여 사람들로 하여금 믿게 하여 영생에 들어가도록 인도함이다. 믿음에 순종하여 돌아오는 자들은 그 전도자에게 상급이 된다. 그러므로 바울도 복음으로 돌아온 자들을 가리켜 말하기를 "나의 사랑하고 사모하는 형제들, 나의 기쁨이요 면류관인 사랑하는 자들"(빌 4:1)이라고 하였고, "우리의 소망이나 기쁨이나 자랑의 면류관"(살전 2:19)이라고 하였다.

37 그런즉 한 사람이 심고 다른 사람이 거둔다 하는 말이 옳도다. 심은 자는 수고할 뿐이고 거두지는 못한다. 그것은 선지자들과 예수님의 수고에 해당된다. 그리고 "다른 사람들이 거둔다" 함은 제자들의 수고에 해당된다.

38 이 구절에 대하여는 37절 해석을 참조하라.

39 여자의 말이 내가 행한 모든 것을 그가 내게 말하였다 증언하므로 그 동네 중에 많은 사마리아인이 예수를 믿는지라. 여기 말한 대로 사마리아인들의 신앙은 예수님의 선지자적 역사 때문에 생겼다. 예수님이 사마리아 여인의 과거 역사를 누구에게 물어보신 일도 없이 아신 것은(16-18절), 그들을 놀라게 하였다.

40 사마리아인들이 예수께 와서 자기들과 함께 유하시기를 청하니 거기서 이틀을 유하시매. 이것은 마치 루디아라 하는 여자가 바울에게 한 말과 같다. 그 여자는 말하기를 "만일 나를 주 믿는 자로 알거든 내 집에 들어와 유하라"(행 16:14-15)고 하였다. 전도자를 귀하게 아는 그들 자신도 귀하다.

41 예수의 말씀으로 말미암아 믿는 자가 더욱 많아. 그들의 믿음은 점점 높은 수준에 도달했다. 그 이유는 그들이 친히 예수님 자신을 보았고, 또 그의 말씀을 듣고 믿었기 때문이다. 그들이 예수님을 가리켜 "세상의 구주"라고 한 것도(42절) 꽤 자라난 믿음으로 한 말이다.

42 그 여자에게 말하되 이제 우리가 믿는 것은 네 말로 인함이 아니니 이는 우리가 친히

듣고 그가 참으로 세상의 구주신 줄 앎이라 하였더라. 남들의 증거에 의뢰함보다 자기들이 친히 예수님을 듣고 본 사실에 근거한 신앙을 말한다. 예수님의 교훈은 서기관의 그것과 달라서 권세가 있다. 그러므로 사람들이 예수님의 말씀을 들을 때 신앙을 얻는다.

사마리아 사람들이 예수님을 세상의 구주로 알게 된 것은 이상한 일이 아니다. 그들도 아브라함에게 주신 약속(천하 만민이 아브라함의 자손, 곧 그리스도로 인하여 복을 받게 되리라는 약속)을 일찍부터 알았을 것이다(Godet). 그뿐 아니라 예수님은 그들에게 전도하실 때 자기가 세상의 구주(사마리아 사람들에게도 구주)이신 사실을 가르치셨다.

43 이틀이 지나매 예수께서 거기를 떠나 갈릴리로 가시며. "이틀"은 예수님이 사마리아에서 사역하신 기간을 말한다(40절). 예수님이 유대를 떠나 갈릴리로 가시던 도중에 사마리아에서 사역하신 것은, 하나의 도중 행사였다. 그럼에도 불구하고 그 일에 이틀을 잡으신 것을 보아, 사마리아 사람들이 회개하는 열심이 많았던 것을 알 수 있다.

44 친히 증언하시기를 선지자가 고향에서는 높임을 받지 못한다 하시고. 이 말씀은 예수님이 갈릴리로 가시는 동기를 보여 준다. 그런데 고향에서는 대접을 받지 못할 줄 아시면서 왜 그리로 가셨을까? 이 문제를 해결하기 위하여 몇 가지 학설이 있다. ① 고향이란 말은 유대를 가리켰거나(Keil), 예루살렘을 가리켰다고 한다(Hoskyns). 그렇다면 이 구절의 의미는 예수님이 유대나 예루살렘에서는 환영을 받지 못할 줄 아시고 갈릴리로 가신다는 뜻이겠다. ② 예수님이 갈릴리로 가심은 고향 나사렛에 가심과 다르다. 그가 고향 나사렛에서는 환영 받지 못할 줄 아시고, 나사렛 이외의 다른 갈릴리 지방에 가신다는 의미라고 한다(Calvin, Lagrange). ③ 예수님이 유대를 떠나실 때는 갈릴리를 목적지로 생각하셨던 것이다. 그러므로 그는 이제 사마리아 전도에 성공하셨음에도 불구하고, 또는 고향 갈릴리에서는 환영받지 못할 줄 아시면서

도 처음 뜻대로 그리로 가신다는 의미라고 한다(Grosheide).

45 갈릴리에 이르시매 갈릴리인들이 그를 영접하니 이는 자기들도 명절에 갔다가 예수께서 명절 중 예루살렘에서 하신 모든 일을 보았음이더라. 그들이 예수님을 영접한 이유는 예수님이 하신 일(권능 있는 일)을 본 까닭이었다. 그것은 사마리아 사람들의 신앙보다 떨어진다. 사마리아 사람들은 예수님의 말씀으로 말미암아 믿었다(41절). 어떤 권능을 보지 못하고 말씀만 듣고 믿는 것은 더욱 아름다운 신앙이다.

46 왕의 신하가 있어 그의 아들이 가버나움에서 병들었더니. "왕의 신하"는 헤롯 안디바의 신하를 말함이다. 여기 "그의 아들"이란 말의 헬라어(ὁ υἱός)에 관사가 있음을 보아 '외아들'을 의미한다(Grosheide). "가버나움"은 시리아에서 이집트로 갈 때 지나게 되는 도시로서 거기 관리들과 세리들이 많이 거주하였다고 한다.

47 그가 예수께서 유대로부터 갈릴리에 오셨다는 것을 듣고 가서 청하되 내려오셔서 내 아들의 병을 고쳐 주소서 하니 그가 거의 죽게 되었음이라. 왕의 신하로서 사환을 보내지 않고 친히 예수님을 찾아 온 것을 보니, 예수님께 대한 그의 존경이 컸다.

48 예수께서 이르시되 너희는 표적과 기사를 보지 못하면 도무지 믿지 아니하리라. 왕의 신하는 예수님이 이적 행하실 것은 믿었으나, 예수님을 믿지는 않았다. 이런 의미에서 그는 아직 믿음이 부족한 자였다. 그러므로 예수님은 여기서 그 사람의 불신앙을 간접적으로 꾸짖으신다. 예수님의 말씀(하나님의 말씀)에 근거하여 그의 인격을 믿는 것이 건전한 신앙이다.

49 신하가 이르되 주여 내 아이가 죽기 전에 내려오소서. 왕의 신하의 신앙은 저렇게 약하였다. 그는 예수님의 능력이 ① 거리나 시간에 제재를 받을 듯이 생각하였으며, ② 죽은 다음에는 못 고칠 듯이 생각하였다 그러나 주님은 도리어 인력으로는 불가능한 것을 맡아 취급하신다.

50 예수께서 이르시되 가라 네 아들이 살아 있다 하신대 그 사람이 예수께서 하신 말씀을 믿고 가더니. 예수님은 그 사람과 같이 가지도 않으시고 그의 아들을 고쳐 주셨다. 그는 아무 방법도 사용하시지 않고, 먼 거리에서 "네 아들이 살아 있다"고 한 마디 말씀만 하심으로 고쳐 주셨다. 그것은 그가 하나님이신 증거를 보여 주시는 것이다. 여기 "살아 있다"란 말의 헬라어(ζῇ)는 현재 동사로서, 예수님이 말씀하시는 그 현재에 바로 '살아난다'는 뜻이다.

그러면 여기 '살아난다'는 말은 어떤 의미의 생명이 살아남을 가리킨 것일까? 그것은 여기서 질병을 고침 받음에 관하여 사용된 말이므로, 물론 육신의 생명이 살아남을 가리킨다. 그러면 '살아난다'는 말이 요한복음에서 일반적으로는 영생을 의미하는데, 여기서는 이 말이 예외의 의미(곧, 육신적 생명의 뜻)를 가진다는 말인가? 질병에서 고침 받는 것은 물론 육신적 생명과 관계된 것이다. 그러나 육신의 생명 구원도 마침내 영생의 프로그램에 들어 있는 것이니 만큼, 그것이 도외시(度外視)될 것은 아니다. 나사로를 다시 살리신 일도 육신적 생명과 관계된 것이지만, 예수님은 그것으로써 영생에 관한 설교(11:25-26)의 기회를 삼으셨다. 스밀데(E. Smilde)는 말하기를 "우리는 이처럼 보는 것이 당연하다. 곧 4:46-53의 말씀은 5장에 있는 영생의 생명을 주시는(영생은 몸을 제외하지 않음) 그리스도 복음에 관한 말씀의 예비적 계단이다. 요한복음에 있는 "생명"이란 말씀(살린다는 말씀) 구절들을 영적으로만 해석하는 것은 옳지 않다"라고 하였다.[70)]

왕의 신하는 예수님이 하신 말씀에 부딪혀 믿음을 얻었으니, 그것이 과연 건전한 신앙이다. 예수님의 말씀은 그 사람의 심령의 병을 고치고 믿음을 주셨으니, 그것이 그 아들의 육신의 병을 고친 것보다 더욱 중요하다. 예수님의 말씀은 육신의 질병도 고치시지만, 심령의 병(불신앙 병)을 고치시는 것을

---

70) E. Smilde, Leven in de Johanneische Geschriften, 36.

위주로 하신다.

51-52 내려가는 길에서 그 종들이 오다가 만나서 아이가 살아 있다 하거늘 그 낫기 시작한 때를 물은즉 어제 일곱 시에 열기가 떨어졌나이다 하는지라. 왕의 신하가 예수님의 말씀을 신앙으로 상고한 사실을 보여 준다. 그는 아들이 어느 시간에 나았는지 상고해 봄으로써 그 낫기 시작한 시간이 예수님이 말씀하시던 시간과 일치한 줄 알게 되었다. 그때 그는 예수님의 능력이 신기함을 느꼈고, 그의 신앙은 한층 더 굳세어졌다. "일곱 시"는 우리 시간으로 오후 한 시 경이다.

53 그의 아버지가 예수께서 네 아들이 살아 있다 말씀하신 그 때인 줄 알고 자기와 그 온 집안이 다 믿으니라. 아버지가 예수님을 믿음에 따라 그의 온 가족이 믿게 된 것은, 계약 원리로 나타난 하나님의 구원 역사의 실현이다. 아버지는 하나님 앞에서 그 집의 대표자인 만큼, 하나님은 그를 통하여 그 온 집을 축복하신다(참조. 창 17:7; 시 105:8-10).

54 이것은 예수께서 유대에서 갈릴리로 오신 후에 행하신 두 번째 표적이니라. "표적"이란 말의 의미에 대하여는 2:11의 해석을 참조하라. 가나에서 물로 포도주를 만드신 표적으로써 예수님은 자연계의 주님이신 사실을 나타내셨다. 여기 "두 번째 표적"은 예수님이 거리를 초월하셔서 권능을 나타내신다는 것을 알려 준다. 예수님은 그가 하시고자 하는 일을 거리 관계로 못하시는 법이 없다.

설교 사마리아 여자가 믿음에 이른 경로(4:1-26)

사마리아 여자는 예수님이 말씀하신 "생수"를 물질로 오해하였고(14-15), 그것으로 이 세상의 만족을 얻으려고 하였다. 그 여자는 처음에 그렇게 유치하였으나, 예수님의 인도와 교훈을 따라서 점차 깨닫기 시작하였다.

1. 그 여자가 죄를 지적 받음(16-18절)

그는 가정을 파탄시킨 죄가 많았다. 그 여자가 처음에는 자기의 죄인 됨을 알지 못했기 때문에 영적 생명을 받을 길이 없었다. 인생들에게 있어서 큰 문제는 자기가 죄인인 줄 모르는 사실이다. 정신 병원에 수용된 정신병자들은 자신의 정신병을 알지 못하고, 스스로 건강한 사람으로 자처한다고 한다. 그와 같이 사람들은 자기들의 죄를 통감할 줄 모른다. ① 죄 중에도 영적인 죄악이 더욱 깨닫기 어렵고, ② 사소한 죄를 많이 지은 것도 깨닫기 어렵다. 그 이유는 범죄자가 그것들을 크게 문제시하지도 않고, 또 잊어버리기 때문이다. 그러면 사람들이 죄를 범하고도 깨닫지 못하고 회개하지 못하니, 어떻게 영적 생명을 얻을 수 있겠는가? 시편 66:18에 말하기를 "내가 내 마음에 죄악을 품었더라면 주께서 듣지 아니하시리라" 하였고, 이사야 59:1-2에는 "여호와의 손이 짧아 구원하지 못하심도 아니요 귀가 둔하여 듣지 못하심도 아니라 오직 너희 죄악이 너희와 너희 하나님 사이를 갈라놓았고 너희 죄가 그 얼굴을 가리어서 너희에게서 듣지 않으시게 함이니라"고 하였다. 그러면 이제 사람들로 하여금 죄를 깨닫게 하는 비결은 무엇인가? 그것은 예수님의 말씀 앞에서 죄를 지적 받아야 되는 것이다. 사마리아 여인은 죄를 지적 받았다.

2. 그 여자가 초자연과 예배에 대하여 배움(19-20절)

이때 그 여자는 하나님께 대한 영적 예배를 배웠다. 예수님은 말씀하시기를 "하나님은 영이시니 예배하는 자가 영과 진리로 예배할지니라"고 하셨다. 참된 예배는 보이지 않는 데 중점을 두는 예배이고, 외부주의를 반대한다. 따라서 그것은 성령과 그리스도(영과 진리)로 말미암아서 신앙으로 진정한 하나님을 모신다. 신자는 그 믿음으로 말미암아 그리스도의 힘을 받아서 우주(宇宙)보다 큰 축복들을 받는다.

3. 그 여자가 예수님이 메시아이신 사실을 깨닫고 믿음(26절)

예수님은 사마리아 여인에게 "네게 말하는 내가 그라"고 하셨으니, 이것은 메시아의 도전적인 말씀이다. 이런 일은 하나님이 택한 백성에게 찾아오시는 하나님의 행동 원리 중 하나이다. ① 아브라함은 부지중에 천사를 대접했는데, 그분은 실상 여호와였다. 이는 그가 자기의 선한 일을 힘쓰는 가운데 만나게 된 "내가 그라"의 귀한 하늘 소식이다(창 18:1-15; 히 13:2). ② 엠마오로 가던 두 제자의 마음이 예수님에게서 성경 말씀을 들을 때 뜨거워진 것으로 보아서, "내가 그라"고 하신 내막을 알게 되었다. 그들은 눈이 열려 예수님을 알아 본 뒤에 말하기를 "길에서 우리에게 말씀하시고 우리에게 성경을 풀어 주실 때 우리 속에서 마음이 뜨겁지 아니하더냐"(눅 24:32)라고 하였다.

설교 왕의 신하의 믿음에 대하여(4:46-54)

믿음은 중요하다. 사람들끼리도 서로 의심하면 그들의 사이가 막힌다. 가족들끼리 서로 믿어 주지 않는다면, 그 가정에는 비극이 가득할 것이다. 우리가 하나님을 믿어 드리지 않으면, 하나님의 생명과 기쁨이 우리에게 임하지 않는다.

1. 강한 욕구 때문에 예수님을 찾아옴(46-47절)

왕의 신하는 높은 관리였지만, 그가 사랑하는 아들의 병을 고칠 욕망 때문에 예수님을 찾아 왔다. 그것이 큰 믿음이라고 하기는 어렵지만, 역시 믿음에 속한 행동이다. 그는 이 청원에서 자기를 높이는 아무런 조건도 말하지 않았다. 그는 다만 깊은 위기 인식에서 주님의 자비를 원하였다. 소원은 믿음을 일으킬 수 있다.

2. 그는 예수님의 인격보다 이적을 더 믿었음(48-49절)

"너희는 표적과 기사를 보지 못하면 도무지 믿지 아니하리라"고 하신 예수님의 말씀은, 왕의 신하의 믿음의 동기가 저급하다는 꾸지람의 말씀이다. 이 말씀을 보면, 왕의 신하가 예수님 자신보다 그의 이적을 더 사랑하며 좋아한 사실이 드러난다. 신자들은 마땅히 이적보다 예수님의 인격을 더 사랑하고 믿어야 한다. 예수님의 인격을 더 사랑하고 믿는 자는 믿음의 길을 바로 간다. 고린도전서 1:22-23에 말하기를 "유대인은 표적을 구하고 헬라인은 지혜를 찾으나 우리는 십자가에 못 박힌 그리스도를 전하니"라고 하였다.

3. 예수님의 말씀 한마디 때문에 그를 믿음(50절)

이제 왕의 신하는 올바른 근거에 신앙을 가진다. 그는 이제 그리스도의 말씀을 실제로 나타난 이적보다 더 크게 느꼈다. 그리스도의 말씀은 곧 그리스도 인격의 표현인 것이다. 그러므로 우리는 그리스도의 말씀을 대할 때마다 그의 인격의 무게를 실감해야 한다. 그의 말씀은 오늘날 우리에게도 있다. 그 말씀의 권위는 곧바로 그 인격의 권위이다. 그럼에도 불구하고 주님의 말씀은 제쳐놓고 주님을 보아야 믿겠다고 한다면, 그것은 주님의 말씀의 권위를 인정하지 않는 잘못이다.

왕의 신하의 믿음은 여기서 두 가지로 나타났다. 곧 "믿고 갔다"고 하였으니(50절 하) (1) 순종한 믿음이요, (2) 안심한 믿음이다. 그가 천천히 그 이튿날까지 걸어갔으니(52절 하), 안심한 것이 분명하다. 이전에 그는 "아이가 죽기 전에 내려오소서" 하고 서두르던 자였다(49절).

4. 더욱 믿음(51-53절)

그는 종들에게 그 아이가 낫기 시작한 때를 물어 보았다. 그의 종들이 "아이가 살아 있다"고 한 말은, 인상 깊이 예수님의 말씀과 같게 표현되었는데(51절), 그 말도 그의 신앙을 한층 더 굳게 하였다. 그리고 낫기 시작한 때가 예수님이 "아이가 살아 있다"고 하신 시간과 같았다. 이 사실 역시 그의 믿음을 더 굳게 하였다. 죄인이 그리스도에게 찾아오는 것이 신앙이다. 그가 그리스도로 말미암아 축복을 받은 뒤에는 그의 신앙이 더욱 강해진다.

제 5 장

내용분해

1. 예수께서 38년 된 병자를 고쳐 주심(1-18절)
   1) 그때와 환경(1-4절)
   2) 예수님이 병자를 고치심(5-9절)
   3) 안식일에 병을 고치셨다고 유대인들이 트집 잡음과 그의 답변(10-18절)

2. 예수님의 설교(19-47절)
   1) 하나님 아버지와 그는 일체라는 의미의 말씀(19-30절)
   2) 그에 대한 증거자들(31-40절)
      ① 세례 요한의 증거(31-35절)
      ② 그의 일들의 증거(36절)
      ③ 하나님 아버지의 증거(37-40절)
   3) 유대인의 불신앙에 대한 예수님의 탄식(41-47절)

⚜ 개요

1. 예수님의 말씀은 하나님의 생명 능력으로 나타남(8-9절)

창조하실 때 "있으라"고 하신 명령 한 마디로 모든 것을 지으신 창조자와 동일하신 분이 예수님이신 사실이 여기서도 나타났다. 예수님이 38년 된 병자더러 "일어나 네 자리를 들고 걸어가라"고 명령하시니, 그 병자는 "곧 나아서" 자리를 들고 걸어갔다. 여기서 "곧"(εὐθέως)이란 말씀을 기억해야 한다. 예수님의 말씀은 이렇게 즉각적으로 나타나는 능력의 원천이다(참조. 5:24, 25, 28). 특별히 5:39에는 주님의 기록된 말씀도 그와 일반으로 생명의 능력 있는 사실을 지적하였으니, 곧 "너희가 성경에서 영생을 얻는 줄 생각하고 성경을 연구하거니와"라고 하였다. 바빙크(Bavinck)는 말하기를 "주님의 말씀은 창조하며, 보존하며, 심판하며, 죽이며, 살리며, 회복하며, 새롭게 하며, 언제든지 일하며, 헛되이 돌아가는 법이 없다. 이것이 사람의 말과 다른 점이다. 그것은 기록된 형태로든지, 인쇄된 형태로든지, 혹은 읽음으로든지, 들음으로든지 그러하다"라고 하였다.[71] 사람들이 기록된 하나님의 말씀에 의하여 영적으로 생명을 얻은 실례는 무수하다.

아우구스티누스(Augustine)가 로마서 13:13-14의 말씀으로 살았고, 스펄전(Spurgeon)은 이사야 45:22의 말씀("내게로 돌이켜 구원을 받으라")으로 살았고, 루터(Luther)는 로마서 1:17의 말씀으로 살았고, 허드슨 테일러(Hudson Taylor)는 요한복음 19:30의 말씀("다 이루었다")으로 살았다. 또 그리고 도비뉴(D'Aubigne)는 에베소서 3:20의 말씀("우리 가운데서 역사하시는 능력대로 우리가 구하거나 생각하는 모든 것에 더 넘치도록 능히 하실 이에게")으로 살았다. 모든 참된 중생의 운동은 하나님의 말씀이 전파되는 곳에서 이루

71) Bavinck, Gereformeerde Dogmatiek, Ⅳ. 1930, 439.

어진다. 로마서 10:17에 말하기를 "믿음은 들음에서 나며 들음은 그리스도의 말씀으로 말미암았느니라"고 하였다, 그러므로 우리는 무궁한 능력의 근원이 그리스도의 말씀에 있는 줄 알고, 이 망할 세상에서도 소망을 품고 기뻐한다. 이 말씀은 사망이 주장하는 세상을 향하여 오늘날도 영적으로 "일어나 네 자리를 들고 걸어가라"고 하시는 권위의 말씀으로 명령한다. 하나님의 말씀은 거리의 원근이나 시간의 고금에 지배를 받지 않는다. 우리는 이처럼 능력이 주님께 속하여 있고 사람들에게 있지 않는 사실을 알고 감사한다. 만일 이 능력이 사람들에게 속하였다면, 그 사람들이 이기주의로 행동하든지 죽든지 할 때, 다른 사람들은 능력에 참여할 길이 전연 없을 것이다. 그러나 이 능력이 "어제나 오늘이나 영원토록 동일하신" 예수 그리스도(히 13:8)에게 속하였으니, 이는 인류에게 말할 수 없는 축복이다. 시편 62:11에 말하기를 "하나님이 한 두 번 하신 말씀을 내가 들었나니 권능은 하나님께 속하였다 하셨도다"라고 하였다. 우리는 또 이렇게 말할 수 있다. "권능은 그리스도의 말씀, 곧 성경에 속하였다"고 할 수 있다. 그러므로 오늘날 우리가 힘쓸 일은 성경 자체가 땅 위에서 말하도록 함이다. 다시 말하면, 우리가 성경을 바로 알고 또 그대로 전해야 한다. 그것이 유일한 생명의 길이다. 성경 자체가 말하도록 성경을 옳게 믿고 옳게 나타내자(Let the Bible speak).

2. 예수님은 구원자시요 동시에 심판자이심(21-30절)

4:42을 보면 예수님이 세상의 구주란 것이 사마리아의 많은 사람들에게 믿어졌다. 이제 5장에는 그 사실을 설명하여 주는 의미에서 38년 된 병자를 고치신 사건과 그 해설이 기재되었다. 이처럼 그가 세계적 구주이신 사실이 해설된다. 베데스다에 오셔서 38년 된 병자 한 사람을 고치심은, 그의 심판주로서 구원하시는 행동이다. 다시 말하면, 그것은 그가 누가복음 4:25-27에 말씀하신 것과 같은 하나님의 주권에 의한 심판주로서 구원하시는 행동

이다. 거기 말하기를 "엘리야 시대에 하늘이 삼 년 육 개월 간 닫히어 온 땅에 큰 흉년이 들었을 때 이스라엘에 많은 과부가 있었으되 엘리야가 그 중 한 사람에게도 보내심을 받지 않고 오직 시돈 땅에 있는 사렙다의 한 과부에게 뿐이었으며 또 선지자 엘리사 때 이스라엘에 많은 나병환자가 있었으되 그 중의 한 사람도 깨끗함을 얻지 못하고 오직 수리아 사람 나아만 뿐이었느니라"고 하였다. 그리스도께서는 심판자의 주권을 가지시고 살릴 자를 살리기 위하여 복음을 전하셨다. 이런 의미에서는 심판이 현세에서부터 시작된다. 예수님의 복음 운동은 최후적으로 완전한 진리이므로 거기서 일종의 심판적 결론이 나타난다. 3:18에 말하기를 "그를 믿는 자는 심판을 받지 아니하는 것이요 믿지 아니하는 자는 하나님의 독생자의 이름을 믿지 아니하므로 벌써 심판을 받은 것이니라" 하였고, 9:39에는 "예수께서 이르시되 내가 심판하러 이 세상에 왔으니 보지 못하는 자들은 보게 하고 보는 자들은 맹인이 되게 하려 함이라" 하였고, 5:22에는 "아버지께서 아무도 심판하지 아니하시고 심판을 다 아들에게 맡기셨으니"라고 하였고, 5:30에는 "내가 아무 것도 스스로 할 수 없노라 듣는 대로 심판하노니 나는 나의 뜻대로 하려 하지 않고 나를 보내신 이의 뜻대로 하려하므로 내 심판은 의로우니라"고 하였다. 카이퍼(A. Kuyper)는 그리스도 안에서 죽는 자들에 관하여 말하기를 "그들은 미래의 심판을 두려워하지 않고 도리어 그것을 사모한다. 그 이유는 그들에게는 그 최후 심판이 하나님 은혜의 완전한 승리를 증명할 뿐이기 때문이다"라고 하였다.[72]

요한복음은 이처럼 예수님의 복음 운동의 종말관을 명백히 말한다. 신약의 복음 운동은 구약 선지자들이 내다보던 종말 시대의 운동이고, 재림은 종말의 말단으로서 대종말이다. 신약 시대 복음 운동이 구약 예언

---

72) A. Kuyper, Aleep in Jesus, 297.

자들이 내다보던 종말(욜 2:28; 히 1:1-2)의 성취라는 사상은, 공관복음도 똑같이 지적한다. 그러므로 공관복음의 천국관에 대해 헤르만 리델보스(Herman Ridderbos)는 말하기를 "대종말은 신약 시대의 부속점이다(De grote toekomst als orienteringspunt.). 곧 대종말은 예수님의 오심으로 벌써 이루어진 새 시대에서 분리될 수 없는 종점이므로, 그것이 벌써 현시대(신약 시대)에 그 맥박을 통하고 있다. 다만 그것이 신약 시대의 자연적 연장이 아니고 인자 강림의 초자연적인 사건으로 이루어진다는 것만은 확실하다는 것이다"라고 하였다.[73]

우리는 예수님을 믿고 안 믿는 것이 이런 종말관적 성격이 있는 것임을 알아야 한다. 누구든지 지금 예수 그리스도 안에 들어가기만 하면, 영원히 정죄를 받지 않는 최정점적인 축복을 받는다. 그러나 누구든지 지금 예수 그리스도를 믿지 않으면, 영원히 구원의 소망은 없고 멸망뿐이다. 예수님은 인간의 영원한 장래를 좌우하는 유일하신 분수령이시다. 인간의 영원한 장래는 지금 예수님의 복음을 믿음과 혹은 믿지 않는 사실에서 결정된다. 윌리엄 부스(William Booth) 대장이 복음을 위하여 불과 같이 뜨거운 전도자가 된 이유는, 그가 예수님의 구원이 최후 심판성 있는 것임을 깨달은 데 있었다. 그는 반기독교 인사의 강연을 듣고 그렇게 깨달았다고 한다. 그 반기독교주의자는 말하기를 "그리스도인이 믿는 것과 같이 그리스도를 믿지 않은 결과가 영원한 멸망이라는 것을 내가 믿는다면, 나는 런던과 영국에 깨어진 유리 조각 위를 맨 무릎으로, 맨발로 기어 다니면서라도 밤낮 사람들에게 전도하면서, 그리스도를 믿으라고 외칠 것이다"라고 하였다고 한다. 윌리엄 부스 대장은 이러한 반기독교적인 강연에서 자기를 반성하고 예수를 믿는 여부가 얼마나 중대한 것인지를 깨달았다.

---

73) H. Ridderbos, De Komst van Het Koninkrijk, 394.

3. 예수님의 구원 행위의 위대성

예수 그리스도는 하나님의 아들로서 이 세상에 최후적인 구주로 오셨다. 하나님의 아들이 주시는 구원을 배척하면 곧바로 구원 그것을 배척하는 것이며, 천국 자체를 배척하는 것과 같다. 그 이유는 하나님의 아들이 곧 생명 자체이며 천국 자체이시기 때문이다. 예수님이 하나님의 아들이란 말씀은 5장에 많이 있다. 17-45절에서 예수님이 하나님을 "아버지"라고 하시고, 혹은 자기를 "아들"이라고 하신 말씀이 모두 24 번이나 나온다. 이것은 아돌프 하르낙(Adolf von Harnack)이 말한 것과 같이, 예수님이 하나님께 순종하신다는 의미에서 자기와 하나님과의 관계를 부자 관계로 말씀하신 것이 아니다. 이것은 존재론적 부자 관계를 가리킨다. 따라서 여기 이 구절들이 말한 대로 그와 하나님과의 부자 관계는 일반적인 것이 아니고 독특한 것이어서, 일반인은 소유할 수 없는 것이다. 그것은 19절이 말한 것만 보아도 알 수 있다. 거기 말하기를 "아들이 아버지께서 하시는 일을 보지 않고는 아무 것도 스스로 할 수 없나니"라고 한다(참조. 20절). 이 밀접성은 하나님이 홀로 예수님에게 보여 주실 것들을 보여 주시고, 예수님만이 그 보여 주시는 것들을 보신다는 것이다. 마태복음 11:27의 말씀이 이와 같은 내용을 가졌다. 거기 말하기를 "내 아버지께서 모든 것을 내게 주셨으니 아버지 외에는 아들을 아는 자가 없고 아들과 또 아들의 소원대로 계시를 받는 자 외에는 아버지를 아는 자가 없느니라"고 하였다. 이 말씀에 대한 보스(Geerhardus Vos)의 해설은 다음과 같다. "하나님과 예수님은 그 부자 관계 때문에 서로 아시되 세상 사람들이 참여할 수 없는 고차원적인 독점적 지식으로 서로 앎이다"라고 하였다.[74] 예수님은 하나님의 아들로서 이 세상에 최후의 완전한 구원자로 오셨으니, 그의 복음을 믿는 일에 우리는 생사 문제를 걸어야 한다. 이 점에 대해

---

74) Geerhardus Vos, The Selfdisclosure of Jesus, 148.

서는 다음의 말씀을 참조하라. 마 21:33-44; 히 1:1-2, 2:1-4, 10:26-31.

⚜ 해석

1 그 후에 유대인의 명절이 되어 예수께서 예루살렘에 올라가시니라. "유대인의 명절"이란 어느 명절을 가리킨 것인가? 사건의 순서를 따져 본다면, 예수님이 유월절을 지나서 유대를 떠나셨고, 도중에 사마리아에서 전도를 하시던 때는 추수하기 4개월 전이었던 것이다. 그렇다면 이때는 오순절인 듯하다(Calvin). 오순절은 유월절 둘째 날부터 7주를 계수하여 제50일을 말한다(신 16:9-12). 칼빈(Calvin)은 이렇게 보았지만, 많은 정통 학자들은 이 절기를 유월절이라고 해석하여 2:13과 6:4 사이에 유월절 하나를 더 둔다. 그리하여야 예수님의 공생애 3년이 넉넉하다. 예수님이 이 명절에 예루살렘에 올라가신 목적은, 그 절기에 많은 사람들이 예루살렘에 모이기 때문이다. 그는 많은 사람들에게 생명의 말씀을 전하기 원하셨다.

2 예루살렘에 있는 양문 곁에 히브리말로 베데스다라 하는 못이 있는데 거기 행각 다섯이 있고. 흠정역(Authorized Version)에서는 "양문"을 "양의 시장"(Sheep market)이라고 하였으나, "양문"이란 번역이 채택된다. 느헤미야 3:32와 12:39에도 양문이란 성문이 있다. "행각"은 현관식으로 지은 시설을 가리킨다.

3-4 그 안에 많은 병자, 맹인, 다리 저는 사람, 혈기 마른 사람들이 누워(물의 움직임을 기다리니 이는 천사가 가끔 못에 내려와 물을 움직이게 하는데 움직인 후에 먼저 들어가는 자는 어떤 병에 걸렸든지 낫게 됨이러라). 유력한 사본들(ℵ, B. C※, D)에는 3절 끝의 "물의 움직임을 기다리니"란 문구부터 4절까지의 말씀이 없고, 이것은 보다 열등한 사본들(A, C3)에 나와 있을 뿐이다. 그래서 이것이 논쟁이 되었다.

① 어떤 학자들은 이 괄호 안의 말이 사도적 원본은 아닐 것이라고 한다. 크로샤이데(Grosheide)는 "참으로 이것의 사본상 권위는 무겁지 않다."고 하였고,[75] 고데(Godet)는 "이것이 일반 민중의 전설이었는데, 후에 어떤 사본에 기입되므로 이처럼 전승되었다."고 하였다. 헨드릭슨(Hendriksen)은 "이 문구에 대한 사본 증거가 무겁지 못한 사실을 보아서 그곳 물의 움직임이 초자연적 능력으로 되었다는 것이 저자 요한의 소신(所信)도 아니었을 것이고, 성령님의 교훈도 아니었을 것이고, 아마도 그 병자의 신념이었을 것이다"라고 하였다.[76]

② 테르툴리아누스(Tertullian, AD 145-220)가 이 부분의 말씀을 사용한 실례가 있다(On Baptism V). 칼빈은 이 부분의 사본 문제를 전연 취급하지 않고, 이것을 사도적 원본으로 그저 받아들인 태도로 말하였다. 그는 "물이 움직인 것은 하나님께서 자기의 기쁘신 뜻대로 물질을 자유로이 사용하신다는 증표이다. 그뿐 아니라 그것은 그때 병자들이 치료된 원인이 오로지 직접적으로 하나님께 있음을 알려주는 증표이기도 하다"라고 말하였다.[77]

5 거기 서른여덟 해 된 병자가 있더라. "서른여덟"이란 연수는 어떤 상징적 의미를 갖는 것이 아니다. 어떤 학자는 이것이 이스라엘 백성이 38년 동안 광야에서 유리하며 고생한 사실(신 2:14)을 연상하면서, 고난을 상징한다고 한다. 그렇다면 왜 40년이란 연수를 채용하지 않았으랴? 성경은 이스라엘의 광야생활이 40년 동안이라고 더욱 많이 말한다. 여기 38년이란 연수는 그 병자가 실제로 앓고 있었던 기간일 것이다. 그 연수는 그때 예수님의 연령보다 많으니 그 치료가 어려울 것이라는 것이 암시된다(A. Marck).

---

75) Grosheide, Het Heilige Evangelie Volgens Johannes, Kommentaar Ⅰ, 1950, 342-343.

76) W. Hendriksen, New Testament Commentary, The Gospel of John, 191.

77) Calvin's Commentaries, John's Gospel, Ⅰ, 1847, 189.

6 **예수께서 그 누운 것을 보시고 병이 벌써 오래된 줄 아시고 이르시되 네가 낫고자 하느냐.** 예수님은 사람의 형편을 한번 보시고 정확히 아신다. 그는 병자가 절망 상태에 빠진 것을 아셨고, 그 절망한 자에게 살길을 주셨다. 곧 ① 그의 마음 속에 소망을 일으키시며, ② 고쳐 주기를 약속하는 의미에서 "네가 낫고자 하느냐"라고 물으셨다. 이 질문은 병자에게 믿음을 일으킬 만한 적당한 말씀이었다. 믿음은 소망과 약속에서 생긴다. 주님은 긍휼에 의하여 병자를 고쳐 주시고, 그 병자의 심리 상태가 어떠한지 알아보지 않으신 때도 있었다. 그러나 그는 종종 사람의 몸보다도 심령을 살리기 위하여 죽은 심령에 생기를 주려고 힘쓰신다. 그러므로 그는 절망한 자에게 소망을 일으키시며, 거기에 믿음을 건설하려 하신다. 우리가 한 가지 주목할 것은 그곳에 병자들이 많았는데 하필 그 38년 된 병자 한 사람만 고쳐 주셨을까 하는 문제이다. 그러나 그것은 하나님의 주권에 의하여 그렇게 되었다(눅 4:25-27).

그리스도의 구원 실시가 하나님의 주권대로 된다는 것은 매우 중요하다. 이와 같은 구원을 받는 사람들은 항상 감사할 처지에 있다. 그 이유는 그들이 유달리 그런 놀라운 구원을 받았기 때문이다.

7 **병자가 대답하되 주여 물이 움직일 때 나를 못에 넣어 주는 사람이 없어 내가 가는 동안에 다른 사람이 먼저 내려가나이다.** 이 말씀을 보면, 그때 예루살렘의 인심이 무정하였다는 것을 알 수 있다. 어디나 언제나 인심은 이처럼 무정하다. 가장 불쌍한 사람들이 이 세상에서 내버림이 되는 일들이 너무 많다. 그들은 세상이 모르게 죽을 지경의 고생을 당하다가 남모르게 죽는다.

8-9 **예수께서 이르시되 일어나 네 자리를 들고 걸어가라 하시니.** 예수님이 이 명령을 내리심은 동시에 그 사람을 고치는 능력이 되었다. 주님이 명령하시는 말씀은 동시에 능력이 되는 법이다.

그 사람이 곧 나아서 자리를 들고 걸어 가니라. "곧 나아서"란 말은 예수님의 말씀의 비상 능력을 보여 준다. 주님이 병 고치시는 능력의 역사는 이렇게 완전하여 그 병자를 즉각적으로, 완전히 고쳐 주셨다. 크로샤이데는 "그것이 그렇게 된 것은 예수님의 영광이 나타나도록 하며, 또한 그의 전도에 도움이 되게 하려는 것이다"라고 하였다. 예수님이 병자를 고치신 날은 안식일이었다.

10 **유대인들이 병 나은 사람에게 이르되 안식일인데 네가 자리를 들고 가는 것이 옳지 아니하니라.** 안식일에 짐을 지는 것은 성경에 금지되었다(느 13:19; 렘 17:21-22). 그러나 그 말씀은 영업과 관계된 운반을 금지시킨 것이고, 부득이한 휴대품을 운반하는 것까지 금지시킨 것은 아니다. 그런데 그때 바리새인들은 머리털을 쪼개듯이 번쇄하게 사람들의 행동을 정죄하는 일에 율법을 오용하였다.

11 **대답하되 나를 낫게 한 그가 자리를 들고 걸어가라 하더라 하니.** 이것은 그가 예수께 책임을 돌리고 자기는 발뺌을 하려고 말한 것이 아닐 것이다. 이것은 그가 예수님의 권위에 승복하고 그에게 의지하는 생각에서 나온 말일 것이다. 난치병에서 건져 주신 이의 말을 그로서는 복종할 만하였다(참조. 9:11; 행 3:9-10).

12 **그들이 묻되 너에게 자리를 들고 걸어가라 한 사람이 누구냐.** 그때 유대인들이 완악하였던 것이 여기 드러난다. 그들은 그 불쌍한 병자가 고침 받은 반가운 사실을 묵살하고, 안식일에 자리를 들고 가게 한 사실만을 추궁한다. ① 그들은 죽을 사람을 살린 긍휼보다, 사람들의 헛된 유전을 중대시하였으며(마 15:2, 9), ② 사람을 살리는 것보다 사람을 헛되이 정죄하여 죽이는 것을 유쾌하게 여겼던 것이다.

13 **고침을 받은 사람은 그가 누구인지 알지 못하니 이는 거기 사람이 많으므로 예수께서 이미 피하셨음이라.** 예수님이 그 병자를 고치신 뒤에, 많은 병자들이 고침 받기를 원하여 그에게로 모여들 우려도 있었을 것이다. 그러므로 예수님은 그 자리를 피하셨다. 그는 병을 고쳐 주심보다 복음 전하기를 원하셨다. 그는 사람들이 병 고침을 받고 믿는 것보다 말씀을 듣고 믿는 것을 더욱 원하신 것

이다.

14 더 심한 것이 생기지 않게 다시는 죄를 범하지 말라 하시니. 이 구절에 대하여 두 가지 해석이 있다. ① 고침 받은 자가 병들었던 원인이 그의 어떤 특별한 범죄에 있었는데, 이제는 그런 죄를 다시 범하지 말라는 뜻이라고 한다(Luther). 이 해석에는 난제가 있으니, 그것은 성경 말씀이 한편으로는 어떤 질병의 원인을 특수한 죄악에 돌리지 않은 사실이다(요 9:1-3). 그러나 다른 한편으로는 성경이 어떤 질병의 원인이 사람의 특수한 죄악이라고 하므로(민 16:46), 우리는 이 해석을 옳게 볼 수밖에 없다. 그러나 그보다는 다음 해석이 더욱 적합하다고 본다. ② "다시는 죄를 범치 말라"는 말씀의 헬라어(μηκέτι ἁμάρτανε)는 "이 이상 더 범죄를 계속하지 말라"는 뜻이다. 이것은 그의 38년 전의 범죄(처음에 그가 병든 원인)를 염두에 두신 것이 아니고, 38년 동안 병중에서도 계속 범죄하던 것을 염두에 두신 것이다. 크로샤이데는 이것이 그리스도에게로 돌아오지 않는 그의 죄악을 가리킨다고 한다.[78] 그렇다면 "더 심한 것"은 영적 형벌을 가리켰을 것이다(참조. 마 12:43-45).

위의 예수님의 말씀은 다음과 같은 중대한 뜻을 보여 준다. ① 예수님이 친히 38년 된 병자의 과거 죄악들을 모두 용서하여 주신 사실, ② 그가 그 고침 받은 자의 성화를 요구하신다는 사실, ③ 하나님의 은혜를 받고도 성화를 힘쓰지 않는 자는 더 무서운 심판을 받게 된다는 것이다(히 2:2-3).

그러므로 "다시는 죄를 범하지 말라"고 하신 예수님의 말씀은 의미심장하다. 고침 받은 자는 그 말씀에서 살아야 하며, 그 한마디 말씀이 늘 그의 심령에 살아 있어야 한다. 루터는 말하기를 "다시는 죄를 범하지 말라는 말씀은 무엇보다도 다음과 같은 것을 권장한다. 곧 사람이 마땅히 그리스도의

---

78) Maar de man Ieefde nu in zonde, had zich niet aan den Heiland gegeben. —Groshide, Het Heilige Evangelie Volgens Johannes, Kommentaar, Ⅰ, 352.

충족성을 믿어야 한다는 것이다"라고 하였다.[79)]

15-16 그 사람이 유대인들에게 가서 자기를 고친 이는 예수라 하니라 그러므로 안식일에 이러한 일을 행하신다 하여 유대인들이 예수를 박해하게 된지라. 그 병 고침 받은 자가 이렇게 보고한 것은 예수님을 배반하는 의미가 아니었을 것이다. 유대인들이 예수님을 공적으로 박해하기는 여기 이 사건에서부터이다(Bernard).

"박해하게 된지라." 이 말은 헬라어로 미완료 시제에 속하는 동사(ἐδίωκον)인데, 박해하기를 계속한다는 뜻이다. 이 사건에서도 예수님은 남들을 대신하여 항상 고난을 받으신 분으로 드러난다. 그는 병자를 고쳐 주셨고, 그 자신은 그 일 때문에 고난을 받으신다.

17 예수께서 그들에게 이르시되 내 아버지께서 이제까지 일하시니 나도 일한다 하시매. 하나님 아버지께서 천지 만물 창조를 마치시고 안식하셨다는 것은(창 2:2-3) 결코 하나님의 무활동을 의미하지 않고, 그의 창조 역사에서 쉬심을 의미하는 것이다. 우리가 아는 대로 그분은 계속하여 만물 유지와 구원과 심판의 역사를 하신다. 이같이 예수님도 구원과 심판의 역사를 하신다는 것이 5:17, 19-30에 나타난 변론이다. 그가 이와 같은 일을 하신다는 것은, 그가 하나님과 동등하신 증표이다. 예수님의 이 변론(5:17)을 들은 유대인들도 그의 변론을 가리켜, 그가 하나님과 동등이란 의미의 변론이라고 하였다(18절). 예수님이 하신 일들은 하나님 아버지와 동등이신 그로서 안식일에 오히려 하실 만한 것이었다. 아브라함 카이퍼는 안식에 속하는 일에 대하여 다음과 같이 말하였다. "안식은 사람의 활동 능력을 정지시킴이 아니고, 보다 참된 일로 돌림이다."[80)]

18 유대인들이 이로 말미암아 더욱 예수를 죽이고자 하니 이는 안식일만 범할 뿐만 아

---

79) dass man an die Genugtuung Christi glauben soll. —Evangelien Auslegung, 4, 206.

80) A. Kuyper, Asleep in Jesus, 55.

니라 하나님을 자기의 친 아버지라 하여 자기를 하나님과 동등으로 삼으심이러라. "이로 말미암아"란 말은, 위의 17절에 있는 예수님의 말씀을 이유로 함을 가리킨다. 곧 예수님이 하나님을 아버지라고 하신 것과 하나님께서 이제까지 일하시므로 자기도 일하신다는(하나님과 자기는 동등이라는 의미) 말씀을 이유로 한다는 것이다. 예수님은 자기가 하나님의 아들이라는 은혜로운 계시를 보여 주신 것이다. 그러나 유대인들은 그것 때문에 그를 죽이고자 하였다. 이것은 하나님 계시의 가장 요긴한 점을 반대한 셈이다.

예수님이 자기를 하나님의 아들이라고 하신 것은, 특별한 의미에서 아들이라고 하신 것이다. 예수님은 자신만이 유일한 하나님의 아들이시기 때문에 하나님을 "내 아버지"라고 하셨고, "우리 아버지"라고는 하지 않으셨다(Zahn). 그런데 예수님의 신격을 다른 뜻으로 오해한 학설들이 있다.

1) 성령으로 하나님 아들 되심. 이 학설이 성립된다면, "하나님 아들"이라는 이름은 영원 자존하신 하나님 아들이라기보다 순 인간으로서 성령과 함께 한다는 의미의 하나님 아들일 것이다. 뤼트겔트(Lutgert)의 학설에 의하면, 요한복음에는 예수님이 하늘의 일들을 보고 듣는다는 어귀들에 하나님 아들이란 칭호가 많이 나오는데, 이것은 현세에 있어서 성령을 통하여 되는 일일 것이라고 하며, 이처럼 성령을 충만히 받으신 의미에서 예수님을 하나님 아들이라고 하였다고 한다. 그러나 예수님이 성령을 받으신 고로 하나님 아들이 되셨다는 것이 아니고, 그가 하나님의 아들이시므로 성령을 받으셨다는 것이다(요 1:33-34). 그뿐 아니라, 하늘 일에 대한 문견이, 그의 현세적 경험에 국한한 것이 아니고 그의 성육신 이전의 것도 있다. 예를 들면, 3:32의 "그가 친히 보고 들은 것을 증언하되 그의 증언을 받는 자가 없도다"란 어귀의 그 문견에 관한 동사는 완료 시상이다. 그것은 그의 화육 이전의 경험을 말함이다. 그 이유는, 그 윗 절에 있는 그의 성육신은 "위로부터 오시는 이"라고 하는 현재 시상으로 되었기 때문이다.

2) 종교윤리적으로 하나님 아들 되심. 하르낙은 이 학설의 대표자이다. 그는 "요한복음에 있어서 예수님은 영원 자존하신 하나님 아들이 아니고 종교 윤리적으로 그가 하나님과 일체이신 의미에서 하나님 아들이라고 하였다." 라고 하였다. 요한복음을 읽으면, 예수님의 하나님 아들 되심이 하나님 아버지에게 대한 그의 순종(종교 윤리)과 관련되어 있다고 한다(10:18, 12:49, 14:31, 15:10). 그러나 그렇다고 해서 그의 종교 윤리적 생활이 신자격의 성립 원인이라고 하지 못한다. 요한복음의 그 어느 부분에서도 이런 교훈을 찾을 수 없다. 그의 종교 윤리적 생활은 그의 신자격의 결과로 나타나는 일종의 수반 현상이고, 결코 그것이 신자격의 성립 원인은 아닌 것이다.

3) 역사적으로 하나님 아들 되심. 독생자란 술어를 기초로 하여 역사적 신자설을 지지할 수 있을까? 독생자란 말(μονογενής)은 예수님의 성육신 사실을 의미한 것이라기보다 차라리 영원 자존의 하나님 아들 되심을 가리킨다. 3:16, 18; 요일 4:9을 보면, 하나님께서 그리스도를 독생자 되도록 보내신 것이 아니고, 독생자를(화육 전에도 이미 독생자였음) 보내셨다고 한 까닭이다. 독생자가 독생자 되심은, 역사상의 어떤 사건으로 말미암아 된 것이 아니고 우리로서 측량하기 어려운 영원(永遠)에 속한 일이다.

19 그러므로 예수께서 그들에게 이르시되 내가 진실로 진실로 너희에게 이르노니 아들이 아버지의 하시는 일을 보지 않고는 아무 것도 스스로 할 수 없나니 아버지께서 행하시는 그것을 아들도 그와 같이 행하느니라. 여기서 "본다"는 말은 현재사로서 부자 일체에서 보는 것을 말함이니, 영적 세계에서 되는 일이다. 그것은 시간적 선후를 가져오는 모방적 행위를 말함이 아니다. 이것은 아버지의 뜻을 실행하시는 아들의 종속적 의지 행위를 말함이다. 그 행사는 부자의 중복행위를 말함이 아니고, 부자의 일체적 행위를 가리킨다. 곧 그리스도 안에서 아버지의 일이 실행됨을 말함이다.

20 아버지께서 아들을 사랑하사 자기가 행하시는 것을 다 아들에게 보이시고 또 그보

다 더 큰 일을 보이사 너희로 놀랍게 여기게 하시리라. "사랑하사"란 말은 헬라어로 "필레오"(φιλέω)니, 하나님 아버지와 아들과의 관계에 있어서 그 본질적 관계에 나타난 사랑을 가리킨다(Bauer). "보이시고"(δείξει)란 말은 계시한다는 말인데, 그것이 미래사로 된 것은 그 보이는 행위가 현재뿐만 아니라 언제나 그렇게 계속됨을 보여주기 위함이다. 하나님께서는 무엇이나 예수 그리스도의 중보사역을 통하여 계시하시며 행하신다(마 3:17, 11:27).

"그보다 더 큰 일"이란 말을 헬라어에서 직역하면 "이 일들보다 더 큰 일"이란 뜻이니, 38년 된 병자를 고치신 일보다 더 큰 일을 가리킨다. 그것은 죽은 자들을 부활시키실 큰 일을 말한다.

21 아버지께서 죽은 자들을 일으켜 살리심 같이 아들도 자기가 원하는 자들을 살리느니라 헬라어 원문에는 이 구절 초두에 "왜 그런고 하면"(γάρ)이란 말이 있다. 그러므로 이 구절은 앞절의 "더 큰 일"이란 말을 설명하는 것임이 확실하다. "일으키심"이란 말은 영적, 또는 육체적 부활을 겸하여 가리킨다(Grosheide). "같이"란 말의 헬라어(ὥσπερ οὕτως)가 여기서는 일체 동행의 뜻을 가졌고, 시간을 서로 달리 하는 중복된 행위를 의미하지 않는다. 그러므로 이것은 하나님 아버지께서 그 아들을 통하여 이루시는 일을 가리킨다.

"원하는 자들을 살리느니라." 그리스도께서 자기가 원하시는 대로 살릴 자를 살리신다는 의미이다. 이것은 그의 심판 권위에 대하여 말씀한 것인데, 다음 구절들(22, 23)이 이 사실을 자세히 해설한다. 테오도르 찬(Zahn)은 이 구절 말씀이 단지 대종말에 나타날 몸의 부활을 가리킨다고 하지만, "죽은 자"(νεκρούς), "일으켜"(ἐγείρει), "살리심"(ζῳοποιεῖ)이란 말들이 현재 영적 관계로 사용될 수도 있다. 그뿐 아니라 "일으켜"란 동사와 "살리심"이란 동사가 모두 현재사이므로, 이 구절 말씀을 대종말에 나타날 부활에 국한하여 생각할 수 없다.

스밀데(E. Smilde)는 말하기를 "21절의 말씀은 살리는 운동의 일반적 관설이고, 24-25절은 현재 신약 시대에 신자들이 내적으로 소유할 수 있는 영적 생명을 가리키고, 26절은 하나님과 그리스도에게 생명이 있음을 말하는 신학적 진술이고, 29절은 그리스도 재림 때 신자들이 받을 몸의 부활을 가리킨다."고 하였다.[81]

22 아버지께서 아무도 심판하지 아니하시고 심판을 다 아들에게 맡기셨으니. 이 구절은 헬라어에서 "왜 그런고 하면"(γάρ)이란 이유 접속사로 시작한다. 이것은 이 구절이 위 구절의 설명 문구인 사실을 보여 준다. "심판"이란 그리스도께서 어떤 사람은 살리시고 어떤 사람은 그 본래 정죄된 대로 두시는 그의 행위를 가리킨다.

23 이는 모든 사람으로 아버지를 공경하는 것같이 아들을 공경하게 하려 하심이라 아들을 공경하지 아니하는 자는 그를 보내신 아버지를 공경하지 아니하느니라. 아버지를 공경하는 일은 그 아들을 공경하는 데서 실현된다는 뜻이다. 이 뜻은 하반절에 밝히 나타나 있다. 이것은 그리스도의 중보자 되신 처지를 가리킨다.

24-29절. 이 구절들은 ① 그리스도께서 현세에 그 복음에 의하여 사람들을 영적으로 중생하게 하심과(24-25절), ② 하나님 아버지와 그리스도께서 생명 주시는 원리와(26-27절), ③ 내세에 신자들에게 육체의 부활을 주실 것을 가리킨다(28-29절).

24 내가 진실로 진실로 너희에게 이르노니 내 말을 듣고 또 나 보내신 이를 믿는 자는 영생을 얻었고 심판에 이르지 아니하나니 사망에서 생명으로 옮겼느니라.

"내 말을 듣고." 이것은 그리스도의 복음을 믿고 순종함을 의미하는 것이고, 단지 귀로만 듣는 것을 말함이 아니다. 그리고 "내 말을 듣고… 영생을 얻는다"는 어귀는, 말씀이 생명력을 마술적으로 전달한다는 의미가 아니

---

81) E. Smilde, Leven in de Johanneische Geschriften, 37.

다. 빌헬름 부세(Wilhelm Bousset)는 여기서 그리스도의 말씀의 작용을 마술적인 것으로 간취하고, 그것을 헬라의 지식의 전달이 아닌 신비적 전달(Geheimnisvolles mysterien wort)과 동일하게 보았으니[82] 잘못이다. 여기 "듣는다"는 것은 헬라 신비주의의 범신론 사상이 가르친 마술적인 생명 전달이 아니다. 그 들음은 "나 보내신 이"를 믿는데 이르게 하는 지적 요소를 가진 동시에, 신자와 하나님과의 인격적 관계를 결과로 가져온다. 이것은 지식성과 인격성이 제외된 마술적 작용과는 천양지차로 다르다.

"심판에 이르지 아니하나니 사망에서 생명으로 옮겼느니라." 신자가 현세에서부터 벌써 영생을 소유했다는 뜻이다. 이런 사상은 성경의 다른 부분에서도 가르친다(눅 17:21; 고후 5:17; 골 3:3; 벧전 1:23). 스밀데는 이 점에 있어서 요한의 사상이 바울의 칭의론과 원리상으로 같다고 하였다. 곧 신자가 심판에 이르지 아니한다는 말씀은, 벌써 옳다함이 되도록 현세에서부터 심판 보장의 칭의를 받았다는 의미이다.[83]

25 진실로 진실로 너희에게 이르노니 죽은 자들이 하나님의 아들의 음성을 들을 때가 오나니 곧 이 때라 듣는 자는 살아나리라. "듣는 자는 살아나리라." 이 말은 현세에서 복음을 듣는 자들이 영적으로 중생하게 될 것을 가리킨다. 그러나 테오도르 찬은 이 구절 말씀이 주님의 재림 때 신자들의 육체가 부활할 것을 가리킨다고 하였다. 이것은 잘못된 해석이다. 그때 예수님이 말씀하신 대로 "곧 이 때라"고 하신 말씀(25절 하)은 현재 신약 시대를 가리킨 것이 분명하다.

불트만(Bultmann)은 이 구절의 사상이 영지주의 신화인 만다교(Mandean) 문헌에서 유래되었다고 한다.[84] 이 점에 있어서 그는 오데베르크

---

82) Kyrios Christos, 1926, 170.

83) Leven in de Johanneische Geschriften, 44.

84) Bultmann, Johannes Evangelium, 194.

(Odeberg)가 수집한 만다교 문집에서 몇 개의 문구들을 실제로 보여 준다. ① "생명의 음성이 부르짖는다. 깨어 있는 귀는 듣는다. 어떤 자들은 듣고 살아나고 ,어떤 자들은 계속하여 잔다."(Ginza Left 596, 9)라고 한 말, ② "생명의 소리를 듣고 그것을 믿고, 그것의 교훈을 받아 죽음을 미워하고 생명을 얻는다."(Ginza Right 12)라고 한 말. ③ "혈육으로 된 자들의 영들이 생명의 소리를 듣고 믿으면 생명의 집에서 존전에 거하게 되리라."(Ginza Right 12)고 한 말이다.

그러나 여기 소개된 바 만다교 문헌의 내용은 사도 요한의 사상과 아주 다르다. ① 만다교 문헌에서는 사람의 영혼에게 외치는 자가 역사적 인물이 아니고 가상적인 우주적 실존이라고 한 반면에, 사도 요한은 인간성을 소유하신 하나님의 아들의 음성을 강조한다. 사도 요한이 본 예수님은 하나님의 아들인 동시에 역사적 인물이다(1:14, 2:1, 12, 4:6, 5:27, 7:1, 8:59). ② 만다교 문헌에서는 성령을 가리켜 흑암의 신이라 하였고 예수님을 가리켜 거짓 메시아라고 하였으니,[85] 사도 요한이 어찌 그렇게 괴이한 문헌에서 사상을 섭취할 수 있었으랴? 그런 일은 있을 수 없다. ③ 만다교 문헌은 주전 7세기 이후(B.C. 700년 이후)에 이루어졌다고 학자들이 공인한다. 그 이유는 거기에 무함마드의 이름도 나오기 때문이다. 비록 그 문헌 중에 어떤 부분이 그리스도 이전 것으로 생각되나, 거기 포함된 사상은 페르시아의 이원론과 관련되어 있다. 이런 사상은 성경을 위반하는 것이다. 사도 요한이 그런 사상을 섭취하지 않았을 것은 명백하다. ④ 만다교 문헌이 말하는 구원론은 영혼이 이 세상을 떠남이라고 한다. 그러나 사도 요한의 구원론은 신자들의 부활을 구원의 완성으로 본다. 이처럼 이 둘은 서로 다르다.

26 아버지께서 자기 속에 생명이 있음 같이 아들에게도 생명을 주어 그 속에 있게 하셨

---

85) C.H. Dodd, The Fourth Gospel 1953, 119.

고. "아들에게도 생명을 주어"란 말은 아들에게는 없던 생명을 주셨다는 의미가 아니다. "주어"란 것은 시간적 사건이 아니다. 이것은 다만 영원한 시간을 말함이니, 아버지께서 아들을 중보자로 세워 택한 백성에게 생명을 주는 역사를 하게 하신 것을 가리킨다. 아버지와 아들의 소유하신 "생명"은 그들만이 독점하신 절대적 생명을 의미한다. 그러므로 그것은 인류를 구원하시는 생명 운동의 근원이다(요 1:4).

27 또 인자됨으로 말미암아 심판하는 권한을 주셨느니라. 이 말씀에 대한 해석은 몇 가지 있다. ① 그리스도께서 인자(사람)의 형상을 입도록 낮아지셨으니, 하나님께서 그를 심판장으로 높이셨다는 것(빌 2:7-10). ② 칼빈은 이 말씀을 위 구절에 연락시켜 다음과 같이 해석한다. 곧 그리스도께서 자기의 인자(인성) 되신 방면을 통하여 하나님의 생명을 계시하시어 믿는 자들에게 주신다는 뜻이라고 한다. ③ 구속 사업 전체를 인성 소유자이신 그리스도께서 실행하시는 것이니, 구속의 일부분 되는 심판도 그가 하신다는 것(Meyer). ④ 심판은 하나님 아버지께 경배를 드리는 의미의 행위이므로, 사람들 측에서 할 일이며 그것을 실행할 이는 이상적 인간이신 그리스도께서 해야 한다는 것(Godet). ⑤ 하나님의 사랑은 영원하시니 누구를 정죄하시지 않는다. 다만 인간들이 구주를 배척하므로 스스로 정죄 하는 것뿐이다. 그들은 인간성으로 오신 성자 예수님을 믿지 못하고 넘어진다. 곧 그들은 성자 예수님께서 인간의 형태로 나타나신 사실을 받지 못하고 도리어 걸려 넘어진다. 그러나 그의 인간성은 그의 사랑을 구체화한 것이었다. 그것에 걸려 넘어지는 것은 실상 그것에게 심판을 받음과 같다. 곧 그것은 그들의 자정죄이다.[86] ⑥ 헨드릭슨은 다음과 같이 말하였다. "이 구절의 '인자'(υἱὸς ἀνθρώπου)란 말이 관사를 가지지 않았기 때문에 이것이 다만 인간 성품을 의미하고 메시아를 의미하

---

86) Beyschlag, Neutest. Theol. 1, 290.

지 않는다고 하나, 우리는 이 점에 있어서 관사의 유무를 가지고 지나치게 일정한 구분을 할 필요는 없다. 어떤 때는 직명이 관사를 가지지 않는 경향이 있다. '인자'란 말이 보통으로는 메시아의 직명인데, 하필 여기 와서 인간 성품만을 의미하였다는 것은 자연스럽지 않다. 그러므로 이 구절의 의미는 예수님이 메시아이시기 때문에 심판의 권한을 받으셨다는 것이다." ⑦ 크로샤이데는 다음과 같이 말하였다. "여기 '인자' 란 말은 인간성을 의미한다. 예수님이 이 부분에서 자기가 하나님의 아들이심을 내세우시고(26절), 또다시 그의 인간성을 내세우신다(27절). 이처럼 그는 신성과 인성을 가지시어 심판의 권한을 받을 자격을 가지셨다. 그가 인간성을 가지신 자격으로도 심판하실 수 있다. 그 이유는 하나님께서 그의 인간성에게 그런 권한을 주셨기 때문이다. 더욱 위 구절(26절)에 이미 말한 것과 같이, 그가 하나님의 아들이시기 때문에 심판하실 수 있다."[87] ⑧ 슐라터(Schlatter)는 다음과 같이 해석한다. 이 부분 말씀에 하나님의 아들이신 그는 생명의 창조자이시고(25절), 인자(인간성)이신 그는 심판자이시다. 그 이유는 다음과 같이 해설된다. 인자는, 속죄자(곧 인간성으로 피 흘려 죽으신 분)이시니, 죄악을 심판하실 권리도 받으심이 당연하다. 죄는 이같이 속죄하여 주신 그를 믿지 않음이기 때문이다. 그런데 심판은 주로 사탄에게 대한 것이다(12:31, 16:11). 이 심판은 예수님이 그 인간성으로 죽으심에 의하여 성립시키셨다고 하였다.[88]

위의 여덟 가지 해석 중 우리는 첫째 해석을 택할 만하다고 생각한다. 그렇지 않으면 다섯째 해석을 취하는 것도 무방할 것이다.

28 이를 놀랍게 여기지 말라 무덤 속에 있는 자가 다 그의 음성을 들을 때가 오나니. 이것은 별세하였던 신자들이 주님께서 재림하실 때 몸으로 부활할 것을 가리

87) Het Heilige Evangelie Volgens Johannes, Kommentaar Ⅰ, 375-376.

88) Das Hauptstuck des Gerichts ist das Gericht am Satan, 12:31, 16:11, und dieses bewirkt Jesus durch seinen Tod. —Schlatter, Der Evangelist Jo-hannes, 151.

킨다.

29 선한 일을 행한 자는 생명의 부활로, 악한 일을 행한 자는 심판의 부활로 나오리라. "선한 일"이란 예수님을 믿으므로 나타낸 선한 열매를 가리키고, 일반 도의적 선을 말함이 아니다(3:19-21). "선한 일을 행한"이란 말에서 "행한"이란 헬라어로 "포이에산테스"(ποιήσαντες)이니, 반드시 상습적으로 완전히 행함을 가리키지 않는다. 그러나 "악한 일을 행한"이란 어귀에서 "행한"의 헬라어 원형은 "포이에오"(ποιέω)이니, 상습적으로 행한 것, 혹은 일생의 행실을 말함이다. 악을 행하기는 이처럼 쉽고 상습적이다. 이 구절이 말한 두 가지 부활은 그리스도의 재림시에 될 것이다. 이런 두 가지 부활에 대하여 성경은 종종 말하였다(행 24:15; 고후 5:10; 계 20:12, 13; 단 12:2).

이 말씀은 명백하게 세계 종말에 있을 대심판에 대한 것이다. 그럼에도 불구하고 불트만은 이 부분의 말씀을 본래의 원본으로 생각하지 않고 후대인의 삽입구라고 한다.[89] 불트만의 이와 같은 주장은 억측에 불과하다.

1) 이 구절들에 대하여 사본상 일치하지 않은 것은 전연 없다. 이 점에 있어서 사본들이 다 함께 같은 내용을 가졌다는 것은 결코 우연한 일이 아니다. 그것은 그 내용이 저작자의 기록 그대로인 사실을 확증하는 것이다. 그뿐 아니라 권위 있는 신약 학자들은 이 부분(5:28-29)의 말씀이 문맥상으로도 본래 원본인 사실을 알려 준다. 크로샤이데는 이 말씀보다 앞선 27절이 미래의 심판을 말한다고 하며, 이 부분 말씀은 그것의 연속이라고 하였다. 그뿐 아니라 슐라터도 다음과 같이 말한다. 곧 5:19 이하의 말씀은 예수님의 살리시는 역사와 심판하시는 일이 현세에 벌써 실행된다고 강조하는데, 그와 같은 역사의 권세는 곧바로 28-29절에 기록된 그의 장차 행하실 심판 권한과

89) R. Bultmann, Johannes Evangelium, 196-197.

같은 것이라는 의미로 말하였다.[90)]

2) 우리는 이 점에 있어서 예수님이 5:28-29에서 두 가지 사상의 병립을 보여주셨다고 생각한다. 곧 영생(또는 심판)의 현재적 실시와 및 세상 끝 날의 실시를 병립시키셨다는 것이다. 이와 같은 병립 사상은 특별히 요한복음 저자의 사고방식이다. 6:40에도 이와 같은 취급이 나타나 있다. 거기 말하기를 "내 아버지의 뜻은 아들을 보고 믿는 자마다 영생을 얻는 이것이니 마지막 날에 내가 이를 다시 살리리라 하시니라"고 하였다. 여기에 나타난 사상은, 신자들이 현세에서 벌써 영생을 소유한다는 사실과 또한 그들이 대종말에도 부활의 형태로 영생을 받는다는 것이다. 이와 관련하여 6:44, 54에는, 예수님이 "마지막 날"이라는 말까지 사용하시면서 그의 수평선적인 종말관을 표현하셨다. 그리고 그는 12:48에서도 "마지막 날"이라는 말을 사용하셨다. 거기서도 그는 현재적 심판과 미래의 심판을 병립시켜 말씀하셨으니, 곧 "내가 한 그 말이 마지막 날에 그를 심판하리라"고 하신 말씀이 보여 준다. 예수님이 땅 위에서 하신 말씀이 미래의 심판 권위를 가졌다는 것은, 말씀하시는 그 현재에도 그 말씀이 심판과 같은 종말관적 성격을 띤다는 것이다. 이것을 보면 예수 그리스도의 복음 운동은 종말관적 성격을 가진 최후의 중요성을 지니고 있다는 것이 알려진다. 예수님의 말씀의 심판 성격은 현재에만 국한된 것이 아니고, 세상 끝 날에도 그러하다는 사실을 알 수 있다.

30 내가 아무 것도 스스로 할 수 없노라 듣는 대로 심판하노니 나는 나의 뜻대로 하려 하지 않고 나를 보내신 이의 뜻대로 하려하므로 내 심판은 의로우니라. 이 말씀은 19절의 내용을 결론적으로 재진술한 것이다. 이것은 그의 행사, 곧 안식일에도 병자를 고치신 것이 정당하다는 것을 변증하신 말씀이다. 그의 행사가 정당한 이유는, 그가 자행자지 하시는 것이 아니고 순전히 그를 보내신 이, 곧 하나님

---

90) Adolf Schlatter, Der Evangelist Johannes, 152.

아버지의 뜻을(듣는 대로) 실행하시기 때문이다. "심판한다"는 말(κρίνω)이 여기서는 그의 재림시의 종말적인 것을 가리키지 않고, 그의 복음을 통하여 살릴 자를 살리시는 주권행위를 가리킨다(3:18).

31 내가 만일 나를 위하여 증언하면 내 증언은 참되지 아니하되. 이 말씀은 유대인들을 표준하여 하신 말씀이다. 예수님이 자기 자신을 증언하신다면, 그들은 멋모르고 그것을 잘 받지 않을 것이라는 뜻이다. 실상 예수님의 자증은 오히려 당연하다고도 생각되는 것이다. 8:14에 말하기를 "예수께서 대답하여 이르시되 내가 나를 위하여 증언하여도 내 증언이 참되니 나는 내가 어디서 오며 어디로 가는 것을 알거니와 너희는 내가 어디서 오며 어디로 가는 것을 알지 못하느니라"고 하였다. 예수님은 하나님이시니, 하나님을 모르는 인간들은 누구든지 자율적으로는 그에 대하여 증인이 될 수 없다. 그들도 성령을 받아야 그리스도의 증인이 될 수 있다. 그들의 증언도 이렇게 그리스도께서 성립시킨 것이니, 그리스도의 자증에 속한다고 할 수 있다.

스키페르스(R. Schippers)는 성경에 있는 "증언"이란 말은 법정 술어의 의미가 있는 말이라고 한다. 그는 이 점에 있어서 또 다음과 같이 말하여 요한복음의 특색을 나타내 보여 준다. 곧 "요한복음은 하늘과 세상, 신자들과 불신자들의 대립의 기세를 보여 준다. 이 대립 기세는 소송의 광경으로 결정적으로 나타난다. 특별히 유대인들이 착각에 빠져 스스로 재판장인 체하나, 실상은 하나님의 재판정에 있어서는 피고였던 사실이 드러난다"라고 하였다.[91)]

32 나를 위하여 증언하시는 이가 따로 있으니. "증언하시는 이가 따로" 계시다고 한 말씀은, 크리소스토모스(Chrysostom)나 대다수의 헬라 주석가들의 의견과 반대로 알렉산드리아의 키릴로스(Cyril)와 라틴 주석가들에 의하면, 아버지의 증거를 가리킨다고 한다. 그러나 독일 학자 뷔히젤(F. Büchsel)은 이

---

91) R. Schippers, Getuigen van Jezus Christus in Het Nieuwe Testament, 159-160.

것이 세례 요한의 증거를 가리킨다고 하였다. 스키페르스도 이것이 하나님 아버지의 증거를 가리키지 않고 세례 요한의 증거를 의미한다는 뜻으로 말하였다. 곧 "예수께서 자기의 증언과 남의 증언을 관설하는 이 문맥에서, 이것이 하나님 아버지를 염두에 둔 말이라고 하기에는 도무지 근거를 가지지 못한다"라고 하였다.[92)]

33 너희가 요한에게 사람을 보내매 요한이 진리에 대하여 증언하였느니라. 유대인들이 세례 요한에게 심문자들을 보낸 것은 1:19-28에 기록되어 있다. 세례 요한은 그리스도의 증인으로서 표준이었다. 그는 진리대로 말한 증인이었다. 그러므로 10:41-42에는 말하기를 "많은 사람이 왔다가 말하되 요한은 아무 표적도 행하지 아니하였으나 요한이 이 사람을 가리켜 말한 것은 다 참이라 하더라 그리하여 거기서 많은 사람이 예수를 믿으니라"고 하였다.

"증언하였느니라." 이 말의 헬라어(μεμαρτύρηκεν)는 현재 완료 동사로서, 과거에 행한 일의 결과가 아직 남아 있음을 표시하는 시제이다. 그러므로 이 말은 세례 요한이 증언한 바가 예수님이 이 말씀을 하시는 때도 아직 효과적이고 살아 있음을 의미한다(Grosheide).

34 그러나 나는 사람에게서 증언을 취하지 아니하노라 다만 이 말을 하는 것은 너희로 구원을 받게 하려 함이니라. 요한의 증거는 예수님 자신을 위한 것이 아니고 유대인들의 회개를 위한 것뿐이라는 뜻이다. 예수님은 하나님의 아들이시니 자증적으로 진리이시며 빛이시다. 그의 참되심의 증거는 어두운 인간에게 의존하시지 않는다. 빛은 그 자체의 증거로 알려질 뿐이고 어두움의 증거를 요구하지 않는다. 밝히 비추고 있는 태양의 존재를 증거하기 위하여 우리가 촛불을 켤 필요는 없다. 태양은 그 자체를 자증한다.

그러나 예수님이 여기서 세례 요한의 증언에 대하여 말씀하신 목적은, 세

---

92) F. Buchsel, Getuigen van Jezus Christus in Het Nieuwe Testament, 162.

례 요한의 증언 목적이 그들의 구원을 위한 것인 만큼, 그것을 그들에게 기억시켜 그들로 하여금 믿어 구원 받게 하시려는 것이었다.

35 요한은 켜서 비추이는 등불이라 너희가 한때 그 빛에 즐거이 있기를 원하였거니와. "비추이는 등불"은 일시적으로 좁은 범위에 빛을 비추는 것이다. 그것은 세례 요한의 증언에 대한 적당한 비유이다. 그러나 예수님은 빛 자체이시고, 온 세상을 비추신다.

36 내게는 요한의 증거보다 더 큰 증거가 있으니 아버지께서 내게 주사 이루게 하시는 역사 곧 내가 하는 그 역사가 아버지께서 나를 보내신 것을 나를 위하여 증언하는 것이요. "내가 하는 그 역사"는 그의 이적들을 가리킨다. 그 역사는 예수님이 메시아이신 사실을 밝히 보여 주는 것이다. "아버지께서 나를 보내신 것"이란 말은 그가 메시아로 오셨다는 뜻이다. 불트만은 이 구절의 "그 역사"란 말이 그리스도의 살리시는 일과 심판하시는 일(21-29절이 가르친 것)을 가리킨다고 하였으나, "그 역사"란 말이 그런 특수한 일들만 가리킨다고 할 수 없다. 10:25의 해석을 참조하라.

37-38 또한 나를 보내신 아버지께서 친히 나를 위하여 증언하셨느니라 너희는 아무 때도 그 음성을 듣지 못하였고 그 형용을 보지 못하였으며 그 말씀이 너희 속에 거하지 아니하니 이는 그가 보내신 자를 믿지 아니함이니라. 하나님께서 구약 시대에 선지자들을 통하여 그리스도를 증언하셨다. 그런데도 예수를 믿지 않는 유대인들은 그 증언의 음성을 듣지 못한 것처럼 완악했다. 그들은 그 증언의 형태(형용)를 전혀 알지 못했다. 그 이유는 그들이 구약 계시를 통하여 하나님의 음성을 들었다고 자처하며 그의 형용을 보았다고도 자처하나, 그들이 예수님을 믿지 않는 한, 그 자처하는 생각은 망상에 불과한 것이다.

39-40 너희가 성경에서 영생을 얻는 줄 생각하고 성경을 연구하거니와 이 성경이 곧 내게 대하여 증언하는 것이니라 그러나 너희가 영생을 얻기 위하여 내게 오기를 원하지 아니하는도다. 이 말씀은 위 구절들(37-38절)의 정당성을 증언한다. 곧 구약성경은

영생을 주는 그리스도를 증언하였는데, 유대인들이 그 성경을 연구하면서도 그리스도를 배척하는 것은 모순이라는 것이다. 그들의 그와 같은 행동은 성경을 바로 아는 것이 아니다. 그들은 하나님의 음성을 듣지 못한 것과 같다.

41-44 유대인들이 그리스도를 믿지 않는 이유를 말한다. 예수님은 자신의 영광을 위하지 않으시고 다만 하나님의 영광을 위하신다(41, 43절). 그러나 유대인들은 실상 하나님의 영광을 중심하지 않았다. 그러므로 그리스도와 그들 사이에는 차이가 있다. 따라서 그들은 그리스도를 믿지 않는다.

45-47 다시 39-40절 말씀에 연속하여 구약성경(모세)에 대한 유대인들의 무식, 혹은 불신의 태도를 책망한다. 그들이 구약성경을 믿었더라면 예수님을 믿었을 것이다. 그들이 예수님을 배척한 것은 구약을 배척한 것과 같다. 그러므로 그들을 정죄할 자는 구약성경이다.

설교 할 수 없는 사람(5:1-9)

1. 예수님이 특별히 찾으시는 사람(5-6절)

베데스다에 누웠던 38년 된 병자는 거기 모여 있던 모든 병자들 중에도 스스로는 아무것도 할 수 없는 병자였다. 주님은 오직 그를 찾아 가셨다. 예수님은 이런 할 수 없는 자에게 구원을 베푸시기 위하여 소망을 주시려고 말씀하시기를 "네가 낫고자 하느냐"라고 하셨다. 하나님은 절망한 자와 접촉하시기를 원하신다. 사도 바울도 거의 절망 상태에 빠졌던 일이 있었는데, 그렇게 하신 하나님의 목적은 그로 하여금 하나님을 더욱 의지하게 하려는 것이었다. 고린도후서 1:8-9에 말하기를 "형제들아 우리가 아시아에서 당한 환난을 너희가 알지 못하기를 원하지 아니하노니 힘에 겹도록 심한 고생을 당하여 살 소망까지 끊어지고 우리는 우리 자신이 사형 선고를 받은 줄 알았으니 이는 우리로 자기를 의지하지 말고 오직 죽은 자를 다시 살리시는 하나님만 의지하게 하심이라"고 하였다.

하나님은 그를 의지하는 자를 가장 기뻐하신다. 그가 우리에게 주셨던 좋은 것이라도, 우리가 그것을 우상화 하는 때 하나님께서는 그것을 파괴시키신다. 우리는 어려운 일을 당하여 걱정하지 말며, 원망하지도 말아야 한다. 우리는 그때 하나님을 신뢰하는 마음이 얼마나 있는지 자신을 시험해 볼 수 있고, 겸하여 한 번 신앙을 강화할 수 있다. 하나님은 우리의 신앙을 우리의 재산보다 더 사랑하시며, 우리의 지식보다, 우리의 건강보다, 우리의 그 무엇보다도 더 사랑하신다.

시편 146:3-5에 "귀인들을 의지하지 말며 도울 힘이 없는 인생도 의지하지 말지니 그의 호흡이 끊어지면 흙으로 돌아가서 그 날에 그의 생각이 소멸하리로다 야곱의 하나님을 자기의 도움으로 삼으며 여호와 자기 하나님에게 자기의 소망을 두는 자는 복이 있도다" 하였고, 시편 118:8에는 "여호와께 피하는 것이 사람을 신뢰함보다 나으며"라고 하였고, 예레미야 17:5에는 "여호와께서 이같이 말씀하시니라 무릇 사람을 믿으며 육신으로 그의 힘을 삼고 마음이 여호와에게서 떠난 그 사람은 저주를 받을 것이라"고 하였다. 우리는 할 수 없이 된 처지를 오히려 좋은 기회로 삼아, 하나님을 의지하는 믿음이 연단 받는 기회로 만들어야 한다.

2. 예수님의 구원 방법(8-9절)

예수께서 38년 된 병자에게 "일어나 걸어가라" 하신 명령에는, 그 병자가 순종하기만 하면 그의 병이 고쳐질 수 있는 주님의 능력이 함께하였던 것이다. 예수님의 능력은 순종하는 자에게 임하는 법이다. 그러므로 그의 명령은 동시에 그의 은혜이다. 그 이유는 그가 명령하신 것이 순종하는 자에게는 그대로 되게 하시기 때문이다. 모든 깊은 신앙의 체험가들은 이 오묘한 사실을 잘 안다. 그러므로 아우구스티누스도 기도하기를 "당신이 명하신 바를 주시

옵고, 당신이 하시고자 하시는 것을 명하소서."라고 하였다.[93)]

설교 네가 낫고자 하느냐?(5:6)

38년 된 이 병자는 낫고자 하는 소원조차 포기한 자리에 떨어져 있었다. 그것은 병자 자신이 증언한 바이다(7절). 곧 "물이 움직일 때 나를 못에 넣어 줄 사람이 없어 내가 가는 동안에 다른 사람이 먼저 내려가나이다"라고 하였다. 그는 낙심 절망하여 아무런 소원조차 없었다.

1. 낫고자 하는 소원은 절대로 필요하다

① 소원이 없으면 신앙이 없다. 신앙은 소원이 있는 곳에만 있다. 소원이 적으면 신앙도 적다. 그 이유는 신앙이 일종의 진정한 욕망의 해결책이기 때문이다. 인생의 진정한 욕망은 하나님을 모시고 사는 것이다. 이 욕망을 채울 방법은 오직 신앙이다. ② 소원이 없음(절망)은 교만이다. 힘이 없다고 낙심하는 것은 힘의 원천이신 하나님을 무시함이고, 죄가 있다고 낙심하는 것은 우리(특히 나의) 죄를 위하여 피 흘리신 그리스도를 무시함이다. 사람이 그리스도 안에서 하나님께 소망을 두어야 한다. 디모데전서 6:17, 19에 말하기를 "오직 우리에게 모든 것을 후히 주사 누리게 하시는 하나님께 (소망을) 두며···이것이 장래에 자기를 위하여 좋은 터를 쌓아 참된 생명을 취하는 것이니라"고 하였다. 시편 39:7에는 "주여 이제 내가 무엇을 바라리요 나의 소망은 주께 있나이다"라고 하였다.

그러나 사람들은 이 38년 된 병자처럼 하나님께 소망이나 소원을 진정으로 가지지 못한다. 그것은 사람들이 하나님께 소원을 둔다고 하면서도 간절

---

93) Give what thou commandest, and command what thou wilt.

하지 못한 것을 보아서 알 수 있다. 그러나 사람들이 땅의 것들에 대한 소원은 심히 강하다. 야곱이 라헬을 얻기 위해서는 7년을 수일 같이 일한 것처럼(창 29:20), 사람들이 땅의 것을 위해서는 그 소원이 간절하다. 그런데 우리가 하나님을 향하여 소원이 있는가, 없는가? "네가 낫고자 하느냐"란 질문은, 영적으로 고요히 오늘날 우리에게도 임한다. 우리는 너무도 하나님께 대한 소원이 미지근하다.

혹시 우리가 하나님을 향한 소원을 가진다 하여도, 그밖에 소원들도 많아서 마음이 복잡하니 하나님을 향한 소원이 그만 질식되고 만다. 세상과 벗되는 것은 하나님과 원수됨이다(약 4:4). 하나님을 향한 소원이 단순하지 못하면 진정한 것이 못된다. 다윗은 그 소원이 단순하여 하나님께만 있었다. 시편 27:4에 말하기를 "내가 여호와께 바라는 한 가지 일 그것을 구하리니 곧 내가 내 평생에 여호와의 집에 살면서 여호와의 아름다움을 바라보며 그의 성전에서 사모하는 그것이라"고 하였다.

2. 하나님을 향한 간절한 소원은 은혜를 받게 한다

요한계시록 22:17에 "원하는 자는 값없이 생명수를 받으라"고 하였다. 사람이 주님께 소망을 가지고도 그대로 받지 못할 정당한 원인은 없다. 우리가 소망하고 구하여도 이루어지지 않는 이유는, 하나님의 것을 도적하여 옳지 않은 목적으로 쓰려는 까닭이다. 야고보서 4:2-3에 말하기를 "너희가 얻지 못함은 구하지 아니하기 때문이요 구하여도 받지 못함은 정욕으로 쓰려고 잘못 구하기 때문이라"고 하였다. 그러나 우리가 하나님을 향하여 소망을 품고 바로 구하기만 하면 응답을 받는다. 그 이유는 하나님께서 "원하는 자는 값없이 생명수를 받으라"고 하셨기 때문이다(계 22:17).

설교 내 말씀, 내 음성(5:19-29)

1. 내 말씀, 내 음성의 의미

본문 24절에 "내 말"이란 표현(ὁ λόγος μου)이 있고, 25절에는 "하나님의 아들의 음성"이란 말(τῆς φωνῆς τοῦ υἱοῦ τοῦ θεοῦ)이 있다. 이 두 가지는 무엇을 의미하는가? 이것은 예수 그리스도께서 세워 주신 복음 전도를 가리킨다. 후대의 복음의 사신들이 전하는 복음은, 그리스도께서 친히 하시는 말씀이나 음성처럼 권위 있는 것이다. 그것이 왜 그렇게 권위가 있는가? 그것은 19-23절의 내용이 밝혀 주었으니, 그리스도께서 하나님 아버지와 일체 되신 이로서 이 세상에 오셔서 구속 사업을 이루셨기 때문이다. 곧 그가 생명을 살리는 운동을 성취하셨기 때문이다(21절). 음료수가 수원지에 마련되었으므로 도시에 그 물이 쉽게 공급된다. 그리스도의 종들이 전하는 말씀은 그리스도께서 친히 하시는 말씀과 같이 될 수 있으며, 그의 친 음성과 같이 효과를 낼 수 있다.

그리스도의 참 종은 어떤 사람인가? 그는 하나님의 보내심을 받은 자이다. 로마서 10:14-15에 말하기를 "듣지도 못한 이를 어찌 믿으리요 전파하는 자가 없이 어찌 들으리요 보내심을 받지 아니하였으면 어찌 전파하리요"라고 하였다. 하나님께서 보내시는 자는 어떠한 자인가?

1) 그는 말씀을 받은 자이다. 하나님은 선지자들을 보내실 때 무엇보다 먼저 말씀을 그들에게 주셨다. 하나님의 말씀은 그들이 가진 유일한 재산이다. 말씀을 검이라고 하였고(히 4:12), 양식이라고 하였고(히 5:12; 벧전 2:2), 영이라고 하였고, 생명이라고 하였다(요 6:63).

2) 그들은 그리스도의 음성이 되어야 한다. 누가 그리스도의 음성의 역할을 할까? 그는 그리스도의 생활을 본받은 자이다. 바울은 말하기를 "내게 사는 것이 그리스도니 죽는 것도 유익함이니라"(빌 1:21)고 하였고, "내 몸에 예

수의 흔적을 지니고 있노라"(갈 6:17) 하였고, "그와 같은 형상으로 변화하여 영광에서 영광에 이르니 곧 주의 영으로 말미암음이니라"(고후 3:18)고 하였다.

2. 그리스도의 말씀과 인간

본문 24절에 말하기를 "내 말을 듣고 또 나 보내신 이를 믿는 자는 영생을 얻었고"라고 한다. 여기서 우리는 들음과 믿음이 얼마나 서로 밀접하게 관련되어 있는지 알 수 있다. 로마서 10:17에 말하기를 "믿음은 들음에서 나며 들음은 그리스도의 말씀으로 말미암았느니라"고 하였다. 왜 이처럼 되는가? 사람에게 믿음을 발생시키는 작용이 하나님의 말씀 자체에 있기 때문이다. 우리가 하나님의 말씀을 듣기만 하면 그리스도를 보내신 자 곧 하나님을 믿어 영접하게 된다. 갈라디아서 3:2에도 말하기를 "너희가 성령을 받은 것이 율법의 행위로냐 혹은 듣고 믿음으로냐"라고 하였다. 듣고 믿는 것은 하나님을 영접하는 것이기 때문에 그 결과가 영생이다. 영생은 하나님 자신을 소유함과 조금도 다름이 없는 것이다. 참된 생명, 곧 영생은 사람이 계획할 수도 없고 만들어 낼 수도 없다. 기독교가 전하는 영생은 하나님 자신이시다.

제 6 장

⚜ 내용분해

1. 예수님이 5천 명 이상에게 떡을 먹이심(1-15절)
   1) 큰 무리가 예수님을 따름(1-2절)
   2) 제자들과 함께 산에 오르심(3-4절)
   3) 예수님이 시험하시는 물음에 대한 두 제자의 대답(5-9절)
   4) 예수님이 이적을 행하심(10-13절)
   5) 무리들의 반응(14절)
   6) 예수님이 무리를 떠나서 산으로 가심(15절)

2. 예수님이 바다 위로 걸으심(16-21절)
   1) 제자들이 배를 타고 가버나움으로 출발함(16-17절)
   2) 파도가 일어남(18절)
   3) 예수님이 바다 위로 걸어오심(19절)
   4) 제자들을 안심시키는 예수님의 말씀 결과로 배가 육지에 평안히 도착함(20-21절)

3. 하늘 떡에 대한 예수님의 변론(22-59절)

1) 유대인들이 예수님을 찾음(22-25절)

2) 영생의 양식에 대한 예수님의 변론(26-27절)

3) 유대인들의 탐문과 예수님의 답변(28-59절)

4. 제자들의 반응(60-71절)

1) 예수님의 말씀을 깨닫지 못함에 대한 그의 변론(60-65절)

2) 제자들이 물러감(66절)

3) 베드로의 신앙 고백(67-69절)

4) 예수님의 경고와 저작자의 해명(70-71절)

⚜ 개요

1. 두 가지 표적을 행하심(1-21절)

예수님이 생명의 떡에 대하여 강론하시기 전에, 먼저 그 문제에 적합한 두 가지 표적을 행하셨다. 그것은 5천 명 이상에게 떡을 먹이신 일과(마 14:15-21; 막 6:35-44; 눅 9:12-17), 바다 위로 걸어오신 이적이다(마 14:25; 막 6:48). 사도 요한은 예수님의 이적을 언제든지 "표적"으로 취급하여 반드시 영적 의미가 있는 것으로 알았다. 그러므로 여기서도 우리는 다음과 같이 생각한다. 곧 이적으로 먹이신 사건은 그보다 더욱 이적다운 생명의 떡을 먹일 것을 상징하고, 바다 위로 걸으신 것은 그가 온 땅 위에 들리실 것을 상징한다.

예수님의 이적이 "표적"의 성격을 가진 것은, 교회 시대의 이적들과 다른 점이다. 예수님의 이적의 표적 성격은 그가 하나님이신 사실을 나타낸다. 헤르만 바빙크(Herman Bavinck)는 예수님의 이적의 표적 성격에 대하여 다음과 같이 말하였다. "예수님의 성육신과 죽었다가 다시 사심과 그의 승천은 하나님의 구속 행위이다. 이런 구속 행위는 원리에 있어서 영광 나라의 회복을 의미하는 운동이다. 이런 구속 행위는 무엇을 계시하기 위한 방편만이 아니라, 하나님 자신을 나타내 보이신 그 자체이다. 이 점에 있어서 이적이 바로 역사요, 역사가 바로 이적화한 것이다."[94] 따라서 그의 이적은 지극히 창조적인 변화를 가져온 것이다. 이사야 65:17에 말하기를 "보라 내가 새 하늘과 새 땅을 창조하나니 이전 것은 기억되거나 마음에 생각나지 아니할 것이라"고 하였다(참조. 사 66:22). 이 예언대로 예수님의 이적들은 나타났으니, 그것들은 지극한 변동을 만물에게 미친 것이다. 예를 들면, 병을 고치신 때 그 병이 재발하는 법이 없고 영구히 치료된 것이다. 그만큼 그의 이적은 처음 창조와 같이 완전함을 가져온다.

교회 시대에 어떤 사람들이 행하였다는 이적들은 표적 성격을 지닌 것이 아니다(교회적 이적 중 참된 것도 있지만). 파울라의 성자 프란시스(St. Francis of Paula, 1507)는 아주 뜨거운 석회 가마(Limekiln)에 들어가는 일이 있었다고 한다. 그는 불덩어리가 된 석탄을 손에 들고도 데지 않고 방 안에 돌아다녔다고 하며, 린지(Lindsay)도 그리하였다고 한다. 코페트리노의 요셉(Joseph of Copetrino)은 교회의 집회 때 몸을 공중에 띄워 회중의 머리 위로 지나가는 일이 있었다고 한다.[95] 우리는 이런 역사적 기록에 종종 과오가 있음을 발견한다. 설혹 그런 기사가 확실하다 할지라도, 그런 "이적"은 진정한 이적이라고 하기 어렵다. 그것은 진리 성격, 혹은 표적 성격이 없고, 기괴하고 불필요한 행동으로 나타난 것뿐이다. 우리는 교회 시대에도 보통 섭리에 속하지 않

---

94) Herman Bavinck, Gereformeerde Dogmatiek, 310.

95) J.S. Wright, Man in the Progress fo Time, Eerdmans, 1956, 86-87.

은 기이한 일들이 진실한 신자들 가운데 있다고 믿는다. 그러나 그런 일들이 그리스도와 사도들의 이적과 같은 수준의 것이라고 생각하지 않는다.

2. **생명의 떡으로 계시된 예수님**(22-59절)

이 부분의 말씀은 유대인들의 그릇된 메시아 관념과 대조시켜 올바른 메시아 관념을 보여 준다.

1) 예수님은 영적 구원과 생명을 가져오시는 메시아이심. "참 떡"이란 말씀(32절)의 "참"이란 형용사(ἀληθινός)는 영적세계의 것을 가리킨다. 보스(Geerhardus Vos)도 "참"이란 글자가 하늘에 있는 것을 형용하는 강한 말이라고 하였다. 그는 말하기를 "로고스를 참 빛이라고 하였는데, 그것은 모든 이 세상 다른 빛은 유래적인 것임에 비하여 로고스는 그 정체라는 의미이다. 이와 같은 원리에서 예수님은 자기를 "참 떡"이라고도 하시고, "참 포도나무"라고도 하셨다(6:32-33; 15:1). 참이란 형용사 "알레티노스"는 참되다는 뜻을 나타냄에 있어서, 보통으로 사용되는 형용사 "알레테스"(ἀληθής)와 달리 더욱 강한 것이다. 윗 세계(하늘 세계)의 것들은 모두 알레티노스란 '참'에 속한다고 할 수 있다"라고 하였다.[96)]

예수님이 주시는 구원과 생명이 영적인 사실은, 그가 신자 안에 내재하신다는 사실로도 명백히 나타났다(56절). 그뿐 아니라 그가 "올라가는" 사실로 말미암아서 그의 대속적 희생이 생명주는 역할을 할 것을 가르치셨으니(62절), 그가 주시는 구원과 생명은 영적인 것이다. 그리고 63절에서는 그가 직접적으로 이 교훈이 영적인 것임을 가르쳐 주신다. 곧 "살리는 것은 영이니 육은 무익하니라 내가 너희에게 이른 말은 영이요 생명이라"고 하셨다. 이런 영적 구원을 주시는 메시아를 몰라보는 유대인들을 예수님이 책망하셨으니,

---

96) Geerhardus Vos, Biblical Theology, Grand Rapids, 11948, 381.

곧 "너희가 나를 찾는 것은 표적을 본 까닭이 아니요 떡을 먹고 배부른 까닭이로다"(26절)라고 하셨다. "표적"이란 것은 예수님께서 육적 메시아(세상 임금)가 아니고 영적 메시아이신 것을 보여 준다.

2) 예수님은 세계적 메시아이심. 요한복음의 특색 중 하나는 그 보편주의, 곧 세계주의이다. 예수님의 이 부분 교훈에서도 이러한 특색이 드러난다. 곧 "세상에 생명을 주는 것이라"고 한 말씀(33절), "세상의 생명을 위한 내 살"이란 말씀(51절)과 같은 것이다. "세상"(3:16), "세상의 구주"(4:42). "세상의 빛"(8:12; 9:5), "우리에 들지 아니한 다른 양들이 내게 있어"(10:16), "또 그 민족만 위할 뿐만 아니라 흩어진 하나님의 자녀를 모아 하나가 되게 하기 위하여 죽으실 것을 미리 말함이러라"(11:52)고 한 말씀들이 모두 보편주의에 속한다.

3) 예수님은 대속적 구원을 완성하실 메시아이심. 예수님이 자기를 가리켜 "참 떡"이라고 하신 것은, 그가 떡과 같이 희생되시어 사람들을 살리실 대속물이 되신다는 뜻이다. 그는 이 진리를 53-56절에 좀 더 구체적으로 해설하셨다. 거기서는 "참 떡"이란 말을 "살과 피"란 말로 바꾸어 말씀하신 것이다. "참 떡"이란 말이 그의 속죄적 죽음을 의미한 것임이 여기 나타난다. "피"란 말은 특히 그가 피 흘려 죽임이 되실 것을 가리킨다(참조. 64, 70절). 이처럼 그는 그의 몸을 대속적으로 희생시켜 우리에게 영생을 주신 것이다.

4) 예수님은 제한된 구속을 실시하시는 메시아이심. 예수님의 이 부분 말씀은, 그의 대속적 구원이 하나님께 선택 받은 사람들에게 실시되는 것을 가르친다. 37절에 "아버지께서 내게 주시는 자는 다 내게로 올 것이요"라고 하였고, 39, 44-45절에서도 같은 뜻을 가르친다.

5) 예수님은 궁극적 구원을 주시는 메시아이심. 예수님은 그를 믿는 자를 영원히 버리지 않으시고 끝까지 구원하여 주신다고 한다(참조. 35, 37, 39, 40, 44, 47, 51, 54, 58절). 이 구절들을 보면 "영생하리라"는 말씀이 거듭거듭

나온다. 특별히 예수님이 이 부분의 교훈에 사용하신 중복체는 우리가 주목할 만하다. 그가 거듭 말씀하시는 이유는, 이 교훈이 너무 중대하기 때문이다. 크로샤이데(Grosheide)는 51절 해석에서 말하기를 "51절은 위에 거듭거듭 말한 것을 다시 말씀하신다. 그가 이렇게 거듭 말씀하신 이유는 이 부분 말씀이 매우 중요한 까닭이며, 또한 너무 어려워서 그들에게 잘 받아지지 않는 까닭이다"라고 하였다.[97)]

⚘ 해석

1 **그 후에 예수께서 디베랴의 갈릴리 바다 건너편으로 가시매.** "디베랴"란 이름은 주님 당시의 이름이 아니고 좀 후대의 것이었으나, 저자가 이방 교회의 식별을 위하여 "갈릴리 바다"란 말에 첨부한 것이다. 디베랴 바다라고 해야 당시 이방 사람들이 잘 알았다.

2 **큰 무리가 따르니 이는 병인들에게 행하시는 표적을 보았음이러라.** "표적"이란 말(σημεῖον)은 예수님이 이적으로 메시아이신 사실을 보여주는 표란 뜻이다. 이 표적들에 대하여는 마 14:14; 막 1:34, 40-42, 2:11-12, 3:1-5, 6:5; 눅 9:11; 요 2:11을 참조하라. 그러나 대중은 예수님 이적의 표적 성격을 잘 깨닫지 못하였다. 그들은 호기심과 육적 요구를 위하여 예수님을 따랐던 것이다(참조. 26절). 그들은 아직 그의 말씀이 이적보다 귀한 줄 몰랐던 것이다.

3 **예수께서 산에 오르사 제자들과 함께 거기 앉으시니.** 여기 말한 "산"(ὄρος)은 언덕을 의미하므로 이것은 갈릴리 바다의 해변 언덕을 가리킨다. 유대의 랍비들은 보통으로 높은 데 앉아서 그 제자들을 가르쳤다. "제자들"은 열 두 제

---

97) Grosheide, Het Heilige Evangelie Volgens Johannes, Kommentaar Ⅰ, 459.

자를 가리킨다.

4 마침 유대인의 명절인 유월절이 가까운지라. "유월절"에 대하여는 2:13의 해석을 참조하라. 여기 "유월절"이란 말(τὸ πάσχα)이 모든 사본에 있음에도 불구하고, 대다수의 교부들의 증거는 이것이 없는 면을 지지한다. 호트(Hort)도 그렇게 생각하였다. 그러나 이것이 있는 것이 연대적으로도 자연스럽고, 저자의 신학적 견지에서도 자연스럽다(Schlatter, Barrett).

5 예수께서 눈을 들어 큰 무리가 자기에게로 오는 것을 보시고 빌립에게 이르시되 우리가 어디서 떡을 사서 이 사람들로 먹이겠느냐 하시니. 예수님이 눈을 드시고 큰 무리를 보신 것은 그들을 위하여 무슨 좋은 일을 하시려고 그리하신 것이다. "빌립"에 대하여는 1:44, 12:21, 14:8을 참조하라. 예수님이 빌립에게 물으신 것은 그의 신앙을 시험하시는 것이었다. 그런데 빌립은 신앙적으로 이 문제를 생각하지 못하였다. 그가 당한 것은 모세가 주린 백성을 앞에 두고 당한 난제와 같으며(민 11:13, 22), 엘리사의 종이 당한 것과도 같았다(왕하 4:42-43).

6 이렇게 말씀하심은 친히 어떻게 하실지를 아시고 빌립을 시험하고자 하심이라. 예수님은 이때 자기의 권능으로 군중을 먹이실 대책을 벌써 생각하고 계셨다. 그러나 그는 언제나 육신을 먹이는 문제보다 영적 문제, 곧 제자들의 신앙 교육을 더욱 중히 하셨다. 그는 빌립의 신앙을 시험해 보시려고 그에게 문제를 주셨다. 그것은 빌립이 그 군중의 가련한 정경을 보고 동정심을 가지는 여부를 아시려는 시험이 아니다. 그것은 비범한 방법으로 먹을 것을 준비해 주실 수 있는 주님의 능력에 대한 그의 신앙 여부를 알아보려는 시험이었다(Grosheide). 이와 같은 시험은 신앙을 배양하는 데 유익하다.

7 빌립이 대답하되 각 사람으로 조금씩 받게 할지라도 이백 데나리온의 떡이 부족하리이다. 한 데나리온은 노동자 한 사람의 하루 품삯이다. 그러므로 200데나리온이면 상당한 금액이다. 빌립의 이 계산은 다만 현실적이고 타산적인 것이다. 그에게는 건전한 이해력은 있었으나 신앙은 없었다(Godet). 그는 일찍이

예수님의 이적들을 보았다. 그럼에도 불구하고 그는 이때 신앙적으로 생각하지 못하였다. 사람들은 이처럼 주님의 권능에 대해서는 건망증이 심하다.

8 제자 중 하나 곧 시몬 베드로의 형제 안드레가 예수께 여짜오되. 빌립과 안드레는 종종 함께 나타난다. 그렇게 되는 이유는 그들이 같은 고향 사람인 사실과 그들이 제자 중 가장 먼저 선발된 까닭인 듯하다(참조. 12:20-22; 1:40-44). 안드레의 말(9절)은 이 기사를 깨닫는 데 도움이 된다. 곧 그때 그 많은 사람 가운데 음식물이라고는 떡 다섯 개와 물고기 두 마리뿐이었으므로 이적으로만 문제가 해결되었다는 사실을 밝혀 주었다. 이 기사가 이적이 아니고 단지 각 사람에게 있었던 음식물을 먹도록 하였다는 합리주의 해석은 안드레의 말과 맞지 않는 것이니, 그것은 그릇된 해석이다.

9 여기 한 아이가 있어 보리떡 다섯 개와 물고기 두 마리를 가졌나이다 그러나 그것이 이 많은 사람에게 얼마나 되겠삽나이까. "보리떡"은 가난한 사람들의 양식이다. "물고기"라고 한 것(ὀψάρια)은 멸치와 같이 작은 고기라고 한다. 안드레도 여기서 그리스도의 권능을 믿지 못하고 현실주의 견지에서 낙심하고 만 것이다.

10 예수께서 이르시되 이 사람들로 앉게 하라 하시니 그 곳에 잔디가 많은지라 사람들이 앉으니 수가 오천 명쯤 되더라. 무리를 앉힌 것은 그리스도의 긍휼의 표현이며, 그들이 앉은 것은 그들의 순종이다. 그들은 그저 단순한 마음으로 예수님의 권위 있는 지도를 받으려고 기쁨으로 순종하였다. 언제나 신앙의 태도는 이런 것이다. 사람들은 마땅히 자기 스스로 지혜 있는 체 하지 말고 하나님의 말씀 권위를 믿고 순종하며 기다려야 한다.

여기서 "오천 명"이란 것은, 여자와 아이들 외에 남자들만을 계수한 것이다(마 14:21). 이때 남자들만 계수한 것은 여자들과 아이들의 인권을 무시한 것이 아니고, 남자들의 대표적 지위를 염두에 둔 것이다.

11 예수께서 떡을 가져 축사하신 후에 앉아 있는 자들에게 나눠 주시고 물고기도 그렇게 그들의 원대로 주시니라. "예수께서 떡을 가져"란 말씀은, 그 제공한 다섯 개의

보리떡을 받으셨다는 뜻이다. 예수님이 여기서 전연 없는 데서 창조하심이 아니고, 조금이라도 있는 것을 가지시고 많게 하셨다. "축사"하셨다는 말은 감사하셨다는 뜻이다. 예수님은 적은 것을 가지고도 하나님께 감사하셨다. 감사하는 자리에 더 많은 축복이 임한다.

12-13 남은 조각을 거두고 버리는 것이 없게 하라 하시므로. 예수님은 선물을 관대하게 주시지만 낭비하는 것을 금하신다. 물질을 헛되이 내버리는 것은 하나님의 뜻이 아니다.

남은 조각이 열 두 바구니에 찼더라. 유대 풍속에는 식사에 봉사하고 남은 음식은 그 봉사자들의 분깃이 되었다고 한다(Lightfoot, Hor., 3,302). 예수님의 말씀에 순종하여 봉사한 12 사도들은 마침내 이렇게 받은 상급이 컸다.

14 세상에 오실 그 선지자라. "그 선지자"에 대하여는 신명기 18:15에 예언되었으니, 곧 메시아를 가리킨다. 그들이 예수님을 메시아로 알았기 때문에 억지로 임금 삼으려고 하였다(참조. 15절).

15 그러므로 예수께서 그들이 와서 자기를 억지로 붙들어 임금으로 삼으려는 줄 아시고 다시 혼자 산으로 떠나가시니라. 그들은 예수님을 메시아로 알았으나, 진리대로 바로 알지 못하였다. 그들은 예수님을 그들의 물질 문제나 해결하여 주실 메시아로 알았던 것이다. 그런 생각으로 그들이 예수님을 왕으로 삼으려고 하니, 그가 거기 응하시지 않았다. 어쨌든 이 사건은 그 떡 먹이신 이적이 얼마나 위대하였던 것을 증명해 준다. 그들이 그 권능을 본 뒤에는 로마 정권을 두려워하지도 않고, 곧바로 예수님을 유대의 임금으로 추대하려고 하였다. 예수님이 거기에 응하시지 않은 것은, 그가 군중의 메시아 관념이 육적인 것을 합당하지 않게 보셨기 때문이다.

16 저물매 제자들이 바다에 내려가서. 제자들이 예수님의 명령을 받들어 이처럼 하였다(마 14:22). 그가 그렇게 제자들을 지도하신 목적은 자신이 홀로 떨어져 기도하시기 위한 것이었다(마 14:23). 그는 많은 무리가 따르는 때를 도

리어 위기로 보시고 기도에 열중하셨다. 이것이 그의 특이하신 점이고, 사람들에게 모범을 보여 주심이다. 사람들은 인기가 올라갈 때 그것을 성공으로 알고 안심한다.

17 예수는 아직 그들에게 오시지 아니하셨더니. 예수님이 아직 제자들에게 오시지 않는 뜻이 있었다. 그는 이때 제자들의 신앙을 연단시키려고 하셨다. 제자들은 예수님 없이 바다에서 풍랑을 만나 죽을 지경에 빠졌다가 예수님의 권능으로 구원받게 될 것이었다. 그들은 그때 예수님을 더 믿었어야 될 것이었다(참조. 신 32:11).

18 큰 바람이 불어 파도가 일어나더라. 지중해보다 200m나 낮은 갈릴리 바다에는 사방 높은 언덕 사이의 골짜기로부터 강한 바람이 갑자기 불어오는 일이 있었다고 한다. 제자들이 예수님 없이 배를 타고 풍랑 중에 있는 것은, 마치 교회가 세상에서 환난을 당하고 있음과 같다. 예수님은 얼마간 그 배로 찾아오시지 않았으나, 마침내 오셔서 풍랑을 잔잔하게 하셨다. 이같이 환난 중에 있는 교회도 마침내 주님의 돌보심으로 말미암아 평안해진다.

19 제자들이 노를 저어 십 여리쯤 가다가 예수께서 바다 위로 걸어 배에 가까이 오심을 보고 두려워하거늘. 어떤 학자들은 "바다 위"란 말(ἐπὶ τῆς θαλάσσης)이 해안을 의미한다고 하며, 예수님이 물 위로 걸어오신 것이 아니고 바닷가의 언덕으로 걸어오셨다는 말이라고 한다. 그러나 이 기사는 이적을 기록하는 것임이 분명하다. 그 이유는 (1) 제자들이 두려워한 까닭이며, (2) 공관복음의 동일한 기사가 이적을 기록하는 심리를 명백히 보여주기 때문이다(막 6:49; 마 14:26).

20 이르시되 내니 두려워하지 말라 하신대. "내니"란 말(ἐγώ εἰμι)은 예수님이 그때 자신의 함께하심을 가리킬 뿐만 아니라, 구원하시는 하나님이심을 계시하심이다. 하나님이 계신 곳에 안전과 평안이 있다.

21 배는 곧 그들이 가려던 땅에 이르렀더라. "배는 곧"이란 말을 주목해야 한다.

예수님이 함께하심으로 말미암아 또다시 배는 초자연적으로 순조롭게 가게 되었다. 주님께서는 이처럼 자연계를 통솔하실 수 있는 권능으로써 자기가 하나님 아들이심을 증거하셨다(참조. 마 14:33).

22 **이튿날 바다 건너편에 서 있던 무리가 배 한 척 외에 다른 배가 거기 없는 것과 또 어제 예수께서 제자들과 함께 그 배에 오르지 아니하시고 제자들만 가는 것을 보았더니.** 떡 먹은 무리들은 예수님이 아직 바다 이편(그들이 있는 곳)에 계신 줄 알고 안심한 적이 있었다는 뜻이다. 다시 말하면, 그들의 생각에는 제자들만이 거기 한 척 밖에 없었던 배를 타고 건너갔고, 바다 이편에 남아 계셨던 예수님은 아직 머물러 계시는 줄로 알았다. 그런데 뜻밖에도 예수님도 거기 계시지 않은 사실을 그들은 발견하게 되었다(24절).

23 **(그러나 디베랴에서 배들이 주께서 축사하신 후 여럿이 떡 먹던 그 곳에 가까이 왔더라).** 이 구절 말씀은 그 무리가 어떻게 바다를 건너가게 된 사실을 알게 한다. 본래는 배 한 척 밖에 없었으나 그 뒤에 여럿이 왔으므로, 그들이 그 배편들을 이용하게 되었다는 사실이 여기 알려진다. 이런 자세한 기록을 보아서도 이 사실에 대한 목격자였던 사도 요한이 이 책을 기록한 것이 분명하다.

24 **곧 배들을 타고 예수를 찾으러 가버나움으로 가서.** 그들은 예수님을 찾는 일에 열중하였다. 그러나 그들이 예수님을 바로 알지는 못하였으니, 그것은 예수님을 찾는 그들의 동기가 불순한 것을 보아서 알 수 있다. 예수님을 찾는 동기는, 예수님의 말씀이 바로 전해지는 여부에 중대한 관계를 가진다(Grosheide).

26 **예수께서 대답하여 이르시되 내가 진실로 진실로 너희에게 이르노니 너희가 나를 찾는 것은 표적을 본 까닭이 아니요 떡을 먹고 배부른 까닭이로다.** "진실로 진실로"란 말은 장차 말씀하시려는 사실의 중대성을 가리키는 것이다. 그 무리가 예수님을 찾은 이유는, 그를 영적 메시아로 바로 안 까닭이 아니다. 그들은 떡을 위하여 따라 다녔던 것이다. 곧 그들은 오천 명 이상의 무리에게 떡을 먹이신

그 이적에서 그리스도의 증표를 깨달음보다 물질적인 떡에 흥미를 가졌다. 인간은 예수님을 믿는다고 하면서도 육체적 만족을 위하는 때가 많다. 그것은 인간의 부패성의 결과이다.

27 썩을 양식을 위하여 일하지 말고 영생하도록 있는 양식을 위하여 하라 이 양식은 인자가 너희에게 주리니 인자는 아버지 하나님께서 인 치신 자니라. "영생하도록 있는 양식"은 그리스도께서 주시는 영력을 가리킨다. "인자"는 인성을 가지신 그리스도를 가리키는바, 그가 살과 피를 희생하여 속죄하여 주시므로 영적 생명이 하나님의 백성에게 임하게 된다. "인 치셨다"는 뜻은 예수님을 구주로 세우시고 인정하시고 신임하셨다는 뜻이다. 이런 구주를 믿지 않는다면, 그것은 자기가 하나님보다 높다는 참람한 죄악이요, 하나님을 거짓말 하시는 이로 여기는 죄악이다.

28 그들이 묻되 우리가 어떻게 하여야 하나님의 일을 하오리이까. "하나님의 일"이란 말의 헬라어(τὰ ἔργα τοῦ θεοῦ)를 직역하면 "하나님의 일들"이란 뜻이다. 이 때 유대인들은 예수님의 말씀, 곧 "영생하도록 있는 양식을 위하여 하라"는 것을 오해하여, 영생의 대가로 많은 인간적 업적을 생각했다. 그러나 예수님이 그들에게 일하라고 하신 것은 그런 의미가 아니었다. 그가 말씀하신 "일"이라는 것은 신앙을 의미하였다. 신앙은 일 아닌 일, 곧 그리스도 안에 안식함이다.

유대인들은 이렇게 인간의 힘으로 하나님의 일을 함으로 영생을 얻고자 하였다. 그들이 "하나님의 일들"이라고 복수 명사를 사용하였으니, 일의 수량에 의하여 문제 해결을 보려고 한 것이다. 인간은 언제나 자기의 어떤 고등 노동을 통하여 천국에 들어가려고 한다. 그것은 어리석다. 오직 믿음에 의하여 그리스도의 은혜로만 천국에 들어간다. 그러므로 유대인들의 질문에 대하여 예수님은 대답하시기를 "하나님께서 보내신 자를 믿는 것이 하나님의 일이니라"고 하셨다(29절).

29 **예수께서 대답하여 이르시되 하나님께서 보내신 이를 믿는 것이 하나님의 일이니**
라 하시니. 사람들로 하여금 주님을 믿도록 하심이 하나님의 일이다. 인간은 하나님을 신앙하기 위하여 지음을 받았고, 신구약의 모든 말씀들은 인간에게 믿음을 가르친다. 특별히 본문에서 "하나님께서 보내신 자를 믿는 것이 하나님의 일"이라고(일들이 아님)하심은 의미심장하다. 여기 단수 명사로 된 "일"(τò ἔργον)은 "그 일"이란 말인데, 모든 다른 일들, 곧 율법적인 일들과 엄격히 구분된다. 그리스도를 믿는 것이 구원에 이르게 하는 유일한 일이다.

"하나님께서 보내신 자를 믿는 것"은 무슨 내용을 가진 신앙인가? 그것은 ① 하나님을 신임하는 믿음. 하나님께서 보내신 그리스도를 믿지 않는 것은 하나님을 불신임하는 것이니, 하나님을 모독하는 큰 죄이다. ② 하나님께서 인간에게 자신을 완전히 계시하시는 살아계신 신이심을 믿음. 하나님께서 그 독생자를 성육신하여 보내신 것은, 인간과 깊은 교제를 가지시기 위한 최고의 사랑을 보여준 것이다. 이것을 믿지 않는 자는, 하나님은 인간을 내버리신 무자비한 분으로 오해하는 자이다. ③ 하나님 자신을 인간의 눈과 귀로 친히 보며 듣는 것과 같이 믿음. 땅에 오신 그리스도를 구주로 믿는 자는 하나님 자신을 받아 가진 자이니, 하늘의 하나님을 보겠다고 생각할 필요가 없다.

어떤 성도는 말하기를 "만일 전적으로 신앙하는 사람이 이 세상에 일어난다면, 세상의 역사는 변화될 것이다"라고 하였다. 스펄전(Spurgeon)은 말하기를 "작은 믿음은 영혼을 하늘로 가져가고, 큰 믿음은 하늘을 영혼에게 가져온다"라고 하였다. 아브라함은 남들의 권면을 받지 않고도 믿었고(창 18:9-15; 롬 4:19-21), 수로보니게 여자는 하나님의 권면 없이도 믿었고(마 15:22-28), 노아는 경험한 바 없이도 홍수에 의하여 세상이 망할 것을 믿었다(히 11:7).

30 **그들이 묻되 그러면 우리가 보고 당신을 믿도록 행하시는 표적이 무엇이니이까, 하**

시는 일이 무엇이니이까. 일찍이 예루살렘의 유대인들은 예수님과 하나님 아버지와의 관계, 곧 신학적 문제에 접촉하였고, 이제 갈릴리의 유대인들은 예수님을 믿는 문제, 곧 구원론에 접촉하여 각각 불신앙을 나타냈다(Godet). 예수님이 자기가 메시아이신 사실을 보여주시는 "표적"을 행하셨으나, 그들은 그것을 통하여 표적다운 내용을 보지 못하였다. 고데(Godet)는 말하기를 "그들이 예수님을 임금 삼으려고 할 때 그가 거절하신 태도로 인하여 그들은 낙망하게 된 것이다. 그리하여 그들은 그를 메시아 아닌 줄로 생각하게 되었다. 그러므로 그들은 다시 표적을 찾게 되었다"라고 하였다. 그들은 예수님의 메시아 신분이 이 세상의 정치적 임금이 아닌 사실을 깨닫지 못하였다. 다시 말하면, 예수님이 떡 다섯 개와 물고기 두 마리로 오천 명 이상의 무리에게 먹이신 표적의 의미를 그들은 깨닫지 못하였다(26절).

31 기록된 바 하늘에서 그들에게 떡을 주어 먹게 하셨다 함과 같이 우리 조상들은 광야에서 만나를 먹었나이다(참조. 출 16:15; 시 78:24). 유대인들이 구약성경을 인용한 것을 보니, 그들은 지도자들이었든지 혹은 서기관인 듯하다(Belser). 그들은 메시아가 온다면 또다시 만나를 내려 먹게 해 줄 것으로 잘못 알았다.[98] 그러므로 그들은 예수님에게 그렇게 하여 주시기를 간접적으로 청원한 것이다.

32 예수께서 이르시되 내가 진실로 진실로 너희에게 이르노니 모세가 너희에게 하늘로부터 떡을 준 것이 아니라 내 아버지께서 너희에게 하늘로부터 참 떡을 주시나니. 예수님이 "하늘로부터 내린 떡"이란 말을 쓰실 때는 만나를 염두에 두시고 하신 말씀이 아니다. 이것은 신령한 떡, 곧 예수 그리스도를 가리킨다. 유대인들은 하늘에서 내린 떡이란 말로써 옛날의 물질적인 떡, 곧 만나를 생각하였다. 그러나 예수님은 진정한 의미의 하늘 떡은 그것이 아니라고 하신다. 진정한 의미의 하늘 떡은 예수 그리스도 자신이시다. 유대인들은 만나보다 더욱 위대하

98) Midrash Koheleth, 73

신 떡("참 떡" 곧 예수님)을 소유할 수 있음에 대하여 불신앙했으므로 이해하지 못했던 것이다.

33 하나님의 떡은 하늘에서 내려 세상에 생명을 주는 것이니라. 여기 "하나님의"(τοῦ θεοῦ)란 어귀가 강세를 띤 말이라고 한다(Goebel). 그렇다면 이 어귀가 그 "떡"을 가리켜 그 영성과 영원성과 생명성과 및 그것이 하나님의 선물인 사실을 고조한다. "하늘에서 내려"란 말씀은 이 부분 예수님의 교훈에 일곱 번 나온다(33, 38, 41, 42, 50, 51, 58절). 그만큼 이 말씀은 역설체로서 그 떡의 특이한 성격을 보여 준다. 곧 ① 그것이 하늘에서 내려오는 것인 만큼 광범위한 세계에 분배된다. ② 그것은 물질적인 것이 아니고 영원한 생명을 주는 것이다. 만나는 영양을 줄 수 있었으나, 하늘 떡은 생명을 주는 것이다. ③ 만나는 보이는 하늘에서 내려왔으나, 생명의 떡은 보이지 않는 하늘에서 내려온다(Calvin). ④ 하늘에서 "내려오는"이란 말의 헬라어(καταβαίνων)는 현재 분사로서, 계속적으로 내려오는 활동을 가리킨다. 예수 그리스도의 영적 양식은 실상 모든 시대를 통하여 끊임없이 내려온다.

34 그들이 이르되 주여 이 떡을 항상 우리에게 주소서. 또다시 유대인들은 불신앙을 드러낸다. 그들은 예수께서 말씀하신 "생명의 떡"이 육신의 양식인 듯이 오해하고 욕심을 부린다. 여기서 그들은 그것을 "항상" 주시기를 청원한다.

35 예수께서 이르시되 나는 생명의 떡이니 내게 오는 자는 결코 주리지 아니할 터이요 나를 믿는 자는 영원히 목마르지 아니하리라.

1) 예수님이 자신을 가리켜 "생명의 떡"이라고 하신 것은, 예수께 대한 우리의 신앙이 먹는 행위와 같이 실제적이어야 할 것을 암시하신다. 믿음은 하나의 이론이 아니고 실제이다. 먹음으로 우리의 주린 것을 멈추는 것처럼, 믿으므로 우리의 영적 기갈이 멎어진다. 음식을 먹지 않으면 죽는 것처럼, 예수님을 믿지 않으면 멸망한다. 그러므로 예수님을 먹는 것처럼 믿어 그를 내 분

깃으로 섭취해야 한다. 예수님에 대한 이론만 말고 내가 그를 섭취하지 않으면, 그것은 큰 곡창 문 앞에서 굶어 죽는 것과 같은 가석한 일이다. 그리고 우리가 음식 먹기를 계속하는 것처럼, 예수님을 믿는 일을 계속해야 한다. 작년 이맘때 먹은 것이 오늘의 주림을 멈추어 주지 못한다. 신앙생활을 먹고 마시는 행동에 비유한 것은 성경에 많이 있다. 이사야 55:1에도 말하기를 "너희 모든 목마른 자들아 물로 나아오라 돈 없는 자도 오라 너희는 와서 사 먹되 돈 없이 값없이 와서 포도주와 젖을 사라"고 하였다(참조. 계 3:20; 22:17).

2) "나는 생명의 떡"이란 말씀은, 예수님 자신이 생명이신 동시에 생명을 주시는 이시란 뜻이다. 그는 주시는 자시며, 또 주시는 선물 자체도 되신다(Zahn). 그 자신이 대제사장인 동시에 자신이 제물도 되신다. 그를 믿는 자는 그의 속죄제의 효과를 받아 누리며, 따라서 그와 일체가 되도록 연합하게 된다. 그가 자기를 떡에 비유하신 이유는, 음식물은 그 먹는 자와 밀접하게 연합하여 일체가 되기 때문이다. "내게 오는 자"란 말과 "나를 믿는 자"란 말은 서로 병행하여 동일한 뜻을 가리킨다. 온다는 것은 그리스도를 지향한 영적 동태를 말함이고, 믿는다 함은 계속적으로 그리스도와 밀접하게 연합해 있음을 가리킨다.[99]

36 그러나 내가 너희에게 이르기를 너희는 나를 보고도 믿지 아니 하는도다 하였느니라. 이 말씀은 26절의 내용에 암시된 뜻을 가리키는 것이다. 사람이 하늘의 것을 본다고 반드시 믿어지는 것은 아니다. 보는 것이 믿는 데 이르는 최선의 방법은 아니다. 보지 못하고 믿는 것이 더욱 복되다(요 20:29; 참조. 벧전 1:8-9).

37-40 이 구절들은 ① 그리스도를 믿지 않는 자들의 이유가 그리스도의 말씀이나 권위가 부족한 탓이 아니고, 다만 그들이 하나님의 택하심을 받지

---

99) Grosheide, Het Heilige Evangelie Volgens Johan-nes, Kommentaar I, 439.

못한 까닭이라는 것, ② 믿는 자들은 그들의 의지력으로 믿는 것이 아니고 하나님의 인도로 말미암아 되는 것이니 만큼, 그 구원이 확고 불변하다는 것이다.

신앙은 하나님께서 주시는 선물이다. 그러므로 그것을 소유한 자는, 그것을 소유한 것이 이미 확실한 구원의 소유인 줄 알고 위로를 받는다. 디모데후서 1:12에 말하기를 "이로 말미암아 내가 또 이 고난을 받되 부끄러워하지 아니함은 내가 믿는 자를 내가 알고 또한 내가 의탁한 것을 그날까지 그가 능히 지키실 줄을 확신함이라" 하였고, 빌립보서 1:6에도 말하기를 "너희 안에서 착한 일을 시작하신 이가 그리스도 예수의 날까지 이루실 줄을 우리는 확신하노라"고 하였다. 위대한 신앙가요 과학자인 마이클 페러디(Sir Michael Faraday)는 임종 시에 어떤 사람들이 "당신의 영혼이 장차 어떻게 되겠다고 추측합니까?"하고 물을 때 "추측? 나는 추측에서 살지 않는다. 나는 확신에서 살고 있다"라고 대답하였다. 어떤 성도는 늘 기쁘게 노래하기를 "나는 가련한 죄인이고 그밖에 아무 것도 아니로다. 그러나 그리스도는 나의 모든 것이로다"라고 하였다. 우리의 신령한 체험이나, 혹은 도덕 생활에는 굴곡이 있을 수 있다. 그러나 언제나 죄인인 사실은 변하지 않으며, 예수 그리스도께서 우리의 구주이신 사실도 변하지 않는다. 혹시 우리의 도덕 수준이 올라갔다 해도 죄인임을 면치는 못한다. 우리의 소망은 예수님밖에 없다. 히브리서 13:8에 말하기를 "예수 그리스도는 어제나 오늘이나 영원토록 동일하시니라"고 하였다. 진실한 성도들은 끝까지 구원해 주시기로 약속하신 예수님의 말씀에 생명을 건다. 해버갈(Havergal)이란 성도는 임종 시에 자기 친구에게 이사야 42장을 읽어 달라고 하였다. 그 친구가 읽을 때 그는 6절 말씀에서 주의를 시켰다. 곧 "나 여호와가 의로 너를 불렀은즉 내가 네 손을 잡아 너를 보호하며 너를 세워 백성의 언약과 이방의 빛이 되게 하리니"라고 한 말씀이다. 그는 이 말씀에서 "불렀다"는 말씀, "손을 잡았다"는 말씀, "보호한다"는 말씀을 믿고 세상을 떠난다고 고백하였다.

41-42 유대인들은 예수님을 인간으로만 알았기 때문에, 그가 자기를 가리켜 "하늘에서 내려 온 떡"이라고 말씀하심을 듣고 원망하였다. 사람들은 이처럼 그리스도의 위대함을 그의 인간성 때문에 의심한다. 그러나 그가 인성을 취하신 것은 인간들에게 나타내신 그의 지극한 사랑이다.

44 나를 보내신 아버지께서 이끌지 아니하면 아무도 내게 올 수 없으니 오는 그를 내가 마지막 날에 다시 살리리라. 유대인이 그리스도를 믿지 못한 이유는, 실상 그리스도에게 하늘로부터 오신 증표가 없는 까닭이 아니었다. 다만 그들만은 하나님께서 그리스도에게로 이끌지 않으신 까닭이다. 하나님께서는 그리스도를 세상에 보내신 동시에, 그의 백성도 이끌어 그에게(그리스도에게)로 모으신다(호 11:4). 이끈다 함은, 성령으로 말미암은 중생의 역사를 가리킨다(롬 8:9; 고전 3:16, 6:19, 12:3; 요일 3:24). 그때는 아직 성령이 강림하시기 전이었으므로 여기서는 성령의 인도에 관한 말이 사용되지 않았다.

45 선지자의 글에 그들이 다 하나님의 가르치심을 받으리라 기록되었은즉 아버지께 듣고 배운 사람마다 내게로 오느니라. "선지자의 글"은 이사야 54:13을 가리킨다. 우리와 입장이 다른 버나드(Bernard)도 이 구절에 대하여 "사람이 그리스도의 신자가 되려면 진리를 배워야 되고, 한 번 듣기만 해서는 신자가 되기 어렵다. 예정의 도리가 요한복음에 있으나 이처럼 인간편의 책임 있는 노력을 무시하지 않았다"라는 의미로 말하였다.

46 이는 아버지를 본 자가 있다는 것이 아니라 오직 하나님에게서 온 자만 아버지를 보았느니라. 45절에 "하나님의 가르치심을 받으리라"고 한 말씀이 있었다. 그것은 사람이 직접 하나님을 볼 수 있다는 것이 아니다(그것은 사람이 예수님과 그 사자들로 말미암은 전도의 말씀을 들음으로 하나님에게로 오게 된다는 뜻이다).

"하나님에게서 온 자"는 오직 하나님과 함께 계시다가 이 세상에 오신 자, 곧 예수님뿐이다. "하나님에게서"란 문구의 "에게서"란 말(παρά)은 본래의 근원으로부터 관계된 사실을 보여 준다. 그것은 하나님과 함께 계시다가 세상에 오신 예수님에게만 사용될 말이다.

"보았느니라." 이 말의 헬라어(ἑώρακέν)는 보았고 또 그 본 결과를 계속하여 보존하고 있는 사실을 의미한다. 다시 말하면, 그것은 예수님이 세상에 오시기 전에 하나님을 보셨고, 또 그 보신 사실이 그에게 계속해 있음을 가리킨다. 그러므로 예수님으로 말미암지 않고는 하나님을 알 자가 없다(1:18, 14:9; 마 11:27). 하나님은 먼저 그리스도로 말미암아 그의 말씀을 전하신 것이다. 그 이유는 예수님께서만 하나님 아버지를 보셨고, 또 그의 말씀을 들으셨기 때문이다.

47-48 믿는 자는 영생을 가졌나니 내가 곧 생명의 떡이니라. "믿는 자"란 말은 예수님을 믿는 자란 뜻이다. 크로샤이데(Grosheide)는 이 문구가 짧은 것을 가리켜 사상의 표현을 강력하게 하려는 문체라고 하였다. 그것이야말로 간단명료한 진리 표현이다.

"내가 곧 생명의 떡이로다." 이 문구에 대하여는 35절의 해석을 참조하라.

49 너희 조상들은 광야에서 만나를 먹었어도 죽었거니와. 예수님도 인간 편으로는 유대인이고, 그들의 조상이 예수님의 조상도 된다. 그러나 영적으로 말할 때 그들과 그들의 조상은 불신앙에 속하였고, 예수님은 하나님의 아들이시다. 그는 물질적인 만나와 달라서 영적인 하늘 떡이시다. 그러므로 믿음으로 그를 영접하는 자들은 영생한다.

50-51 이 구절들은 33, 35절에 있는 말씀을 거듭한 셈이다. 거듭 말씀하심은 강조의 의미가 있다. "내 살"이란 말은 그리스도의 속죄의 죽음을 가리킨다. 그가 우리를 대신하여 십자가 위에서 죽으시므로 그를 믿는 자들은 영생을 얻는다.

52 그러므로 유대인들이 서로 다투어 이르되 이 사람이 어찌 능히 제 살을 우리에게 주

어 먹게 하겠느냐. 유대인들이 서로 다툰 원인은 그들의 의견이 서로 다른 데 있었다. 그들 중 어떤 자들은 예수님의 속죄 교훈을 믿었으나, 어떤 자들은 믿지 않았다. 믿지 않는 자들은 예수님의 살이 세상 사람의 생명이 된다는 말씀(51절 끝)에 걸렸다. 그들은 메시아가 죽어서 속죄하시는 진리를 왜 믿지 못했던가? 그 진리는 이사야서 53장에 명백히 예언되지 않았는가?

53 예수께서 이르시되 내가 진실로 진실로 너희에게 이르노니 인자의 살을 먹지 아니하고 인자의 피를 마시지 아니하면 너희 속에 생명이 없느니라. 여기서는 "인자의 살"이란 말에 "인자의 피"란 말을 더하여 말씀하신다. 그렇게 말씀하시는 이유는 무엇인가? ① 살과 피는 인간성을 모두 가리키기 때문이다. 예수님의 인간성 전체가 우리의 속죄 제물이 되셨으니, 그것은 우리 구원의 완성을 위한 것이다. ② 피를 첨부하여 말씀하신 또 한 가지 이유는, 피는 특별히 생명을 의미하는데(창 9:4; 레 17:11, 14), 그것을 흘리셔서 속죄 제물을 성립시키기 때문이다(출 12:7, 8; 레 1:5; 히 9:12, 20). 살을 먹으며 피를 마신다는 말씀은 문자적 의미보다 비유적 의미를 가진다. 그것은 믿음으로 그리스도와 연합하는 생활을 의미한다. 예수 그리스도의 속죄를 믿는 것은, 곧 그의 살과 피를 먹으며 마시는 행위와 같이 예수님을 영접하여 나 자신의 분깃으로 만드는 실제적 행위이다. 신앙은 이론만이 아니다.

이 말씀에 근거한 기독교 성찬 교리에 대하여 불트만(Bultmann)은 그것이 헬라 신비 종교의 영향을 받았다고 한다.[100] 그러나 헬라 신비 종교에서 그 의식에 참여한 자들이 신을 먹는다고 한 것(그들의 신으로 표상된 소위 고기 같은 것을 먹는 것)은 범신론 사상과 마술적 사상에 근거한 것이다. 따라서 그 먹음에 참여하는 자가 신이 된다는 그릇된 주장도 거기 있다. 그러나 기독교의 성찬은 그와 정반대로서 유신론적인 속죄의 역사적 사실을 기념하는 것

---

100) Bultmann, Theology of the New TestamentI. 148.

이다. 그뿐 아니라 기독교의 성찬은 구약에 있는 유월절 잔치의 후신이다. 예수님이 성찬을 제정하실 때 바로 유월절 만찬을 잡수시면서 그것을 성찬으로 변전시키신 것뿐이다(눅 22:7-23). 요한복음 6장에서 신자들이 그의 살을 먹으며 그의 피를 마실 필요성에 대하여 그가 강조하신 때도 유월절이 가까운 시기였다(4절). 그뿐 아니라 유월절 잔치의 영적 의미가 성찬의 그것과 같다. ① 유월절 잔치를 먹는 것이 이스라엘에게 구속을 준 것처럼(출 12:13), 성찬을 먹는 것이 그리스도인에게 그런 의미를 가지며, ② 유월절의 만찬이 애굽을 떠나 먼 길을 가는 이스라엘에게 양식이 된 것처럼, 성찬은 그리스도인에게 영적 양식이 되기도 한다.

이와 같은 사실들을 보면, 성찬과 헬라의 신비 종교와는 전연 관계가 없다. 헬라의 신비 종교 중 디오니소스(Dionysus)란 신을 예배하는 제사에서는, 거기 참여하는 자들이 그들의 신을 상징하는 소의 고기를 생으로 먹었다. 그들은 그렇게 함으로써 그들 자신이 신이 될 수 있다고 믿었던 것이다.[101] 이런 사상은 범신론으로서, 유신론인 기독교와 반대된다.

54 내 살을 먹고 내 피를 마시는 자는 영생을 가졌고 마지막 날에 내가 그를 다시 살리리니. 헬라어에 의하면, 여기 "먹고"란 말(τρώγων)이 이때까지 사용된 먹는다는 말(ἐσθίω)과 다르다. 여기 사용된 말은 맛있게 먹음을 의미한다. 이것은 그리스도의 속죄를 받아 누림에 대한 적합한 술어이다. 이 말씀은 그리스도인이 이 세상에서부터 영생을 얻고 내세에는 몸의 부활까지 받는, 구원의 복락 전부를 가리킨다.

55 내 살은 참된 양식이요 내 피는 참된 음료로다. 여기에 "참된"이란 말이 사용된 목적은, 만나와 같은 물질적 양식에 비교하여 예수님의 살과 피(속죄의 은혜)는 참되다는 것을 표시하려는 것이다. 곧 물질적 양식은 그림자와 같고 불

---

101) Machen, The Origin iof Paul's Religion, 281-282.

완전하나, 예수님의 속죄의 은혜는 실물이요, 영원히 살리는 효과를 가진 것이다.

56 내 안에 거하고 나도 그 안에 거하나니. 그리스도의 속죄를 받은 자가 주님과 연합하게 됨을 가리킨다. 요한의 신학사상대로 보아서 그리스도 안에 있는 자는 ① 주님의 계명을 지킴(요일 3:24), ② 주님을 본받음(요일 2:6), ③ 열매를 맺음(요 15:2), ④ 죄를 범하지 아니함(요일 3:6), ⑤ 기도 응답을 받음(요 15:7), ⑥ 생명을 가졌음(요 6:57), ⑦ 주님의 재림에 대하여 담력을 가진다(요일 2:28).[102)]

57 살아계신 아버지께서 나를 보내시매 내가 아버지로 말미암아 사는 것같이 나를 먹는 그 사람도 나로 말미암아 살리라. "아버지로 말미암아 산다"는 말은 예수님에게는 영원 자존의 생명이 없다는 의미가 아니다. 이 말씀은 다만 중보자로서의 그의 위치를 가리킨다. 그는 하나님의 아들이신 위치에 계신 것만큼, 그의 생명 주시는 역사는 아버지로 말미암는다. 그러나 아버지께서 영원 자존하시니, 그도 그러하시다. 신자들은 그리스도를 먹는 것과 같이 실제적으로 믿어야 그의 생명을 받아 누린다. 고데(Godet)는 다음과 같이 말했다. 곧 "자연계의 생명의 열매가 떡덩이로 나타날 때 사람에게 섭취됨과 같이, 신적 생명도 그리스도로 성육신 되어 나타났으므로 우리에게 접촉되어 받아진다. 이런 의미에서 그리스도는 우리에게 생명의 떡이시다. 그러나 우리가 떡도 먹어야 우리의 생명 영양이 되는 것처럼, 우리가 그리스도를 믿어야 그가 우리에게 영생을 주신다."고 하였다.

58 이 구절은 32-33절 말씀 내용이 거듭 나온 셈이다. 같은 말씀을 거듭하는 것은, 그 말씀을 힘있게 하려는 목적이다.

60 이 말씀은 어렵도다 누가 들을 수 있느냐 한 대. 그들이 듣기 어렵다는 부분

---

102) Bernard, the International Critical Commentary on the Gospel of St. John, 212.

은 어느 말씀인가? 그것은 58절 말씀이 대표한 사상, 곧 예수님의 살을 먹고 피를 마시는 자는 영생한다는 말씀이다. 그의 살을 먹으며 그의 피를 마시면 어떻게 영생을 얻는가? 그것이 어려운 문제란 뜻이다. 그 말씀의 뜻이 어렵다고 하므로 예수님이 답변하시기를 "인자가 이전에 있던 곳으로 올라가는 것을 본다면 어떻게 하려느냐"라고 하셨다(62절). 곧 그가 승천하시면 보혜사 성령님을 보내시므로 사람들로 거듭나게 하며 그리스도의 속죄를 믿게 하여 살리신다는 뜻이다.

61 예수께서 스스로 제자들이 이 말씀에 대하여 수군거리는 줄 아시고 이르시되 이 말이 너희에게 걸림이 되느냐. 예수님은 인간의 마음을 잘 아시는 것만큼, 그때 그들의 불평을 아셨다. 그들은 예수님의 교훈을 영적으로 바로 이해하지 못하고 육적으로만 생각하였던 것이다. 그러므로 그들은 그 말씀에 걸려 넘어진 것이다(벧전 2:7-8).

62 그러면 너희는 인자가 이전에 있던 곳으로 올라가는 것을 본다면 어떻게 하려느냐. 이 구절에 대한 해석은 몇 가지 있다. ① "인자가 이전에 있던 곳으로 올라가는 것"이란 말은 예수님이 십자가에 못 박히실 것을 가리키는데(십자가에 못 박히심은 다시 살아 승천하심에 이르는 한 계단임), 그때는 그들이 더욱 예수님을 저버리게 될 것이라는 의미라고 한다. ② 예수님의 속죄에 대한 말씀이 피와 살로써 설명될 때도 그들은 깨닫지 못하였다. 그렇다면 그가 승천하셔서 그의 속죄를 영적으로 이루시며 나타내실 때는 더욱 깨닫기 어려울 것이라는 의미라고 한다(Westcott). ③ 예수님이 죽었다가 다시 사셔서 하늘로 올라가시는 때 그들이 믿을 수밖에 없다는 것이다. 그가 이 말씀을 하시는 내막은, 그의 살과 피를 먹고 마심과 같은 속죄 신앙의 효과가 그가 승천하시는 때 확실히 성립되고야 만다는 것이다.

"본다면"(θεωρῆτε)이란 말은, 꼭 육신의 눈으로 본다는 것이 아니고 심령의 눈으로 봄을 가리키기도 한다. 그러므로 이 말씀은 신앙을 육안으로 본

것에 근거하도록 한 것이 아니고, 말씀을 들음에 근거하도록 한 것이다.[103)]

63 살리는 것은 영이니 육은 무익하니라 내가 너희에게 이른 말은 영이요 생명이라. 예수님의 역사가 성령으로 말미암는다는 새로운 선언이다(Schlatter). 이것은 "인자의 살을 먹고 그의 피를 마시는 자가 영생을 가졌다"는 말씀에 대한 유대인의 오해를 시정하는 것이다. 살을 먹는다 함은, 육체적 식음으로 오해할 것이 아니고 영적 식음으로 간주해야 한다. 그리스도께서 하신 말씀은 영적인 것으로서 살리는 성령의 역사가 함께하는 것이다.

64 너희 중에 믿지 아니하는 자들이 있느니라. 예수님이 이처럼 그 제자들 중에 불신앙 사실이 있음을 지적하시어 그들을 경성시킨다. 우리는 우리의 죄악을 알게 될 때 경성하게 된다.

65 내 아버지께서 오게 하여 주지 아니하시면 누구든지 내게 올 수 없다. 예수님이 이 말씀을 하시는 목적은, 그의 주장이 이렇게 탁월하심에도 불구하고 믿지 않는 자들이 있는 모순을 해결하시기 위한 것이다. 곧 예수님을 믿지 않는 원인은 예수님 자신의 증거가 불충분하여서가 아니었다. 그것은 하나님의 오묘한 작정에 달려 있는 것이었다.

66 제자 중에서 많은 사람이 떠나가고. 이 구절에 대하여 아우구스티누스(Augustine)는 말하기를 "그들이 생명체와 교제를 끊었으니 그들의 생명은 떠났다."고 하였다. 고데(Godet)는 이 사건에서 예수님의 메시아 역사의 비결이 나타난 것을 지적하였다. 곧 이처럼 오합 군중은 일단 헤어질 대로 헤어지고 소수만 남게 된다. 기드온의 300명 군대는 많은 군대보다 오히려 유력하였다.

67 너희도 가려느냐. 열두 제자는 외부적 관계로 볼 때 언제든지 모두 예수

---

103) Er band den Glauben nicht an das sehen, sondern an das Hören des Worts.-Schlatter, Der Evangelist Johnnes, 181.

님을 따를 듯이 나타났다. 그러나 신앙은 외부적 관계에 달린 것이 아니다. 그들 중에도 가룟 유다가 있었다는 것은 놀랄 만한 일이다. 예수님은 이런 일을 염두에 두시고 "너희도 가려느냐"라고 물으셨다. 그들도 늘 경성하여 있을지언정 방심하면 안 된다는 사실을 여기 암시하신다.

68 시몬 베드로가 대답하되 주여 영생의 말씀이 주께 있사오니 우리가 누구에게로 가오리이까. "영생의 말씀"이란 63절의 말씀을 염두에 둔 것이겠다. 베드로는 언제나 모든 제자들 중에서 대표 자격으로 솔선하여 나서곤 하였다(13:6, 24, 36, 18:10, 20:3, 21:3, 7; 마 14:28).

69 우리가 주는 하나님의 거룩하신 자이신 줄 믿고 알았사옵나이다. "하나님의 거룩하신 자"란 메시아의 성역을 위하여 성별하여 보내심이 된 자란 뜻이다(참조. 막 1:24; 눅 4:34; 사 43:14).

70-71 예수께서 대답하시되 내가 너희 열둘을 택하지 아니하였느냐 그러나 너희 중의 한 사람은 마귀니라 하시니 이 말씀은 가룟 시몬의 아들 유다를 가리키심이라 그는 열둘 중의 하나로 예수를 팔 자러라. 이 말씀은 제자들이 신앙생활에 있어서 너무 자신 있게 지나지 말아야 할 것을 암시하신다. 그가 택하신 열두 사도 중에도 넘어질 자가 있다고 그는 경고하신다. 가룟 유다를 가리켜 "마귀"라고 하신 것은, 그가 마귀의 도구로 사용된다는 의미이다.

설교 5,000명 이상에게 떡 먹이신 이적에 대하여(6:1-15)

1. 예비적으로 나온 대화

빌립은 큰 무리의 식량 문제 해결에 있어서 200데나리온이 필요하다고 하였다. 그것은 그의 타산적인 심리의 표현이다. 인간은 난제를 당할 때, 이같이 보이는 대로 해결하려는 불신앙을 가짐이 보통이다. 빌립은 예수님에게 하나님을 보여 달라고까지 한 인물이다. 그는 말하기를 "주여 아버지를 우리에게 보여 주옵소서"라고 하였다(14:8). 이처럼 그는 보이는 대로 행하려는 불신앙을 가진 자였다. 신앙의 본질은 타산적이 아니다. 신앙인은 보이지 않는 것을 그의 먹는 음식으로 하며, 그의 목표로 하며, 그의 보금자리로 한다. 신앙은 보이는 것에서는 그 작용이 그친다(Faith ends in sight). 그것은 '불가능한 것'을 오히려 그의 타고난 목표로 알고 돌진한다. 그러므로 신앙가 사무엘 암스트롱(Samuel Chapman Armstrong)의 생활 목표는 "불가능을 성취하여라."(Achieve the impossible)는 것이었다. 신앙은 난처한 환경에서 일어날 만한 것이다. 배부른 자가 음식을 생각하지 않는 것처럼, 평안한 환경에서는 하나님을 생각하지 않게 된다. 어떤 영시(英詩)에 말하기를 "나는 밝은 데서 혼자 가기 보다는 차라리 암흑 가운데서 하나님과 함께 걸어가리라. 육안으로 보면서 혼자 가기 보다는 차라리 신앙으로 그와 함께 걸으리라"라고 하였다.[104)]

2. 적고 변변찮은 것을 귀히 여기는 원리

예수님은 떡 다섯 개와 물고기 두 마리를 인하여 하나님께 감사하셨다. 그것은 5,000명 이상 대중에게 너무도 적은 분량이었다. 그러나 예수님은 그것을 가지고 감사하셨다. 우리가 적 은 것을 가지고 감사할 때, 하나님께서는 더욱 많이 주신다. 그러나 많이 가지고 감사하지 않는 때, 그는 그 많은 것을 빼앗으신다. "작은 일에 그리스도인의 정신을 지키는 자는 작은 크리스천이 아니다."(He who is christian in small things is not a small christian)라는 좋은 격언도 있다. 하나님께서는 우리에게 적은 것에 충성하기를 원하신다. 심판 때 칭찬받을 사람도 적은 일에 충성한 사람이다(마 25:20-23).

---

104) I'd rather walk by faith in the dark with God, than go alone in the light; I'd rather walk by faith with Him than go alone by sight.

예수님은 적은 것을 가지고 감사하실 뿐만 아니라, 5,000명 이상을 먹이신 뒤에 남은 조각을 거두도록 하셨다. 이처럼 부스러기도 귀히 여기는 정신은 큰 은혜를 내리게 하였다. 우리는 부스러기를 존중히 할 줄 알아야 한다. 스웨덴의 유명한 헤릭 샬토(Herik Schartau) 목사는 하나님 앞에 서약하기를 "하나님께서 나를 바로 세워 주시는 동안에는 주님의 일을 위하여 힘써 나갈 것이며, 내 힘이 없어질 때는 기도할 것이며, 무덤에 쉬는 시간이 오기까지는 쉬지 않고 복음을 전하리라"라고 하였다. 그는 상류 계급이나 대중을 골라 일하지 않고, 조용히 남의 하인들을 모아놓고 복음을 가르쳤다. 이 운동으로 인하여 스웨덴의 서해안은 신앙 지대라고 불리었고, 그 지방 주민들은 그 신앙 운동의 영향을 받아서 성격이 진실하고 인격이 건실하다고 한다. 어떤 목사가 목회하는 중에 여러 해를 지나도 새 사람이 나오지 않고 로버트 모패트(Robert Moffat)란 아이 하나가 나올 뿐이었다. 그러나 그 목사는 그를 귀히 여겼다. 모패트는 후에 유명한 아프리카 선교사가 되었다. 오늘날 우리 한국 교회의 교역자들은 부스러기 같은 사람들을 모으려고 힘써야 한다. 그것이 성경적이다(참조. 마 11:5; 고전 1:27-28; 약 2:5).

설교 유대인의 삼대 과오(6:22-31)

유대인과 예수님과의 담화에서 그들(유대인)의 세 가지 과오가 지적된다.

1. 물질주의

예수께서 유대인들을 꾸짖어 말씀하시기를, "너희가 나를 찾는 것은 표적을 본 까닭이 아니요 떡을 먹고 배부른 까닭이로다"라고 하셨다(26절). 성경은 물질주의자들을 가리켜 십자가의 원수요, 멸망할 자들이요, 그들의 신(神)은 배라고 하였다(빌 3:18-19).

사람이 물질에 대하여 이처럼 잘못된 입장을 취하므로 물질 이상의 것을 보지 못하게 되는 원인이 있다. 그것은 다음과 같이 설명된다. 하나님께서 처음에 사람을 지으시고 그로 하여금 물질을 다스리도록(창 1:28) 명하셨다. 물질을 다스리는 자가 되어 물질을 이기는 자는 하나님을 알고 섬긴다. 그럼에도 불구하고 사람이 물질을 섬기는 종이 되어 버렸다. 물질에 사로잡힌 인생은 눈이 어두워져서 물질 이상의 것을 보지 못하게 된다. 돼지가 도토리나무 아래서 도토리를 주워 먹고 있으면서도 그 나무를 쳐다 볼 줄은 모른다.

2. 사업주의

"영생하도록 있는 양식을 위하여 (일)하라"고 하신(27절) 말씀이 있은 뒤에, 유대인들은 탐문하기를 "우리가 어떻게 하여야 하나님의 일을 하오리이까"라고 하였다(28절). 여기 하나님의 "일"이란 말은 하나님의 "일들"란 뜻이다. 그들은 일을 많이 해야 영생을 얻을 줄 알았다. 사람이 사업을 해야 한다. 그러나 믿음은 없이 생계만 위한 일들은 헛되다. 시편 127:2에 말하기를 "일찍이 일어나고 늦게 누우며 수고의 떡을 먹음이 헛되도다"라고 하였다. 믿음 없는 사업주의는 마침내 영웅주의로 떨어진다. 그것은 사람으로서 하나님 노릇하는 죄악이다. 그러므로 사업주의도 헛된 것이다.

예수님은 그들의 과오를 시정시키시는 의미에서 진리의 말씀을 주셨다. 그것은 "하나님께서 보내신 자를 믿는 것이 하나님의 일이니라"고 한 말씀이다(29절). 이 말씀과 같이 사람으로서 할 일은 "하나님께서 보내신 자", 곧 그리스도를 믿는 것이다. 그리스도를 믿는 것이 왜 이처럼 좋은 일인가?

1) 그리스도는 인류 역사상에 하나님의 경륜의 중심이심. ① 하나님께서는 그리스도를 이 세상에 보내시기 위하여 영원 전에 작정하시고, ② 구약 시대에 예언자들을 통하여 예언하시고, ③ 죽었다가 다시 살아서 승천하시고, ④ 신약 시대에는 그가 전파되시고, ⑤ 세상 끝날에는 그가 재림하셔서 심판

하신다. 이것을 보면, 인류 역사를 통한 하나님의 역사가 그리스도 중심임을 알 수 있다. 우리가 그리스도를 믿을 때, 하나님은 그 이상 다른 것을 우리에게 요구하시지 않으신다. 우리가 할 일로서는 그리스도를 믿는 것이 있을 뿐이다. 우리의 모든 다른 활동들도 이 믿음을 중심해야 한다. 우리가 무슨 일을 하든지 믿음 중심으로 해야 한다. 믿는 일은 생각으로만 아니라, 행동과 사업으로도 해야 한다. 믿음으로 하는 사업도 믿음이다. 미국 웨스트민스터 신학생들은 여름 넉 달 동안의 방학 기간을 이용하여 각처에 다니며 성경을 판다. 그들은 그렇게 사업하여 학비를 마련한다. 그들이 성경의 진리대로 남에게 누를 끼치지 않고 자급 생활을 힘쓰니, 그것 자체도 신앙이다.

2) 믿음의 효과는 얼마나 큰가? 믿음은 의요(창 15:6), 믿음은 승리이다(요일 5:4). 예수님이 "너희 믿음대로 되라"(마 9:29)고 하신 말씀을 보아서 믿음이 얼마나 위대함을 알 수 있다. 그런데 우리가 그리스도를 믿는 일은 더욱 기쁜 일이다. 첫째, 그리스도는 살아계시니 그를 믿는 우리의 심리가 기쁘다. 둘째, 그리스도는 하나님이 보내신 자이시니 만큼, 그에게 대한 우리의 신앙을 하나님이 기뻐하신다. 그러므로 우리는 믿으면서 기쁜 심리를 가진다. 셋째, 그리스도를 믿도록 해주는 성경은 우리에게 기쁨을 준다. 세상은 불안과 변동이 많은데, 성경만은 변치 않는다. 성경을 믿는 우리의 심리는 마치 파선당한 사람이 높은 바위에 올라앉은 것과 같다.

3. 이적주의

유대인들은 예수님에게 이적을 행하여 믿을 증거를 보이라고 하였다. 그들은 말하기를 "그러면 우리가 보고 당신을 믿도록 행하시는 표적이 무엇이니이까"(30절)라고 하였다. 고린도전서 1:22에서 유대인은 표적을 구한다고 한대로 과연 그들은 이때도 그런 주장을 나타내고 있다. 예수님은 그들에게 그의 이적보다 그의 인격을 믿으라는 의미에서 "내가 곧 생명의 떡"(35절)이라고 하셨다. 외부적 이적이 사람을 놀라게 할 수는 있으나, 사람의 영혼을 살려 주지는 못한다. 그러나 그리스도의 인격은 사람의 영혼을 살려 준다. 그리스도의 인격은 우리의 영혼을 살리기 위하여 떡과 같이 희생자로 우리에게 제공되셨기 때문이다. 주린 사람이 떡을 먹으면 생기를 얻으며 기운이 난다. 그와 같이 우리가 그리스도를 먹는 것처럼 믿으면 영력을 얻는다.

우리가 명심할 것은, 그리스도를 믿는 데 있어서 다른 체험이 먼저 있기를 기다리지 않아야 한다는 것이다. 주린 사람은 먼저 떡을 먹어야 좋은 기분도 오고, 온몸이 평안해지는 체험을 가진다. 그처럼 우리는 기쁜 신앙 체험보다 먼저 그리스도를 믿어야 한다. 그 뒤에 모든 복된 체험을 한다. 사람들이 생각하기를, "내가 좀 더 회개하여 죄의식이 강하여지면 나는 그리스도를 믿게 될 것이다"라고 한다. 그러나 그것은 자기의 죄의식을 그리스도와 동등하게 봄이다. 그것은 자기의 죄의식을 자기의 구원자로 삼는 잘못이다.

그리스도는 영생의 떡이니, 신자들이여! 염려 말고 먹으라(믿으라는 뜻). 믿어지지 않을 때 도리어 믿으라! 만족히 먹으라! 너무 믿으면 안 될 줄 알지 말라! 자주 먹으라! 우리가 음식도 자주 먹어야 한다. 한 번만 먹고 늘 살 수 없다. 우리 신앙도 늘 새로워져야 한다. 과거의 경험으로 만족하지 말라. 나는 전에 염려가 생겨서 잠을 이루지 못한 때가 있었다. 그런 때의 해결 방법은, 기도하며 무소불능하신 주님을 믿고 안심함이다.

설교 예수님의 살을 먹음과 그의 피를 마심의 의의(6:52-59)

예수님은 자기의 대속적 희생을 앞두고 "영생하도록 있는 양식"이란 말씀으로 길게 설교하셨다. 그리고 그는 영생하도록 있는 양식은 그의 살과 피라는 뜻으로 결론하셨다(53-58절). 그러면 예수님의 살을 먹음과 그의 피를 마심은 무엇을 의미하는가?

1. 예수님을 믿되 그의 살을 먹는 듯이, 또 그의 피를 마시는 듯이 그의 사랑을 깨달음

우리는 그리스도를 믿으면서 나를 위해 살을 찢고 피를 흘려주신 그의 사랑을 느껴야 한다. 예수님을 믿는 믿음은 냉정한 이지적 승인이 아니고, 예수님의 사랑을 느끼며 깨닫는 행위이다. 사도 바울은 그리스도의 사랑을 느껴 말하기를 "그리스도의 사랑이 우리를 강권하시는도다 우리가 생각하건대 한 사람이 모든 사람을 대신하여 죽었은즉 모든 사람이 죽은 것이라 그가 모든 사람을 대신하여 죽으심은 살아 있는 자들로 하여금 다시는 그들 자신을 위하여 살지 않고 오직 그들을 대신하여 죽었다가 다시 살아나신 이를 위하여 살게 하려 함이라"(고후 5:14-15) 하였고, 갈라디아서 2:20에는 말하기를 "내가 그리스도와 함께 십자가에 못 박혔나니 그런즉 이제는 내가 산 것이 아니요 오직 내 안에 그리스도께서 사신 것이라 이제 내가 육체 가운데 사는 것은 나를 사랑하사 나를 위하여 자기 자신을 버리신 하나님의 아들을 믿는 믿음 안에서 사는 것이라"고 하였다.

우리는 그의 사랑을 느껴야 한다. 그가 나를 사랑하시되 그의 몸을 희생하시기까지 사랑하셨다. 이것은 모든 것을 다 내게 주신 사랑이다. 이런 사랑이 내게 왔으리라고 믿기는 어려운 듯하다. ① 그가 죄인을 돌아보지 않고 의인만 돌아보신다면, 이런 사랑이 나에게 미치기 어려울 것이다. ② 그가 단지 사람뿐이든지, 혹은 그의 살과 피에 대한 말씀이 물질적인 것이라면, 그런 큰 사랑을 내게까지 미치게 하시지 못할 것이다. 그러나 그는 하나님이시며, 그의 살과 피로 주시는 사랑은 영적인 것이니 만큼, 그가 그런 신기한 사랑을 내게도 부어 주신다. 그가 그것을 성령으로 가능하게 하시는 것이다. 그러므로 44절에 "나를 보내신 아버지께서 이끌지 아니하면 아무도 내게 올 수 없으니 오는 그를 내가 마지막 날에 다시 살리리라"고 하였다. 그리스도의 사랑과 관계되는 일은 영적 사건이기 때문에, 그것은 영적으로 이루어 가며, 우리가 그 일을 이해하는 것도 영적으로야 할 수 있게 된다. 요한1서 2:20에 말하기를 "너희는 거룩하신 자에게서 기름 부음을 받고 모든 것을 아느니라" 하였다. 요한1서 3:24에는 "우리에게 주신 성령으로 말미암아 그가 우리 안에 거하시는 줄을 우리가 아느니라"고 하였다. 우리가 그리스도의 살과 피의 사랑을 입게 되는 것은, 물질적으로 되는 일이 아니고 영적으로 되는 일이니, 그것이 어려운 일이 아니다. 오늘날 물질의 힘도, 먼 거리의 장벽을 극복하고 달세계로 갈 수 있는 우주선이 제조되었다. 그렇다면 하나님의 능력과 영으로 되는 것이야 말할 것이 무엇이랴? 예수님은 그의 살과 피에 관한 말씀이 "영이요 생명이라"고 하셨다(6:63). 스가랴 4:6에 말하기를 "만군의 여호와께서 말씀하시되 이는 힘으로 되지 아니하며 능으로 되지 아니하고 오직 나의 영으로 되느니라"고 하였다.

2. 먹고 마시듯이 마음속에 깊이 믿음을 의미함

음식을 먹는 자는 외식하지 않는다. 그는 그 음식물을 몸 안에, 아니 그보다도 세포 속에까지 깊이 섭취한다. 그와 같이, 그리스도를 믿는 자는 그의 속죄를 그의 심령 속에 깊이 믿어야 한다. 믿음은 우리의 입에 바를 것도 아니고, 우리의 얼굴에 붙일 것도 아니다. 주님께서는 외식하는 자들을 꾸짖는 의미로 성경에 많이 가르치셨다. 일례를 들면, 마태복음 15:8에 말하기를 "이 백성이 입술로는 나를 공경하되 마음은 내게서 멀도다"라고 하였다. 그리고 내부적 신앙이 중요하다는 의미에서, 로마서 10:10에는 말하기를 "사람이 마음으로 믿어 의에 이르고"라고 하였는데, 여기 "마음"은 심장을 의미한다. 마음으로 믿는다는 것은, 가장 깊이 믿는 것을 가리킨다. 그것이야말로 생명 있는 믿음이다. 다윗은 말하기를 "내 영혼아 여호와를 송축하라 내 속에 있는 것들아 다 그의 거룩한 이름을 송축하라"(시 103:1)고 하였다.

설교 수효를 믿지 않는 지도자(6:66-71)

1. 진리를 전함에도 불구하고 사람들이 많이 물러가고 소수만 남는 때가 있음

교회는 많이 모일 때도 있고 적게 모일 때도 있다. 교회의 모임이 적다고 하여 교역자가 용기를 잃어버리면 안 된다. 예수님은 그 제자들이 많이 물러감을 보시고도 그의 마음속에 조금도 낙심하지 않으셨다. 그 이유는 그가 벌써부터 그렇게 될 것을 알고 계셨기 때문이다. 64절에 말하기를 "그러나 너희 중에 믿지 아니하는 자들이 있느니라 하시니 이는 예수께서 믿지 아니하는 자들이 누구며 자기를 팔 자가 누군지 처음부터 아심이러라"고 하였다.

교회의 지도자는 수효를 탐하지 않아야 한다. 유명한 리처드 백스터(Richard Baxter) 목사는 교회 임지를 택할 때 교인들이 많이 모이는 교회를 택하지 않았다. 그는 어떤 지구에 목사로 청빙 받았을 때, 인구가 많은 그 지방에 신자의 가정은 한 집밖에 없었다고 한다. 그런데 그가 힘써서 전도한 결과 그 지방 사람들이 많이 회개하고 주님께로 돌아왔다. 그가 그 교회를 사면하고 그 지방을 떠날 때는 그 지방 사람들의 거의 전부가 믿었고, 오직 한 가정만 믿지 않았다고 한다. 수효 문제에 좌우되지 않는 교역자가 힘 있는 교역자이다.

2. 구별된 소수라고 하여 안심하지 말아야 함

67-69절에는 "너희도 가려느냐" 하시는 예수님의 말씀에, 베드로는 대표적으로 대답하기를 "주여 영생의 말씀이 주께 있사오니 우리가 누구에게로 가오리이까"라고 하였다. 베드로는 소수의 제자로 구별된 사실을 자랑하였다. 그러나 예수님은 베드로의 자랑을 반박하시면서 하신 말씀이, "내가 너희 열둘을 택하지 아니하였느냐 그러나 너희 중의 한 사람은 마귀니라"(70절)고 하셨다. 목회를 바로 하는 교역자는순수하게 보이는 소수라도 의지하

지 않는다. 순수하게 보이는 자들도 시험에 빠지면, 얼마든지 교회를 해롭게 할 수 있다. 잘 달리는 말이 뒷발로 걷어차면 무섭다.

우리가 사람을 믿으면, 하나님은 우리로 하여금 실패하게 하신다. 우리는 구별되지 못한 자들의 모임을 믿지 말아야 한다. 우리가 믿기는 하나님만 믿고, 사랑하기는 모든 사람을 사랑해야 되며, 또 말씀을 증거 해야 한다.

제 7 장

⚜ 내용분해

1. 예수님이 장막절에 예루살렘에 가시지 않고 지체하시는 이유(1-9절)
2. 예수님이 은밀히 예루살렘에 올라가심(10절)
3. 예수님에 대한 무리들의 평론(11-13절)
4. 예수님이 성전에서 가르치심과 그 결과(14-44절)
    1) 명절 중간의 설교와 그 결과(14-36절)
        ① 예수님이 그의 지식에 대하여 이상하게 여기는 자들과 변론하심(14-24절)
        ② 그의 유래를 안다는 자들과 변론하심(25-30절)
        ③ 많은 사람이 예수님을 믿기 때문에 그를 잡고자 하는 자들과 변론하심(31-36절)
    2) 명절의 끝날 설교와 그 결과(37-44절)
        ① 예수님의 설교와 저자의 해설(37-39절)
        ② 예수님을 호평하는 자들(40-41 상반절)
        ③ 예수님이 그리스도이심을 부인하는 자들(41 하-43절)

④ 예수님을 체포하려는 자들(44절)

5. 예수님을 잡지 못하여 불평하는 바리새인들(45-52절)

개요

1. 예수님 형제들의 불신앙(1-9절)

7장에는 예수 그리스도에 대한 사람들의 불신앙 행위가 기록되어 있다. 거기에 따라서 예수님의 자기 계시가 나타난다. 그 계시 중에는 비교적 간접적인 것들이 많다. 예수님의 형제들은 세상의 영광을 구하였으니만큼, 그들은 그리스도를 신앙하지 않았다. 그들은 말하기를 "스스로 나타나기를 구하면서 묻혀서 일하는 사람이 없나니 이 일을 행하려 하거든 자신을 세상에 나타내소서"라고 하였다(4절). 사도 요한은 그들의 이러한 태도가 불신앙이라고 하였다(5절). 세속주의는 언제나 불신앙이다. 세상과 벗되는 것은 하나님과 원수 되는 것이기 때문에 세상주의는 불신앙이다. 7절은 말하기를 "세상이 너희를 미워하지 아니하되 나를 미워하나니 이는 내가 세상의 일들을 악하다고 증언함이라"고 하였다. 세상과 벗되는 것이 하나님과 원수 되는 이유는 무엇인가? 그것은 세상이란 것이 무엇인지 밝혀질 때 저절로 설명된다. 그러면 세상은 무엇인가? 요한의 신학이 말한 세상은 (1) 하나님의 아들 예수 그리스도께서 지으신 세상이고(1:10), (2) 후에 마귀로 말미암아 타락하여 마귀가 다스리는 동시에(16:11), 하나님께서 거기 있는 자기 백성을 구원하시려고 역사하시는 곳이다.

2. 공포심 때문에 믿지 못하는 무리(1-13절)

신앙 문제는 인간에게 생사의 문제이다. 예수님을 참으로 아는 사람은 생명을 내걸고 그를 따를 것이다. 그러나 초막절을 당하여 예루살렘에 올라온 무리 중에 어떤 자들은, 예수님을 "좋은 사람"이라고 하면서도 드러나게 말하지는 않았다. 그것을 보면 예수님에 대한 그들의 지식이 완전치 못했던 것이다.

3. 하나님의 뜻에 순종할 마음이 없기 때문에 그리스도를 믿지 아니하는 자들(14-24절)

하나님은 그의 말씀에 순종할 마음이 없는 자에게 그 말씀을 깨닫게 하시지 않는다. 17절의 "하나님의 뜻을 행하려 함"은 기계적으로 혹은 습관적으로만 하나님의 뜻을 이행하려 함이 아니다. 하나님과 신자의 관계는 기계적 관계가 아니고 인격적 관계이며, 사랑의 관계이다. 그러므로 신자들은 모든 지장과 어려움을 돌파하면서 하나님의 뜻에 순종해야 한다. 따라서 그들은 하나님의 뜻을 자기 뜻 같이 사랑해야 한다. 라반 가말리엘(Rabban Gamaliel)은 말하기를, "하나님의 뜻을 너의 뜻인 듯이 행하여라. 그리하면 그는 네 뜻을 그의 뜻같이 여겨 이루어 주시리라"라고 하였다(Westcott). 하나님의 뜻을 행하는 문제와 하나님을 사랑하는 것과는 서로 떠날 수 없는 관계를 가졌다(14:15, 21). 이러한 관계는 성령의 역사로 말미암아 생긴다. 그때 유대인들이 예수님을 죽이고자 하였으니, 그것은 모세의 율법도 지키지 않는 행동이었다(19절). 그것을 보아도 그들에게는 하나님의 뜻을 행하려는 마음이 없었다.

4. 메시아의 유래를 안다는 자들의 불신앙(25-30절)

26-27절에 말하기를 "당국자들은 이 사람을 참으로 그리스도인 줄 알았는가 그러나 우리는 이 사람이 어디서 왔는지 아노라 그리스도께서 오실 때는 어디서 오시는지 아는 자가 없으리라"고 하였다. 여기 "안다"는 말이 세

번 나타난다. 곧 "그리스도인 줄 알았는가"(26절), "우리는 이 사람이 어디서 왔는지 아노라"(27절), 또한 "오시는지 아는 자가 없으리라"(27절)고 한 말이다. 그들은 이처럼 그리스도에 대하여 아는 것이 많은 듯이 자처한다. 그들은 그리스도에 대하여 교만하게 종교적 지식이 많다고 자처하는 바리새인들과 가타 유대주의자들을 대표한다. 그들은 무엇을 안다고 하지만 실상 알지 못하는 자들이었다(참조. 9:41). 그러므로 그들은 메시아를 앞에 모셔 놓고도 그를 메시아가 아니라고 우겨댄다. 마태복음 11:25에는 말하기를 "천지의 주재이신 아버지여 이것을 지혜롭고 슬기 있는 자들에게는 숨기시고 어린 아이들에게는 나타내심을 감사하나이다"라고 하였고, 요한복음 9:41에는 말하기를 "예수께서 이르시되 너희가 맹인이 되었더라면 죄가 없으려니와 본다고 하니 너희 죄가 그대로 있느니라"고 하였다.

예수님을 그리스도로 알게 하는 영적 지식은, 하나님께서 알게 하시는 지식이다. 마태복음 16:17에 "예수께서 대답하여 이르시되 바요나 시몬아 네가 복이 있도다 이를 네게 알게 한 이는 혈육이 아니요 하늘에 계신 내 아버지시니라"고 하였다. 베드로가 예수님을 그리스도로 알아보게 된 것은(마 16:16), 혈육으로 말미암은 지식, 곧 자연인(自然人)의 지식이 아니고 하나님의 감동으로 주신 지식에 의한 것이다.

5. 시기심 때문에 불신앙하는 무리(31-39절)

초막절에 예루살렘으로 올라간 무리 중에 예수님을 믿는 자들이 많이 생겼다(31절). 이 사실을 본 바리새인들은 예수님을 시기하게 되었다. 구약시대에 사울이 다윗을 시기한 것도 그와 같은 것이다(삼상 18:6-9). 바리새인들이 공명심에 사로잡혀 예수님을 시기한 것은, 그들이 부패한 증거이다. 그때 유대의 종교적 지도자들은 부패하여 명예심으로 움직이고 있었고, 이권을 위하여 외식, 권모, 술책으로 흐르고 있었다. 그 종교가들이 이처럼 되어 하나님 앞에 가증한 자들이 되고 말았다. 좋은 것이 좋을 때는 좋으나, 부패한 다음에는 무엇보다도 더 더러운 것이 되어 버린다. 그때 종교적으로 부패한 바리새인들은 만고에 유일하신 의인이요, 하나님의 아들이신 예수님을 잡아 죽이려고 하였다. 예수님은 그 사실을 아시고, 그 사실의 결과를 예언하셨다. 그것은 33-34절의 말씀과 37-39절 말씀이 가르친다. 다시 말하면, 그들이 그를 죽여 버려도 도리어 그의 메시아이신 사실이 더욱 밝히 드러나도록 되어 있다는 것이다. 곧 그가 죽으신 뒤에 그를 믿는 자의 배에서 생수의 강이 흘러나오게 될 사실(37-39절)이 그것이라는 것이다. 이것도 역시 메시아를 죽이는 자들의 행위가 도리어 그가 메시아이신 사실을 실증하는 것이 되고 마는 또 한 가지 실례이다. 예수님이 메시아라는 사실은 꺾을 수 없는 진리이다. 이는 죽일 때 더욱 힘 있게 살아나는 진리이다.

6. 성경을 아는 듯하나 예수님을 모른 자들의 불신앙(40-52절)

그들은 메시아가 베들레헴에서 나실 것을 확인하였다. 그러나 그들은 베들레헴에서 예수님이 탄생하신 사실을 몰랐다. 그러므로 그들은 간접적으로 예수님의 메시아이심을 확증하신 것이다. 이것은 진리를 반대하는 자의 입으로 도리어 진리가 증거된 또 한 가지 실례이다.

해석

1 **그 후에 예수께서 갈릴리에서 다니시고 유대에서 다니려 아니하심은 유대인들이 죽이려 함이러라.** '다니신다'는 말은 제자들과 성역하시고 계심을 가리킨다. 그는 때가 되기 전에 일부러 위험 중에 들어가시지 않은 것이다. 박해를 당할 때 목숨을 구걸하는 것도 옳지 않지만, 일부러 박해를 청하여 받는 것도 지혜롭

지 못하다.

2 **유대인의 명절인 초막절이 가까운지라.** "초막절"은 유대인의 조상들이 광야에서 40년 동안 장막에 거주한 사실을 기념하며, 하나님의 은혜를 기억하는 명절이다(레 23:34).

3 **그 형제들이 예수께 이르되 당신이 행하는 일을 제자들도 보게 여기를 떠나 유대로 가소서.** 일설에, 여기 기록된 예수님의 "형제들"은 예수님보다 연로한 자들이었다고 하나(Bernard), 성경적이 아니다(눅 2:7). "제자들"이란 말은 12 제자 외에 일반 신자들을 가리킨다.

형제들이 예수님에게 저런 말을 한 것은, 예수님에게 또 한 번 고통을 드린 것이다. 그들은 예수님을 명예주의자로 오해하고 저렇게 권면했다. 그들이 예수님과 형제 관계이면서도 예수님을 이해하지 못했으니, 그의 마음이 얼마나 괴로우셨을까? 하스킨스(Hoskyns)는 말하기를 "그의 형제들의 권면은, 마치 저 떡 먹은 무리가 그를 억지로 임금 삼으려던 것과 같고(6:15), 자기에게 절하면 천하만국을 주겠다고 한 마귀의 시험과도 같다."고 하였다. 예수님은 엄밀하게 하나님 중심이었지만, 그 형제들은 이 세상주의로 행하였다.

4 **스스로 나타나기를 구하면서 묻혀서 일하는 사람이 없나니 이 일을 행하려 하거든 자신을 세상에 나타내소서 하니.** 이 말은 이 세상 처세술을 보여 준다. 그러나 그것은 인본주의에서 취할 원리이다. 신본주의에서 행하는 자는 오직 하나님의 인도를 따라서 그대로 움직인다.

5 **이는 그 형제들까지도 예수를 믿지 아니함이러라.** 사도행전 1:14을 보면, 그들이 후에 믿는 자들로 알려졌다. 그러나 그 현재에는 그들이 예수님을 믿지 않았던 것이다. 여기서 "믿지 아니함"은 예수님을 메시아로 믿지 아니함을 말함이다. 신앙은 혈통 관계로 발생되는 것이 아니다. 그 이유는, 그것이 하나님의 선물이기 때문이니(엡 2:8).

6 **예수께서 이르시되 내 때는 아직 이르지 아니 하였거니와 너희 때는 늘 준비되어 있**

느니라. "내 때"란 말의 "때"(καιρός)는, 하나님이 친히 정하신 시간을 가리킨다(Grosheide). 이것은 주로 예수님의 수난 시기를 가리키는데, 여기서는 그가 예루살렘에 올라가실 시기를 가리킨다. 예수님의 행동은 그 어느 것이든지 하나님 아버지가의 시키시는 대로 하신 것이다(5:19, 30). 그는 아버지와 일체이기 때문이다. 그러나 다른 불신자들은 하나님을 떠나 있고 제멋대로 행동하는 것인 만큼, 언제든지 그들의 원대로 행하는 그때가 그들의 때이다. 그들은 굴레 벗은 송아지와 같아서 자율주의로 덤빈다. 따라서 그들의 행동은 하나님 앞에서 가치를 가지지 못하고 겨와 같이 가벼운 것이다.

7 세상이 너희를 미워하지 아니하되 나를 미워하나니 이는 내가 세상의 일들을 악하다고 증언함이라. 이 세상은 타락하여 본질적으로 악해졌으므로 완전히 선하신 예수님과 정반대이다. 거기서 예수님은 미움을 당하신다(창 3:15). 그가 미움을 당하시는 사실이 도리어 그가 세상의 구주가 되신 증표이다. 우리는 그가 미움 받으신 사실을 보고, 도리어 그를 전심으로 믿어야 한다.

8 이 구절에 대하여는 6절의 해석을 참조하라.

9 이 말씀을 하시고 갈릴리에 머물러 계시니라. 그의 머무심은 그 어떤 다른 힘이 변동시킬 수 없는 태산보다 무거운 것이다. 그를 움직이는 것은 오직 하나님의 뜻 외에 다른 것이 없다.

10 그 형제들이 명절에 올라간 후에 자기도 올라가시되 나타내지 않고 은밀히 가시니라. 그가 예루살렘에 올라가셔서 말씀하실 때는 비밀히 하시지 않고 공개적으로 하셨다(26, 28; 18:20). 그런데 그가 올라가실 때 비밀히 하신 것은, 도중에 원수들의 위험이 있었던 까닭이었을 것이다. 그는 때가 이르기 전에 그의 생명을 함부로 내버리기를 원치 않으셨다.

11-13 명절 중에 유대인들이 예수를 찾으면서 그가 어디 있느냐 하고 예수께 대하여 무리 중에서 수군거림이 많아 어떤 사람은 좋은 사람이라 하며 어떤 사람은 아니라 무리를 미혹한다 하나 그러나 유대인들을 두려워하므로 드러나게 그에 대하여 말하는 자가 없더라. 명

절에 모인 무리들이 예수님에 대하여 말하기를 조심하였다. 그 이유는 종교 지도자들의 의견이 어떻게 나올지 모르는 까닭이었다. 그들은 예수님에 대하여 옳은 의견도 공적으로 발표하지 못하였다. 그것은 진리보다 사람을 더 무서워한 잘못이다.

14 **명절의 중간이 되어 예수께서 성전에 올라가사 가르치시니.** 이 명절 기간은 한 주간이었다(레 23:36). 이제 그 중간이 되었으니, 사람들이 가장 많이 모였을 것이다. 이때 그는 가르치기를 시작하셨다.

15 **이 사람은 배우지 아니하였거늘 어떻게 글을 아느냐 하니.** "글"이란 말의 헬라어(γράμματα)는, 문자를 의미하기도 하고(갈 6:11), 성경을 의미하기도 하나(딤후 3:15), 여기서는 학문을 가리킨다(W. Hendriksen). 유대인들의 이와 같은 의문은, 그의 교훈이 권위 있기 때문이었다(마 7:28-29).

16 **예수께서 대답하여 이르시되 내 교훈은 내 것이 아니요 나를 보내신 이의 것이니라.** 예수님이 만일 자기는 아무의 제자도 아니라고 하셨더라면, 서기관들은 그를 가리켜 속이는 자라고 하였을지 모른다(Bernard). 그러므로 그는 그를 보내신 하나님 아버지의 교훈을 그대로 말한다고 하신다. 그는 나면서부터 아는 이라고 하기보다 영원 전부터 하나님 아버지에게서 받으신 것을 말씀하시는 이시다. 그 이유는, 그는 하나님 아버지를 계시하시기 위하여, 또는 아버지의 뜻을 대언하시기 위하여 보내심을 받았기 때문이다.

17 **사람이 하나님의 뜻을 행하려 하면 이 교훈이 하나님께로부터 왔는지 내가 스스로 말함인지 알리라.** 예수님의 말씀이 하나님께로부터 왔다는 사실을 알게 되는 방법에 관하여 말한다. 그 방법은 사람의 지능을 첫째로 하는 것이 아니고 종교 윤리와 관련되어 있다. 그의 말씀을 행하려고 하는 자는 그 말씀이 하나님의 것인 줄 알게 된다. 크로샤이데(Grosheide)는 말하기를 "예수님의 말씀에 의하면, 그의 교훈을 알 수 있는 자는 지능의 인물이거나 혹은 통찰력의 소유자가 아니고, 그 말씀을 행하려는 자라고 하셨다. 영적 지식을 얻는

방법에는 이처럼 종교 윤리적인 것이 먼저 관계된다"라고 하였다. 하나님께서 요구하시는 것은 이론이 첫째가 아니고 순종이 첫째이다. 무디(Moody)는 말하기를 "순종은 하나님의 뜻을 배우는 좋은 학교이다"라고 하였다.

18 스스로 말하는 자는 자기 영광만 구하되 보내신 이의 영광을 구하는 자는 참되니 그 속에 불의가 없느니라. 테오도르 찬(Theodor Zahn)은 여기의 "스스로 말하는 자"란 그때의 불신 유대인을 가리키고, "보내신 이의 영광을 구하는 자"란 예수님을 가리켰다고 하였다. 불신 유대인들은 하나님의 계시에 의지하지 않고 자율적으로 생각하며 말하였다. 그들은 구약성경을 존중하는 듯하며 그것에 기준하여 말하는 듯하면서도, 실상은 그것을 자기들의 사욕을 위하여 잘못 사용하였다. 그러므로 그들은 자율주의자들임을 면치 못하였다. 그러나 예수님은 하나님의 영광을 구하시는 처지(보내심을 받은 처지)였으니 만큼, 하나님 아버지의 말씀만 대언하신 것이다. 그러므로 그의 말씀은 참되고 그의 행동 원리에는 불의가 없다. 그는 보내심을 받았다는 사명대로 순종하시니, 그 사실(보내심을 받은 사실) 앞에서 참되시고 또 불의함이 없다. 일반인도 하나님의 영광을 구하는 생활을 하는 자라면 비교적 참되고 불의함이 없다. 그 이유는 그가 마땅히 두려워해야할 보이지 않으시는 하나님 앞에서 진실히 행하기 때문이다(참조. 8:29, 49-50, 54, 16:32).

참되고 불의가 없는 생활은, 하나님을 위하여 하나님의 영광을 구하는 경건이다. 그것은 예수님과 및 그를 믿는 사람들의 생활이다. 그러나 참되지 못하고 불의한 생활(불의로 진리를 막는 생활)은 모든 경건치 못한 자들의 것이다(롬 1:18).

19 모세가 너희에게 율법을 주지 아니하였느냐 너희 중에 율법을 지키는 자가 없도다 너희가 어찌하여 나를 죽이려 하느냐. 이 구절부터 24절까지는, 위절 끝에 말씀하신 대로 예수께서 자기에게는 불의가 없다는 점을 다음과 같이 변증하신다. ① 자기의 반대편인 유대인 측에 불의가 있다는 것. 그들은 모세의 율법을 어

겨 가면서 율법의 예언대로 오신 메시아를 죽이려고 하니, 그것이 불의하다. ② 예수님이 안식일에 병자를 고치신 것(5장)은 율법을 어김이 아님. 만일 그것이 율법의 안식법을 어긴 것이라면, 안식일에 할례를 행하는 유대인들도 역시 율법을 어기는 것이 아니겠는가? 안식일에 할례를 행하는 것이 종교 의식으로서 혹은 사람을 위생적으로 돕는 자비의 일로서 허용된다면, 예수님이 안식일에 병자를 고치신 것이 자비의 일로서 허용되지 못할 것이 무엇이랴? 저것이 정죄되지 않는 한, 이것도 정죄되지 않는다(21-24절).

20 무리가 대답하되 당신은 귀신이 들렸도다 누가 당신을 죽이려 하나이까. 유대인들은 예수님을 죽이려는 독한 미움을 품고 다녔다. 그러면서도 그들은 자기 마음속에 숨은 악독을 몰랐다. 그들은 도리어 그들의 악을 바로 지적하신 예수님을 미쳤다고 지적하며, "당신은 귀신이 들렸도다"라고 하였다. 불신앙은 이처럼 예수님을 모독하는 것이다. 모든 불신앙의 사람들은 무언중에 예수님을 "귀신 들렸다"고 욕하는 자들인 셈이다.

21 예수께서 대답하여 이르시되 내가 한 가지 일을 행하매 너희가 다 이로 말미암아 이상히 여기는도다. 여기 "한 가지 일"이란 것은 예수님이 3년 된 병자를 고쳐 주신 일을 가리킨다(5:10). "이상히 여긴다" 함은, 그들이 불신앙으로 말미암아 도리어 놀람을 가리킨다.

22 모세가 너희에게 할례를 행했으니(그러나 할례는 모세에게서 난 것이 아니요 조상들에게서 난 것이라) 그러므로 너희가 안식일에도 사람에게 할례를 행하느니라. 할례는 모세의 법(구약 율법)에 제정되어 있다. 그만큼 그것은 중요하다. 그것은 실상 모세 이전 부조 시대(아브라함, 이삭, 야곱의 시대)부터 내려온 법이다(창 17:10, 21:4; 행 7:8). 유대인은 부득이 하여 안식일에도 이 법을 지키는 일이 있었다. 곧 그들은 난 지 8일 된 아들에게 할례를 행하였는데, 제 8일이 안식일에 해당하면 그것을 그날에도 행한 것이었다(Rabbi Akiba).

23 모세의 율법을 범하지 아니하려고 사람이 안식일에도 할례를 받는 일이 있거든 내

가 안식일에 사람의 전신을 건전케 한 것으로 너희가 내게 노여워하느냐. 여기 나타난 대조를 해석함에 있어서, 다음과 같은 의견들이 있다. ① 유대인들이 안식일에도 하나의 의식적 제도인 할례를 행한다면, 사람의 전신을 고치는 것(38년 된 병자를 고치심), 곧 사랑의 계명을 안식일에 행하지 못하실 이유가 어디 있으랴? ② 할례는 의식적 의미로, 할례 받는 자에게 복 된 일이다. 그러나 38년 된 병자를 고치신 예수님의 이적은, 그 사람의 전신을 건전하게 만들었다. ③ 어떤 학자는 다음과 같이 말한다. 할례는 그것을 받는 자의 한 지체를 위생적으로 건강하게 하는 정도이지만, 예수님이 38년 된 병자를 고치신 것은 그 사람의 온 몸을 건강하게 하셨다고 한다. ④ 크로샤이데(Grosheide)는 이 점에 있어서, 할례를 위생적 유익에 관계된 일로 생각하지 않고 영적 유익에 관계된 일이라고 생각하고 해석하기를, "할례는 다만 그것을 받는 자에게만 영적 유익을 주지만, 그리스도께서 38년 된 병자의 온 몸을 고치신 일은 모든 시대를 통한 교회에 유익을 주는 계시이다"라고 하였다.[105]

24 외모로 판단하지 말고 공의롭게 판단하라 하시니라. 외모로만 본다면 안식일에 병을 고치는 것이 죄 되는 것 같다. 그러나 안식일에 할례받는 것도 같은 원리이다. 저것이 죄라면 이것도 죄이다. 이 문제는 공정하게 다루어져야 한다.

25-26 예루살렘 사람 중에서 어떤 사람이 말하되 이는 그들이 죽이고자 하는 그 사람이 아니냐 보라 드러나게 말하되 그들이 아무 말도 아니 하는도다 당국자들은 이 사람을 참으로 그리스도인 줄 알았는가. 유대인의 종교적 지도자들이 예수님을 죽이려고 한 사실은, 여기 예루살렘 사람의 증거로도 알려진다. 그러므로 20절의 "누가 당신을 죽이려 하나이까"라고 한 군중의 변명은 무식한 말이다. 예수님이 드러나게 말씀하셔도 당국자들(유대의 지도자들)이 그를 잡지 못한 원인은, 때가

---

105) Grosheide Het Heilige Evangelie Volgens Johannes, Kommentaar I, 516.

이르기 전에는 하나님께서 그것을 허락하시지 않은 까닭이었다(30절).

27 그러나 우리는 이 사람이 어디서 왔는지 아노라 그리스도께서 오실 때는 어디서 오시는지 아는 자가 없으리라 하는지라. "그리스도께서 오실 때는 어디서 오시는지 아는 자가 없으리라" 이것은 예수님이 나시기 전 중간 시대에 나온 계시문학에 있는 사상인 듯하다. 계시문학에는 그리스도께서 갑자기 "구름에서 나타난다" 혹은 "해에서 나타난다"고 하였다(제 4에스라 7:28, 13:32).

28-29 예수께서 성전에서 가르치시며 외쳐 이르시되 너희가 나를 알고 내가 어디서 온 것도 알거니와 내가 스스로 온 것이 아니니라 나를 보내신 이는 참되시니 너희는 그를 알지 못하나 나는 아노니 이는 내가 그에게서 났고 그가 나를 보내셨음이라 하시니. 유대인들이 예수님의 내력을 안다는 것은, 그의 인성의 역사와 환경을 아는 데 불과하였다. 그것은 예수님도 인정하신다. 그러나 그들이 예수님의 신성에 관계된 사실은 몰랐던 것이다. 그러므로 그는 그 사실에 대하여 말씀하신다.

"나를 보내신 이는 참이시니." 이 말씀은 ① 예수님이 그때 그(그리스도)를 배척하면서 하나님을 안다고 하는 유대인들의 그 앎이 참되지 않다는 것을 지적하심이다. 하나님(그리스도를 보내신 이)을 참으로 아는 지식은 그리스도를 안다. 그 이유는 그리스도를 세상에 보내신 이가 진정한(ἀληθινός) 하나님이시기 때문이다. ② 예수님이 메시아로서 세상에 보내심을 받은 사실도 참되다는 뜻을 가진다(Griosheide). 사람들은 예수께서 메시아이심을 확실하게 믿어야 한다.

"내가 그에게서 났고." 이 문구의 헬라어(παρ' αὐτοῦ εἰμι)는 "내가 그에게서 왔고"라고 번역되어야 한다. 여기에 "났고"라는 개념은 도무지 들어 있지 않다(Calvin). 이 문구의 강조점은 그가 하나님을 아시는 데 있어서 근본적으로 참되시다는 것이다.

30 그들이 예수를 잡고자 하나 손을 대는 자가 없으니 이는 그의 때가 아직 이르지 아니하였음이러라. 그는 많은 위험으로 포위되었으나 잡히지 않으셨다. 그 이유는

하나님의 뜻이 아직 허락하지 않으셨기 때문이다. 하나님께서 모든 위험 가운데서도 예수님을 보호하신 것이 여기에도 나타났다. 그는 일반 신자들에게 대해서도 꼭 마찬가지로 보호하신다. 그러므로 우리는 불신앙을 가장 위험한 줄 알고 경계해야 한다.

31 무리 중의 많은 사람이 예수를 믿고 말하되 그리스도께서 오실지라도 그 행하실 표적이 이 사람이 행한 것보다 더 많으랴 하니. 그때 예수님을 잡으려는 무리가 있었던 반면에(30절), 그를 믿는 큰 무리도 일어났다(31절). 진리가 박해를 당할 때 택한 백성들은 자던 잠을 깨어 진리 편으로 오는 법이다. 어두운 밤이 깊어지면 새벽이 가까워 오는 것처럼(롬 13:12), 죄악이 혹독하게 그 정체를 드러내면 사람들의 마음속에 정의감이 일어나게 되면서 진리 편에 가담하게 되는 일도 있다. 그러나 그들이 구원 받을 믿음을 가지게 될 근본 원인은, 그들이 하나님의 선택을 받은 사실에 달렸다(참조. 6:37, 44).

32 예수에 대하여 무리가 수군거리는 것이 바리새인들에게 들린지라 대제사장들과 바리새인들이 그를 잡으려고 아랫사람들을 보내니. "수군거리는 것"은 앞 절 하에 기록된 내용과 같은 것이겠다. 그렇게 예수님의 인기가 올라가는 것을 보게 된 대제사장들과 바리새인들은, 이제 시기하는 마음으로 그를 잡으려고 한다. 종교가들도 부패하면 이렇게 남의 잘되는 것을 시기하는 악독을 발한다. 좋은 것이 썩으면 더욱 괴악하여지는 법이다.

33-34 예수께서 이르시되 내가 너희와 함께 조금 더 있다가 나를 보내신 이에게로 돌아가겠노라 너희가 나를 찾아도 만나지 못할 터이요 나 있는 곳에 오지도 못하리라 하시니. 이것은 예수님이 땅 위에서 역사하시는 기간이 길지 못할 것을 가리킨 것이다. 멀지 않은 장래에 그는 하늘에 가실 예정이다. 그러므로 그때 그를 박해하던 유대인들은 그의 가시는 하늘나라에 갈 수 없다고, 그는 말씀하신 것이다. 이것은 물론 예수님을 해하려는 자들의 마지막에 대한 말씀이다.

그러나 예수님을 사랑하여 찾는 신자들은 벌써 어느 정도 그(예수)를 소유하고서, 더욱 풍부히 그를 소유하기 위하여 찾는다. 그러므로 그들의 찾음은 헛되지 않다. 이 세상의 우물에 물을 길러 가는 자는 물을 못 길어올 때가 있어도, 구원의 생수(예수)를 얻으려고 찾아가는 자들은 언제나 기쁨으로 찾아 만난다.

35-36 이에 유대인들이 서로 묻되 이 사람이 어디로 가기에 우리가 그를 만나지 못하리요 헬라인 중에 흩어져 사는 자들에게로 가서 헬라인을 가르칠 터인가 나를 찾아도 만나지 못할 터이요 나 있는 곳에 오지도 못하리라 한 이 말이 무슨 말이냐 하니라. 유대인들은 위의 예수님의 말씀을 이해하지 못하고 의문을 품었다. 그들은 예수님이 가신다는 곳이 어디인지 몰라서 잘못 생각하기를 "헬라인 중에 흩어져 사는 자들에게로 가시겠다는 뜻인가?" 하였다. "헬라인 중에 흩어져 사는 자들"이란, 헬라와 기타 외국에 흩어져 사는 유대인들을 의미한다. 유대인들은 외국에 흩어져 사는 동포들을 천하게 보았으며, 특히 이방인(헬라인)들을 멸시하였다(Bernard). 그러므로 "헬라인 중에 흩어져 사는 자들에게로 가서 헬라인을 가르칠 터인가"란 말은, 예수님의 권위를 업신여긴 말이다. 그들은 "나를 찾아도 만나지 못할 터이요 나 있는 곳에 오지도 못하리라"고 하신 무서운 말씀 앞에서도 두려워 회개할 줄 모르고, 오만한 태도로 그저 한번 의문하고 지나간 것이다. 불신앙은 이처럼 내세에 당할 일에 대하여 둔감하다.

37 명절 끝날 곧 큰 날에 예수께서 서서 외쳐 가라사대 누구든지 목마르거든 내게로 와서 마시라. 초막절은 한 주간이지만, 거기에 하루를 더하여 8일 동안 지켰다(레 23:36; 민 29:35). 유대인들에게는 이 초막절 기간에 매일 실로암 못에서 물을 길어 가지고 행렬을 지어 성전 문에 돌아와서 물을 붓는 행사가 있었다. 그것은 그들의 선조들이 광야에 있을 때 바위에서 이적으로 솟아나온 물을 기념하는 뜻이라고 한다. 예수님은 이와 같은 초막절 행사와 관련하여 영적 생수에 관한 설교를 하셨다.

"내게로 와서 마시라." 이것은 보통 사람이 할 수 없는 큰 말씀이다. 이것은 메시아로서 하실 수 있는 말씀이다. 이 말씀의 권위는 마태복음 11:28 말씀과 같다(참조. 사 55:1). 이 말씀을 보면, 예수님만이 인류의 갈증을 멈추어 주실 수 있음이 확실하다. 인간은 작은 자이지만, 그의 소망과 요구는 무한한 것으로라야 채울 수 있다(전 3:11). 이 무한하신 이는 하나님이시며, 그 아들 예수 그리스도뿐이시다. 그리스도께서 이처럼 인류의 갈증을 참으로 만족시키신다는 사실은 약 2,000년 동안의 진실한 그리스도인들의 경험이 증거한다.

38 나를 믿는 자는 성경에 이름과 같이 그 배에서 생수의 강이 흘러나오리라. 어떤 학자들은 이 구절 초두에 있는 "나를 믿는 자"란 말을, 앞 절 끝의 "마시라"는 말의 주격으로 올려붙인다. 그것이 문법상으로 가능한데, 그렇게 하는 경우에 그 뜻은 "나를 믿는 자로 마시도록 하라"는 것이다. 그리고 그들은 여기 "그 배에서"란 말을 "그리스도의 배에서"란 뜻으로 간주한다(Lagrange, Bultmann, Wikenhauser). 옛날 교회에서는 히폴리투스(Hippolyt)가 그렇게 해석하였다. 그러나 우리 한역과 같이 번역함이 옳다. 초기 교회의 신자들은 성령의 은혜로 충만하였고, 그들에게서 나온 영적 역사는 무수한 사람들에게 미쳤다. 후대의 일반 신자들도 잘 믿는 사람들은 이처럼 남들에게 신령한 은혜를 강수처럼 풍성히 전달해 준다.

"성경에 이름과 같이"란 말씀은 다음 성구들을 기억하게 한다. 사 43:20, 44:3, 55:1, 58:11; 겔 47:1-12; 욜 3:18; 슥 13:1, 14:8 등이다.

"그 배에서"란 말은 성령께서 신자의 가장 깊은 심령 속에서 역사하실 것을 가리킨다. 그리스도로 말미암아 이루어질 영적 역사는, 이처럼 인간의 가장 깊은 요구를 만족시켜 주며 근본적인 문제를 해결하여 준다. "생수"는 성령님을 비유하는데, 이런 비유가 성령님의 인격성을 제외함이 아니다. 요한복음은 성령님의 인격성(人格性)을 밝히 말하고 있다(1:33, 3:34, 6:63).

39 이는 그를 믿는 자들이 받을 성령을 가리켜 말씀하신 것이라(예수께서 아직 영광을

받지 않으셨으므로 성령이 아직 그들에게 계시지 아니하시더라). "영광을 받음"에 관한 말씀은, 여기서는 특히 그의 승천을 가리킨다. 14:26, 16:7을 보면, 성령님의 강림은 그의 승천을 조건으로 하고 있다. 뷔히젤(Büchsel)은 여기 "영광"이란 말이, 예수님의 십자가 위에서 죽으심까지 포함한다고 하였다(Theo., S. 74).

슐라터(Schlatter)는 이 구절들(37-39절)에 있는 성령 강림에 관한 말씀은 그리스도의 말씀 운동, 곧 신약 시대의 전도 운동을 가리킨 것이라고 하였다(Theo.,d. Apost., S.152). 그러나 여기 이 말씀은 신자에 대한 성령님의 내적 역사, 곧 거듭나게 하는 역사를 가리킨다. 구약 시대에도 성령이 역사하셨으나, 신약 시대의 역사는 그 성격이 특이하다. 이 시대(오순절 때)에 임하신 성령은 강수와 같이 풍성하고, 교회 안에 유하시며 교회를 중심으로 일하신다.[106)]

40-42 이 말씀을 들은 무리 중에서 어떤 사람은 이 사람이 참으로 그 선지자라 하며 어떤 사람은 그리스도라 하며 어떤 이들은 그리스도가 어찌 갈릴리에서 나오겠느냐 성경에 이르기를 그리스도는 다윗의 씨로 또 다윗이 살던 마을 베들레헴에서 나오리라 하지 아니하였느냐 하며. 인간들은 죄로 인하여 어두워졌기 때문에, 유일한 진리이신 예수 그리스도에게 대해서도 저렇게 견해가 달라졌다.

"그 선지자"란 말은 모세가 예언한 바(신 18:15) 메시아 명칭이다. "다윗의 씨"(참조. 삼하 7:12). "베들레헴에서 나오리라"(참조. 미 5:2).

44 그 중에는 그를 잡고자 하는 자들도 있으나 손을 대는 자가 없었더라. 그들은 진리를 신앙하므로 구원받기를 원치 않고 도리어 그를 잡아치우려고 한다. 그것은 어두움이 빛을 물리쳐 보려는 어리석은 일이다. 진리를 믿지 않는 자들에게는 진리의 존재가 괴로운 것이 된다(계 11:10). 그러므로 그들은 그것을

---

106) Grosheide, Hij in de gemeente woonte en uit de gemeente werkt. Het Heilige Evangelie Volgens Johannes, Kommentaar I, 535.

눌러 보려고 하며, 잡아 치우려고도 한다. 그러나 그것은 그들이 멸망을 자취함이다. 그들이 그때 그를 잡지 못한 원인은 아직 하나님께서 허락하시지 않았기 때문이다(30절).

45 아랫사람들이 대제사장들과 바리새인들에게로 오니 그들이 묻되 어찌하여 잡아오지 아니하였느냐. 여기 나타난 그들의 질문을 보아서, 그들이 얼마나 예수님을 죽이려고 힘썼는지 알 수 있다.

46 그 사람이 말하는 것처럼 말한 사람은 이때까지 없었나이다 하니. 아랫사람들(성전 경비원들)의 느낌에도 예수님의 말씀은 능력의 말씀이었다. 따라서 그 말씀은 권세 있는 자의 말씀으로 나타났을 것이다(마 7:29). 그러므로 저 아랫사람도 압도되어 그를 잡지 못하였다.

47 바리새인들이 대답하되 너희도 미혹되었느냐. 예수님을 잡으려던 아랫사람들은 그래도 그의 말씀 앞에 압도를 당하였다. 그러나 바리새인들은 그들을 가리켜 미혹된 자들이라고 한다. 그만큼 바리새인들은 더욱 완악하였던 사실이 드러난다.

48 당국자들이나 바리새인 중에 그를 믿는 자가 있느냐. 이에 대해 아우구스티누스(Augustine)는 해석하기를, "그때 율법을 모르는 무리는 도리어 율법의 제정자이신 그리스도를 믿었으나, 율법을 가르치노라고 하는 자들은 그를 정죄하였다. 그것은 그가 보지 못하는 자들은 보게 하고, 보는 자들은 소경 되게 하시리라는 말씀(9:39)의 성취이다"라고 하였다.[107] 바리새인들은 자기들의 불신앙이 진리의 표준인 듯이 여기서 호언장담하였다. 그러나 그들의 말은, 그들의 시기로 인하여 발표된 역설이다. 그들 자신이 그들 자신의 죄악에 미혹되었다. 그들의 이 말은 그 자리에서 모순으로 드러나고 만다. 곧 그들의 이 말 끝에, 그들 중 하나인 니고데모가 그리스도 신앙의 방향으로 돌아온

---

107) Augustine, Catena Aura IV, 279.

표를 나타내었다(50-51절). 여기에 따라서 그들의 호언장담은 수포로 돌아가고 말았다.

49 율법을 알지 못하는 이 무리는 저주를 받은 자로다. 바리새인들은 예수님을 믿는 자들을 가리켜 율법을 모르는 자라고 매우 그릇된 판단을 한다.

50-51 그 중에 한 사람 곧 전에 예수께 왔던 니고데모가 그들에게 말하되 우리 율법은 사람의 말을 듣고 그 행한 것을 알기 전에 심판하느냐. 니고데모의 이 말은 바리새인들이 호언장담한 내용, 곧 당국자들이나 바리새인 중에 예수 믿는 자가 없다는 주장(48절)을 물거품으로 만들었다. 그 이유는 니고데모는 관원이요 바리새인(3:1)이면서도, 이 때 예수님을 변호할 정도의 신앙이 있었던 것으로 이제 드러났기 때문이다. 그뿐 아니라, 바리새인들의 또 한 가지 호언장담, 곧 자기들은 율법을 안다고 하면서 율법을 모르는 무리를 저주한 것도, 니고데모의 이 말 한 마디로 인하여 헛된 것으로 드러난다. 그들은 남들을 율법 모르는 자들이라고 혹평하여 정죄하였으나, 실상은 그들이 율법을 모르는 자들인 사실이 니고데모의 이 말로 확증되었다. 그들은 남들을 정죄하려다가 도리어 자기들 자신을 정죄한 셈이다(참조. 신 1:16; 출 23:1-3).

52 그들이 대답하여 이르되 너도 갈릴리에서 왔느냐 찾아보라 갈릴리에서는 선지자가 나지 못하느니라 하였더라. 그들은 니고데모를 업신여기는 태도로 이 말을 하였다. 그러나 이것도 모순된 말이니, 율법과 성경에 대한 그들의 무식을 자증한 것뿐이다. "찾아보라"는 것은 율법책(혹은 성경)을 상고하여 보라는 말이다. 그들은 이처럼 도전적으로 자기들은 율법이나 성경의 권위자인 듯이 자처하며 남들을 무시한다. 그러나 성경에 대한 그들의 무지함이 이 말에서 드러나고 있다. "갈릴리에서는 선지자가 나지 못하느니라"고 한 것은 사실과 부합하지 않는다(참조. 사 9:1).

53 이 구절은 8장 초두에 취급된 사본 문제와 함께 생각해 보아야 한다.

설교 불신앙에 속한 생활과 참된 신앙생활(7:1-9)

사람은 무슨 일에든지 진실하게 행하지 않으면 실패한다. 가령, 장사하는 사람이 시작한 상업에 마음을 붙이지 못하고 그저 되는대로 할 것 같으면 성공할 수 있을까? 성공하지 못한다. 그는 그 일을 할 줄도 알아야 되겠고, 또한 성실하게 해야 한다. 학생이 공부하는 것도 마찬가지이다. 어떤 학생들은 학교에 다니기는 한다. 그러나 공부는 거의 하지 않으면서 다닌다. 그는 공부할 줄도 모르고 하려고 힘쓰지도 않는다. 그 학생은 마침내 학업에 실패한다. 신앙생활도 그와 마찬가지이다. 우리는 여기서 신앙과 불신앙을 대조해 보기로 하자.

1. 나타나기를 원하는 생활과 묻혀서 살기를 원하는 생활

이 대조는 예수님의 형제들이 말하였는데, 그들은 무의식중에 불신앙생활과 신앙생활을 대조시켰다. 4절에 말하기를 "스스로 나타나기를 구하면서 묻혀서 일하는 사람이 없나니 이 일을 행하려 하거든 자신을 세상에 나타내소서"라고 하였다. 여기서 우리가 볼 수 있는 것은, 사람들에게는 나타나기를 원하는 생활이 있고, 묻혀서 살기를 원하는 생활도 있다는 것이다. 나타나기를 구하는 생활은 언제나 불신앙이다. 그것은 사람들이 알아주기를 원하는 심리로 움직이는 것이니, 하나님을 믿는 생활이 아니고 사람을 의지하여 사람의 영광을 구하는 생활이다. 이런 생활에는 언제나 불안이 있다. 그 이유는, 사람들은 언제나 요동하고 있으며, 그들의 관계도 언제나 안정되어 있지 않기 때문이다. 사람들에게 인정받기를 원하는 생활은 명예주의요, 허영주의이다. 주님을 믿는다고 하면서 세상 영광을 탐하는 자들은, 실상 세상 사람에게 구경거리가 되기 위한 배우들임을 면치 못한다. 그러나 묻혀서 살기를 원하는 생활은 참다운 신앙생활이다. 그들은 세상 사람에게 구경거리가 되기를 원치 않는다. 그들은 진열장의 전시품(展示品)이 되기를 원치 않는다. 그들은 하나님께서만 알아주시는 것을 원한다. ① 그들은 커지는 것보다 작아지는 것을 원하며 작은 일에 충성하기를 원한다. ② 그들은 넓어지기보다 깊어지기를 원한다. 다시 말하면, 그들은 널리 알려지며 넓게 어떤 사업을 하는 것보다, 깊이 하나님과 교제하며 하나님과 함께하는 자가 되기를 원한다. ③ 그들은 높아지기보다 낮아지기를 원한다.

2. 시도 때도 없이 행동하는 생활과 하나님의 시간에 맞추어 행동하는 생활

6절에 예수님께서 말씀하시기를 "내 때는 아직 이르지 아니하였거니와 너희 때는 늘 준비되어 있느니라"고 하셨다. 이 말씀도 불신앙생활과 신앙생활을 대조시켰다. 무시로 행동하는 생활은, 어떤 일에 있어서나 하나님의 뜻을 분명히 알아보지 않고 행동하는 것을 의미한다. 자연계도 때를 지킨다. 예레미야 8:7에 말하기를 "공중의 학은 그 정한 시기를 알고 산비둘기와 제비와 두루미는 그들이 올 때를 지키거늘 내 백성은 여호와의 규례를 알지 못하도다"라고 하였다. 우리는 종종 하나님의 뜻을 알아보지도 않고 마구 행동함으로 일을 저지르기 쉽다. 그것은 불신앙이다. 그러나 하나님의 인도를 따라 움직이는 생활은 귀하니 그것이 신앙생활이다. 이처럼 사는 사람의 생활은 언제나 피상주의를 거부하고 하나님이 계신 깊은 자리에서 살기 원한다.

① 그러므로 그는 기도생활이 깊다. 그는 기도를 통하여, 자기가 스스로 들떠 하늘까지 높아졌던 자리에서 입을 티끌에 댈 정도로 낮아지며 가라앉는다(애 3:29). 그는 거기서 하나님을 만난다. ② 그는 백 마디 말보다 한 가지 실행을 굳세게 한다. 침묵정진이 그의 생활이다. 다시 말하면, 그는 하나님의 뜻을 알기까지 침묵할 줄 알며, 하나님의 뜻을 안 다음에는 전진한다. 하나님의 뜻을 따라서 움직이면 언제든지 형통하고 평안을 얻는다. 물결이 높이 일어나는 바다에서 헤엄치는 사람들 중에, 헤엄을 잘 치는 사람들은 그

물결을 타고 올라갔다 내려갔다 하므로 재미를 보지만, 헤엄칠 줄 모르는 자는 그 물결을 따르지 않다가 물속에 빠지게 된다. 하나님의 뜻을 깊이 파악한 사람은 아무런 동요 없이 잘 되어 가기만 한다. 대서양에는 빙산이 종종 나타나는데, 바다 표면에 솟아오른 빙산의 높이가 100~120m나 된다고 한다. 그것은 돛대도 없고 키도 없지만 세찬 바람을 거슬러서 남쪽으로 흘러간다. 그 원인은 빙산의 $\frac{7}{8}$ 쯤은 물속에 잠겨 있기 때문이다. 하나님의 뜻을 깊이 파악한 신자는 이처럼 요동치 않고 잘 되어 갈 수 있다.

설교 배에서 흐르는 강 같은 생수(7:37-39)

1. 배에서 흐르는 강 같은 생수의 의미

생수가 배에서 흐른다고 하였으니, 그것은 사람의 겉모양에 대해서만 관련된 것이 아니다. 그것은 사람의 속을 시원하게 적셔줌과 같은 만족과 평안의 풍성을 말한다(시 78:16). 오늘날 신자들 중에는 자신의 의를 드러내는 일에만 힘쓴다. 그것 때문에 서로 비평하며 미워하기도 한다. 따라서 소위 인간적인 의인들도 많이 나타난다. 외모에 발라 맞추는 의(義)를 못 얻은 자들은 고민 가운데 빠져 있다. 그리스도인은 중심에 만족과 평안을 풍부하게 소유해야 한다. 그것이 참으로 살 길이다. 우리는 우물을 생각해 보자. 그 우물 속에서 샘이 솟아나지 않고 비 올 때 빗물만 좀 고여서 담겨 있다면, 거기에는 벌레가 성하고, 썩은 물에서는 악취만 난다. 그 물은 도무지 마실 수 없다. 그것은 진정한 의미에서 우물이 아니다. 우리는 마음에서 용솟음치는 평안과 만족을 소유하자! 그것은 성령님의 은혜로만 얻을 수 있다.

2. 배에서 흐르는 강수를 소유하는 방법

1) 목마름을 느낌. 예수님은 이 말씀을 장막절 절기를 눈앞에 두고 하셨

다. 예수께서는 출애굽 시절 광야에서 목말라 했던 이스라엘 백성들의 모습을 회상하셨을 것이다. 그때 광야에서 당한 갈증은 이스라엘에게 있어서 죽음의 위기였다. 그 이유는 광야에는 물이 없기 때문이었다. 그때도 하나님은 반석에서 물을 내어 그들을 살려 주셨다. 예수님은 이 사실을 생각하시면서 은혜에 목마른 자들을 가르치신다. 그들도 은혜에 대하여 갈급히 사모하기를, 죽음의 위기를 당면한 느낌으로 해야 한다는 것이다. 오늘날 우리도 은혜에 메마른 사실에 대하여 이처럼 죽을 지경의 고통을 느껴야 한다. 이것이 은혜 받을 길이다. 시편 42:1을 보면, "사슴이 시냇물을 찾기에 갈급함 같이 내 영혼이 주를 찾기에 갈급하니이다"라고 하였다. 하나님의 은혜는 갈망하는 자에게만 임한다. 주님께서는 "거룩한 것을 개에게 주지 말며 너희 진주를 돼지 앞에 던지지 말라"(마 7:6)고 하셨다. 하나님은 갈급히 구하는 자에게 생수(성령)를 주신다(눅 11:13).

2) 내게 오라고 하심. 온다는 것은 무엇을 의미하는가? 그것은 두 말할 것 없이 신앙을 의미한다. 그 아래 절에 "나를 믿는 자"란 말이 그것을 해석해 준다. 믿음을 "온다"는 말로써 표현한 이유는, 믿음은 관념이 아니고 구체적인 행위이기 때문이다. 우리가 참으로 그리스도를 믿으려면 생각만 하고 앉아 있으면 안 된다. 우리는 믿는 행동에 의하여 불신앙의 이론을 죽일 수 있다. 믿음의 맛은 믿어 보아야 안다. 믿음은 이론이 아니고 행동이다. 이론으로 믿는 것쯤은 마귀도 하고 있다. 지옥에 간 영혼들 중에도 무신론자는 하나도 없다. 그들도 하나님 계신 줄은 확실히 안다. 그러나 마귀와 지옥에 간 영혼들은, 주님을 사랑하지도 않고 순종하지도 않는다. 천국은 무력한 이론이나 하는 곳이 아니다. 거기 가 있는 성도들은 다 하나님을 위한 긴장으로 심장이 뛰며, 눈에 빛이 있고, 찬송을 계속한다. 말만하고 행함이 없는 자들은 마귀의 충복(忠僕)들이다. 구체적인 신앙 행동 없이 믿는 자는, 생명이 없고 걸어 다니는 해골이다. 우리는 예수님에게 나아가서 전적으로 투신해야

한다. 예수님이 계신 곳을 묻는 두 제자에게 그가 "와서 보라"(1:39)고 하신 말씀도 행동적 믿음을 가리키며, 빌립이 나다나엘에게 "와서 보라"(1:46)고 한 말도 역시 그런 뜻이다.

3) 마시라고 하심. 사람이 물을 마시는 것은 매우 쉽다. 그것은 단순한 행동이다. 유치하고 무식한 사람도 물을 마실 수는 있다. 신앙의 지도자들이 연구도 많이 하고 경험도 하는 것이 귀하다. 그러나 그런 것은 모두 단순한 신앙을 단순하게 가지도록 하는 데 필요하다. 지도자들은 일반 신자들로 하여금 그리스도를 믿는데 생활을 단일화하도록 인도해야 한다. 믿음은 단순성을 생명으로 한다(마 22:37).

위의 세 가지는 믿음의 특성이라고 할 수 있다. 그러므로 38절 상반 절에서 "나를 믿는 자"란 말은 이 세 가지를 통합한 것이라고 할 수 있다. 우리는 이 점에서 잠깐 생각할 것이 있다. "믿는 자"란 말(ὁ πιστεύων)은 믿기를 계속하는 자를 의미한다. 믿기를 계속하는 것은 잘 믿는 믿음이다. 많은 사람들이 예수님을 믿는다고 하나, 그들은 믿음을 중단하는 습성이 있다. 그들이 평안한 때는 세상을 즐기고, 환난 때는 믿음의 정조를 버린다. 그리스도의 신임을 받을 만한 신자는 참으로 드물다(2:23-25). 그러나 신자들이 잘 참아서 신앙을 지키면 주님에게 인정된다.

오늘날 중국 공산당의 무서운 압박 아래서도 믿음을 버리지 않는 자들이 많다. 최근 믿을 만한 보도에 의하면, 중국 공산당의 감옥에 갇힌 신자들이 출소할 기한이 되었음에도 불구하고 석방되지 못한다고 한다. 그들이 놓이면 또다시 그리스도를 전하므로, 공산당은 그들을 놓아주지 않는다고 한다. 이렇게 그들의 믿음은 계속한다. 중국의 웨슬리라고 하던 성 목사의 딸은, 복음을 전하다가 20년 징역 선고를 받고 지금도 복역 중이라고 한다. 그리고 왕 밍도 목사는 1955년에 옥에 갇히어 지금까지 복역하고 있으며, 니 토셩(Watchman Nee)도 상해 감옥에 갇혀 있다. 중국의 해변 어떤 곳에 3만 명의 인구가 사는 도시가 있다. 그 중 3천 명이 기독교 신자인데, 그들이 공산당을 피하여 지하에서 신앙 운동을 하며 교역자 한 분이 그들을 인도한다고 한다. 그들은 은밀히 가정집에 모여 예배드린다고 한다. 우리는 분명히 안다. 이런 신자들의 집회에 생수의 강들이 흐를 것이다.

설교 예수님에 대한 사람들의 불신앙(7:1-53)

유대인은 오래 기다리던 메시아를 앞에 모시고도 여러 가지 의문을 가졌다. 그것은 전적으로 부패한 인류를 대표하여 나타낸 죄악의 모순성이다. 인류는 이렇게 어두워져서, 악을 선하다고 하고 선을 악하다고 하며, 흑암으로 광명을 삼고 광명을 흑암으로 삼으며, 쓴 것을 단 것으로 삼고 단 것을 쓴 것으로 삼는 화를 자초하게 되었다(사 5:20).

1. 왜 출세하지 않는가 하는 형제들의 의문(1-13절)

예수님의 형제들은 장막절을 당하여 예수님에게 예루살렘에 올라가시라고 권면하였다. 곧 "스스로 나타나기를 구하면서 묻혀서 일하는 사람이 없나니 이 일을 행하려 하거든 자신을 세상에 나타내소서"라고 하였다(4절). 이것은 그들의 생각에 예수님도 세상에서 인정을 받아야 성공할 것이라고 보는 잘못이었다. 그러나 진리는, 사람이 세상에게 끌리어 살 것이 아니라 세상을 이겨야 할 것을 가르친다. 그 이유는 세상은 악하기 때문이다. 세상과 짝하는 자는 하나님과 원수 되는 자이다. 곧 "간음한 여인들아 세상과 벗된 것이 하나님과 원수 됨을 알지 못하느냐 그런즉 누구든지 세상과 벗이 되고자 하는 자는 스스로 하나님과 원수 되는 것이니라"(약 4:4)고 하였다. 그러므로 아타나시오스(Athanasius)도 진리를 위하여 싸우다가 말하기를 "온 세상이 나를 대적하느냐? 나는 온 세상을 대적하리라"라고 하였다. 우리는 세상에게 사로잡히지 말고 진리로 이겨야 될 것이다. 우리 주 예수님은 세상의 칭찬을 찾으신 것이 아니고, 세상의 죄악을 밝히 지적하신 것뿐이다.

2. "배우지 않고 어떻게 글을 아느냐"한 유대인들의 의문(15절)

이것은 자율주의자들을 대표한 말이다. 자율주의자들은 인간이 인간에게서 배우지 않고는 진리를 알 수 없다고 생각한다. 그들은 인간 이상의 권위를 인정하지 않는다. 그들은 인간의 이성을 지식의 최고 권위로 생각한다. 그들은 인간으로서 모를 진리를 믿음으로 받는 이치에 대하여 이해하지 못했다. 그들은 그 의미에서 믿음을 반대한다. 그러나 그것은 모순된 사상이다. 그들은 인간의 이성(마음)을 진리 판단의 최고 권위로 알았다. 그러나 성경은 말하기를 "만물보다 거짓되고 심히 부패한 것은 마음이라 누가 능히 이를 알리요"(렘 17:9)라고 하였다.

예수님은 인간에게서 배워서 진리를 아신 것이 아니고, 하나님에게서 받아 아신다고 말씀하셨다(16절). 그렇기 때문에 그의 말씀은 참되다. 우리는 인간들이 스스로 알 수 있는 진리보다 계시된 진리가 언제나 참된 줄 알아야 한다. 시편 12:6에 말하기를 "여호와의 말씀은 순결함이여 흙 도가니에 일곱 번 단련한 은 같도다"라고 하였다. 세기는 지나가고 지나가지만 성경은 그대로 있다. 왕국들은 일어났다가 망할지라도 성경은 그대로 있다. 정권들도 지나가지만 성경은 그대로 있다. 왕들은 세움을 받았다가 사라지되 성경은 그대로 있다. 임금들이 성경을 폐하라고 명령을 내렸을지라도 성경은 그대로 있다. 무신론자들이 성경을 조롱하며, 불가지론자들이 비웃으며, 속된 자들이 그것을 업신여겨도 진리는 굳게 서 있다. 불신앙이 그것을 버리며, 고등 비평가들이 그것을 반대하여도 진리는 그대로 서 있다. 불길이 그것에 붙었을지라도 그것은 그대로 있으며, 시간의 이빨이 그것을 좀먹어도 그것은 그대로 있다. 배교자들이 그것을 배척하며, 자유주의 신학이 그것을 깎아도 그것은 그대로 있다.

3. 예수님에게 귀신 들렸다고 함(20절)

예수님은 인류 역사가 낳은 인물 중에 유일하신 은인이시다(그의 인성만 생각하더라도). 소크라테스는 40년 동안 가르쳤고, 플라톤은 50년, 아리스토텔레스는 40년 동안 가르쳤다. 이들은 세계 최대 철학자들이다. 그러나 예수님은 3년 동안 가르치시고도 그들과 비교할 수 없이 위대한 교훈과 운동을 이 세계에 주셨다. 그는 신약 시대라고 하는 시대를 지으셨다. 그는 그림 한 장 그리지 않으셨지만, 세계의 가장 위대한 화가들과 조각가들과 음악가들이 그의 감화로 일어났다. 미술가 라파엘로, 미켈란젤로 레오나르도 다빈치, 시인 단테, 밀턴, 음악가 헨델, 베토벤, 바흐, 멘델스존 등이 모두 그러하였다. 윤리 도덕으로도 예수님처럼 고상하고 완전하신 이가 사람 중에 다시 없다. 그럼에도 불구하고 예수님 당시의 유대인들이 그를 귀신 들렸다고 하였으니, 그것이 그들의 불신앙의 발광이다. 불신앙은 그 누가 가졌든지 광증인 것이다(21-24절).

4. 유대인들이 예수님을 잡고자 함(30-36절)

유대인들은 메시아를 신앙으로 잡으려고 하지 않고, 그를 해하려고 붙잡고자 하였다. 이것은 실상 예수님을 해하는 행동이라기보다 자기들 자신을 해하는 망동이었다. 이런 악행이 나타날 때 수반하여 예수님을 믿는 자들도 많이 일어났다(31절). 언제든지 진리는, 극도의 비진리 편에서의 반대로 말미암아서도 상처를 당하지 않고 도리어 빛을 말한다.

5. 그리스도가 어찌 갈릴리에서 나오겠느냐 하는 무리들의 의혹(37-44절).

이들은 성경을 아는 듯하나, 그리스도의 신분에 대하여 진실히 알아보지 않는 자들이다. 그들이 그리스도의 내력을 진실히 알아보았더라면, 저런 의문을 가지지 않았을 것이다. 그 이유는 그들이 말하기를 "그리스도는 다윗의 씨로 또 다윗이 살던 마을 베들레헴에서 나오리라 하지 아니하였느냐"(42절)라고 하였기 때문이다. 그들은 성경을 아는 듯하면서도 성경과 눈앞의 사실들과의 관계를 깊이 살피지 않았다. 불신앙은 성경과 현실을 연관시키지 않음에도 있다. 그 이유는 신앙은 이론뿐이 아니기 때문이다. 진리는 사실이다. 그러므로 신앙인은 성경과 실생활, 성경과 역사, 성경과 시대, 성경과 만물과의 관계를 진리대로 실감하고 움직인다. 신앙은 현실을 잊어버리지 않으며 멸시하지 않는다. 유대인들은 그때 예수님을 중심한 메시아 활동을 주의 깊게 생각하지도 않았으며, 이해하지도 못하였다. 불신앙은 이처럼 성경과 현실과의 관계를 파악하지 못하는 것으로 나타났다.

제 8 장

⚜ 내용분해

1. 간음한 여자의 사건 처리에 대한 예수님의 답변(1-11절)
   1) 예수님이 감람산에서 성전으로 오셔서 가르치심(1-2절)
   2) 서기관들과 바리새인들이 간음한 여인을 끌고 와서 처리 방안을 질문함(3-6 상반절)
   3) 예수께서 땅에 글을 쓰시다가 일어나 답한 후에 다시 땅에 글을 쓰심(6하-8절)
   4) 질문하던 자들이 모두 물러감(9절)
   5) 예수께서 그 여자를 정죄하지 아니하시고, 다시는 죄를 범치 말라고 하심(10-11절)

2. 예수께서 자신을 가리켜 세상의 빛이라고 하심과 그 결과(12-20)
   1) 예수님의 자아 주장(12절)
   2) 예수님의 자증은 성립될 수 없다는 바리새인들의 반대론과(13절), 자기의 자증 이 참되다고 하시는 예수님의 답변(13-18절)

3) 아버지가 어디 있는가에 대한 질문에 예수께서 답변하심(19절)

4) 원수들이 예수님을 잡지 못함에 대한 요한복음 저자의 해설(20절)

3. 예수께서 죽었다가 다시 살아서 가실 곳에 그의 원수들은 오지 못한다고 예고하심과 그 결과(21-30절)

1) 예고(21절)

2) 유대인들의 오해(22절)

3) 예수님의 해명, 그들이 메시아를 믿지 않으면 죄 가운데서 죽는다고 하심(23-24절)

4) "네가 누구냐" 하는 유대인들의 질문에 대한 예수님의 답변(25-30절)

① 예수님은 처음부터 말씀하시는 자라고 하심(25절 하), 곧 그를 보내신 아버지의 말씀을 그대로 전하시는 자라고 하심(26-28절)

② 하나님께서 예수님과 함께 계신다고 하심(29절)

③ 많은 사람들이 그를 믿음(30절)

4. 예수께서 진리로 말미암은 자유를 전파하심과 그 결과(31-59절)

1) 진리가 자유롭게 한다고 하심(31-32절)

2) 유대인의 자유 개념과 예수님의 자유 개념과의 대조(33-37절)

3) 유대인들이 생각한 그들의 아버지와 예수님이 생각하신 그들의 아버지와의 대조(38-50절)

① 그들은 아브라함을 그들의 아버지라고 하나(39절 상), 예수님은 인정하지 않으심(39 하-40절)

② 그들은 하나님을 저희 아버지라고 하나(41절), 예수님은 그들의

아비는 마귀라고 하심(42-50절)

4) 예수께서 영생을 주신다고 하심에 대한 유대인들의 반대론 및 그의 답변(51-58절)

① 예수님의 자아 주장(51절)

② 유대인들의 반대론, 곧 "아브라함"도 죽었거늘 너는 너를 누구라 하느냐"라고 함(52-53절)

③ 예수님의 답변, 곧 그는 스스로 자신을 높이는 자가 아니고, 그를 영생의 주(主)로 높이시는 이는 하나님이라고 하신 후(54-55절), 아브라함보다 자기가 크심을 알려 주심(56-58절)

5) 그들이 예수님을 돌로 치려고 함과 그의 숨으심(59절)

개요

1. 빛 되신 예수님(12절)

예수님이 자기를 세상의 빛이라고 하신 것은, 그가 진리이시며 진리를 알게 하신다는 의미에서 뿐만 아니라, 그것은 또한 그가 신자들에게 구원을 주시는 자비로운 생명이시라는 의미의 비유이다. 도드(C. H. Dodd)는 여기서 예수님을 빛이라고 한 것이, 필론(Philo)이나 기타 헬라 신비주의에서 로고스(λόγος)를 빛이라고 한 사상의 영향을 받았다고 한다.[108] 또한 도드는 로고스를 빛이라고 한 필론의 사상이 플라톤에게서 유래했을 것이라고 한다. 그러나 요한복음 저자가 구약성경을 버리고 하필 이방의 철학 사상을 빌려 왔으랴? 위에서 언급한 플라톤이나 필론은 유출설에 속하는 로고스를 말하였

108) C.H. Dodd, The Interpretation of the Fourth Gospel, Cambridge, 1955, 204.

고, 요한은 창조자이신 로고스를 말하였으니, 이 둘은 서로 정반대이다.

구약성경에 하나님(혹은, 하나님의 구원 행위)을 빛으로 비유한 말씀이 많다. 그중 몇 가지만 말한다면 "여호와는 나의 빛이요 나의 구원이시니 내가 누구를 두려워하리요 여호와는 내 생명의 능력이시니 내가 누구를 무서워하리요"(시 27:1), "여러 사람의 말이 우리에게 선을 보일 자 누구뇨 하오니 여호와여 주의 얼굴을 들어 우리에게 비취소서"(시 4:6), "정직한 자들에게는 흑암 중에 빛이 일어나나니 그는 자비롭고 긍휼이 많으며 의로운 이로다"(시 112:4), "흑암에 행하던 백성이 큰 빛을 보고 사망의 그늘진 땅에 거주하던 자에게 빛이 비치도다"(사 9:2), "다시는 네 해가 지지 아니하며 네 달이 물러가지 아니할 것은 여호와가 네 영원한 빛이 되고 네 슬픔의 날이 끝날 것임이라"(사 60:20)고 하였다. 신약성경에도 "우리로 하여금 빛 가운데서 성도의 기업의 부분을 얻기에 합당하게 하신 아버지께 감사하게 하시기를 원하노라"(골 1:12), "온갖 좋은 은사와 온전한 선물이 다 위로부터 빛들의 아버지께로부터 내려오나니 그는 변함도 없으시고 회전하는 그림자도 없으시니라"(약 1:17), "그러나 너희는 택하신 족속이요 왕 같은 제사장들이요 거룩한 나라요 그의 소유가 된 백성이니 이는 너희를 어두운 가운데서 불러내어 그의 기이한 빛에 들어가게 하신 이의 아름다운 덕을 선포하게 하려 하심이라"(벧전 2:9)고 한다. 위의 모든 구절들에서 하나님은 그 백성에게 계시자일 뿐만 아니라 구원자가 되신다는 의미에서 빛으로 비유되었다. 요한복음 8:12의 "생명의 빛"이란 말씀이 그 뜻이다. 예수님을 빛이라고 함은, 그가 죄인들로 하여금 그들의 죄를 알게 하실 뿐만 아니라, 그들을 죄에서 놓아주시는 구원자라는 뜻이다. 그는 간음죄 지은 여자에게 다시는 죄를 범치 말라고 부탁하시고 돌려보내셨다. 그는 죄인들을 유대인의 율법주의적인 정죄와 속박에서 놓아 주셨다. 그는 구약의 의식적인 외부적 속박에서도 죄인들을 놓아 주셨다. 고린도후서 3:17에 말하기를 "주는 영이시니 주의 영이 계신 곳에는 자유가 있느니라"고 하였다.

1) 빛은 자증자임(13-14절). 사람들이 빛에 대하여 그것을 빛이라고 증거할 필요가 없으니, 증거하지 않아도 빛은 스스로 빛으로 드러난다. 그와 같이 예수님도 자증자이시다. 예수님이 자기를 증거하실 때 인간을 사용하시기는 하지만, 인간에게 의뢰하시지는 않는다. 예수님은 어디까지나 스스로 증거 하시는 하나님이시다. 헤르만 바빙크(Herman Bavinck)는 다음과 같이 말하였다. 곧 "신앙은 진리를 자체의 통찰에 의하여 취하지 못하고, 다만 하나님의 권위 위에 근거하여 한다"라고 하였고, 또 말하기를 "하나님의 계시는 하나님의 권위에 근거해서만 종교적 의미에서 믿어진다."고 하였다[109). 따라서 예수님이 하나님의 아들이심에 대하여 인간은 자립적으로 증거할 수 없다. 인간은 예수님에게서 진리를 받아서, 또는 힘을 받아서만 그를 증거 할 수 있다. 그 이유는 인간은 자율적으로는 하나님을 모르기 때문이다. 이처럼 예수님은 자증자이시고 하나님의 아들이신 까닭에, 우리의 진정한 종교적 신앙 대상이 되신 것이다.

2) 이 빛은 두 증인의 증거도 받고 있음(16-18절). 이 점에 있어서 예수님은 율법의 말씀(신 19:15; 17:6)에 의지하여 이론의 근거를 성립시키셨다. 불트만(Bultmann)은 예수님이 여기서 율법에 호소하심은 유대인들의 율법주의를 비웃는 의미라고 하였다.[110) 그러나 이것은 잘못된 해석이다. 예수님은 자기의 처지를 율법에 의해서도 진정한 것임을 주장하셨다. 율법에서 말한 두 증인은 인간으로 성립된 것이지만, 예수님은 여기서 하나님 아버지와 자기를 두 증인으로 삼으신 것이다. 그러므로 크로샤이데(Grosheide)는 이 이론을 강이유 논법(a fortiori)이라고 말하였다. 곧 두 증인의 증인 자격이 "인

---

109) Herman Bavinck, Gereformeerde Dogmatiek Vol. 1, 548-549.

110) Bultmann, Das Evangelium des Johannes, 212.

간으로 되었어도 그 증거가 참되다면, 하나님으로 성립될 때는 더욱 그러하다는 뜻이다"라고 하였다.[111] 이 점에 있어서 라그랑주(Lagrange)와 괴벨(Goebel)의 설명을 보면 "두 사람의 증거가 진리를 증거하여 성립시키는 데 충분하다면, 나(예수)와 나의 아버지의 증거는 확실히 그렇다"라는 것이라고 하였다(크로샤이데의 인용).

2. 계시자로서의 예수님(21-30절)

바울은 예수 그리스도가 죽었다가 다시 살아나신 사실을 중심 사상으로 전파하였다. 그러나 사도 요한은 예수 그리스도를 아버지 하나님의 계시자라고 중점적으로 가르친다. 그의 복음서를 보면, "나를 보내신 자"라고 하신 예수님의 말씀을 25번이나 사용하였다. 그것은 하나님 아버지께서 그리스도를 세상에 보내시어 자기를 계시하심에 대하여 알려주는 문구이다. 그뿐 아니라 사도 요한은 아버지 하나님을 아는 것(계시에 대한 참 지식)이 바로 영생이라 하고(17:3), 아버지를 아는 방법은 예수 그리스도를 아는 것이라고 한다(14:6-9). 이런 의미에서 예수님은 계시자이시다.[112]

3. 진리는 사람을 놓아줌(31-50절)

"진리가 무엇이냐?" 하는 질문은, 빌라도가 진리 앞에 서서 물어본 것이었다. 그는 몰랐으나 실상 그 질문은 그의 앞에 계셨던 예수님 자신이 답변이었다. 성경은 그를 가리켜 빛이시면서 진리라고도 한다. 예수님이 여기서 말씀하신 "진리"는 추상적 개념이 아니고 모든 "참"을 지으신 인격적 하나님이시다. 그는 인격 원리도 지어내신 진리이시니, 어찌 그 자신이 인격이 아니겠

111) Grosheide, Het Heilige Evangelie Volgens Johannes, Kommentaar II, 1950, 16.

112) A. Wiken-hauser, Jesus ist dadurch der Offenbarer, dass in ihm der unsichtbare Gott den Menschen sichtbar, zugänglich wird.-Das Evangelium nach Johannes, 171.

는가? 본문 35-36절의 말씀은 명백히 "아들"이신 예수님 자신이 진리인 것을 밝혀 준다. 그는 하나님 자신이기 때문에 그러하다. 예수님이 친히 말씀하시기를 "나는 길이요 진리요 생명"이라고 하셨다(14:6). 그 자신이 하나님이신 만큼, 그의 모든 행사가 참이다. 시편 111:7에 말하기를 "그의 손이 하는 일은 진실과 정의이며 그의 법도는 다 확실하니"라고 하였고, 말라기 3:6에는 말하기를 "나 여호와는 변하지 아니하나니"라고 하였다. 그런데 진리가 그를 아는 자들을 놓아준다는 말씀(8:32)의 뜻은 무엇인가?

불트만은 이것을 실존 사색의 의미로 해석하였으니 잘못이다. 그는 말하기를 "진리가 너희를 자유롭게 하리라"는 것은 진리 지식의 시간적 결과를 말함도 아니고, 사색적, 또는 적극적인 결과를 말함도 아니다. 그것은 진리 지식의 실제적 결과로서 개인이나 사회 등이 발달하는 것을 말함도 아니다. · · 그것은 말씀으로 사람과 만나는 사건으로서의 계시로 말미암아 얻어지는 자유이다. · · 그 자유는 신자가 자기의 내면성을 파수하여 자연이나 역사에 의존하지 않는 정도를 말함이 아니고, 자기 자신까지를 함께 포함하여 세계에 의존하지 않음이다. 다시 말하면, 그것은 현재까지 그의 존재와 그의 과거와 그 자신까지 의존하지 않음이다"라고 하였다.[113] 그러나 우리는 사도 요한의 구원관이 이런 실존 사색에 속한 것이 아님을 잘 안다. 그것은 시간을 초월하나 시간을 제외하지 않는 우주적인 구원관이다(11:25-26, 13:33, 36; 14:2-4, 16:11, 17, 24; 요일 4:2-3). 리델보스(H.N. Ridderbos)는 불트만의 구원관에 대하여 다음과 같이 비판하였다. 곧 불트만의 구원관(자유에 대한 해석)은 "새로운 실존 철학의 인생관에서 출발하여, 보이는 것을 포기하고 보이지 않는 것을 택하는 철학적 원리를 주장한다. 그것은 죄에서 구속되어 은혜에 속하게 하는 성경적 원리를 오해하고, 구원을 인간 자력으로 실현시키는 실

---

113) Evan. d. Joh., 334-335.

존적 자유로 잘못 앎이다"라고 하였다.[114)]

"진리가 너희를 자유롭게 하리라"는 말씀은 다음과 같이 해석된다. 곧 창조된 인간은 본래 하나님을 참으로 알고 또 자유하였다. 그것이 후에 죄로 말미암아 상실되었으나 그리스도로 말미암아 회복된다. 그러나 그것은 아무에게나 무엇에게나 통치를 받지 않는 독립적이고 자율적인 생활을 의미하지 않는다. 그것은 도리어 잘 다스리는 하나님의 통치를 받음이다. 이스라엘이 예수님 당시에 성경에서 탈선한 바리새인들에게 판단을 받는 때는 자유가 없었다. 그러나 이제 예수님이 오셔서 속죄하여 주셨으므로 성경의 진리가 낮과 같이 밝아진 때는, 많은 사람이 잘 다스리는 하나님에게 돌아가서 자유를 누렸다. 갈라디아서 5:1에 말하기를 "그리스도께서 우리를 자유롭게 하려고 자유를 주셨으니 그러므로 굳건하게 서서 다시는 종(율법주의의 종)의 멍에를 메지 말라"고 하였으니, 그것은 갈라디아서 5:13의 말씀 "형제들아 너희가 자유를 위하여 부르심을 입었으나 그러나 그 자유로 육체의 기회를 삼지 말고 오직 사랑으로 서로 종노릇 하라"고 함과 같은 것이다.

신자는 예수님의 보혈로 말미암아 말로 다 할 수 없는 자유를 얻었다. 그는 온 우주를 복되게 다스려 주시는 아들(예수)의 기업에 참여하게 되었다. 그러나 그가 그런 줄 모르고 어두운 가운데 있는 동안 그는 자유로운 생활을 하지 못한다. 예수님은 우리의 죽음도 없애 버리셨고, 마귀도 영원히 멸하셨고, 죄도 없앴고, 다만 그것들과 반대되는 행복의 세계로 우리를 인도하셨건만, 우리가 그런 자유와 행복의 사실을 모르는 때는 종의 심리를 가지고 떨며 자유하지 못하기 쉽다. 우리의 손발이 결박되었다면 부자유함이 심할 것이다. 그보다도 우리의 마음이 마귀로 말미암아, 죄악으로 말미암아, 무지로 말미암아, 자유하지 못하고, 기쁘지 못하고, 떨고 있는 것이 더욱 불행하

---

114) H.N. Ridderbos, Paulus en Jesus, 28.

다. 예를 들면, 인간이 죽음의 문제 때문에 얼마나 부자유한 생활을 하는가? 그것은 일생 동안 인생을 위협하고 있지 않는가? 히브리서 2:14-15에 말하기를 "자녀들은 혈과 육에 속하였으매 그도 또한 같은 모양으로 혈과 육을 함께 지니심은 죽음을 통하여 죽음의 세력을 잡은 자 곧 마귀를 멸하시며 또 죽기를 무서워하므로 한평생 매여 종노릇 하는 모든 자들을 놓아 주려 하심이니"라고 하였다. 만유를 그 발아래 두시고 만유를 다스리시는 아들(히 1:2-3; 고전 15:25-27)은 우리를 속박하는 원수들을 이기셨다. 골로새서 2:14-15에 말하기를 "우리를 거스르고 불리하게 하는 법조문으로 쓴 증서를 지우시고 제하여 버리사 십자가에 못 박으시고 통치자들과 권세들을 무력화하여 드러내어 구경거리로 삼으시고 십자가로 그들을 이기셨느니라"고 하였다.

⚜ 해석

1 예수는 감람산으로 가시니라. 7:53-8:11까지의 기사는, 사본상 문제가 있는 부분이다. 이 부분이 중요한 사본들(ℵ, B, L, T, W)에는 없고, 중요하지 않은 사본들(D, E)에만 있을 뿐이다. 알포드(Alford)와 호스킨스(Hoskyns)는 말하기를, 이 부분이 진정한 역사성을 띠었지만 요한의 친필은 아니고, 구전으로 돌아가던 것이 여기에 삽입되었다고 한다. 그러나 이 부분(7:53-8:11)의 순정성을 변호한 학자들도 있다.[115)]

헨드릭슨(Hendriksen)에 의하면, 이 부분을 요한복음의 순정 부분이 아니라고 하는 학자들의 이유는, ① 여기 있는 어떤 낱말들이 요한이 기록한 다른 책들에는 나타나지 않는다는 것, ② 위에서 말한 바와 같이, 이 부분이

115) I. W. Burgon, C.H. Van Herwerden, J. J. Van Oesterzee etc.

중요한 사본과 번역에 들어 있지 않다는 것이다. 로버트슨(A. T. Robertson)은 이것이 본래는 여백에만 있던 것인데 후에 필사하는 사람의 잘못으로 본문에 삽입되었다고 한다.[116)]

그러나 이 부분은 요한복음의 순정 부분이라고도 할 수 있는 이유는 ① 여기서 예수님이 그 여자를 정죄하시지 않았다고 하였으니, 그것은 그가 8장에 가르치신 진리가 죄인을 놓아준다는 사상(32절)과 부합한다. ② 요한의 제자 파피아스(Papias)도 이 부분의 이야기를 알고 있는 듯하다. 에우세비오스(Eusebius)는 말하기를 "파피아스가 히브리 복음에 있는 대로 주님 앞에 고소당한 많은 죄 있는 여자에게 관한 이야기도 해석하였다."고 하였다.[117)] ③ 아우구스티누스(Augustine)는 말하기를 "어떤 사람들이 그들의 사본에서 간음한 여자의 이야기는 뽑았다. 그들이 그렇게 한 이유는, 여자들이 그 이야기를 근거하고 정조 없는 행동의 구실을 삼을까 두려워한 까닭이었다"라고 하였다.[118)] 이 점에 있어서 헨드릭슨은 결론적으로 "여기 기록된 것이 확실히 역사적으로 있었던 사건이고 거기 포함된 사상이 사도적 사상과 충돌되지 않는다. 그러므로 이것을 우리의 복음에서 제외시키는 것보다는 차라리 우리의 유익을 위하여 마땅히 보수해야 한다. 전도자들이 이 부분 말씀에 근거하여 설교하기를 두려워하지 말아야 한다"라고 하였다.[119)]

2 아침에 다시 성전으로 들어오시니 백성이 다 나아오는지라. 예수님이 감람산으로 가신 것(1절)은 기도하시기 위함이었고, 일찍이 성전으로 들어오신 것은 진리를 가르치시기 위한 것이었다. 기도하심과 가르치심은 그의 주요한 일이었다.

---

116) Introduction to the Textual Criticism of the New Testament, New York, 1925, 154.

117) Eusebius, Ecclesiastical History, Ⅲ. 39:17.

118) Augustine, De Adulternis Conjugiis Ⅱ. 7.

119) Hendriksen, New Testament Commentary, The Gospel of John, Ⅱ. 33-35.

3-4 서기관과 바리새인들은 언제나 예수님의 흠을 잡아 보려고 애쓴 자들이었다. 그들은 범죄한 여자를 끌고 예수님 앞에 나오는 잔인한 월권행위를 감행하였다. 죄인은 법정에서 취급되어야 하는데, 법관이 아닌 그들로서 죄인을 끌고 다닐 권리는 어디 있었던가?

5 모세는 율법에 이러한 여자를 돌로 치라 명하였거니와 선생은 어떻게 말하겠나이까 (참조. 레 20:10; 신 22:22). 그들이 이런 문제를 가지고 온 목적은 진실히 문제를 해결하려는 것이 아니라. 다만 예수님의 대답에서 트집을 잡으려는 것이었다. 만일 예수님이 그 여자를 돌로 치라고 하신다면, 로마의 정권을 거스르게 될 것이 뻔하였다. 그 이유는 그때 로마의 정권이 유대 민간에게 사형 집행권을 허락하지 않았기 때문이다. 또한 예수님이 그 여자를 돌로 치지 말라고 하신다면, 모세의 율법을 거스른 자라는 죄인 취급을 받으실 뻔하였다. 유대인들은 이렇게 교묘하게 예수님을 딜레마(Dilemma)에 빠뜨리려고 시험하였다.

6 그들이 이렇게 말함은 고발할 조건을 얻고자 하여 예수를 시험함이러라 예수께서 몸을 굽히사 손가락으로 땅에 쓰시니. 위에 말한 것과 같이 로마법에는 간음한 여자를 돌로 치는 법이 없으니, 만일 예수님이 모세의 법대로 하라고 명하신다면 로마법에 걸리게 되고, 모세의 법대로 하지 말라고 하신다면 산헤드린 공의회에 걸리게 될 것이었다. 성경에 기록된 대로 예수님이 글을 쓰신 일은, 이 사건에 관련하여 한 번 있었을 뿐이다. 그 글의 내용은 무엇이었는지 알 수 없다.

7 그들이 묻기를 마지아니하는지라 이에 일어나 이르시되 너희 중에 죄 없는 자가 먼저 돌로 치라 하시고. 그들이 묻기를 마지아니함은, 그들이 예수님에게서 실언하시는 허물을 찾아보려는 간교한 마음에서 그리한 것이다.

"죄 없는 자가 먼저 돌로 치라." 그 여자보다 먼저 각기 자기 자신을 심판하라는 말씀과 같다. 이것은 신약 시대에 범죄자를 취급하는 새 계명(사랑)

의 원리이다(갈 6:1). 이 말씀은 "외식하는 자여 먼저 네 눈 속에서 들보를 빼어라 그 후에야 밝히 보고 형제의 눈 속에서 티를 빼리라"(마 7:5)고 한 말씀과 같다. 그가 이처럼 말씀하셨으므로 그들의 올무에 걸리지 않으시고, 도리어 그들의 양심을 찌르셨다.

8 다시 몸을 굽혀 손가락으로 땅에 쓰시니. 혹설에, 그때 그 쓴 글은 거기 왔던 서기관과 바리새인들의 이름이었겠다고 한다. 그들의 이름을 땅에 쓰신 목적은, 그 이름의 소유자들이 생명책에는 기록되지 않았다는 것을 보이려 함이라고 한다(렘 17:19). 그러나 이런 해석은 추측에 불과하다.

9 그들이 이 말씀을 듣고 양심의 가책을 느껴 어른으로 시작하여 젊은이까지 하나씩 하나씩 나가고 오직 예수와 그 가운데 섰는 여자만 남았더라. 크로샤이데는 그들이 나가게 된 원인이 예수님의 말씀뿐만 아니라, 그가 기록하신 글에도 있다는 의미로 말하였다. 곧 "그들은 예수님의 땅에 기록하신 말씀을 읽었으나 항복하지는 않고, 부끄러움을 당하였으니 거기서 나가는 수밖에 없었다."고 한다.[120] 그들이 "하나씩" 나간 것은, 그들이 즐거이 행동하지 않고 마지못하여 행동한 증표이다. 그들은 예수님의 말씀이 양심적으로 옳은 줄 알면서도 대항해 보려는 억지를 부릴 듯이 머뭇거리다가 할 수 없어서 나가게 된 것이다. 그들은 이렇게 진리를 눌러 보려는 완악한 심술의 소유자들이었다. 그러나 그들의 양심을 찌르신 주님의 옳은 말씀의 권위 앞에서 그들은 아무 대답도 하지 못하고 모두 물러갔다.

10 예수께서 일어나사 여자 외에 아무도 없는 것을 보시고 이르시되 여자여 너를 고발하던 그들이 어디 있느냐 너를 정죄한 자가 없느냐. 예수님의 이 말씀은 그 여자의 죄과를 가볍게 보시는 의미가 아니다. 이것은 다만 제멋대로 재판장이 되어 남을 정죄하는 인간들의 월권 행동을 옳지 않게 여기시는 것뿐이다. 그뿐 아니

---

120) Grosheide, Het Heilige Evangelie Volgens Johannes, Kommentarr II, 1950, 7.

라 그것은 이제 신약 시대를 당하여 누구든지 주님을 믿을 때 영적으로 사죄함이 될 수 있는 사실을 암시한다.

11 **대답하되 주여 없나이다 예수께서 이르시되 나도 너를 정죄하지 아니하노니 가서 다시는 죄를 범하지 말라 하시니라.** 예수님은 회개자에게는 사죄를 선고하시는 사명을 가지셨다. 그러니 만큼, 그가 그 여자에게 회개를 권고하실 뿐이고 정죄하지 않으셨다.

12 **예수께서 또 말씀하여 이르시되 나는 세상의 빛이니 나를 따르는 자는 어둠에 다니지 아니하고 생명의 빛을 얻으리라.** 크로샤이데는 "나는 세상의 빛"이란 말씀이 우리로 하여금 만물 창조의 근본을 이룬 첫째 날의 빛을 연상하게 한다고 하며, 그 빛이 없을 때는 피조물이 하나의 혼돈체였으나, 그 빛으로 말미암아 비로소 질서 있는 우주가 되었다고 하였다.[121] "빛"은 영적으로 세 가지 작용을 의미하는데, 곧 밝혀 주어 알게 함(계시)과 구원하여 줌과 깨끗하게 함(성결)이다. 예수님이 자기를 "빛"이라고 하신 동기는, 메시아를 빛과 같다고 한 구약을 생각하신데 있었을 것이다(사 9:2, 42:6, 49:6; 말 4:2; 참조. 눅 2:32). "따르는 자"란 말은, 어둠 가운데서 빛만을 따르는 것과 같은 태도를 생각하게 한다. 그런 사람은 예수님 밖에 다른 데는 어둠만 가득한 줄 확신하고, 전적으로 그분만을 의지하고 따라 간다. 그러므로 여기 "따른다"는 말은 신앙의 동향을 잘 보여주는 것이다. "어둠"은 무지와 죄와 불행을 모두 가리키는 비유이다. "생명의 빛"이란 생명에서 나는 빛, 곧 하나님과 사귄 생명에서 나는 빛으로서 우리의 지능을 밝게 하여 주는 것이라고, 고데(F. Godet)는 말하였다. 그러나 이것은 생명을 주는 빛이라고 해석되어야 한다. "생명의 떡"(6:35), "영생의 말씀"(6:68), "생명수"(계 21:6)란 말이 모두 같은 성격의 문구로서 생명을 주는 떡, 말씀, 물을 의미한다. 그러므로 바이스(B. Weiss)는

---

121) Het Heilige Evangelie Volgens Johannes, Kommentaar II, 10.

이것을 "생명 중개의 빛"이라고 해석하였다.[122] 그러면 생명을 얻음이 그리스도의 선물인 빛을 소유함에 달렸다. 폰 슈렝크(Von Schrenk)와 크로샤이데(Grosheide) 등도 이 말을 그런 뜻으로 해석하여 말하기를 "빛은 진리를 아는데 인도하고, 진리는 생명으로 인도한다"라고 하였다.[123]

13-14 여기 바리새인들이 힐난하는 말은 모순된다. 그들은 빛의 자증성을 모르는 것이다. 빛은 다른 것의 증거를 요구하지 않고 직접 자체의 밝음을 나타냄으로, 그 빛 된 사실을 증거한다. 그와 같이 예수님은 하나님의 아들로서, 세상 사람들이 알지 못하는 높은 진리요 생명이시다. 그는 자기가 친히 자기를 증언하심으로만 자기를 나타내신다. 이런 의미에서도 그는 빛과 같다. 이 점에 대하여 뒤에 나오는 설교(빛으로 오신 예수님과 인생)를 참조하라.

15 **너희는 육체를 따라 판단하나 나는 아무도 판단하지 아니하노라.** 이 구절과 다음 구절은, 사람에 대한 바리새인들의 지식 방법과 예수님의 것을 대조한다. 바리새인들은 남들을 외모(육체)로 판단한다. 그러나 예수님은 구원하기 위하여 오셨으므로 판단(심판)하시지 않는다. 그는 누구든지 그때 판단하실 필요가 없었다. 모든 사람이 죄인인 것은 일반인데, 그들을 구원하기 위한 처지에서 그는 판단하실 필요가 없었다.

16 **만일 내가 판단하여도 내 판단이 참되니 이는 내가 혼자 있는 것이 아니요 나를 보내신 이가 나와 함께 계심이라.** 이 말씀은 예수님이 자기 자신에 대하여 판단하심을 가리킨다. 그가 이처럼 자기 자신에 대하여 판단하시며 증언하실지라도 그의 증언은 참되다고 하신다. 그 증언은 그와 및 그를 보내신 이(하나님 아버지)가 합하여 나타내시는 유력한 두 증인의 증언이기 때문이다.

17-18 **너희 율법에도 두 사람의 증언이 참되다 기록되었으니 내가 나를 위하여 증언하**

---

122) B.Weiss, das zum Leben gehörige Licht, welches dieses vermittelt.

123) Das Licht führt zum Erkennen der Wahrheit und dieses zum Leben. a.w. S.72.

는 자가 되고 나를 보내신 아버지도 나를 위하여 증언하시느니라. "두 증인"에 관하여는 민 35:30; 신 17:6, 19:15을 참조하라. 예수님은 두 증인의 증거가 유력한 사실을 지적하시고, 자기에 대한 이런 이중의 증언자들이 계심을 말씀해 주신다. 아버지의 증언은 성경의 증언을 가리킨다(5:37-39).

여기 이 구절을 보아서도 신약에 사용된 "증언" 혹은 "증인"이란 말이 법정의 증언 원칙에 의한 것임을 알 수 있다. 예수님은 자기에게 관한 증인이 두 분인 사실을 유대인의 율법에 근거하여 논하신 것이다. 스키페르스(R. Schippers)는 예수님에 대한 신약 증인들의 증언이 법정 증언의 엄중한 성격을 가졌다는 의미에서 다음과 같이 말하였다. 곧 "예수님은 역사적 사실이다. 예수님을 증언하는 증인들은 법정 증거의 성격을 가지고 사실 그대로에 대하여 증언한 자들이다. 법정 재판도 그들을 정당성 있다고 간주해야 한다. 요한복음에서 "증언"이란 말은 구약에서처럼 법정 술어의 성격을 띤 것이다. 거기서(요한복음)는 증인이란 친히 보고 들은 사실을 증언하는 자였다. 거기 기록된 대로, 증인으로서의 예수 그리스도의 증언은 성부와 성령처럼 그의 전지하심의 성품에 기준하여 사실을 밝히 아시고 말씀하신 증언이다. 요한복음에 있는 모든 증언은, 예수님에 대한 사람들의 불신앙과 비진리를 걸어서 법정 증거의 성격으로 고소한 것이다. 법적 정당성과 사실, 이 두 가지는 서로 분리될 수 없는 관련성을 가지고 있다. 법정에서는 사실이라면 정당성 있는 판결을 내리는 법이다. 이 둘의 관련성은 엄중한 것이다. 이런 성격을 띠고 예수님을 증언하는 것이 요한복음의 증언이다. 따라서 그 증언된 사실을 신앙하지 않는 자는, 하나님의 심판을 받을 수밖에 없다. 그만큼 그 증언은 엄중하고 참된 법정 증거의 사실주의에 입각한 것이다"라고 하였다.[124)]

19 이에 그들이 묻되 네 아버지가 어디 있느냐 예수께서 대답하시되 너희는 나를 알지

124) Getuigen van Jezus Christus in Het Nieuwe Testament, 1938, 198-199.

못하고 내 아버지도 알지 못하는도다 나를 알았더라면 내 아버지도 알았으리라. 그들은 이렇게 마음이 완악해져서 두 증인의 증언도 인정하지 않는다. 그들은 예수님의 아버지, 곧 참 하나님을 모르는 처지에서 "네 아버지가 어디 있느냐" 라고 질문한 것이다. 그들이 하나님 아버지를 모르는 원인은, 그들이 예수님을 알아주지 않음(믿지 않음)에 있었다. 예수님은 하나님을 계시하시는 중보자이시다(5:38, 14:7, 9; 마 11:27).

20 이 말씀은 성전에서 가르치실 때 헌금함 앞에서 하셨으나 잡는 사람이 없으니 이는 그의 때가 아직 이르지 아니하였음이러라. "헌금함"은 성전 안에 여자들이 서는 뜰 밖에 있다. 그곳은 산헤드린 공의회가 모이는 방에서 멀지 않다. 예수님이 거기에서 말씀하셨음에도 불구하고 그들이 잡지 못한 것은, 아직 하나님께서 허락하시지 않기 때문이었다.

21 다시 이르시되 내가 가리니 너희가 나를 찾다가 너희 죄 가운데서 죽겠고 내가 가는 곳에는 너희가 오지 못하리라. 이것은 그때 완악하여 회개치 않던 유대인들을 경성시키려고 하신 말씀이다. 곧 그의 말씀을 들을 수 있는 기회는 그들에게 늘 있는 것이 아니라는 것이다. 그가 별세하시어 하나님 아버지께로 가실 날이 온다. 기회가 다 지난 다음에는 그들이 그것을 회상하고 사모하여도 소용이 없다. 하나님의 아들이 육신을 취하시고 그들과 함께 계신 기회는 천지 창조 이후 처음이요, 후에도 없을 희귀한 것이었다. 그러나 그들은 그 기회를 귀한 줄 몰랐다. 그들은 빛이 있을 때 빛을 믿어야 한다(12:35-36). 그렇게 하지 않으면, 그들은 저희 죄 가운데서 영원히 멸망할 것밖에 없다.

22 유대인들이 이르되 그가 말하기를 내가 가는 곳에는 너희가 오지 못하리라 하니 그가 자결하려는가. 그들은 이 말로써 그들의 지독한 완악과 회개하지 않는 철면피를 그대로 드러냈다. 앞 절에 있는 예수님의 경고는 그들에게 회개할 기회가 많지 않음을 알려주신 무서운 말씀임에도 불구하고, 그들은 꿈쩍하지도 않고 그냥 예수님을 모독하는 말만 토한다. 자살은 유대인에게 있어서 지옥

가는 길이다(Josep., Bell. Jud., 3, 8, 5).

23 예수께서 이르시되 너희는 아래에서 났고 나는 위에서 났으며 너희는 이 세상에 속하였고 나는 이 세상에 속하지 아니 하였느니라. 이 말씀은 예수님과 그때 완악한 유대인들과의 사이에 영적 소통이 도무지 없었던 사실을 지적한다. 그들은 땅에 속하여 죄악에 젖었고, 예수님은 하늘에서 오셨기 때문에 전적으로 거룩하시다. 그러므로 그들이 예수님을 믿지 않는 한, 예수님이 가시는 곳(하나님 아버지의 계신 곳)에 갈 수 없다.

24 그러므로 내가 너희에게 말하기를 너희가 너희 죄 가운데서 죽으리라 하였노라 너희가 만일 내가 그인 줄 믿지 아니하면 너희 죄 가운데서 죽으리라. "내가 그이"란 말은, 그가 영원 자존자, 곧 하나님 자신이시란 뜻이다(출 3:14; 신 32:39; 시 90:2).

"믿지 아니하면 너희 죄 가운데서 죽으리라." 예수님을 믿는 믿음과 생명의 관계를 가장 힘 있게 강조한 말씀이다. 곧 믿음이 없는 곳에는 죽음이 있을 뿐이라는 의미이다. "죄 가운데서 죽으리라"는 말은 "죄 가운데서 영멸하리라"는 뜻이니, 곧 그 죄인이 죄 안에 있고 또한 죄로 인한 형벌 아래 있는 상태이다. 그것은 하나님과 그 사람과의 절대적 분리를 가리킨다(Grosheide). (참조. 엡 2:1).

25 그들이 말하되 네가 누구냐 예수께서 이르시되 나는 처음부터 너희에게 말하여 온 자니라. "나는 처음부터 너희에게 말하여 온 자니라"(τὴν ἀρχὴν ὅ τι καὶ λαλῶ ὑμῖν). 이 말씀에 대하여는 몇 가지 해석이 있다. ① 그리스도는 옛날부터 모든 족장들이나 선지자들을 통하여 계시되신 내용이란 뜻이라고 함. 유대인들은 그를 모를 수 없으리만큼 반복적으로 계시를 받아 왔고, 계약도 받아 왔다. ② 예수님이 그 성역 초기부터 자기가 누구라고 주장하여 오시던 대로의 "그 이"란 뜻이라고 함. ③ 나는 너희에게 말하는 "그 처음"(곧, 만물을 지으신 영원하신 자)이라는 뜻이라고 함(Augustine). 이 해석에 의하면 "그 처음이신 분이 너희에게 말씀하신다"(계시하신다)는 뜻을 이 문구에서 찾아 볼 수

있다. ④ 고데(F. Godet)는 다음과 같이 해석하였다. "처음부터"란 말은 "절대로"란 뜻이며, "나는 절대로 내가 선언하는 그대로이다"라는 말씀이라고 한다. 곧 그가 선언하시는 대로 메시아란 뜻이라는 말이겠다. ⑤ 본질적으로는 나는 너희에게 말하는 그 내용과 같다는 뜻이라고 함(J. H. Bernard). 곧 예수님의 말씀이 계시하는 내용이 예수님 자신이라는 뜻이다.

위의 모든 해석들 중에서 첫째나 둘째가 옳다고 생각된다. 그 이유는 이 해석들이 그 아래 문맥에 잘 부합하기 때문이다.

26 내가 너희에게 대하여 말하고 판단할 것이 많으나 나를 보내신 이가 참되시매 내가 그에게 들은 그것을 세상에게 말하노라 하시되. 예수님이 그들을 책망("판단")하실 말씀이 많아도, 그는 그런 말씀은 하시지 않는다는 것이다. 그는 그를 보내신 이, 곧 하나님 아버지에게서 들은 것(복음)을 말씀하신다고 한다. 그런 말씀을 하실 수 있는 이는 메시아밖에 없다. 이 말씀의 내용은, 그가 메시아라고 주장하심과 같다.

27 그들은 아버지를 가리켜 말씀하신 줄을 깨닫지 못하더라. 이것은 그들이 불신앙으로 어두워진 사실을 통탄하는 저자의 말이다. 예수님이 앞 절에서 말씀하신 "나를 보내신 자"란 말은 하나님 아버지를 가리켰던 것이다. 그러나 그들은 그 뜻을 아직 몰랐다. 그들이 그것을 몰랐다는 사실은, 결국 자신을 메시아라고 증언하신 예수님의 주장을 모른다는 것이다.

28 이에 예수께서 이르시되 너희는 인자를 든 후에 내가 그인 줄을 알고 또 내가 스스로 아무 것도 하지 아니하고 오직 아버지께서 가르치신 대로 이런 것을 말하는 줄도 알리라. 예수님이 이 말씀을 하신 목적은, 하나님께 대한 예수님의 부자 관계를 모르는(27절) 유대인들을 깨우치려 하심이다. 유대인들은 하나님께 대하여 이런 관계를 가지신 예수님을, 그가 죽음 당하신 후에야 알게 된다고 여기 밝힌다. 벵겔(Bengel)이 말한 바와 같이, 그들이 지금 그의 말씀을 근거해서는 믿지 않던 그이를, 장차 그에게 일어날 사실(십자가에 못 박혀 죽었다가 다시 살아나

실 사실)로 인해서 알게 될 것이다. 여기 "너희"란 말은 그때의 유대인들을 총칭하는 것이 아니고, 그들 중에서 후에 예수님을 어느 정도 알게 될 자들을 가리킨다. 그리스도께서 들리신 뒤에야 그를 알게 된 자들은, 예컨대 백부장(마 27:54)과 가슴을 친 백성들과(눅 23:27) 회개한 3,000명 등이다(행 2:41). "그인 줄 안다"는 말은, 그가 바로 여호와 하나님 자신이시고 메시아이신 사실을 유대인들이 발견하게 된다는 뜻이다. "스스로 아무 것도 하지 아니하고 오직 아버지께서 가르치신 대로 이런 것을 말하는" 자는, 하나님 아버지께서 보내신 메시아란 뜻이다(참조. 5:17, 19, 30). 유대인들 중에서는 예수께서 십자가에 못 박혀서 죽으신 다음에야 그가 메시아이신 사실을 깨닫게 된 자들이 많이 생겼다. 예수님의 죽으심과 부활은, 그를 알지 못하게 하는 인간들의 죄악의 장벽을 없애는 능력이다.

29 나를 보내신 이가 나와 함께하시도다 나는 항상 그가 기뻐하시는 일을 행하므로 나를 혼자 두지 아니하셨느니라. 이때 유대인들은 예수님을 반대함에 있어서 매우 완악하였다(22, 25절). 그러나 예수님은 그의 역사에 있어서 고독을 느끼지 않으시고 두려워하지도 않으셨다. 그 이유는 하나님 아버지께서 그와 함께하시기 때문이었다. 하나님은 온 세계보다 강하시다. 하나님께서 예수님과 함께하시는 이유는 무엇인가? 그것은 그가 하나님의 기뻐하시는 일을 항상 행하시는 까닭이다. 여기 "항상"이란 말은 중요하다. 하나님의 기뻐하시는 일을 "항상" 행하실 수 있는 이는 하나님의 아들뿐이시다. 우리 일반 신자들은 예수님을 믿어서 그 안에 있어야만, 하나님이 함께 해 주시는 혜택을 누릴 수 있다.

30 이 말씀을 하시매 많은 사람이 믿더라. 이 구절이 말하는 대로 "많은 사람이 믿더라"는 문구가 일시적 신자를 가리키지 않고 참 신자들을 의미했다면 문제가 생긴다. 곧 그들이 왜 잠시 후에는 예수님의 말씀에 반항하였을까 하는 문제이다(참조. 31, 59절).

31-59절. 이 문제는 다음과 같이 해결된다. 곧 33절 이하에 나타난 대로 예수께 항거한 사람들은 30절의 "많은 사람"가운데 포함되었던 일부 불순 분자들일 것이다.

31 그러므로 예수께서 자기를 믿은 유대인들에게 이르시되 너희가 내 말에 거하면 참으로 내 제자가 되고. "자기를 믿은"이란 말(τοὺς πεπιστευκότας αὐτῷ)은 아직 구원에 이르지 못한 자들이다. 이 사실은 그들이 예수님과의 변론에서 여러 가지 좋지 못한 언행을 취한 것을 보아서도 알 수 있다(참조. 40, 48, 52, 59절). "내 말에 거하면"이란 말은 계속적으로 신앙함을 가리킨다.

32 진리를 알지니 진리가 너희를 자유롭게 하리라. "진리"란 말(τὴν ἀλήθειαν)은 "그 진리"란 뜻이니, 유일하신 진리를 가리킨다(14:6). 이것은 철학적인 추상적 진리, 곧 개념적인 진리가 아니다. 이것은 예수님 자신을 둘러싸고 계시된 그의 말씀인 동시에, 예수님 자신으로 구체화된 계시이기도 하다. 그 이유는 36절에서는 "자유롭게 하는 자"를 "아들"(예수님이란 뜻)이란 말로 바꾸었기 때문이다. 그러면 "진리가 너희를 자유롭게 하리라"고 한 말씀의 뜻은 무엇인가? 이것은 36절에서 밝혀 준 것과 같이, 하나님 아들(예수님 자신)이 그 속죄의 죽으심에 의하여 신자들을 죄악에서 해방시켜 주신다는 뜻이다.

그런데 이 구절에서 왜 예수님 자신을 "진리"라고 하였는가? 그것은 다음과 같이 생각된다. 예수님을 찾아 만난 결과가 진리이기 때문에, 어떤 의미에서는 진리와 예수님을 동일체라고도 할 만하다(14:6). 예수님의 모든 언행은 진리이며, 그가 보내신 성령이 하시는 모든 기적적인 역사도 진리이다. 참된 기적은 진리를 지니고 있다. 진리 없는 기적이나 역사는 성령의 것이 아니다.

33 그들이 대답하되 우리가 아브라함의 자손이라 남의 종이 된 적이 없거늘 어찌하여 우리가 자유롭게 되리라 하느냐. "우리는 아브라함의 자손이라 남의 종이 된 적이 없거늘"이란 말은 어떻게 해석될 말씀인가? 이것이 영적 의미일 것인가, 육적 의미일 것인가? 고데는 이것을 육적 의미로 생각하고, 유대인의 국민 자유를

가리켰다고 한다. 그러나 그 학설은 부당하다. 유대 나라는 그 당시에도 로마의 지배 아래 이미 종이 되어 있지 않았던가? 이전에도 그들의 조상이 여러 번 외국의 침략을 당하여 종으로 끌려간 일이 있었다(Grosheide). 그러므로 이 문구는 영적으로 해석되어야 한다. 곧 하나님께서 이스라엘 백성을 자기의 것으로 택하실 때 아브라함을 그 계약 대상의 머리로 정하셨으니만큼, 이스라엘 백성의 조상은 아브라함이다. 그러므로 유대인들은 이런 전통을 지킨다는 의미에서 말하기를, 남의 종이 된 적이 없다고 한 것이다. 곧 언제나 그들은 아브라함의 하나님을 섬겨 왔고, 어떤 다른 나라의 신(神)을 섬긴 적이 없다고 한다(우상을 섬긴 일이 있었던 이스라엘의 오점은 잊어버렸음).

유대인들이 외식으로 행한 것은 틀렸지만 계약 신관만은 가지노라고 하였다. 하나님은 체계 없이 변동하는 이가 아니시고, 옛사람에게 약속하신 대로 일하시고 이루어 가시며, 그가 택하신 백성을 버리지도 않으신다. 신자는 이러한 역사적 신관과 든든한 구원사관을 가지고 있어야 한다. 그리고 이렇게 구원계약 사상에 기준하여 교회를 생각해야 한다. 교회는 구원계약을 배경하고 한편으로는 이 세상에 있는 기관으로 존재한다. 교회는 아무래도 이 세상에서 기관으로서의 성격을 띠지 않을 수 없고, 그러한 성격 때문에 세상과 접촉을 가진다. 그러나 교회는 하나님의 계약을 배경하고 있는 것이니만큼, 그 자체가 포함하고 있는 회원들에게 결점이 있음에도 불구하고 그 성결성이 불변하는 것이다. 교회는 세상과 접촉하여 세상을 이긴다. 이처럼 진정한 교회는 하나님의 계약을 배경하고 성립된다. 그러나 땅 위에는 계약 성격을 무시하고 취미 본위로 사람끼리의 연락만을 치중하여 나타나는 단체들이 있다. 그것은 교회라고 하기보다는 종파(Sect)라고 함이 적합하다. 이런 종파들에 있어서는 사람이 사람을 심판하게 되는 경향이 많고, 객관적인 계

약(하나님의 말씀)의 지배를 필요하게 여기지 않는다.[125)]

그러므로 유대인들이 진심으로 깨닫고 계약 신관을 주장하였더라면 진리에 합당했을 것이다. 그런데 그들이 그것을 주장함에 있어서 기계적이고 모방적인 점이 잘못된 것이다.

34 예수께서 대답하시되 진실로 진실로 너희에게 이르노니 죄를 범하는 자마다 죄의 종이라. "죄의 종"이란 말은, ① 범죄하는 자마다 결국 그 죄의 지배를 받게 된다는 뜻과, ② 그가 거기서 놓이는 길은 오직 속량함이 되는 길 밖에 없다는 뜻을 가진다. 과연 죄는 무섭다. 그것은 가장 작은 것이라도, 사람을 힘 있게 주관하여 망하게 만든다. 전에 아일랜드 해역에서 배가 파선된 일이 있었다. 그 배를 운전하는 선장도 경험이 많은 사람이었다. 어느 날 그가 나침반이 들어 있는 상자를 열고 나침반을 검열하는데, 칼끝이 조금 부서져 상자에 떨어졌다. 그것 때문에 나침반의 작용이 잘못되어 결국 딴 방향으로 가다가 파선 당한 것이라고 한다. 이같이, 죄는 작은 것이라도 사람을 주장하여 망하게 한다. 로마서 7:23에 말하기를 "내 지체 속에서 한 다른 법이 내 마음의 법과 싸워 내 지체 속에 있는 죄의 법으로 나를 사로잡는 것을 보는도다" 라고 하였다. 죄는 사람에게 붙어 있는 가장 악독한 원수이다. 사람이 그것을 주장하는 것이 아니고, 그것이 사람을 주장하여 그로 하여금 죄를 범하도록 만든다(참조. 롬 7:15-20). 이처럼 죄는 사람을 사로잡아 망하게 한다. 사람을 잡는 무서운 죄를 심상히 여기는 것은 어리석다. 미국 아칸소주의 어떤 사람이 뱀을 하나 잡아 훈련시켰는데, 그의 팔에 챙챙 감겨 머리를 들고 있으면서 그 사람이 먹을 것을 주면 받아먹곤 하였다. 그는 날마다 사람들에게 그 구경을 시켰다. 어느 날 뱀이 그렇게 그 사람의 팔을 챙챙 감은 다음 그의 팔을 물자 그 사람은 곧 죽게 되었다. 죄를 심상히 여기며 죄로 더불어 즐기는

---

125) H. Dooyeweerd, A New Critique of Theoretical Thought, III, 529.

자는 결국 이처럼 된다. 어떤 서커스(Circus)단에서 사람이 호랑이의 입에 머리를 넣고 구경을 시키는 순서가 있었다고 한다. 하루는 그가 머리를 호랑이 입에 넣었을 때 그 호랑이가 그의 머리를 깨물었다. 죄를 즐기는 자도 이같이 위험한 짓을 하다가 망하는 자와 같다.

종이 속량되어 놓이는 것처럼 죄인도 속량되어 놓이는 사실에 대하여는 다음 구절들의 해석에서 참조하라.

35-36 종은 영원히 집에 거하지 못하되 아들은 영원히 거하나니 그러므로 아들이 너희를 자유롭게 하면 너희가 참으로 자유로우리라. 종이 아브라함 집의 축복 언약을 누릴 자가 못되고 잠시 그 집에 거하는 것처럼, 구속을 받지 못한 사람 곧 죄의 종 된 자는 하나님 나라 기업을 누리지 못한다. 그는 마침내 택한 백성과 나누일 때가 있다. 그러나 아들, 곧 예수 그리스도는 천국 기업을 영원히 누리실 자니, 그가 구속자 자격을 가지셨다(참조. 눅 4:18; 갈 4:1-7, 4:28, 31, 5:1). 로마서 8:1에 말하기를 "그리스도 예수 안에 있는 자에게는 결코 정죄함이 없나니"라고 하였다. 예수님은 우리의 모본이 되실 뿐만 아니라, 모든 죄악을 도말하여 없애 주시는 구주님이시다.

예수님이 이처럼 죄인을 놓아 주시는 자격을 지닌 이유는, 위에서 이미 말한 것과 같이 그가 하나님의 아들이신 까닭이다. 그는 하나님의 아들이신 만큼, 하나님의 집을 지으신 자시며 또 그 집을 맡으신 이로서(히 3:3-6), 영원히 살아 계시다. 그러므로 우리가 그를 믿기만 하면, 그 집에 속하여 영원히 죄의 노예 된 자리에서 벗어나서 참된 자유를 누릴 수 있다. 세상 나라에 충성하는 이들은, 자기 자신의 희생에 의하여 민족을 위한 육적인 생활에 유익을 준다. 그러나 그들이 사람을 죄악에서 해방시켜 영원히 하나님의 집이 되도록 할 수는 없다. 사람으로 하여금 하나님의 집이 되도록 하시는 이는, 하나님의 아들 밖에 없다. 하나님의 아들이 우리를 죄에서 자유하게 하시면 우리가 자유를 얻는다, 만일 사람들이 물질로 죄 중에서 구원받을 수 있다면 하나님께서 지구보다 큰 금덩이라도 그들을 위하여 내실 수 있다.

그러나 우리가 물질로는 죄에서 구원받지 못한다. 하나님은 우리를 죄에서 건지기 위하여 보다 귀하신 아들을 희생시키셨다. 사람이 죄의 종이 된 것을 그의 힘으로는 면할 길이 없다. 그러나 그가 원하기만 하면, 그리스도께서 그의 종 된 불행을 없애 주실 수 있다. 그리스도께서 38년 된 병자에게 찾아 가셔서 "네가 낫고자 하느냐" 하시며, 그가 고침 받을 소원 있는 여부를 알아 보셨다(요 5:6). 하나님의 아들이 우리를 해방하신 혜택 아래서는 우리가 확실한 소망을 가진다. 그러므로 히브리서 3:6 하반절에 말하기를 "우리가 소망의 확신과 자랑을 끝까지 굳게 잡고 있으면 우리는 그의 집이라"고 하였다. 우리는 애국자들의 담대함과 자랑을 잘 안다. 그들은 국가의 소망을 위하여 생명을 초개 같이 버린다. 그렇다면 신자들은 그리스도를 위하여 얼마나 영적 소망으로(마음으로) 담대해야 될까? 디모데전서 4:8에 말하기를 "육체의 연단은 약간의 유익이 있으나 경건은 범사에 유익하니 금생과 내생에 약속이 있느니라"고 하였다. 이처럼 귀한 축복이 하나님의 아들 예수 그리스도로 말미암아 예비되었다. 그러나 그것을 믿지 않는 자에게는 그 축복이 오지 않는다. 예수님의 구속을 믿지 않는 자는, 곡식이 가득한 창고에서 굶어 죽는 자와 같다. 미국 남북 전쟁 때, 어떤 사람이 말을 타고 가는데 한 군인이 찾아와서 말하기를 "나를 살려 주시오, 나를 살려 주시오!" 하였다. 그때 그 말 탄 사람이 묻기를 "왜 그러는가?" 하니, 그는 대답하기를 "나는 도망치는 군인인데 먹을 양식이 없어 그럽니다"라고 하였다. 그때 그 말 탄 사람이 말하기를 "저 동네에 들어가시오."라고 하니, 그 병정은 말하기를 "내가 거기 가면 군인들이 총살합니다"라고 하였다. 그 말 탄 사람이 말하기를 "지금은 전쟁이 끝났습니다"라고 하였다. 그 소식을 들은 병정은 기뻐하며 마을로 들어갔다고 한다. 예수 그리스도는 우리의 구주이시다. 우리는 이 귀한 소식을 믿음으로 구원 받는다.

37 나도 너희가 아브라함의 자손인 줄 아노라 그러나 내 말이 너희 안에 있을 곳이 없으므로 나를 죽이려 하는도다. 예수님은 그때의 유대인들이 육적으로 아브라함의 자손인 것을 인정하셨다. 그러나 그는 그들이 영적으로는 아브라함의 자손이 아님을 지적하신다. 그의 말씀이 그들의 안에 있을 곳이 없음은, 그 둘이 서로 다르기 때문이다. 크로샤이데가 말한 것과 같이, 그들은 예수님의 말씀을 멸시하고 그를 죽일 계획을 세웠다. 예수님은 그들에게 용납될 수 없는 존재였다. 이처럼 된 것은, 그들이 예수님과 영적으로 한 계통이 아닌 사실을 드러낸다. 그들은 아브라함의 자손이라고 자처하면서도 아브라함이 바라보며 기뻐하던 메시아(56절)를 죽이려고 하였다

38 나는 내 아버지에게서 본 것을 말하고 너희는 너희 아비에게서 들은 것을 행하느니라. 이 말씀도 유대인들이 영적으로 아브라함의 자손이 아닌 사실을 지적한다. 이 사실은 역시 그들과 예수님과의 영적 차이점에서 나타난다. 그들이 진정한 아브라함의 자손이었다면 아브라함의 참 자손이셨던 예수님과 일치했을 것이다. 그러나 그들과 예수님 사이에는 불일치가 있었다. 예수님은 그 현재에도 하나님 아버지 곁에 계셔서 그가 보시는 것들을 세상 사람들에게 계시하여(말씀하여) 주신다. 그러나 유대인들은 그들의 아버지(곧, 마귀)에게 들은 것을 행하였다. 예수님의 역사는 모두 계시를 목적한 것이기 때문에, 그 모든 언행이 "말씀하심"이다. 그러나 유대인들의 언행은, 그들이 예수님을 믿지 않는 한 그 모든 것이 다 죄악이다.

39-40 대답하여 이르되 우리 아버지는 아브라함이라 하니 예수께서 이르시되 너희가 아브라함의 자손이면 아브라함이 행한 일들을 할 것이거늘 지금 하나님께 들은 진리를 너희에게 말한 사람인 나를 죽이려 하는도다 아브라함은 이렇게 하지 아니하였느니라. 예수님은 여기서도 그때의 유대인들이 아브라함을 아버지라고 하면서도, 실상 아브라함과 같은 의를 행하지 않는 모순을 지적하신다.

41-42 이 부분에서 유대인들은 저희 아버지가 "하나님"이라고 한다. 그

러나 예수님은 그들의 주장이 틀렸음을 다시 지적하신다. 그들이 만일 하나님의 자녀였다면 그리스도를 사랑하였을 것이다(요일 5:1-2). 그러나 그들은 예수님을 사랑하기는커녕 도리어 죽이려고 하였다.

43 어찌하여 내 말을 깨닫지 못하느냐 이는 내 말을 들을 줄 알지 못함이로다. 이것은 예수님이 그들의 불신앙을 꾸짖는 말씀이다. 곧 그들이 예수님의 말씀을 깨닫지 못하는 원인이 있었으니, 그것은 그들에게 예수님과 통할 수 있는 영적 통찰력이 없었던 까닭이다. 그만큼 그들은 하나님과 관계없는 무서운 처지에 있었다. 그들은 예수님의 이 말씀을 듣고 두려워해야 하며, 자신을 걱정해야 할 처지였다.

44 너희는 너희 아비 마귀에게서 났으니 너희 아비의 욕심대로 너희도 행하고자 하느니라 그는 처음부터 살인한 자요 진리가 그 속에 없으므로 진리에 서지 못하고 거짓을 말할 때마다 제 것으로 말하나니 이는 저가 거짓말쟁이요 거짓의 아비가 되었음이라. 예수님이 유대인들을 가리켜 "마귀에게서 났다"고 하신 것은, 그들의 사상과 행위의 근원이 마귀의 것이라는 의미였을 것이다. 마귀는 "처음부터 살인한 자"란 뜻은, 마귀가 아담을 속여 범죄하게 하여 결국 사망을 당하게 한 것을 가리킨다. 하나님의 말씀(곧, 계시)을 믿지 아니함이 거짓인데, 이 거짓은 죽음을 가져온다. 불트만은 그의 신학적 입장이 그릇되었으나, 이 점에 있어서는 바로 말하기를 "계시를 대적함은 곧바로 생명을 대적함이다"라고 하였다.[126)]

이 점에 있어서 마귀는 하나님과 정반대이다. 하나님은 생명을 창조하시는데 마귀는 생명을 파괴하며, 하나님은 계시하시는데 마귀는 하나님의 계시를 가리어서 어둡게 하려고 한다. "진리가 그 속에 없으므로", "거짓을 말할 때마다 제 것으로 말하나니", "거짓의 아비"라고 한 말씀들은 모두 마귀의 본질이 거짓으로만 나타난다는 사실을 가리킨다. 예수님 당시의 유대인

---

126) Das Evangelium des Johannes, Göttingen 1956, 243.

들은 그것을 닮았다. 그들이 그리스도로 말미암아 나타난 계시를 믿지 않음이 거짓에 속하는 행동이다. 불신앙은 거짓에 속한다(요일 2:22).

* * * * *

{특별참고}

마귀에 대하여

마귀는 어떤 존재인가? 우리는 성경대로 마귀를 하나님의 원수요, 인격적 존재로 생각한다. 그런데 바르트(Barth)는 다음과 같이 잘못 말한다. 곧 "하나님을 대적하는 요소가 이 세계에 있다. 그것은 '아무 것도 아닌 것'(das Nichtige)이라고 이름 불린다…그것은 창조질서 안에 실체를 가지고 있는 것이 아니다. 그것은 천지 창조 때의 혼돈과 공허 그것이다. 그것은 창조질서의 주변에 있어서 창조질서를 위협하였다. 그것은 하나님께서 하시고자 하지 않으시는 영역이다. 그것의 존재는 이 영역뿐이다. 하나님이 뜻하지 않으시는 점(Non-willing)이 바로 그것의 존재 근거이다"라고 하였다.[127)]

마귀에 대한 바르트의 이러한 견해는, 성경이 밝히 말하는 마귀의 인격성을 부정한 것이다. 성경의 말씀을 보면, 마귀는 하나님을 대적하는 인격성 있는 자이다. 마귀는 처음부터 하나님을 대적하는 자요(창 3:4), 처음부터 살인한 자요, 거짓말쟁이요, 거짓의 아비이다(8:44). 마귀는 거짓된 것이니만큼, 신자가 하나님의 진리만 믿고 마귀를 믿어 주지 않을 때 마귀는 없는 것같이

---

127) Barth, Dogmatics III, 3, 289-353.

약하다.

45 내가 진리를 말하므로 너희가 나를 믿지 아니 하는도다. 이 말씀은 그때 유대인들의 마귀적인 성격을 지적하심이다. 그는 이처럼 날카롭게 말씀하셔서 그들의 심령 상태의 위험성을 지적하신다.

46 너희 중에 누가 나를 죄로 책잡겠느냐 내가 진리를 말하는데도 어찌하여 나를 믿지 아니하느냐. "누가 나를 죄로 책잡겠느냐"라는 도전적인 말씀은 하나님께서만 하실 수 있는 말씀이다. 이것은 큰 말씀이다. 예수님이 회개하신 일이 없는(죄가 없으시므로) 사실도 그가 하나님이신 증거이지만, 여기 이 말씀도 그러하다. 죄 없는 자가 진리를 말씀하시는데, 듣는 자들은 그것을 믿을 것 밖에 없다. 아무리 진리를 말하여도 그 말하는 자 자신에게 허물이 있으면, 듣는 자들이 잘 믿어주지 않는다.

47-48 하나님께 속한 자. "하나님께 속한 자"는 하나님의 자녀를 가리킨다.

유대인들이 대답하여 이르되 우리가 너를 사마리아 사람이라 또는 귀신이 들렸다 하는 말이 옳지 아니하냐. 유대인들은 타락한 자와 율법을 지키지 않는 자를 가리켜 "사마리아 사람"이라고 욕한다. 이때 그들은 자기들이 부패하여 하나님께 속하지 못한 사실을 인식하지 못하므로, 그들의 부패를 지적하신 예수님을 "사마리아 사람이라" 또는 "귀신이 들렸다"하며 욕하였다.

49-50 이 구절들은 예수님의 자아 주장의 말씀이 중대한 것임을 지적한다. ① 이 말씀은 귀신 들린 자의 미친 소리가 아니고 도리어 그와 정반대로 극치의 진리인 것이다. 그것은 하나님 아버지를 공경하심에서 나타난 말씀이기 때문이다. 다시 말하면, 그것은 그가 하나님께 순종하시는 의미에서 하나님의 말씀 그대로를 계시하시기 때문이다. 하나님을 공경하시는 것을 가리켜 귀신 들렸다고 하는 것은 경건을 모욕하는 극단이요, 하나님의 말씀 계시를 그런 미친 일로 여기는 것도 그러하다(49절). ② 예수님의 주장은 이렇게

자기 자신 공경이 아니고, 하나님 아버지의 영광을 찾아 드리기 위한 것이었다. 따라서 하나님께서는 예수님의 주장이 무시를 당하도록 그냥 두시지 않고, 반드시 그것을 세워 주신다(50절). ③ 예수님의 말씀을 믿는 자는 영생하게 된다(51절). 위의 세 가지로 나타난 것과 같이, 예수님의 말씀은 중요하다. 그럼에도 불구하고 유대인들은 그의 주장이 귀신 들린 자의 미친 소리라는 뜻으로 모욕하였으니, 그들이 극도로 완악해진 것이 드러났다.

52-53 여기서 유대인들이 또다시 예수님을 가리켜 귀신 들렸다고 한다. 유대인들의 변론의 내용은 다음과 같다. 곧 예수님이 어떻게 신자들을 죽지 않게 하여 주실 수 있겠는가 하는 것이다. 다시 말하면, "자기가 영생하고야 비로소 남들도 영생하게 할 터인데, 예수님 자신이 영원히 죽지 않는다는 말인가? 선지자들과 아브라함도 다 죽지 않았는가?" 하는 것이다.

54-58 예수님은 그들의 난제들을 다음과 같이 해결하여 주셨다.

1) 그의 말씀은 절대로 믿을 만한 것이라는 것(54절). 그의 주장은 순전히 하나님 아버지의 계시를 그대로 순종하여 전하시는 것뿐이니, 그것은 절대적 진리라는 의미의 변론이다. 그의 주장, 곧 그의 말씀은 하나님 아버지의 말씀이다. 그런 의미에서 그는 말씀하시기를 "내가 내게 영광을 돌리면 내 영광이 아무 것도 아니거니와 내게 영광을 돌리시는 이는 내 아버지시니 곧 너희가 너희 하나님이라 칭하는 그 이니라"(54절)고 하셨다. 이처럼 그의 주장은 하나님의 말씀이신 것만큼, 절대적 진리이다. 그럼에도 불구하고 유대인들이 불신앙한 원인은, 하나님을 아는 그들의 지식이 형식뿐이고 참되지 않았기 때문이다. 이런 불신앙의 원인을 지적하시는 의미에서 그는 말씀하시기를 "너희가 너희 하나님이라 칭하는 그이시라 너희는 그를 알지 못하되 나는 아노니"라고 하셨다(54-55상).

2) 그가 유대인들의 그릇된 사상(예수님을 선지자들이나 아브라함보다 낮게 보는 사상)(52-53절)을 시정시키심. 특별히 유대인들에게 선지자들보다도 높

다고 생각된 아브라함의 지위에 대하여 말씀하셨다(56-58절).

너희 조상 아브라함은 나의 때 볼 것을 즐거워하다가 보고 기뻐하였느니라(56절). 랍비들의 사상에도 일찍이 아브라함에게 메시아 시대가 계시되었다는 신념이 있었다.[128] 그러나 그보다도 이 구절 상반절의 내용은, 아브라함이 그의 아들 이삭의 출생에 대한 약속을 받고 기뻐한 사실이다(창 17:17). 이삭의 출생 약속은 "네 씨로 말미암아 천하 만민이 복을 받으리니"(창 22:18)란 약속 내용을 가진다. 그러므로 그것은 아브라함으로 하여금 메시아께서 그의 후손으로 나시게 될 것을 내다보게 한 것이다. 아브라함은 그것을 내다보고 즐거워하였다.

"보고 기뻐하였느니라" 이 말씀은 과연 약속되었던 대로 1년 후에 이삭이 출생하게 되었는데, 아브라함은 그 약속 성취를 보고 기뻐했다는 뜻인 듯하다(Hendriksen, pp. 64-65). 그러나 크로샤이데는 말하기를 "여기 보고 기뻐하였다는 말은 아브라함이 땅에 있을 동안에 기뻐했다는 것이 아니라. 그가 하늘에 가서 체험한 것을 가리켜 말씀하신 것이다"라고 하였다.[129] 그러면 예수님이 이처럼 아브라함을 언급하신 목적이 무엇인가? 그것은 아브라함도 예수님을 메시아로 알았으니 만큼, 그가 아브라함보다 자기의 위대하심을 증언하시려는 데 있다(참조. 58절).

네가 아직 오십도 못 되었는데 아브라함을 보았느냐(57절). "오십도 못 되었는데"란 말 때문에 학자들은 예수님의 그때 연세에 대하여 생각해 본다. 그때 그의 연세가 30대라면, "네가 아직 오십도 못 되었는데"라고 한 유대인들의 말이 자연스럽지 않다는 것이다. 그러므로 크리소스토모스(Chrysostom)는 여기 "오십"이란 말 대신에 "사십"(τεσσαράκοντα)이라고 읽었다. 그러나 그것은

128) C.K. Barrett, 291.

129) Grosheide, Het Heilige Evangelie Volgens Johannes, Kommentaar II, 1950, 60.

상상에 불과한 것이다. 그리고 이레나이우스(Irenaeus)는 말하기를, 그때 예수님의 연세가 50세에 가까웠을 것이라고 말하였으나(Adv. Haer. 2, 22:6), 그것도 역사적 사실에 맞지 않는 추측에 불과한 말이다. 여기 "오십"이란 것은, 예수님과 아브라함 사이의 시간 거리(2,000년 동안)에 대조하여 생각된 짧은 연수이다.

"아브라함을 보았느냐" 이 말씀에 대한 사본상 서로 다른 것이 있다. ① 우리의 한역이 채택한 헬라어 원문(καὶ ᾿Αβραὰμ ἑώρακας)은, ℵc , A, C. D, N의 것이고, ② 수리아 사본(Syr. sin)과 이집트 사본의 지지를 받는 시내산 사본(ℵ*)에는 "아브라함이 너를 보았는가"(καὶ ᾿Αβραὰμ ἑώρακας σε)로 되어 있다.

예수께서 이르시되 진실로 진실로 너희에게 이르노니 아브라함이 나기 전부터 내가 있느니라(58절). "네가 오십도 못 되었는데"(57절)라는 유대인들의 힐문에 대하여 그는 대답하신다. 예수님은 이 세상 연령에 의하여 위대해지신 분이 아니다. 그의 생애는 33년 밖에 안 되는 짧은 기간이었다. 그가 하신 일의 위대함은 그의 초자연적 인격에 달렸다. 그는 하나님의 아들이시다. 그는 초역사적인 인격이시다. 이런 의미에서 그는 말씀하시기를 "아브라함이 나기 전부터 내가 있느니라"고 하셨다. "내가 있느니라"고 하신 말씀의 헬라어(ἐγὼ εἰμί)는 현재사이다. 이것은 아브라함이 나기 전에 계셨다는 뜻이 아니고, 그때나 지금이나 그의 존재는 늘 현재란 뜻이다. 비켄하우저(Alfred Wikenhauser)는 "내가 있느니라"고 한 말씀에서 그의 존재가 어느 역사적 시간에든지 지배를 받지 않는다는 것이 표현되어 있다고 하였다.[130] 다시 말하면, 그는 전에도 계시고 지금도 계시고 장차도 계시는 하나님이란 뜻과 마찬가지이다. 이것은 히브리서 13:8의 말씀과 같이, "예수 그리스도는 어제나 오늘이나 영원

---

130) Durch"bin ich"bringt er zum Ausdruck, dass seine Existenz unabhängig ist von jeder Zeit.-Alfred Wikenhauser, Das Evangelium nach Johannes, 185.

토록 동일하시다"는 의미이다. 그는 이처럼 초시간적 인격이시다. 그렇기 때문에 시간 세계에서 33년 동안 행하신 그의 행적도 무한한 가치를 가진다. 우리는 이처럼 위대하신 구주로 말미암아 구원을 받는다.

어떤 파선 당한 선객이 바다 가운데서 수면에 솟아오른 바위 때문에 생명의 구원을 받았다. 그 바위 꼭대기의 면적은 비록 좁았으나 바위 밑은 매우 크며, 또 깊이 뿌리박고 있었으므로 안전하였던 것이다. 이처럼 예수께서는 이 세상 역사의 생애는 짧게 가지셨지만, 그 인격은 하나님 아버지로부터 오신 하나님의 아들이시다. 우리는 그리스도 안에서 영생하게 된다. 우리의 이 세상 생애가 짧아도 걱정할 것은 없다. 우리의 중요성은 영원하신 그리스도와 연합하는데 있다.

59 그들이 돌을 들어 치려하거늘 예수께서 숨어 성전에서 나가시니라. 10:31-33, 11:53 해석을 참조하라. 예수님은 하나님 아버지가 정하신 때가 되기 전에, 그 생명을 원수들에게 내어 맡기지 않으셨다. 그는 위험을 피하여 숨기도 하셨다. 희생이 귀하지만, 하나님의 뜻에 맞지 않는 것은 낭비된 희생으로서 도리어 하나님을 기쁘시게 하지 못할 수도 있다.

설교 빛으로 오신 예수님과 인생(8:12-59)

빛은 여러 가지 좋은 일을 하는데, 그중에도 특히 밝히는 일(곧, 보게 하여 주는 일)은 중요하다. 사람은 어두운 가운데(죄 가운데) 있어서 실상 갈 길을 알지 못한다. 주님의 인도하심이 없으면 사람들은 모두 어두운 데서 멸망 받는다. 그러므로 다윗은 말하기를 "여호와는 나의 빛이요 나의 구원이시니 내가 누구를 두려워하리요"(시 27:1)라고 하였다. 위대한 과학자들도 예수님이 밝혀 주시는 은혜를 받아 좋은 것을 발명하였다. 전보의 제도를 발명한 모르스(Morse)는 어려운 문제를 당면할 때마다 기도하였다고 한다.

예수님은 인생을 깊은 어둠에서 구원하여 주시는 구주이시다. 그는 단지 과학 세계에 밝음을 주실 정도의 계시자가 아니라, 영적 세계의 깊은 어둠을 깨뜨리시고 밝혀 주시는 구주이시다. 그가 죽기까지 하신 것은 이런 철저한 구원을 주시기 위함이다. 그는 얕은 자리에서나 도와주시는 분이 아니다. 그는 지옥과 같이 깊은 어둠 속에 빠진 우리의 영혼을 건져 주신다. 이와 같은 구원은, 그가 우리로 하여금 하나님을 보게(영적으로) 함으로 이루신다(참조. 1:18). 우리가 하나님을 보아야 한다는 것은 두 말할 것도 없이 필요하다. 그가 하나님과 우리 사이의 장벽을 열어 우리로 하여금 하나님을 볼 수 있게 하셨다. 어떤 안개 낀 날, 조지 뮬러(George Müller)가 배를 타고 가는데 정시에 도착할 것 같지 않아서 기도하였다. 그때 선장이 염려하며 말하기를 "당신은 이 안개를 봅니까?" 하니, 그는 대답하기를 "나는 안개를 보지 않고 하나님을 봅니다"라고 하였다. 그때 안개는 사라지고 배는 정시에 도착하였다고 한다. 루터(Luther)가 하나님을 본 때 로마 가톨릭교회가 떨었고, 조나단 에드워즈(Jonathan Edwards)가 하나님을 본 때 미국에 큰 부흥이 일어났고, 존 녹스(John Knox)가 하나님을 본 때 스코틀랜드가 그 앞에 꿇었고, 존 웨슬리(John Wesley)가 하나님을 본 때 세계가 그의 교구가 되었고, 조지 휘트필드(George Whitefield)가 하나님을 본 때 대중이 회개하였다. 그러면 누가 이 빛을 받을 수 있는가?

1. 인생은 예수님을 믿어야 이 빛을 받음

사람은 누구든지 다 영적으로 어두워서 하나님을 보지 못한다. 그뿐 아니라 그는 자기의 지혜로는 예수님이 빛 되심을 깨닫지도 못한다. 믿고 따르는 자만이 예수님의 빛을 받는다. 많은 사람들은 예수님의 빛 되심을 믿지 않으려고 한다. 그 이유는 그들이 아직 그 빛을 받아 체험해 보지 못한 까닭이라고 한다. 그러나 그것은 잘못이다. 나면서 소경 된 자가 태양 빛을 보지 못하였다고 하여 빛의 존재를 믿지 않을 것인가? 그는 태양 빛을 믿음으로 인정해야 한다. 신앙은 예수님을 따름에 절대 필요한 걸음이다. 사람은 누구든지 예수님을 따라야 그 빛을 계속적으로 받는다. 안내자를 가까이 따르지 않는다면, 여행자가 어떻게 안내자의 지시를 받을 수 있겠는가? 우리는 그리스도를 믿고 따라가야만 된다. 어떤 책에 말하기를 "그를 믿으라, 캄캄한 의심들이 너를 공격할 때 믿으라. 그를 믿으라, 네 힘이 적을 때 믿으라. 그를 믿으라, 가장 믿기 어려울 때 믿으라. 그를 믿으라, 그는 미쁘시니라. 그를 믿으라, 그의 뜻이 가장 좋으니라. 그를 믿으라, 그의 마음이 유일한 안식처니라. 그러면 그를 믿으라, 흐릴 때나 맑을 때나 언제든지 믿으라. 네 모든 걱정을 그에게 던져라, 풍랑과 재난이 다 지나갈 때까지!"라고 했다.

Trust Him when dark doubts assail thee;
Trust Him when thy strength is small;
Trust Him when to trust Him is the hardest thing of all,
Trust Him; He is ever faithful;
Trust Him, for His will is best;
Trust Him, for the heart iof Jesus is the only place of rest.
Trust Him, then, through cloud and sunshine;
All thy cares upon Him cast till the storms of life are over and the testing days are past.
(Knight's Master Book of Illustrations, Eerdmans pp.701-702).

2. 예수님은 절대로 믿을 만하신 분이다.

1) 자증자이시므로 그러함. 예수께서 자기를 "빛"이라고 하신 말씀에 대하여 바리새인들은 원망하기를, 그것은 자증임으로 믿을 수 없다고 하였다

(13절). 바리새인들의 이 말은 어리석다. 빛은 자증자니, 그것이 비췄을 때 그 누구의 증명을 받을 것 없이 그 밝음을 나타낸다. 그것은 증명이 없어도 믿어질 사실이다. 그와 같이, 예수님은 인간들이 헤아릴 수 없는 무한하신 하나님이시기 때문에 그 자신의 증언을 통해서 바로 증언될 수 있다. 그 자신은 책 한 권을 저술하시지 않았으나 그의 진리는 온 세상에 책을 둘 수 없으리만큼 풍부한 것이다. 사도 요한은 말하기를 "예수께서 행하신 일이 이 외에도 많으니 만일 낱낱이 기록된다면 이 세상이라도 이 기록된 책을 두기에 부족할 줄 아노라"(21:25)고 하였다.

2) 하나님 아버지께서도 예수님에 대하여 증언하시는 고로, 절대로 믿을 만함(15-20절). 예수님에 대한 하나님 아버지의 증언은 무엇으로 나타났는가? 그것은 5:37-39이 보여준 대로 성경이다. 성경의 증언은 절대적 진리에 속한다. 성경은 영원히 폐지될 수 없는 진리이다. 성경은 예수님을 증언하는 책이다. 구약도 그러하고, 신약도 그러하다.

설교 죄 가운데서 죽은 자들(8:21-30)

본문 말씀은, 저 유대인들이 얼마나 죄를 사랑하고 죄와 일체되어 있는지를 가리킨다. 그들에게는 죄악 세상이 바로 본향과 같이 되어 있었다. 그러므로 예수님이 말씀하시기를 "너희는 아래서 났고···이 세상에 속하였고"라고 하셨다(23절). 그들은 죄악을 원수시하지 않고 도리어 그것과 잘 통하고 있었다. 그들은 내세를 위하여 준비할 줄 모르는 자들이었다. 그들은 거기서 살다가 거기서 죽을 자들이었다. 클론다이크(klondyke)란 금광 지방에 어떤 채광하려는 여행단이 찾아 들어가서 보니, 한 곳에 두 사람의 해골이 있고, 다량의 금도 있었으며, 그 가까이에 편지도 한 장 놓여 있었다. 그 편지에는 "우리가 여기서 금광맥을 발견하여 금을 캐는데 성공했노라"라고 기록되어 있었다는 것이다. 그 여행단은 그것을 보고 거기서 광업에 착수했는데, 그때는 이른 겨울이었다. 그들은 날마다 금광을 깊이 파 들어가며 작업을 계속하였다. 날은 점점 추워지고 마침내 눈사태로 인하여 양식을 구하러 나갈 길도 막혀 버렸다. 그들은 모두 그 풍부한 금덩어리들을 캐 놓은 채 굶어 죽었다고 한다. 이같이 이 세상 사람들은 죄악 생활의 취미에 세월이 오는지 가는지 모르고 있으며, 내세 준비를 못하고 그만 죽어 버리고 만다.

1. 죄가 사람을 죽임

죄는 얼른 보면, 당장 사람을 죽이지는 않으며 사람에게 좋아 보인다. 그러나 그것이 결국 그 범행자를 죽이고야 만다. 에스겔 3:19에 말하기를 "네가 악인을 깨우치되 그가 그 악한 마음과 악한 행위에서 돌이키지 아니하면 그는 그의 죄악 중에서 죽으려니와"라고 하였고, 에스겔 18:4에는 "범죄하는 그 영혼은 죽으리라"고 하였다. 그런데 사람들이 죄를 무서워하지 않는 이유는, 그것이 사람을 얼른 죽이지 않고 사람을 꾀이다가 나중에 죽이는 까닭이다. 남아프리카 강가의 갈밭에 오리들이 많이 노는데, 그 지방 아이들이 오리를 많이 잡는다고 한다. 그 잡는 방법은 호박 속을 파 내버리고 강 상류에서 떠내려 보낸다. 호박이 떠내려 올 때 오리들은 처음에 이상히 여겨 멀리하다가, 얼마 후에는 그 위에 올라앉기도 한다. 그러면 아이들은 자기 머리를 호박(그 속을 파내고 내다볼 구멍을 낸) 속에 넣고, 강물 속에 몸을 잠그고 내려간다. 그때 오리들이 와서 그 호박 위에 앉으면, 아이들은 재빨리 그것을 잡는다고 한다. 그와 같이 죄악은 호기심으로 사람을 점점 유혹하다가 나중에는 죽인다. 진정한 성도들은 죄악을 가장 무서워한다. 크리소스토모스가 로마 황제에게 잡혔을 때, 그 황제가 신하에게 묻기를 "내가 그를 어떻게 할까? 그를 가둘까?" 하였다. 그 신하는 대답하기를 "가두면 그는 좋아할 것입니다. 그 조용한 자리에서 하나님과 교통하기 좋을 것입니다"라고 하였다. 그때 황제는 다시 묻기를 "그러면 죽일까?"라고 하였다. 신하는 대답하기를 "그리하면 그가 천국에 들어간다고 좋아할 것입니다"라고 하였다. 황제는 다시 말하기를 "그러면 어떻게 할꼬?" 하였다. 그때 그 신하는 말하기를 "그로 하여금 범죄하게 만들어 보십시오, 그는 죄를 가장 무서워합니다"라고 하였다.

2. 죄 가운데서 구원받는 길

24절에 말하기를 "너희가 만일 내가 그인 줄 믿지 아니하면 너희 죄 가운데서 죽으리라"고 하였으니, 믿으면 구원받는다는 뜻을 포함한다. 인간은 땅에 속하여 죄악으로 말미암아 영원히 멸망할 수밖에 없다. 그러나 하나님은 우리를 구원하실 방침을 세우셨으니, 곧 그리스도를 보내어 사람들로 하여금 그를 믿게 하심이다. 본문에 말하기를 "너희가 만일 내가 그인 줄 믿지 아니하면 너희 죄 가운데서 죽으리라"고 하였다. 예수님을 "그이"로 믿는 것은 어떤 신앙이기에 이처럼 힘이 있는가? "내가 그이"(ἐγώ εἰμι)란 말은 "내가 영원 존재자"란 뜻이니, 실상 자기가 여호와라는 뜻과 같다. 여호와란 성호는 계약하시는 하나님의 이름으로서, 언제나 어디서나 존재하시어 약속을 이루시는 분이란 뜻이다. 예수 그리스도는 약속을 이루시되 어디서나 언제나 그리하시는 "그이"시다. 그러므로 누구든지 그를 믿으면, 그가 알아주시고 맡아 주시고 지켜 주시며 구원해 주신다. 음악가 헨델(Händel)은 한 때 온 몸을 움직일 수 없는 병에 걸렸으며, 재산도 다 없어졌고, 그에게 빚지운 자들이 그를 잡아 가두려고 하였다. 그는 낙심될 지경이었다. 그러나 그가 믿음으로 그 어려운 때를 겪어 나아가니, 하나님께서 새 힘을 주셔서 "할렐루야"란 유명한 코러스를 지은 것이다. 그리스도는 그를 신앙하는 자를 몰라보시는 법이 없다. 우리는 그가 우리를 몰라보실 것이라는 불신앙을 가지는 때가 많다. 그것은 비유컨대, 공중에 내리는 눈이 염려하기를 "산아! 내가 떨어지면 너는 나를 받들어 주겠는가?"하며 의심함과도 같은 어리석음이다. 우리는 예수님을 "그이"신 줄 믿어야 한다. 곧 우리는, 그가 어디서나 언제나 약속을 지키시고, 믿는 자를 알아주시는 여호와이심을 믿어야 한다. 예수님은 "그이"시다.

그를 믿게 하시는 주님의 활동은 무엇인가? 그는 늘 말씀하시는 분이시다. 예수님이 말씀하시기를 "나는 처음부터 너희에게 말하여 온 자니라"고 하셨다(25절). 그는 말씀으로 역사하시는 분이시다. 신용 없는 인물은 말로써는 일할 수 없다. 그 이유는 그의 한 말이 이루어지지 않기 때문이다. 이루어지지 않는 말은 무가치하다. 그러나 진리의 말씀은 얼마든지 거듭거듭 말해야 한다. 말씀만으로도 일하실 수 있는 이는 하나님과 그 아들 예수님밖에 없다. 그의 말씀은 한 마디도 실언이 없고 거짓이 없기 때문이다. 예수님이 노아 때도 말씀하셨으니, 베드로전서 3:19에 말하기를 "그가 또한 영으로 가서 지옥에 있는 영들에게 선포하시니라"고 하였다. 이것은 그가 베드로 시대에는 이미 지옥에 간(노아 시대에 살아 있던) 영들에게 옛날 노아를 통하여 전도하셨다는 말씀이다.

그는 선지자들 시대에도 말씀하셨다. 베드로전서 1:10-11에 말하기를 "선지자들이 연구하고 부지런히 살펴서 자기 속에 계신 그리스도의 영이 그 받으실 고난과 후에 받으실 영광을 미리 증언하여 누구를 또는 어떠한 때를 지시하시는지 상고하니라"고 하였다. 그는 신약 시대에 특별히 말씀하신다. 히브리서 1:2에 말하기를 "이 모든 날 마지막에는 아들을 통하여 우리에게 말씀하셨으니"라고 하였다. 그는 무궁한 말씀의 세계에 계신다. 그 말씀을 모두 기록하자면 이 세상에 그 기록한 책을 다 둘 수 없다.

요한복음 21:25에 말하기를 "예수께서 행하신 일이 이 외에도 많으니 만일 낱낱이 기록된다면 이 세상이라도 이 기록된 책을 두기에 부족할 줄 아노라"고 하였다. 그러니만큼, 우리의 믿음은 얼마나 넓고 깊고 커야 하겠는가? 그 무궁무진한 말씀을 다 믿어야 할 터이니! 우리가 사람을 믿을 때도 그의 말을 믿는 법이다. 우리가 그의 말을 믿지 않는다면, 그의 인격을 믿지 못하는 것과 같다. 상대자가 눈에 보이지 않아도 그의 인격을 믿는 방법은, 그의 말을 믿어주는 것으로 실행될 수 있다. 상대자가 보이지 않을 때 믿어주는 것이 더욱 흥미 있는 믿음이다.

설교 아래서 난 자들의 구원 길(8:21-30)

1. 아래서 난 자들의 비참한 처지

본문 23절에 예수님이 "아래"라고 하신 것은 이 세상을 가리킨다. 성경에서 하나님이 계신 곳을 높은 곳이라고 하였다(합 3:19; 사 57:15). 그와 반면에 이 세상은 하나님을 멀리 떠났다는 의미에서 아래 있는 곳이라고 한 것이다. 그곳을 어둠의 세상이라고도 하였다(엡 6:12). 깊은 바다 속에서 사는 고기들은 그곳이 밝은 줄로 생각하고 놀고 있다. 그러나 우리 보기에는 그곳은 컴컴하고 어둡다. 이같이 사람들은 이 세상을 밝다고 생각하나, 하나님 보시기에는 어둡다. 또한 그곳을 마귀가 최후 발악하는 곳이라고 한다(계 12:12). 그러므로 거기서 난 인간을 "아래서 났다"고 하는 말은, 사람이 그렇게 죄악의 바닥으로 낮추어 떨어졌다는 뜻이다. 다시 말하면, 그들은 죄악에 젖어 있다.

그러므로 그들은 그 죄 가운데서 죽을 수밖에 없다. 돼지가 새우젓을 먹으면 죽는 것처럼, 사람의 영혼은 죄 때문에 죽는다(겔 18:4). 사람을 죽이는 것은 오직 죄뿐이다. 그러므로 고린도전서 15:55-56에 말하기를 "사망아 너의 승리가 어디 있느냐 사망아 네가 쏘는 것이 어디 있느냐 사망이 쏘는 것은 죄요"라고 하였다. 이 말씀은 사망이 죄를 가지고 모든 사람을 죽인다는 것이다. 그런데 땅 위에 있는 사람들이 죄를 범할 때 죄로 더불어 얼마나 밀접한 관계를 지냈기에 그들이 죄 가운데서 죽는가? 그들은 죄와 일체가 될 정도로 가까운 관계를 가지고 있다. 그렇기 때문에 그들은 죄 가운데서 죽는다. 야고보서 1:15에 말하기를 "욕심이 잉태한즉 죄를 낳고 죄가 장성한즉 사망을 낳느니라"고 하였다. 이 말씀은 죄와 사람과의 밀접한 관계를 보여 준다. 죄는 사람에게 사람에게서 잉태된 것같이 밀접하다. 그렇기 때문에 그들은 죄 가운데서 갈라서지 못하고, 죄 가운데서 죽는다. 그들이 죄를 자기 몸과 같이 여기기 때문에, 그것이 자기에게 해로운 줄 모르고 그 가운데서 살다가 영원한 사망의 결과를 받는다.

2. 멸망 구덩이에서 구원받는 길

우리가 예수님을 "그이"신 줄 믿어야 구원받는다. 그는 누구신가? 그는 언약의 하나님이신 곧, 여호와이시다. 그는 인생을 구원하시려고 말씀하시는 분이시다. 본문에 "말한다"는 말이 세 차례나 나온다. 25절에는 "나는 처음부터 너희에게 말하여 온 자"라 하고, 26절에는 "나를 보내신 이가 참되시매 내가 그에게 들은 그것을 세상에게 말하노라" 하였고, 28절에는 "내가 스스로 아무 것도 하지 아니하고 오직 아버지께서 가르치신 대로 이런 것을 말" 한다고 하였다. 우리는 그의 말씀으로 구원 받는다. 구덩이에 빠져 죽게 된 자는, 위에 있는 자의 지도를 받아야만 건짐이 된다. 예레미야도 그렇게 건짐이 되었다(렘 38:6, 11-13절).

1967년 가을에 충청남도 청양 금광 구덩이가 무너져서 광부(김창선) 한 사람이 죽을 뻔하였다. 그때 그는 깊이 묻힌 구덩이 속에서 나올 길이 없었다. 그가 16일 동안 갇혔었는데, 전화로 밖의 세상과 교통하게 되었고, 또 밖에서는 의사가 전화로 지도하여 주었다. 배는 고프고 먹을 것이 없으므로 양초와 가죽을 씹어 먹으라는 지도를 받았다고 한다. 그는 마침내 구조되었다. 만일 그때 전화 연락이 없었다면 그는 죽었을 것이다. 이같이 예수님과 우리 사이에 말씀의 교통이 없다면, 우리도 구원받을 길이 없다. 그리스도의 말씀은 절대로 믿을 만한 능력의 말씀이다.

1) 그의 말씀은 아버지에게서 들은 그대로임. 사람들은 권위자의 말을 듣고 믿으며, 또 순종한다. 우리가 달세계의 형편을 잘 알려고 할 때는 달세계에 갔다 온 권위자들, 곧 우주인들의 말을 신임하고 받는다. 하나님의 참되심은 지극한 것이고, 그것만이 우리 신앙의 대상이다. 그런데 그의 참되심을 가장 잘 아시는 이는 예수님밖에 없고, 그의 말씀을 하늘에서 다 들으신 이도 예수님밖에 없다. 그러므로 우리가 믿을 만한 '참'에 대한 권위자는 예수님뿐이시다. 그뿐 아니라 예수님은 지극히 참된 하나님 말씀을 세상에 전하심에 있어서, 그것을 변함없이 그대로 전하신 사실도 여기서 강조한다. 본문의 "그에게 들은 그것"이란 말이 이 사실을 드러낸다. 사람들은 다 죄인이기 때문에 진리를 그대로 말하지 않고, 자기 마음과 기분에 따라서 그것을 가리기도 하고, 그것을 변경시키기도 한다. 그러나 죄가 없으신 예수님은 아버지에게 들으신 대로 말씀하신다.

2) 그는 죽었다가 다시 살아서, 자기가 주장하신 진리를 사람들로 하여금 깨닫게 하여 주심(28절). 다시 말하면, 그는 미리 말씀하셨던 것을 후일에 그대로 이루시고야 만다. 이것은 인간의 힘으로는 할 수 없다. 말에 있어서 이처럼 참됨은 신적 권위를 가진 이에게 한하여 있을 수 있다. 이사야 44:8에 말하기를 "너희는 두려워하지 말며 겁내지 말라 내가 예로부터 너희에게 듣게 하지 아니하였느냐 알리지 아니하였느냐 너희는 나의 증인이라 나 외에 신이 있겠느냐"라고 하였다. 옛적부터 말씀하시고 그대로 이루시는 이는 하나님뿐이시다.

3) 하나님께서 늘 예수님과 함께하심(29절). 이것도 그의 말씀이 어디까지나 하나님 아버지의 말씀 그대로라는 것을 강조한다. 그의 말씀 근원이 하나님이실 뿐만 아니라, 그 말씀 전파의 행위도 하나님의 것이라는 것이다. 하나님이 그와 함께하신다는 말씀이 그 뜻이다. 그 만큼, 그의 말씀은 신적 권위가 있는 것이다.

그러면 이처럼 진실한 말씀이 신자에게 구원을 주는 원인은 무엇인가? 곧 우리의 영이 그리스도의 말씀을 먹는 것은, 그리스도 자신을 먹음과 마찬가지이다. 그리스도만이 영혼의 양식이다. 그리스도께서는 그의 말씀을 통하여 자기 자신을 신자들에게 제공하신다. 그는 그 말씀으로 우리에게 믿음도 주시고, 또 우리를 성결하게 하신다. 그것이 우리의 구원이다.

제 9 장

⚜ 내용분해

1. 날 때부터 맹인 된 자의 비참한 형편에 대한 제자들의 질문과 예수님의 답변(1-5절)

2. 맹인의 눈을 고치신 이적의 내용(6-7절)

3. 그 이적 때문에 일어난 변론들과 답변들(8-34절)

   1) 이웃 사람들의 변론과 눈 뜬 자의 답변(8-12절)

   2) 바리새인들의 심문과 그 결과(13-34절)

      ① 본인에게 제1차로 심문함과 그 답변(13-17절)

      ② 그의 부모에게 심문함과 그 답변(18-23절)

      ③ 본인에게 제2차로 심문함과 그 답변(24-33절)

      ④ 그가 축출 당함(34절)

4. 예수께서 이전에 맹인이었던 자를 메시아 신앙으로 인도하심(35-38절)

5. 구원자이시며 심판자이신 예수님(39-41절)

개요

1. 예수님은 구원자이심(1-7절)

날 때부터 맹인인 사람의 그 맹인 된 원인이 누구의 죄 때문인가 함에 대하여 예수님은 그 누구의 죄도 아니라고 하셨다. 그는 그저 그에게서 하나님의 일이 나타나실 것을 지적하셨다(8절). 이제 신약 시대에 이르러 판국은 변하였다. 예수님은 모든 사람들의 과거를 따질 것 없이 모든 사람들의 구원자로만 그들을 대하셨다. 그가 오신 것은 세상을 정죄하려 하심이 아니요, 그로 말미암아 세상으로 구원을 얻게 하려 하심이다(3:17). 신자들이 바리새인 중심의 유대주의(Judaism)에서 해방됨은 물론이고, 구약 종교의 의문의 묵은 것에서도 해방되어 그리스도 안에서 자유하게 되었다(롬 7:6; 고후 3:6, 17; 골 2:14-15).

2. 맹인이었다가 눈 뜬 자의 신앙

예수님은 날 때부터 맹인이었던 자의 눈을 뜨게 하여 주셨을 뿐이고, 그에게 아무런 어려운 조건도 요구하신 일이 없었다. 그가 진흙을 그 맹인의 눈에 바르시고 실로암 못에 가서 씻으라고 하신 것은, 치료제로 그리하신 것이 아니다. 그것은 그 맹인이 눈 뜬 후에 증언한 바이다. 맹인은 그가 눈 뜬 원인이 진흙이나 실로암 못에 달린 것이 아니고, 단지 예수님의 능력에 있었음을 확증하였다(25, 27, 30-33절). 그는 그가 눈을 뜨게 된 경위에 대하여 많은 심문을 받았으나, 어디까지든지 사실 그대로 증언하고 위축되지 않았다. 그는 이렇게 유대주의의 완악한 불신앙과 투쟁하여 승리하였다. 그뿐 아니라 그는 예수님의 선하심과 의로우심을 알며, 그의 초자연적 유래를 알았다(30-33절). 그는 마침내 예수님을 인자(人子)로 믿게 되었다(35-38절). "인자"란 말은 무엇을 의미하는가? 크로샤이데(Grosheide)는 말하기를 "이 칭호가 관사 없이 사용될 때는 그저 사람이란 뜻뿐이고, 메시아란 뜻은 없다. 그러나 그것이 관사를 가질 때는 특별한 그 사람, 곧 다니엘 7:13에 예언된 사람이란 의미에서 메시아를 가리킨다."고 하였다.[131] 본문 9:35에 있는 "인자"란 말은 관사를 가지고 있다(τὸν υἱὸν τοῦ ἀνθρώπου).

3. 유대주의자들의 죄악

이 부분의 기사에서 바리새인들은 그들의 연극 종교의 극단을 나타냈다. 그들은 거짓을 품고 경건을 탈로 쓰고서 예수님을 죄인이라고까지 하였다(24절). 그들은 악을 선하다 하며, 선을 악하다 하며, 흑암으로 광명을 삼으며, 광명으로 흑암을 삼으며, 쓴 것으로 단 것을 삼으며, 단 것으로 쓴 것을 삼았다(사 5:20). ① 그들이 예수님을 죄인이라고 한 것(24절)을 보니, 그들 자신이 극히 악한 자들인 것이 증명되었다. 언제든지 예수님에 대한 인생들의 태도는 그들 자신의 처지를 증명하는 법이다. ② 그들은 자칭 모세의 제자라고 하면서 모세를 몰랐다(28-29절). 모세는 실상 그리스도에 대하여 말하였다. 그러므로 모세의 글을 아는 자는 예수님을 그리스도로 알 것이다. 예수님이 말씀하시기를 "모세를 믿었더라면 또 나를 믿었으리니 이는 그가 내게 대하여 기록하였음이라 그러나 그의 글도 믿지 아니하거든 어찌 내 말을 믿겠느냐"(5:46)라고 하셨다. 바리새인들은 모세와 예수님이 서로 상관없는 줄 잘못 알았다. ③ 그들은 인간을 그 출생의 내력으로써 차별했음. 그들은 말하기를 "네가 온전히 죄 가운데서 나서 우리를 가르치느냐"(34절)라고 하였다. 그러나 이처럼 말한 것은 인간이 다 마찬가지로 죄인인 사실(롬 3:10)을 무시한 것이다. 사람의 내력을 보아서 사람을 차별하는 것은 마귀의 사상이다. 유대인들이 교만하게 자기들을 아브라함의 자손이라고 하면서 자랑할 때 예수님

---

131) Grosheide, Commentaar op Het Nieuwe Testament, Mattheüs, 1954, Kampen, 461.

은 그들을 마귀의 자식이라는 뜻으로 책망하셨다(8:33, 44). 그가 그들을 마귀의 자식이라고 하신 이유는 이렇다. 곧 그들이 한편 피조물(그들이 자랑하는 혈통 관계)을 조물주보다 높이는 의미에서 저희가 아브라함의 자손이라고 주장한 까닭이다.

⚜ 해석

1-2 예수께서 길을 가실 때 날 때부터 맹인 된 사람을 보신지라 제자들이 물어 이르되 랍비여 이 사람이 맹인으로 난 것이 누구의 죄로 인함이니이까 자기니이까 그의 부모니이까. 나면서 맹인 된 자를 고치신 것은, 창조적 권능을 가지신 하나님의 아들이 아니면 할 수 없다. 제자들이 물어본 말, 곧 "랍비여 이 사람이 맹인으로 난 것이 누구의 죄로 인함이니이까 자기니이까 그의 부모니이까"라고 한 것은 한 번 생각할 만하다. 날 때부터 맹인 된 자가 무슨 죄를 지었기에 "자기니이까"(자기 죄 때문입니까)라고 하였을까? 이것은 유대인 랍비들의 그릇된 교훈대로, 사람이 나기 전에 그 영혼이 벌써 있었다는 사상에 근거한 말이다. 어쨌든 이런 말은 진리에 합당하지 않은 것이다. 이처럼 제자들은 예수님의 마음에 납득될 수 없는 그릇된 말을 한 것이다. 인간의 질병이나 불행이 인간의 죄로 말미암는다는 것은 성경상으로 보아 확실하다. 그러나 다른 한편, 본인의 죄악으로 말미암지 않는 불행이나 고통도 있으니, 그것도 하나님의 뜻으로 말미암은 것이다. 그러므로 예수님은 그 답변에서 그런 의미를 밝히신다.

3-4 예수께서 대답하시되 이 사람이나 그 부모의 죄로 인한 것이 아니라 그에게서 하나님이 하시는 일을 나타내고자 하심이라 때가 아직 낮이매 나를 보내신 이의 일을 우리가 하여야 하리라 밤이 오리니 그때는 아무도 일할 수 없느니라. 3절 말씀은 마치 나면서 맹인

된 것이 하나님이 하실 일을 위하여 계획된 불행인 듯이 가르친다. 그러나 예수님의 이 말씀은, 그 사람의 불행을 하나님께서 계획하셨다는 의미까지는 아니다. 그것은 그 불행에 대하여 이러니저러니 이론을 붙이는 것보다, 불행을 상대하여 하나님이 하실 일이 있다는 것이다. 하나님은 인간의 다행한 일들만 가지고 일하시는 분이 아니다. 그는 인간의 불행을 고쳐서 복이 되게도 하시는 사랑과 능력을 가지셨다. 인간들은 불행한 것을 보고 피하며 저주하기에 급급하나, 하나님은 그런 것을 상대하셔서도 자비를 베푸신다.

여기 "일"이란 말의 헬라어는 복수 명사(ἔργα)로서 "일들"이란 뜻이다. 이 "일들"은, ① 이제 예수님이 고쳐 주시는 은혜(그것도 하나님의 일)로 나타났고, ② 그 고침 받은 자가 그리스도를 믿게 된 일로도 나타났다. 마커스 도즈(Marcus Dods)는 말하기를 "불행(고통)은 하나님의 일을 증진시킨다. 곧 그것을 극복하는 데는 하나님의 역사가 나타난다."고 하였다.

"낮"이란 말은 예수님이 땅에 계신 기간을 가리킨다. 물론 예수님은 하나님의 아들이어서 영원토록 선을 행하신다. 그러나 이 세상에 계실 때 국한하여 하셔야 될 일들이 별도로 있었다. 그러므로 그는 이런 의미의 사명 실행의 기회를 놓치지 않으셨다. 그는 사명 실행의 때가 지나간 다음에는 밤과 같은 일할 수 없는 때가 올 줄 아셨다. 사람들이 땅 위에 있는 시기는 낮과 같이 귀하며, 하나님의 일을 하기 위한 금보다 귀한 시간인 것이다. 기회는 귀하다. "기회는 오직 한 번만 문을 두드린다."(Opportunity knocks the door only once).

5-7 내가 세상에 있는 동안에는 세상의 빛이로라 이 말씀을 하시고 땅에 침을 뱉어 진흙을 이겨 그의 눈에 바르시고 이르시되 실로암 못에 가서 씻으라 하시니(실로암은 번역하면 보냄을 받았다는 뜻이라) 이에 가서 씻고 밝은 눈으로 왔더라. 예수님이 이제 빛을 소유하지 못한 맹인에게 눈을 밝혀주는 권능을 행하시기 위하여, 먼저 자기가 누구인지 알려 주신다. 여기 그가 알리는 말씀 "내가 세상에 있는 동안에는 세상

의 빛이로라"고 하신 것은, 영적 의미를 가진 넓은 범위에 속한다. 그는 맹인을 고쳐주는 빛이실 뿐만 아니라, 영적으로 맹인 되어 하나님을 보지 못하는 자들을 고쳐주는 영생의 빛이시다. 그런 의미에서 그는 자기가 누구인지를 먼저 알려 주신다. 실상 이 맹인은 자기의 눈이 밝아지기를 원함보다 이 말씀을 잘 들어야 한다. 그에게도 예수님을 바로 아는 참된 지식이 무엇보다 귀한 것이다. 그는 예수님을 그리스도로 명백히 알고 거기서 살아야 한다. 다시 말하면, 그에게 있어서 눈 뜨는 것보다도 더 귀한 것은 예수님을 바로 아는 것이다.

이때 예수님이 땅에 침을 뱉어 진흙을 이겨 맹인의 눈에 바르신 것은, 혹설에 의학적 치료를 위하여 그리하신 것이라고 한다. 실상 침은 안질에 도움이 된다고 하는 학설도 있다. 그러나 예수님의 이 행동은 그런 자연적 치료에 의하여 그 맹인의 눈을 밝히려는 것이 아니었다. 이 문제에 대하여 여러 가지 해석이 있다.

예수님이 땅에 침을 뱉어 진흙을 이겨 그의 눈에 바르시고 실로암 못에 가서 씻으라 하셔서, 그로 하여금 보게 하신 것은 ① 그가 어떤 피조물을 가지고서라도 능력을 행하실 수 있다는 것을 보여주기 위한 것이라고 함. ② 진흙은 예수님의 인간성을 비유하고, 침은 그의 말씀의 신성을 비유한다고 함. ③ 하나님 아버지께서 맨 처음 사람을 지으실 때 흙으로 하신 것같이, 예수님도 그와 같은 원리로 맹인의 눈을 뜨게 하셨다는 의미라고 함. 그러나 ④ 이것은 그 맹인의 믿음을 시험하시기 위한 것이었다. 곧 맹인은 본래 보지 못하여 매우 갑갑함을 느끼는데, 그의 눈에 진흙을 바른 것은 그로 하여금 더욱 갑갑함을 느끼도록 만든 것이다. 그럼에도 불구하고 그는 끝까지 예수님을 신뢰하고 그 명령을 따라 실로암 못에 가서 그것을 씻었다. 이는 마치 엘리사가 나아만으로 하여금 요단강에 가서 일곱 번 몸을 잠그게 하여, 그의 문둥병이 고침 받도록 한 것과 마찬가지이다(왕하 5:10-14). 비켄하우저

(Wikenhauser)도 이같이 해석하였다.[132)]

"실로암 못에 가서 씻으라." "실로암"은 히브리 원어 "쉴로아흐"(ξλ"ι)란 말과 같다. 이 말은 사도 요한이 해명한 것과 같이 "보냄을 받았다"는 뜻이다. 그러므로 예수님이 이 말씀으로써도 자신을 의미하셨다. 요한복음은 예수님을 가리켜 하나님의 보내심을 받은 자라고 많이 말하고 있다. 그러면 예수님이 그 맹인을 실로암 못에 보내신 목적은, 그 맹인의 눈을 예수님 자신이 고쳐 주신다는 뜻이다.

예수님이 실로암 못을 말씀하신 것은, 실상 그때 유대인들이 반대하는 하나님의 참된 종교를 반영시킴이다. 하나님의 참된 종교는 요란스러운 폭력이나 인간의 수단을 의지하지 않고, 오직 성령에 의하여 고요히 진리로 역사한다(왕상 19:12). 그러나 유대인들은 옛날부터 이것을 좋아하지 않았다. 그러므로 이사야도 말하기를 "이 백성이 천천히 흐르는 실로아 물을 버리고 르신과 르말리야의 아들을 기뻐하느니라 그러므로 주 내가 흉용하고 창일한 큰 하수 곧 앗수르 왕과 그의 모든 위력으로 그들을 뒤덮을 것이라 그 모든 골짜기에 차고 모든 언덕에 넘쳐 흘러 유다에 들어와서 가득하여 목에까지 미치리라"(사 8:6-8)고 하였다. 예수님 당시에도 유대인들은 실로암 물로 상징된 여호와의 종교를 반대하는 의미에서 예수님의 이적에 대하여 불신앙으로 논란하였으니, 그것이 14-34절에 기록되어 있다. 여호와의 참 종교는 예수 그리스도로 대표되었으며, 실로암 물로 상징되었다.

"실로암 못"은 예루살렘 동남쪽으로 성안에 있다. 그것은 히스기야 왕이 전쟁 때 사용하기 위하여 팠던 것이다.

8-9 이웃 사람들과 전에 그가 걸인인 것을 보았던 사람들이 이르되 이는 앉아서 구걸하

132) Nicht weil das Wasser des Teiches besonders heilkräftig wäre, sondern um seinen Glauben auf die Probe zu stellen. -Wikenhauser, Das Evangelium nach Johannes, 187.

던 자가 아니냐 어떤 사람은 그 사람이라 하며 어떤 사람은 아니라 그와 비슷하다 하거늘 자기 말은 내가 그라 하니. 칼빈(Calvin)은 이 점에 대해 다음과 같이 해석하였다. 곧 "이 맹인이 그 이웃 사람에게만 잘 알려졌던 것이 아니라 그 지방 모든 거민들에게도 걸인으로 알려졌던 것이 확실하다. 모든 사람이 알고 있었던 맹인이 이제 눈을 떴으니, 그 이적은 의심할 수 없었던 것이다. 그러나 그들은 여기서도 변론하면서 그 이적을 유쾌하게 믿지 아니하려는 경향을 나타내었다. 이것을 보면 하나님의 능력이 명백하게 나타나도 인간성은 거기에 대하여 희박하게(혹은 적게) 믿는 악한 근성을 나타낸다. 그러나 이 사건에 있어서 그들의 의심은, 그 이적을 사실로 드러내는데 도움이 된 것뿐이다. 그 이유는 그들이 그 눈뜬 맹인에게 힐문할수록 그의 증언은 더욱 확실히 진술되었기 때문이다. 하나님의 권능과 진리는 모든 반대와 시험을 겪을수록 더욱 빛난다"라고 하였다.[133)]

"자기 말은 내가 그라 하니." 이것은 저 눈 뜬 맹인이 그 받은 은혜에 대하여 증거함으로 일보 전진하였다. 그는 맹인으로서 눈을 뜨게 된 큰 은혜를 받고, 그 사실을 드러내고자 하였다. 하나님께서 사람들에게 은혜를 주시는 것은, 자기(하나님) 자신을 증거 하고자 하심이다. ① 그러므로 은혜를 받은 자가 그 사실을 증거 하지 않으면, 하나님의 은혜는 그에게 계속될 수 없다. ② 사람들 중에는 은혜 받은 사실을 증거함에 있어서, 자기 자신을 나타내고 하나님을 나타내지 않는 폐단도 있다. 이것이 역시 그 증거의 목적을 이루지 못하고, 도리어 하나님으로 하여금 근심되게 하는 행동이 된다. 그러나 이 눈 뜬 맹인은 최후까지 주님을 나타냈다. "내가 그라"고 한 말도 그 자신을 자랑하는 의미가 아니고, 맹인 되었던 자기 처지를 밝혀 예수님을 나타내는 말이다.

---

133) Calvin's Commentary, John's Gospel, 372.

10-12 그들이 묻되 그러면 네 눈이 어떻게 떠졌느냐 대답하되 예수라 하는 그 사람이 진흙을 이겨 내 눈에 바르고 나더러 실로암에 가서 씻으라 하기에 가서 씻었더니 보게 되었노라 그들이 이르되 그가 어디 있느냐 이르되 알지 못하노라 하니라. 고침 받은 맹인은 여기서 ① 자기의 신념 그대로를 발표한다. 곧 그는 자기의 개인적 체험을 사실 그대로 말한다. 이것은 그의 순수한 확신을 남들에게 알게 하여 주는 고백이다. ② 그뿐 아니라 그는 그리스도에 대한 순종의 열매가 얼마나 확실하다는 것을 보여 준다. "실로암에 가서 씻으라 하기에 가서 씻었더니 보게 되었노라"고 하였으니, 그것은 주님의 말씀에 순종한 결과 틀림없이 효과를 가져왔다는 고백이다.

13-16 이 부분에서 중요한 문제는, 예수님이 안식일에 진흙을 이겨 맹인의 눈에 발랐으므로 안식일을 범하였다는 것이다. 바리새인들이 그 고침 받은 맹인에게 "어떻게 보게 되었는가?"라고 물은 것은, 안식일에 진흙을 이겨 눈에 발랐다는 말을 듣고자 함이었다. 이렇게 바리새인들은 계명을 존중히 한다고 하면서 계명의 정신(사랑)은 알지 못하고, 외모를 따라 머리털을 쪼개는 듯한 기계적 해석에 흘러 스콜라주의에 빠졌다. 안식일에 일하지 말라는 계명은 하나님께 드릴 예배에 방해될 영업을 중지하라는 뜻이고, 무슨 동작이든지 금하는 것은 아니다. 특별히 하나님의 일을 위하여 취할 수 있는 동작은 안식일에 당연한 것이다. 하나님의 일이라는 것은 주로 사람에게 긍휼을 베푸는 선행으로 나타난다. 그런데 바리새인들은 이와 같은 계명의 정신을 모르고, 안식일에는 사소한 동작이나 일까지 일체 할 수 없는 듯이 가르쳤다. 예수님은 바리새인들의 주장을 아시면서도 안식일에 병 고치시기를 주저하지 않으셨다. 그것은 바리새인들과의 의견 충돌을 각오하시고 진리를 행동으로 드러내신 처사이다. 진리는 비진리로 더불어 충돌되는 기회에 도리어 그 빛을 나타내고 더욱 힘 있게 전파된다.

17 이에 맹인 되었던 자에게 다시 묻되 그 사람이 네 눈을 뜨게 하였으니 너는 그를 어떠

한 사람이라 하느냐 대답하되 선지자니이다 하니. 바리새인은 고침 받은 맹인이 자기들의 마음에 맞는 대답을 할까 하여 또다시 물어 보았다. 그들은 사실이나 진리 그대로를 알고자 하는 것보다, 자기들의 편벽된 고집을 어디서든지 통과시키려는 완강한 마음을 가졌다. 그들은 사실과 진리를 사랑하지 않고, 그들의 부패한 고집을 끝까지 애착하였다. 그러나 그들의 간교한 계획은 진리나 사실 앞에서 실패를 당하였다. 그 고침 받은 맹인은 사실 그대로에 입각하여 대답하였는데, 그것이 그들의 간장을 서늘하게 만들었다. 그 고침 받은 맹인은 예수님을 선지자라고 증언하였다. 물론 예수님을 선지자라고 증언한 것은 만족하지 못한 고백이다. 그러나 그것은 바리새인들이 기대하였던 것과는 반대 방향이었던 것이다. 이처럼 진리는 여러 가지로 곤고한 처지에 설 때마다 도리어 빛을 나타낸다.

18-23 유대인들이 그가 맹인으로 있다가 보게 된 것을 믿지 아니하고 그 부모를 불러 묻되 이는 너희 말에 맹인으로 났다 하는 너희 아들이냐 그러면 지금은 어떻게 해서 보느냐 그 부모가 대답하여 이르되 이 사람이 우리 아들인 것과 맹인으로 난 것을 아나이다 그러나 지금 어떻게 해서 보는지 또는 누가 그 눈을 뜨게 하였는지 우리는 알지 못하나이다 그에게 물어 보소서 그가 장성하였으니 자기 일을 말하리이다 그 부모가 이렇게 말한 것은 이미 유대인들이 누구든지 예수를 그리스도로 시인하는 자는 출교하기로 결의하였으므로 그들을 무서워함이러라 이러므로 그 부모가 말하기를 그가 장성하였으니 그에게 물어 보소서 하였더라. 바리새인들은 고침 받은 맹인의 사건에 있어서 믿으려는 마음으로 질문하지 않고, 어쨌든지 믿지 않으려는 악한 마음으로 거듭거듭 질문한다. 신자들은 믿으려는 목적으로 사실과 진리를 찾으나, 악도들은 어쨌든지 믿지 않으려는 결심으로 끝까지 진리와 사실을 피하며 또 힐난한다. 바리새인들은 고침 받은 맹인의 부모에게서 그들의 불신앙을 지지하는 좋은 재료가 나타날까 하여 이렇게 질문하였던 것이다.

그의 부모는 정직하게 그를 자기 아들이라고 증언하였다. 그러나 그가 어떻게 눈을 뜨게 되었는지에 대하여는 대답을 회피하였다. 이것은 받은바 은혜에 대하여 감사할 줄 모르는 그들의 어두운 태도인 동시에, 진리 증거를 회피하는 겁약인 것이다. 그들이 이렇게 겁약하여진 이유는 "유대인들이 누구든지 예수를 그리스도로 시인하는 자는 출교하기로 결의"하였던 까닭이다. 그들은 저런 불의한 법을 무서워하였다. 진리와 경건을 떠나서 인간의 고집을 세우기 위한 법은 실상 두려운 것이 아니다. 그들이 이렇게 두려워하였으니, 그들의 심령의 어두움과 생활의 부패가 이로써 추측된다. 칼빈은 말하기를 "하나님께서 그의 교회에 출교권을 주신 것은 교권자들로 하여금 영혼들의 목을 매라고 주신 것이 아니고, 다만 그의 백성을 다스리기 위함이다. 집권자는 하나님뿐이시고, 사람들은 그의 사역자가 되는 것뿐이다. 소위 감독이라는 자들로 하여금 그들의 소원대로 교권을 가지고 우뢰와 같이 덤비려면 덤비라고 하여라. 그들의 공허한 소리는, 진리를 배우지 못하여 의심 가운데 방황하는 자들 외에 아무도 두렵게 하지 못한다"라고 하였다.[134)]

24-25 이에 그들이 맹인 되었던 사람을 두 번째 불러 이르되 너는 하나님께 영광을 돌리라 우리는 이 사람이 죄인인 줄 아노라 대답하되 그가 죄인인지 내가 알지 못하나 한 가지 아는 것은 내가 맹인으로 있다가 지금 보는 그것이니이다. "이에"란 말의 헬라어(οὖν)를 직역하면 "그러므로"란 말이다. 바리새인들은 그들의 불신앙을 고집하기 위하여 이때까지 이론하여 왔으나 성과를 거두지 못하였다. 그러므로 그들은 두 번째 그 맹인이었던 사람을 불렀다. "하나님께 영광을 돌리라"고 한 말은 진리를 말하라는 뜻이다. 그리고 그들은 예수님을 죄인이라고 판정한다. 이것은 그들이 구원 받지 못한 사실을 스스로 증명하는 말이다. 실상은 그들이 죄인이고 예수님은 절대의 의인이시건만, 그들은 이 사실을 거꾸로 인식하였다(참조. 사 5:20).

---

134) Calvin's Commentary, John's Gospel, Eerdmans Publishing Co. 1949, Vol. I, 381.

이 원통한 사실에 대하여 맹인이었던 사람은 그 마음속에 가득 찬 확신을 발표하려고 일종의 풍유적으로 바리새인들의 잘못을 지적한다. "그가 죄인인지 내가 알지 못하나"라고 한 것은, 예수님이 죄인이 아닌 사실을 그가 참으로 모른다는 말이 아니고, 바리새인들의 그릇된 판단을 풍자하는 말이다. 그리고 그가 "한 가지 아는 것은 내가 맹인으로 있다가 지금 보는 그것이니이다"라고 한 것은, 이론보다도 실제적 사실에 호소하여 바리새인들의 이론을 사정없이 꺾어 버림이다. 우리는 이론을 존중히 하여야 한다. 원칙상으로는 진정한 이론이라면, 그 이론대로 실제 결과가 나타나는 법이다. 그러나 어떤 때는 사람들이 참되지 않은 이론으로 사실을 매장하려는 일도 없지 않다. 그런 때는 이론보다도 사실이 계속적으로 주장되어야 한다. 맹인이었던 사람은 여기서 그런 방법을 취하였다. 그는 사실을 그대로 주장하였다. 크로샤이데는 이 점에 있어서 맹인이었던 사람의 심리를 따로 파악하고 말하였다. "그가 '한 가지'를 안다고 했는데, 그것은 실상 그에게 있어서 한 가지이면서 모든 것을 의미하는 중대한 것이다. 곧 그가 맹인으로 있다가 지금 본다는 것이다"라고 하였다.[135)]

26-29 그들이 이르되 그 사람이 네게 무엇을 하였느냐 어떻게 네 눈을 뜨게 하였느냐 대답하되 내가 이미 일렀어도 듣지 아니하고 어찌하여 다시 듣고자 하나이까 당신들도 그의 제자가 되려 하나이까 그들이 욕하여 이르되 너는 그의 제자나 우리는 모세의 제자라 하나님이 모세에게는 말씀하신 줄을 우리가 알거니와 이 사람은 어디서 왔는지 알지 못하노라. 바리새인들은 그 불신앙의 고집을 계속하였다. 그들이 맹인이었던 자에게 다시 묻기를 "그 사람이 네게 무엇을 하였느냐 어떻게 네 눈을 뜨게 하였느냐"라고 하였다. 이것은 듣기 싫으리만큼 역겨운 질문의 중복이다. 그들은 담벼락을 문이라고 할 만큼 어두워지고 완악해진 것이다. 그들의 이론은 맹인이 눈

---

135) Grosheide, Het Heilige Evangelie Volgens Johannes, Kommentaar II, 1950, 82.

뜬 놀라운 사실 앞에서 여지없이 막혔던 것이다. 그러나 그들은 쓸데없는 질문을 거듭했다. 그처럼 그들은 불신앙의 철면피였다. 그러나 맹인이었던 자의 신앙의 뱃심도 만만치 않았다. 그는 그들의 불신앙의 철면피를 산산이 깨뜨릴 만큼, 날카롭게 사정없는 풍자식 이론을 전개하였다. 그것은 그들을 꾸지람하는 방식으로 나오면서 "내가 이미 일렀어도 듣지 아니하고 어찌하여 다시 듣고자 하나이까 당신들도 그의 제자가 되려 하나이까"라고 한 말이다. 신앙자는 어떤 때 그 대적을 향하여 조롱하는 태도를 취한다. 물론 그것이 상대방의 영혼을 증오하는 악독은 아니지만, 상대방의 불신앙 사상에 대하여 사정 보지 않는 심판의 철퇴인 것이다. 이러한 사정없는 철퇴를 효과적으로 사용할 수 있는 자는, 실상 상대방의 영혼을 위하여 울 수 있는 자이다. 신앙자의 속에는 악독이 없다. 이제는 바리새인들이 하는 수 없이 악독과 욕으로 저 맹인이었던 자를 대적한다. 불신앙자의 무기는 이렇게 불법과 악독인 것이다. 사람이 악독해지면 사상과 이론도 어두워진다. 그들은 이론에 있어서 모순성을 띠었다. 곧 그들 자신이 자칭 모세의 제자라고 하나, 그 내용에 있어서는 모세의 제자가 되지 못한 것이다. 그들이 모세의 제자였더라면 예수님을 믿었을 것이기 때문이다. 요한복음 5:46에 말하기를 "모세를 믿었더라면 또 나를 믿었으리니 이는 그가 내게 대하여 기록하였음이라"고 하였다.

30-34 그 사람이 대답하여 이르되 이상하다 이 사람이 내 눈을 뜨게 하였으되 당신들은 그가 어디서 왔는지 알지 못하는도다 하나님이 죄인의 말을 듣지 아니하시고 경건하여 그의 뜻대로 행하는 자의 말은 들으시는 줄을 우리가 아나이다 창세 이후로 맹인으로 난 자의 눈을 뜨게 하였다 함을 듣지 못하였으니 이 사람이 하나님께로부터 오지 아니하였으면 아무 일도 할 수 없으리이다 그들이 대답하여 이르되 네가 온전히 죄 가운데서 나서 우리를 가르치느냐 하고 이에 쫓아내어 보내니라. 맹인이었던 자는 이 점에 있어서도 자기의 굳센 신앙을 나타낸다. 그는 바리새인들의 불신앙에 대하여 "이상하다"라는 말을 하였다. 불신앙자에 대하여 이상하게 생각할 수 있는 심리는, 천국과 맥을 통

하고 있는 굳센 신념인 것이다. 그는 다음과 같은 이론에 기준하여 그들의 불신앙을 이상히 여겼다. ① 하나님이 죄인을 듣지 아니하시고 경건한 자를 들으신다는 확신(31절). 이 사상에 대하여 버나드(Bernard)는 성경에서 여러 구절들을 참조하였으니, 참고할 만하다.[136] ② 창세 이후로 맹인으로 난 자의 눈을 뜨게 하였다는 말은 전연 없는데, 예수님이 이런 위대한 일을 행하셨으니, 어찌 그를 죄인이라고 할 수 있겠는가 하는 확신(32-33절). 이것은 역사적 사실에 의한 힘 있는 논증이다. 바리새인들은 맹인이었던 자 한 사람의 신앙적 증언 앞에서 산산이 실패를 당하고, 이제는 더 할 말이 없어서 그를 출교하였다. 맹인이었던 자는 초신자였다. 그러나 그의 올바른 신앙이 확신 있게 증거를 나타낼 때, 많은 바리새인들도 여지없이 패배하였다.

35-38 예수께서 그들이 그 사람을 쫓아냈다 하는 말을 들으셨더니 그를 만나사 이르시되 네가 인자를 믿느냐 대답하여 이르되 주여 그가 누구시오니이까 내가 믿고자 하나이다 예수께서 이르시되 네가 그를 보았거니와 지금 너와 말하는 자가 그이니라 이르되 주여 내가 믿나이다 하고 절하는지라. 주님은 불법하게 출교 당한 신자를 가까이 하신다. 주님은 그를 만나서 더 깊은 신앙으로 인도하신다. 곧 "네가 인자를 믿느냐"라고 하시며, 그의 신앙 수준을 높일 수 있는 좋은 기회를 제공하신다. 이때까지 맹인이었던 자는 예수님을 선지자로, 혹은 "하나님께로부터 온 자"로 알뿐이었다. 물론 그만한 신앙 지식에 강력한 신념이 함께하였던 것만은 고마운 일이다. 그러나 그러한 신념은 좀 더 명백한 진리 지식이 필요 하였다. 곧 예수님을 인자로 아는 지식이 필요하였다. "인자"란 말의 뜻은 메시아를 의미한다.

이런 친절한 주님의 계시 앞에서 그는 신앙하고자 하는 태도를 가졌다. 신앙은 무한히 장성할 수 있게 하는 그리스도의 영적 부요를 상대하고 있다.

---

136) 참조, 욥 27:9; 시 66:18; 잠 1:28, 15:29, 28:9; 사 1:15, 59:2; 렘 11:11, 14:12; 겔 8:18; 미 3:4; 슥 7:13; 행 10:35.

확신의 소유자도 또다시 더 깊은 신앙에 들어가기를 원해야 한다. 고침 받은 맹인은 그것을 원하였고, 또한 그 소원을 구체화하여 "주여 내가 믿나이다" 라고 하였다.

39-41 **예수께서 이르시되 내가 심판하러 이 세상에 왔으니 보지 못하는 자들은 보게 하고 보는 자들은 맹인이 되게 하려 함이라 하시니 바리새인 중에 예수와 함께 있던 자들이 이 말씀을 듣고 이르되 우리도 맹인인가 예수께서 이르시되 너희가 맹인이 되었더라면 죄가 없으려니와 본다고 하니 너희 죄가 그대로 있느니라.** 예수님은 이 부분에서 인류를 맹인이라고 생각하신 것이 드러난다. 우리는 그 이유를 알아야 한다. 사람의 육안은 표준이 아니다. 우리의 육안은 어떤 짐승의 눈만도 못하다. 예를 들면, 매는 수 십리 밖에 있는 작은 것도 밝히 본다고 한다. 사람의 눈의 표준은 심령의 눈이다. 심령의 눈은 하나님 보기를 목적한다. 심령이 하나님을 보기 전에는 맹인임을 면치 못한다. "만물보다 거짓되고 심히 부패한 것"이 사람의 마음이다(렘 17:9). 자기의 마음을 믿는 자는 미련한 자이다(잠 28:26). 인간은 이처럼 맹인인데도 자기가 본다고 하며, 불행 가운데 아주 떨어진다. 요한복음 9:41에, "너희가 맹인이 되었더라면 죄가 없으려니와 본다고 하니 너희 죄가 그저 있느니라"고 하였다 다시 말하면, 자기들이 맹인인 줄 알았더라면 주님을 믿었을 것이고, 따라서 회개하고 죄 사함을 받아 무죄한 자처럼 되었을 것이라는 말씀이다.

우리가 영적으로 맹인이 아니라고 자처한다면, 죄를 더욱 범함이다. 그것은 곧 요한1서 1:8에 말한 대로 "만일 우리가 죄가 없다고 말하면 스스로 속이고 또 진리가 우리 속에 있지 아니할 것이요"라고 하였고, 요한1서 1:10에는 "만일 우리가 범죄하지 아니하였다 하면 하나님을 거짓말 하는 이로 만드는 것이니 또한 그의 말씀이 우리 속에 있지 아니하니라"고 하였다. 그러므로 우리가 영적으로 맹인이면서 맹인이 아니라고 하는 것은, 우리 자신을 속이는 죄와 하나님을 거짓말 하는 이로 여기는 죄를 범함이다.

설교 사람의 이론과 하나님 아들의 이론(9:1-5)

본문을 보면, 날 때부터 맹인 된 자에 대한 제자들의 이론과 예수님의 이론이 있다. 그것은 법리를 따진 이론과 은혜로 일관하는 이론과의 대조이다.

1. 제자들의 이론

제자들은 날 때부터 맹인 된 자를 앞에 놓고 그 원인을 따졌다. 곧 "이 사람이 맹인으로 난 것이 누구의 죄로 인함이니이까 자기니이까 그 부모니이까"라고 하였다.

1) 이것은 법리를 따지되 참되게 따지지도 못하고 극히 표면적으로 한 것이다. 곧 죄악의 결과를 보여주는 육체에서만(육신의 눈이 맹인인 점에서만) 찾아 본 것이다. 그것이 실상 맹인 놀음이다. 죄악의 결과는 보이지 않는 영혼에 더 많이 영향을 준다. 인간의 마음이 얼마나 병 들었는가! 성경을 보면 인간의 마음은 악하다 하였고(히 3:12), 만물보다 거짓되다 하였고(렘 17:9), 약하다 하였고(겔 16:30), 이중이라 하였고(시 12:2), 회개하지 않는다 하였고(롬 2:5), 반역한다 하였고(렘 5:23), 완악하다 하였고(겔 3:7), 돌과 같다 하였고(겔 11:19), 패역하다 하였고(잠 17:20), 멸시하는 마음이라 하였고(겔 25:15), 완악한 마음이라 하였고(사 10:12), 교만한 마음이라 하였고(잠 13:10), 패려한 마음이라 하였고(잠 12:8), 미련한 마음이라(롬 1:21)고 하였다. 이 밖에도 사람의 마음이 병든 사실에 대하여 성경에 무수히 말씀하였으니, 그것들을 다 찾기에는 시간이 부족할 정도이다. 이처럼 심령은 병들었으니, 그것이 역시 죄악의 결과라고 하지 않을 수 없다.

2) 그들은 동정과 사랑이 없는 냉혹한 태도로 법리를 캔 것이다. 불행한 맹인을 보는 자는 불쌍히 여기며 동정해야 되지 않겠는가? 그들이 이런 불쌍한 자를 앞에 놓고 죄악 문제를 캐어보는 것은, 너무도 무정한 일이 아닌

가! 그것은 법을 보려고 하면서도 그보다 중요한 사랑은 보지 못하는 소경놀음이다. 성경에 말하기를 "사랑은 허다한 죄를 덮느니라"(벧전 4:8)고 하였다. 그러나 이때 예수님의 제자들은 맹인의 죄나 혹은 그 부모의 죄를 알아내려고 애쓴다. 이것이 일반 인류의 악습이다. 토마스 풀러(Thomas Fuller)는 말하기를 "다른 사람들에게서는 장점과 덕을 찾아보도록 하고, 나 자신에게서는 죄악만 찾아내어라"라고 하였다.

2. 예수님의 이론, 곧 하나님의 이론

예수님의 이론, 곧 하나님의 이론은 사람의 이론과 다르다. 그는 날 때부터 맹인인 자를 앞에 두고 말씀하시기를 "그에게서 하나님이 하시는 일을 나타내고자 하심이니라"고 하셨다. 그것은 인간의 불행(맹인 된 불행)에 대하여 그 원인을 캐지 않고, 그저 그 불행을 고쳐서 행복하게 하실 사랑을 나타내심이다. 그것은 과거를 정리하고 현재를 건져 내시는 은혜로운 이론이다. 그것은 모든 불행을 하나님의 일감으로 간주하시는 구원적 이론이다. 우리는 이것을 본받아 모든 허물 많고 죄 많은 사회를 우리의 일거리로 알고, 그 가운데 즐겨 들어가서 복음을 전해야 한다.

설교 예수님이 맹인을 고쳐 주신 방법(9:1-7)

1. 자기가 누구이심을 알게 하심(5절)

예수님은 맹인에게 자기를 빛이라고 하셨다. 맹인에게는 빛이 요구된다. 그의 불행은 캄캄한 어둠 때문이다. 예수님은 누구에게든지 영적 요구를 채워 주시는 구주이시다. 그렇기 때문에 우리는 무엇보다 먼저 예수님을 모셔야 한다. 패니 크로스비(Fanny Crosby)는 갓난아이 때부터 맹인 되었으나 예수를 믿고 영적 광명을 받아서 기뻐했으며, 8,000편의 찬송가를 지었다. 사람의 심령이 불안하면, 눈이 성해도 불안하다. 그러므로 우리는 병 고침을 받음보다 예수님을 우리의 심령에 모시기를 힘써야 한다. 이처럼 행하기가 어떤 의미에서는 쉬운 일이 아니다. 그러나 그것이 최고의 은혜이다.

2. 믿고 따를 것을 요구하심(7절)

예수님은 진흙을 그 맹인의 눈에 바르시고 그에게 실로암 못에 가서 씻으라고 하셨다. 그때 그 맹인은 곧 순종하여 실행하므로 눈을 떴다. 우리는 그 맹인의 행동에서 신종의 태도를 볼 수 있다. 본문을 보면, 그 맹인이 예수님의 명령을 순종하는 데 있어서 기쁨으로 한 것이 사실이다. 그는 예수님의 명령에 대하여 아무런 이유도 붙이지 않고 순종하였다. 누가 소망이 있는 일을 순종함에 있어서 억지로 할 것인가? 그 맹인은 예수님을 빛과 같으신 분으로 믿었다(5절). 빛을 그리워하는 맹인은 그의 말씀에 순종하면 자기 눈이 고쳐질 줄 믿었다. 그러므로 그는 기쁨으로 순종하였던 것이다.

우리는 주님을 순종할 때 그것을 신종(信從)해야 한다. 주님이 시키시는 일에 있어서 이해하기 어려운 것, 유쾌하지 않은 듯한 것도 믿고 순종해야 되는 것이기 때문이다. 눈에 진흙을 발라주시고 실로암 못에 가서 씻으라고 하신 말씀이 무슨 뜻인지, 그 맹인은 알기 어려웠을 것이다. 그러나 그는 기쁨으로 신종하였다.

설교 그리스도인의 시간관념(9:4)

이것에 대해 우리는 요한복음 11:9-10을 참고하는 것이 필요하다. "예수께서 대답하시되 낮이 열두 시간이 아니냐 사람이 낮에 다니면 이 세상의 빛을 보므로 실족하지 아니하고 밤에 다니면 빛이 그 사람 안에 없는 고로 실족하느니라"고 하였다. 낮에 하나님의 일을 해야 한다는 것은, 하나님 중심한 일을 하나님이 주신 기회에 하여야 될 것을 가르친다. 우리는 모든 시간을 하나님(혹, 그리스도) 중심하고 뜻있게 사용해야 한다. 그것이 과연 시간을 가치있게 사용함이다. 그리스도 중심하지 않고 시간을 사용하는 것은, 악한 시대와 합류하는 것이니 그것은 시간을 낭비함이다. 그러므로 에베소서 5:16에 "세월을 아끼라 때가 악하니라"고 하였으니, 이것은 그리스도 중심한 시간관념이다.

헬라 사람들은 올림픽 경기를 중심으로 시간을 계산하고, 로마 사람들은 그들의 국가 건설을 기초로 하여 연수를 계산하여 왔다. 로마 황제 율리시스 시저가 주전 46년에 또다시 별도로 월력을 만들었는데, 그것이 1600여 년 동안 사용되어 왔다. 그밖에 세상 사람들은 이 모양 저 모양의 월력을 사용한다. 이런 것들은 모두 그리스도를 중심하지 않는 생활을 표상한다. 그러나 신자는 그리스도의 탄생을 기초로 하여 연수를 계산하여 오는데, 그것은 모든 시간을 그리스도 중심하여 사용해야 한다는 사실을 표상한다. 다시 말해 우리가 그리스도의 연대를 쓰는 것은, ① 과거를 생각하여 볼 때 그리스도의 탄생 사건처럼 중대한 사건이 없음을 암시함이다. 그리스도께서 오시기 전에 된 일들도, 모두가 그의 오실 것을 준비하기 위하여 있었을 뿐이었다. ② 우리가 그리스도의 연대를 쓰는 것이 우리에게 가르치는 또 한 가지 뜻은, 우리의 모든 시간이 그에게 속한 것을 의미함이다. 즉 그것은 우리가 우리 마음대로 시간을 낭비하거나 쓸 수 없는 것을 암시한다. ③ 우리가 그리스도의 연대를 쓰는 것은, 앞으로 모든 세월이 지나가는 동안에 그리스도께서 모든 것을 주관하여 주실 것을 믿어야 됨을 암시함이다. 우리가 그를 믿을 때 어떠한 어려움을 당할지라도 두려워할 필요가 없다. ④ 우리가 그리스도의 연대를 쓰는 것은, 또한 그의 재림을 기억하게 하는 일이다. 곧 그의 재림이 가까운 것을 소망하게 하는 것이다. 이상과 같이 우리는 살아 있는 동안의 시간을 낮과 같이 정신 차려 생각해야 한다. 그리스도께서는 그가 살아계신 동안을 낮이라고 하셨다(9:4). 이처럼 우리도 이 세상에 사는 동안 그리스도를 중심하여, 영적으로 낮에 사는 것같이 살아야 한다. 로마서 13:13-14에 말하기를 "낮에와 같이 단정히 행하고 방탕하거나 술 취하지 말며 음란하거나 호색하지 말며 다투거나 시기하지 말고 오직 주 예수 그리스도로 옷 입고 정욕을 위하여 육신의 일을 도모하지 말라"고 하였다. 그러면 좀 더 구체적으로 시간을 바르게 취급하는 방법은 무엇인가?

1. 과거에 대하여 바르게 취급하는 것이 필요함

과거에 대한 바른 취급은, 잊어버려야 할 것을 잊어버림이다. 사도 바울은 그리스도 중심한 생활에 있어서 잊어버리는 방면을 필요하게 생각하였다. 빌립보서 3:13-14에 말하기를 "형제들아 나는 아직 내가 잡은 줄로 여기지 아니하고 오직 한 일 즉 뒤에 있는 것은 잊어버리고 앞에 있는 것을 잡으려고 푯대를 향하여 그리스도 예수 안에서 하나님이 위에서 부르신 부름의 상을 위하여 달려가노라"고 하였다. 우리가 잊어버려야 할 것 몇 가지는 다음과 같다. 곧 남의 허물을 잊어버려야 하며, 과거에 고생한 것을 잊어버려야 하며, 자신이 잘한 일을 잊어버려야 한다.

2. 미래를 지향하고 결심이 필요함

우리 자신이 좀 더 진리대로 살고자 하는 결심이 필요하다. 어떤 성도는 다음과 같은 결심을 하였다고 한다. "나는 바울과 같이 뒤에 있는 것을 잊어버리고 앞으로 전진할 것이며, 다윗과 같이 주님을 바라볼 것이며, 아브라함과 같이 하나님을 믿을 것이며, 에녹과 같이 하나님과 동행할 것이며, 여호사밧과 같이 마음을 정하고 하나님을 찾을 것이며, 모세와 같이 하나님의 백성과 함께 고난 받기를 잠시 죄악의 낙을 누리는 것보다 더 좋아할 것이며, 다니엘과 같이 언제든지 하나님과 교통할 것이며, 욥과 같이 어떤 환경에서든지 참을 것이며, 여호수아와 갈렙과 같이 강한 무리들 앞에서 낙심하지 않을 것이며, 요셉과 같이 시험을 물리칠 것이며, 기드온과 같이 적은 수효를 가지고도 전진할 것이며, 아론과 훌과 같이 영적 지도자들을 도와줄 것이며, 이사야와 같이 하나님의 일에 헌신할 것이며, 안드레와 같이 형제들을 그리스도에게로 인도할 것이며, 요한과 같이 주님의 품에 가까이 할 것이며, 스데반과 같이 나를 해하는 자를 용서할 것이다. 내가 이 모든 일들을 내 힘으로 할 수 없으나, 그리스도의 힘으로 할 수 있다고 믿는다. 내게 능력 주시는 자 안에서 내가 모든 것을 할 수 있느니라(빌 4:13)."[137] 위의 말한 것과 같은 결심은 신앙적이고 성도의 할 만한 결심이다. 위의 모든 결심을 간단하게 말하면 신종(信從)일 것이니, 복잡한 것도 아니다. 우리가 무엇을 하려는 계획, 곧 사업의 프로그램을 작성하여야 한다. 우리는 물론 사업의 프로그램도 무시할 수 없다. 그러나 우리는 사업보다 신앙생활을 더욱 중요시해야 한다.

설교 맹인으로 난 자를 고치심에 대하여(9:6-7)

예수님이 맹인을 고치신 방법은, 진흙을 이겨 그의 눈에 바르시고 실로암 못에 가서 씻으라고 하심이다. 이것은 해석하기 어렵다. 그가 말씀 한마디로도 고치실 수 있는데, 하필 소경의 눈에 진흙을 바르시고, 또 그에게는 힘든 일이라고 할 수 있는 실로암에까지 가서 씻으라고 하셨을까? 여기에는 주님의 뜻이 있다.

1. 그의 신앙을 시험하시는 뜻이 있다.

눈에 진흙을 발라 주신 것은 맹인으로서 이해할 수 없었으나, 소망 중에

137) Knight's Master Bood of New Illustrations, 434.

참아 기다리는 신앙을 가질 기회였다. 그뿐 아니라, 실로암에 가서 씻는 것도 하나의 일이다. 주님이 이런 일을 명하신 것도 그의 신앙 유무를 시험하심이다. 엘리사에게 와서 고침 받은 나병환자 나아만은, 요단강 물에 일곱 번 씻으라는 말에 처음엔 순종하지 않았다. 그런 작은 일도 순종하지 않으므로 그의 종들이 말하기를 "내 아버지여 선지자가 당신을 명하여 큰일을 행하라 말하였더라면 행하지 아니 하였으리이까 하물며 당신에게 이르기를 씻어 깨끗하게 하라 함이리이까"(왕하 5:13)라고 하였다. 그가 그 말에 감동되어 가서 씻었으므로 깨끗하게 되었다. 씻어 깨끗하게 하는 것은 어려운 일이 아니다. 그것은 작은 일이요, 또한 기쁜 일이며, 그가 행복하여질 일이다. 신자의 할 일은 모두 이와 같은 것이다.

2. 그것은 하나님께서 일하시는 방법이었다.

인간은 하나님이 시키시는 일을 맡았다. 그러나 그것은 그 본질적인 역할을 인간도 한몫 맡았다는 것이 아니다. 인간은 다만 그 표면적인 것을 맡는다. 신자는 주님이 시키신 일을 함으로 힘도 얻고 지혜도 얻고 은혜도 받는다. 일하지 않는 자는 점점 쇠퇴한다. 우리는 적으나 많으나 재능을 가지고 있다. 우리가 그것을 땅에 묻어 놓듯이 사용하지 않으며 일하지 않으면, 하나님의 은혜를 받지 못한다. 날 때부터 맹인인 자로서도 그의 정도에서 걸어갈 수 있는 짧은 거리를 가도록 예수님은 그에게 일을 시키셨다.

설교 눈 뜬 맹인의 신앙과 확신(9:1-38)

1. 그의 신앙은 순종으로 나타났음(6-7절)

예수님이 땅에 침을 뱉어 진흙을 이겨 그의 눈에 바르시고 말씀하시기를 "실로암 못에 가서 씻으라"고 하셨다. 소경은 그 말씀에 즉시 순종하였다. 본문에 말하기를 "이에 가서 씻고 밝은 눈으로 왔더라"고 하였다. 신앙은 순종을 그 특징으로 가진다. 사무엘상 15:22-23에 말하기를 "사무엘이 이르되 여호와께서 번제와 다른 제사를 그 목소리를 청종하는 것을 좋아하심 같이 좋아하시겠나이까 순종이 제사보다 낫고 듣는 것이 숫양의 기름보다 나으니 이는 거역하는 것은 점치는 죄와 같고 완고한 것은 사신 우상에게 절하는 죄와 같음이라"고 하였다. 신앙은 인간이 알기 어려운 일도(하나님이 하시는 일이라면) 순종하는 것이다. 나면서부터 맹인인 이 사람은 그의 눈에 진흙을 바르는 예수님의 행위를 이해하지 못하면서도 순종하였다. 무디(Moody)는 말하기를 "신앙자는 하나님 앞에서 자기의 적은 지식을 희생한다"라고 하였다. 곧 신자는 순종을 앞세운다는 뜻이다.

2. 그의 신앙은 확신으로 나아갔음(11-36절)

1) 예수님의 권능에 대한 확신. 그는 두 번이나 거듭 말하기를 "예수라 하는 그 사람이 진흙을 이겨 내 눈에 바르고 나더러 실로암에 가서 씻으라 하기에 가서 씻었더니 보게 되었노라"고 하였다(11, 15절). 이것은 예수님과 그가 받은 은혜와의 관련성을 명백히 하는 확신이다. 그는 예수님 때문에 자기가 축복 받은 일을 확신한다. 그는 더 힘 있게 말하기를 "그가 죄인인지 내가 알지 못하나 한 가지 아는 것은 내가 맹인으로 있다가 지금 보는 그것이니이다"라고 하였다(25절). 이것은 그가 받은 축복의 확실성을 인정하고, 그것으로 만족하는 마음을 보여 준다.

2) 투쟁적인 확신. 그는 부모가 그의 일을 모른다고 하며 피할 때도 독립적으로 신앙에 굳게 섰다(18-23절). 그는 바리새인들의 질문(26절)에 대항하여 말하기를 "내가 이미 일렀어도 듣지 아니하고 어찌하여 다시 듣고자 하나이까 당신들도 그의 제자가 되려 하나이까"(27절)라고 하였다. 뒤이어 그는 바리새인들에게서 욕을 들었고, 또 출교까지 당하였다(28, 34, 35절). 그는 눈

이 어두웠다가 이제 밝아졌으므로 두려움이 없다. 이는 마치 밤중에는 아이들이 바삭 하는 소리만 들어도 무서워하나, 낮에는 큰 소리가 나도 무서워하지 않음과 같다. 어두움은 공포를 가져온다.

3) 불신앙을 이상히 여기는 확신. 30절에 말하기를 "그 사람이 대답하여 이르되 이상하다 이 사람이 내 눈을 뜨게 하였으되 당신들은 그가 어디서 왔는지 알지 못하는도다"라고 하였다. 바리새인들이 예수님을 인정하지 않음에 대하여 그는 이상히 여길 정도로, 예수님을 하나님께로부터 오신 분이라고 확신하였다(31-33절). 이 세상 사람들이 선을 죄라고 함이 이상하고(사 5:20), 예수님을 불신앙함이 이상하다. 고침 받은 맹인이 이상하다고 한 것도 그리스도에 대한 그들의 불신앙이 너무도 모순된 것을 확신 있게 느끼는 태도이다.

4) 더욱 믿고자 하는 확신(참조. 35-36절). 신앙은 메말라 빠진 것이 아니고 늘 신앙의 대상을 새로이 맛있게 발견하고 장성하는 것이다. 그것은 믿는 중에도 더 믿고자 하는 태도이다. 눈 뜬 맹인은 이렇게 생명 있는 확신으로 움직인다. 그는 믿는 중에도 더 잘 믿으려고 하였다. 루디아라는 여자는 바울의 전도를 듣고 심령의 눈이 열린 후 더욱 잘 믿기 위하여 힘썼다. 그는 말하기를 "만일 나를 주 믿는 자로 알거든 내 집에 들어와 유하라" (행 16:15)하며, 바울 사도를 대접했다.

설교 **맹인 되었던 자의 신앙고백**(9:25)

요한복음 9장에 기록된 대로, 나면서 맹인이었던 자의 신앙 고백은 매우 강하다. 그는 예수님을 죄인이라고 우겨대는 바리새인들의 위협 앞에서도 담대히 말하기를 "그가 죄인인지 내가 알지 못하나 한 가지 아는 것은 내가 맹인으로 있다가 지금 보는 그것이니이다"라고 하였다.

1. 그의 신앙은 한 가지에 집중함

본문의 "한 가지"란 말은 그의 신앙이 강해지는 비결을 보여 준다. 우리가 주님을 따름에 있어서 복잡한 심리에 끌리면 무력해진다. 군대의 공격을 두려워하지 않은 다윗도 한 가지를 찾았다. 그것은 "평생에 여호와의 집에 살면서 여호와의 아름다움을 바라봄"(시 27:4)이었다. 바울은 예수 그리스도의 십자가에 못 박히신 것 외에는 아무 것도 알지 아니하기로 작정하였다(고전 2:2). 사람이 한 가지에만 집중할 때 힘이 있다. 실상 사람마다 한 가지에 집중하기는 한다. 그 한 가지는 살고자 하는 뜨거운 움직임이다. 사람의 모든 동작은 그 욕망으로 움직인다. 그러나 그들의 살고자 하는 생명은 참된 것이 아니다. 그것은 이 세상 생명이다. 우리 인생은 참 생명, 곧 영생을 위하여 욕망이 그렇게 강해야 한다. 따라서 우리는 그리스도를 믿는 이 한 가지에만 총 집중해야 옳다.

2. 이론주의보다 사실주의에 확립함

기독교는 사실주의의 종교이다. 성경에 기록된 모든 내용은 사실들이다. 그러므로 신자들은 반드시 체험이 있어야 한다. 물론 사람이 옳은 이론을 가져야 한다. 그것은 순서적으로 첫째이다. 그러나 이론만 있고 체험에는 들어가지 않는 것은, 열매 없는 일이다. 참된 체험을 강조하는 의미에서 베드로전서 2:3에는 주의 인자를 맛본다는 말씀이 있고, 시편 34:8에는 "여호와의 선하심을 맛보아 알지어다"라고 하였다.

우리의 믿음에는 반드시 체험이 따른다. 그 체험이 신자에 따라서 각각 다르기는 하다. 다른 신자의 체험과 꼭 같은 것이 내게는 없을 수 있다. 그러나 내게는 그것과 다른 것이 있을 수 있다. 같은 성령으로 말미암아 어떤 사람에게는 지혜의 말씀을, 어떤 사람에게는 지식의 말씀을, 다른 사람에게는 믿음을, 어떤 사람에게는 병 고치는 은사를, 어떤 사람에게는 능력 행함을,

어떤 사람에게는 예언함을, 어떤 사람에게는 영들 분변함을, 다른 사람에게는 각종 방언함을, 어떤 사람에게는 방언을 통역함을 주신다(참조. 고전 12:8-10). 이 은사 체험들 중에 특별히 지혜의 말씀 체험은 어떤 것인가? 그것은 설교자들 중에 있는 것이다. 그것은 성령의 감동에 의하여 성경을 깨닫는 은혜이다. 사람이 그것을 체험할 때는, 꿀과 송이꿀보다 더 단맛을 느낀다. 그러므로 스펄전(Spurgeon)이 천국 다음에는 설교하는 자리가 기쁜 자리라는 뜻으로 말한 바 있다.

제 10 장

⚜ 내용분해

1. 목자의 자격에 대한 예수님의 논설과 그 결과(1-21절)
   1) 참 목자와 거짓 목자의 대조(1-6절)
   2) 위의 말씀을 다시 해설함(7-10절)
   3) 예수님은 독특한 의미에서 선한 목자이심(11-18절)
   4) 위의 교훈 때문에 일어난 유대인들의 논쟁(19-21절)

2. 수전절에 유대인들의 힐문과 예수님의 답변(22-39절)
   1) 그리스도이신 여부를 밝히라는 그들의 힐문에 대한 예수님의 답변(22-30절)
   2) 돌로 치려는 그들의 폭행으로 인한 예수님의 변론(31-39절)

3. 예수께서 요단강 건너편에 계실 때 많은 사람들이 일찍이 세례 요한의 증거를 받았으므로 예수님을 믿음(40-42절)

개요

1. 목자와 양의 비유(1-29절)

1) 이 비유는 구원사적 진리를 가르침. 그리스도와 그의 백성과의 관계가 목자와 양의 관계와 같은 사실은, 구약의 예언 성취이다. 특히 에스겔 3 장은 이 관계로 많이 말하였으니, 곧 악한 목자들을 판단함(겔 34:2, 10)과 선한 목자, 곧 다윗을 목자로 세우심에 대한 말씀이다(겔 34:23). 다윗을 목자로 세운다는 말은 무슨 뜻인가? 델리취(Delitzsch)는 말하기를 "우리가 이 예언의 성취를 찾아보면 이렇다. 그것은 하나님께서 그의 종 다윗을 이스라엘의 목자로 일으키심이다. 예수께서 친히 자신을 선한 목자라고 하셨다(10:11). 그것은 그가 이 예언과 또 이와 비슷한 예언들의 성취로서 오셨다는 것이다"라고 하였다.[138] 위에서 말한 에스겔 34:23의 "다윗"이란 말은 다윗의 자손(다윗의 가지), 곧 메시아를 가리키고(렘 23:6; 호 3:5; 계 3:7), 호세아 3:5에 있는 "그 왕 다윗"이란 문구도 메시아를 의미한다. 그 구절에 대하여 겔데렌과 키스펜(Gelderen, Gispen)은 말하기를 "이스라엘의 미래의 행복은, 그들이 다윗에게 돌아오는 사건과 나누일 수 없다. 이 사실을 보면, 우리는 이 말씀이 메시아 시대를 가리킨다고 생각된다. 이와 비슷한 아모스 9:11-12과 호세아 2:23이 신약 시대에 성취되었다는 뜻으로 사도행전과 로마서에 인용되었다(행 15:16-17; 롬 9:25-26)."라고 하였다.[139]

2) 목자이신 예수님이 하시는 일. ① 그는 양의 문과 같음. 그는 문과 같아서 하나님의 백성으로 하여금 천국에 들어가도록 하신다(9절). 그뿐만 아니라 천국의 일꾼들도 오직 그로 말미암아서만 자격을 얻게 된다(1-2, 8절). 또한 이 점에 있어서 그는 독점적인 권위를 가지고 계시다. 본문 8절에 "나보

---

138) Keil and Delitzsch, Commentaries on the Old Testament, Ezekiel Vol. Ⅱ, Eerdmans, 93.

139) Gelderen, Gispen, Commentaar op Het Oude Testament.-Hosea (Kampen), 80-81.

다 먼저 온 자는 다 절도요 강도니 양들이 듣지 아니하였느니라"고 한 말씀은 이와 같은 뜻이다. 예수님보다 먼저 이스라엘의 지도자로 온 바리새인들은 불법한 지도자들이고 예수 그리스도로 말미암지 않았다는 것이다. 여기 나타난 사상은 1-2절의 그것과 같은 뜻을 가진다. 천국의 사역자들에게 대해서도 예수 그리스도는 절대적인 중보자이시다. ② 그는 자기 양을 아심(14절). "내가 내 양을 알고 양도 나를 아는 것"(γινώσκω γινώσκουσί)이란 말은, 단지 이지적으로 아는 것을 말함도 아니고, 비윤리적인 신비적 지식을 말함도 아니고, 사랑으로 이루는 선택 관계의 지식을 말함이다. ③ 양을 위하여 목숨을 버림(15-18절). 목자이신 예수님이 목숨을 버리시므로 양이 위태하여지는 것이 아니고, 도리어 그의 죽음의 힘 때문에 양들이 모이게 된 것이다(16절). 예수께서 말씀하시기를 "내가 땅에서 들리면 모든 사람을 내게로 이끌겠노라"(12:32)고 하셨다. 이 세상 사람들은 살아 있는 동안 일하나, 예수님은 죽으심으로부터 더욱 큰일을 하시게 된 것이다. 사도 바울은 말하기를 "내가 너희 중에서 예수 그리스도와 그의 십자가에 못 박히신 것 외에는 아무 것도 알지 아니하기로 작정하였음이라"고 하였다. 무디(Moody)는 말하기를 "예수께서 이 세상에 남기고 가신 것은 피 밖에 없다."고 하였다. ④ 유기와 선택(24-30절). 여기에는 하나님께서 어떤 사람들은 택하지 않으셨기 때문에 그들이 그리스도를 믿지 않는다는 사상이 들어 있다. 특별히 "너희가 내 양이 아니므로 믿지 아니하는도다"라고 하신 말씀(26절)이 그 뜻이다. 예수님은 이 부분에서 구원 받기 위한 선택과 그 받은 구원의 궁극성에 대해서도 말씀하셨다. 그것은 27-30절이 밝혀준다. 요한복음은 이 교리에 관하여 많이 말한다(6:37, 39, 44, 64절).

2. 예수께서 아버지와 일체이심을 주장하심(30-38절)

유대인들은 이 주장을 반대하면서 그를 박해하였다. 그러나 예수님은 그의 주장이 정당함에 대하여 변론하셨다 그 변론은 (1) 성경으로 변론하심(34-36절). 곧 성경에서 하나님이 세우신 관리들을 신이라고 하였다면, 하나님께서 하늘에서 보내신 그 아들이야 말할 것이 무엇이라고 하셨다. 그는 이 점에 있어서 성경은 그릇됨이 없다는 권위에 대하여서도 말씀하셨다. (2) 자기가 행하신 일로 증명하심(37-38절). 그는 그가 행하시는 기적이 하나님께서 행하시는 것이라는 의미에서, 자기와 아버지와 하나이심을 논증하셨다. 그의 행하시는 이적들은 이처럼 하나님께서 친히 행하시는 권위로 나타났다. 그것은 그만큼 우리의 신앙을 요구하는 것이다.

해석

1-6절. 이 구절들은, 일반 목자와 양과의 관계를 들어서 하나님의 백성을 먹이는 원리를 보여주었다. 고데(F. Godet)는 이 부분의 말씀이 목자가 아침에 양을 몰고 나가는 광경을 염두에 두었다고 한다. 그는 7-10절은 그 목자가 낮에 양들을 먹이는 일을 생각하였다 하고, 11-18절은 목자가 저녁에 양들을 보호하는 사실을 가리켰다고 한다. 그러나 헨드릭슨(Hendriksen)은 이 부분(1-6절) 말씀이나 그 아래 말씀(7절 이하)이 다 함께 선한 목자와 거짓 목자와의 대조를 보여줌에 있다고 하며, 7절 이하의 말씀은 그 위의 교훈을 좀 더 해설적으로 말한 것뿐이라고 한다. 그는 7-9절에 "나는 양의 문이라"는 말씀이 나온 것은 그 위의 주요 사상(참 목자와 거짓 목자와의 대조)을 해설하기 위한 부차적인 재료라고 한다.[140)]

1-2 내가 진실로 진실로 너희에게 이르노니 문을 통하여 양의 우리에 들어가지 아니하

140) Hendriksen, New Testament Commentary, John, 1961, 103-107.

고 다른 데로 넘어가는 자는 절도며 강도요 문으로 들어가는 이는 양의 목자라. 이 말씀은 사람이 합법적으로 양에게 관계하는 것처럼, 하나님의 백성을 인도하는 자도 하나님의 법을 거쳐야 한다는 것을 가르친다. 본문의 "문으로" 들어간다는 말씀은, 예수님으로 말미암아서만 하나님의 양을 정당하게 인도할 수 있음을 의미한다. 예수님으로 말미암는다는 것은, 그 자신이 예수님을 믿고 예수님의 보내심을 받아 교회의 인도자가 된다는 것이다. 예수님의 보내심을 받지 않고 스스로 교회의 인도자가 되는 자는, 문으로 들어가는 자가 아니고 다른 데로 넘어가는 자이다. 사람이 자기 스스로는 양을 먹일 만한 진리와 능력을 받지 못한다. 자기 스스로 된 일꾼은, 결국 하나님의 교회를 진정한 의미에서 돕지 못하고 도리어 양 떼에게 해를 끼친다. 그는 무의식 중에 혹은 의식 중에 저렇게 불행한 생활을 보내기 쉽다.

3-5 문지기는 그를 위하여 문을 열고 양은 그의 음성을 듣나니 그가 자기 양의 이름을 각각 불러 인도하여 내느니라 자기 양을 다 내놓은 후에 앞서 가면 양들이 그의 음성을 아는 고로 따라 오되 타인의 음성은 알지 못하는 고로 타인을 따르지 아니하고 도리어 도망하느니라. 여기의 "문지기"는 누구를 가리키는가? 어떤 학자는 이것이 세례 요한을 의미한다 하고, 또 다른 학자들은 이것이 하나님 아버지를 의미한다고 하였다. 하나님이 보호하시는 역사를 생각할 때, 그를 가리켜 문지기라고 하는 것이 반드시 낮은 칭호라고 할 것은 없다. 그러나 하나님 아버지를 문지기라고 생각하는 것은 문맥상으로 보아 부합하지 않는 듯하다. 그러므로 "문지기"는 성령님을 가리킨다. 성령님이 예수님과 하나님 백성과의 관계를 맺어 주시는 점으로 보아서 이 해석이 적당하다.

"양은 그의 음성을 듣나니." 이 문구는 10장에 많이 나온다. 4, 5, 27절을 참조하라. 양이 목자의 음성을 듣는다는 것은, 택한 백성이 하나님의 아들 그리스도의 말씀을 알아듣는 사실을 비유한다. 택한 백성은 그 목자 되시는 하나님(혹은 하나님의 아들)의 말씀을 알아듣고 모이는 법이다. 교회의 사역자는 하나님의 양을 자기 힘으로 만들 수 없다. 온 천하의 모든 세력과 능력을 가지고라도 하나님의 양 하나를 만들지 못한다. 하나님의 양(택한 백성)은 오직 영원 전에 하나님께서 예정하신 뜻대로 하나님 자신이 이루어 놓으신 백성이다. 그러므로 오직 하나님의 말씀으로만 그들을 모을 수 있고, 또한 완성시킬 수 있다. 교회의 사역자들은 하나님의 말씀을 그대로 가감 없이 전파할 뿐이다. 그리하면 하나님의 양 된 자들은 모여서 한 무리가 된다.

"그가 자기 양의 이름을 각각 불러 인도하여 내느니라." 이 점에 대해서 헹스텐베르크(Hengstenberg)는 시편 147편, 이사야 40:26, 43:1, 출애굽기 33:12, 17을 인용하면서, 하나님의 백성에 대한 주님의 지식이 얼마나 친근하고 개별적인 사실을 지적하였다. 이름을 각각 불러낸다는 것은 지도자로서 피지도자에 대하여 깊은 지식을 가질 뿐만 아니라, 뜨거운 사랑과 정성을 가지고 지도하는 것을 가리킨다. 영혼을 먹이는 자는, 대중 본위로 사업의 동기를 가지지 말고, 다만 한 사람의 영혼을 천하보다 귀히 여기는 마음으로 영혼 하나에게라도 모든 사랑과 성의와 정력을 기울여 일해야 한다. 그런 역사가 진정한 복음의 열매를 맺는다. 그것은 마침내 광범위에 미치는 구령 운동도 성립시킨다. 설혹 그의 역사로 광범위한 운동이 일어나지 않아도, 그는 소수의 열매로써도 만족한다. 버마(지금의 미얀마)에 처음 선교사로 갔던 저드슨(Judson) 목사는 7년 만에 세례 교인 한 사람을 얻었다고 한다. 그러나 그는 그것으로도 천하를 얻은 듯이 기쁨을 느꼈다.

"자기 양을 다 내놓은 후에 앞서 가면." 그가 우리에 있는 양들을 인도하여 푸른 초장으로 갈 때, 양 한 마리라도 빼놓지 않기 위하여 노력한 표를 보인다. "다 내놓은 후에"란 것이 이 뜻을 명백히 보여 준다. 그는 양 한 마리라도 등한히 여기지 않는다. 이같이 하나님의 백성을 목양하는 인도자는 소자 한 사람도 가볍게 여기지 않아야 한다.

6 예수께서 이 비유로 그들에게 말씀하셨으나 그들은 그가 하신 말씀이 무엇인지 알지

못하니라. 목자와 양에 대한 비유는 구약에도 많이 있다.[141] 그때 유대인들이 구약을 알았더라면 이 비유를 깨달았을 뻔하였다. 그러나 그들은 구약에 무식하였으므로 주님의 교훈을 이해하지 못하였다.

7 그러므로 예수께서 다시 이르시되 내가 진실로 진실로 너희에게 말하노니 나는 양의 문이라. 여기서는 윗부분(1-5절)의 말씀을 해설하는 것뿐이다. 1-6절 해석에 대한 머리말을 참조하라. 버나드(Bernard)에 의하면 "문"이란 말이 사히드어(Sahidic) 사본에는 "목자"(ο ποιμήν)란 말로 읽게 되어 있는데, 모패트(Moffat)는 그것을 지지한다고 하였다. 그러나 버나드 자신은 그것을 받지 않았다. "양의 문"이란 것은 하나님의 백성이 영적 세계에 들어갈 수 있는 길을 가리킨 것이다. 그것은 곧바로 하나님 아버지에게로 인도하는 통로를 의미한다(14:6). 로마의 클레멘스(Clement of Rome)는 시편 118:19-20을 해석하면서 말하기를 문은 의의 문, 곧 그리스도라 하였다. 이그나티오스(Ignatius)는 사람이 하나님 아버지에게로 가는 문, 곧 그리스도라 하면서, 그것을 통하여 아브라함, 이삭, 야곱, 선지자들, 사도들, 또는 교회가 들어간다고 하였다. 슐라터(Schlatter)에 의하면, 예수님은 시편 118:20의 예언("이는 여호와의 문이라 의인들이 그리로 들어가리로다")대로 오신 분이다. 그는 말하기를 "시편 118:20에 있는 '이는'이란 말은 그리스도를 가리키는데, 그가 하나님의 문이시다. 거기 '의인들'이란 말은 그리스도에게 순종하는 양들을 의미한다"라고 하였다.[142]

8 나보다 먼저 온 자는 다 절도요 강도니 양들이 듣지 아니하였느니라. "나보다 먼저"(πρὸ ἐμοῦ)란 말에 대하여는 사본상 차이가 있다. 몇몇 사본(ℵc, A, B, D, L, W)이 본문과 같이 이 문구를 가지고 있고, 다른 사본(ℵ*)은 이것을 가지지

141) 참조, 시23편, 79:13, 80:1, 95:7; 사40:11; 렘23:1; 겔34:1-2; 슥11:17, 13:7.

142) dieser, nämlich der Christus, ist das Tor Gottes. Die Gerechten des Psalms sind bei Joh. die dem Christus gehörenden Schafe.-Schlatter, vangelist Johannes, 235.

않았다. 그러나 우리가 이 문구를 가지고 있는 것이 원본적이라고 생각하는 것은, 그 사본들의 증거가 강하기 때문이다.

"나보다 먼저"란 말씀은 무엇을 의미하는가? ① "내 권위를 횡령하여"(above me)란 뜻이라고 함. 이 해석이 옳다면, 이 구절의 내용은 그리스도의 권위를 무시한 바리새인들과 같은 자들을 절도나 강도로 간주한 것이다. ② 이것은 시간적으로 예수님보다 먼저 온 자들을 가리킨다는 것. "먼저"라는 헬라어가 그런 뜻으로 요한복음에 많이 나와 있다(11:55, 12:1, 13:1, 19, 17:5, 24). 크로샤이데는 이 해석을 합당하게 여기는 이유로서 그 아래 나온 에이신(εἰσίν), 곧 "이요"로 번역된 동사가 현재사라는 것을 들어 말한다. 다시 말하면, 예수님이 염두에 두었던 인물이 예수님보다 시간적으로 먼저 와서 교권을 잡았는데, 아직도 그 현재에(예수님 당시에) 있는 자들이다. 그들은 다른 사람들이 아니고 바리새인들인 것이 분명하다. 많은 학자들이 이 해석을 취한다.

9 내가 문이니 누구든지 나로 말미암아 들어가면 구원을 얻고 또는 들어가며 나오며 꼴을 얻으리라. "누구든지"란 말은, 그리스도의 복음이 민족이나 국가의 차별 없이 관계한다는 보편성을 가리키는 것이다. "나로 말미암아 들어가면 구원을 얻고"란 말씀은, 예수님을 유일한 구주로 믿고 그의 중보 역사를 통하여서 하나님에게 들어감을 의미한다. 이처럼 믿는 자는 영생을 얻는다. 그뿐 아니라 그는 생명의 부요를 얻기 위하여 영의 양식을 자유롭게 받는다. 이 사실이 "들어가며 나오며 꼴을 얻으리라"는 말씀으로 알려진다. "들어가며 나오며"란 것은 자유로운 활동을 의미한다(신 28:6; 시 121:8; 렘 37:4). 그리스도인은 그 안에서 얼마든지 자유롭게 신령한 양식을 섭취할 수 있다. 그리고 그가 주시는 양식은 영원한 만족을 준다. 땅에 속한 모든 것은 인간이 가져볼수록 더 많이 가지고 싶다. 그것들로써는 인간의 갈증을 멈출 수 없다. 그것으로 만족하려는 자는 소금물을 마셔서 갈증을 없애려는 것과 같다. 그것은

마시면 마실수록 갈증이 더 심하여질 뿐이다. 그러나 그리스도 안에서 발견되는 꿀은, 먹는 자마다 영원한 만족을 얻어서 모든 다른 것들을 진토와 같이 여기게 된다. 10절에서 "내가 온 것은 양으로 생명을 얻게 하고 더 풍성히 얻게 하려는 것이라"고 한 말씀이 그 뜻이다.

10 도둑이 오는 것은 도둑질하고 죽이고 멸망시키려는 것뿐이요 내가 온 것은 양으로 생명을 얻게 하고 더 풍성히 얻게 하려는 것이라. 이 말씀은 기독교회에 거짓 스승들이 종종 들어올 것을 미리 경고한 것이라고 생각된다. 교회에 나타나는 도둑은 거짓 교훈을 가진 자들이다(골 2:8; 행 23:2; 겔 34:2). 이런 자들은 양을 귀히 여기지 않고, 저희의 사리사복을 채운다. 그러나 예수님은 참 목자로서 양들의 진정한 유익을 구하신다. 곧 그는 신자들에게 영적 생명을 주시며, 또한 그 생명을 장성하게 하신다(시 23편; 히 13:20-21).

11-13 나는 선한 목자라 선한 목자는 양들을 위하여 목숨을 버리거니와 삯군은 목자도 아니요 양도 제 양이 아니라 이리가 오는 것을 보면 양을 버리고 달아나나니 이리가 양을 물어 가고 또 헤치느니라 달아나는 것은 그가 삯군인 까닭에 양을 돌보지 아니함이나. "선한 목자"에 대하여는 구약에도 많이 예언하였다(대상 11:2; 시 23편; 사 40:11; 겔 34:23; 슥 11장 등). 이 구절들을 보면 여호와 자신이 바로 하나님 백성의 선한 목자라고 했으니, 그리스도가 이 세상에 오신 때 그 예언들은 성취되었다. 선한 목자는 양을 위하여 목숨을 버린다고 하였으니, 그것이 무슨 뜻인가? 헹스텐베르크(Hengstenberg)는 이 말이 그 양을 위하여 목숨을 대속물로 주실 것을 가리켰다고 한다(막 10:45; 마 20:28). 그리스도께서 이 말씀을 하실 때, 이사야 53:10을 염두에 두셨을 것이다. 고데(F. Godet)도 "양을 위하여 목숨을 버리거니와"란 말씀이 다른 이의 요구에 응하여 생명을 내어 놓음, 바침, 또는 희생함을 가리킨다고 하였다.

14-15 나는 선한 목자라 내가 내 양을 알고 양도 나를 아는 것이 아버지께서 나를 아시고 내가 아버지를 아는 것 같으니 나는 양을 위하여 목숨을 버리노라. 목자와 양이 서로 안

다는 것은 어떤 지식을 말함인가? 예수님이 그의 백성(양)을 아신다는 것은, 그들이 선택되어 그의 것이 되었기 때문에 그가 그들을 아신다는 뜻이다(민 16:5; 딤후 2:19). 그것은 그의 전지하심에 의한 것이다. 그리고 그의 백성이 그를 안다는 것은 성령에 의하여 아는 것이다. 이것은 성부와 성자 사이의 서로 아심과 같이 신령하고 정확하다. 그러므로 이 지식은 인간의 자율적인 지식이 아니다. 마태복음 11:27 하에 말하기를 "아들과 또 아들의 소원대로 계시를 받는 자 외에는 아버지를 아는 자가 없느니라"고 하였다.

불트만(Bultmann)은 양이 목자를 안다는 지식이 영지주의의 실존 각성(Seinsverständnis, Existenzverständnis)과 유사하다고 한다. 그는 "이와 같은 지식은 영지주의의 신비 문건에서 왔을 터인데, 그 지식은 아는 자와 알린 자가 서로 일체로 관련된 사실을 결정함이다. 그런 지식은 이론적 지식이 아니고(νιχητ ειν ρατιοναλεό τηεορετισχηεσ Ερκεννεν), 속에서 일어나는 것으로서 실존적으로 결정함이다"라고 하였다.[143] 그는 요한복음의 이 부분의 사상이 분명히 영지주의를 배경으로 하고 있다고 한다.[144]

그러나 신약이 말하는 양과 목자 사이의 지식은 그런 빌려온 것(Lεηνσατζ)이 아니다. 요한복음의 구속자(목자)는 영지주의 문헌의 그것과 다르다. ① 사도들이 전파한 그리스도는 명백한 역사적 인물로서 죽었다가 다시 사셨고, 영지주의(만다 문학)에서 말한 구속자는 역사 이전의 신화적 인물에 불과하다. ② 사도들이 전파한 구속자는 유신론적이고 구원사적인 구속자요, 영지주의에서 말한 구속자는 이원론적인 우주 세력들과 싸운 상상적인 전쟁 영웅이다.

16 또 이 우리에 들지 아니한 다른 양들이 내게 있어 내가 인도하여야 할 터이니 그들도

---

143) ein Innerwerden, in seiner ganzen Existenz bestimmt ist.-Bultmann, Johannes Evangelium, 290.

144) Der gnostische Hintergrund dieser Gedankenbildung ist unverkennbar.- Johannes Evangelium, 285.

내 음성을 듣고 한 무리가 되어 한 목자에게 있으리라. 이것은 이방 선교에 대한 예수님의 사명을 가리킨다. 이방 선교에 대하여는 이미 구약에 많이 예언되었다(참조. 사 49:1-13, 52:13-15, 53:10-12; 미 4:2; 슥 8:23; 마 8:11). 선한 목자 되시는 예수님이 그 백성의 죄를 대속하기 위하여 죽으심으로만 이런 놀라운 선교가 시작되었음으로, 그가 목숨 버리신다는 말씀이 이 구절 앞뒤에 배치되어 있다. 벵겔(Bengel)은 이 구절이 하나님 백성의 통일성을 위하여 아름다운 목자도 한 분(예수님)이심을 지적한다는 의미로 말하였다.

17-18 내가 내 목숨을 버리는 것은 그것을 내가 다시 얻기 위함이니 이로 말미암아 아버지께서 나를 사랑하시느니라 이를 내게서 빼앗는 자가 있는 것이 아니라 내가 스스로 버리노라 나는 버릴 권세도 있고 다시 얻을 권세도 있으니 이 계명은 내 아버지에게서 받았노라 하시니라. 이 점에 있어서 우리는 예수님이 아버지의 사랑을 받으신 이유가 그의 목숨 버리심과 다시 사심에 있다는 것에 주목한다. 예수님은 영원하신 성자이시니 존재론적으로 영원토록 아버지의 사랑을 받으신다(5:20). 그러나 그가 인성을 입으시고 세상에 오시는 때 구속 사업의 사명을 받으셨으므로, 그의 사명에 순종하신(죽었다가 다시 살아나신) 그만큼 아버지의 사랑을 받으신 방면도 있다.

"나는 버릴 권세도 있고 다시 얻을 권세도 있으니." 그가 목숨을 버리는 것과 다시 사는 것이 온전히 독자적인 의지로 순종하심이라는 것을 가리킨다. 특히 그 위의 "이를 내게서 빼앗는 자가 있는 것이 아니라"고 한 말씀이 그 사실을 역설한다. 이 말씀은 하나님 아버지도 예수님의 생명 버림을 강요하시지 않는다는 뜻을 포함한다. 곧 하나님 아버지도 성자의 생명을 빼앗을 처지에 계시지 않다는 말이다. 그는 순연히 자유 의지로써 단 마음으로 순종하신 것뿐이다. "계명"이란 말은 하나님 앞에서 받으신 사명을 의미한다.

19-21 이 말씀으로 말미암아 유대인 중에 다시 분쟁이 일어나니 그 중에 많은 사람이 말하되 그가 귀신 들려 미쳤거늘 어찌하여 그 말을 듣느냐 하며 어떤 사람은 말하되 이 말은 귀

신 들린 자의 말이 아니라 귀신이 맹인의 눈을 뜨게 할 수 있느냐 하더라. 예수님의 말씀으로 말미암아 듣는 자들이 두 편으로 갈렸다. 언제나 진리는 이 세상에서 전적으로 환영 받지 못한다. 그 이유는, 이 세상에는 하나님께 속한 자들이 있는 반면에 마귀에게 속한 자도 있기 때문이다(창 3:15).

22-23 예루살렘에 수전절이 이르니 때는 겨울이라 예수께서 성전 안 솔로몬 행각에서 거니시니 "수전절"은 유다 마카비가 성전을 회복한 뒤에 그것을 기념하여 정한 절기를 말함이다(마카베오상 4:51, 마카베오하 10:5-8). 이날은 12월 25일이다. "솔로몬 행각"은 비를 피하기 위하여 시설한 현관과 같은 것을 가리킨다. 팔레스타인에는 12월이 우기이므로 예수님은 그때 솔로몬 행각에 다니신 듯하다.

24 유대인들이 에워싸고 이르되 당신이 언제까지나 우리 마음을 의혹하게 하려 하나이까 그리스도이면 밝히 말씀하소서 하니. 주님께서는 자기가 메시아이신 사실을 직접 말씀하시기보다 비유적으로 하시고 밝히 말씀하시지 않았다. 그가 그렇게 하신 이유는, 그때 민중의 메시아 관념이 그릇되어서 정치적 메시아를 기대하였기 때문이다. 그러므로 이때 유대인들은 예수님에게 그가 메시아인 여부를 "밝히 말씀하소서"라고 한다.

25 예수께서 대답하시되 내가 너희에게 말하였으되 믿지 아니하는도다 내가 내 아버지의 이름으로 행하는 일들이 나를 증거하는 것이어늘. 이 말씀에는 예수님의 메시아 신분에 대한 두 가지 증거가 나타났다. ① 그의 말씀의 증거는 언제나 흔들리지 않음. 예수님의 말씀은 신자들이 등한히 해도 언제나 살아 역사한다. 그의 말씀을 오해하고 선전하는 자들이 많아도 그의 말씀은 그대로 살아 있다. 그뿐 아니라, 그의 말씀을 반대하는 자들이 많아도 그의 말씀은 계속 살아 있다. 그것이 그렇게 되는 이유는, 그의 말씀은 하나님의 말씀이기 때문이다. 마태복음 24:35에 "천지는 없어질지언정 내 말은 없어지지 아니하리라" 하였고, 요한복음 8:51에 "진실로 진실로 너희에게 이르노니 사람이 내 말을

지키면 영원히 죽음을 보지 아니하리라"고 하였다. 예수님의 말씀은 이처럼 권위 있고 진실하다. ② 예수님이 행하시는 일들이 그를 증거함. 예수님의 일은 어떤 것인가? 그것은 그의 이적들을 가리킨다. 현대인은 기독교에서 그 이적 요소를 제외하려고 한다. 그러나 그것은 어리석은 일이다. 기독교는 이적으로 된 종교인데 거기서 이적을 제외하고 믿으려고 하는 것은, 돌집에서 돌을 모두 뽑아 버리고 남은 데서 살아 보려는 것과 같은 어리석음이다. 그런데 우리가 기억해야 할 것은, 그리스도의 이적은 구원사적인 진실과 구속적인 사랑을 그 성립 요소로 한다는 것이다. 메시아께서 이런 권능을 행하시리라는 것은 구약에 예언되어 있는데(사 29:18, 35:5-6), 그것이 과연 예수님으로 말미암아 이루어졌다. 그것을 가리켜 구원사적 이적이라고 한다. 이것을 보고도 믿지 않음은 메시아를 보고도 믿지 않는 죄악이다.

26 너희가 내 양이 아니므로 믿지 아니하는도다. 우리가 하나님을 알기 전에 먼저 하나님이 우리를 아셨다(벧전 1:2). 그가 우리를 택한 백성으로 삼으셨으므로, 우리가 그를 믿게 된 것이다. "양"이란 말은 택한 백성을 비유한다. 사람들로 하여금 그리스도를 믿게 할 증거들은 많이 나타났다. 그 증거들은 하나님의 진실성에 의하여 완전하게 나타났다. 기독교는 이처럼 가장 믿을 만하게 된 유일하고도 진정한 종교이다. 그래도 믿지 못하는 자들이 있다면, 그들은 쌀이 가득한 창고 안에서 굶어 죽는 자들과 같고, 샘 앞에서 목말라 죽는 자들과 같다. 결국 그들은 영생의 복을 받도록 택함이 되지 못한 자들이다.

27 이 구절은 하나님의 아들 예수 그리스도의 양(택한 백성)의 성질이 어떠함을 밝혀준다. 그들은 그리스도의 음성(하나님 말씀)을 알아듣고 따른다(닮는다)는 것이다. 그들이 그리스도의 음성을 안다는 것은 그리스도에게 대한 그들의 편애가 아니고, 그리스도께서 그들을 먼저 택하신 사실에서 일어난 반응이다. 그것은 "나는 저희를 알며"란 말씀이 밝혀 준다.

28-29 내가 그들에게 영생을 주노니 영원히 멸망하지 아니할 것이요 또 저희를 내 손에서 빼앗을 자가 없느니라 그들을 주신 내 아버지는 만물보다 크시매 아무도 아버지 손에서 빼앗을 수 없느니라. 이 구절들은 그리스도의 양 된 자의 행복에 대하여 말한다. 그 행복은 그들이 영생을 받음이다. 아무도 그들이 받은 영생을 빼앗지 못한다. 그 이유는 만물보다 크신 하나님 아버지와 그리스도께서 그들을 지키시기 때문이다. 예수께서 이처럼 말씀하신 목적은 그의 양 된 자들, 곧 참된 신자들로 하여금 그 받는 구원의 불변성을 알고 안전감을 느끼게 하려는 것이다. 그의 양 된 자들은 힘 있는 원수들에게 둘러싸였고, 그들 자체는 심히 연약하다. 그러나 그들이 의지한 자가 그들이 의탁한 것을 그날까지 능히 지키실 줄을 그들은 확신한다(딤후 1:12). 하나님의 양 떼인 교회는 악한 것들이 가득한 세상에 놓여 있어도 근심할 것 없다. 악한 것들도 하나님의 주권 아래 있기 때문이다.

28절 상반절 말씀은 7-10절의 사상과 연락하고 나온다. 곧, 이 구절은 그리스도께서 그 백성에게 영생을 주신다고 하는 사상을 재음미한다. "주노니"라는 말(δίδωμι)은 현재 동사로서, 현시대, 곧 신약 시대에 세계적으로 신자들에게 영생 주시는 운동이 시작됨을 염두에 둔 말이다.[145]

28절 하반절(29절도 참조)에 "저희를 내 손에서 빼앗을 자가 없느니라"고 한 말씀은, 11-18절의 사상을 재음미한다. 그리스도께서 그 양들을 위하여 원수들(도둑, 강도 같은 자들)과 싸워 이기시므로, 양들은 영원토록 안전하다.

"그들을 주신 내 아버지는 만물보다 크시매"(ὁ πατήρ μου ὃ δέδωκέν μοι πάντων μεῖζόν ἐστιν)에 대하여, 우리 한역과 같이 번역된 것을 찬성하는 학자들도 있다(Godet, B. Weiss, Bernard). 그런 경우에 이 문구의 의미는 양들(신자들)을 그리스도에게 주신 하나님이 만물보다 위대하시다는 뜻이겠다.

---

145) E. Smilde, Leven in de Johanneische Geschriften, 111.

그러나 스밀데(Smilde)는 이 문구를 우리 한역의 난외주와 같이 번역하여 "내 아버지께서 내게 주신 것이 만물보다 크매"라고 하였다. 그는 "주신 것"이란 말이 신자들을 총칭한 것이라고 하며, "신자들은 시간 세계에서나 영원한 세계에서나 하나님의 은혜로운 역사의 대상이고 그리스도의 소유니만큼, 만물보다 크다고 할 수 있다. 그들은 그리스도 안에서 승리자들이다. 그들은 원칙에 있어서는 벌써 세상을 이긴 자들이다. 그들 중 하나라도 아버지의 손에서 빼앗을 자가 없다"라고 말하였다.[146)]

30 나와 아버지는 하나이니라 하신대. 28절에서는 하나님이 택한 백성을 예수님의 손에서 빼앗을 자가 없다고 하였고, 그 이유로 29-30절 말씀이 나왔다. 그들을 아버지의 손에서 빼앗지 못한다는 것은, 예수님의 손에서 빼앗지 못한다는 것과 같다. 그 이유는 아버지와 아들 예수님은 일체이시기 때문이다. 예수님이 "나와 아버지는 하나이니라"고 하심은, 본질적으로 그가 아버지로 더불어 일체로서 영원하신 하나님 아들이시기 때문이다. 그와 동시에 그는 아버지의 계시자로서 세상에 보내심을 받아 아버지의 뜻을 완전히 순종하셨으니, 그의 모든 행동은 곧바로 아버지의 행동과 완전히 일체였다.

31-32 유대인들이 다시 돌을 들어 치려하거늘 예수께서 대답하시되 내가 아버지로 말미암아 여러 가지 선한 일로 너희에게 보였거늘 그 중에 어떤 일로 나를 돌로 치려 하느냐. 그 때 유대인들은 자칭 경건하다고 하며, 거짓 선지자를 돌로 치라는 성경 말씀(신 13:5)을 실행한다는 의미에서 이런 악행을 연출하였다. 그러나 예수님은 담대히 답변하신다. 그 답변은 유대인들의 완강한 불신앙을 지적하신 것이니, 곧 그들이 너무도 하나님의 계시를 몰라본다는 것이다. 하나님의 계시가 어떻게 완전하고 철저함에 대하여서는 다음과 같은 말씀들이 보여 준다. 곧 "아버지로 말미암아", "여러 가지 선한 일", "너희에게 보였거늘"이란 말씀

---

146) Smilde, Leven in de Johanneische Goschriften, 112.

들이다. ① "아버지로 말미암아"란 말은, 그가 하신 선이 하나님 아버지에게서 왔다는 뜻이다. 그가 그런 선을 행하시므로 하나님께서 그를 보내신 사실이 증명될 것이다. 그러나 유대인들은 그것을 알아보지 못했으니 그들의 불신앙은 현저하다. ② 그뿐만 아니라 그 선한 일이 한 가지만 아니고 여러 가지였다. 그러함에도 불구하고 그들은 불신앙하였다. ③ 또한 그런 선한 일들을 그들에게 밝히 보였으되 그들은 불신앙하였다. "보였거늘"이란 말의 헬라어(ἔδειξα)는, 모든 사람이 볼 수 있도록 공중 앞에서 행한 것을 가리킨다. 이처럼 밝히 보여주었으되, 그들은 완악하여 아직도 믿지 않았다.

33 유대인들이 대답하되 선한 일로 말미암아 우리가 너를 돌로 치려는 것이 아니라 신성모독으로 인함이니 네가 사람이 되어 자칭 하나님이라 함이로라. 유대인들의 불신앙의 철면피는 이렇게 두텁다. 그들은 하나님의 아들을 대적하면서도 하나님을 영화롭게 하는 듯이 자처한다. 곧 그들이 하나님께 특별히 충성하는 듯이, 예수님의 발표하신 "나와 아버지는 하나이니라"하신 말씀을 책잡아 그것이 "신성모독"이라고 한다. 그들은 예수님의 말씀이 진리와 사실에 근거한 여부는 알아보지 않고 먼저 정죄한다. 그것은 그들의 교만과 편견과 시기에서 나온 행동이다.

34-36 예수께서 이르시되 너희 율법에 기록된 바 내가 너희를 신이라 하였노라 하지 아니하였느냐 성경은 폐하지 못하나니 하나님의 말씀을 받은 사람들을 신이라 하셨거든 하물며 아버지께서 거룩하게 하사 세상에 보내신 자가 나는 하나님 아들이라 하는 것으로 너희가 어찌 신성모독이라 하느냐. 여기 "율법"이란 말은 시편 82:6을 가리킨다. 시편을 왜 율법이라고 하였는가? 그것은 다음과 같이 설명된다. 곧 모세의 율법이 구약의 처음 부분에 있는 것이므로, 예수님 당시의 사람들이 구약 전체의 책 이름을 "율법"이라고 하는 풍속이 있었다.[147)]

---

147) 참조, 요 12:34, 15:25; 롬 3:19; 고전 14:21.

시편 82:6에는 재판장들을 가리켜 "신들"이라고 하였는데, 그것은 재판장들이 신의 시키심을 받아 재판을 대행한다는 의미에서 그렇다는 말이고, 그들 자신이 영원한 신들이라고 함은 아니다. 그런데 예수님은 그의 신격이나 하나님의 아들 되심 주장의 정당성을 이 구절에 두셨다. 그것은 얼른 보아 예수님도 순 인간으로서 신이 시키시는 일을 맡은 의미의 하나님 아들이고, 영원 자존하신 하나님 아들(Ontological Sonship)이 아님을 증거하시는 것같이 보인다. 그러나 이 시구에 근거한 예수님의 논증의 귀결은, 추론의 등위적 이론(Analogical argument)이 아니고 강이유 결론(a fortiori)이다. 곧 보통 인간들도 신의 시키심을 받은 자라면 그 본질에 있어서는 신이 아니로되 그들을 "신들"이라 또는 "지존자의 아들들"(시 82:6)이라고 하였거든, 하물며 아버지께서 거룩하게 하사 세상에 보내신 영원하신 하나님 아들이야 말할 것이 무엇인가 하는 결론이다.

* * * * *

{특별참고}

성경의 권위에 대하여

1. 그릇된 신학과 성경

신학을 연구함에 있어서 성경의 권위는 생각하지 않고 인간의 머리를 척도로 삼는 불신앙 학자들이 많음을 우리는 경계해야 한다.

1) 자유주의 신학자 하르낙(Harnack)을 위시하여 리츨(Ritzchl), 헤르만(Hermann)등의 구자유주의 운동. 이들은 성경을 그대로 하나님의 말씀이라

고 하지 않으며, 예수님을 도덕 수준이 높은 인물로만 알고 하나님이라고 하지 않는 신학 운동이다. 그러나 이와 같은 운동은 성경을 오해한 것이다.

2) 다음은 디벨리우스(Dibelius), 불트만 등의 운동. 그것은 양식사 학파이다. 양식사 학파는 특별히 공관복음을 상대로 하여 그 학설을 전개하였다. 이 학설에 대하여 크레다너스(Greijdanus)가 바로 비판하였으니, 곧 "양식사 학파의 연구 방법은 궁켈(H. Gunkel)의 〈창조와 혼돈〉(Schöpfung und Chaos, 1895)이란 저술의 발표와 함께 시작되었고, 후에 디벨리우스, 불트만 등으로 말미암아 완성되었다. 이 연구 방법은 성경을 역사적으로 신임할 만한 책으로 여기지 않는다. 그들은 성경이 하나님의 말씀이 아니고 인간의 작품이라고 생각하면서 연구한다"라고 하였다.[148] 그들의 학설에 의하면, 마태복음과 누가복음이 마가복음과 큐 문서(Q 문서는 그들의 가상 문서임)에 근거하여 작성되었다고 한다. 그들이 마가복음을 기본으로 하고 다른 두 복음을 비교하여 보는 중, 그 차이점에 이르러서는 크게 주의한다. 그들은 말하기를, 이 차이점이 생긴 이유는 맨 처음에 있던 말이나 사건이 구전으로 전해지던 중, 이 모양 저 모양으로 변경, 혹은 부가되었기 때문이라고 한다. 그뿐 아니라, 그들은 마가복음에 있는 초자연적인 기사들을 믿지 않으며, 마가복음의 배후에도 원문서가 있었느니 없었느니 하면서 의견을 달리한다.

우리는 위의 학설을 반대한다. 그 이유는 다음 이론들이 성립될 수 없기 때문이다.

① 양식사학파의 디벨리우스는 말하기를, 초대의 그리스도인들은 예수님의 재림이 그 시대에 임박한 줄 알았기 때문에 예수님의 말씀이나 행적 같은 것을 먼 장래에 전할 마음이 없었고, 그것들을 정확하게 보존할 노력도 하지 않았다고 한다. 공관복음이 지금의 형태로 이루어지기까지 그 내용에

---

148) Greijdanus, Schriftbeginselen ter Schriftverklaring, 217.

많은 다른 재료들이 부가되도록 초대의 그리스도인들은 무관심하게 보고만 있었을까? 그렇지 않았을 것이다. 초기 교회의 신자들은 예수님의 재림이 그 당시에 될 줄로 생각하지 않았다(살후 2:1-12). 그뿐 아니라 주님을 사랑하던 초대의 그리스도인들이 주님의 말씀과 행적에 대하여 무관심했다는 것은 옳지 않은 말이다. 초기 교회의 그리스도인들은 예수님의 행적과 말씀을 하나님의 계시로 알고 그것을 엄격하게, 또는 정확하게 전승하였다.[149)]

② 양식사학파는 성경의 초자연적 행적과 말씀들을 모조리 후대에 가입된 것으로 여기고 믿지 않는다. 그런 연구 방법은 불신앙을 편견으로 가지고 성경의 본질적 요소들, 곧 초자연적 요소들을 무조건 배척하는 비과학적인 방법이다. 그들이 성경에 있는 초자연적인 요소를 후대의 가입 건으로 여기는 것은, 어떤 문서나 문맥에서 역사적인 불신임성이나 혹은 오류를 발견한 까닭이 아니다. 그들은 다만 초자연적인 사실들과 말씀에 대하여 "초자연적 성격이 있으므로 못 믿겠다."고 한다. 그들은 이처럼 모순된 이론을 가진다. 그들은 문서의 기록 성격을 보아서 믿을 수 있는 여부를 결정한다는 것이 양식사 학파의 표준이라고 하면서도, 초자연적인 사실 앞에 와서는 "초자연적인 사실들이니 믿을 수 없다."고 한다. 이것은 그들 자신의 원칙에도 모순된 논법이다.

3) 중간주의. 중간주의 신학 운동은 특별히 근년에 나타났다. 이 운동은 제1, 제2 계단의 그릇된 신학 운동(구자유주의와 신자유주의)의 실패에 따라서 정통주의에 접근할 듯한 입장을 취하면서도, 아직까지 성경이 하나님의 말씀이라는 유쾌한 입장은 취하지 않는다. 이것은 여전히 자율주의의 비판 표준을 취하면서 초자연도 믿을 만한 것은 믿어 보자는 신학 입장이다. 세벤스터(Sevenster)의 저술인 "신약의 그리스도론"(De Christologie van Get

149) 눅 1:3; 참조. 딤후 2:2; 딛 2:1; 벧후 3:15-16; 계 22:18-19.

Nieuwe Testament)이란 책이 이와 같은 신학 입장을 대표한다. 세벤스터는 위에서 말한 양식사 학파의 연구 결과를 다 받지는 않지만 양식사 학파의 연구 방법이 옳다고 하였다(p. 9). 그는 성경이 가르치는 중요한 교리들을 믿는다고 하면서도, 예수님의 동정녀 탄생을 믿지 않는 신학자이다(p.141). 그는 말하기를 "예수님의 동정녀 탄생 사실에 대한 말씀은 마태복음과 누가복음의 초두에 있을 뿐이고, 신약성경 다른 부분에는 없으니 믿을 수 없다."고 한다(pp. 136-137). 이것은 옳지 않은 이론이다. 예수님이 열두 살 때 예루살렘에 올라가신 일에 대한 기록도 누가복음에 한 번 있고, 다른 데는 없다. 그렇다고 해서 그 사실을 참되지 않게 보아야 하겠는가? 신약성경은 주로 예수님의 공생애에 치중하여 기록하였다. 그러므로 예수님의 어린 시절의 일과 형편에 대한 기록은 극히 적다. 그렇다고 해서 우리가 예수님의 어린 시절을 부인할 수 있는가? 바빙크(H. Bavinck)는 말하기를 "그리스도의 동정녀 탄생 사실이 사도들이 전하는 말씀에 많은 말로 나타나지는 않았다. 그렇다고 해서 그것이 참되지 않다고 하든지, 혹은 중요하지 않다고 하면 안 된다"라고 하였다.[150]

2. 옳은 신학과 성경

우리는 성경의 권위가 바로 하나님 말씀의 권위라는 것을 잘 알고 있다. 우리는 예수님을 하나님의 아들로 믿는다. 그 이유는 성경이 그렇게 증거하기 때문이다. 누가 묻기를 "성경을 믿을 이유가 무엇인가?" 하면, 우리는 "그것이 하나님의 말씀인 까닭이다"라고 대답한다. 또다시 묻기를 "그것이 하나님의 말씀인줄 어떻게 아는가?" 하면, 우리는 대답하기를 "성경 자체가 그렇다고 하기 때문이다"라고 한다. 바빙크는 다음과 같이 말하였다. 곧 "성육

---

150) H. Bavinck, Gereformeerde Dogmatiek Ⅳ. 1929, 270.

하신 그리스도께서 낮아지신 연약한 사람이지만 죄는 없으신 것과 같이, 하나님의 말씀이 인간의 말로 기록되었으나 전체적으로 신적이다"라고 하였다.[151] 그는 또다시 말하기를 "과학적 사실에 관계된 성경 말씀도 언제나 참되다. 그 이유는 성경이 그런 일에 있어서 학문의 술어를 사용하지 않고 통상 용어를 사용하기 때문이다. 만일 성경이 과학 술어를 사용하였다면, 시대를 따라 변하는 과학처럼 변할 성격을 가졌다고 할 것이다. 그러나 성경은 통상적 술어로써 영원한 진리를 말한다"라고 하였다.[152]

37-38 만일 내가 내 아버지의 일을 행하지 아니하거든 나를 믿지 말려니와 내가 행하거든 나를 믿지 아니할지라도 그 일은 믿으라 그러면 너희가 아버지께서 내 안에 계시고 내가 아버지 안에 있음을 깨달아 알리라 하시니 "내 아버지의 일"이란 말은 그가 행하신 이적들을 가리킨다. 그는 그가 이적 행하신 사실을 저 불신앙자들 앞에 도전적으로 내세우신다. 그것은 그 이적들의 역사성과 진실성에 대하여 천하가 공인한 사실을 지적함이다. 그리스도께서 행하신 이적들은 어떤 한 구석에서 된 것이 아니고 대중이 주목하는 공석에서 되었으며, 바리새인들과 서기관들과 같은 완악한 교권자들이 끈질기게 책잡으려는 무서운 눈초리 앞에서 성립된 일들이다.

"그 일은 믿으라." 그가 행하신 이적들이 초자연적이고, 사람으로는 할 수 없는 것이고, 하나님 아버지께서 예수님 안에 계신 표적인 사실을 믿으라는 뜻이다. 하나님 아버지께서 그리스도 안에 계시다 함은, 하나님께서 땅에 있는 그의 기관(organ)이라고 할 수 있는 인간성(예수님)에게 하늘의 모든 부

---

151) Maar gelijk het menschenlijke in Christus hoe zwaak en nederig ook, toch van get zondige vrij bleefx zoo ook in de Schrift sine labe concepta menschelijk geheel en in al haar deelen maar ook even zoo-H. Bavinck, Gereformeede Dogmatiek I, 406.

152) Want de Heilige Schrift bezigt de taal der dagelijksche ervaring, die altijd waar is en blijft.-Gereformeede Dogmatiek I, 417.

요를 충만히 전달시킨다는 뜻이다. 그리스도께서 "아버지(하나님) 안에" 계신다 함은, 그리스도께서 전적으로 자기를 포기하시므로 하나님 아버지의 모든 부요에서 모든 것을 가져오심을 가리킨다(Godet).

예수님의 이적은 이렇게 땅에 계시면서 하늘에 계시는(3:13) 오묘를 보여 준다. 그것은 내세의 새 하늘과 새 땅의 영광을 예표하는 것이다. 바빙크는 말하기를 "내세는 새 하늘과 새 땅으로 완성되는 것이니, 거기에 의가 거한다. 그때는 이적과 자연이 하나가 된다. 그때는 하나님 나라와 세상 나라가 하나가 된다"라고 하였다.[153)]

39 그들이 다시 예수를 잡고자 하였으나 그 손에서 벗어나 나가시니라. 아직도 때가 이르지 않았기 때문에 하나님께서 허락하시지 않으므로 원수들이 그를 해하지 못하였다.

40-41 다시 요단강 저편 요한이 처음으로 세례 베풀던 곳에 가사 거기 거하시니 많은 사람이 왔다가 말하되 요한은 아무 표적도 행하지 아니하였으나 요한이 이 사람을 가리켜 말한 것은 다 참이라 하더라. 예수님은 불신 유대인들의 박해를 받아 예루살렘에서 떠나 요단강 저편으로 가셨다. 그곳은 물론 적막한 땅이었다. 그러나 하나님께서는 그곳에도 대중으로 하여금 그를 따르게 하셨다. 그들이 예수님을 믿은 이유는, 세례 요한의 이적(세례 요한은 이적을 행하지 않았음)을 본 까닭이 아니고, 그가 증거한 말(그의 메시아 증거)이 참된 까닭이었다. 말의 진실성은 이처럼 귀하다.

설교 양의 문(10:7-9)

이 부분에서는 예수님이 교회가 어떻게 이루어질 것인지를 가르치셨다.

---

153) Geref. Dog. Uitgave van J.H. Kok Te Kampen 1928, Vol. I, 311.

모든 교역자들도 예수님이 합당하게 여기고 세워 주셔야만 교회를 위하여 일할 수 있다고 하였으니(10:1), 교회의 운영자는 그리스도 한 분이시다. 이제 우리는 그리스도와 교회와의 관계를 여기서 찾아 볼 수 있다. 예수님은 자신이 양(신자들)의 문이라고 하신다.

1. 이 문은 구원으로 들어가는 문이라는 뜻이다.

열차를 타기 위하여 플랫폼에 나가려면 개찰구를 통과해야 되고, 비행기를 타기 위해서는 트랩을 통과해야 되고, 다른 나라에 입국하려는 자도 그 나라의 출입구가 되는 관문을 통과해야 한다. 하물며 천국에 들어감에 있어서 문을 찾아 들어가지 않고 되겠는가?

이 문이 바로 예수님 자신이라고 하셨으니, 그 문은 기쁘고 즐거운 문이다. 요한계시록 21:21에 말하기를 "각 문마다 한 개의 진주"라고 하였다. 진주는 아름답고 좋은 것이다. "한 개의 진주"라고 하였으니, 여기 하나라는 글자는 중요하다. 이것은 우리가 예수님 한 분만 믿어야 될 것을 보여 준다. 구원으로 인도하는 문은 하나뿐이다. 이 세상 다른 종교들은 사람을 구원으로 인도하지 못한다(행 4:12).

2. 이 문은 신자의 활동을 형통하게 한다는 뜻

본문 9절 하반절에 말하기를 "들어가며 나오며 꼴을 얻으리라"고 하였다. 여기서 이른바 "들어가며 나오며"란 말은 신자의 활동을 가리킨다. 신앙은 말뿐이 아니고 활동이다. 신앙은 생명 있는 것인데, 그것이 행동으로 나타나지 않을 수 없다. 물론 그 행동은 그리스도로 말미암는 것만큼 형통한다. 신자는 이런 행동을 통하여 양처럼 영혼의 꼴을 얻게 된다. 다시 말해 신자의 영혼이 꼴과 같은 은혜를 받으려면, 그의 활동이 언제나 그리스도를 문과 같이 통과하는 순서를 가져야 한다. 그러나 그릇된 주장을 가지는 자들은 자기가 친히 회중에게 성령을 줄 듯이 덤비는 일이 있다. 언제나 '자아 주장'이란 것은 거짓 스승들의 것이다. 그리스도만이 문과 같은 중보자이시다. 우리는 그리스도의 인도만 받아야 한다. 우리가 그리스도의 인도를 받으려면, 그에게 순종하는 덕이 있어야 한다. 순종하는 마음 없이 어떻게 그리스도의 인도를 받을 것인가? 성경은 신구약이 다 함께 신자를 양으로 비유하였다. 양은 목자에게 순종하는 것이 그 특징이다. 목자가 양의 이름을 부르면, 들에서 풀을 먹다가도 뛰어와서 그 목자의 팔에 안긴다고 한다. 믿는다고 하면서 주님의 말씀에 대하여 순종성이 없다면, 그를 신자라고 할 수 없다. 순종은 말할 수 없이 귀한 덕이다. 군대에서는 군인들로 하여금 군법에 순종하게 함으로써 국방의 임무를 행한다. 하나님은 우리로 하여금 단 마음으로 순종하게 하여 우리 구원을 이루신다. 히브리서 5:8-9에 "그가 아들이면서도 받으신 고난으로 순종함을 배워서 온전하게 되셨은즉 자기에게 순종하는 모든 자에게 영원한 구원의 근원이 되시고"라고 하였다. 아무리 능한 의사라도 순종하지 않는 병자를 수술할 수 없으며 그의 병을 고칠 수도 없다.

설교 신자들과 예수님의 관계(10:7-10)

1. 신자들은 양 떼와 같음

양은 하나님의 택하신 백성을 비유한 것이다. 인간이 그들을 만들 수 없고 오직 하나님께서 그들을 이루신다(참조. 10:26-30). 그들은 하나님의 말씀만 따라가야 되고, 사람의 소리를 따라가면 안 된다. 그들은 자신이 하나님에게 택하신 바 된 줄 안다. 그들이 예수님의 말씀을 알아 듣고 따름은 택함을 받은 증거이다. 곧 신자는 남들이 가지지 못한 진리를 사랑하는 마음을 가졌으며, 목자의 음성을 식별하는 지혜가 있다. 그것이 있는 자는 자기가 택함을 받은 하나님의 양인 줄 알고 구원을 확신한다. 츠빙글리(Zwingli)는 이런 확신을 가졌기 때문에 원수의 창에 찔려 피가 쏟아질 때도 말하기를 "괜찮다. 그들이 내 몸을 죽이지만 내 영혼은 못 죽인다"라고 하였다. 슈타르케(Starke)는 이런 확신을 가진 신자에 관하여 말하기를 "가장 미미한 신자라도 온 세계를 두려워하지 않고, 도리어 그것을 업신여길 수 있다"라고 하였다. 루터(Luther)도 이런 확신을 가지고 말하기를 "비록 마귀가 나를 침노하고 왕들과 천지가 나를 대적해도 나는 견디리라"라고 하였다.

2. 예수님은 양의 문과 같으심

목자는 양을 그 우리로 인도하여 들이기도 하고(10:16), 또 인도해 내어 초장으로 나가기도 한다. 구원에 들어가는 문은 오직 초자연적인 그리스도뿐이시다. 자유주의 지도자들은 주로 자연주의에 입각하여 자율주의의 문을 많이 두려고 한다. 그러나 그것은 양에게 진정한 자유를 주는 것이 아니고, 양으로 하여금 도둑과 강도와 함께 노는 것을 좋게 여기는 그릇된 사상이다. 그것은 양을 "이 세상"이란 감옥에 가두는 그릇된 목자들의 교훈이다. 이 세상에서 저 세상으로 통하는 초자연주의의 생활 노선이 없다면, 사람은 이 세상에만 갇힐 것이다. 그러나 (1) 하나님의 양이 유일하신 문, 곧 그리스도를 통하여 들어가면 구원을 얻고, (2) 들어가기도 하며 나오기도 하는 자유도 얻으며, (3) 꼴, 곧 생명의 양식을 얻는다. 10:9에 "내가 문이니 누구든지 나로 말미암아 들어가면 구원을 받고 또는 들어가며 나오며 꼴을 얻으리라"고 하였다. 자유주의 신학은 실로 노예주의 신학이다. 자유주의 신학자들은 초자연을 무시하고 어디까지든지 인간 자율로 만든 "우리"에 들어간다고 하나, 그것은 양 무리를 해롭게 하는 것뿐이다. 위기 신학자들은 성경이 가르치는 내세에 들어가는 문을 진정한 문으로 생각하지 않고, 그것을 그 문의 그림자로만 생각할 터이다. 양은 그 문을 실제로 들어가지 못하고 그 그림자만 계속적으로 만져볼 뿐이며, 다만 그 문의 그림자 밑에 의지하고 서서 기다리고 있을 따름이라고 할 터이다. 그렇다면 위기 신학도 인간을 "이 세상"이라는 감옥에 영원한 노예로 가두어 두는 것이다. 우리는 오직 초자연주의 신학만이 인간을 해방하며, 저세상으로 들어가는 문인 그리스도에게로 인도해 주는 줄 안다. 초자연주의의 그리스도로 말미암아서 영적 세계에 사는 자들만이 진정한 구원과 자유와 양식을 얻는다. 이 세상에만 갇혀 사는 자는 언제나 노예된 생활의 비애를 면치 못한다. 하나님은 진정한 양 떼의 목자로서 초자연주의대로 그리스도를 믿도록 하여 구원에 참여하게 하신다.

설교 계명과 권세(10:14-18)

예수님은 생명을 버리라는 하나님의 계명(명령)을 받으셨고, 또한 부활하라는 계명도 받으셨다. 그는 이처럼 하나님께서 주신 멍에를 메시게 되셨다. 그런데 그는 그의 이와 같은 처지를 "권세"라고 하신다. 왜 그것이 권세였을까?

1. 주님은 순종을 권세로 간주하셨음

순종은 아들이 아버지의 사랑을 받는 유일한 길이다. 부자 관계는 통일체로서의 연속성이 존재한다. 따라서 아들은 아버지를 계승하여 그와 일체가 되어야 한다. 계승의 도덕은 곧바로 순종의 도덕이다. 제5계명에 관한 말씀에 "부모를 공경하라 이것이 약속 있는 첫 계명이니 이는 네가 잘 되고 땅에서 장수하리라"고 하였으니(엡 6:2-3), 그 설명은 진리 그대로이다. 아들이 부모를 공경함은 결국 자기의 뿌리 되는 원체를 잘 계승함이니, 자기 생명이 발전되도록 배양함이다. 그러므로 그 자신이 잘 되고 발전될 것이다. 그것이 "장수하리라"는 말씀의 의미이다. 아들은 아버지를 순종하여 계승하므로 아버지의 것을 모두 받는다. 그와 마찬가지로 예수님도 하나님 아버지를 순종하시므로 아버지의 것이 모두 그 자신에게 계승되는 사랑을 받으신다(참조. 요 10:17). 그러므로 그의 순종의 처지는 곧바로 아버지에게서 받으신 그의 권세라고 할 수 있다(18절 하). 이 순종이 그렇게 귀한 것이기 때문에 그는 고난을 통하여 그것을 배우셨다고, 성경은 말씀한다. 곧 히브리서 5:8-9에 말하기를 "그가 아들이면서도 받으신 고난으로 순종함을 배워서 온전하게 되셨은즉 자기를 순종하는 모든 자에게 영원한 구원의 근원이 되시고"라고 하였다.

많은 사람들이 순종을 약자의 도덕으로 본다. 그러나 하나님께 순종함은 진리를 순종함이고 능력에 순응하는 것인 만큼, 그것은 힘이다. 루터는 말하기를 "순종은 이적보다 낫다."고 하였다. 예수님이 아버지에게서 받으신 계명(죽으라는 계명과 부활하라는 계명)에 순종하시므로 아버지의 사랑을 받으신다(10:17). 아들이 아버지에게서 받는 사랑은 그의 순종 때문이다. 그리고 아들에게 대한 아버지의 사랑은 그와 아들과의 연합을 성립시킨다. 이 연합은 아들에게 있어서 권세이다. 요한복음 3:35에 "아버지께서 아들을 사랑하사 만물을 다 그의 손에 주셨으니"라고 하였다.

2. 주님은 순종을 영광으로 간주하셨음

예수님은 하나님 아버지의 명령대로 속죄의 죽음을 죽는 것을 영광으로 생각하셨다. 그는 "아버지여, 아버지의 이름을 영광스럽게 하옵소서"(요 12:28) 하실 때도 자기의 죽음을 가리켜 말씀하셨다(참조. 17:1). 사도들도 그리스도의 이와 같은 정신을 본받아서 그리스도의 이름을 위하여 능욕 받는 일에 합당한 자로 여기심을 기뻐하였다(행 5:41). 이와 같은 사상은 사랑에서 나온 것이다. 사랑은 희생과 봉사를 수고로 알지 않고, 도리어 영광으로 안다. 어떤 순교자는 자기 목을 벨 도끼에 입을 맞추었다고 한다. 그가 그렇게 한 이유는, 주님을 위하여 죽는 것을 큰 영광으로 알았기 때문이었다. 모든 신자들이 다 그렇게 할 수는 없다. 그러나 누구나 능력만 받으면 그렇게 할 수 있다. "권능은 하나님께 속하였다"(시 62:11). 우리가 우리 자신에게는 능력이 없다고 생각하는 것이 하나님 앞에 합당하고, 또 은혜 받기에 합당한 마음이다.

3. 죽을 권세(권위)**와 부활할 권세**(권위)

사람은 본래 만물에 대한 권세를 받았다. 그것이 만물의 후사 된 권세였다. 그런데 사람들이 범죄하고 이 권세를 잃었다. 그들은 죽음에 있어서 권위 없이 죽고 다시 살아나지도 못하게 되었다. 그들은 사망의 노예가 되었다(히 2:15). 사망이 그들 위에 왕 노릇하여 왔다(롬 5:14). 그러나 예수 그리스도는 사망을 권세(권위) 있게 당하실 분으로 오셨다. 그는 구차하게 죽지 않으시고, 자기 자신을 원수들의 손에 내어 주셨다. 그는 그때 12영의 천사들을 동원하지도 않으셨다. 그는 자기를 십자가에 못 박는 무리들의 죄를 용서해 주시기를 그 아버지께 기도하면서 죽으셨다. 그것이 권위 있는 죽음이다. 일반 신자들 중에도 그리스도의 은혜로 권위 있게 죽은 자들이 많다. 예를 들면, 달링톤(Darlington)이란 성도가 그 최후 임종 시에 둘러앉은 친구들과 즐겁게 이야기하고 죽은 것 같은 것이다.

그뿐 아니라 그는 부활의 권세도 가지셨다. 그는 죽음을 이기고 다시 사셨다. 따라서 그는 사망과 음부의 열쇠를 가지고 모든 죽은 자들(신자들)을 살려 주는 권세를 가지셨다.

설교 세례 요한의 증거와 그 진실성(10:40-42)

세례 요한은 아무 이적도 행하지 않았으나 예수님을 바로 증거하였고, 따라서 그 증거한 말씀이 참된 것으로 드러났다. 그러므로 많은 사람들이 예수님을 믿게 되었다. 전도자에게 필요한 것은, 예수 그리스도를 진실히 증거하는 것뿐이고, 이적을 행하는 여부는 근본 문제가 아니다. 예수님에 대한 그의 증거가 참된 것만이 중요하다.

1. 세례 요한의 증거는 하나님 말씀임

하나님의 말씀은 반드시 인류의 역사를 심판하는 진리이니만큼, 말씀대로 주님을 증거할 때 그것은 이적을 행하는 것보다 낫다. 이사야 55:10-11에 말하기를 "비와 눈이 하늘로부터 내려서 그리로 되돌아가지 아니하고 땅을 적셔서 소출이 나게 하며 싹이 나게 하여 파종하는 자에게 종자를 주며 먹는 자에게는 양식을 줌과 같이 내 입에서 나가는 말도 이같이 헛되이 내게로 되돌아오지 아니하고 나의 기뻐하는 뜻을 이루며 내가 보낸 일에 형통함이니라"고 하였다. 세례 요한은 예수님을 증거할 때 자기 마음대로 하지 않고 하나님의 말씀대로 하였으므로, 그 말씀은 마침내 그대로 효과를 발생한 것이다. 누가복음 3:2에 말하기를 "하나님의 말씀이 빈들에서 사가랴의 아들 요한에게 임한지라"고 하였다. 하나님의 말씀대로 바로 주님을 증거한 것은 언제든지 땅에 떨어지지 않는다. 사무엘도 하나님 말씀대로 이스라엘을 가르친 결과 그 말이 하나도 땅에 떨어지지 않았다(삼상 3:19-21).

2. 세례 요한은 언제나 주님만 증거하였음

누가복음 3:16-17에 말하기를 "요한이 모든 사람에게 대답하여 이르되 나는 물로 너희에게 세례를 베풀거니와 나보다 능력이 많으신 이가 오시나니 나는 그의 신발끈을 풀기도 감당하지 못하겠노라 그는 성령과 불로 너희에게 세례를 베푸실 것이요 손에 키를 들고 자기의 타작마당을 정하게 하사 알곡은 모아 곳간에 들이고 쭉정이는 꺼지지 않는 불에 태우시리라"고 하였다. 또 요한복음 1:19-27을 보면, 세례 요한은 힘써 예수님만 증거하고 자기는 그리스도가 아니라고 명백히 말하였다. 그는 그리스도의 신발 끈을 풀기도 감당치 못하겠다고 하였다(1:27). 그뿐 아니라 요한복음 3:30에는 말하기를 "그는 흥하여야 하겠고 나는 쇠하여야 하리라"고 하였다. 이것을 보면, 세례 요한은 예수님의 영광을 조금이라도 자신이 취하지 않았다. 오직 예수님만 드러내는 증거를 나타냈던 것이다. 주님은 그런 증거를 가지고 역사하신다. 그런 증거는 언제나 어디서나 열매를 맺게 된다.

제 11 장

⚜ 내용분해

1. 나사로가 병들었다는 보도와 그 일에 대한 예수님의 준비적 처사(1-16절)

   1) 그 보도를 보낸 나사로의 가정 형편(1-2절)

   2) 그 보도된 질병에 대한 예수님의 해석과 그의 태도(3-6절)

   3) 그가 나사로를 위하여 유대에 가려 하실 때 제자들에게 발표하신 담화(7-16절)

2. 나사로를 위하여 베다니에 도착하실 때 된 일들(17-37절)

   1) 그때의 실정(17-20절)

   2) 예수님과 마르다의 담화(21-27절)

   3) 마리아의 슬픈 행동에 대한 예수님의 동정(28-37절)

3. 죽은 나사로를 살리심(38-44절)

   1) 예수께서 무덤에 가셔서 돌을 옮겨 놓으라고 하심(38-39절 상)

2) 마르다의 불신앙을 시정시키심(39하-40절)

3) 돌을 옮겨 놓음과 예수님의 기도(41-42절)

4) 예수님의 부르심과 죽었던 나사로가 살아 나옴(43-44절)

4. 그 이적의 결과(45-57절)

1) 많은 유대인들이 믿음과 어떤 자들의 불신앙(45-46절)

2) 대제사장들이 공의회를 소집함(47-53절)

① 예수님의 이적에 대한 공회원들의 염려(47-48절)

② 가야바의 본의 아닌 예언(49-53절)

3) 예수께서 에브라임에 가셨음에도 불구하고 유대인들은 그를 잡으려고 수색함(54-57절)

개요

1. 예수께서 나사로를 다시 살리신 사건의 독특성

예수님이 나사로를 다시 살리신 사건은 주님만이 행하실 수 있는 독특한 사건이다. 교회 시대에도 죽은 자가 다시 살아났다는 말이 여기 저기 있다. 아그네스 샌포드(Agnes Sanford)에 의하면, 한 시간 반 동안 죽었던 아이가 살아났다고 하였다(The Healing Light, p.101). 평안북도 의주지방에 홍남교회 홍 장로의 늙은 부친은 그 교회 설립자였다. 그런데 그 노인이 별세하였다가 24시간 만에 다시 살아나서 천국에 가서 본 것을 말하고, 전보다 더욱 교회 봉사에 충성하였으며 남들을 많이 도와주었다고 한다. 이와 같은 부활 사건들은, 예수님이 나사로를 다시 살리신 사건과 같은 성질의 것은 아니다. 그 이유는 이렇다. 예수님이 나사로를 다시 살리신 것은, 그가 죽은 지 나흘 만에 무덤에서 된 일이다. 그러나 위에 소개한 사건들은 죽었던 자들을 무덤에 묻기 전에 된 일이었다. 그 죽었던 자들이 실상 아주 죽은 것이 아니고 기절된 상태였을 수도 있다. 어쨌든 그 죽었던 자들이 무덤에 장사된 정도까지는 아니었다.

2. 그리스도께서 그 사랑하시는 자를 도와주시는 행동 원리(6절)

예수님이 나사로를 사랑하신다는 말씀은 몇 번 나타난다(3, 5, 36절). 그는 나사로가 죽어 간다는 보고를 받으시고도 천천히 행동을 취하셨다. 6절에 말하기를 "나사로가 병들었다 함을 들으시고 그 계시던 곳에 이틀을 더 유하시고"라고 하였다. 이 말씀을 보니, 예수님은 그 사랑하시는 자의 위급함을 아시고도 유유히 생각하시며 조급하지 않으셨다. 하나님이 일하시는 방법은, 어떤 때 우리의 조급성을 내버려 두시고 시간을 잡으신다. 그 이유는, 그렇게 하심으로 우리에게 생활의 연단을 주시며 좋은 것을 받도록 하시려는 까닭이다. 시간은 그가 우리를 훈련시키는데 필요한 요소이다. 그는 천천히 일하신다. 이런 의미에서 이사야는 말하기를 "이 백성이 천천히 흐르는 실로아 물을 버리고 르신과 르말리야의 아들을 기뻐하느니라 그러므로 주 내가 흉용하고 창일한 큰 하수 곧 앗수르 왕과 그의 모든 위력으로 그들을 뒤덮을 것이라"(사 8:6-7)고 하였다. 여기 이른 바 "천천히 흐르는 실로아 물"이란 말은 여호와의 종교를 상징한다. 하나님은 조급하지 않으시고 천천히 역사하신다. 미국의 어떤 목사는 신앙적으로 다음과 같은 말을 하였다. 곧 "우리가 무슨 일에 덤빌 것 없습니다. 우리에게는 시간이 많습니다. 우리는 영생할 사람들입니다"라고 하였다. 과연 그렇다. 우리 신자들은 영생할 사람들이니 무슨 일에 조급히 덤빌 것 없다. 그렇다고 해서 우리가 태만하거나 방종해도 된다는 것은 아니다. 우리는 하나님의 자녀들이니 만큼, 주님의 행동 원리를 본받아 여유있게 모든 일에 대처해야 될 것이다. 만일 누가 생각하기를 "주님은 전능하신 하나님이시니 난제를 당하여도 유유히 지나시지만, 우리는 인간인데 어떻게 그렇게 할 수 있을까?" 한다면, 그것은 그릇된 생각이다. 비록 우리 신자들은 인간이지만, 예수님이 우리의 형님이시고(롬 8:29) 하나님이 우리의 아버지시니 우리에게 무슨 걱정이 있으랴? 우리는 예수님의 은혜로 모든 일에 낙관할 수 있다. 예수님이 우리 대신 모든 것을 담당해 주시나니 무엇이 걱정이랴? 우리는 그를 믿고 따라갈 뿐이다.

3. 난관은 믿음을 일으킴(15절)

예수님은 그가 사랑하시는 나사로가 병든 것 때문에 그 제자들이 믿음에 들어가게 된다고 낙관하셨다. 곧 "내가 거기 있지 아니한 것을 너희를 위하여 기뻐하노니 이는 너희로 믿게 하려 함이라"(15절)고 하셨다. 믿음은 보배이다. 무슨 일을 당하든지 그것 때문에 믿음만 더해진다면 유익하다는 사상이 여기 이 말씀에 들어 있다. 하늘의 축복을 받는 유일한 방법은 믿음이다. 어떤 약이 효과 있는지 알려면 먹어 보아야 한다. 그처럼 믿음은 영적 축복을 받는 비결이다. 그러므로 어떤 어려운 일이라도 그것이 우리에게 믿음만 더하여 준다면 우리는 그것을 원해야 한다. 우리의 길이 늘 평탄하면, 우리는 믿음으로 행하기를 잊어버리고 보이는 대로 행하게 된다. 헬렌 켈러(Helen Keller)는 말하기를 "보지 못하는 자가 그 손으로(영적으로) 하나님만 붙잡으면, 눈뜨고 있으면서 믿음 없는 자들보다 확실히 인생의 길을 잘 찾는다"라고 하였다. 그의 이 말은 오랫동안 맹인 된 난관을 통하여 믿음을 얻어 가지고 기뻐한 말이다. 믿음의 연단은 귀하다. 그러므로 베드로는 말하기를 "너희 믿음의 확실함은 불로 연단하여도 없어질 금보다 더 귀하여 예수 그리스도께서 나타나실 때 칭찬과 영광과 존귀를 얻게 하려 함이라"(벧전 1:7)고 하였다. 사람이 믿는다고 하면서 겨우 그 신조를 머릿속에만 가지고 있다면, 실상 그 이상 믿음의 원수는 없다(Maclaren). 신조가 귀하기는 하나 그것을 그렇게 오용하는 것은 믿음이 아니다. 믿음은 그런 이론뿐이 아니다. 참 믿음은 생명이다. 이런 믿음다운 믿음은 난관과 역경을 통하여 이루어지나니, 난관과 역경은 실상 믿음의 양성소이다. 어려운 때는 믿을 때이다. 허드슨 테일러(Hudson Taylor)가 돛단배를 타고 중국에 선교사로 가던 도중에 바람이 자므로, 배는 거기 가까이 있는 식인종이 사는 섬에 들어가게 되는 위기에 이르렀다. 그때 배가 그 섬 쪽으로 가지 않으려면 바람이 필요하였다. 이때 테일러 목사는 믿음으로 사공에게 말하기를 "돛을 올리라"고 하였다. 이것은 기도하면 바람이 불 것을 확신한 말이었다. 과연 그가 간절히 기도하였더니 바람이 불어와서, 배는 그 섬을 멀리 지나갔다고 한다.

4. 마르다의 부족한 신앙(17-44절)

마르다의 신앙에는 변동이 심하였던 사실이 나타난다. 21-22절과 24절을 비교하거나 또는 25-27절과 39절을 비교할 때 그것이 현저히 드러난다. 인간의 신앙은 이처럼 늘 변동성을 가진다. 그것은 하나님께서 탄식하시는 사실이다.

1) 왜 마르다의 신앙은 변동되었던가?

이론뿐인 신앙이었기 때문에 그렇게 되었다. 그가 신앙 고백한 것은 그럴 듯하였으나(21-22, 27절), 실제로 나사로의 무덤에 당면해서는 당황하였다(39절). ① 우리가 어떤 진리를 믿는다고 해서 참으로 그리스도 신앙에 이른 줄 알면 안 된다. 어떤 진리를 개념으로만 믿는 것은 "진리를 구경하는 것"과 같은 정도이다. 그 이유는 그것과 화합한 생활은 아직 없기 때문이다. 히브리서 4:2에 말하기를 "그들과 같이 우리도 복음 전함을 받은 자이나 들은 바 그 말씀이 그들에게 유익하지 못한 것은 듣는 자가 믿음과 결부시키지 아니함이라"고 하였다. 따라서 그런 신앙은 동요한다. ② 우리가 주님의 일을 한다고 해서 주님을 믿는 생활을 소유한 줄 알면 안 된다. 어떤 때는 우리의 일이(비록 선한 사업일지라도) 믿음에는 해롭다. 그것은 그 일을 너무 우상시하여, 그 일 때문에 주님과 교제하기 어렵게 된 때 그러하다. 주님은 우리의 일이 성공되는 것보다 우리 자신을 만나 보고자 하신다. 참된 신앙은 주님과 함께하는 생활이다.

2) 마르다의 부족한 신앙을 교정시키심

장래 말일에만 부활이 가능한 줄 아는(24절) 마르다의 신앙 부족을 교정하기 위하여 주님은 그 현재에 주님 자신이 부활의 능력임을 믿도록 하셨다. 그것은 11:25, 26에 "나는 부활이요 생명이니 나를 믿는 자는 죽어도 살겠고 무릇 살아서 나를 믿는 자는 영원히 죽지 아니하리니 이것을 네가 믿느냐"라는 말씀이다. 이 말씀은 두 가지 중요한 신앙 교육을 준다. ① 예수님과 부활(혹은 생명)을 분리시켜 생각하지 말라는 것. 곧 예수님과는 별도로 부활 능력(혹은 생명)을 받는다는 것은 불가능한 것이다. 사람들은 흔히 예수님과 그의 축복을 분리시켜 생각하며, 또 그런 분리된 형식으로 축복을 별도로 받으려고 한다. 그렇게 할 때 그는 축복을 받지 못한다. 우리가 부활(혹은 생명)을 간절히 원하며 그것을 받으려고 하는 것처럼, 예수님을 그렇게 받아야 한다. 모든 축복은 예수님과 함께 함으로만 누리게 되는 것이다. ② 신앙의 위력을 깨닫게 함. 예수님이 말씀하시기를 "나를 믿는 자는 죽어도 살겠고 무릇 살아서 나를 믿는 자는 영원히 죽지 아니하리니"라고 하셨다. 죽어도 사는 것, 영원히 사는 것은 사람의 힘으로는 할 수 없는 일들이다. 그러나 믿으면 이처럼 위대한 일들이 실현된다. 그 이유는 우리가 믿을 때 하나님의 능력과 진실성이 큰일을 이루어 주시는 까닭이다. 하나님의 능력과 진실성은 믿는 자를 실패하도록 버려두지 않는다. 만일 그가 그를 믿는 자를 실패하게 하신다면, 그것은 그의 실패를 의미한다. 스코틀랜드의 어떤 늙은 여자가 목사의 질문에 대하여 아름다운 신앙 고백을 하였다. 그 목사가 묻기를 "만일 당신의 영혼이 지옥에 빠진다면?"하였다. 그 여자는 대답하기를 "그렇다면 나의 영혼을 잃는 것은 작은 문제이지만, 하나님의 선하신 이름이 손상되는 것은 큰 문제입니다"라고 하였다고 한다.

5. 예수께서 나사로의 죽은 일로 인하여 나타내신 두 가지 정서

나사로가 죽은 사건으로 말미암아 예수님은 주로 두 가지 정서를 나타내셨으니, "통분히 여기심"(33절)과 "눈물을 흘리심"이다(35절).

1) 통분히 여기심. 워필드(Warfield)에 의하면, 이것이 분노하심을 의미한다. 그는 말하기를 "예수님이 가슴을 찢으시며 큰 소리로 발언하게 한 정서는 곧 분노였다.···마리아와 그 친구들의 비참한 광경은 예수님으로 하여금 분노하시게 하였다. 그 원인은 그가 사망의 악독함과 부자연성과 횡포성을 보시고 감정상 충격이 생긴 까닭이었다. 그의 눈물은 그 지엽적인 정서이고, 그의 영혼은 분노로 차서 전쟁의 태세를 갖춘 전사처럼 나사로의 무덤을 향하여 행진하셨다. 그가 나사로를 일으키신 사건은 하나의 단편적 사건이 아니고, 죽음과 지옥을 정복하시는 그의 사명에 대한 공개적인 상징이다"라고 하였다.[154] 그가 자연적 요소에 대하여 분노하시고 책망하신 다른 사건들도 있다. 예를 들면, 열병을 꾸짖으신 것(눅 4:39)이나 바다와 바람을 꾸짖으신 것(마 8:26; 막 4:39; 눅 8:24)과 같은 사실이다.

2) 눈물을 흘리심. 그가 눈물을 흘리신 사실이 35절에 기록되어 있다. 그런데 문제는, 이제 곧 나사로를 부활시키실 권능을 가지신 분이 어찌하여 나사로의 주검 앞에서 낙관하지 못하셨을까? 혹설에, 그의 눈물은 거기 있는 사람들의 불신앙 때문이었다고 하면서 다음과 같이 말한다. 곧 "그때 예수님을 가까이 따르는 마르다와 마리아도 불신앙을 나타내었다(21, 32절). 그뿐

---

154) Warfield, The Person and Work of Christ, The Presbyterian and Reformed Publishing Company, 1950, 116-117.

아니라 유대인들은 예수님에 대하여 불신앙의 철벽을 가지고 다만 그를 냉정하게 비판하는 것뿐이었다(37절). 진리는 상대방이 믿어 주는 것을 가장 원한다. 그러므로 상대방이 믿어 주지 않을 때 진리는 가장 고통을 받는다. 그에게는 그것이 가장 고통스러운 것이다. 주님은 예루살렘 성 가까이 오셔서 성을 보시고 우시며 말씀하시기를 '너도 오늘 평화에 관한 일을 알았더라면 좋을 뻔하였거니와 지금 네 눈에 숨겨졌도다'(눅 19:42) 하셨다"라고.

그러나 우리는 다음과 같이 생각한다. 그가 나사로를 다시 살리시겠지만 그것은 전혀 하나님 아버지의 권한에만 있는 줄 아시고, 자기로서는 그 일에 대하여 자유하지 못하신다는 심리가 여기에 잠재하여 있다. 그는 일을 경영하시는 것은 성부에게 속한 줄 아시고, 순간 후에 될 일도 하나님께 맡기셨으며, 자기가 하실 일만 하실 뿐이었다. 그러므로 그는 미래의 일에 대하여는 관심하지 않으시고 다만 그 당면한 사태 앞에서 진리대로 나타나실 뿐이었다. 죽음은 슬픈 것이니, 그 앞에서 슬픔을 나타내신 것은 자연스러운 일이다.

해석

1 어떤 병자가 있으니 이는 마리아와 그 자매 마르다의 마을 베다니에 사는 나사로라. "병자"란 말이 이 기사의 초두에 나오는 것은 나사로란 사람보다 그의 질병이 여기서 화젯거리이기 때문이다(Godet). "나사로"란 이름은 "엘르아살"이란 이름의 단축형이라고 한다.

2 이 마리아는 향유를 주께 붓고 머리털로 주의 발을 닦던 자요 병든 나사로는 그의 오라버니더라(참조. 12:1-8). 이 마리아는 누가복음 7:37-50에 나오는 여자와 동일시될 사람이 아니다. 사도 요한은 여기서 주님에 대한 마리아의 경건한 행위와 사랑이 얼마나 큰지를 기억한다.

3 **이에 그 누이들이 예수께 사람을 보내어 이르되 주여 보시옵소서 사랑하시는 자가 병들었나이다 하니.** "병들었나이다"라고만 말하고 도와달라는 말은 하지 않았다. 그것은 청원에 있어서 고상한 성격을 드러낸다(Bengel). 이것은 짧은 기도이다. 우리는 길게 기도할 수 있다. 그러나 짧게라도 진실한 믿음으로 우리의 근심거리를 주님에게 고하면 주님은 그것을 들어 주신다. 특별히 그는 그가 사랑하시는 자들의 기도를 들어 주시기 기뻐하신다.

4 **예수께서 들으시고 이르시되 이 병은 죽을 병이 아니라 하나님의 영광을 위함이요 하나님의 아들로 이로 말미암아 영광을 받게 하려 함이라 하시더라.** 이 말씀은 세 가지 큰 뜻을 보여 준다. ① 예수님의 전지전능하신 신성을 보여 주고, ② 예수님과 하나님과의 일체이신 사실을 보여 주고, ③ 또한 나사로가 죽지 않으리라는 것이 아니고, 그가 죽어도 죽음으로 끝나지 않을 것이라는 의미이다. 곧 그가 예수님으로 말미암아 다시 살게 됨으로 하나님 아버지께 영광이 돌아가게 될 것이라는 의미이다.

5 **예수께서 본래 마르다와 그 동생과 나사로를 사랑하시더니.** 예수님이 나사로를 죽은 가운데서 다시 살리신 목적은 하나님의 영광을 드러내고자 하심이었다(4절). 그러나 거기에 따르는 동기가 여기 기록되어 있으니, 그것은 나사로와 그 형제들을 사랑하신다는 것이다. 그가 그들을 사랑하시므로 그들을 위하여 특수한 이적을 행하시게 되었다.

6 **나사로가 병들었다 함을 들으시고 그 계시던 곳에 이틀을 더 유하시고.** 주님이 사랑하는 자들의 위급한 사태를 아시고도 천천히 그들을 방문하고자 하신 이유는 ① 그 사태의 수습이 오직 자기에게 달린 까닭이고, ② 천천히 시간을 잡는 것이 오히려 그 당사자들에게 유익한 까닭이다. 그가 지체하시는 동안 그 당사자들이 하나님의 뜻에 순응하도록 준비된다. 그것은 슬픔과 고통을 당하는 자들에 대하여 하나님이 기대하시는 바이다. 그러므로 하나님께서 천천히 오심은 사랑을 베풀기 위한 지체이다.

7-8 그 후에 제자들에게 이르시되 유대로 다시 가자 하시니 제자들이 말하되 랍비여 방금도 유대인들이 돌로 치려 하였는데 또 그리로 가시려 하나이까. 예수님은 천천히 제자들의 신앙 수준을 올리셨으므로, 이제는 그들이 걱정 없이 위험 지대인 유대에 들어갈 수 있어야 할 것이었다(Bengel). 그런데 그들은 아직도 겁을 낸다. 그러므로 그들의 대답은 비관적이었다. 유대인들이 예수님을 돌로 치려 한 사건은 유대에서 여러 차례 있었다(참조. 8:59, 10:31).

9 예수께서 대답하시되 낮이 열두 시간이 아니냐 사람이 낮에 다니면 이 세상의 빛을 보므로 실족하지 아니하고. 예수님이 병든 나사로를 고쳐 주시기 위하여 유대 땅으로 가시려 할 때 제자들은 만류하였다. 그들이 그렇게 한 이유는 주님의 신변의 위협을 느꼈기 때문이었다. 예수님은 이제 제자들을 안심시키기 위하여 말씀하시기를 "낮이 열두 시간이 아니냐"라고 하신다. 이것은 하나님이 주신 기회가 남아 있으므로 그가 안심하고 일할 수 있다는 것이다. 그러나 누가 이런 기회를 식별할 수 있을까? 물론 예수님은 그것을 식별하셨다. 그는 헤롯의 죽이려는 음모를 아시고도 말씀하시기를 "가서 저 여우에게 이르되 오늘과 내일은 내가 귀신을 쫓아내며 병을 고치다가 제 삼일에는 완전하여지리라 하라 그러나 오늘과 내일과 모레는 내가 갈 길을 가야 하리니"(눅 13:32-33)라고 하셨다.

10 밤에 다니면 빛이 그 사람 안에 없는 고로 실족하느니라. 칼빈(Calvin)은 위의(9절) "낮에 다닌다"는 말이 하나님께서 주신 사명(혹은 그의 명령)대로 다님을 가리킨다고 하였다. 그렇다면 "밤"은 하나님께서 주신 사명과 말씀에 관계없는 환경과 사정을 가리킨 것이겠다. 곧 그것은 하나님의 명령과 말씀 없이 인간 자신의 심사에 따름을 의미할 것이다. 그렇게 행하는 인간은 실족할 수밖에 없다. 그 이유는 인간 자체 안에는 참다운 빛(진리)이 없기 때문이다. 인간은 자기 밖에서(하나님에게서) 빛을 받아야만 된다(Grosheide). 예수님은 땅 위에서 하나님의 사명과 말씀 가운데서 행하시는 것인 만큼, 밤에 행하는 것

과 같은 일은 전연 없으셨다.

11 이 말씀을 하신 후에 또 이르시되 우리 친구 나사로가 잠들었도다 그러나 내가 깨우러 가노라. "잠들었다"는 것은 성도의 죽음을 의미한다. 잠들었다가 깨는 것처럼, 성도는 죽었다가 다시 살아나는 때가 온다. 벵겔(Bengel)은 말하기를 "경건한 자의 죽음은 하늘나라의 방언으로는 잠드는 것이다"라고 하였다.

12-13 제자들이 이르되 주여 잠들었으면 낫겠나이다 하더라 예수는 그의 죽음을 가리켜 말씀하신 것이나 그들은 잠들어 쉬는 것을 가리켜 말씀하심인 줄 생각하는지라. 예수님의 말씀을 오해하는 것은 옛날이나 지금이나 일반이다. 제자들의 오해는 결국 모든 죄인들의 습성이 어떻다는 것을 보여 준다(Grosheide). "내가 깨우러 가노라"고 하신 예수님의 말씀을 보아서도, 잠들었다는 말이 보통 수면을 의미하지 않은 사실을 그들은 왜 몰랐던가? 보통 수면이면 다른 사람들도 깨울 수 있지 않았으랴? 하필 예수님이 그것을 깨워야 할까?(Greijdanus).

죽음을 잠에 비유한 것으로 말하면, 세속 문학에도 이와 비슷한 것이 있었다. 예를 들면, 호메로스(Homer)가 '잠'을 죽음의 동생(κασίγνητος θανατοῦ) 이라고 한 것과 같은 것이다. 그러나 그런 사상이 세간에 흔히 돌아다니지는 않았다. 죽음을 잠에 직접 비유한 것은 구약에 벌써 나와 있다(단 12:2). 예수님은 이런 비유의 말씀을 일찍이 야이로의 딸을 다시 살리실 때도 사용하셨으니(마 9:24), 이 비유는 예수님을 따르는 제자들에게는 익히 알려졌을 만하다. 그러므로 그들의 오해는 자연스럽지 않다. 육체는 언제나 영적 사실을 깨닫는데 있어서 둔하다.

14 이에 예수께서 밝히 이르시되 나사로가 죽었느니라. 나사로가 죽은 사실에 대하여 예수님은 잠들었다는 말로 비유하셨다(11절). 그러나 이제는 그 제자들이 깨닫지 못하는 고로 밝히 해석하여 주신다. 처음에 비유로 말씀하신 것은, 그들로 하여금 신령한 지혜를 사용하여 보도록 하셔서 그들을 연단시키시기 위함이었다. 이제는 그들에게 명확히 그 말씀의 뜻을 알려 주신다. 이

것은 하나님의 계시 방법이다. 우리를 향하신 하나님의 경륜은 아무런 노력 없이 수확이 있도록 하시지 않는다. 마침내 주시기는 하되, 인간으로 하여금 먼저 노력하게 하시는 것이 하나님의 방법이다.

15 내가 거기 있지 아니한 것을 너희를 위하여 기뻐하노니 이는 너희로 믿게 하려 함이라 그러나 그에게로 가자 하시니. 예수님이 나사로를 그 질병에서 건지지 않으셔서 그가 죽었으니, 이제 나사로의 죽음의 문제를 하나님의 권능으로 해결하는 광경이 머지않아 나타난다. 그것을 보는 제자들의 믿음은 더욱 굳세어질 것이다. 제자들의 신앙은 끊임없이 자라나야 할 것이었다. 새로운 어려움은, 신앙이 새롭게 성장 할 기회이다. 신앙은 되어가는 것이고, 된 것이 아니다. 루터(Luther)는 말하기를 "다 되어 있는 그리스도인은 그리스도인이 아니다"라고 하였다(He who is Christian is not a Christian).

16 디두모라고도 하는 도마가 다른 제자들에게 말하되 우리도 주와 함께 죽으러 가자 하니라. 이것은 도마의 불신앙을 지적하는 말씀이다. 예수님이 방금 신앙 연단을 위하여 어려움과 시련의 필요를 역설하셨는데(참조. 15절 해석), 그는 그 말씀 끝에 말하기를 "우리도 주와 함께 죽으러 가자" 하였다. 곧 유대인들의 박해가 심한 유대 땅(참조. 7-8절)으로 같이 가는 것은 죽으러 가는 것이라는 뜻이다. 그것은 난관과 역경 가운데라도 주님과 함께 가면 통과할 수 있다는 신앙에서 나온 말이 아니다. 불신앙은 디두모(쌍둥이라는 뜻)라고 하는 도마의 근성이다. 이때 도마가 죽기로 작정하는 영웅주의는 가졌다. 그는 예루살렘에 가면 유대인들의 박해를 당할 줄 알면서도 예수님과 함께 가려는 모험심을 가졌다. 그러나 그가 예수님이 방금 말씀하신대로(9절) "낮에 다니면 이 세상의 빛을 보므로 실족하지 않는다."는 진리를 깨닫지 못했다.

그는 죽음을 이길 수 있는 예수님의 능력을 알지도 못했다. 비록 그의 태도는 용감했으나 신앙은 아니었다. 그는 주님의 말씀(9, 15절)을 잊어버리고 말았기 때문에 이렇게 현실의 얕은 곳에서 잘못 움직였다. 우리는 생각하자!

우리가 어떻게 하나님의 말씀을 잊을까! 아버지가 먼 곳에 갔을 때 그 아버지를 잊지 못하는 아이같이, 주님을 잊지 말아야 한다. 하나님 아버지를 못 보는 대신 우리는 그의 말씀을 보는데, 어찌 그 말씀을 잊으랴? 그러나 사람들이 하나님을 잊어버리기를 예사로이 한다. 분주하여 잊어버리고, 평안하여 잊어버리고, 곤란하여도 잊어버린다. 사람들은 흔히 어려움이 있을 때만 하나님과 관계하려고 한다. 그것은 악한 일이다.

17 예수께서 와서 보시니 나사로가 무덤에 있은 지 이미 나흘이라. "나흘"이란 말은, 예수님이 나사로를 다시 살리신 것이 얼마나 큰 권능이라는 것을 지적하기 위하여 역사적 사실 그대로를 지적한 것이다. 불트만(Bultmann)은, 여기 "나흘"이란 말에 대하여 다음과 같이 말하였다. 곧 "여기 '무덤에 있은 지 이미 나흘이라'고 기록한 의도는, 유대인의 관념에 죽은 자의 영혼이 죽은 지 사흘 동안까지는 무덤에 가까이 있지만, 나흘이 되면 그렇지 못하니 생명으로 돌아올 소망이 없다고 하기 위함이다"라고 하였다.[155] 불트만의 이 학설은 예수님의 이적을 그대로 주장하는 것 같다. 그러나 결국 이 말은, 요한복음 저자가 유대인의 미신 사상과 타협했다는 것이니 옳지 않다.

18 베다니는 예루살렘에서 가깝기가 한 오리쯤 되매. 이처럼 예루살렘에서 베다니로 가는 거리가 가까운 것을 말하는 이유는, 유대인들이 거기에 많이 오게 된 원인을 설명하려는데 있다.

19 많은 유대인이 마르다와 마리아에게 그 오라비의 일로 위문하러 왔더니. 그들은 위문차로 많이 왔지만, 하나님의 섭리는 그렇게 많은 사람들이 모여서 나사로를 부활시키시는 예수님의 권능을 보게 하시려는 것이었다(Calvin).

20 마르다는 예수께서 오신다는 말을 듣고 곧 나가 맞이하되 마리아는 집에 앉았더라. 이 말씀을 보면, 마르다는 활동적이며 또 사업적이고, 마리아는 조용하고 사

---

155) Bultmann, Das Evangelium des Johannes, 305.

색적인 사실을 알 수 있다. 그가 집에 앉아 있었음은 예수님을 사모하지 않았던 까닭이 아니다.

21-22 이 두 구절은, 마르다의 태도가 신앙적인 듯하면서도 단순히 그렇지도 않은 사실을 보여 준다. 그가 단순히 신앙으로만 일관하였더라면, 거기 예수님이 계시지 않았던 사실을 유감스럽게 생각했을 이유가 없다. 그뿐 아니라 그의 신앙은 변동성이 있었다. 그가 "이제라도 주께서 무엇이든지 하나님께 구하시는 것을 하나님이 주실 줄을 아나이다"라고 말하고도(22절), 다시 말하기를 나사로가 "마지막 날 부활에는 다시 살 줄을 내가 아나이다"라고 하였다(24절). 그러면 위에 말한 바와 같이, 그는 주님이 하시는 일에도 유감스러운 일이 있는 듯이 말하고, 또 그의 신앙 사상에 변동성을 가져왔다.

마르다의 이 태도는 확신을 가지지 못한 것이다. 신자에게 확신이 있어야 어려운 때 쉽게 동요하지 않는다. 찰스 다윈(Charles Darwin)의 말에 의하면, 대서양에는 60m 깊은 바닥에 뿌리를 박고서 수면에까지 나와 있는 풀이 있는데, 파도가 일어도 그 풀이 끊어지지 않는다고 한다. 그것이 그렇게 굳센 이유는 깊은 바다 밑에 고요히 뿌리박고 있기 때문이라고 한다. 이처럼 신자도 하나님 안에 고요히 또는 깊이 믿음을 가지면, 이 세상 파도 앞에서 동요하지 않게 된다. 우리가 하나님 자신의 위대하신 사실을 알 때, 그를 의뢰함이 얼마나 든든한 줄 알 수 있다. 하나님께서는 우리를 반대하는 모든 자들보다 크시다. 하나님을 의뢰함이 얼마나 든든한 것임을 성경이 증거한다. 또한 구름 같이 많은 증인들도 증거한다. 옛날부터 많은 성도들이 하나님을 진실히 믿고, 그의 도우심과 구원을 받았다. 우리는 그 사실을 생각하고 얼마든지 안심할 만하다. 어떤 사람이 얼음이 덮인 미시시피(Mississipi)강을 건널 때 얼음이 깨질까 두려워서 기어서 절반을 건넜다. 그때 그는 자기 뒤로 흑인이 석탄 수레를 끄는 네 마리 말을 몰고 오면서 노래 부르는 것을 보았다. 그는 그제야 안심하고 확신을 가지고 건넜다고 한다. 우리가 이 세상을 건너가기가 위태하나, 믿음으로 앞서 건너간 성도들을 생각하고 용기와 확신을 가질 수 있다.

23-24 예수께서 이르시되 네 오라비가 다시 살리라 마르다가 이르되 마지막 날 부활 때는 다시 살아날 줄을 내가 아나이다. 예수님의 말씀은 이 세상 마지막 날의 부활을 의미하지 않고, 그때 방금 행하시려는 이적에 따라서 나사로가 부활할 것을 가리켰다(43-44절). 그러나 마르다는 그 말씀을 세상 마지막 날에 있을 부활 관계의 것으로 알았다. 유대인들은 이 세상 끝 날에 부활이 있을 것을 믿었다. 그것은 다니엘 12:2에 근거한 말씀일 것이다. 마르다가 이렇게 유대인들이 믿는 교리는 기억하였다. 그러나 부활의 주인공이신 메시아께서 그때 오셨으니 그 현재에도 사람이 부활하는 일이 있을 수도 있는 것을 그는 몰랐다. 그가 교리는 알면서도 예수님 자신을 충분히 몰랐던 것이다. 예수님 자신이 곧바로 "부활"인 것이다. 예수님을 떠나서는 부활이란 것이 전연 없다. 예수님과 관계없는 독자적인 부활은 없다. 세상 마지막 날의 부활도 예수님 때문에 성립될 것이고, 결코 독자적으로 성립될 것이 아니다.

25-26 예수께서 이르시되 나는 부활이요 생명이니 나를 믿는 자는 죽어도 살겠고 무릇 살아서 나를 믿는 자는 영원히 죽지 아니 하리니 이것을 네가 믿느냐. 이 말씀은 예수님이 자기의 중대하고 비범하신 메시아 권위에 대하여 알려 주시는 자아 주장이다. 곧 이것은 "나는 그이"라는 장엄한 선포이다. 주경 신학자들이 이런 문투로 나온 말씀을 가리켜 예수님의 '자아 주장'언사라고 한다. 하이트뮐러(Heitmüller)는 이 구절에 대하여 말하기를 "요한복음 11:25의 말씀은, 요한복음의 특징으로 나타난 자아 주장의 말씀들 중에서도 가장 위대하고 장엄한 것이다"라고 하였다.[156)]

---

156) Heitmüller, Es ist das gröste und erhabenste"Ich bin"in der Reihe der wirkungsvollen,"Ich-bin", die den Jesus unseres Evangeliums Kennzeichnen.

여기 "부활"과 "생명"이란 말에 각각 관사가 있어서(ἡ ἀνάστασις καὶ ἡ ζωή) "그 부활이요 그 생명"이라고 번역되어야 한다. '그'라는 관사는, 예수님 자신만이 유일무이하신 부활이요 생명이신 사실을 밝혀 준다.

불트만은 이 말씀이 그리스도의 초자연적 존재 형태를 말함이 아니고, 신자들에게 선물 주시는 그의 의의(Bedeutsamkeit)를 가리킨다고 하였다.[157] 그렇다면 불트만의 이 말은 부활과 생명이 예수님의 본질이 아니라는 뜻이다. 그러나 이것은 성경의 영생 개념과 다른 사상이다. 성경은 하나님 자신과 예수님 자신만이 인간에게 영생이 된다고 말한다. 오직 그에게만 죽지 아니함이 있고(딤전 6:16), 그 자신이 바로 인생의 구원이 되신다고 한다(사 12:2). 인간은 영원을 사모하나니(전 3:11). 하나님 외에는 아무 다른 것도 그에게 만족을 줄 수 없다. 신자가 영생 얻는 문제에 있어서, 그리스도의 선물과 그리스도 자신을 분리시킨 불트만의 사상은 그릇된 것이다.

"나를 믿는 자는 죽어도 살겠고." 예수님은 사람의 영생 얻는 방법이 믿음 밖에 없음을 강조하신다. 그가 이처럼 말씀하신 이유는, 영생이 하나님의 언약에 속한 선물이기 때문이다. 계약자는 그 상대자들에게 믿음을 요구하는 법이다(참조. 롬 4:16). 은혜 계약은, 그것을 받은 첫 사람 아브라함에게서부터 인간 편의 믿음을 요구하였다. 신앙은 그리스도께서 인간에게 통해지도록 하는 심리적 통로로 필요하기도 하지만, 그보다도 그것이 신인 계약을 성립시키는 구성요소로서 필요한 것이다. 그리스도인들은 믿음에 의하여 하나님의 계약에 참여하므로 그리스도에게 붙은 자가 된다(고전 15:23).

"죽어도"란 말의 헬라어 "칸 아포타네"(κἂν ἀποθάνῃ)는 '그가 죽은 후에'란 뜻이 아니고, '그가 죽을지라도'(though he dies)라고 번역되어야 한다. 그러므로 본문의 "죽어도 살겠고"란 문구는 '그가 죽을지라도 계속하여 살리

---

157) Johannes Evangelium, 307.

라'는 뜻이다. 이것은 신자가 받은 영생이 그 육신의 죽음 때문에 중단되지 않는다는 뜻이다. 따라서 이 문구는 신자의 육신이 죽은 후에도 그에게 계속되는 영적 생명을 가리킨다.[158)]

"살아서 나를 믿는 자는 영원히 죽지 아니하리니." "살아서···믿는 자"란 말(ὁ ζῶν καὶ πιστεύων)에서 "살아서"란 말은 육신의 생명을 가리킨 것(B. Weiss)이 아니고, 영적 생명, 곧 구원론적 생명을 의미한다. 그 이유는 ① 요한복음에 있어서 산다는 말이 일관성 있게 구원론적이며(참조. 5:19 이하), 특별히 11:25-26의 말씀이 그러하다는 것, ② "살아서"란 말과 "믿는 자"란 말이 함께 하나의 관사(ὁ)로 결속되었다는 것이다. 영적으로 다시 산 자만이 진정한 의미에서 그리스도를 믿게 된다. 그러므로 "살아서 나를 믿는 자"란 말씀은, 성령으로 거듭 나서 그리스도를 믿는 자를 가리킨다.

위의 25-26절에 기록된 두 가지 말씀은 각각 다른 것을 설명하지 않고, 같은 말을 두 번 거듭하는 것뿐이다. 25절("나를 믿는 자는 죽어도 살겠고")은 그리스도를 믿는 자를 죽음이 해하지 못한다는 뜻이고, 26절("살아서 믿는 자는 영원히 죽지 아니하리니")은 좀 더 자세한 말로써 위의 것을 재확인 한 것뿐이다. 곧 살아서(거듭 나서) 믿는 자는 영원히 산다는 것이다.

27 이르되 주여 그러하외다 주는 그리스도시요 세상에 오시는 하나님의 아들이신 줄 내가 믿나이다. 마르다의 이 말은 예수님을 메시아로 믿는 믿음의 완전한 고백이라고 할 수 있다. 그런데 그가 이처럼 믿는다고 하고서 조금 후에는 약하여져서, 나사로의 죽음 문제를 예수님이 해결하시지 못할 듯이 말한다(39절).

"세상에 오시는 하나님의 아들"이란 말에 대하여는, 고린도후서 8:9과 빌립보서 2:7을 참조하라. 마르다는 예수님에 대한 합당한 신앙 고백이 있다면

---

158) Feine, Hier wird also von einem Leben gesprochen, das der Gläubige schon unmittelbar nach dem physischen Tode leben wird.-Theol., S.440.

무엇이나 다 고백하려는 열심을 나타냈다. 그러나 그의 신앙 실력은 실제에 있어서 아직 그와 같은 내용에는 미치지 못하였다. 믿으려는 소원과 믿음의 실력이 서로 일치하지 못한 것이 그리스도인들 가운데 종종 있다.

1) 마르다의 신앙이 체계 정연하지 못하게 된 원인은, 그가 진리를 깊이 배우지 못한 까닭이었을 것이다. 하나님의 진리는 본래 체계 정연한 것이다. 그것은 그 부분에도 전체가 들어 있고, 그 전체에도 부분이 들어 있다. 그러므로 그것은 극히 정밀한 연구를 하는 자들에게 알려진다. 성경 말씀은 신령한 감동으로 알 수 있는 방면도 있고, 또한 배워야만 알 수 있는 방면도 많다. 그러므로 우리가 성경을 깊이 배워야 한다. 사람이 진정한 학문을 무시하면 안 된다. 그 이유는 진정한 학문은 하나님께서 주신 것이기 때문이다. 무식은 거의 죄악에 가까운 것이라고, 지혜 있는 사람들은 말한다. 잠언을 보면, 미련한 자들이 하나님을 공경하지 않기 때문에 정죄되었다.

2) 마르다의 신앙이 체계 정연하지 못한 원인은, 신앙 연단이 부족한 까닭이었다. 신앙생활에는 연단이 필요하다. 베드로전서 1:7에, "너희 믿음의 확실함은 불로 연단하여도 없어질 금보다 더 귀하여 예수 그리스도께서 나타나실 때 칭찬과 영광과 존귀를 얻게 할 것이니라"고 하였다. 보석도 잘 연마해야만 귀한 보석이 된다. 암스테르담(Amsterdam)에 금강석을 정제하는 공장이 있다. 거기서 금강석 한 점을 정제하는데 여러 달 걸린다고 한다. 하나님께서는 자기 백성을 보배로 여기시는고로 여러 가지로 연단시키기를 좋아하신다(신 32:10-12).

28-30 마르다가 "가만히···마리아를 불러"낸 것은, 유대인 군중의 소동이 있을까 두려워한 까닭이다. 그 무리 가운데는 예수님을 죽이려는 자들의 연루자들이 섞였을지도 모른다. 마리아는 "선생님이 오셔서 너를 부르신다"는 소식을 듣고 급히 일어나서 예수께 나아갔다고 한다. 그것은 마리아가 예수님을 주님으로 경외한 증표이다(Calvin).

31 유대인들은 그의 급히 일어나 나가는 것을 보고 곡하러 무덤에 가는 줄로 생각하고 따라 가더니. 유대인들이 이처럼 많이 따라 나오게 된 것은 하나님의 섭리였다. 그들이 그렇게 하지 않았더라면, 나사로를 다시 살리시는 이적을 보지 못할 뻔하였다.

32 주께서 여기 계셨더라면 내 오라버니가 죽지 아니 하였겠나이다 하더라. 이 말을 보면, 마리아가 예수님의 병 고치시는 권능은 믿었으나, 부활시키시는 권능은 믿지 못했던 것이 드러난다.

33 예수께서 그가 우는 것과 또 함께 온 유대인들이 우는 것을 보시고 심령에 비통히 여기시고 불쌍히 여기사. 어떤 학자들은 "비통히 여긴다"는 말의 헬라어(ἐνεβριμήσατο)를 다른 뜻으로 해석하였으니, 곧 '슬퍼한다'는 뜻이라고 한다. 이 뜻을 취한다면, 그가 슬퍼하신 것은 그 우는 자들을 동정하시는 체휼의 슬픔이었을 것이다(Calvin). 이 말이 우리 한글개역 성경에서는 "통분히 여기시고"라고 번역되어 있으므로 노하신다는 뜻으로 보아야 한다. 그러면 그가 누구에 대하여 노하셨단 말인가? 이에 대한 여러 가지 학설이 있다. ① 예수님의 신성이 그의 인성에 대하여 노하셨다는 것. 곧 나사로의 주검 앞에서 슬퍼하시는 예수님 자신의 인성의 약점에 대하여 그의 신성이 노하셨다는 것. ② 유대인의 불신앙, 혹은 외식적 울음에 대하여 노하셨다는 것. ③ 사망의 세력, 혹은 마귀에게 대하여 노하셨다는 것. 이 해석이 가장 자연스럽다.

34-38 이 구절들에서 예수님이 슬픔의 정서를 많이 나타내신 것을 볼 수 있다. 나사로의 죽은 사건을 둘러싸고 예수님은 왜 슬퍼하셨을까? 그는 이제 나사로를 부활시키실 것을 내다 보시고 계셨는데 왜 슬퍼하셨을까? 이 문제에 대하여 두 가지 이유를 말할 수 있다. ① 그에 대한 이 세상 사람들의 불신앙. 예수님을 존경하는 마르다와 마리아 같은 이들도 신앙이 부족하였고, 유대인들은 불신앙의 철면피였다. 그들은 각각 자기들의 편견을 고집하고 앉아서 예수님을 냉혹히 논단하고 있었다. 그것이야말로 그의 가슴에 송

곳을 꽂는 것 같은 아픔이었다. 진리이신 예수님은 사람들의 불신앙 앞에서 가장 큰 고통을 느끼신다. 그는 불신앙의 예루살렘을 보시며 우신 적도 있다(눅 19:41). ② 예수님은 진리이시니, 진리 그것을 그대로 느끼심. 죽음이 비애라는 것은 하늘이 정한 진리이다. 그 누가 이것을 부인할 수 있을까? 죽음에 대하여 지나치게 슬퍼하는 것은 옳지 않지만, 죽음이 슬픈 것은 사실이다.

39 예수께서 이르시되 돌을 옮겨 놓으라 하시니. 예수님이 나사로를 부활시키심에 있어서, 거기 모인 사람들더러 그들의 힘으로 할 수 있는 일은 하라고 하신다(참조. 44절). 그것은 ① 하나님께서 도와주시는 일에도 인간이 할 일은 인간이 해야 한다는 진리를 여기서도 가르치고, ② 거기 모여 있는 인간들이 예수님의 이적 역사에 수종들므로 그들은 그 이적의 놀라운 사실을 좀 더 인상 깊이, 또는 밀접하게 체험하게 되어 확신에 이르게 된다.

마르다가 이르되 주여 죽은 지가 나흘이 되었으매 벌써 냄새가 나나이다. 이것은 마르다의 불신앙을 표시하는 말이다. 하나님의 무한하신 권능을, 인간의 냄새 맡는 표준으로 측량하는 것은 어리석다. 그러나 마르다의 이 말은 그 이적의 위대함을 다시금 뚜렷이 드러나게 했으니, 곧 냄새 날 정도로 부패한 시체를 부활시키셨다는 사실이 만대에 전파될 수밖에 없다.

40 예수께서 이르시되 내 말이 네가 믿으면 하나님의 영광을 보리라 하지 아니하였느냐 하시니. 예수님이 여기서 언급하신 것은 25-26절에 기록된 말씀이다. 그러면 여기서 예수님이 의미하신 바는, 마르다의 믿음이 나사로를 부활시키실 조건이란 뜻은 아니다. 다만 마르다가 불신앙하면, 그 나타날 부활의 이적을 영적 눈으로 보지 못하며 누리지 못할 것이라는 뜻이다. 이적이 보여주는 하나님의 영광은, 오직 믿음으로만 느낄 수 있다. 불신앙 하는 유대인들도 나사로의 부활한 사실을 보기는 보았으나, 거기 나타난 하나님의 영광은 보지 못하였다. 하나님의 영광은 믿음으로만 보며 느낀다(Grosheide).

41-42 돌을 옮겨 놓으니 예수께서 눈을 들어 우러러 보시고 이르시되 아버지여 내 말을

들으신 것을 감사하나이다 항상 내 말을 들으시는 줄을 내가 알았나이다 그러나 이 말씀 하옵는 것은 둘러선 무리를 위함이니 곧 아버지께서 나를 보내신 것을 그들로 믿게 하려 함이니이다. 예수님은 자기 기도에 대한 하나님의 응답이 어떤 사건들에 국한된 것이 아니라고 하신다. 그는 그것이 보통 사람들의 경우와 달라서 언제나 계속한다고 하여, 여기 "항상"이란 말을 사용하셨다. 그는 이 말씀으로써 자기와 하나님 아버지와의 교통은 끊임없는 것임을 지적하신다. 그와 하나님 아버지와의 사이에 끊임없는 교통이 있는 이유는, 그가 하나님께서 보내신 메시아이신 까닭이다. 그러므로 그는 둘러선 사람들이 다 듣도록 소리를 내어 그 사실을 기도로 발표하신 것이다. 그는 언제나 사람들이 그를 메시아로 알기를 원하셔서 그 어느 기회에라도 가르치셨다. 그 이유는 사람들이 그를 메시아로 바로 알아야만 그들이 구원을 받겠기 때문이다. 그는 언제나 남들의 구원 문제에만 관심을 가지셨다.

43 이 말씀을 하시고 큰 소리로 나사로야 나오라 부르시니. 그는 진리이시며 공명정대하시다. 그는 마술사들이 어물어물하거나 중얼거리는 것과는 반대로 큰 소리로 명백히 말씀하신다. 그는 죽은 자를 산 자처럼 불러내신 것이다(참조. 롬 4:17; 요 5:28). 어떤 재미있는 말이 있다. 만일 예수님이 그 묘지에서 "나사로"란 이름을 부르시지 않고, 그저 "나오라"고 하셨더라면, 묘지에 묻혔던 모든 시체들이 다 일어나 나왔을 것이라고 한다.

44 죽은 자가 수족을 베로 동인 채로 나오는데 그 얼굴은 수건에 싸였더라. 이것은 그 살아 나오는 자가 나사로임에 틀림없다는 것을 보여 준다. 만일 그에게 베로 동인 것이 없었다면, 무슨 유령이 아닌가 생각될지도 모를 것이다.

예수께서 가라사대 풀어 놓아 다니게 하라 하시니라. 그 부활 이적의 역사에 무리들이 수종들므로 그들로 하여금 그 사실의 진실성을 살 깊이 체험하게 하시려고, 이처럼 말씀하신 것이다. 주님은 사람이 하지 못하는 기적을 친히 이루시고도 그 일과 관련하여 사람들에게 일을 주신다. 그는 기적을 행하시지만,

그 기적 때문에 사람들이 태만하여지거나 무책임해지는 것을 원치 않으신다. 일을 하는 것이 인간의 존귀한 덕이다.

45-46 이 구절들은 예수님이 나사로를 부활시키신 이적의 결과 두 가지를 말한다. 곧 예수님을 신앙하는 무리가 있는 반면에, 그를 해하려고 바리새인들에게 고발한 자들도 있다는 것이다.

47-48 이 부분에는 대제사장들과 바리새인들이 예수님의 이적을 그대로 인정하면서 걱정하는 면이 나타났다. 불신앙도 가만히 있지 않고 악한 방면으로 활동하는 법이다. 예수님으로 말미암아 대중 운동이 일어남에 따라 로마정부가 유대인들을 탄압하는 일이 있지나 않을까 하는 것이, 대제사장들과 바리새인들의 염려였다.

49 그 중의 한 사람 그 해의 대제사장인 가야바가 그들에게 말하되 너희가 아무 것도 알지 못하는도다. "그 해의 대제사장인 가야바" 그 시대에 대제사장이 로마 정부의 계획에 의하여 해마다 변동되는 일이 있었으니, 가야바도 그 다음 해에는 그 직분을 내놓게 될지도 모르는 것이다. 그래서 여기서 이처럼 "그 해"라고 밝힌 것이다(Jos. Antiq. 18, 2, 2).

50 한 사람이 백성을 위하여 죽어서 온 민족이 망하지 않게 되는 것이 너희에게 유익한 줄을 생각하지 아니하는도다 하였으니. 가야바의 이 말은 악한 의도를 담고 있었다. 예수님을 따르는 군중 운동 때문에 로마 군대가 유대를 멸할 위험이 있으니, 예수 한 사람만 희생시키면 유대국은 안전하게 된다는 뜻이다. 그러나 가야바의 이 말은, 성령으로 말미암아 전용되어 예수님의 속죄의 죽음을 예언한 것이 되었다.

유대의 마지막 대제사장 가야바가 예수님의 속죄 고난에 대하여 공직자의 처지에서 예언한 것은 중대하다(49-52절). 그뿐 아니라, 예수님의 원수(가야바)까지도 예수님의 고난에 대하여 예언한 사실은, 참으로 그 속죄의 고난의 중대함과 믿을 만한 것임을 우리에게 알려 준다. 이것이 마치 발람이 이스라엘 백성의 장래에 대하여 예언한 것과도 같고(민 24:17), 다윗의 원수 사울이 다윗의 일에 대하여 예언한 것과도 같다(삼상 26:25).

51-52 이 말은 스스로 함이 아니요 그 해의 대제사장이므로 예수께서 그 민족을 위하시고 또 그 민족만 위할 뿐만 아니라 흩어진 하나님의 자녀를 모아 하나가 되게 하기 위하여 죽으실 것을 미리 말함이러라. 가야바는 대제사장의 자격으로 그런 큰 예언을 하였다. 그의 본의는 예수님을 해하려는 악심으로 말한 것이었으나, 그것이 성령으로 말미암아 예언으로 이용된다는 뜻이다.

53-54 이 날부터는 그들이 예수를 죽이려고 모의하니라 그러므로 예수께서 다시 유대인 가운데 드러나게 다니지 아니하시고 거기를 떠나 빈 들 가까운 곳인 에브라임이라는 동네에 가서 제자들과 함께 거기 머무르시니라. 죽은 사람을 다시 살리시는 생명의 구주를 죽이려는 그들의 행동은 괴이하다. 그 행동은 착한 일일수록 반대하는 마귀의 것이다. 예수님은 이 기미를 아시고 깊은 광야의 한 동네로 피하셨다. 그가 그렇게 하심은, 때가 이르기 전에 잡히는 것을 면하시려는데 있었다. 그는 이처럼 하나님의 뜻을 정확하게 순종하셨다.

55 유대인의 유월절이 가까우매 많은 사람이 자기를 성결하게 하기 위하여 유월절 전에 시골에서 예루살렘으로 올라갔더니. 이것은 유월절 전의 결례를 가리킨다. 그것은 머리를 깎거나 옷을 빠는 정도의 것이었다.[159)]

56-57 이 구절들은 유대인들이 그때 예수님을 잡으려고 만반의 준비를 하고 있었던 사실을 알려 준다. 여기 예수님에 대한 민중의 판단이 기록되어 있다. 그들은 예수님이 잡힐 위기에 처한 줄 알고 냉정한 태도로 판단한 것뿐이다.

---

159) 참조, 창 35:2; 출 19:10, 11; 수 3:5; 대하 30:17; 행 21:24, 26.

설교 하나님이 주신 기회를 붙잡자(11:9-10)

예수님이 나사로의 병을 고쳐 주기 위하여 유대로 가시려 할 때, 제자들은 그 곳에 가시는 것이 위험하다고 하면서 만류하려 했다. 그러나 예수님은 바로 그때가 자기가 일하실 기회라고 하시면서 가셨다.

1. 하나님이 주신 기회는 그 당면한 현재임

예수님은 "낮이 열두 시간이 아니냐" 하시면서, 바로 그 말씀하시던 현재를 하나님이 주신 기회로 아셨다. 우리는 미래를 모른다. 그것이 내 시간이 될지 안 될지 모른다. 우리에게는 현재가 하나님의 선물이다. 내가 현재에 살아남았다는 것이 우연한 일이 아니다. 사무엘상 2:6에 말하기를 "여호와는 죽이기도 하시고 살리기도 하시며"라고 하였다. 이 세상은 죽음의 골짜기인데도 내가 아직 살았다는 것은 하나님의 은혜이다. 청년들은 현재 하나님이 주신 기회를 소홀히 한다. 그들은 공부를 많이 하여 성공한 후에 하나님을 찾겠다고 하여 세월을 허송한다. 그러나 그들은 스스로 속는다. 그들은 현재를 참된 삶의 기회로 붙잡아야 한다. 내가 어렸을 때 같이 놀던 친구들이 거의 다 죽었는데, 나는 아직까지 살아남은 것을 황송하게 생각한다. 그뿐 아니라 많은 어린이들이 죽는 것도 보았다. 그런데 내가 지금 살아 있다는 것은 하나님의 각별하신 선물이다. 오래 전 38선을 넘어올 때 나는 하나님의 특별한 사랑의 섭리를 체험하였다. 그것은 우리 가족이 많은 짐을 자동차에 싣고 38선 접경에 이르렀을 때, 한 수레가 바로 우리가 탄 차 앞에 다가와서 짐을 실어준 것이었다. 거기에는 많은 사람들이 모여 있었는데 하필 우리 짐을 운반하기 위하여 내가 탄 차 앞에 대놓을 때, 나는 나를 남한으로 보내 주시는 하나님의 경륜을 다시 한번 깨닫고 감사하였다. 나는 그 현재를 하나님이 주신 기회로 알았다.

2. 하나님이 주신 기회에 빛으로 살자

빛은 그리스도께서 주시는 은혜를 비유한다. 모든 피조물들 중에 빛이 맨 처음에 지음 받았다. 그만큼 빛은 중요하며, 실상 그것이 모든 것을 살리며 보호하는 것이다. 빛은 보게 하며 깨닫게 한다. 밤중에도 빛이 있으면 우리는 볼 수 있다. 빛(그리스도의 은혜)은 우리로 하여금 하나님을 보게 한다. 빛은 여러 색깔이 합하여 완성된다. 태양 빛의 반사체인 무지개의 일곱 색깔은 얼마나 아름다운가? 그것이 화합하여 흰 빛(태양 빛)으로 보인다. 그와 같이, 교회 성도들에게는 하나님께서 각자에게 각기 은사를 주셨다. 그 은사를 받은 성도들이 잘 화합하여 하나가 될 때 그리스도를 증거하는 참된 교회가 이루어진다. 그러므로 모든 성도들의 화합은 말할 수 없이 귀하다.

설교 빛으로 행하는 자의 시간관념(11:9-10)

예수님은 이 본문에서 자기의 행동 원리를 말씀하시면서, 겸하여 모든 신자들의 가져야 할 시간관을 보여 주신다.

1. 신자들은 과거를 회고한다.

1) 과거는 무섭다. 우리 신변이 위급하게 사망의 음침한 골짜기들을 통과한 것이 과거였다. 우리는 저 무섭던 과거를 회상할 때 다시는 그런 무서운 골짜기 속으로 걸어가기를 되풀이할 마음이 없다. 사람마다 고생길을 과거에 걸었으니, 죽을 뻔한 적이 한 두 번이 아닐 것이다. 우리는 우리가 모르는 가운데도 죽을 뻔한 경험이 있었다. 그러나 우리는 그 모든 험한 일들을 통과하게 되었다. 그렇게 되게 한 것이 내 힘이 아니고 하나님의 능력이었다는 사실을, 우리는 재인식해야 한다. 따라서 과거의 무서움을 회상하므로 신앙이 굳세어진다.

2) 과거는 기쁘다. 무서웠던 과거가 왜 기쁜 것으로 느껴지는가? 그것은 과거에 그리스도께서 죽었다가 부활하셨다는 큰일을 생각하므로 일어나는 것이다. 과거는 우리에게 소망의 근거를 주지 못한 공허한 과거가 아니며, 과거는 또한 무가치하거나 무의미한 과거도 아니다. 모든 하나님의 백성을 영원히 살리고도 무한히 남는 예수님의 고난으로 터 닦고, 온 우주를 씻고도 남는 그의 피가 승리한 과거이다. 아! 그는, 또한 우리를 위하여 영광의 몸으로 다시 사셨다.

2. 신자들은 현재를 붙잡음

1) 현재는 괴롭다. 문제가 많은 현재이다. 딜레마(Dilemma), 곧 이럴까 저럴까 결정하기 어려운 일도 많은 현재이다. 그러나 우리는 "고생은 즐거움의 씨앗"이라는 말을 기억한다. 그보다도 "고난당하기 전에는 내가 그릇 행하였더니 이제는 주의 말씀을 지키나이다"(시 119:67)라는 말씀을 기억해야 한다. 고생은 우리를 위협하며 죽일 듯이 찾아오는 원수와 같다. 그러나 그것은, 그것을 잘 받아들이는 자에게 결국 축복하고 가 버리는 친구이다.

2) 현재는 귀중하다. 우리는 현재에 행한 대로 미래에 갚음을 받는다. 현재라는 것이 결국 영원을 결정한다. 그것을 보면, 현재라는 것이 잠깐 동안이지만 영원과 똑같이 귀하다고도 생각된다. 현재를 낭비하는 자는, 영원을 낭비하는 자이다.

3. 신자들은 미래를 바로 취급함

1) 미래는 모르는 것이다. 그것은 암흑의 장막 속에 숨어 있다. 많은 사람들이 미래를 모르는 것이 좋은 줄 모르고, 도리어 알아야만 행복한 줄 안다. 실상 그것을 모르는 것이 주님을 믿기에 편하다. 모르기 때문에 우리는 믿는다. 우리는 미래란 검은 장막을 관할하지 못한다. 그러나 하나님은 그것을 아

시며 주장하신다. 그러므로 우리가 그것을 모르는 것이 문제될 것 없고, 우리는 하나님을 앎으로 만족하다. 또 그를 믿음으로 만족하다.

2) 미래는 소망의 맛있는 토막이다. 그 이유는 하나님께서 택한 자들에게 복을 주시되 현재보다 미래에 더욱 많이 주시며, 더욱 큰 것을 주시기 때문이다. 미래는 택한 백성들이 받을 복의 창고라고도 할 수 있다. 하나님께서 이 세상 사람들에게는 현실의 복으로 배부르게 하시지만, 택함을 받은 성도들에게는 미래의 복, 곧 내세의 영광을 주신다.

설교 영생의 보장을 받으라(11:24-26)

우리는 이 세상 생명을 믿을 수 없다. 오늘날 세계의 총인구 중 1초에 한 명씩 죽는다고 한다. 현세의 국가들이 총 집중하여 연구하는 것이 많이 죽이려는 연구이다. 사람은 아무래도 죽고야 말 터임에도 불구하고 사람들이 서로 죽이기를 연구한다. 성경 말씀대로 세상 끝날이 가까울수록 전쟁이 많아질 것이고, 그 전쟁은 세계 전쟁일 것이 확실하다. 문명이 발달할수록 무기도 발달하여 세계 전쟁이 일어나는 때는 인류의 대다수가 죽을 위험성이 있다. 우리가 정신 있는 인생이라면, 영생의 보장을 받음이 급선무이다.

1. 신자는 죽을지라도 그 영혼이 그리스도로 말미암아서 산다

마태복음 10:28에 말하기를 "몸은 죽여도 영혼은 능히 죽이지 못하는 자들을 두려워하지 말고 오직 몸과 영혼을 능히 지옥에 멸하실 수 있는 이를 두려워하라"고 하였다. 사람의 존재에 있어서 무엇보다도 그 영혼이 귀하다. 스가랴 12:1에 "여호와 곧 하늘을 펴시며 땅의 터를 세우시며 사람 안에 심령을 지으신 자"란 말씀이 있다. 이 말씀을 보면, 사람의 영혼은 하늘이나 땅을 지으신 것처럼 만들기 어렵다는 뜻이 암시된다. 영혼은 천하보다 귀하다(마 16:26). 영혼이 그리스도로 말미암아 구원받은 것은 말할 수 없이 귀하다. 데이비드 브레이너드(David Brainard)가 임종 시에 한 말은 "나는 영원으로 들어간다. 영원에 대하여는 내가 생각만 해도 기쁘다. 그러나 악한 자들이 당할 영원에 대하여는 내가 무엇이라고 말할까? 생각만 해도 두렵다"라고 하였다. 과연 그렇다. 신자들은 영원히 살되 그리스도 안에서 영원히 사니, 그 기쁨은 말할 수 없이 크다. 어떤 순교자는 죽임 당할 때 자기를 죽이려는 자더러 말하기를 "당신은 내가 보관하기 어려운 생명을, 내가 잃을래야 잃을 수 없는 생명과 바꾸어 주는구나!"라고 하였다고 한다. 영국 시인 테니슨(Tennyson)이 세상 떠날 때 누가 그에게 묻기를 "무슨 소원이 있습니까?"라고 하였다. 그때 그는 대답하기를 "예, 새로이 하나님을 만나볼 소원이 있습니다."(Yes, a new vision of God)라고 하였다.

2. 신자는 그리스도로 말미암아 부활함

죽었던 사람이 부활한다는 것은, 우리가 날마다 보는 일이 아니다. 그러므로 우리가 그것을 설명하기 어렵다. 그러나 그것은 성경의 진리이다.

1) 성경은 부활을 가리켜 종자를 심은 데서 싹이 나는 것과 같다고 말씀함(고전 15:36-38, 42-44). 농부가 종자를 심으면 그것의 껍질은 썩어지고 만다. 그러나 그 속 알갱이는 싹이 되어 나온다. 그것을 보면 곡식의 알갱이는 생명이 살아나올 능력을 지니고 있다. 그것은 몇 천 년을 묵혀도 죽지 않고 살아나올 밑천을 가지고 있다. 윌킨슨(Wilkinson)이란 영국 사람이 애굽 왕의 무덤 속에서 화병을 하나 얻었는데, 그 속에 콩이 몇 알 있었다. 그런데 그것은 3,000년 전의 것이었다. 그가 그것을 땅에 심었더니 30일 만에 싹이 나와서 자랐다고 한다. 콩도 3,000년 후에라도 살아 나오는데, 사람은 죽었다가 그리스도로 말미암아서 다시 살지 못하겠는가? 사람이 콩만도 못할까? 매미의 애벌레는 땅속에서 6년을 살다가 7년째 되는 해에 성충이 되어 나온

다. 사람이 매미 애벌레만 못하겠는가? 사람이 그리스도로 말미암아 구속함을 받았으면, 그리스도로 말미암아 부활한다. 하나님께서 사람을 지으실 때는 그의 형상으로 지으셨다(창 1:26). 그러나 천사를 하나님의 형상으로 지으셨다는 말씀은 성경에 없다. 성경에는 성도들이 천사들을 심판할 것이란 말씀이 있다(고전 6:3). 그뿐 아니라 피조물들이 성도들의 구원 완성을 기다린다고 성경은 말한다(롬 8:19). 우리는 피조물들이 모두 사람을 위한다는 사실을 의심하지 않는다. 저 높은 하늘의 일월성신도 사람들을 위하여 있다. 하나님께서 일월성신을 지으시고 "땅을 비추게" 하셨다(창 1:14-19). 특별히 하나님께서 우리 속사람을 중요하게 지으셨다. 우리 신자들의 속사람은 겉사람(육신)이 후패할수록 더 새로워지며, 겉사람이 환난의 공격을 받을수록 힘을 얻는다. 그러나 겉사람은 세상을 좋아하고 사모하다가 고난과 환난을 당할 때는 힘을 잃는다. 그때 속사람은 하나님에게서 오는 힘을 얻는다(고후 4:16). 이 힘이 성령의 힘, 곧 부활의 권능이다. 이런 체험은 짐승들이나 초목의 세계에는 없다. 이런 체험은 오직 그리스도인들에게만 있다. 그러므로 바울은 말하기를 "네가 뿌리는 씨가 죽지 않으면 살아나지 못하겠고"(고전 15:36)라고 하였다. 우리는 죽으므로 생명 체험을 한다. 무디(Moody) 선생이 영국에 갔을 때 한 병자를 만났는데, 그는 등뼈가 상하여 40년 동안 누워 있었지만 주님을 모시고 있었기 때문에 그 병실은 도리어 천당과 같았다고 하였다. 이와 같은 생명의 능력은 마침내 부활의 열매를 맺는다.

2) 부활은 이 세상에 살던 육체의 복구 정도가 아님. 죽었다가 다시 산다는 성경 말씀에 대하여 사람들이 잘 믿지 못하는 이유는, 그 다시 살아남이 현세의 죽을 몸과 같을 줄 알기 때문이다. 우리가 다시 살 몸은 현세의 몸과 다르다. 현세의 몸은 썩는 것이며, 욕된 것이며, 약하며, 육에 속한 것이다(고전 15:42-44). 이런 몸으로 다시 살아 무엇 할 것인가? 그러나 장차 다시 살 우리 몸은 썩지 않으며, 이 현세의 몸과 다르다. 그것은 영광스럽고, 강하고, 신

령하다(고전 15:42-44). 장차 부활할 나의 몸이 지금 현세에 지닌 이 몸과 다르다고 하여 내 몸이 아닌 것은 아니다. 우리는 욥기에 있는 말씀으로 이것을 알기 쉽게 설명할 수 있다. 욥기 38:7에 말하기를 "새벽 별들이 기뻐 노래하며"라고 하였는데, 문제는 별들이 어떻게 노래하는가 하는 것이다. 그러나 이 말씀은 잘 해석되고 있다. 현대 과학은 빛과 소리가 어떤 면에서는 같다고 본다. 미국 뉴욕(New York)의 중앙 방송국(Radio Center)에 소리의 구분이 빛으로 나타나는 풍금(Color organ)이 있다고 한다. 그러면 소리와 빛이 서로 다르지만 동일체인 것처럼, 부활할 몸과 현세의 몸이 서로 달라도 역시 동일체이다. 부활할 몸은 말할 수 없이 귀하다. 위에 벌써 말한 바와 같이, 그것은 썩지 아니하고, 영광스럽고, 강하고, 신령하다. 우리는 그 중에서 '신령하다'는 것 하나만 생각해 보아도 그 몸이 얼마나 좋은 것인지 알 수 있다. '신령한 것'의 특징은 우리도 잘 안다. 그것은 우리가 오늘날 체험할 수 있다. 그것은 신령한 은혜를 받은 심리 상태와 같다. 신령한 은혜를 받은 심리 상태는 얼마나 좋은가! 기쁘고, 소망이 가득하고, 주님과 연합하였다는 똑똑한 의식을 가진 심리이다. 이와 같은 몸의 생명은 주님이 홀로 성립시키신다.

3) 성도의 부활은 그리스도로 말미암아서만 성립됨. 본문에 예수님이 말씀하시기를 "나는 부활이요 생명이니"라고 하셨다(25절). 그 말씀은 신자들의 부활이 온전히 그리스도에게 달렸다는 뜻이다. 고린도전서 15:21에도 말하기를 "사망이 한 사람으로 말미암았으니 죽은 자의 부활도 한 사람으로 말미암는도다"라고 하였다. 여기 "한 사람으로 말미암는다"는 말은 우리의 믿음을 도와준다. 곧 부활은 사람이 믿을 수 없는 추상적인 것이 아니고, 사람이신 그리스도의 체험으로 완전히 성립되었다는 것이다.

설교 믿음에 대하여(11:15, 26, 40)

예수께서 나사로를 부활시키신 일과 관련하여 믿음을 많이 강조하셨다. 그것은 15, 26, 40절 등이 밝혀 준다.

1. 믿음의 필요

부활에 대한 예수님의 말씀은 믿음으로만 받을 수 있는 깊은 진리이다. 하나님의 이와 같은 진리들이 성경에 많다. 그것은 인간이 자기의 지식으로는 이해할 수 없는 깊고 높은 진리의 극치이다. 헤르만 바빙크(Herman Bavinck)는 "믿음은 증명으로 말미암지 않고 직관으로 지지되는 확신의 지식을 상대하고 있는 것이다"라고 하였고, 아리스토텔레스(Aristoteles)도 증명되는 진리와 증명되지 못하는 진리, 곧 믿음으로야 받아지는 진리를 구분하여 말하였다. 아우구스티누스(Augustine)는 이 점을 강조하여 과학이나 모든 지식의 근본이 믿음이라 하고, 믿지 않으면 아무런 지식에도 이를 수 없다고 하였다. 위의 설명은 믿음만이 모든 지식의 근본 원리를 취급한다는 것이다.

2. 믿게 되는 방법은 어떠한가

그리스도와 성경을 믿는 믿음이 인간의 마음에서 자연적으로 발생할 수 없다. 그것은 성령님의 역사로만 이루어진다.[160] 그러므로 기독교 신앙의 대상(그리스도), 근거(성경), 근원(성령)이 모두 하나님으로부터 온다는 의미에서 종교적인 것이다. 바빙크는 이 점을 확언하였다.[161] 기독교의 신앙이 이런

---

160) 마 16:17; 요 6:44; 롬 10:17; 고전 12:3; 고후 10:5; 엡 2:8; 살전 2:13; 살후 3:2.

161) Voorwerp, grond, en oorsprong liggen geheei en alleen in God.-H. Bavinck, Geref. Dog. Vol. 1, 539.

점에서 이교의 신앙과는 아주 다르다. 기독교의 신앙은 이처럼 순 종교적인 것이기 때문에 힘 있는 것이다. 그것은 전적으로 하나님이 성립시키시는 것이며, 살아계신 하나님(인격적 신) 관계의 것이므로 견실하다.

그러나 우리가 한 가지 기억할 것은, 기독교 신앙이 순연히 종교적인 것이지만 인간이 원하며 힘써야 그것을 얻는다는 것이다. 마태복음 5:6에 말하기를 "의에 주리고 목마른 자는 복이 있나니 그들이 배부를 것임이요"라고 하였고, 빌립보서 2:12에는 말하기를 "그러므로 나의 사랑하는 자들아 너희가 나 있을 때뿐 아니라 더욱 지금 나 없을 때도 항상 복종하여 두렵고 떨림으로 너희 구원을 이루라"고 하였다. 우리는 힘써서 믿음의 깊은 자리에 들어가야 한다. 그러나 우리가 힘쓸 일터는 주님의 말씀이라는 것을 잊어버리지 말아야 한다. 예수님이 말씀하시기를 "그러므로 누구든지 나의 이 말을 듣고 행하는 자는 그 집을 반석 위에 지은 지혜로운 사람 같으리니"라고 하셨다(마 7:24).

설교 나사로를 살리는 때의 예수님의 기도를 배우자(11:41-42)

주님이 나사로를 위하여 많이 기도하신 것이 여기 나타났다. 곧 "내 말을 들으신 것을 감사하나이다"라고 하신 말씀을 보아서 알 수 있다. 주님의 이 기도에서 찾아볼 신령한 이치가 여기 있다.

1. 하나님을 아버지라고 하심

이 기도에는 "아버지여"라고 하신 말씀이 그 첫머리에 나온다. 우리는 이 기도를 배우자. 모든 기도는 하나님을 "아버지"라고 하는 믿음으로 시작해야 한다. 하나님께서 예수님에게는 존재론적으로 아버지이시다. 그러나 그가 우리 신자들에게는 예수님의 속죄로 인하여서만 아버지의 관계를 가지신다.

로마서 8:15에 말하기를 "너희는 다시 무서워하는 종의 영을 받지 아니하고 양자의 영을 받았으므로 우리가 아빠 아버지라 부르짖느니라"고 하였다. 요한복음 20:17을 보면, 예수님이 부활하신 뒤에 마리아에게 하신 말씀이 "너는 내 형제들에게 가서 이르되 내가 내 아버지 곧 너희 아버지, 내 하나님 곧 너희 하나님께로 올라간다 하라"고 하셨다. 그것은 그가 속죄 사업을 완성하심으로 말미암아 그의 아버지 되신 하나님이, 곧 신자들의 아버지도 되신 것을 가르치심이다.

우리가 하나님이 우리의 아버지이심을 믿지 못한다면 기도할 수 없다. 우리가 진리 아닌 것을 믿으면 무효로 돌아가지만, 진리를 믿으면 믿는 그만큼 효험(效驗)을 얻는다. 하나님의 진리는 무궁한 진리이므로, 우리의 신앙도 무궁한 분량의 것이어야 마땅하다.

2. 감사를 앞세우심

예수님의 기도에는 감사가 중요한 자리에 놓여 있다. 여기 이 기도(41절)에도 감사가 나온다. 우리는 이것도 배우자. 우리가 무엇을 구하기만 하면서 감사하지 않는 것은, 주는 자로 하여금 줄 마음이 없도록 만드는 악행이다. 아무리 주어도 감사한 줄 모르는 자에게 주고 싶어 할 사람이 어디 있으랴? 사람이 감사한 줄 모르는 원인이 무엇인가? 그것은 그가 개인주의자인 까닭이다. 그는 자기를 너무 존중히 여기는 까닭에 남의 것을 받음이 황송한 줄 모르며, 또 자기로서는 "나는 남을 도와줄 자인데 왜 남에게서 도움만 받고 있는가?" 하는 탄식을 품을 줄도 모른다. 신자는 누구든지 하나님에게서 생명도 받았고 구원도 받았다.

3. 기도 응답을 믿으심

42절에 말하기를 "항상 내 말을 들으시는 줄을 내가 알았나이다"라고 한다. 예수님의 기도는 응답되었다. 따라서 신자들의 기도도 응답된다. 그의 기도가 사욕 없이 예수님의 이름으로 나오는 동안은 늘 응답된다고 성경이 말한다. 요한복음 14:13-14에 말하기를 "너희가 내 이름으로 무엇을 구하든지 내가 행하리니 이는 아버지로 하여금 아들로 말미암아 영광을 받으시게 하려 함이라 내 이름으로 무엇이든지 내게 구하면 내가 행하리라"고 하였다. 예수님의 이름으로 기도한다고 함은, 예수님의 일을 위해서 대변자 자격으로 기도함을 의미한다. 따라서 그것은 예수님의 뜻을 이루기 위하여 간구하는 기도이므로 정욕이나 사욕에 속한 것이 아니고, 순연히 하나님의 거룩한 뜻에 속한 기도이다. 무디가 시카고에서 목회할 때, 강대 앞에 앉는 두 여성도가 언제나 열심히 무디를 위하여 기도하였다. 그 기도의 제목은 "무디 선생에게 성령의 충만함을 입혀 주옵소서." 하는 것이었다. 그 뒤에 무디 선생은 어떤 날 뉴욕에서 큰 은혜를 받았고, 그다음부터는 그의 설교가 평범한데도 듣는 자들에게 큰 은혜를 끼쳤다고 한다. 하나님께서 무디 선생에게 왜 은혜를 많이 주셨을까? 그에게는 사욕이 없었기 때문이다. 하나님께서 그 두 여성도의 기도를 왜 이루어 주셨을까? 그들의 기도가 사욕을 위하지 않고 구령 사업을 위한 대변적 기도였기 때문이다.

제 12 장

⚜ 내용분해

1. 베다니에서 마리아가 예수께 지극히 비싼 향유를 부음(1-8절)
2. 예수님의 많은 인기와 대제사장들의 음모(9-11절)
3. 예수께서 예루살렘에 들어오심과 군중의 찬송(12-19절)
4. 이방인들의 구원과 그리스도의 죽으심과의 관계를 예언하심(20-36절)
5. 유대인들의 불신앙과 저작자의 해설(37-43절)
6. 신앙의 중요성에 대한 예수님의 선언(44-50절)
   1) 예수님의 말씀을 믿음이 하나님 아버지를 믿는 것과 같이 간주됨(44-46절)
   2) 그의 말씀이 마지막 날에 심판하는 중대성 있는 것임(47-48절)
   3) 그의 말씀은 곧바로 하나님 아버지의 것임(49-50절)

⚜ 개요

1. 마리아가 지극히 비싼 향유를 예수님의 발에 부음(1-8절)

예수님은 마리아가 기름 부은 행동이 자신의 장례를 예비함(그리스도의 죽으실 것을 가리킴)이고, 그것이 바로 복음이라고 말씀하신다. 예수님의 죽으심은 복음의 내용이다. 마태복음 26:13에 말하기를 "내가 진실로 너희에게 이르노니 온 천하에 어디서든지 이 복음이 전파되는 곳에서는 이 여자가 행한 일도 말하여 그를 기억하리라"고 하였다. 여기 "이 복음"이란 말은 앞절에서 말한 대로 마리아가 예수님에게 기름 부어서 그의 장례를 예비한 것을 가리킨다. 곧 예수님의 죽으심이 복음이란 뜻이다.

불트만(R. Bultmann)은 신학적 입장이 옳지 않지만 다음과 같이 말하였다. 곧 "마리아의 이 행동은 예수님의 죽으심에 대하여 예언함인데, 그것은 가야바의 예언(11:49-52)과 대조된다. 가야바는 예수님의 원수 된 자로서 그가 죽으실 것을 예언하였지만, 마리아는 그의 제자로서 그리하였다."고 하였다.[162)]

예수님은 대신 희생의 죽음을 죽으시기 위하여 오셨는데, 마리아는 이 고귀한 그의 죽음을 알아드린 셈이다. 베드로가 그것을 알지 못했을 때 예수님이 책망하시기를 "사탄아 내 뒤로 물러가라"고 하셨다(마 16:23). 그의 대신 희생의 죽으심에 대하여 사람들이 알고 믿는 것을, 그는 가장 기뻐하신다. 그의 죽으심은 그의 이적보다 중요하다. 그는 ① 창세전에 죽기로 예정되셨으며, ② 구약 시대에는 그의 죽음을 비유한 제사도 효과를 발하였다.

2. 나귀를 타시고 예루살렘에 입성하심(12-19절)

이 사건은 예수께서 사망을 정복하신 왕이심을 보여 준다. 신학 입장이

---

162) R. Bultmann, Das Evangelium des Johannes, 318.

우리와 다른 도드(C. H. Dodd)도 말하기를 "무리가 왕이라고 하는 나귀 타신 그리스도는 죽었다가 다시 사신 그리스도를 상징한다."고 하였다.[163] 그러므로 예수님이 죽으실 것에 대한 마리아의 예언 행위 기록(1-8절)에 이어서 이처럼 그의 부활 결과에 대한 그 자신의 예언 행위가 기록된 것은 바른 순서이다. 이 사건은 그가 당장 육적 이스라엘의 임금이 되신다는 것을 의미한 바는 아니었다. 그런데 무리들은 그렇게 잘못 알았다. 크로샤이데(Grosheide)는 말하기를 "무리들은 시편 118편을 지상적(地上的), 또는 육체적 국가의 왕을 가리킨 줄로 잘못 알았다"라고 하였다.

1) 그러면 예수님은 본래 어떠하신 분으로서 이제 장차 왕이 되실 것인가? 그는 본질에 있어서 왕격을 가지신 분이시다. 그는 하나님이시다. 그는 만왕의 왕이시다. 시편 74:12에 말하기를 "하나님은 예로부터 나의 왕이시라"고 하였다.

2) 이런 왕께서 우리를 위하여 이 세상에 오셔서 죽었다가 부활 승천하시어 교회를 세우시고, 그 교회의 왕이 되셨다(엡 1:22). 우리가 아는 이적 중의 이적은 참 교회가 이 땅에 존속하는 일이다. 이 세상은 악하여 참 교회를 미워하며 대죄하지만, 참 교회는 존속한다. 그 원인은 임금이신 그리스도께서 그 교회를 다스리시며 보호하시는 까닭이다. 주님은 마침내 세상 나라들도 완전히 심판하신다(시 2:8-9). 요한계시록 11:15에 말하기를 "세상 나라가 우리 주와 그의 그리스도의 나라가 되어 그가 세세토록 왕 노릇 하시리로다"라고 하였다. 어떤 이들은 상상하기를, 이 세상 마지막 날에는 전쟁으로 사람들이 다 죽고 말 것이라고 한다. 그러나 그런 사상은 우주의 주인공이신 그리스도의 살아 계심을 무시한 그릇된 것이다. 그리스도는 인류가 아주 다 죽고 말도록 내버리지 않으신다. 그는 세계를 기계문명에 맡기지 않으신다. 그는

---

163) C.H. Dodd, The Interpretation of the Fourth Gospel, Cambridge, 1955, 370.

핵무기 아래서도 살릴 자를 살리신다. 기계 문명 그것이 왕이 아니라 그리스도께서 왕이시다. 그는 만왕의 왕이시다(딤전 6:15).

3) 왕이신 그리스도께서 마침내 승리하시는 비결이 무엇인가? 그의 최후 승리의 비결은 그의 겸손이다. 그가 말을 타지 않고 나귀를 타신 것은 겸손의 의미를 가진다. 그가 탄생하셨을 때도 받으신 선물은 구유였고, 최후에 받으신 선물은 십자가였다. 잠언 18:12에는 말하기를 "겸손은 존귀의 앞잡이니라"고 하였다. 아프리카의 비옥한 땅은 사하라 사막 속으로 숨어 흐르는 물이 모여서 적셔주는 땅이다. 숨어 흘러 온 물이 결국은 좋은 땅을 만들어 줌과 같이, 그리스도의 겸손하신 희생은 마침내 무수한 사람들의 구원을 성취하셨다.

3. 예수께서 죽었다가 부활하신 후에 되어질 일(20-36절)

우리는 위의 모든 말씀에서 예수님이 죽으실 것과(1-8절) 그가 다시 사셔서 왕이 되실 일(9-19절)에 대하여 표적으로 가르친 것을 보았다. 이제부터 그 두 가지 표적의 결과에 대한 해설이 나온다(20-36절). 그 해설은 "온 세상이 그(예수)를 따르는도다"라고 한 바리새인들의 본의 아닌 예언과(19절) 이방인들이 예수님을 만나러 찾아 온 사건(20-22절)이 그것이다. 예수님이 죽었다가 다시 사심은, 모든 민족들 중에서 하나님의 백성을 이끌어 구원으로 인도하기 위함이다. 그러므로 예수님이 말씀하시기를 "내가 진실로 진실로 너희에게 이르노니 한 알의 밀이 땅에 떨어져 죽지 아니하면 한 알 그대로 있고 죽으면 많은 열매를 맺느니라"(24절) 하셨고, 또 말씀하시기를 "내가 땅에서 들리면 모든 사람을 내게로 이끌겠노라"(32절)고 하셨다. 이것은 그가 죽으셨다가 부활하심으로 사람들이 주께로 모이게 될 것을 예언하심이다. 이 사실에 대하여는 23, 24절도 가르친다.

4. 유대인들의 불신앙과 및 예수님의 권면(34-50절)

이 말씀 가운데는 저작자 요한의 해설도 들어 있다(36 하-43절).

해석

1 **이곳은 예수께서 죽은 자 가운데서 살리신 나사로가 있는 곳이라.** 나사로를 부활시키신 이적은 너무도 크기 때문에, 여기서 그 사실을 다시 말씀한다.

2 **거기서 예수를 위하여 잔치할 새 마르다는 일을 하고 나사로는 예수와 함께 앉은 자 중에 있더라.** 마태와 마가는 이와 같은 사건에 대하여 말할 때(마 26:6; 막 14:3), 그 연회 장소를 "나병환자 시몬의 집"이라고 하였다. 어떤 학자는 상상하기를 시몬은 마르다의 남편이었을 것이라고 한다. 그러나 시몬은 알려진 나병환자이었으니 만큼, 결혼하지 못한 사람이었을 것이다(Grosheide). 그러므로 시몬은 마르다와 마리아의 가정과는 가족 인연이 없는 사람이었다. 그렇다면 마르다, 마리아, 나사로 등도 아마 청함을 받아서 그 잔치에 참석하였을 것이다.

"마르다는 일을 하고." 곧 그가 연회와 식사준비에 봉사한 것을 가리킨다. 누가복음 10:40을 보면, 그는 이 방면의 봉사에 능하였다. 이런 인물도 귀하지만, 그보다도 주님의 진리와 영적 생활에 열중하는 인물이 더욱 귀하다(눅 10:39, 42).

"나사로는 예수와 함께 앉은 자 중에 있더라." 나사로는 부활한 몸으로 그 자리에 와서 앉은 것만으로도 주님의 영광을 드러낸다. 그를 보는 자마다 주님의 능력의 위대하심을 알게 되었다.

3 **마리아는 지극히 비싼 향유 곧 순전한 나드 한 근을 가져다가 예수의 발에 붓고 자기 머리털로 그의 발을 닦으니 향유 냄새가 집에 가득하더라.** 마리아가 예수님의 발에 부

은 향유는 나드(Nard) 향유인데, 인도에서 나며 파사에서 많이 사용되었고, 특별히 술을 향기 있게 하는 데도 사용되었던 것이다. 혹설에 이 향유는 나사로가 죽었을 때 그 시체에 바르고 남은 것이라고 한다. 그러나 이 기사의 내용은 마리아의 특별한 사랑 표시를 말한다. 위의 학설은 이런 사랑의 표시와 조화되지 않는다. 그가 쓰다 남은 향유를 예수님에게 부었다면, 그것은 지극한 사랑 표시가 될 수 없다(참조. 막 14:8). 마리아는 예수님을 극히 존경했으며, 자기 오라버니를 다시 살리신 그에게 감사하는 마음이 가득하였다. 그러므로 그는 자기가 가장 아끼고 소중히 여기는 향유를 그의 발에 붓는 봉사를 하였다. 마리아의 이 행동은, 예수님을 경배하는 의미와 존귀히 여기는 의미를 가진다. 예수님은 그 일에서 그것 외에 또 다른 것을 더 보셨다. 그것은 그의 장례를 예비하는 의미를 가진다는 것이었다(7절). 마태복음과 마가복음에는, 향유를 예수님의 머리에 부었다고만 하고 발에 부었다는 기사는 없다. 그러나 문제 될 것은 없다. 라그랑주(Lagrange)는 이 난제를 다음과 같이 해결하였다. 곧 "머리에 기름을 부은 것은 말하지 않아도 알 수 있는 사실이었으니 만큼, 요한은 그것을 말하지 않은 것이다"라고 하였다. 그렇다면 마태와 마가는 발에 기름 부은 사실을 기록하지 않은 것뿐이고, 그 사실을 몰랐던 것은 아닐 것이다.

4 제자 중 하나로서 예수를 잡아 줄 가룟 유다가 말하되. 마태복음 26:8에 의하면, 마리아가 향유를 부은 일에 비평한 이들이 "제자들"이라고 하였다(막 14:4에는 "어떤 사람들"이라고 했음). 그러나 요한은 여기서 가룟 유다만 거론한다. 유다가 다른 제자들보다 지도적 처지에서 저런 비평을 하였으므로, 요한이 여기서 그의 이름만 말하고 다른 제자들에 대해서는 말하지 않았을 것이다.

5 이 향유를 어찌하여 삼백 데나리온에 팔아 가난한 자들에게 주지 아니하였느냐 하니. "삼백 데나리온"은 노동자 한 사람의 300일 동안의 노동 품값이라고 한다. 유다는 가난한 자를 예수님보다 귀히 여긴다고 말한 셈이다(Grosheide).

이것은 세상 생각으로만 타산하는 그릇된 생각에서 일어난 불평이다. 이 불평은 한 영혼이 예수님에게 사랑을 붓는 것이 천하보다 귀한 줄 모르는 어두움이다. 마리아와 유다 두 사람을 대조해 보면 다음과 같다.

1) 마리아는 희생자임. 그는 주님을 위하여 무엇이나 아낄 줄 모르는 인물이었다. 그는 주님을 위하여 최선을 다 하였으니, 주님의 말씀과 같이 행한 자이다. 마태복음 22:37에서 예수님은 말씀하시기를 "네 마음을 다하고 목숨을 다하고 뜻을 다하여 주 너의 하나님을 사랑하라"고 하셨다. 세상 사람들이 악한 일에 최선을 다 할 줄은 알면서도 하나님께 그리할 줄은 모른다. 인도의 어떤 선교사가 한번은 이상한 일을 보았다. 간지스강 가에 한 여자가 섰는데, 앓는 갓난아이는 팔에 안고 건강한 아들은 옆에 세워 놓고 있었다. 그 여자는 오랫동안 거기 서 있었는데, 얼마 후에 그 선교사가 다시 와서 보니 그 옆에 섰던 건강한 아이가 없어졌다. 그래서 물어보았더니 그 여자가 대답하기를 "그를 강에 넣어 악어들로 먹게 하였다."고 하였다. 그 이유를 물으니 대답하기를 "나의 신(악어)에게 가장 좋은 것을 준 것이라"라고 하였다. 인간은 죄로 어두워져서 이처럼 악한 일에 최선을 다한다.

2) 유다는 옳은 것을 비평하였음. 유다는 마리아의 봉사를 비평하였으니, 그것은 한 영혼이 그리스도와 뜨거운 관계를 맺는 것이 천하보다 귀한 줄 모르는 그릇된 사상이다. 그뿐 아니라 그것은 예수님이 귀한 줄 모르는 그릇된 태도이다. 예수님은 천하의 몇 만 배보다 비교할 수 없이 귀하신 분이다. 이같이 귀한 예수님을 위하여 천하를 바친들 아까우랴? 그러나 유다는 물질만 귀한 줄 알았으며, 빈민 구제를 구실로 삼아 트집을 잡았다.

6 이처럼 말함은 가난한 자들을 생각함이 아니요 그는 도둑이라 돈궤를 맡고 거기 넣는 것을 훔쳐 감이러라. 다른 제자들이 마리아를 비평한 것(마 26:8; 막 14:4)은 부주의로 혹은 피동적으로 그리하였다. 그러나 유다는 이 구절에 나타난 대로 자기 자신의 탐욕을 채우려는 위선자였다. 그러므로 그것은 계획적인 악행

이었다. 유다는 저렇게 탐심이 강하였고, 그것 때문에 자기 선생을 파는 무서운 죄악까지 범하였다(눅 22:3-6). 평소에 그의 마음속에 자라나던 죄악(탐심)이 결국 그로 하여금 큰일을 저지르게 만들었다.

7 예수께서 이르시되 그를 가만 두어 나의 장례할 날을 위하여 그것을 간직하게 하라. 이 말씀은 두 가지로 해석된다. ① "그 여자로 하여금 지금 향유 붓고 남은 것을 보관시켜 후일에 나(예수님 자신)의 장례 때 사용하게 하라"는 뜻이라 함. ② "그 여자의 향유 붓는 행동을 중단시키지 말라. 그 행동이 나(예수님 자신)의 장례를 예비하는 의미를 가진다"라는 뜻이라고 한다. 이 해석이 옳다.

"이를 두게 하라"란 말(τηρήσῃ αὐτό)은 "향유를 보관한 일이 되게 하라"는 의미인데, 그것을 보관해 왔다는 것이다. 마리아는 그 한 때 사용하기 위하여 향유를 그때까지 보관하였던 것이다. 칼빈(Calvin)은 이 점에 있어서 귀중한 뜻을 지적한다. 곧 "마리아는 그런 값비싼 의식을 흔히 실행한 것이 아니고, 예수님의 죽음을 위하여 이처럼 희귀한 행위를 취한 것뿐이다. 하나님은 사람들이 흔히 외부적으로 찬란한 의식에 치중함을 금하신다. 어떤 해석가들이 마리아의 이 일에 기준하여 추론하기를, 의식을 성대히 갖춘 예배만이 하나님을 기쁘시게 한다고 주장하는 것은 옳지 않다. 마리아가 한 일은 그 한 때 필요하였으나 신약 계시가 완성된 후에는 그런 방식의 의식 행위가 필요한 것은 아니다"라고 하였다.[164)]

8 가난한 자들은 항상 너희와 함께 있거니와 나는 항상 있지 아니하리라 하시니라. 서방 사본의 대표격인 베자 사본(D)에는 이 말씀이 없다. 그러나 이것이 보다 유력한 사본들에 있으니, 이 말씀은 원본대로 전해진 것임이 분명하다(Godet). "가난한 자들은 항상 너희와 함께 있거니와"란 것은 신명기 15:11의

---

164) Calvin's Commentary, John's Gospel, Vol II, 13-14.

말씀과 같다. 예수님이 이 말씀을 하신 것은, 교회가 가난한 자들을 언제나 돌아볼 책임이 있음을 지시하신다(13:29). 다만 시간적 순서로 볼 때, 그때는 예수님의 죽으심의 중요성을 예언적으로 표시하는 의미에서 그 값비싼 향유를 사용함이 합당하다는 것뿐이다. 예수님의 죽음에 대한 예언 행위는, 복음 전파의 행위이다. 그것은 지극히 귀한 일이며, 따라서 그 일을 위하여 값비싼 향유라도 소비할 만하다. 스킬더(K. Schilder)는 말하기를, 이 점에 있어서 예수께서 왕으로 말씀하시면서 "먼저 나요, 다음에 너희들이라"고 하신 셈이라고 하였다.[165)]

9-11 유대인의 큰 무리가 예수께서 여기 계신 줄을 알고 오니 이는 예수만 위함이 아니요 죽은 자 가운데서 살리신 나사로도 보려 함이러라 대제사장들이 나사로까지 죽이려고 모의하니 나사로 때문에 많은 유대인이 가서 예수를 믿음이러라. 예수님이 계신 곳으로 찾아 온 무리 중에는 구경이나 할 생각으로 온 자들도 있었다(11:46). 이처럼 피상적으로 움직이는 자들은 믿을 수 없는 자들이다. 그러나 그때 베다니에 있던 유대인들 중에서 부활한 나사로를 보고 예수님을 믿은 자들도 많았다(11:45). 나사로를 부활시키신 이적은 이적의 절정이다. 편견 없이 그 사건을 본 자들은 예수님을 믿었다. 하나님께서는 이 위대한 이적의 목격자들이 많도록 하기 위하여 대중을 동원시키신 것이다. 믿고 안 믿는 것은 그들의 책임이지만, 하나님께서는 그 놀라운 이적을 어떤 캄캄한 모퉁이에 감추지 않으셨다. 나사로를 부활시키신 이적은 대중이 친히 목격한 사실이며, 또 그들이 믿은 진리이다.

그런데 대제사장들의 행동은 참으로 악독하다. 예수님이 나사로를 다시 살리신 사실 때문에 많은 유대인들이 예수님을 믿게 된다고 하여, 그를 다시 죽여 버리자고 모의하였다. 나사로를 부활시키신 것은 하나님께서 하신 이

---

165) K. Schilder, Christus in Zijn Lijden, Kampen, 45.

적인 반면에, 그를 다시 죽이려고 한 것은 마귀의 행동이다. 이 둘은 서로 정반대이다. 대제사장들의 이 행동은 시기심의 극단이요, 잔인성의 절정이며, 하나님과 싸우는 완악한 행동이며, 대중 인기를 탐하여 날뛰는 괴악한 명예주의이다. 위에 말한 것과 같이, 극악한 원수들이 대적한 이 진리(예수 그리스도)는, 진리의 극치이다.

12 **그 이튿날에는 명절에 온 큰 무리가 예수께서 예루살렘으로 오신다는 것을 듣고.** 이 부분에 기록된 대로 예수님의 예루살렘 입성을 환영한 자들은 예루살렘 시민들이 아니라, 유월절을 지키려고 모여 온 나그네들이었다. 칼빈(Calvin)은 이 사실에서 영적 교훈을 찾아본다. 곧 예루살렘에서 성전예배의 관습에 젖은 유대인들은 하나님의 일에 대하여 무관심하였다. 따라서 그들은 진정한 종교적 열심은 식었고 외식에서 움직이고 있었다. 그러나 다른 곳에서 온 나그네들은 하나님의 일에 대하여 불타는 마음이 있었다. 그들은 하나님(주님)의 이름으로 오시는 예수님에게 열광적인 환영을 하게 되었다.

13 **종려나무 가지를 가지고 맞으러 나가 외치되 호산나 찬송하리로다 주의 이름으로 오시는 이 곧 이스라엘의 왕이시여 하더라.** "호산나"란 것은 히브리 말(הוֹשִׁיעָה נָּא)의 음역이니, 그 뜻은 "도와 주소서" 혹은 "구원하소서"란 뜻이다. "주의 이름으로 오시는 이 곧 이스라엘의 왕이시여"란 것은 시편 118편에서 나온 말씀이니, 메시아를 가리킨 것이다.

14-15 **예수는 한 어린 나귀를 보고 타시니 이는 기록된 바 시온 딸아 두려워하지 말라 보라 너의 왕이 나귀 새끼를 타고 오신다 함과 같더라.** 그가 나귀를 타시고 예루살렘에 들어가신 것은, 죽었다가 다시 살아나서 메시아의 영광 얻으실 것을 예표하는 행동 설교이다. 그가 장차 죽었다가 다시 살아나시므로 만민이 그를 따르게 될 것이었다. 이 사실은 바리새인들도 무의식적으로 예언하였다. 곧 19절에 말하기를 "볼지어다 너희 하는 일이 쓸 데 없다 보라 온 세상이 그를 따르는도다 하니라"고 하였다. 요한은 이런 무의식적 예언을 흥미 있게 취급하

였다. 그는 나사로를 다시 살리신 뒤에 있었던 대제사장의 무의식적 예언에도 우리의 주의를 끌게 한다. 요한복음의 특색 중 하나는 표적의 책(book of signs), 곧 신령한 뜻을 나타내는 이적들과 상징적 행동들을 기록한 책이라는 것이다. 위에 말한 바와 같이 요한은 바리새인들의 말(19절)을 인용한 뒤에, 헬라인들이 예수님을 찾아온 사실을 말하였다(20-22절). 그것은 예수님이 죽었다가 다시 사신 뒤에 이방인들이 회개하고 돌아올 것(세계적 복음 전파)을 표적으로 말함이다. 예수님은 실상 그것을 그렇게 해설하셨다(23-32절).

예수님이 나귀를 타신 것은 평화와 겸손을 상징한다. 옛날에는 말을 타고 전쟁하는 것이 보통이었다. 카일(Keil)은 예수님이 나귀를 타신 것이 그의 낮아지심을 상징한 것이라고 하였으나, 그 의견도 평화의 뜻을 제외함이 아니다(Grosheide). 본문에 인용된 예언은 스가랴 9:9의 말씀이다. "시온의 딸"이란 말은 이스라엘, 곧 하나님의 교회를 의미한다. 메시아께서 평화를 가지고 오실 터인즉 하나님의 백성은 두려워할 것 없다. 스가랴 시대의 이스라엘(하나님의 백성)도 그 소망(메시아가 장차 오실 소망) 중에서 평안을 가지라고 부탁 받았으니, 그가 오신 신약 시대의 사람들은 얼마나 더욱 평안을 가져야 할 것인가?

16 제자들은 처음에 이 일을 깨닫지 못하였다가 예수께서 영광을 얻으신 후에야 이것이 예수께 대하여 기록된 것임과 사람들이 예수께 이같이 한 것임이 생각났더라. 제자들은 예수님이 부활 승천하셔서 그의 주 되신 영광이 나타날 때까지는, 예수님이 나귀 타시고 입성하신 그 일이 스가랴 9:9의 성취였음을 미처 깨닫지 못했던 것이다. 우리는 이 점에 있어서 한 가지 교훈을 받는다. 곧 현재에는 우리가 하나님이 하시는 일을 잘 모르지만, 세월이 지난 뒤에 알게 되기 위하여 그동안에 파란곡절의 어려움이 있다는 것이다. 제자들도 예수님의 예루살렘 입성에 대하여 그 당시에는 깨닫지 못하였는데, 후에 그들이 깨닫게 되기

까지는 예수님의 죽으심과 부활하실 때까지 어려운 고비들이 있었다. 우리는 하나님이 하시는 일을 깨닫는 과정이 단순치 않은 줄 알아야 한다. 우리가 죽었다가 다시 살아나는 것과 같은 고개를 넘은 뒤에 비로소 일찍부터 움직인 하나님의 섭리의 뜻을 알게 되어 기뻐하게 된다. 시편 119:71에 말하기를 "고난당한 것이 내게 유익이라 이로 말미암아 내가 주의 율례들을 배우게 되었나이다"라고 하였다.

17-18 여기서는 그 무리가 예수님을 성대히 영접한 이유에 대하여 설명한다. 곧 그들은 나사로를 죽은 가운데서 다시 살려 내신 예수님의 권능에 대하여 들은 까닭이었다. 그 사실에 대하여 그들에게 말한 자들은, 나사로의 부활을 직접 본 자들이었다(17절).

19 바리새인들이 서로 말하되 볼지어다 너희 하는 일이 쓸 데 없다 보라 온 세상이 그를 따르는도다 하니라. 바리새인들의 이 말은 그때의 군중의 동태를 바로 보고 지적하였다. 그들의 말에 "온 세상이 그를 따르는도다"라고 한 것은, 무의식중에 나온 예언이 되었다. 그것은 예수님의 세계적 선교의 확실성을 예언한 셈이다. 그들의 말에 뒤이어 예수님이 자기의 세계적 선교에 대하여 말씀하신다(20-32절).

20 명절에 예배하러 올라온 사람 중에 헬라인 몇이 있는데. 여기의 "헬라인"은 본래 헬라인으로서, 개종하고 그때의 구약 종교에 들어왔던 자들을 의미한다. 이제 그들이 예수님을 찾는 것은, 장차 이방인들이 무수히 예수 그리스도를 믿게 될 사실에 대한 예표라고 할 수 있다.

21 그들이 갈릴리 벳새다 사람 빌립에게 가서 청하여 이르되 선생이여 우리가 예수를 뵈옵고자 하나이다 하니. 그들은 직접 예수께 나아가지 않고 빌립의 소개를 받고자 하였다. 그것은 그들이 예수님을 경외하는 증표였다(Calvin). 그런데 그들이 하필 다른 제자들보다도 빌립과 접촉한 이유는 무엇일까? "빌립"이란 이름이 헬라식 이름인 사실을 보아서 그가 누구보다도 헬라어를 잘한 이유였

든지, 혹은 그들이 빌립의 고향 벳새다(헬라인들이 많이 거주하는 곳)에서 온 이유였을지도 모른다.

23 예수께서 대답하여 이르시되 인자가 영광을 얻을 때가 왔도다. 이 말씀은 그의 개인적인 영화를 말함이 아니고, 메시아의 구원 역사의 완성을 가리킨다. 그것은 물론 그의 죽으심과 부활 승천하심을 내포한 것이다. 구원의 갈증을 느낀 헬라인들이 찾아온 마당에, 이 말씀은 적절한 것이다. 우리는 이 말씀의 동기에 대하여 다음과 같이 생각할 수 있다. 곧 헬라인 몇이 예수님을 뵈옵고자 한 것은 예수님에게 영광을 돌리려는 것이었다. 그러나 이방인들로 말미암아 그에게로 돌아올 영광은, 그가 죽었다가 다시 살아나신 뒤에야 실현된다는 의미로, 그는 여기서 말씀하신다. 크로샤이데는 말하기를 "이방인들이 예수님을 영화롭게 하는 것은, 그들이 예수께 먼저 찾아오는 원리에 따르지 않고 그가 저희를 부르심으로 되는 원리에 따른다. 곧 예수께서 죽었다가 다시 사셔서 저희에게 복음을 전하심으로만 된다"라고 하였다.[166)]

12장은 예수님의 영광에 대한 장이라고 할 수 있다. 마리아가 그에게 기름을 부어서 그를 영화롭게 한 것(1-8절), 예루살렘에 올라가실 때 무리들이 그를 왕으로 영화롭게 한 것(12-19절), 헬라인 몇이 그를 뵈옵고 영화롭게 하려 한 것(20-33절)이 기록되어 있다. 그러나 이 일들이 모두 그의 죽으심과 부활하실 사건을 보여 줌과 관련되었다.

24 내가 진실로 진실로 너희에게 이르노니 한 알의 밀이 땅에 떨어져 죽지 아니하면 한 알 그대로 있고 죽으면 많은 열매를 맺느니라. 이것은 예수님이 십자가에 못 박혀 죽으심으로 많은 이방인들이 천국으로 들어오게 될 것을 가리킨 비유인데, 이사야 53:10의 예언이 그대로 성취된다는 것이다. 거기 말하기를 "그의 영혼을 속건제물로 드리기에 이르면 그가 그 씨를 보게 되며"라고 하였다. 이처럼

---

166) Grosheide, Het Heilige Evangelie Volgens Johannes, Kommentaar II, 1950, 215-216.

그의 속죄적 희생은 많은 열매를 맺는 것인 만큼, 그를 따르는 자들(믿는 자들)이 영생을 얻는다.

25 자기의 생명을 사랑하는 자는 잃어버릴 것이요 이 세상에서 자기의 생명을 미워하는 자는 영생하도록 보존하리라. 여기 기록된 희생의 원리는, 일반 사회에도 적용되는 진리이기도 하다. 그러나 여기서는 그리스도께서 그를 믿는 자들이 지켜야 할 원리를 보여주신다. 곧 이 말씀은 믿는 자들이 자기 자신을 거부하고 그리스도만 따라가야 하는 신령한 희생의 도리를 가르친다. 그리스도께서 우리를 대신하여 십자가에 죽으셔서 우리의 영원한 구원을 이루셨으니 만큼(24절), 우리는 우리 자신을 따르지 말고(자기 생명을 사랑하지 말고) 그만 따라가야 한다. 그리스도께서 구속 사업 위한 자기의 죽으심에 대하여 말씀하신 뒤에는, 이어서 그를 믿기(따르기) 위한 우리의 희생을 말씀하시곤 하셨다(마 16:21-26; 눅 9:20-26).

"자기의 생명을 사랑하는 자." 이는 자기 힘으로 자기 생명을 구원하려 하는 자를 가리킨다. 이제 예수님이 속죄의 구원을 이루실 것이므로(24절), 모든 사람들은 자기 생명의 구원을 그에게 맡기고 그만 믿고 따라야 한다. 그리하지 않으면 그들은 생명을 잃는다. 그들은 그들 자신의 생명을 미워하는 듯이 주님만 사랑하며 바라보아야 구원을 얻는다. 사람이 이처럼 되기 어렵다. 그러나 그가 용이하게 그렇게 되는 길이 있다. 벵겔(Bengel)은 말하기를 "우리의 영혼이 우리 자신의 생명을 미워함에 도달하는 방법은, 그리스도의 말씀에 푹 적시는 것이다"라고 하였다.

26 사람이 나를 섬기려면 나를 따르라 나 있는 곳에 나를 섬기는 자도 거기 있으리니 사람이 나를 섬기면 내 아버지께서 그를 귀히 여기시리라. 위의 말씀에 이어서 참된 신자가 되는 원리를 더 자세히 가르친 것이라고도 할 수 있다. 그것은 다음과 같이 해설된다. 사람이 자기 생명을 사랑하지 않는다는 것은(25절 하), 여기서 주님을 따른다(믿는다)는 말로 바뀌었다. 주님을 따르는 자가 주님을 섬기는

자이다. 그리고 주님을 따르는 자는, 고난도 주님과 함께 받게 된다. 그렇게 하는 자는 장차 주님과 함께 거하며 하나님 아버지의 사랑을 받는다(하반절; 참조. 딤후 2:11-12).

"나 있는 곳에 나를 섬기는 자도 거기 있으리니." 신자의 구원을 내세의 장소와 관련시키는 사상은 특별히 요한복음에 많다(14:2, 17:24; 참조. 8:21, 33). 그러나 이와 같은 내세 사상도 그리스도의 인격을 중심하고 있다. 곧 그 장소는 그리스도가 계신 곳이라는 것이다. "나 있는 곳", "나의 가는 곳"이란 말씀들이 그 뜻이다. 공관복음도 내세의 장소에 대하여 가르치지 않은 것은 아니지만(마 19:28; 눅 23:44), 주로 "천국"이란 말에 내세를 포함시킨다. 천국이란 말이 내세의 장소성(場所性)도 포함하기는 하지만, 그것은 주로 운동의 영역(곧, 하나님의 통치 영역)을 가리킨다. 그러므로 신약성경이 말하는 내세적 구원은, 신자가 그리스도와 함께(혹은 하나님과 함께) 있게 되는 사실을 그 중심 요소로 가진다는 것이다.

예수님과 및 그를 섬기는 자들이 동일한 곳에 들어감에 대하여, 불트만은 다음과 같이 잘못 말하였다. 곧 "여기에 나타난 교훈은 영지주의 신비의 구속 교리와 부합한다. 영지주의는 우주적 관련에서 그런 구속자와 구원 받는 자들의 연합을 가리키고, 여기 요한복음은 역사적 관련에서 그것을 말한다"라고 하였다.[167] 그는 특별히 32절의 모든 사람을 이끄는 "들림"이란 말 해석에서도 이와 같은 견해를 표시하면서 말하기를 "예수님은 다시 여기서 영지주의 신비의 술어로써 말씀하신다"라고 하였다.[168] 그러나 예수님의 들리심은 영지주의의 이원론적인 우주 전쟁을 통과하여 성립된 것이 아니다. 그것은 순전히 아버지의 뜻에 순종하신 구원사적인 것이다. 다시 말하면, 그의

167) Johannes Evangelium, 326.
168) Ibid., 330.

들리심은 그가 십자가에 못 박히시기까지 아버지 하나님에게 순종하신 까닭에 하나님께서 그를 높이사 부활 승천하게 하신 것을 가리킨다.

* * * * *

{특별참고}

영지주의 사상과 기독교 사상의 대조

영지주의는 인간의 구속이 하늘 세계에서 온다고 한다. 그 종파에서는 다음과 같이 말한다. 곧 "최고 신의 아들, 곧 빛이신 자가 빛 세계에서 내려와 영적 지식을 전한다. 그가 이 세상에 와서 어둠 속에서 잠자는 인생들을 깨운다. 그 인생들은 실상 최고 신 빛에서 떨어진 부스러기라고 할 수 있다. 빛의 아들이 이들을 깨우쳐 이들의 본향이 하늘이라는 것을 알려 주며, 그들이 죽을 때는 하늘로 간다는 것도 알려 준다."고 한다. 영지주의 운동은 여러 가지로 전개되었는데(2세기경), 요단강 연안에 여러 가지 세례 종파들과 프리기아의 신비 종파와 및 헬라의 종교 철학 중 어떤 학파, 곧 신플라톤주의 등이다. 그 문헌들로서는 헤르메스 문서(Hermetism)이란 책과 만다교 문학(Mandean literature) 등이다. 영지주의 사상은 물론 이원론으로서 위에서 말한 구속자, 곧 최고신의 아들이 우주에 있는 모든 악한 세력들과 싸워 이김으로 인류의 구원을 성취한다는 것이다. 그러나 이 사상은 단순한 신화의 산물로서 전연 역사적 근거를 가지지 못한 것이다. 이와 정반대로 기독교의 구속자는 확실한 인성을 가지신 하나님의 아들로서 역사상에 생활하셨고, 또 죽으셨다가 다시 사신 분이다. 따라서 그의 복음은 어떤 이상이 아니고 확실한 역사적 사실이다. 그러므로 기독교와 영지주의 사상은 서로 정반대이다. 사도들이 영지주의 사상을 그 형식에 있어서라도 모방하였을 리는 만무하다.

27 지금 내 마음이 괴로우니 무슨 말을 하리요 아버지여 나를 구원하여 이때를 면하게 하여 주옵소서 그러나 내가 이를 위하여 이 때 왔나이다. "지금 내 마음이 괴로우니 무슨 말을 하리요"란 것은, 주님이 그의 인성에서 당하실 속죄의 죽음을 느끼시고 하신 탄식이다. 그는 무죄하신 이로 죽는 것인 만큼, 죽음의 진상을 맛보신 유일한 사람이시다. 모든 다른 사람들은 죄로 물들고 죄로 말미암아 어두워져서, 죄의 결과인 사망의 비참한 진상을 참으로 느끼지 못하고 죽는다.

28 아버지여, 아버지의 이름을 영광스럽게 하옵소서 하시니 이에 하늘에서 소리가 나서 이르되 내가 이미 영광스럽게 하였고 또다시 영광스럽게 하리라 하시니. 과거에는 하나님께서 그리스도가 하신 일들과 말씀에 의하여 자기 이름을 영화롭게 하셨으나, 앞으로는 그의 죽으심으로 그것을 영화롭게 하시겠다는 뜻이다.

29 곁에 서서 들은 무리는 천둥이 울었다고도 하며 또 어떤 이들은 천사가 그에게 말하였다고도 하니. 그때 대중은 예수님에게 나타난 계시의 말씀(28절)을 깨닫지 못하고 자연계의 뇌성으로 오해하였다. 다메섹 도상에서 바울에게 임하였던 하늘의 소리도 역시 그 동행자들에게 오해되었다. 그 동행자들은 "소리만 듣고 아무도 보지 못하여 말을 못하고 서 있었다"(행 9:7)고 하였다. 그때의 군중은 이렇게 심령이 어두워서 하나님의 말씀을 깨닫지 못하였다. 그것은 어느 시대에나 그러하다. 인간은 죄로 어두워졌으므로 천지를 진동할 능력 있는 복음을 들을 때도 깨닫지 못하고 딴 것으로 오해한다(Calvin). 어떤 이들은 그것을 천사의 말로 오해하였으니, 그것을 뜻 있는 말로는 알았던 셈이다. 그것을 보니, 그때 들린 소리가 무의미한 소리 뿐만은 아니었던 것이 사실이다. 그뿐 아니라 그 소리는 예수님 밖에 다른 사람들도 들었으니, 그것이 객

관적 계시인 것이 분명하다.

30 예수께서 대답하여 이르시되 이 소리가 난 것은 나를 위한 것이 아니요 너희를 위한 것이니라. 위의 28절의 계시, 곧 "영광스럽게 하리라"는 것(그리스도가 죽으시리라는 것)은 하나님의 백성을 위한 것이라는 뜻이다. 일설에 의하면, 여기 "너희를 위한 것"이란 말씀은 그 뜻 모를 이상한 소리가 그들로 하여금 신앙에 이르도록 함에 필요한 것이라는 뜻이다. 인간은 경이감으로 인하여 신앙에 이르게 되는 일도 있다. 그러나 이 구절 말씀이 그런 뜻을 가진다고 보기는 어렵다.

31 이제 이 세상에 대한 심판이 이르렀으니 이 세상의 임금이 쫓겨나리라. 이 말씀은 예수님이 고난받아 죽으신 뒤에 나타날 결과를 표시한다. 그가 죽으심으로 세상의 죄는 처분되고(1:29), 마귀의 계획은 파괴된다. 거기에 따라서 새로운 영적 질서는 오기 시작하여 마침내 만물이 새롭게 되는 우주적 구원이 임한다(계 21:5). 예수님의 죽으심과 부활하심이 가져올 구원운동의 전폭(현재와 미래를 포함함)을 진술하셨다. "이 세상 임금"이란 말은 사탄을 의미한다(참조. 눅 10:18).

32-33 내가 땅에서 들리면 모든 사람을 내게로 이끌겠노라 하시니. 이것은 예수님이 십자가에 높이 달리시어 못 박혀 죽으실 것을 가리킨다(3:14). 이처럼 그가 속죄의 죽음을 죽으심으로 만국에서 그의 모든 백성을 모으신다. 곧 만국에서 그를 믿을 자들이 생긴다. 희생은 사람들을 끈다. 특별히 흠과 티가 없으시며 전연 허물과 죄가 없으신 하나님 아들의 속죄하시는 죽음은 말할 것도 없다. 그는 죽으심으로 신자들의 숭배의 대상이 되실 뿐만 아니라, 그들이 그에게 나아와서 그 안에서만 생명을 얻도록 하셨다. 그리고 그는 성령에 의하여 사람들을 거듭 나게 하시어 자기에게로 오게 하신다(참조. 6:44).

34 이에 무리가 대답하되 우리는 율법에서 그리스도가 영원히 계신다 함을 들었거늘 너는 어찌하여 인자가 들려야 하리라 하느냐 이 인자는 누구냐. "그리스도가 영원히 계

신다 함을 들었거늘" 이것은 그들이 시편 110:4, 이사야 9:6, 다니엘 7:14 등에 근거하여 생각하였을 것이다. 그러나 그들이 메시아의 고난에 대한 예언(이사야서 53장의 말씀)은 몰랐던 것이다.

35 **예수께서 이르시되 아직 잠시 동안 빛이 너희 중에 있으니 빛이 있을 동안에 다녀 어두움에 붙잡히지 않게 하라 어둠에 다니는 자는 그 가는 곳을 알지 못하느니라.** 여기 "잠시 동안"이란 말은 예수님을 믿을 기회를 가리킨다. 기회라는 말을 들을 때 우리 마음이 두근거리며 긴장을 느낄 줄 알아야 한다. 그 이유는 기회는 언제나 잠깐 동안이기 때문이다. 실상 기회라는 것은 사람이 당면한 그 현재밖에 없다. 그는 미래를 자기의 시간이라고 할 수 없다. 미래는 그에게 감추어 있다. 혹 그것이 그의 것이 될 수도 있고, 혹은 그의 것이 되지 못할 수도 있다. 엄격히 말해서 그가 받은 기회는 현재뿐이다. 그러나 사람들은 기회를 잠깐 동안 있을 것으로 생각하지 않고 시간을 낭비한다. 청년들은 생각하기를 "우리는 지금 준비하는 시기이고, 정규적 삶을 살고 있는 것은 아니다. 우리는 공부를 마치고 성공한 다음에 신앙생활을 하겠다고 한다. 그러나 이것은 스스로 속은 생각이다. 청년들은 그 준비하는 중에도 그 준비가 역시 정규적 삶이라는 것을 알아야 한다. 준비가 바로 삶이다. 그러므로 그때도 하나님 없이 살지 말아야 한다. 이다음에 잘 믿겠다고 하는 것은, 이다음에도 잘 못 믿을 것을 약속함과 같다. 노인들은 낙오자의 심리를 가지고 기회를 허송하기 쉽다. 다시 말하면, 자기들의 시대는 다 지나갔다는 것이다. 그러나 그것은 크게 잘못된 말이다. 노인들이야말로 예수님을 전적으로 믿을 좋은 환경에 처하여 있다. 그들은 한평생 모든 것을 다 지내보고 헛된 줄로 알았다. 그러므로 그들이야말로 그 당하고 있는 현재에 있어서 그리스도를 전적으로 믿을 만하다. 조지 뮬러(George Müller)는 70세에 선교사로 출발하였고, 크랜머(Cranmer)는 60세에 비로소 복음 진리를 크게 깨닫고 그 진리를 위하여 순교하기까지 하였다.

이 구절과 다음 구절에 "빛"이란 말이 다섯 번 나온다. 여기서 "빛"은 그리스도를 비유한다. 36절에 말하기를 "빛이 있을 동안에 빛을 믿으라"고 하였다. 그러면 그리스도를 빛으로 비유하였을 때는 그분이 우리에게 얼마나 중요하다는 것을 알 수 있다. 하나님께서 만물 중에 빛을 가장 먼저 지으셨으니, 그것을 보아도 빛이 얼마나 중요하다는 것을 알 수 있다. 빛이 없는 세계에는 생명이 살 수 없다. 슐라터(Schlatter)는 말하기를 "생명은 존재보다 높고, 빛은 그 중에도 가장 높다. 그 이유는 그것이 생명에게 깨닫는 내적 성질을 주기 때문이다"라고 하였다.[169] 그러면 그리스도는 무엇을 보여주시는 빛이신가? 그는 우리에게 하나님을 보여주신다. 그가 우리에게 하나님을 보여주실 때 어떤 이론에 의하여 보여주시지 않고, 자기 자신으로 보여주신다. 우리가 그리스도를 우리 심령 속에 모실 때는 하나님이 환하게 우리에게 알려진다. 슐라터는 또 말하기를 "그리스도는 교훈에서 교훈을, 또는 신학에서 신학을 해설하시는 이가 아니다. 그는 빛으로 역사하신다"라고 하였다.[170] 그리스도는 그 자신이 진리이시며 생명이시기 때문에, 그를 접촉하고 만나는 사람마다 하나님을 알고 믿게 된다. 이처럼 그리스도는 우리의 존재보다 귀한 빛이시다. 그러므로 그를 믿을 수 있는 기회처럼 중대한 것은 없다. 우리는 우리의 생명보다 그분을 중요하게 생각해야 한다. 사도 바울은 그리스도를 따르며 전파할 때 생명을 아끼지 않았다. 사도행전 20:24에 말하기를 "나의 달려갈 길과 주 예수께 받은 사명 곧 하나님의 은혜의 복음을 증언하는 일을 마치려 함에는 나의 생명조차 조금도 귀한 것으로 여기지 아니하노라"고 하였다. 바울이 이처럼 생각한 원인은 어디까지나 과학적이라고 할 수 있다.

---

169) Höher als das Dasein ist die Lebendigkeit, und das Hochste ist das Licht, womit dem Leben die bewusste, enkennende Innerlichkeit verliehen ist.-Schlatter, Der Evangelist Johannes, 6.

170) Er hat nicht Lehre durch Lehre, Theologie durch Theologie ersetzt. Er wirkt als Licht. Der Evangelist Johannes, 273.

그에게는 그리스도가 그의 생명보다 중요한 것이니만큼, 그는 그리스도를 위하여 생명을 조금도 귀한 것으로 여기지 않았다. 우리는 그리스도 제일주의로 살아야 한다. 우리의 모든 것을 그리스도에게 맡겨야 한다. 루터(Luther)는 말하기를 "나를 위하여 죽으셨던 분으로 내 영혼을 구원하게 하여라"라고 하였다.

36 너희에게 아직 빛이 있을 동안에 빛을 믿으라 그리하면 빛의 아들이 되리라 예수께서 이 말씀을 하시고 저희를 떠나가서 숨으시니라. 여기서 "빛"은 앞 절에서 말한 것과 같이 예수님을 비유한 것이다. 하나님 아버지께서 빛이신 만큼, 그도 빛이시다(요일 1:5; 요 8:12). 예수님이 육신으로 세상에 계심은, 그때 팔레스타인에만 한 번 있었던 사실이다. 그런데 그때의 유대인들은 그를 배척하는 중에 있었다. 그것은 천재일우의 귀한 기회를 놓치는 불행이었다. 그 기회를 놓친 뒤에는, 그가 육신으로 세상에 계실 수는 영원히 없을 터이었다. 그러므로 유대인들은 그 기회를 붙잡아 그를 믿어야 할 것이었다. 예수님의 별세 후에는 그들이 성령으로 말미암아 예수님을 믿게 될 기회도 없지는 않을 것이다. 그러나 육신으로 세상에 계시던 주님을 오랫동안 보면서도 그렇게 완강하게 끝까지 배척하던 자들로서는 그렇게 되기 어려울 것이다. 그러므로 예수님이 말씀하시기를 "너희에게 빛이 있을 동안에 빛을 믿으라"고 두 번이나 강조하신 것이다(참조. 35절).

37 이렇게 많은 표적을 그들 앞에서 행하셨으나 그를 믿지 아니하니. 요한복음의 특징 중 하나는 유대인들의 불신앙을 탄식함이다(참조. 1:5, 10-11절). 예수께서 이적을 행하신 것은, 인간의 호기심이나 일으키려는 것이 아니었다. 그것은 예수님이 그가 메시아이심을 보여주시는 표적(증표)인 것이다. 그것이 그렇게 많음에도 불구하고 그들이 믿지 않았으니, 그들 자신에게 죄책이 돌아갈 것밖에 없다.

38 이는 선지자 이사야의 말씀을 이루려 하심이라 이르되 주여 우리에게서 들은 바를

누가 믿었으며 주의 팔이 누구에게 나타났나이까 하였더라. 이 말씀은 이사야 53:1의 인용이다. 이 예언은 그리스도를 믿는 자들의 수효가 많지 못할 것을 가리킨 것이다. "주의 팔"이란 주님의 능력(곧, 사람의 마음눈을 열어 복음을 깨닫게 하시는 능력)을 가리킨다. 이 예언과 같이 예수님을 믿는 자들이 그때 별로 많지 못하였다.

39 그들이 능히 믿지 못한 것은 이 때문이니 곧 이사야가 다시 일렀으되. 은혜가 많을수록 불신앙을 고집하는(37절) 원인은, 그들이 선택받지 못하였기 때문이다. 우리가 이 원리를 현재에 믿지 않는 모든 사람들에게다 적용할 것은 아니다. 그들 중에는 믿을 자도 있기 때문이다.

40 그들의 눈을 멀게 하시고 그들의 마음을 완고하게 하셨으니 이는 그들로 하여금 눈으로 보고 마음으로 깨닫고 돌이켜 내게 고침을 받지 못하게 하려 함이라. 이것은 이사야서에 있는 대로 이사야가 주님의 영광을 본 뒤에 받은 말씀이다(사 6:10). 이 말씀의 뜻은 하나님께서 선한 인간들을 완악하게 만드셨다는 것이 아니다. 이것은 인간이 하나님을 반역하기 때문에 하나님께서는 그들을 악화되는 대로 버려두심을 의미한다. 그런데 그가 이처럼 하심이 그의 거룩하신 계획에 들어 있었다는 뜻도 여기 포함되어 있다. 물론 유대인들이 저렇게 되는(40절의 내용과 같이 되는) 죄책은 그들 자신들에게 있었다.

41 이사야가 이처럼 말한 것은 주의 영광을 보고 주를 가리켜 말한 것이라. 이사야는 묵시 중에서 보좌에 앉으신 주님의 영광을 본 일이 있었다(사 6:1). 그는 그때 주님의 말씀, 곧 "내가 누구를 보내며 누가 우리를 위하여 갈꼬"(사 6:8) 하심을 들었다. 그때 겸하여 받은 말씀이 앞 절에 인용된 내용이다(사 6:9-10).

42-43 그러나 관리 중에도 그를 믿는 자가 많되 바리새인들 때문에 드러나게 말하지 못하니 이는 출교를 당할까 두려워함이라 그들은 사람의 영광을 하나님의 영광보다 더 사랑하였더라. "관원"들은 산헤드린 공의회의 지도층 인물들을 가리킨다. 그들은 세상 영광에 사로잡혀 있기 쉬운 것이다. 그러나 그들 중에 신자들이 많다는

것은, 예수님이 메시아이신 사실이 너무도 명백하였기 때문이다. 본문 가운데 "그러나"란 말과 "~에도"란 말이 이 사실을 힘써 설명한다. 그들이 그 믿은 바를 공적으로 고백하지 않았던 이유는 진리 지식의 부족이 아니라 실천하는 힘이 부족한 것이다. 곧 그들이 하나님의 영광보다 사람의 영광을 더 사랑한 까닭이었다. 그들이 신앙을 공적으로 고백하지 않았으니, 그것은 더욱 약해질 위험성이 있는 것이다. 신자가 마땅히 강해야 할 자리에서 어떤 육적 이유로 강하지 못하면, 그는 강해질 방향을 등지고 약해가는 방향으로 서는 것이다. 그렇게 되면 그는 계속하여 약해진다. 그것은 사람이 경사진 얼음판에서 미끄러져 내림과 같다.

그러면 그때 믿는 관원들이 왜 저렇게 약하여졌던가? 그것은 본문이 말한 것과 같이, 그들이 "사람의 영광을 하나님의 영광보다 더 사랑한" 까닭이었다. ① 그들이 하나님의 영광보다 사람의 영광을 더욱 사랑한 것은 어리석은 생각임. 하나님의 이름은 여호와니, 곧 존재자란 뜻이다. 그러나 인간은 피조물인즉 본래 없던 자요, 이제라도 하나님께서 없애려면 없앨 수 있다. 그러므로 신자는 인간의 칭찬이나 영광을 찾지 말고, 오직 하나님의 칭찬과 영광을 찾아야 한다(Hengstenberg). 칼빈(Calvin)은 말하기를 "하나님의 판단보다도 사람의 박수를 택하는 것은 어리석다고 하기보다, 차라리 짐승 같은 행동이라고 할 수 있다."고 하였다. ② 사람이 세상에서 명예를 탐하면 명예의 종이 됨. 이런 사람은 혹시 의를 행하다가도 명예를 위하여 얼른 중단한다. 명예주의는 하나님과 반대되는 요소이다. 하나님께서는 그의 종들 중에서 명예주의에 속한 자를 사용하시지 않고 버리신다. 무디(Moody)가 하나님께 사용된 이유도 그가 언제나 자기를 감추었으며, 명예를 좋아하지 않은데 있었다고 한다. 그의 후계자인 토레이(Torrey)의 말에 의하면, 그는 남의 말을 많이 인용하기 좋아하였다고 한다. 그는 강단에도 될 수 있는 대로 남들을 내세웠다고 한다.

44-46 이 구절들은 예수님이 유대인들에게 믿음을 권고하신 말씀이다. 이 권고의 내용은 그가 바로 하나님과 사람 사이의 중보자란 것이다. 곧 그를 믿는 것이 하나님 아버지를 믿음과 같다는 것이다. 예수님은 하나님께서 보내신 자(중보자)라는 것이 요한복음의 특징들 가운데 하나이다. 그는 중보자로서 사람들로 하여금 하나님을 알게(영적으로 보게) 하시니, 그런 의미에서 그는 세상의 빛이라고 하신 것이다.

47-50 이 구절들은 예수님 말씀의 권위가 얼마나 큰지를 가리킨다. ① 그 말씀은 하나님 아버지의 말씀인데 세상 마지막 날에 그 말씀이 심판한다고 하시며(47-48절), ② 그 말씀은 하나님 아버지의 말씀이라고 하시며(49절), ③ 그 말씀이 영생을 주는 것이니 만큼, 그 말씀을 "영생"이라고 할 수 있다고 하신다(50절; 참조. 요 6:68).

설교 주님을 사랑하는 자(12:1-8)

1. 주님을 사랑하는 자는 주님에게 가장 많이 바친다.

마리아는 자기에게 있는 보물 중 가장 귀한 것을 주님에게 바쳤을 것이다. 나드 향유는 진귀한 기름이다. 우리가 주님에게 이처럼 가장 귀한 것을 바쳐야 할 이유는 무엇인가? 그것은 주님 밖에는 다른 주님이 다시없기 때문이다. 이사야 43:11에 말하기를 "나 곧 나는 여호와라 나 외에 구원자가 없느니라" 하였고, 신명기 6:4-5에는 말하기를 "이스라엘아 들으라 우리 하나님 여호와는 오직 유일한 여호와시니 너는 마음을 다하고 뜻을 다하고 힘을 다하여 네 하나님 여호와를 사랑하라"고 하였다. 신자는 하나님에게 물질을 바치는 경우에도 정성껏 바쳐야 한다. 과거에 모든 축복을 받은 성도들은 물질도 정성껏 바쳤던 것이다. 세계적으로 유명한 부자 하이드(A. A. Hyde)는 백만 달러나 되는 큰 빚을 졌을 때도 계속하여 즐겁게 십일조 헌금을 하였다고 한다. 누가 묻기를 "남의 빚을 갚아야 하지 않겠는가?" 하니, 그는 대답하기를 "하나님께 진 빚을 먼저 갚아야 한다."고 하였다고 한다. 비누 제조로 큰 부자 된 윌리엄 콜게이트(William Colgate)는 주님께 십일조를 바친 결과 주님의 축복이 컸다. 그다음엔 십이조를, 또다시 십삼조, 십사조, 나중엔 십의 오조를 바쳤다고 한다. 우리 신자들이 주님께 물질을 정성껏 바치지 않을 수 있을까? 우리는 모든 좋은 것들을 주님께 바쳐야 할 빚을 지고 있으니, 그렇게 하지 않을 때 죄가 되는 줄 알아야 한다. 우리에게 있는 그 무엇이나 주님의 것이 아닌 것이 있으랴? 모든 자연물도 주님께서 지어 주신 것이고, 또한 범죄하여 멸망 받게 되었던 우리 자신이 그리스도로 말미암아 구속함을 입었으니(롬 8:32), 우리에게 있는 것이 모두 하나님의 것이다(고전 4:7). 그러므로 우리는 모든 것을 다하여 주님의 일을 한 후에라도, 나는 무익한 종이라고 하나님 앞에 고백하지 않을 수 없다. 누가복음 17:10에 말하기를 "이같이 너희도 명령 받은 것을 다 행한 후에 이르기를 우리는 무익한 종이라 우리가 하여야 할 일을 한 것뿐이라 할지니라"고 하였다.

그뿐 아니라 우리는 우리의 소유 때문에 그리스도를 따르는 일에 방해를 받는 때가 있다. 그러므로 사도 바울은 빌립보서 3:8에 말하기를 "또한 모든 것을 해로 여김은 내 주 그리스도 예수를 아는 지식이 가장 고상함을 인함이라 내가 그를 위하여 모든 것을 잃어버리고 배설물로 여김은 그리스도를 얻고"라고 하였다. 어떤 나라에 선교사로 갔던 폰 벨츠 남작(Baron von Welz)은 그의 모든 특권과 재산을 주님을 위하여 바치고 한 말이 "그리스도 안에서 거듭난 것 이상으로 잘난 것이 어디 있으며, 그리스도의 종으로 살기 원하는 나에게 상전이라는 대우가 무슨 귀한 대우가 될 것인가? 나는 하나님의 은혜와 도움을 받아야 살 자인데, 나더러 신세를 졌다고 하는 말이 웬 말인가? 이런 모든 헛된 것을 나는 버리노라. 혹은 이 모든 것을 나의 사랑하는 주님의 발밑에 두노라. 그리하여야 내가 주님을 섬기는 데 방해를 받지 않을 것이다"라고 하였다. 그러므로 예수님이 말씀하시기를, 그를 따르는 자는 모든 것을 다 버려야 한다고 하셨다. 호레이스 부쉬넬(Horace Bushnell)은 말하기를 "신자가 주님의 복음과 교회 일을 위하여 물질을 바치지 아니함은, 다음과 같은 그릇된 생각을 가짐이다. 곧 ① 사람이 죄로 멸망하지 않으며 구주가 필요치 않다는 것, ② 복음은 하나님의 능력이 아니라는 것, ③ 가인과 같이 '내가 내 아우를 지키는 자니이까'(창 4:9)라고 하여 남의 영혼에 대하여 책임 없다고 생각하는 것, ④ 자기는 그리스도의 승리에 참여하지 않겠다고 생각하는 것, ⑤ 자기가 맡은 재능과 재물에 관하여 하나님 앞에 가서 회계 볼 일이 없다고 생각하는 것이다"라고 하였다.

2. 주님을 사랑하는 자는 사람들이 알아주지 않아도 주님께 봉사한다.

마리아는 그 값진 향유를 예수님의 발에 부었다. 그 일 때문에 그는 귀한 것을 너무 낭비 한다는 오해를 받기도 했으니, 곧 그의 봉사에 대하여 제자들이 비판했던 것이다(마 26:8). 그러나 그는 그것을 감행하였다. 주님이 기뻐하시는 봉사가 어떤 때는 이처럼 사람들에게 이해를 받지 못한다. 그런 봉사자는 하늘에 가서 큰 상급을 받는다. 옥스퍼드 대학생 한 명이 아프리카 선교사로 가서 1년 동안 일하고 죽었다. 그가 임종 시에 말하기를 "나는 나의 죽음이 '아프리카 선교'라는 큰 다리를 놓는 데 있어서, 물속에 깊이 잠긴 돌 한 개의 역할을 한 것으로 족하게 여기노라. 주님께서 나를 보이지 않는 돌 한 개와 같이 쓰시기 원하신 것이라면, 나는 그것을 만족히 여기노라"라고 하였다고 한다. 우리가 "사람 중에 높임을 받는 그것은 하나님 앞에 미움을 받는 것"이다(눅 16:15). 비판받는 봉사라도 좋은 봉사라면 달게 여기고 해야 한다. 그런 봉사야말로 실상 하나님이 달게 여기시는 것이다(고후 6:9; 히 11:6).

설교 주님을 위한 봉사(12:1-8)

마리아는 나드 향유를 예수님의 발에 부었다. 그 여인은 이런 값진 예물을 예수님께 드렸다(그 값이 300 데나리온이니, 300일 품삯에 해당). 주님을 섬기는 자는 이처럼 최선을 다해야 한다. 그가 그렇게 한 것은 "마음을 다하고 뜻을 다하고 힘을 다하여 네 하나님 여호와를 사랑하라"고 하신 말씀(신 6:4-5)을 실행한 것이다.

1. 그의 봉사는 그리스도의 죽음을 알아 드리는 일이기 때문에 귀함

주님은 그의 봉사를 가리켜 "장례할 날을 위하여" 예비한 것이라고 하셨다(7절). 구약의 제사 제도가 속죄의 효과를 낸 이유도, 그것이 그리스도의 속죄의 죽음을 예표한 것이기 때문이다. 예수 그리스도께서는 우리가 그의 죽으심의 의의를 알아 드리고 그 공효를 받아 누릴 때 만족해하신다. 그리고 우리는 영원히 풀지 못할, 가슴에 박힌 죄악의 문제를 예수 그리스도의 죽음에서 해결한다. 나는 미국에 있을 때 일본에서 선교하던 피어선(Pierson) 박사에게서 나의 학비 문제를 해결 받았다. 그런데 그 후에 내가 그에게 은혜를 갚지 못한 채 그가 별세하고 말았다. 이 일은 나의 가슴 아픈 일 가운데 한 가지로 남아 있다. 그러나 나의 이와 같은 부족도 그리스도의 죽으심에서 유쾌한 해결을 받았다. 우리가 이미 받은 신령한 은혜에 감격하여 물질을 아낌없이 주님께 바쳐야 한다. 우리가 주님께 물질을 바치면 하늘의 상급도 받는다.

디모데전서 6:17-19에 말하기를 "정함이 없는 재물에 소망을 두지 말고 오직 우리에게 모든 것을 후히 주사 누리게 하시는 하나님께 두며 선을 행하고 선한 사업을 많이 하고 나누어주기를 좋아하며 너그러운 자가 되게 하라 이것이 장래에 자기를 위하여 좋은 터를 쌓아 참된 생명을 취하는 것이니라"

고 하였다. 마태복음 6:20에는 "오직 너희를 위하여 보물을 하늘에 쌓아 두라"고 하였다.

2. 성전을 짓는 것도 귀함

성전은 예수님의 복음을 전파하는 곳이다. 우리는 이 일을 위해서 정성스럽게 연보해야 한다. 성경을 보면 하나님의 성전을 얼마나 존중히 하는가? 다윗은 하나님의 성막을 발견하기 전에 말하기를 "내가 내 장막 집에 들어가지 아니하며 내 침상에 오르지 아니하고 내 눈으로 잠들게 하지 아니하며"(시 132:3-4)라고 하였고, 시편 84:10에는 "주의 궁정에서의 한 날이 다른 곳에서의 천 날보다 나은즉 악인의 장막에 사는 것보다 내 하나님의 성전 문지기로 있는 것이 좋사오니"라고 하였고, 또 주의 집을 사모하여 말하기를 "주의 집을 위하는 열성이 나를 삼키고"(시 69:9)라고 하였다. 성전이 이처럼 중요한 이유는, 성전은 기도하는 집이기 때문이며(막 11:17), 또한 교회로 모이는 장소이기 때문이다. 하나님께서 그리스도인들에게 모이기를 힘쓰라고 하셨다(히 10:25).

설교 희생의 원리(12:20-33)

1. 희생의 원리는 땅에 떨어져 죽는 원리임(24절)

우리는 하나님께서 지으신 세상에 이와 같은 희생의 원리가 있음을 알아야 한다. 자연계에는 이런 이치가 많이 나타나 있다. 여기 예수님이 가르치신 "한 알의 밀" 교훈도 그중의 한 가지를 보여준다. 한 알의 밀과 같은 예수님의 희생은 하나님 자신의 희생으로서 모든 희생의 표본이시다. 그 희생은 그저 땅에 떨어져 죽는 것과 같아서, 자기의 명예나 자기의 유익을 위한 것이 전혀 없으시다.

우리는 그의 죽으심을 배우는 자들이다. 바울은 말하기를 "내가 그리스도와 그 부활의 권능과 그 고난에 참여함을 알고자 하여 그의 죽으심을 본받아"(빌 3:10)라고 하였다. 물론 우리는 우리의 힘으로 진정한 의미의 희생을 할 수 없다. 우리는 언제나 내 힘으로는 희생을 못 한다고 분명히 말해야 한다. 그러므로 우리는 "나는 그리스도의 고난의 효과에 참여한다"라고 말해야 한다. 그 다음으로는 "나도 희생할 마음이 있다."고 말하게 될 것이다.

2. 희생의 원리는 많은 열매를 거두려는 목표를 가짐(24절)

희생은 무모한 일이 아니다. 희생은 생의 목적을 옳게, 또는 가장 유익하게 이루는 길이다. 인생은 공익을 위하여 지음받은 자이다. 그는 남들이 잘되는 것을 보기 원해야 될 자이다. 그는 희생하므로 확실히 많은 사람들을 유익하게 할 수 있다. 희생의 원리는 하나님의 진리이며, 또한 하나님의 사용하시는 원리인 까닭이다. 바울은 많은 열매를 가져오는 희생의 생활을 하였다. 고린도후서 4:12에 말하기를 "그런즉 사망은 우리 안에서 역사하고 생명은 너희 안에서 역사하느니라"고 하였다. 우리는 나 한 사람이 잘 되려는 작은 생활을 가지지 말고, 많은 사람들이 잘되는 것을 목표하는 큰 생활을 가지자.

3. 희생의 원리는 자기 생명을 미워하는 원리임(25절)

사람이 자기의 생명을 어떻게 미워하게 될까? 그것은 사람이 하나님에게 애착할 때 된다. 베드로전서 2:3에 말하기를 "너희가 주의 인자하심을 맛보았으면"이라고 하였으니, 하나님의 맛을 아는 자는 자신을 초개와 같이 여긴다(참조. 시 34:8). 그리고 성도는 자기의 죄악을 봄으로 자기를 미워하게 된다. 조지 휘트필드(Whitefield)는 자기가 어떤 때는 짐승 같고 마귀 같다고 하였으며, 사람들이 왜 자기를 돌로 쳐 죽이지 않는지 모르겠다고 하였으니, 그는 과연 자기를 미워한 성도였다.

4. 희생의 원리는 그리스도를 섬기는 일임(26절)

그리스도를 섬긴다 함이 무엇인가? 그것이 나는 나대로 있으면서 그리스도에게 좋은 일을 어느 정도 하여 드리는 것인가? 교회에는 그리스도를 섬긴다는 명목 아래서 도리어 그리스도를 종으로 이용하려는 자들이 많다. 그들은 다음과 같은 사실을 알고 회개해야 한다. 곧 그리스도를 섬김은 우리의 특권이라는 것이다. 여인이 낳은 사람들 중에 가장 큰 자인 세례 요한도 그리스도의 신발끈 풀기도 감당할 수 없다고 하였다. 우리는 그리스도를 기쁨으로 섬겨야 한다. 우리가 전에는 마귀의 종이었으나, 이제는 하나님의 종이 되었다. 그리스도께서 마귀를 이기시므로 마귀는 쫓겨났다. 12:31에 말하기를 "이제 이 세상에 대한 심판이 이르렀으니 이 세상 임금이 쫓겨나리라"고 하였다.

설교 빛이 있을 때 빛을 믿으라(12:35-36)

1. 빛 되신 예수님과 인생

예수님을 빛이라고 함은, 사람이 예수 그리스도로 말미암아서만 하나님을 본다는 뜻이다. 46절에 말하기를 "나는 빛으로 세상에 왔나니 무릇 나를 믿는 자로 어둠에 거하지 않게 하려 함이로라"고 하였다. 그가 빛으로 오셨다고 함은, 곧 자신이 천국 자체요 하나님 자신이라는 뜻이다. 그 이유는, 성경이 천국을 빛의 세계라는 뜻으로 말하였기 때문이다(골 1:12-13; 벧전 2:9; 계 21:23). 실상 예수님은 하나님 계시의 최후적 완성이이며, 그 이상 없는 계시이시다. 예수님을 받는 자는 곧바로 영생과 천국을 그 현재에 받는다. 그러나 예수님 밖에 있는 자들은 언제나 어둠 속에서 헤맨다.

2. 빛 되신 예수님을 받은 자의 열매

우리가 육신의 눈을 뜨지 못하였다면 얼마나 답답할까? 그러나 하나님을 모르는 어둠은 더욱 갑갑하다. 패니 크로스비(Fanny Crosby)는 앞을 볼 수 없었지만 심령의 눈으로 하나님을 보았기 때문에 다른 사람들이 보지 못하는 행복을 누렸다고 한다. 하나님을 보는 것이 얼마나 좋은가? 그것은 얼마나 유력한가? 우리의 실패는 하나님을 보지 못하고 사람을 보는 것에 있다. 우리에게 하나님을 보여 주시는 이는 예수님뿐이시다. 어떤 이가 말하기를 "루터가 하나님을 보매 온 로마 가톨릭교가 떨었고, 조나단 에드워즈(Jonathan Edwards)가 하나님을 보매 미국이 크게 깨어 일어났고, 존 녹스(John Knox)가 하나님을 보매 온 스코틀랜드가 그 앞에 엎드렸고, 존 웨슬리(John Wesley)가 하나님을 보매 온 세계가 그의 교구가 되었고, 조지 뮬러가 하나님을 보매 수만의 고아들이 살 수 있었더라"라고 하였다. 시인 테니슨(Tennyson)의 임종 시에 곁에 있던 자들이 묻기를 "무엇을 원하는가?"하니, 그는 대답하기를 "새로이 하나님을 볼 소원이다"라고 하였다. 루디아는 바울의 설교를 듣고 마음눈이 열려 하나님을 본 뒤에 바울에게 말하기를 "만일 나를 주 믿는 자로 알거든 내 집에 들어와 유하라"하고 강권하여 있게 하였다(행 16:14-15). 하나님을 알게 하시는 빛 되신 그리스도는 이렇게 귀하므로 우리는 이 빛을 사모해야 한다. 북극지방 노르웨이(Norway)에는 태양 빛이 여러 달 없다가 1월 18일에 올라온다고 한다. 그때는 온 국민이 너무 반가워서 미리부터 산에 올라가 빛을 보려고 기다리다가 조금 훤해지는 때부터 기뻐한다고 한다. 이처럼 우리는 그리스도를 기뻐하자.

제 13 장

내용분해

1. 예수께서 제자들의 발을 씻으신 행사(1-17절)
   1) 그 행사의 동기(1-3절)
   2) 그 행사의 실제 및 영적 의미(4-11절)
   3) 예수께서 그 행사의 의미를 가지고 제자들에게 겸손을 교훈하심(12-17절)

2. 예수께서 그를 팔 자에 대하여 말씀하심(18-30절)

3. 예수께서 자기가 죽으실 것을 예언하심(31-38절)
   1) 그가 그의 죽으심을 영광으로 간주하심(31-32절)
   2) 그가 그의 죽으심을 가리켜 그가 가실 곳에 가심이라고 말씀하심(33절)
   3) 제자들에게 새 계명을 주심(34-35절)
   4) 예수께서 베드로에게 주신 말씀(36-38절)

⚜ 개요

예수님이 제자들의 발을 씻기신 사건은 두 가지 뜻을 나타냈으니, 곧 지극한 겸손과 속죄의 사랑을 비유함이다.

1. 그의 지극한 겸손을 나타냄

그가 제자들의 발을 씻기심이 겸손의 뜻을 가진 것은 13-14절 말씀이 보여 준다. 곧 "너희가 나를 선생이라 또는 주라 하니 너희 말이 옳도다 내가 그러하다 내가 주와 또는 선생이 되어 너희 발을 씻었으니 너희도 서로 발을 씻어 주는 것이 옳으니라"고 하였다. 예수님의 겸손은 그가 제자들의 발을 씻으신 사건으로 대표된다. 그의 생애 전부는 겸손이었다. 그는 말씀하시기를 "수고하고 무거운 짐 진 자들아 다 내게로 오라 내가 너희를 쉬게 하리라 나는 마음이 온유하고 겸손하니"라고 하셨다(마 11:28-29).

2. 그의 속죄의 사랑을 비유함(8-11절)

1) 8절에 예수님이 말씀하신 대로 "내가 너를 씻어 주지 아니하면 네가 나와 상관이 없느니라"고 하신 말씀도 실상 그의 속죄의 역사를 가리킨다. 칼빈(Calvin)은 8절에 관하여 말하기를 "그리스도가 우리의 죄를 씻어 주시기 전에는, 우리는 하나님 앞에 온갖 더러운 자일뿐이라는 교훈이 여기 들어 있다"라고 하였다.[171)]

2) 10절에 있는 대로 "이미 목욕한 자는 발 밖에 씻을 필요가 없느니라 온 몸이 깨끗하니라 너희가 깨끗하나 다는 아니니라"고 한 말씀 중에 "다는 아니니라"고 한 말씀이 유다를 염두에 두었으니만큼, 여기에서 언급된 '씻는

---

171) Calvin's Commentary, John's Gospel II, 58.

다'는 개념과 '깨끗하다'는 개념은 종교 윤리적 의미를 가진 것이 분명하다. 그렇다면 예수님이 제자들의 발을 씻으신 행위는, 그 속죄적 희생의 역사를 가리킨 것임이 분명하다. 아우구스티누스(Augustine)도 이 구절이 속죄를 가리킨다는 의미로 다음과 같이 말하였다. 곧 "사람이 세례를 받으므로 온 인격이 깨끗해진다. 그러나 그 후에도 그가 세상에 살면서 땅을 밟는다.···그의 심령은 발과 같아서 그것이 땅의 것으로 더불어 관계하는 동안 더러워진다. 그러므로 그것은 또다시 씻어야 한다. 이런 정도에서 씻는다는 것은 무엇을 가리킬까? 그것은 회개할 때 예수님의 보혈로 말미암아 받게 되는 사죄의 은혜일 것이다(요일 1:7, 9)."라고 하였다.[172)]

3) 이 장면에 있어서 주님은 유다가 그를 팔게 될 것을 미리 아셨고(2절), 또 그 사실을 예고하셨다(11, 18, 21-29절). 그것을 보아서 그가 그때 그의 속죄적 죽음을 염두에 두셨던 것이 명백하다.

해석

1-3 유월절 전에 예수께서 자기가 세상을 떠나 아버지께로 돌아가실 때가 이른 줄 아시고 세상에 있는 자기 사람들을 사랑하시되 끝까지 사랑하시니라 마귀가 벌써 시몬의 아들 가룟 유다의 마음에 예수를 팔려는 생각을 넣었더라 저녁 먹는 중 예수는 아버지께서 모든 것을 자기 손에 맡기신 것과 또 자기가 하나님께로부터 오셨다가 하나님께로 돌아가실 것을 아시고. 이 구절들에는 예수님의 사랑의 동기가 기록되어 있다. 그는 세 가지 동기로 제자들에게 사랑의 일, 곧 발 씻는 일을 행하셨다. ① "아버지께로 돌아가실 때가 이른 줄 아시고"(1절), 이 일을 행하셨음. 이것은 제자들을 떠나신다

172) Augustine, Catena Aura Ⅳ, Oxford, 427-428.

는 그의 인성 편의 무거운 느낌에서 행하신 것. ② "마귀가···유다의 마음에 예수를 팔려는 생각을 넣은 줄 아시고"(2절), 이 일을 행하셨음. 이것은 가장 마음 아픈 일이었을 것이다. 선생으로서 제자에게 팔린다는 것은, 인간으로서는 견딜 수 없는 장면이고 낙심될 일이다. 그런데 그가 계속하여 제자들을 극진히 사랑하심은 하나님의 성품이다. 그는 가장 검은 미움의 활동이 일어난 곳에 가장 부드러운 사랑으로 대하셨다. ③ "아버지께서 모든 것을 자기 손에 맡기신 것과 또 자기가 하나님께로부터 오셨다가 하나님께로 돌아가실 것을 아시고"(3절), 이일을 행하셨음. 이것은 그가 자기가 영광 받으실 사실을 아셨다는 뜻이다(마 28:18). 그는 이렇게 영광 받으실 것을 내다보시면서, 사람이 천국에서 진정으로 위대해지는 비결을 제자들에게 보여 주셨다. 그것이 제자들의 발을 씻으시는 것으로 나타난 그의 겸손이다.

"저녁 먹는 중." 이것이 유월절 만찬을 가리킨 것일까? 혹은 다른 때의 저녁 식사를 의미한 것일까? 어떤 학자들은 이것이 유월절 하루 전(니산월 13일 저녁)의 식사를 가리킨 것이라고 한다(Meyer). 그러나 21-30절의 내용을 보니, 유다가 예수님을 잡아줄 자로 지적된 저녁인 것이 드러난다. 그 저녁은 유월절 만찬 저녁이다. 공관복음은 그렇게 말한다(마26:17-25; 막 14:17-21).

4-5 저녁 잡수시던 자리에서 일어나 겉옷을 벗고 수건을 가져다가 허리에 두르시고 이에 대야에 물을 떠서 제자들의 발을 씻으시고 그 두르신 수건으로 닦기를 시작하여. 유대인의 풍속에는 보통 식사 전에 손님의 발을 씻어 주는 법인데, 이때는 식사 도중에 그 일을 행하셨다. 그것은 아마도 그때 이 일을 할 종이 없어서 그렇게 된 듯하다.

"겉옷"은 저고리를 말함이 아니고 그 위에 입는 옷을 가리킨다.

"수건을 허리에 두르시고." 이러한 차림은 종이 취하는 것이었다. 그는 이처럼 종의 자리로 내려가셔서 일할 준비를 하신 것이다. 이것은 그의 겸손의 극치이다. 그가 마지막에 행동으로 보이신 교훈으로 식사 도중에 이런 일을 하신 것은 의미심장하다. 그것은 그의 별세 후에 제자들이 언제나 지켜야 할 겸덕을 강조하신 것이다. 하나님의 지극한 사랑은 이렇게 계급을 초월하시고 영광의 주님을 사랑의 발 씻는 종으로 삼으셨다.

고데(F. Godet)는 추측하기를, 이 발 씻는 일이 아마도 제자들이 서로 다툰 사건(눅 22:24-27)을 동기로 하고 있는듯하다고 하였다.

예수님의 이와 같은 봉사는 두 가지 의미를 가진다. ① 이것으로 제자들에게 본을 보이시고 서로 낮아지기를 힘써야 한다고 설교하신 셈이다(12-16절). 실행으로 본을 보이는 설교자는 그 설교로써 사람들의 심령을 아주 점령해 버린다. ② 이것은 그가 그의 백성을 사랑하셔서 속죄하시는 중보의 역사를 비유로 가르치시는 지극히 크신 사랑의 행동이시다. 그가 피를 흘려서 그의 백성의 죄를 씻으신 일도 지극한 사랑이면서 역시 지극한 겸손을 나타낸다. 유명한 변증학자 스킬더(Schilder)는 주님이 제자들의 발을 씻기신 일에 대하여 다음과 같이 말하였다. 곧 "제자들의 발을 씻으시기 위하여 물을 휘저으신 주님의 손은 죄에 속한 자에게 이해될 수 없다. 그것은 마치 그의 못 박히신 손에서 흐르는 피가 죄에 속한 자에게 이해되지 못함과 같다"라고 하였으며, 또 말하기를 "주께서 그 제자들의 발을 씻으신 뜻은, 그의 몇 제자들에게만 그의 친절과 겸손의 모본을 보이시려는 것이 아니었다. 그는 이 행위로써 온 세계를 찾으시는 그의 속죄의 역사를 비유하신 것이다"라고 하였다.

6 시몬 베드로에게 이르시니 이르되 주여 주께서 내 발을 씻으시나이까. 이것은 베드로가 너무 황송한 중에 한 말이다. 이와 비슷한 말은 그가 주님의 명령대로 순종하여 고기를 많이 잡은 때도 하였으니, 그때는 "주여 나를 떠나소서"(눅 5:8)라고 하였다. 베드로는 예수님이 하시는 일을 이처럼 인간적으로만 취급하면서, 그것을 황송하게 여겨 사양하려고 하였던 것이다. 그가 가이사랴 빌립보에서 예수님이 수난하실 일에 대하여 들었을 때도 역시 "그리 마

옵소서"(마 16:22)라고 하였다. 이렇게 베드로는 예수님의 구속 사업 관계의 행위에 대하여 이해하지 못하고, 인간적인 해석으로 잘못 말하였다. 예수님이 행하신 겸손과 희생에 대하여 인간으로서 황송하게 생각함은 좋으나 그 행하심이 구원의 행위인 것인 만큼, 그것을 감격하여 받아야 한다. 그것을 받지 않겠다고 사양하는 것은, 병자가 의사의 진료를 받지 않겠다는 것과 같은 일이다.

7 **예수께서 대답하여 이르시되 내가 하는 것을 네가 지금은 알지 못하나 이 후에는 알리라.** 그 현재에 베드로는 죄로 인하여 어두워서 깨닫지 못하나, 후에는 하나님의 은혜로 깨달을 날이 있을 것을 가리킨다. 주께서 발을 씻으심은, 그의 속죄의 고난으로 신자들의 죄 씻을 것을 비유한 것이다(11절). 베드로는 예수님의 속죄의 죽음을 본 뒤에야 그의 발 씻기신 뜻을 깨닫게 된 것이었다.

8 **내가 너를 씻어 주지 아니하면 네가 나와 상관이 없느니라.** 베드로가 발 씻으시는 예수님의 섬김을 받지 않는다면, 그것은 영적 의미로 생각해 볼 때 예수님의 구원 은총을 원치 않는다는 것이다. 그렇다면 그것은 그가 예수님이 받으실 영광에 참여하지 못하는 것이 되고 만다.

9 **시몬 베드로가 이르되 주여 내 발뿐 아니라 손과 머리도 씻어 주옵소서.** 베드로는 여기서 새로운 깨달음을 가지고 말한다. 그러나 그는 여기서도 또 실수함을 면치 못했다. 예수님이 그들의 발을 씻으심이 구속의 사랑에 대하여는 상징하는 정도뿐인 사실을 베드로는 몰랐다. 그러므로 그는 이것이 죄를 깨끗하게 하시는 일의 실제인 줄 오해하고 욕심을 부렸다.

10 **이미 목욕한 자는 발밖에 씻을 필요가 없느니라 온 몸이 깨끗하니라.** 예수님의 제자들은 속죄를 받은 자들이라고 간주된 때 벌써 온 몸이 깨끗해진 셈이다(15:3). 그러나 그들도 매일 세상과 접촉하여 허물과 죄로 더러워진 일이 있었을 것이다. 그러므로 그들은 매일 그리스도의 공로와 성령에 의하여 사죄를 받아야 할 것이었다. 그것이 발 씻는 일로 비유된 것이다.

11 이는 자기를 팔 자가 누구인지 아심이라 그러므로 다는 깨끗하지 아니하다 하시니라. 이 말씀을 보면, 예수님이 제자들의 발을 씻으신 것이 단순히 겸손의 덕을 나타내신 것만이 아니고, 그의 백성을 속죄하여 깨끗하게 해 주실 것을 상징하기도 한다. 예수님을 파는 자는 천하에 가장 더러운 죄를 범하는 자이다. 예수님이 만민을 구속하여 깨끗하게 하는 일을 하시지만, 그를 파는 유다는 깨끗하지 못한 자들 중 하나이다.

12-17 이 구절들은 예수님이 제자들의 발을 씻으신 것이 겸손한 봉사의 표본인 사실을 보여 준다. 이 일로써 예수님이 나타내신 것은, 윗사람으로서 아랫사람을 겸손히 봉사하신 고상한 정신이다. 아랫사람으로서 윗사람에 대하여 겸손하기는 쉬우나, 윗사람으로 아랫사람에게 대하여 그렇게 하기는 어렵다.

너희도 서로 발을 씻어 주는 것이 옳으니라. 이 말씀에 기준하여 톨레도(Toledo) 회의에서 발 씻는 것을 하나의 교회 의식으로 세웠다(694 AD). 그러나 종교개혁자들이 그것을 폐지하였다. 예수님이 "너희도 서로 발을 씻어 주라"고 부탁하신 것은, 다만 제자들에게 서로 겸손하게 봉사하라는 것뿐이었다.

너희가 이것을 알고 행하면 복이 있으리라. 이것은 예수님을 본받아 자진하여 형제를 겸손히 봉사하는 자가 하나님 앞에 크게 간주될 것을 가리킨다(마 18:4).

18 이 구절부터는 예수님이 제자들의 발을 씻으신 일의 상징적 의미, 곧 구속에 관하여 말한다. 예수께서 구속 사업을 이루시지만, 그 은혜에 참여할 자들은 오직 택함을 받은 자들이다. 이런 의미에서 예수님은 말씀하시기를 "내가 너희 모두를 가리켜 말하는 것이 아니니라"고 하셨다. 곧 그의 제자들이 모두 "복이 있을" 것(17절)이 아니라, 오직 택함을 받은 자들에게만 복이 있을 것이라고 하셨다(18절).

내 떡을 먹는 자가 내게 발꿈치를 들었다 한 성경을 응하게 하려는 것이니라. 매우 친근하던 자에게 배신을 당하고 큰 손해를 본 다윗의 경험을 들어 말씀하신다(시 41:9). 그리스도의 모형이었던 다윗이 당한 일은, 그리스도께서 당하실 일의 예표였던 것이다.

19 지금부터 일이 일어나기 전에 미리 너희에게 일러둠은 일이 일어날 때 내가 그인 줄 너희가 믿게 하려 함이로라. 예언이란 언제나 우리의 신앙을 강화하기 위하여 주어진다. 그것이 성취될 때 ① 그 예언을 주신 이의 진실성과 권위를 믿게 되며, ② 그 성취된 사건 자체를 믿게 되며, ③ 그 예언 성취가 지향한 장래 행복의 확실성도 믿어진다. "내가 그인 줄"(ὅτι ἐγώ εἰμι)이란 말은, "나 곧 나만 존재자요 보내심을 받은 자요 메시아라"는 뜻이다(Grosheide).

20 내가 진실로 진실로 너희에게 이르노니 내가 보낸 자를 영접하는 자는 나를 영접하는 것이요 나를 영접하는 자는 나를 보내신 이를 영접하는 것이니라. 이 말씀이 목적한 바는 비록 유다와 같은 배신자가 있다 할지라도 다른 사도들의 권위는 손상되지 않는다는 것이다. "내가 보낸 자" 곧 그리스도께서 보내신 사도들을 영접하는 자는 결국 그리스도를 영접하는 것과 같다. 그만큼 사도들의 권위는 높은 것이다.

21 예수께서 이 말씀을 하시고 심령이 괴로워 증언하여 이르시되 내가 진실로 진실로 너희에게 이르노니 너희 중 하나가 나를 팔리라 하시니. 예수님의 심령이 괴로운 것은 여러 가지 원인이 있을 것이다. 그중에 특별히 생각되는 것은 (1) 그의 제자가 그를 팔아먹는 일이 너무도 그에게는 고통이 된다는 것과, (2) 그런 일에 대하여 이제 공적으로 지적하여 말하기가 역시 괴로운 사실이라는 것이다. 그러나 그는 이제 이 일을 지적하여 말씀하시지 않으면 안 될 단계였다. 그것은 너무도 확실한 일이기 때문에, 그는 엄격한 법정 선언과 같이 "증언하여" 말씀하셨다. 여기 "증언"이란 말이 법정 용어의 의미를 가진다고 하는 것이 일반 학자들의 공통된 의견이다.

22 제자들이 서로 보며 누구에게 대하여 말씀하시는지 의심하더라. 이것은 제자들

이(유다를 제외하고는) 완악하지 않은 증표이다.

23 그가 사랑하시는 자. 이는 사도 요한일 것이다.

예수의 품에 의지하여 누웠는지라. 이것은 유대인들이 식사할 때 취하는 자세를 말한다. 요한은 예수님에게 가장 가까이 있었기 때문에 저런 위치에 놓였을 것이다. 그때의 풍속은 사람들이 식탁에 앉지 않고 왼 팔에 의지하여 옆으로 누워서 먹었다고 한다(Westcott).

24-25 시몬 베드로가 머릿짓을 하여 말하되 말씀하신 자가 누구인지 말하라 하니 그가 예수의 가슴에 그대로 의지하여 말하되 주여 누구니이까. 앞 절에서 말한 바와 같이 "그의 사랑하시는 자"는 사도 요한을 가리킨 것인데, 이제 베드로가 그에게 주님을 팔 자가 누구인지 알려 달라는 것이다. 그것을 보면 사도 요한은 누구보다도 예수님의 생각을 알 수 있는 측근자였던 것이 확실하다.

"예수의 가슴에 그대로 의지하여." 이것은 유대인들이 음식 먹을 때 원형으로 팔꿈치를 의지해서 서로 가슴에 기대다시피 연접하여 누워서 먹는 풍속이 있었음을 말한다.

26-27 한 조각을 적셔서…유다에게 주시니 그 당시에 연회 주인이 떡 조각을 찍어서 손님에게 주는 것은 친절한 대접이었다고 한다. 예수님이 취하신 이 행동은 가룟 유다의 회개를 독촉하신 사랑이다.

사탄이 그 속에 들어간지라. 사탄이 유다의 마음에 들어간 이유는, 그가 끝까지 회개하지 않았기 때문이었다(참조. 눅 22:3-6; 요 13:2).

28-29 이 부분의 말씀을 보면, 제자들은 유다가 행할 악의 내용을 자세히 알지 못하였다.

30 유다가 그 조각을 받고 곧 나가니 밤이러라. 유다는 주님을 팔 자로 지적된 때, 회개하지 않고 그냥 그 악한 계획을 실행하려고 그 좌석에서 떠나 나갔다. "때가 밤이러라"고 한 것은, 영적 의미도 가진다. 곧 회개하지 않는 그의 마음도 밤과 같이 캄캄하다는 의미인 동시에, 그의 앞길도 영원히 캄캄할 뿐

이라는 것을 암시한다.

31 지금 인자가 영광을 받았고. 여기서 "인자"란 말(ὁ υἱὸς τοῦ ἀνθρώπου)은 메시아를 가리킨다. "영광을 받았다"는 말씀은, 그의 부활 승천을 의미한다는 학자들이 있다. 그러나 저가(유다가) 나간 후에, 곧 이어서 예수님의 이 말씀이 있은 것을 보아서, 이것은 예수님의 죽으심을 가리킨다. 유다가 나간 것은 예수님에게 고난이 닥칠 것을 알게 한 사건이다. 그뿐 아니라 다음 절에 "영광을 주시리니"(δοξάσει)라고 미래사로 그리스도께서 죽으신 후의 일(부활, 승천)을 의미한 것을 보아서도, 이 구절의 "영광을 받았고"란 과거사는 그리스도의 죽으실 고난을 가리킨다. 예수님은 그가 받으실 고난을 영광으로 보셨다.

하나님도 인자로 말미암아 영광을 얻으셨도다. "인자로 말미암아"란 말은 "인자 안에서"란 뜻이다. 하나님 아버지는 아들과 일체이심으로, 아들이 영광을 얻으심에 따라서 그 자신도 영광을 얻으신다.

32 하나님도 자기로 말미암아 그에게 영광을 주시리니. "자기로 말미암아"란 말(ἐν αὐτῷ)은 하나님 계신 곳을 가리킨다. 17:5에서는 이 뜻이 "아버지와 함께"(παρὰ σεαυτῷ)란 말로 표현되었다. 그러면 이 구절의 뜻은, 하나님께서 그리스도를 부활 승천하게 하셔서 자기가 계신 곳에 함께 계시도록 하심을 가리킨다(6:62; 17:5, 20:17; 빌 2:9-11). 그리스도께서 이처럼 영광스러운 곳에 가시게 되므로 그 제자들과는 당분간 떨어져 있게 된다. 다음의 33절 말씀이 그 뜻이다.

33 유대인들에게 너희는 내가 가는 곳에 올 수 없다고 말한 것과 같이 지금 너희에게도 이르노라. 이 말씀이 앞 절(32절)과 무슨 연관을 가지는가? 그것은 곧 하나님 아버지께서 그리스도에게 영광을 주신 결과(32절 하) 그는 아버지가 계신 곳으로 가시며, 그의 제자들은 당분간 그와 함께 있을 수 없다는 것이다(참조. 36절).

34 새 계명을 너희에게 주노니 서로 사랑하라 내가 너희를 사랑한 것같이 너희도 서로 사랑하라. "새 계명"이란 말에 대하여 우리가 몇 가지 생각할 것이 있다.

1) "새 계명"이란 명칭의 이유. 창조 질서로 말하면 하나님께서 천하 만민을 한 혈통으로 지으셨다고 하였는데(행 17:26), 그것은 사람들로 하여금 남을 자기 자신과 같이 사랑해야 될 근거를 성립시켰다. 그러므로 구약에도 "이웃 사랑하기를 네 몸과 같이 하라"는 계명이 있다(레 19:18). 구약의 계명도 사랑 중심의 것이다(롬 13:8-10). 그러나 예수님이 주신 새 계명은 독특한 동기들을 제공한다. ① 종말관적 동기. 그것은 "사랑하라"는 계명이면서도 구약의 예언적인 것이 성취된 종류이다. 그것이야말로 종말관적인 것이다(요일 2:8). 예수님의 보혈로 이루신 속죄를 믿는 자들은, 그가 우리를 사랑하심 같이(34절 하) 다른 신자들을 위하여 희생하며, 필요하면 그들을 위하여 죽을 처지에 있다. ② 영원한 기업의 동기. 같은 혈맥에 속한 자들 중에서(행 17:26)도 그리스도를 믿는 자들과 믿지 아니하는 자들이 마침내 영원히 나누인다. 그러나 그리스도의 보혈에 의하여 구원 받은 형제들은 영원히 나누이지 않고 마침내 하나님 앞에 한 자리에서 영원히 함께 살게 된다. 그러므로 신자들은 서로를 위하여 희생할 처지에 있다.

2) 새 계명을 지키는 방법. 그것은 물론 위에 말씀하신 바와 같이, 그리스도께서 우리를 사랑하신 것같이 우리도 서로 사랑하는 것이다. 34절 하반절에 말하기를 "내가 너희를 사랑한 것같이 너희도 서로 사랑하라"고하였다. 그러면 그리스도께서 우리를 어떻게 사랑하셨는가? 그는 우리를 위하여 희생하시는 것으로써 사랑을 보여 주셨다. 그것이 바로 13장의 제목이 되어 있으니, 곧바로 그가 제자들의 발을 씻으신 사실이다. 그가 제자들의 발을 씻으신 것이 지극한 사랑이라고 1절은 말하고 있다. 그가 그들의 발을 씻으신 것은 겸손이지만(겸손도 사랑임-고전 13:4). 그가 그들의 죄를 씻어주기 위하여 십자가 위에서 대속의 죽음을 죽으실 것을 비유하기도 한다(10-11절). 그

는 희생의 정신으로 세상 사람들의 죄를 대신 담당하셨다. 우리가 예수님처럼 대속의 희생은 될 수 없으나, 남들의 짐을 자신이 결머지게 되는 경우는 있을 수 있다. 그것은 큰 사랑이다(갈 6:2).

우리는 이 진리를 이론으로 배우면서도 실제로 남들을 위해 희생할 줄은 모른다. 우리가 남들에 대하여 이처럼 무관심하게 되는 원인은 무엇인가? ① 내가 계명을 지켜야만 그리스도의 사랑 속에 나 자신이 머물게 됨을 모르기 때문임. 요한복음 15:10에 말하기를 "너희도 내 계명을 지키면 내 사랑 안에 거하리라"고 하였다. ② 내가 남들을 위하여 희생하는 일을 해 보지 않기 때문임. 자식을 기르노라고 온갖 희생을 한 어머니는 그 기른 자식을 잊지 못하고 계속적으로 그 자식을 위하여 희생한다. 그러나 어머니를 위하여 희생해 본 일이 없는 그 자식은 어머니를 쉽게 잊어버린다. 그러므로 내가 남을 사랑하려면 먼저 그를 위한 희생으로 시작해야 한다. ③ 천국 운동의 필요성을 뜨겁게 느끼지 못한 까닭임. 신자들이 이 세상에 있는 것은 마치 양 몇 마리가 많은 이리들 가운데 있음과 같고, 몇 백만 군대에게 포위된 것과도 같다. 이 세상엔 불신의 세력이 얼마나 강한가? 우리는 그 세력을 복음으로 이겨야 되지 않겠는가? 우리는 서로 시기하거나 험담하지 말고, 서로 아끼고 도와주어야 한다. ④ 신자가 영원한 나라를 기억하지 못한 까닭임. 그리스도께서도 그 백성을 그렇게 사랑하시게 된 동기가 그가 가실 영광의 나라를 생각하심에 있었다(1, 3절). 32-34절의 문맥도 이 내용을 보여 준다. 곧 그가 하나님 아버지에게서 영광(내세에 들어가심)을 받으시게 될 것을 염두에 두시고(32절) 이 새 계명을 주셨다. 내세에 대한 확신을 가지는 자는, 이 세상의 것은 그 무엇이든지 초개와 같이 생각하고 희생한다. 한번은 구세군 사관들 109명이 아일랜드의 황후(Empress of Ireland)란 배를 타고 가다가 파선되어 다 물에 빠졌다. 그들 중에 어떤 이들은 함께 빠진 자들에게 구명대가 없음을 보고 자기들의 것을 벗어 주며 "나는 당신보다 잘 죽을 수 있다"라고 하면서 희생하였다. 그들은 내세를 확신하였으므로 이처럼 죽기까지 사랑을 베풀었다. ⑤ 내가 남을 위하여 희생할 의욕이 끝까지 생기지 않으면, 한 가지는 해야 함. 그것은 내가 남들을 위하여 죽기까지라도 희생할 책임감은 가져야 한다는 것이다. 이 책임감을 가진 자는 그대로 행하지 못한 처지에서 극도의 겸손을 소유하게 된다. 하나님은 겸손한 자에게 은혜를 주신다(약 4:6).

3) 예수님이 새 계명을 주신 목적. 예수님의 새 계명은 모세의 십계명을 폐지하기 위한 것이 아니다. 그와 그의 사도들은 모세의 십계명을 그대로 세워 나가셨다(마 22:37-40; 롬 13:8-10). 그는 진리이시니, 하나님의 선하신 뜻대로 계시된 구약의 계명들을 폐지하실 리가 없다. 하나님의 계명은 선 그 자체이다. 이 사실은 다음과 같이 설명된다. 선은 피조물이 아니고, 하나님의 본질적 의지이다. 종교와 도덕(선과 관련된 것)은 서로 달라도 서로 독립된 것은 아니다. 그것들은 함께, 우리가 하나님과 관계된 방면이다. 하나님의 의지 자체인 선의 표현, 곧 계명은 어느 시대의 것이든지 폐지되지 않는다. 모세의 율법 중 유대인들만을 위한 제도들은 신약 시대에 폐지되었다. 그러나 인류 전체를 위한 도덕적인 십계명은 폐지되지 않는다. 예를 들면, 십계명 중 제4계명에 ① 쉬라고 한 것은 보편적 도덕 요소이다. 쉬라는 것은 사람이 하나님을 섬기는 경건을 위한 것이며, 또한 사람과 짐승의 피곤과 쇠약을 막는 자비를 위한 것이다. 그뿐 아니라 ② 그 계명은 창조질서에 속한 선한 제도이다. 이것은 모세 이전에 온 인류를 위하여 제정된 것이었다. 다만 안식일을 지키는 데 관계된 벌칙은 본질적인 것이 아니므로 변동되었다. 구약 시대에 안식일을 범한 자를 죽인 것은 신정 국가의 시대, 곧 정교 일체 시대에 속한 것이었다. 안식일의 날짜순서도 본질적인 것은 아니었다. 그것은 신약 시대에 그 날짜가 변한 것으로 보아서 알 수 있다. 구약 시대에는 제7일(토요일)이었던 것이, 신약 시대에는 7일 중 첫날(주일)로 변경되었다. 그것이 그렇게 된 원인은, 이스라엘 백성은 하나님의 창조를 기념했으나, 그리스도인은 그리스도의

부활을 기념하기 때문이다.

35 너희가 서로 사랑하면 이로써 모든 사람이 너희가 내 제자인 줄 알리라. 여기 "서로 사랑"한다는 것은 인도주의에 속하는 사랑이 아니고, 주님을 믿으며 사랑하는 일의 열매이다. 모든 사람들(세상)이 이 사랑을 보고 예수님의 제자를 식별한다는 것은, 두 가지 내용을 포함한 말씀이다. 이것은 ① 예수님의 제자 된 표가 사랑이라는 말과 같고, ② 또한 이 사랑으로 말미암아 불신자들을 주께로 인도하게 된다는 뜻도 있다(참조. 17:21-23).

36-38 이 부분의 말씀은 베드로의 결심과 예수님의 예언이다. 예수님이 말씀하신 대로 "가신다"는 것은(33절), 그가 죽어서 하나님 계신 하늘나라에 가실 것을 가리킨 것이다. 그러나 베드로는 그것을 오해하고 질문하기를 "주여 어디로 가시나이까"라고 하였다(36절). 그리고 그는 예수님이 가시는 곳에 목숨을 버리기까지 따르겠다고 맹세하였다. 그것은 진리대로 움직인 신앙의 용기가 아니고, 하나의 육적인 용기였다. 예수님은 베드로의 육적인 용기를 꺾어 겸손하게 하시려고 예언의 말씀으로 경고하셨으니, 곧 "닭 울기 전에 네가 세 번 나를 부인하리라"고 하셨다(38절). 그가 이처럼 경고하신 이유는, 육적 용기는 도리어 주님께 대한 신앙과 충성을 방해하기 때문이다.

제 14 장

⚜ 내용분해

주께서 제자들을 12가지 근거의 말씀으로 위로하심

1. 하나님을 믿는 동시에 그리스도를 믿어서 위로를 받으라 하심(1절)

2. 예수께서 떠나시는 목적은 아버지 집에 그들의 거할 처소를 예비하시려는 것임(2절)

3. 예수께서 장차 다시 오셔서 그들을 데려 가시므로 그들은 그와 함께 있을 것임(3절)

4. 예수께서 세상을 떠나심이 그들(신자들)을 아버지께로 인도하시는 길이 되심(4-11절)

5. 예수께서 아버지께 가시므로 그들은 큰 일을 할 수 있음(12절)

6. 그들이 예수님의 이름으로 기도할 때 그가 이루어 주심(13-14절)

7. 예수께서 떠나시므로 다른 보혜사가 그들에게 오심(15-17절)

8. 성령을 통하여 예수께서 친히 그들에게 오심(18-24절)

9. 성령께서 그들에게 모든 것을 가르쳐 주실 뿐만 아니라, 예수님 말씀하신 모든 것을 기억시키심(25-26절)

10. 예수께서 그들에게 평안을 주심(27절)

11. 예수께서 아버지에게 가심을 그들이 바로 이해한다면, 그들은 그 사실을 기뻐할 것임(28절)

12. 결론, 위의 모든 말씀들을 미리 하신 이유와 그 해설(29-31절)

개요

예수님은 여기서 그가 별세하실 것을 앞두시고 제자들을 위로하신다.

1. 내 아버지의 집(2-11절)

"내 아버지의 집"이란 무엇을 의미하는가? 그것은 예수님이 세상을 떠나서 가실 낙원을 가리킨다(눅 23:43). 그 이유는 "내 아버지의 집"이란 말이 그가 죽으실 사건과 관련되어 나왔기 때문이다. 여기서 예수님이 "가노니"(2절), "가서"(3절)라고 말씀하신 것은 그의 죽으실 것을 가리킨다.

1) 천국의 장소성. 본문에 천당의 장소성을 나타내는 "거처"(τόπος)란 말이 두 번 나오고(2, 3절), "곳"(ὅπου)이란 말이 한 번 나온다. 그뿐 아니라 "가노니"(πορεύομαι), "가서"란 말, 또는 "다시 와서"란 말이 모두 장소 관계의 표현들이다. 학자들 중에는 천당을 가리켜 영혼의 순결함과 복된 상태를 의미하는 신화라고 하였으나, 그것은 성경 말씀을 건전한 해석대로 믿지 않는 불신앙이다. 불트만(Bultmann)도 이 부분(2-11절)에 있는 "내 아버지의 집"을 신화적 표현이라고 잘못 해석하였다.[173] 스킬더(K. Schilder)는 천국에 대한 성경적 개념은 엄정하게도 장소성을 띠었다는 의미로 길게 말하였다. 그 이

173) Das Evangelium des Johannes, Göttingen 1956, 463.

유는, 천국이 개인주의적 생활 처소가 아니고 사회적인 집합 생활 처소로 성경이 말한다는 것이다. 그뿐 아니라 성경은 천국을 가리켜 도시, 혹은 왕국으로도 말하였으니, 그것은 장소성을 가리켰다고 하였다.[174)]

2) 신자들을 천국에 가도록 하시는 이는 예수 그리스도이심. 2절에 "내가 너희를 위하여 거처를 예비하러 가노니"란 말씀이 있고, 또한 3절에도 그와 같은 말씀이 있다. 그리스도께서 처소를 예비하신다는 말씀은 무슨 뜻인가? 이 말씀으로 그리스도께서 의미하신 것은, 그가 신약 시대에 처음으로 천국을 만드신다는 것이 아니다. 이것은 그가 신자들로 하여금 천국에 갈 수 있게 하신다는 것이다. 크로샤이데(Grosheide)도 그런 의미로 말하였으니, 그는 예수님이 죽으신 사실을 가리켜서 우리로 하여금 천국 가도록 하시는 역사라고 하였다.

이렇게 그리스도께서 성도들을 완성시켜 천국에 들어가도록 하시므로, 거기 들어가는 자들의 불완전성이 없어진다. 따라서 아이들도 그곳에 들어가면 그 영혼들이 그리스도로 말미암아 완성된다. 아브라함 카이퍼(Abraham Kuyper)는 다음과 같이 말하였다. 곧 "천국에도 모든 사람들의 불완전성이 그대로 들어가는가? 그럴 수 없다. 어린이로 죽는 자들이 얼마나 많은가? 그들이 천국에 들어가서 비로소 지적, 또는 영적 발달을 하게 될까?· · ·하나님의 말씀에 의하면 그럴 수 없다. 천국에 들어가는 자들의 영화로운 대제사장이 단번에 죽으심으로 그들을 완성하셨다. 이것은 우리 영혼에게 무궁한 위로와 안식이 되는 사실이다"라고 하였다.[175)]

---

174) K. Schilder, Heaven, what is it? Eerdmans 1950, 31.

175) Abraham Kuyper, Asleep in Jesus, Eerdumans, 222.

2. 더 큰 일(12-14절)

12절의 "그보다 큰 일도 하리니"란 말씀은 영적 이적, 곧 사도들이 전도하므로 사람들이 거듭나서 교회를 이루게 됨을 말함이다. 육신을 고치는 것보다 영혼을 고치는 것이 더욱 큰 일이다. 예수님이 땅 위에서 행하신 이적과 사업은 결국 이런 일을 위한 기초 공사와 같다. 그는 사도들이 이런 영적 큰 일을 이루도록 하기 위하여 죽었다가 다시 살아나기까지 하셨다. 사도들은 예수님이 심으신 것에 대한 추수자들 격이다. 그렇다면 그들을 통하여 각 국에 교회가 설립됨이 얼마나 큰 일인 것을 알 수 있다. 헤르만 바빙크(H. Bavinck)는 기독교회의 설립이 얼마나 위대한지에 대하여 다음과 같이 말하였다. 곧 "천지 창조 때는 새벽별들이 춤추고 모든 하나님의 아들들이 기뻐하였고, 그리스도 탄생 시에는 천군들이 기뻐하였고, 교회가 탄생되었을 때는 사람들이 하나님의 큰 일들을 여러 나라 방언으로 말하였다"라고 하였다.[176]

13-14절에 있는 기도하라는 말씀은 12절의 말씀(사도들이 더 큰 일 할 것)과 관계되어 나온다. 하나님께서 그 백성에게 축복하시겠다고 약속하신 뒤에, 그들에게 기도하라고 하심이 그 약속 성취의 방법론이다. 하나님께서는 많은 약속들 끝에도 말씀하시기를 "주 여호와께서 이같이 말씀하셨느니라 그래도 이스라엘 족속이 이같이 자기들에게 이루어 주기를 내게 구하여야 할지라"고 하셨다(겔 36:37).

3. 다른 보혜사(16-27절)

16절의 "보혜사"란 말은 헬라어로 "파라클레토스"(παράκλητος)이다. 불트만은 요한복음의 파라클레토스가 영지주의(Gnosticism)의 영향을 받았다고 하며, 만다교 문학(Mandean texts)과 〈솔로몬의 송시〉(The Odes of

176) H. Bavinck, Geref. Dog. Vol. III, 568.

Solomon)를 그 문원으로 한다고 하였다. 메누(Philippe H. Menoud)는 다음과 같이 불트만의 학설을 반박하였다. 곧 "만다 종교(영지주의 종교)에서는 만다 디하예(Manda d'Haiye)가 주도적인 계시자요, 그보다 낮은 층계의 사신들은 그를 돕는 자들로서 물질세계에서 영혼들을 끌어간다고 한다. 그런데 ① 이 돕는 자들은 요한복음에 있는 파라클레토스처럼 한 분씩 한 분씩 단계적으로 오지 않고 동시에 함께 온다고 하였으니, 그것이 곧 영지주의의 '돕는 자들'이 요한복음의 그것과 다른 점이다. ② 영지주의의 보조 계시자들은 계시에 있어서 원계시자와 같은 일을 하고, 요한복음의 파라클레토스는 그리스도와 다르게 일하시니, 곧 그리스도는 아버지를 계시하시는 반면에 파라클레토스는 그리스도의 인격과 구원 사업의 의의를 계시하신다. 이것도 양자 간의 차이점이다"라고 하였다.[177] 메이첸(J. Gresham Machen)은 영지주의 문학이 기독교 이전보다 기독교 이후에 형성된 것이므로 그것이 도리어 기독교의 영향을 받았다고 할 수 있으나, 기독교가 그것의 영향을 받았다고 할 수는 없다고 말하였다.[178] 그러면 보혜사의 사명은 어떤 것인가?

1) 보혜사, 곧 성령은 예수님의 대리자이심. 보혜사의 사명은 그리스도의 대리자 격으로 알려진다. "또 다른 보혜사"(ἄλλον παράκλητον)란 말은, 그리스도 자신도 보혜사란 의미를 나타낸다(참조. 요일 2:1). 그러면 성령도 예수 그리스도를 후계하여 똑같이 보혜사인즉 그리스도의 대리자 격이다. 따라서 본문은 성령의 오심을 곧바로 그리스도 자신의 오심과 동일시하였다. 18-21절에는 "나"란 말이 열세 번 있는데, 그것은 예수님이 자기를 성령과 동일시하신 대명사이다. 그러므로 16절에 있는 대로 보혜사로 하여금 "영원토록 너희와 함께 있게 하리니"라고 하신 말씀 대신에, 마태복음 28:20에서는 "내

177) L'evangelie de Jean, translated by Grace Hard, Chap. 3, Part 3, 57-60.

178) J. Gresham Machen, Origin of Paul's Religion, Eerdmans, 1947, 242-243.

가 세상 끝날까지 너희와 항상 함께 있으리라"고 하셨다. 이처럼 보혜사께서 한 번 오셔서 영원토록 교회와 함께(너희와 함께)계실 것이니 만큼, 오순절의 성령 강림은 단 한 번의 사건이지만 세상 끝날까지 충족한 것이다. 그 사건은 중복되지 않는 것이다.

2) 성령께서 사도들에게(신자들에게) 오심. 여기 18-19절의 "내가 너희에게로 오리라" 또는 "나를 보리니"란 말씀은 성령의 임재를 가리킨다. 그런데 테오도르 찬(Theodor Zahn)은 이것이 그리스도의 재림을 가리킨다고 하나, 그것은 "조금 있으면"이란 말과 맞지 않는다. 여기 이른바 예수님의 오심은 그때 머지않아 될 일로 언급되었으니, 그것은 재림을 가리키지 않았다. 그뿐 아니라 "세상은 다시 나를 보지 못할 터이라"고 하였는데, 재림은 그렇지 않다. 재림 때는 "그를 찌른 자들도 볼 것"이라고 하였다(계 1:7). 바이스(B. Weiss)는 여기서 말씀하는 예수님의 오심이 그가 부활하여 나타나심을 가리킨다고 하였다. 그러나 이 학설도 마땅치 않다. 그 이유는, 부활하신 주님은 땅 위에 오래 계시지 않고 잠깐만 계셨기 때문이다. 여기서 말씀하는 예수님의 오심은, 오셔서 영구히 계실 것을 가리킨다(요 14:23; 마 28:20). 그뿐 아니라 그가 부활하셔서 잠깐 동안 계시는 것으로써는, 그 제자들을 고아와 같이 버려두지 아니 하시려는 목적을 성취시킬 수 없다. 그러므로 현대의 학자들은 이것이 주님께서 성령으로 오심을 가리킨다고 한다. 이런 학자들은 예수님의 부활까지를 이 해석에 포함시켜 주장한다. 이런 의미에서 파이네(Feine)는 말하기를 "부활절과 오순절과는 서로 연결되어 일체를 이룬다"라고 하였다.[179)]

주님이 신자들과 연합함과 그들에게 나타나심(20-24절)은 어떤 의미를 가지는가? 그것은 인생의 어떤 주관적 조건에 의한 것이 아니다. "그날에는

179) Ostern und Pfinsten fliessen zu einer Einheit zusammen.—Theol., 383.

내가 아버지 안에, 너희가 내 안에, 내가 너희 안에 있는 것을 너희가 알리라"는 말씀(20절)은, 인생들이 성령으로 말미암아 거듭나서 주님과 연합될 것을 가리킨다. 그것은 하나님의 주권으로 솔선하여 이처럼 되게 하시는 것이다. 로마서 11:35 에 말하기를 "누가 주께 먼저 드려서 갚으심을 받겠느냐"라고 하였다. 그러나 그가 신자들에게 나타나심(21절)은 신자들이 좀 더 명백하게 성령 임재의 체험을 가짐이다. 그것은 그들이 주님을 사랑하여 그의 계명을 지킴으로만 얻어지는 것이다(21, 23절). 계명은 사랑으로야 지키게 된다. 누가 사랑 없이 계명을 지켰다 해도 그것은 불완전한 것이며, 하나님 앞에 그리 만족한 것이 못 된다.

3) 사도들에게 계시를 주심. 26절에 말하기를 "그가 너희에게 모든 것을 가르치시고 내가 너희에게 말한 모든 것을 생각나게 하시리라"고 한다. 그는 사도들로 하여금 그의 말씀과 행적의 계시를 재인식 시켜서 그 구속의 의미를 알게 하신다.

⚜ 해석

1 **너희는 마음에 근심하지 말라.** 예수님의 별세에 대한 말씀(13:33)을 들은 제자들은 근심하였다. 그러므로 그는 여기서 그들에게 "근심하지 말라"고 하신다. 그의 이와 같은 권면은 다음과 같은 여러 가지 이유를 가진다.

하나님을 믿으니 또 나를 믿으라. 이 말씀의 뜻은 "하나님을 믿으라, 또 나를 믿으라"는 것이다. 이것은 그들이 하나님을 믿어야 되고, 또 예수님 자신을 그만큼 믿으라는 뜻이다. 이것은 예수님을 하나님과 동등으로 여기고 믿으라는 뜻이다. 요한복음에서는 예수님을 하나님과 동등으로 보며 일체로 본다(5:24, 10:30, 14:9, 12:44). 여기서 예수님이 제자들에게 예수님 자신을 믿으라고 하심은, 그가 일찍이 그들에게 주신 내세교훈(12:26, 13:36)을 믿으라는 뜻이다. 2절 하반절에 일찍이 주셨던 그의 내세교훈이 다시 언급된다. 거기 있는 해석을 참조하라.

2 내 아버지 집에 거할 곳이 많도다. 여기 "거할 곳"이란 말은 헬라어로 "모나이"(μοναί)인데, 이것은 영구한 저택을 의미하므로 하반절의 "거처"(τόπος)라는 말과 다르다. 아버지의 집에 있는 모나이 곧 "거할 곳"은 구약 시대에도 늘 있어오는 것이니, 신약 시대에 예수님이 처음으로 시설하시는 것이 아니다. 그가 예비하실 "거처"는 본래부터 있던 아버지 집의 "거할 곳"에 신자들을 수용할 자리이다. 그곳에 갈 수 있도록 하시는 방법은 그가 죽었다가 다시 살으심, 곧 구속 사업의 완성인 것이다.

그렇지 않으면 너희에게 일렀으리라(εἰ δὲ μή, εἶπον ἂν ὑμῖν). 이 번역은 원문의 문구를 괄호구로 취급하고 번역한 것이다. 그 뜻은 만일 아버지의 집에 거할 곳이 없었다면, 그가 그 사실을 그들에게 벌써 말하였을 것이라는 것이다. 그러나 그보다는, 이 문구를 그 아래 호티(ὅτι)로 시작되는 문구와 연속시켜서 의문문으로 읽음이 더욱 문법적이다. 그렇게 하면 그 문구는 다음과 같이 번역된다. 곧 "그렇지 않으면 내가 너희를 위하여 거처를 예비하러 간다고 말하였겠느냐?"라고. 일찍이 예수님이 그들을 위하여 하늘에 있을 곳을 예비하시겠다고 한 말씀은 12:26, 32에 포함되었다. 어쨌든 이 말씀은 신자들에게 천국신앙을 강조함이다.

무디(Moody)는 "준비된 천국을 믿고 바라보는 신자는 이미 천국에 들어가 있는 듯한 생활을 한다"라고 하였다.[180] 우리가 내세에 들어가 영원히 살 것을 생각할 때는, 이 세상에서 무슨 일에 조급하거나 당황할 필요가 없다.

---

180) Those who look for a heaven made ready will live as though they were already in heaven-Notes from my Bible, 141.

우리는 영원토록 살 사람들이다.

불트만은 여기 언급된 내세 소망이 유대적 기독교의 색채를 가지지 않고, 개인 본위로 말하는 영지주의 신화에 의한 것이라고 한다.[181] 곧 요한복음의 내세관이 영지주의 사상에서 말한 것(영혼이 하늘 세계에 올라간다는 것)과 같다는 것이다. 물론 요한복음의 말씀이 신자의 별세 후 그 영혼이 하늘 세계에 감을 말하지만, 영지주의 사상에 있는 그것과는 다른 것이다. 영지주의의 내세관은 범신론적이며 유출설에 속한다. 한스 조나스(Hans Jonas)는 영지주의 사상이 말하는 영혼에 대하여 말하기를 "사람은 하나님의 본질에서 떨어져 내려온 부분이다"라고 하였다.[182] 헤르메스 문헌(Hermetism)에서도 말하기를, 사람의 마음은 하나님의 본질에서 분산된 것이니, 이는 마치 광선이 태양에서 분산된 것과 같다고 한다(Libelius, p. 12 XII). 따라서 영지주의 사상에서 말하는 영혼의 승천은, 그것이 질적으로 하나님과 다시 연합함을 의미하는데, 점차 성화되어 올라간다는 것이다.[183] 이같은 사상이 헤르메스 문헌(Hermetism)에 있다(Libelius 1:25-26). 거기 있는 말을 보면, 별세한 영혼이 7층 세계를 통과하여 결국 하늘에 이르러 정화되어 신화(神化)된다고 한다. 그 말을 소개하면 이렇다. 곧 "승천에 대하여 내게 말하시오." 하니 포이만드레스(Poimandres)가 대답하기를 "내 몸이 용해되면 나는 하늘들을 통과한다. 첫째 하늘은 일이 증가되기도 하고 감손되기도 하는 곳이요, 둘째 하늘은 모든 악한 계획들이 있는 곳이요, 셋째 하늘은 사람을 속이는 정욕이 있는 곳이요, 넷째 하늘은 교만이 다스리는 곳이요, 다섯째 하늘은 거룩하지 못한 용기와 담력이 다스리는 곳이요, 여섯째 하늘은 부하기를 원하는

---

181) Johannes Evangelium, 465.

182) Gnostic Religion, 44.

183) Hans Jonas, The Gnostic Religion, 45, 166.

악한 욕심이 있는 곳이요, 일곱째 하늘은 사람을 해하려고 하는 거짓이 기다리고 있는 자리이다. 영혼이 이 모든 하늘들을 지나서 여덟째 하늘에 있는 본체에 올라가 그 본래의 능력을 받아 가지고 하나님 속으로 들어간다. 이것이 완성이다"라고 하였다.

위와 같은 영지주의 사상은 인간의 자력 구원을 말하는 그릇된 사상이다. 그러나 요한의 구원론은 어디까지나 하나님의 주권적 역사로 말미암는 구원론이다. 요한복음 14:2 이하는, 실상 구약 사상(시 49:15; 73:24)에 근거한 것이다. 불트만의 비신화화(Demythologizierung)는 실존주의적인 해석 방법으로서 하나님께 대하여 사람의 쓰는 말은 대부분 신화라고 잘못 주장한다. 그러나 성경에 의하면 사람은 하나님의 형상으로 지음 받았다. 그러므로 하나님의 말씀이 성령에 의하여 사람의 언사로 표현될 수 있다.

3 가서 너희를 위하여 거처를 예비하면. 여기 "거처"란 말은 헬라어로 "토포스"(τόπος)인데, 그것은 2절의 "거할 곳"이란 말 "모나이"(μοναί)와 다르다. "거할 곳"은 전부터 아버지 집에 있어 온 것이고, "거처"는 그 본래 있던 모나이("거할 곳")에 신자들이 수용될 자리를 의미한다. 그러므로 "거처를 예비"하신다 함은, 그 본래 있던 "거할 곳"에 그들이 가 있을 수 있도록 모든 수속을 이행하심이다. 그 수속은 그리스도께서 그들의 죄를 대신 담당하시고 죽었다가 부활 승천하심이다.

내가 다시 와서 너희를 내게로 영접하여. "다시 와서"(πάλιν ἔρχομαι)란 말씀에 대하여는 몇 가지 해석이 있다. ① 이것이 그리스도의 재림을 의미한다고 함(Zahn). ② 이것이 성령의 강림을 가리킨다고 함(Calvin). ③ 그러나 크로샤이데에 의하면, 이것이 성령의 오실 사건만을 가리킨 것이 아니고, 성령의 오심으로 시작하여 계속될 그의 구원 역사 전체를 가리킨다고 하였다.[184)]

---

184) Het Heilige Evangelie Volgens Johannes, Kommen-taar II, 293.

나 있는 곳에 너희도 있게 하리라. 칼빈(Calvin)에 의하면, 이 말씀이 종말에 있을 파루시아(재림 후 성도들과 함께 계심)를 의미한다고 한다. 그러나 문맥으로 보아서 이것은 그가 아버지의 집(낙원)에 그들과 함께 계실 것을 가리킨다.[185] 이점에 있어서 한 가지 주목할 만한 것은, 신자들이 별세한 뒤에 그리스도와 함께 있다는 사상이다. 사도 바울도 말하기를 "우리가 항상 담대하여 몸으로 있을 때는 주와 따로 있는 줄을 아노니···우리가 담대하여 원하는 바는 차라리 몸을 떠나 주와 함께 있는 그것이라"(고후 5:6, 8) 하였고, 또 말하기를 "내가 그 둘 사이에 끼였으니 차라리 세상을 떠나서 그리스도와 함께 있는 것이 훨씬 더 좋은 일이라"(빌 1:23)고도 하였다. "그리스도와 함께 있음"은 그리스도 중심의 구원론을 내포한 말도 된다. 문자대로 그리스도 중심의 사회는 오직 신자들이 별세하여 가는 세계에서만 성립된다. 그곳에 가는 자들에게는 부모 친척 등의 인연이 해소되고, 오직 그리스도와의 관계와 인연만이 살아 있다. 그 이유는, 부모 친척의 인연은 육신에 속한 것인데, 이제는 육신은 죽고 하나님께 속한 영혼만이 그 곳에 가기 때문이다(전 12:7; 히 12:9). 만일 사람들이 별세한 뒤에도 부모 친척의 관계가 계속된다면, 그들의 부모나 친척이 지옥에 간 경우에 불안과 슬픔이 있을 것이다. 아브라함 카이퍼는 다음과 같이 말하였다. 곧 "천국에서는 이 세상의 관계(부모 친척 관계)가 계속되지 않는다. 그런 관계들은 이 세상을 위한 것이고, 천국에 간 자들은 천사들처럼 하늘에 있다. 거기 남아 있는 것은 영적 관계와 그리스도 안에 형제 된 관계뿐이다. 거기 가서는 부자 관계나 처자 관계가 없고 다함께 하나님의 자녀요, 그리스도 안에 형제와 자매 관계가 있을 뿐이다"라고 하였다.[186] 그러면 그곳은 어떠한 처소인가? 성경은 말하기를, 그곳이 안식의 처

185) Godet, Commentary on the Gospel of John II, 270.

186) Asleep in Jesus, Eerdmans, 225-226.

소라고 한다. 요한계시록 14:13에 말하기를 "또 내가 들으니 하늘에서 음성이 나서 이르되 기록하라 지금 이후로 주 안에서 죽는 자들은 복이 있도다 하시매 성령이 이르시되 그러하다 그들이 수고를 그치고 쉬리니 이는 그들이 행한 일이 따름이라 하시더라"고 하였다(참조. 히 4:4, 8-10).

4 **내가 어디로 가는지 그 길을 너희가 아느니라.** 예수님이 일찍이 자기를 하나님께로 가는 "길"이라는 의미로 많이 말씀하셨다.[187] 다음 구절(6절)은 그곳을 명백히 가리켜 말하면서, 예수님 자신이 "그 길"이라고 하였다. 예수님 자신이 "그 길"인 고로 그들은 편하게 그 길을 갈 수 있다. 그러나 길 되시는 주님 자신은, 그 길이 되시기 위하여 십자가를 지시는 큰 고생을 당하셨다.

5 **도마가 이르되 주여 주께서 어디로 가시는지 우리가 알지 못하거늘 그 길을 어찌 알겠사옵나이까.** 요한복음에는 특별히 도마가 충성스러우면서도 둔한 제자로 나타난다. 도마는 아직도 예수님의 말씀이 천국을 가리키는 줄 몰랐던 것이다. 그 만큼 그는 지각이 둔한 인물이다. 그러나 그의 질문 때문에 진리는 밝혀지곤 하였다(Barrett).

6 **예수께서 이르시되 내가 곧 길이요 진리요 생명이니 나로 말미암지 않고는 아버지께로 올 자가 없느니라.** 여기 "길", "진리", "생명"이란 말이 헬라어 원문에서는 모두 "그"라는 관사(ἡ)를 가지고 있어서, "그 길", "그 진리", "그 생명"을 의미한다. "그 길"은 유일한 길이요(행 4:12), "그 진리"도 유일한 진리요, "그 생명"도 유일한 생명 근원을 가리킨다.

이 점에 있어서 우리가 주목할 것은, 예수님이 어디까지나 그 시대의 다른 종교 사상과 타협하시지 않은 사실이다. 그 당시에는 영혼이 자기 힘으로 하늘에 간다는 영지주의 사상과 기타 사상이 유행했다. 그러나 그런 것들과 타협하는 혼합주의(Syncretism)는 예수 그리스도에게 용납될 수 없었다. 그

---

187) 8:19, 10:1, 7, 9, 37, 38, 12:26, 44, 45, 49, 50; 마 11:27, 28.

는 그 자신이 유일무이하신 "그 길"이요, "그 진리"요, "그 생명"이라고 그의 메시아적인 자아 주장을 세우신다. 선지자들은 진리와 생명에 대하여 길을 가리키는 역할을 하였다. 그러나 예수 그리스도는 "그 길" 자체요, 더욱이 그 길의 목적인 "그 진리" "그 생명" 자체이시기도 하다. 그는 사람들로 하여금 하나님께 이르도록 하시는 중보자이시지만, 그 자신이 하나님 자신이시기도 하다. 이 사실은 그가 절대적인 구주이심을 성립시킨다.

"나로 말미암지 않고는 아버지께로 올 자가 없느니라." 천국 가는 길을 알려는 도마의 질문에 대하여, 예수님은 천국 가는 길보다 아버지께로 가는 길을 가르쳐 주신다. 그 이유는 무엇인가? 그것은 천국이 하나님 중심한 곳이기 때문이다. 인간은 하나님 외에 별도로 천국을 생각하려는 이원론적 사상으로 흐른다. 그것은 잘못된 사상이다. 하나님을 떠난 독립적인 선이나 진리나 행복이란 있을 수 없다.

7 너희가 나를 알았더라면 내 아버지도 알았으리로다 이제부터는 너희가 그를 알았고 또 보았느니라. 그리스도를 아는 자는 아버지 하나님을 알게 된다. 그 이유는 그리스도는 아버지와 일체이시기 때문이다. 그의 제자들은 그때까지 그런 영적 지식에 부족하였다. 그러나 "이제부터"는 그들이 그런 지식을 가지게 된다는 것이다. "이제부터"란 말은 이제 머지않아 곧 실현될 일, 곧 그가 죽으셨다가 부활 승천하심과 성령이 강림하심부터 시작될 완전한 계시의 시기를 가리킨다. 그들이 예수께 대하여 이와 같은 완전한 지식, 곧 영적 지식을 가지게 됨에 대하여 사도 요한은 그것을 가장 확신 있는 지식으로 여겼다. 그것이 그렇게 확실하다는 의미에서 본문에 "보았느니라"라는 현재 완료 동사가 사용되었다. 사도 요한의 글에는 이 방면 기록이 적지 않다. 19:35에도 말하기를 "이를 본 자가 증언하였으니 그 증언이 참이라"고 하였고, 요한1서 1:1-3에도 말하기를 "태초부터 있는 생명의 말씀에 관하여는 우리가 들은 바요 눈으로 본 바요 자세히 보고 우리의 손으로 만진 바라 이 생명이 나

타내신 바 된지라 이 영원한 생명을 우리가 보았고 증언하여 너희에게 전하노니 이는 아버지와 함께 계시다가 우리에게 나타내신 바 된 이시니라 우리가 보고 들은 바를 너희에게도 전함은 너희로 우리와 사귐이 있게 하려 함이니"라고 하였다.

8 빌립이 이르되 주여 아버지를 우리에게 보여 주옵소서 그리하면 족하겠나이다. 빌립은 여기서도 현실적이고 타산적이다. 그는 영이신 하나님 아버지를 감각적으로 보기 원하였다.

9 예수께서 이르시되 빌립아 내가 이렇게 오래 너희와 함께 있으되 네가 나를 알지 못하느냐 나를 본 자는 아버지를 보았거늘 어찌하여 아버지를 보이라 하느냐. 벵겔(Bengel)은 이 구절에 대하여 말하기를 "우리가 영혼 자체를 볼 수 없으나, 그것이 몸을 도구로 하여 행하는 바를 보아서 알 수 있다. 그와 같이, 그리스도를 보는 자는 동시에 하나님 아버지를 보게 된다. 우리는 하나님에게 관한 일체의 생각에 있어서 그리스도를 거울로 삼을 것이다. 그리스도는 보이지 않는 하나님의 형상이시다(골 1:15)."라고 하였다.[188]

10 내가 아버지 안에 거하고 아버지는 내 안에 계신 것을 네가 믿지 아니하느냐 내가 너희에게 이르는 말은 스스로 하는 것이 아니라 아버지께서 내 안에 계셔서 그의 일을 하시는 것이라. 여기 "안에 있고"란 말은 성부와 성자의 본질상 연합을 가리킨다. 그러나 여기서 그 두 분의 도덕적 연합(행위로써 연합)도 의미하였으니, 고데(F. Godet)가 말한 바와 같다. 그는 다음과 같이 말한다. 곧 "여기 '내가 아버지 안에'란 말은 예수께서 아버지를 향하여 자기를 낮추심이고, '아버지는 내 안에' 란 말은 아버지께서 예수님의 겸허에 모든 능력과 지혜를 전달하심이다"라고 하였다.[189]

---

188) Gnomon 2, Edinburgh, p. 433.

189) Godet, Commentary on the Gospel of John, Zondervan, p.274.

11 내가 아버지 안에 거하고 아버지께서 내 안에 계심을 믿으라 그렇지 못하겠거든 행하는 그 일로 말미암아 나를 믿으라. 여기 "믿으라"는 부탁은, 제자들로 하여금 그저 그의 말씀에 의하여 그런 줄 믿으라는 뜻이다. 이것이야말로 예수님을 그의 말씀대로 믿으라는 명령이다. 이렇게 하는 것이 최고의 신앙이다(Hendriksen). "그렇지 못하겠거든 행하는 그 일로 말미암아 나를 믿으라"는 둘째로 가는 신앙이다. 그저 예수님의 말씀대로 믿음이 첫째인데, 그것은 상반절에 보여주었다. "그 일"이란 것은 그의 이적과 기사들을 가리킨다(참조. 10:25, 37-38).

12 내가 진실로 진실로 너희에게 이르노니 나를 믿는 자는 내가 하는 일을 그도 할 것이요 또한 그보다 큰 일도 하리니 이는 내가 아버지께로 감이라. 이 말씀은 사도들을 상대로 하신 말씀이다. 이 말씀이 일반 신자들을 염두에 두신 것이 아닐 것이라고 생각되는 이유는, ① 이 부분(14-17장) 말씀이 사도들의 사명에 대한 주님의 임종 유언과 같은 까닭이며(26; 17:18), ② 이 부분 교훈의 마감이라고 할 수 있는 17장의 기도에, 주님이 사도들을 위하여 기도하시면서 후대의 신자들을 사도들에게서 구분하신 까닭이다(17, 20절).

"나를 믿는 자는 내가 하는 일을 그도 할 것이요." 사도들이 그리스도께서 주신 권능에 의하여 이적을 행하며 기타 위대한 일들을 하되, 예수님 자신이 행하신 것과 같은 정도의 것도 할 수 있다는 말씀이다. "그보다 큰 일"은 그리스도께서 승천하시므로 성령이 오셔서 이루실 만국 전도와 구령 사업을 가리킨다. 예수님이 땅 위에서 행하신 일들은 미래의 이 큰 일들을 위한 준비였다.

신비가들은 이 구절에 근거하여 신자들이 예수님이 행하신 이적보다 더 큰 이적을 행할 수 있다고 한다. 그러나 그것은 땅 위에서 행하신 예수님의 일과 승천하신 뒤에 그가 하시는 일과의 구분을 모르는 데서 일어난 오해이다. "그보다 큰 일"은 외부적인 육신 상대의 이적이 아니고, 그리스도께서 죽었다가 다시 사시므로 완성된 구원을 성령에 의하여 하나님의 백성에게 실시함이다. 외부적 이적은 "비유로 말씀하신" 계시라고 할 수 있고, 성령으로 말미암은 구원 실시는 "밝히 말씀하시는" 계시라고 할 수 있다(16:25-28). 성령이 오셔서 사도들을 통하여 만국에 복음을 전하시는 것은, 이렇게 큰 일이다(시 27:8; 사 42:6; 슥 9:10).

13 너희가 내 이름으로 무엇을 구하든지 내가 행하리니 이는 아버지로 하여금 아들로 말미암아 영광을 받으시게 하려 함이라. 이 말씀은 예수님이 사도들(신자들)의 기도에 응답해 주시겠다는 약속이다. 그런데 이 말씀이 위의 12절에서 독립된 것인가, 혹은 그것의 연속인가? 이것은 하나의 난제이다. ① 헨드릭슨(Hendrksen)은 이 말씀이 12절의 내용을 더 설명해 주는 부속 문구라고 한다. 고데(F. Godet)와 찬(Zahn)도 역시 같은 해석을 취한다. ② 그러나 크로샤이데와 버나드(Bernard)와 렌스키(Lenski) 등은 이 말씀을 또 하나의 독립적인 약속으로 간주한다. 특히 버나드는 13절 초두에 있는 "또한"(καί)이란 헬라어에 근거하여 이와 같은 주장을 세웠다.

"내 이름으로 무엇을 구하든지." 예수님의 이름으로 구한다는 것은 무엇을 의미하는가? 이것은 ① 예수님의 권위, 혹은 공로에 의지하여 기도함이고, ② 그의 계명을 지키며, 그의 뜻대로 기도함이다

"내가 행하리니"란 말씀은, 아버지께서 기도 응답하심이 아들로 말미암아서 실행됨을 가리킨다(Barrett).

"영광을 받으시게 하려 함이라. 기도 응답은 언제나 인간의 사욕을 채우려 함이 아니고, 하나님의 거룩하신 뜻을 이루어 그에게 영광이 돌아가게 하려 함이다. 이런 기도 응답은 그리스도의 중보적 역사로 말미암아 실시되는 고로, 여기에 "아들로 말미암아"란 말이 쓰여 있다.

14 내 이름으로 무엇이든지 내게 구하면 내가 시행하리라. 앞 절에 말씀하신 약속을 거듭 말씀하여 강조하는 것뿐이다.

15 너희가 나를 사랑하면 나의 계명을 지키리라. 예수님은 사도들에게 그의 계명을 지키라고 하신다. 신자가 그의 계명을 지킴이, 곧 그를 사랑함이다. 그런데 문제 되는 것이 있다. 이 말씀이 앞 절과 관계를 가지는가, 혹은 독립적인 말씀인가? 또 혹은 이것이 16절 이하에 나오는 보혜사 약속과 관련된 말씀인가? 이 점에 있어서 우리는 몇몇 학자들의 의견을 생각해 보고자 한다. ① 크로샤이데는 이 구절이 독립적인 언사라고 한다. 그러나 우리 보기에는 그런 것 같지 않다. ② 렌스키(Lenski)와 헨드릭슨(Hendriksen)은 이 구절이 위에 있는 많은 말씀과 관련되었다고 생각한다. 그들은 여기 "사랑"이란 것을 믿음(11절 끝)과 같은 것으로 생각하고, "계명"이란 것을 기도하라는 부탁과 같이 생각하여 윗말과 연결시킨다. ③ 버나드는 이 말씀을 16절 이하의 보혜사 약속과 관련시킨다. 그는 생각하기를 신자가 계명을 지켜야 되는데, 그것은 16절 이하에 약속된 성령의 은혜로만 성립된다는 것이다. ④ 다른 학자들은 역시 이 구절을 16절 이하와 연결시키면서도 위의 버나드와 달리 취급한다. 이들은 이 구절(15절)과 아래 구절을 연결시켜서 다음과 같은 뜻을 찾는다. 곧 신자들이 계명을 지켜야 보혜사가 오신다는 것이다. 물론 여기서 계명이란 것은 신자들끼리 서로 사랑하라는 것과(34절), 또한 합심하여 기도하라는 말씀을 의미하였을 것이다. 신약 교회를 창립하는 오순절 성령 운동은 물론 구원사에 속하는 것으로서 하나님의 약속 성취이다. 이 약속 성취는 인간의 주관적 조건에 매인 것은 아니다. 그러나 주님은 이 약속 성취를 내다보시면서 사도들과 그때 신자들의 주관적 준비를 명하시기는 하셨다. 예컨대, 그들에게 예루살렘에 유하며 약속하신 것을 기다리라는 말씀이다(행 1:4). 그들의 기다리는 일은 바로 기도에 전력함이었다(행 1:14). ⑤ 우리는 이 문제에 있어서 다음과 같이 생각한다. "계명을 지키라"는 주님의 말씀은, 14절에 나온 기도하라는 부탁과 관계를 가진다고 생각한다. 다시 말하면, 기도 응답을 받으려면 주님의 계명을 지켜야 한다는 것이다(15:7). 그러나 그렇다고 해

서 이 말씀이 그 아래 나오는 말씀, 곧 성령이 오시리라는 약속과 관계없다는 것은 아니다. 이처럼 그들이 주님의 계명을 지키며 기도하는 결과로 성령님이 오시게 되는 것도 사실이다(행 1:12-14; 2:1-4).

"계명을 지키리라." "지킨다"는 말은, 보배를 지키며 보관함에 대해 쓰는 말이다. 이것은 계명을 중심에서부터 사랑하여 지킴이다. 계명 지킴과 기도 응답은 서로 분리될 수 없다. 예수님의 이름으로 드리는 기도가 응답된다는 것은, 마술적 의미에서 그렇게 된다는 것이 아니다. 그것은 종교 윤리적 내용을 가진 것이다. 그것은 기도자가 주님을 사랑하여 계명을 지키는 사실이 있어야 그의 기도가 응답된다는 것이다.

불건전한 신비주의는 계명과 율법을 무시하는 경향이 있다. 예를 들면, 재세례파에 속하는 란테르파(Ranters)는 자기들이 모든 계명을 초월한다(계명의 제재를 받지 않는다는 뜻)고 하였다.[190] 그들의 이와 같은 주장은 자기 자신을 신격화 하는 참람한 행동이다.

16 내가 아버지께 구하겠으니 그가 또 다른 보혜사를 너희에게 주사 영원토록 너희와 함께 있게 하리니. 여기 "구하겠다"는 말의 헬라어(ἐρωτήσω)는, 상대방을 향하여 동등 처지를 취하고 구하는 태도와 과히 틀림없는 것을 가리키는 말이다. "보혜사"란 말(παράκλητος)은 "대언자"를 의미한다. 요한1서 2:1에 예수님을 "대언자"라고 하였으니, 성령을 가리켜 "다른 대언자"라고 함이 적당하다. 성령은 우리를 위하여 도고하여 주시는 대언자이시다(롬 8:26). 그뿐 아니라 "보혜사"란 말은 위로자란 의미도 가진다. 그가 우리를 위로하신다는 것은, 성도로 하여금 그리스도를 모시고 있음과 마찬가지의 힘과 평안과 기쁨과 능력을 가지고 이 세상을 통과할 수 있도록 하실 그의 역사를 가리킨다.

여기 약속된 보혜사의 오심은 오순절에 임하실 성령을 가리킨다. 그

---

190) R.A. Knox, Enthusiasm, p. 173.

가"영원토록 너희와 함께하시리라"고 하셨으니, 오순절의 성령 강림은 단 한 번 있을 것이지만, 그 역사는 영구할 것이 알려진다(마 28:20).

17 그는 진리의 영이라 세상은 능히 그를 받지 못하나니 이는 그를 보지도 못하고 알지도 못함이라 그러나 너희는 그를 아나니 그는 너희와 함께 거하심이요 또 너희 속에 계시겠음이라. "그는 진리의 영이라" 이 말씀은 진리(그리스도의 인격과 속죄 사업에 대한 설명 계시)가 성령님의 것이라는 뜻이다. 세상이 그를 받지 못하는 이유는, 세상은 육안에 보이는 대로만 무엇을 믿는 까닭이다. 그러나 신자들이 그를 받는 이유는, 그가 그들 속에 거하셔서 그들의 마음을 변화시키시는 까닭이다. 그것이 "그는 너희와 함께 거하심이요 너희 속에 계시겠음이라"하신 말씀이 의미한 바이다.

18-19 내가 너희를 고아와 같이 버려두지 아니하고 너희에게로 오리라 조금 있으면 세상은 다시 나를 보지 못할 것이로되 너희는 나를 보리니 이는 내가 살아 있고 너희도 살아 있겠음이라. 여기서 갑자기 "내가"란 말씀으로 시작된 것은, 위(16-17절)의 논제(성령)와 달라진 느낌이 있다. 찬은 이것을 논거로 하여 이 구절은 재림을 취급한다고 하였다. 그러나 예수님이 여기서 "내가"란 말을 사용하신 이유는, 위(16-17절)에서 말한 성령의 역사가 예수님 자신의 속죄 사업의 연장이요 완성이기 때문이다. 그뿐 아니라 예수님은 삼위 일체 안에서 성령과 일체이기 때문에, 그가 여기서 "내가"란 말을 기탄없이 사용하셨다. 위의 16-17절은 성령의 오심을 약속하신 것뿐이고, 이 구절(18절)부터는 성령의 역사와 예수님 자신과의 관계를 말한다. 그러므로 이 점에 있어서 예수님이 "내가"란 말로 가르치신 것은 자연스럽다.

"내가···너희에게로 오리라." 이 말씀은 재림을 가리키는가, 그의 부활을 가리키는가? 혹은 성령의 강림을 가리키는가? ① 재림을 가리킨다는 학설이 옳지 않은 이유는, "조금 있으면"이란 말(19절 초두)과 맞지 않기 때문이다. 여기 온다는 것은 미구에 오심을 의미한다. 그뿐 아니라 그의 오심을 세상이 보지 못한다는 말도 재림설에 맞지 않는다. 재림시에는 모든 사람들이 다 보리라는 것이 성경의 교훈이다(계 1:7). ② 예수님의 부활을 가리킨다는 학설도 여기 맞지 않는다. 주님이 부활하셔서 땅에 계신 기간은 길지 않았으니, 어떻게 그것이 18절의 "너희를 고아와 같이 버려두지 아니하리라"고 하신 말씀을 성취시킬 수 있겠는가 함이 문제된다(Smilde). ③ 많은 주석가들은 이것을 성령 강림에 관한 말씀으로 여긴다. 그들 중 어떤 이들은 성령 강림사건에 주님의 부활까지 포함시켜 말한다. 이런 의미에서 페인(Fein)은 말하기를 "부활절과 오순절은 일체로 합류한다"라고 하였다.[191)]

"이는 내가 살았고 너희도 살겠음이라"(ὅτι ἐγὼ ζῶ καὶ ὑμεῖς ζήσετε) 이 말씀은 "내가 사는고로 너희도 살게 되리라"고 번역하는 것이 헬라어 원문과 부합한다. 그리고 우리 한역의 "이는"이란 말은 잘못된 번역이다. 그러므로 이 문구는 위의 말씀에 직속하는 이유 문구가 아니고, 하나의 독립 문구이다. "내가 사는고로"란 말씀이 그리스도의 부활을 의미한다고 하는 학자들도 있으나(Lange, Barrett), 다른 학자들은 이것이 예수님의 고유하신 생명 근원을 의미한다고 한다(Grosheide). 어쨌든 이 말씀은 그리스도께서 그의 백성을 영적으로 살려 주시는 근원이 되심을 보여준다. 크로샤이데는 이 점에 있어서 상반절의 "나를 보리니"란 말씀이 살게 하여 주는 원인을 나타낸다고 한다. 곧 산다는 것(영원한 생명)은 실상 우리 심령이 하나님을 봄으로(앎으로) 생기는 것이다(참조. 요 17:3).

18-27 여기서는 보혜사가 하실 일에 대하여 말한다. 곧 ① 신자들을 거듭나게 하여 살리심(19절), ② 그리스도와 신자를 연합하게 하심(20절), ③ 계명을 지키는 자들에게 그리스도를 나타내심, ④ 사도들로 하여금 진리(예수님의 업적과 말씀)를 깨닫도록 하심(26절), ⑤ 신자들에게 평안을 주심이다(27절).

---

191) Fein, Ostern und Pfingstn fliessen zu einer Einheit zusammen.—Theol., S. 383.

20 그날에는 내가 아버지 안에, 너희가 내 안에, 내가 너희 안에 있는 것을 너희가 알리라. 이 말씀은 신자와 그리스도의 연합 관계를 가리킨다. 신자와 그리스도와의 연합에는 여러 가지 방면이 있다. ① 신자가 선택 관계로 그리스도와 연합함(엡 1:3-4). ② 신자가 구원사에서 그리스도의 행적에서 그와 연합함. 곧 그의 죽으심, 그의 부활, 그의 승천의 복된 사실에 있어서 그리스도와 연합한다(롬 6:3-11; 엡 2:4-6; 골 3:3-4). ③ 신자가 중생(重生)과 성화(聖化)에 있어서 그리스도와 연합함(엡 2:10). ④ 신자가 그의 행위와 생활에 있어서도 그리스도와 연합함(롬 6:4; 고전 1:4-5). ⑤ 신자가 죽음에 있어서도 그리스도와 연합함(살전 4:14, 16). ⑥ 신자가 부활할 때도 그리스도 안에서 부활함(고전 15:22; 롬 8:17). 이처럼 이 연합은 영원하며, 죽음도 그것을 파괴하지 못한다.

21 나의 계명을 지키는 자라야 나를 사랑하는 자니 나를 사랑하는 자는 내 아버지께 사랑을 받을 것이요 나도 그를 사랑하여 그에게 나를 나타내리라. "나의 계명"은 예수께서 이미 말씀하신(13:34) "새 계명"을 가리키는데, 신자들이 서로 사랑할 계명이다. 13:34 해석(참조. 요일 2:7-11). 형제를 사랑한다 함은 무엇으로 성립되는가? 그것은 그리스도의 복음이 내포한 신약 윤리(예수의 계명)에 순종하는 생활이다. 이 모든 윤리는 사랑을 목적한 것이다. 우리가 명심할 것은, 신약 윤리가 모세의 십계명을 위반하는 것이 아니고 도리어 그 완성이라는 사실이다. 사도 바울도 이런 사고방식으로 설명하였다(롬 13:8-10).

그리스도인은 계명을 실행함에 있어서 구약 시대 성도보다 더욱 사랑의 동기를 가지고 순종하게 된다. 그 이유는 신약 시대의 성도는 그리스도의 속죄를 그 성취 형태에서 누리기 때문이다. 그리스도께서 나를 위하여 죽어 주신 그 큰 사랑을 받은 것이, 언제나 그의 윤리 생활의 동기를 이룬다. 요한1서 4:19에 말하기를 "우리가 사랑함은 그가 먼저 우리를 사랑하셨음이라"고 하였다. 그리스도의 계명은, 신자들로 하여금 무슨 일을 행할 때든지 사랑의 동기로 행하여 모든 의를 이루라는 것이다. 그들은 사랑의 동기를 가짐에 있어서 구약 성도들보다 명확하고 철저하고 일관성을 가져 한다(마 22:37-40).

"나도 그를 사랑하여 그에게 나를 나타내리라." 이 말씀은 그리스도께서 성령으로 말미암아 우리에게 나타나실 것을 가리킨다. 그 나타나심은 우리의 육신에 나타나심보다 더욱 근거 깊이 우리의 심령에 나타나심이다.

22 **가룟인 아닌 유다가 이르되 주여 어찌하여 자기를 우리에게는 나타내시고 세상에게는 아니하려 하시나이까.** 여기 "유다"는 야고보의 아들 유다이다(눅 6:16). 그가 물어본 말은 세상의 영광을 생각한 것이다. 곧 예수님이 자기를 제자들에게 나타내시리라(21절)고 하신 말씀을, 유다는 이름을 낸다(명성을 떨친다)는 뜻으로 오해하였다. 그러므로 그는 묻기를 "왜 널리 세상에는 이름을 나타내시지 않으려 하십니까?"라고 하였다.

23 **예수께서 대답하여 이르시되 사람이 나를 사랑하면 내 말을 지키리니 내 아버지께서 그를 사랑하실 것이요 우리가 그에게 가서 거처를 그와 함께하리라.** 주님을 사랑하는 사랑이 그의 말씀을 지킴보다 앞선다. 사랑 없이 계명을 지킬 수 없으며, 지킨다 해도 생명 있는 것은 아니다. 여기 성부와 예수님이 함께 신자에게 오셔서 거하신다고 하였으니, 그것은 성령으로 말미암은 내주(內住)를 가리킨다. 성령은 아버지의 영이신 동시에 아들의 영이시다(고전 6:19; 고후 6:16; 엡 3:17; 살전 4:8). 이와 같은 연합은 내세에 이르러서 더욱 완전히 이룬다(계 3:20; 21:3). 현세에는 하나님이 우리에게 오셔서 함께 거하시며, 내세에는 우리가 가서 그와 함께 거한다(Godet).

24 **나를 사랑하지 아니하는 자는 내 말을 지키지 아니하나니 너희가 듣는 말은 내 말이 아니요 나를 보내신 아버지의 말씀이니라.** 사람이 예수님의 말씀을 순종하지 아니함이 얼마나 중대한 잘못임을 지적한다. 그것은 하나님 아버지의 말씀을 거역하는 죄악이다. 그 이유는 그와 말씀이 바로 하나님의 말씀이기 때문이다.

25 **내가 아직 너희와 함께 있어서 이 말을 너희에게 하였거니와.** 이것은 그가 이때까지 가르치신 말씀을 염두에 두고 하신 말씀이다. 그가 이 말씀을 하신 목

적이 다음 절(26절)에 나와 있다. 곧 그가 별세 후에 보내실 성령님을 통하여 하실 말씀은 더욱 자세하고 많다는 것을 말씀하시려는 것이다.

26 그가 너희에게 모든 것을 가르치고 내가 너희에게 말한 모든 것을 생각나게 하리라. 여기 "너희"란 사도들만을 가리킨다. 그 이유는 그들이 예수님에게서 직접 물은 말씀을 기억하도록 하여 주시겠다고 하기 때문이다. 예수님의 말씀을 직접 들은 자들은 사도들이다. 성령의 일은 예수님의 교훈을 되살려 해설하시는 것이다. 그러므로 그것은 예수님의 전날 교훈을 사도들의 기억에 되살려 깨닫게 하시는 운동이다.

27 나의 평안을 너희에게 주노라. 이 말씀이 랖 절까지 계속되던 성령론과 어떤 관련을 가지는가? 우리는 이 점에 있어서, 이 구절이 위의 모든 말씀의 결론이라는 것을 생각하게 된다. 그 이유는, 곧 26절에 말한 대로 성령님이 하시는 일은 사도들로 하여금 그리스도 사건("너희에게 말한 모든 것")을 깨닫게 하신다고 하였고, 그 뒤에 이 구절은 평안의 선물을 말한다. 우리가 성령으로 말미암아 그리스도 사건을 깨닫고 믿을 때 비로소 참다운 평안을 누린다. 어떤 학설에는 평안에 대한 그리스도의 이 말씀이 단순한 작별 인사라고 하나, 이 말씀을 그렇게 보는 것은 잘못이다. 그 이유는, 이 구절에 말한 대로 그 평안은 그리스도께서 선물로 주신다고 하였고, 또한 그것이 세상이 주는 것과 같지 않다고 하였기 때문이다. 그뿐 아니라 이 평안은 그리스도께서 승천하시므로 신자들에게 이루어지는 것이며(28절), 또한 그 평안이 그들의 영원한 기업이 된다.

예수님의 평안은, 그가 하나님과 평화롭게 지내시는 관계를 말함이다. 그는 구속 사업의 완성으로 신자들에게도 그런 평안을 주신다. 그가 주시는 평안이 세상의 그것과 다른 특성은, 가장 위험한 때도 심령이 평안할 수 있는 것이다(Barrett).

28 내가 갔다가 너희에게로 온다 하는 말을 너희가 들었나니 나를 사랑하였더라면 내

가 아버지께로 감을 기뻐하였으리라 아버지는 나보다 크심이라. 예수께서 가신다는 것과 오신다고 하신 것은 그가 이미 말씀하신 바이다(참조. 13:33-36, 14:2, 3, 12, 18-19, 21, 23). 그런데 그를 사랑하는 신자라면 그의 가심을 기뻐할 이유가 무엇인가? ① 그가 아버지께로 가시는 것은, 그가 영화를 얻으시는 사건이기 때문이며(히 12:2), ② 그의 가심으로 말미암아 신자들의 구원이 완성되는 까닭이다.

"아버지는 나보다 크심이라." 이것은 ① 예수님이 땅에 계신 동안 영광을 취하지 않으셨으므로 아버지보다 낮음을 가리키고, ② 그가 중보자의 지위에 계신 것만큼, 그 역사에 있어서는 아버지에게 종속하심을 말함이다.

29-31 이 부분 말씀은 14장의 결론이라고 할 수 있다. 주님은 이 결론에서 두 가지를 말씀하셨다. 곧 ① 그가 이 부분에서 미리 말씀하신 것은 그 일이 성취될 때 제자들로 하여금 믿게 하기 위함이라는 것(29절)과 ② 사탄의 무리가 와서 예수님을 고난의 자리로 잡아간다는 것이다(30-31절).

그러나 그는 내게 관계할 것이 없으니. 곧 사탄은 예수님을 정죄할 아무런 근거도 가지지 못하였다는 것이다. 그 이유는, 그리스도께서는 이 세상에 속하지 않으시고 하늘에 속하셨으며, 또한 그에게는 전연 죄가 없으시기 때문이다.

오직 내가 아버지를 사랑하는 것과 아버지께서 명하신 대로 행하는 것을 세상이 알게 하려 함이로라. 예수님이 사탄으로 말미암아 해를 받으시게 되는 목적이 이러하니, 곧 그가 하나님을 사랑하며 순종하는 마음으로 고난받으신다는 것을 드러내시려는 것이다. 다시 말하면 그의 수난은 사탄의 뜻을 이루어 주려는 것이 아니라, 하나님의 계명(죽으라는 것과 부활하라는 것-10:17-18)을 즐거움으로 이루시는 것뿐이라는 것이다.

설교 근심하지 말고 믿으라(14:1)

1. 근심은 낙심에서 생김

1) 낙심은 교만이다. 낙심은 역경과 난관 중에서 그리스도를 의지하지 않는 마음이다. 곧 그것은 난관을 하나님보다 더 두려워하는 마음이다. 이런 교만한 죄는 크기 때문에, 광야를 여행하던 이스라엘 장정들 중 낙심한 자들, 곧 20세 이상(출애굽 당시 계수할 때)은 여호수아와 갈렙 외에는 다 광야에서 죽었다(민 32:9-45). 야고보서 4:6에 말하기를 "하나님이 교만한 자를 물리치시고 겸손한 자에게 은혜를 주신다"고 하였다.

2) 낙심은 하나님의 사랑과 하나님의 풍성하신 은사를 불신임하는 죄악이다. 야고보서 1:17에 말하기를 "온갖 좋은 은사와 온전한 선물이 다 위로부터 빛들의 아버지께로부터 내려오나니 그는 변함도 없으시고 회전하는 그림자도 없으시니라"고 하였다.

3) 낙심은 하나님의 자비를 불신임하는 것이다. 성경은 하나님의 자비에 대하여 많이 말하였다. 부자 관계(시 103:13), 모자 관계(사 66:13), 암탉과 병아리의 관계(마 23:37), 독수리와 그 새끼의 관계(신 32:11-12), 목자와 양의 관계(겔 34:12)들로써 그 자비의 어떠하심을 말해준다.

2. 근심의 치료제는 신앙임

나와 친구는 서로 죽음으로 말미암아 헤어지게 되며, 돈도 없어질 날이 있는 것이다. 명예는 한 사람의 악담으로 말미암아 더럽혀질 수도 있으니 어찌 믿을 수 있으랴? 우리는 하나님 밖에 믿을 이 없다. 예수님에게는 실패가 없으시다(Jesus never fails).

우리가 하나님을 믿는다고 하나 어려움 가운데서는 우리의 믿음이 약해지니, 우리의 믿음은 너무도 적다. 친구를 믿어주는 것도, 그 친구가 어려운 때도 믿어야 과연 믿어 주는 것이다. 우리가 하나님을 믿으려면, 자기 자신을 의지하지 않아야 한다. 어떤 사람이 사해에 빠졌는데, 열심히 헤엄쳐 물 위에 뜨려고 애썼다. 그러나 그의 몸은 물속으로 더 깊이 잠기기만 하였다. 그가 나중에는 기진하여 가만히 있었더니 그의 몸이 물 위에 떴다고 한다. 그것은 그 바다에 염분이 많아 부력이 강한 까닭이었다. 이같이 우리는 우리 자력을 믿으면 하나님을 못 믿는다. 그러나 우리 자신의 힘을 포기할 때 그를 믿게 된다.

설교 별세와 위로(14:1-4)

유엔(UN)의 통계에 의하면(1954년), 지구 위의 인간이 1초 동안에 한 명씩 죽으며, 매년 3천만 명이 죽는다고 한다. 베드로는 말하기를 "모든 육체는 풀과 같고 그 모든 영광이 풀의 꽃과 같으니 풀은 마르고 꽃은 떨어지되 오직 주의 말씀은 세세토록 있도다"라고 하였다(벧전 1:24-25).

1. 죽어도 소망이 있음

신자가 죽는다는 것은, 죄악과 고통이 가득한 세상을 떠나서 거룩하고 복되고 자유롭고 완전한 하나님의 세계에 들어감이다. 누구보다도 우리를 사랑해 주시는 구주 예수님에게 감이다. 그것은 복된 일이다. 빌립보서 3:20에 말하기를 "오직 우리의 시민권은 하늘에 있는지라" 하였고, 빌립보서 1:23에는 말하기를 "내가 그 둘 사이에 끼였으니(이 세상 생명과 죽음 사이에 끼였음) 차라리 세상을 떠나서 그리스도와 함께 있는 것이 훨씬 더 좋은 일이라"고 하였다(참조. 고후 5:1, 6-8; 시 116:15; 딤후 4:6-8).

2. 죽는 것은 하나님의 뜻대로 됨

예수 그리스도는 33년이란 짧은 생애로써 그 하실 일을 완성하셨다. 하나님은 그리스도의 33년 한평생을 족하게 여기셨다. 그는 사람의 가치가 오래 사는 데 있지 않다는 진리를 친히 자신의 생애에서 보여주셨다. 일반 신자들의 죽음도 우연한 일이 아니고, 하나님의 거룩하신 작정으로 되는 것이다. 그렇다면 사람은 죽음을 당할 때 불평할 것도 없고, 지나치게 슬퍼할 것도 아니다. 유명한 성도 슈몰케(Schmolke)는 화재로 말미암아 그의 두 아들이 죽었고, 자기는 반신불수가 되었다. 그러나 그는 "내 주여 뜻대로 행하시옵소서"라는 찬송가를 지었다.

설교 기도 응답 받는 자의 신분(14:11-15)

기도는 가장 중요한 일이다. 그렇기 때문에 예수님은 우리에게 항상 기도하라고 하셨다. '항상' 해야 한다고 함은, 그 일이 얼마나 중요함을 알게 한다. 그것은 곧 신자가 기도를 잠시라도 하지 않으면 살 수 없다는 것이다. 우리는 이런 중요한 일을 효과적으로 해야 한다. 우리가 기도 응답을 받지 못한다면, 그것은 우리 자신에게 잘못이 있기 때문이다. 그러면 기도 응답을 받는 자의 신분은 어떠한가?

1. 믿음이 있는 자(11절)

"믿음은 바라는 것들의 실상"이라고 히브리서 저자는 말한다(히 11:1). 그것은 보이지 않는 것을 상대하는 것이다. 보이지 않는 것을 바라보는 것은 참된 인생이 할 일이다. 인생은 이 점에서도 동물과 다르다. 이것이야말로 한 겹 더 넘어 내다보는 생활이다.

1) 보이는 것이 우리에게 역할을 한다면, 그것은 우리의 주의를 보이지 않

는 것에게로 이끄는 점이다. 모든 보이는 것은, 보이지 않는 데에 뿌리를 두고 있다. 나무를 보면, 잎과 가지와 열매와 나무줄기가 우리 눈에 보인다. 그 뿌리는 땅속에 숨겨져 있어 보이지 않지만, 그것이 더 요긴한 것이다.

2) 그뿐만 아니라 모든 보이는 것은 마침내 시들고 쇠하고 변하고 썩고 지나가고 만다. 그것들은 지구성이 없고, 우리에게 소망을 주지 못할뿐더러 결국은 실망을 주고 만다. 인생에게는 영원을 사모하는 마음이 있다(전 3:11). 우리는 영원을 붙잡아야 한다.

3) 그러므로 우리는 보이지 않는 하나님을 추구해야 한다. 예수님께서 말씀하시기를 "너는 기도할 때 네 골방에 들어가 문을 닫고 은밀한 중에 계신 네 아버지께 기도하라"(마 6:6)고 하셨다. 이것은 보이지 않는 아버지를 추구하라는 뜻이다. 우리의 참 아버지는 보이지 않으신다. 보이지 않는 아버지를 추구해 나아감이 믿음이다. 다시 말하면 우리는 우리 생활의 중점을 보이지 않는 이에게 두고 살아야 한다. 그것이 믿음이다(참조. 히 11:27; 벧전 1:8; 요 20:29).

2. 더 큰 일에 대한 사명감이 있는 자

본문에 "나를 믿는 자는 내가 하는 일을 그도 할 것이요 또한 그보다 더 큰 일도 하리라"고 하였다(12절). "내가 아버지께로 감이라"고 한 말씀이 이 내막을 보여 준다. 그가 아버지께 가시므로 이 후에는 그의 일이 더 커진다는 것이다. 그러나 그 일이 그의 세우신 사도들의 역사로 나타나실 것이므로, 그 일을 그들이 하는 일로 간주해 주신다. 우리 일반 신자는 사도들과 연합하여 이보다 큰 일에 참여하고 있다.

이런 복된 일("그보다 큰 일")에 참여한 자라야 기도 응답을 받는다. 그리스도의 일에 참여한 자는 그리스도의 능력을 체험할 수밖에 없다. 그 이유는 그가 자기의 사욕을 따르지 않고 큰 일에 수종 들기 때문이다. 큰 일의 사명감에서 사는 자라야 참된 기도를 할 수 있고, 또 그 기도의 응답을 받는다. 사명감이 있는 자는 기도를 하게 된다. 그는 기도를 옳게 하고, 또 응답도 받는다. 야고보서 4:2-3에 말하기를 "너희는 욕심을 내어도 얻지 못하여 살인하며 시기하여도 능히 취하지 못하므로 다투고 싸우는도다 너희가 얻지 못함은 구하지 아니하기 때문이요 구하여도 받지 못함은 정욕으로 쓰려고 잘못 구하기 때문이라"고 하였다. 큰일을 하는 사람은 정욕의 사람이 아니다. 그는 소아(小我)를 떠나서 사는 자이다.

3. 그리스도의 이름으로 구하는 자

그리스도의 이름으로 기도한다는 것은 말로만 하는 것이 아니다. 오늘날 예수 믿는 사람들이 기도 끝에 "예수님의 이름으로 기도합니다"라고 한다. 그런데 그 말을 사용하는 사람들은 예수님의 이름을 소중히 여기는 신분이어야 한다. 그러므로 그리스도의 이름으로 기도한다는 것은, 그 기도자가 그리스도의 뜻을 순종하여 하나님을 영화롭게 하면서 기도함이다. 무디(Moody)의 후계자 토레이(R. A. Torrey)는 기도 응답을 많이 받았다. 그는 하나님의 영광을 위하는 특별한 인물이었다. 그가 한 번은 고요한 방안에 앉아 있던 중 갑자기 하나님의 감동을 받아서 크게 소리치기를 "하나님께 영광을 돌리라! 하나님께 영광을 돌리라! 하나님께 영광을 돌리라!"고 하였는데, 자기 자신도 그 소리를 멈출 수 없었다고 한다. 그는 1901년경에 토요일 저녁마다 세계 교회의 부흥을 위하여 동지들과 함께 기도회를 가졌다. 과연 그들의 기도는 응답되어서 영국 웨일즈 지방의 부흥을 비롯하여 모든 다른 나라들에도 부흥 운동이 일어났다. 1907년도에 있었던 한국 교회의 부흥도 그와 같은 부흥의 불길로 말미암은 것이었다.

설교 그리스도께서 주시는 평안(14:27-31)

만일 그리스도께서 우리에게 주신 것이 금이었다면, 제1세기 안에 도둑들이 다 훔쳐가고 지금은 없을 것이다. 그러나 그가 우리에게 주신 것은 세상이 빼앗을 수 없는 보배이니, 곧 우리 속에 주시는 평안이다. 요한복음 16:22에 말하기를 "지금은 너희가 근심하나 내가 다시 너희를 보리니 너희 마음이 기쁠 것이요 너희 기쁨을 빼앗을 자가 없으리라"고 하였다. 신자들이 이런 평안을 얻게 되는 것은, 예수님이 아버지께로 가셨다가 다시 오시기 때문이다(28절). 다시 말하면 그가 죽었다가 부활 승천하시면 대신 성령님이 오셔서, 그들의 평안을 보장하시는 것이다. 그 보장된 평안의 종류는 다음과 같다.

1. 그리스도의 사랑 안에 있는 평안

우리의 생명은 사랑 안에서 평안을 누리는 법이다. 그리스도는 전적으로 믿는 우리를 위하여 계셔 주시고, 모든 다른 것도 우리를 위한 것이 되게 하셨다(롬 8:32; 고전 3:21-23). 그 자신이 온전히 우리를 위하신 사실은 너무도 명백하다. 그리스도의 33년 생애가 우리를 위하신 것뿐만 아니라, 영원 전부터 영원토록 그는 우리를 위한 중보자이시다. 그리고 그는 모든 것들이 우리를 위하도록 만드셨다. 고린도전서 3:21-22에 말하기를 "그런즉 누구든지 사람을 자랑하지 말라 만물이 다 너희 것임이라 바울이나 아볼로나 게바나 세계나 생명이나 사망이나 지금 것이나 장래 것이나 다 너희의 것이요"라고 하였다.

2. 사죄받은 평안

언제나 인생에게 불안을 가져오는 것은 죄악이다. 존 번연(John Bunyan)

도 죄의식으로 인하여 낙심될 지경에 이르렀던 일이 두어 번 있었다고 한다. 그러나 그는 요한1서 1:9에 "만일 우리가 우리 죄를 자백하면 그는 미쁘시고 의로우사 우리 죄를 사하시며 우리를 모든 불의에서 깨끗하게 하실 것이요"란 말씀을 기억하고 마음에 평안을 얻었다고 한다. 그는 말하기를"하나님이 죄인을 사하신다고 함은, 그림에 나타난 죄인을 사하신다는 것이 아니고 참 죄인을 사하신다는 것이다"라고 하였다(God does not pardon painted but real sinners).

3. 하나님과의 교제와 평안

인간은 하나님을 떠났으므로 불안에 빠졌다. 그러나 그가 하나님으로 더불어 정상적 교제를 하게 될 때 평안을 누린다. 그리스도께서 우리의 죄를 담당하시고 죽었다가 부활하시므로, 이 정상적 교제를 회복시키셨다. 따라서 그리스도인에게 평안이 왔다. 아우구스티누스(Augustine)는 하나님께 기도하기를 "당신께서 우리를 지으실 때 당신을 위하여 지으셨으니, 우리가 당신 안에 안식하기 전에는 평안이 없나이다"라고 하였다. 주석가 매튜 헨리(Matthew Henry)는 임종 시에 "하나님과 교통하는 생활이 세상에서 가장 즐겁다"라고 하였다.

제 15 장

내용분해

1. 신자와 그리스도 간의 연합(1-8절)
   1) 포도나무와 그 가지의 비유(1-3절)
   2) 그리스도와 신자의 연합이 열매 유무를 결정함(4-6절)
   3) 그리스도와 연합한 신자의 열매(7-8절)는
      ① 능력 있는 기도와
      ② 하나님께 영광을 돌리는 생활이다.

2. 신자들끼리의 연합(9-17절)
   1) 이 연합의 배경(9-12절)
   2) 신자가 이 연합으로 말미암아 그리스도의 친구가 됨(13-15절)
   3) 이 연합의 견고성과 그 결과(16절)
   4) 결론(17절)

3. **사도들**(신자들)**과 세상과의 관계**(18-27절)

1) 세상은 신자들을 미워함(18-25절)

① 그 미움의 성격(18절)

② 그 미움의 원인(19-21절)

③ 그 미워한 죄는 심판을 받음(22-24절)

④ 그 미워함은 성경의 예언대로 이루어진 것임(25절)

2) 성령과 사도들이 연합하여, 그들을 미워하는 세상을 향하여 그리스도의 복음을 증거함(26-27절)

개요

예수 그리스도와 신자들과의 관계를 포도나무와 그 가지와의 관계로 비유한 것은 매우 적절하다. 그 이유는 주께서 그의 부활 이후에 생길 교회와 자기와의 연합 관계를 염두에 두고 하신 말씀이기 때문이다. 하나님의 백성 이스라엘을 포도원으로 비유한 것은 구약에서 많이 찾아 볼 수 있다(시 80:8, 14; 사 5:1-7; 겔 17:8). 신약의 이스라엘인 교회를 포도원으로 비유한 것은 구약을 배경으로 한 것이라고도 생각된다.

1. **포도나무 가지로 비유된 교회와 예수님의 연합 관계**(1-8절)

1) 그 연합은 하나님의 단독적 역사를 기초로 함. 다시 말하면, 그 연합의 근원은 신자들이 영원 전에 선택을 받아(16절) 신약 시대에 복음으로 칭의된 사실이다(3절). 신자가 그리스도와 연합하는 것은, 자기 뜻이나 자기 자신의 힘으로 출발하는 것이 아니다. 이것은 하나님께서 그의 주권에 의해 친히 출발시켰고 또 성립시키신다. 구약 시대의 이스라엘도 역시 하나님의 주권적

선택으로 성립되었다. 신명기 7:7-8에 말하기를 "여호와께서 너희를 기뻐하시고 너희를 택하심은 너희가 다른 민족보다 수효가 많기 때문이 아니니라 너희는 오히려 모든 민족 중에 가장 적으니라 여호와께서 다만 너희를 사랑하심으로 말미암아, 또는 너희의 조상들에게 하신 맹세를 지키려 하심으로 말미암아 자기의 권능의 손으로 너희를 인도하여 내시되 너희를 그 종 되었던 집에서 애굽 왕 바로의 손에서 속량하셨나니"라고 하였다(참조. 신 9:5, 6; 호 14:4; 롬 5:8; 엡 1:4; 요일 4:19). 헤르만 바빙크(Herman Bavinck)는 말하기를 "신자들과 그리스도와의 연합, 곧 신비적 연합은 벌써 구원계약의 때 시작된 것이다"라고 하였다.[192] 찰스 하지(Charles Hodge)도 말하기를 "이 연합은 신비로우며 초자연적이고 대표 원리요, 생명 있는 것이다. 이 연합에 의하여 우리는 창세 전에 그의 안에 있었고(엡 1:4), 우리가 아담 안에 있었던 것처럼 그의 안에 있고(롬 5:12, 21; 고전 15:22), 우리와 그와의 관계는 머리와 몸의 관계요(엡 1:23; 4:15; 고전 12:12, 27), 우리가 그에게 관계된 것이, 포도나무에게 대한 가지의 관계와 같다(요 15:1-12). 이 연합에 의하면 그의 죽으심은 우리의 죽음이 되어졌고(갈 2:20), 우리는 그와 함께 다시 살았고, 그와 함께하늘에 앉았다(엡 2:1-6). 이 연합 때문에 우리는 우리의 정도에서 그와 같아졌으며, 그의 안에서 하나님의 자녀이다. 그가 하신 것이 우리의 것이 되었으니 만큼, 그의 의가 우리의 것이며, 그의 생명이 우리의 것이며, 그의 높아지심이 우리의 높아짐이 된 것이다"라고 하였다.[193]

2) 그 연합은 열매를 맺음(4-6절). 부패한 인간은 자기의 그 무엇으로도 하나님을 기쁘시게 할 수 있는 열매를 맺지 못한다. 로마서 8:7-8에 말하기를 "육신의 생각은 하나님과 원수가 되나니 이는 하나님의 법에 굴복하지 아

---

192) Herman Bavinck, Gerformeerde Dogmatiek Ⅳ, Kampen, 1930, 235.

193) Charles Hodge, Systematic Theology, Ⅲ, 1895, 127.

니할 뿐 아니라 할 수도 없음이라 육신에 있는 자들은 하나님을 기쁘시게 할 수 없느니라"고 하였다. 그리스도인들은 이런 열매를 맺어야만 하나님을 기쁘시게 한다. 하나님은 그들에게서 아무 다른 것들을 기대하시지 않는다. 이는 마치 포도원 주인이 포도나무에서 열매만을 기대함과 같다.

3) 그 연합 속에 거하는 자의 기도가 응답됨(7절). 주안에 거하는 자만이 예수님의 이름을 사용할 수 있는 처지에 있다. 자기 자신을 예수님에게 바치지 않은 자로서 예수님의 이름을 마음대로 사용한다면, 그것은 허욕이고 사리에 합당치 않다. 그러므로 예수님의 이름에 속하여 그의 안에서 실생활을 가진 자만이 효과적인 기도를 할 수 있다.

2. **주님과 연합하는 구체적 방법**(9-17절)

사람이 주님의 계명을 지켜야 주 안에 거하게 된다. 여기 이른바 "계명을 지킴"은 율법주의적인 굴종이 아니고, 사랑 중심에서 움직이는 것이다. 그것은 사랑에서 시작하며, 사랑에 거하기 위함이며, 사랑을 이룸이다. 다시 말하면, 그것은 신자가 그리스도의 속죄적 사랑에 감격하여(14:23; 고후 5:14; 요일 4:9-11), 하나님과 사람을 사랑함이다(12절).

3. **주님과 연합한 자는 박해를 받음**(18-27절)

신자가 세상에서 박해를 받음은, 그가 그리스도와 일체가 되어 그를 증거하기 때문이다.

1) 신자가 세상에서 미움을 받으면, 그보다 먼저 예수님이 미움 받으신다고 함(18절).

2) 그들이 예수님께 속했기 때문에 미움을 받음(19절).

3) 주인이 박해를 받으셨으니 종된 자들은 필연적으로 박해를 받을 운명에 놓여 있음(20절).

4) 신자들이 예수님의 이름 때문에 세상에게 박해를 받으니 그들은 주님과 한편이고, 세상에 속한 자들은 정죄 받은 편에 있음(21-25절).

5) 신자들(특히 사도들)은 박해를 받으면서도 예수님을 증거함(26-27절).

⚜ 해석

1 나는 참 포도나무요 내 아버지는 농부라. 여기 "참"이란 말의 헬라어(ἀληθινός)는 거짓에 대조되는 "참"이 아니고, 불완전에 대조된 "완전", 그림자에 대조된 "실물"을 의미한다. 포도나무는 구약에서 이스라엘(택한 백성)을 가리키는 비유이다(시 80:8-15; 겔 15:1-8, 19:10-14). 그러므로 랍비 문학에서도 말하기를 "식물 중에 가장 낮은 것(포도나무)이 식물계의 왕인 것처럼, 이스라엘은 세상에서 가장 낮아 보여도 장차 메시아 시대에는 세상 이 끝에서 저 끝까지 점령한다."고 하였다(Lev. R. 36:2 참조). 예수님이 이런 랍비 문학에서 이 비유를 인용하신 것은 아니지만 참고할 만한 말이다.

예수님은 참된 이스라엘, 곧 하나님의 백성을 성립시키신다. 이런 의미에서 그 자신이 포도나무라고 하신 것이다. 우리는 본래 참 포도나무가 아니며, 스스로 열매를 맺을 수 없는 자들이었지만, 예수님은 진정으로 하나님이 기뻐하실 열매를 맺는 포도나무와 같으시다. 하나님의 모든 백성(포도나무)은 예수 그리스도에게 접붙임이 되어서만 비로소 진정한 열매를 맺을 수 있다.

포도나무 비유의 말씀은 또한 예수께서 그의 백성에게 중보자 되신 관계를 보여 준다. 그들은 그에게 전적으로 의뢰하여야 한다. 예수님에게 대한 신자의 의뢰심은, 자기 자신이 예수님과 일체될 정도까지 깊어져야 한다. 그에게는 독자적 의지가 없고, 오직 예수님의 의지가 있을 뿐이다. 죄 많은 인간이 어떻게 이런 이상적 신앙을 가질 수 있을까? 이것이 문제다. 인간으로서는 할 수 없으나 하나님은 하실 수 있다. 본문은 하나님께서 포도원의 농부라고 하였으며, 그가 가지들을 깨끗하게 하신다고도 하였다(참조. 2절 끝). 그러므로 그리스도를 신뢰하는 생활은 하나님의 은혜로만 가능하다. 그러나 인간 편의 노력이 불필요하다는 의미가 아니다. 인간도 노력하지 않으면 안 된다고, 성경은 많이 말씀한다(참조. 마 11:12; 빌 2:12).

그러나 위에 말한 일체 관계는 범신론적 일체를 말함이 아니니, 인격과 인격의 관계이면서 다만 신자 편에서 그리스도에게 종속하며 순종하는 관계를 말한다. 2세기의 이단자 몬타누스(Montanus)는 말하기를 "나는 아버지(하나님 아버지)요, 말씀(그리스도)이요, 성령이다"라고 하였다.[194] 이런 그릇된 사상에서는 신자 자신과 그리스도와의 구분을 무시하는 경향이 있다. 그것은 잘못이다. 신자는 은혜를 많이 받아 그리스도에게 접근할수록 자기의 죄를 깨달으며, 주님과 자기와의 구분을 더욱 밝히 깨달아 안다.

"내 아버지는 농부라." 예수님을 참 포도나무로 세우신 이는 하나님 아버지시다. 그가 우리의 중보자를 영원 전에 세우시고(벧전 1:2), 그를 마침내 이 세상에 보내셨다. 그가 중보자를 세우시고 말씀하시기를 "이는 내 사랑하는 아들이요 내 기뻐하는 자라"(마 3:17)고 하셨다. 그리고 변화산에서 말씀하시기를 "이는 내 사랑하는 아들이요 내 기뻐하는 자니 너희는 그의 말을 들으라"(마 17:5)고도 하셨다. 하나님께서 신임하시고 세우신 중보자를 인간이 불신임할 것인가? 사람은 다 거짓되되 오직 하나님은 참되시다(롬 3:4).

2 무릇 내게 붙어 있어 열매를 맺지 아니하는 가지는 아버지께서 그것을 제거해 버리시고 무릇 열매를 맺는 가지는 더 열매를 맺게 하려 하여 그것을 깨끗하게 하시느니라. 이 말씀은 그리스도인들이 당할 권징의 원리를 보여 준다. ① 그리스도에게 붙었다고 말만 하고 열매를 맺지 않는 외식자들은 하나님의 섭리와 권능에 의하

---

194) Epiphanius, Haereses XI. VIII. XI.

여 제외된다. ② 열매를 맺는 가지들은 참된 신자들을 가리킨다. 그들도 인간이니만큼 정결하게 하여 주시는 징계를 받을 일이 있다. 그것은 포도나무의 열매 맺는 가지를 전정하여 주는 것과 같다. "깨끗하게 하시"는 것은 포도나무의 썩은 잎이나 너무 작은 열매를 제거하는 것처럼(Grosheide), 참된 신자들에게도 실수가 있으니 그들도 하나님의 섭리적 징계를 받게 되며(히 12:11), 또한 교회의 옳은 권징도 받아야 한다. 그런 징계를 바로 받을 때 그들은 은혜를 더 많이 받아 열매를 풍성히 맺게 된다.

3 **너희는 내가 일러 준 말로 이미 깨끗하여졌으니.** 여기 "내가 일러준 말"은 무엇을 의미하는가? 이것은 예수님의 전도의 말씀 곧 복음이며, 오늘날은 성경 말씀을 가리킨다. 예수님의 말씀이 신자를 깨끗하게 한다는 것은, 그의 말씀(혹은 하나님의 말씀)이 은혜의 방편이 되기 때문이다. 우리는 은혜의 방편으로서의 하나님 말씀을 생각해 보려고 한다.

"하나님의 말씀"은 모든 사람들에게 주신 바 성경에 기록된 말씀, 곧 복음과 율법을 의미한다. 성경이란 책은 완전히 하나님의 말씀을 기록한 것이다. 이 말씀은 언어 혹은 문자라는 형태로 우리에게 주어졌다. 그러나 이와 같은 형태로 되었다는 것이, 그것의 하나님 말씀 자격과 효능을 상실시키지 않는다. 헤르만 바빙크는 다음과 같이 말하였다. 곧 "사람의 말은···그 사람과 그 말과의 시간적, 혹은 장소적 거리에 따라서 효력의 다소가 좌우된다. 그러나 하나님의 말씀은 그렇지 않다. 그것은 언제나 그의 말씀이다. 하나님은 언제나 그 말씀과 함께 우리 가운데 임재해 계신다. 그는 언제나 그의 전지전능하신 능력을 가지고 그 말씀과 함께 임하신다. 하나님의 말씀은 하나님 자신에게서 분리되어 있지 않으며, 그리스도나 성령에게서도 분리되지 않는다. 성경 전체가 성령으로 영감 되었고, 계속하여 성령으로 말미암아 보관되며, 능력 있게 되는 것만큼, 거기서 성취하여 전파되는 부분적 말씀도 역시

그러하다"라고 하였다.[195)]

바빙크는 하나님 말씀의 능력 있는 역사에 대하여 성경이 말한 것을 다음과 같이 소개하였다. 곧 ① 복음은 구원에 이르는 능력이라고 함(롬 1:16; 고전 1:18, 2:4, 5, 15:2; 엡 1:13). ② 생명 있고 영존하는 말씀이라고 함(벧전 1:25). ③ 살았고 운동력이 있다고 함(히 4:12). ④ 영이며 또 살리는 것이라고 함(요 6:63). ⑤ 어두운 데를 비취는 빛이라고 함(벧후 1:19). ⑥ 마음에 심는 씨(생명 있는)라고 함(마 13:3). ⑦ 좌우에 날 선 예리한 검이라고 함(히 4:12). ⑧ 믿는 자들 속에 역사하는 말씀이라고 하였다(살전 2:13).[196)]

바빙크는 성경 말씀의 능력과 생명의 역사에 대하여 비유하기를, 손이 일하지 않을 때도 일할 힘을 가지고 있는 것과 같다고 하였다. 그러나 이 말은 성경 말씀에 능력이 마술적으로 붙어 있다는 의미가 아니다. 그것은 하나님이 인격적으로 성경 말씀과 관계하고 계시기 때문에, 그런 능력을 내포하고 있다는 것뿐이다. 바빙크는 또 다음과 같이 말하였다. 곧 "개혁자들은 성경 말씀의 능력 있는 역사를 무인격한 마술적인 것으로 생각하지 않고, 그것이 늘 성령으로 역사하시는 그리스도와 연락하고 있다고 생각하였다. 성령은 무인격한 능력이 아니며, 늘 말씀과 함께하시며, 말씀으로 활동하게 하시되 늘 같은 모양으로 역사 하시지는 않으신다. 성령께서는 헤아릴 수 없는 하나님의 기쁘신 뜻대로 이 성경 말씀을 도구로 역사하여 혹은 회개시키시며, 혹은 완악하게 하시며, 혹은 일어나게 하시며, 또 혹은 넘어지게도 하신다. 그가 이 말씀으로 역사하시되, 언제나 같은 모양으로 하시는 것은 아니다"라고 하였다.[197)]

---

195) Gereformeerde Dogmatiek Ⅳ. Kampen, J.H. Kok. 1911, 502-503.

196) Gereformeerde Dogmatiek Ⅳ, 501-504.

197) GereformeerdeDogmatiek Ⅳ, Kampen J.H. Kok 1911, 503.

* * * * *

{특별참고}

재세례파의 잘못된 주장

재세례파(Anabaptism)에서는 말하기를 "성경은 외부적인 것이고, 그림자요, 상징으로서, 신자의 심령 속에 새긴 말씀을 표지하는 것뿐이다. 신자의 심령 속에 새긴 말씀은 성경보다 높은 것이다. 성경은 종이에 나타낸 말이므로 어둡고 모순성도 많이 포함하고 있다. 신자의 심령 속의 말씀은 그리스도 자신이며, 성령 자신이다"라고 하였다. 재세례파의 이 주장은 범신론적 신비주의의 재현이다. 그들은 이처럼 성경 말씀을 바로 알지 못하고 심령의 내부적 은혜를 치우치게 주장하다가 마침내 실수하게 되었다. 이 운동은 약 15년 동안 기를 띠었던 일이 있었으나, 결국 진리에서 탈선하고 말았다. 그들 중의 어떤 무리가 암스테르담(Amsterdam)에서 집회를 가졌을 때 나체로 거리를 뛰어다니면서 "화 있을지어다. 화 있을지어다. 하나님의 진노의 화로다." 하고 부르짖다가 관원 앞에 붙들려 가서 대답하기를 "우리는 적나라한 진리라"라고 하였다.[198] 그들 중 멜키오르 호프만(Melchior Hofmann)이란 사람은 그리스도가 재림하실 해가 1533년이라고 예언하였는데, 그 해가 이르기 전에 그는 스트라스부르 옥중에서 죽었다. 그들 중 쿠사의 니콜라스(Nicholas of Cusa)라는 사람도 세상이 1734년을 넘지 못한다고 하였다. 재세례파는 그 지도자 라이덴의 요한(John of Leyden) 후에는 역사의 표면에서 사라졌다.[199]

---

198) R. A. Knox, Enthusiasm, 136.

199) Idem, 137.

4-6 이 부분에 사용된 어구들 중 "거하라"는 말(μείνατε)은 "머물라"는 뜻이니, 이미 있는 자리에 머물라는 뜻이다. 5절의 "거하면"이란 말도 헬라어에서는 똑같이 "머물라"는 뜻을 가진 말이다. 여기 "머물라"는 것은, 그리스도께서 사람들을 택하여(16절) 은혜 주신 그 자리에서 그들이 떠나지 않아야 할 것을 의미한다. 신자는 그리스도 밖에서 그를 믿으려고 자율적으로 찾아가는 자가 아니고 벌써 하나님으로 말미암아 그리스도 안에 인도된 자니, 그는 거기 머물러 있으려고 순종의 걸음을 걸을 자이다. 그리스도 안에 들어오는 것은 인간이 자력으로 할 수 있는 일이 아니다(6:44). 우리의 구원은 하나님께서 다 이루시는데, 우리는 그저 순종할 뿐이다. 순종이란 그리스도를 믿음과 그의 말씀을 지킴이다. 만일 누가 하나님께서 나의 구원을 다 이루어 주시는 것이니 나는 순종할 것 없고 가만히 있어도 된다고 한다면, 그것은 자기를 무생물 혹은 하등 동물로 취급하는 오착이다. 하나님은 우리의 구원을 이루셨으나, 우리로서 할 일은 그에게 순종함이다. 예수님도 하나님 아버지께 순종하시므로 구속의 큰 사업을 완성하셨다(히 5:8-9).

7 너희가 내 안에 거하고 내 말이 너희 안에 거하면 무엇이든지 원하는 대로 구하라 그리하면 이루리라. 그리스도 "안에" 있는 자는 누구인가? 그것은 그 아래 말씀이 알려주는 대로, 누구든지 그리스도의 말씀을 그 속에 가진 자이다. "내 말이 너희 안에 거하면"이란 말씀은, 주님의 말씀이 그들 마음의 왕좌를 점령하였다는 것과 같다. 이것은 주님의 말씀을 그의 대리로 생각하고 사랑하며, 그 권위를 높이는 것이다. 그렇게 주님의 말씀을 지키는 자에게 살아계신 주님이 함께하신다. 이같이 주님 안에 거한 생활의 유래는, 영원하신 하나님의 구원계약에 참여한 자로서 믿고 따름으로써 그리스도와 연합하게 된 것이다. 이처럼 주님과 연합한 신자의 신분으로서는 그리스도의 이름 권세를 쓸 수 있고, 또한 성령께서 그런 신자의 의지를 성화시켜 주님의 뜻대로만 기도할 수 있게 하신다. 곧 그로 하여금 하나님의 영광만 위하여 기구하게 하신다.

그러므로 그의 기도는 응답되지 않을 수 없다.

"무엇이든지 원하는 대로 구하라." 이 말씀은 하나님의 뜻대로 기도해야 할 진리를 무시하는 것이 아니다. 상반 절에서 벌써 주님과 연합한 신자의 생활이 기도 응답의 조건으로 되어 있다. 신자가 주님과 연합한 것은, 위에 말한 바와 같이 주님의 계약 행위 곧 선택이 그 기본이고, 그 결과로 나오는 순종이 그 실현이다. 그러므로 그것은 외부적 생활에서만 겨우 하나님의 뜻을 순종하는 얕은 경건이 아니고, 하나님의 깊은 계약과 생명에서 움직이는 내면적인 경건이다. 하나님의 뜻대로 구해야 무엇이든지 응답 받는다는 진리는, 요한이 그의 서신에서도 말씀한 바 있다. 곧 "그를 향하여 우리가 가진 바 담대함이 이것이니 그의 뜻대로 무엇을 구하면 들으심이라"(요일 5:14)고 한 말씀이 그것이다.

기도 응답을 받는 자들은 이렇게 내면적인 경건의 소유자들이다. 기도 응답을 많이 받은 모세는 "여호와께서 대면하여 아시던 자"였고(신 34:10), 히스기야는 기도하여 자기의 병을 고침 받았다(사 38:2-5; 왕하 20:5-6). 그는 기도하여 앗수르 군대 18만 5천명을 파멸시켰는데(왕하 19:14-19, 35), 하나님 앞에서 자백한 대로 "내가 진실과 전심으로 주 앞에 행하며 주께서 보시기에 선하게 행한 것을 기억하옵소서"(왕하 20:3)라고 할 만큼 경건하였다.

기도 응답을 받을 수 있는 것은, 이처럼 사도들을 위시하여 일반 신자들 전체에게 허락되었다. 그것이 그렇게 된 원인은 그리스도께서 우리의 모든 짐을 져 주시는 대제사장이 되셨기 때문이다. 히브리서 4:14-16에 말하기를 "그러므로 우리에게 큰 대제사장이 계시니 승천하신 이 곧 하나님의 아들 예수시라 우리가 믿는 도리를 굳게 잡을지어다. 우리에게 있는 대제사장은 우리 연약함을 동정하지 못하실 이가 아니요 모든 일에 우리와 똑같이 시험을 받으신 이로되 죄는 없으시니라 그러므로 우리는 긍휼하심을 받고 때를 따라 돕는 은혜를 얻기 위하여 은혜의 보좌 앞에 담대히 나아갈 것이니라"

고 하였다. 야고보서 5:17-18에 말하기를 "엘리야는 우리와 성정이 같은 사람이로되 그가 비가 오지 않기를 간절히 기도한즉 삼 년 육 개월 동안 땅에 비가 오지 아니하고 다시 기도하니 하늘이 비를 주고 땅이 열매를 맺었느니라"고 하였다. 그러므로 큰 죄인들도 회개하며 기도하면 응답을 받는데, 구약 시대에도 그러하였고(대하 33:10-13), 신약 시대에는 더욱 그러하다. 누가복음 18:13-14에 말하기를 "세리는 멀리 서서 감히 눈을 들어 하늘을 우러러 보지도 못하고 다만 가슴을 치며 이르되 하나님이여 불쌍히 여기소서 나는 죄인이로소이다 하였느니라 내가 너희에게 이르노니 이에 저 바리새인이 아니고 이 사람이 의롭다 하심을 받고 그의 집으로 내려갔느니라 무릇 자기를 높이는 자는 낮아지고 자기를 낮추는 자는 높아지리라 하시니라" 하였고, 요한계시록 3:19-20에는 말하기를 "무릇 내가 사랑하는 자를 책망하여 징계하노니 그러므로 네가 열심을 내라 회개하라 볼지어다 내가 문 밖에 서서 두드리노니 누구든지 내 음성을 듣고 문을 열면 내가 그에게로 들어가 그와 더불어 먹고 그는 나와 더불어 먹으리라"고 하였다.

8 너희가 열매를 많이 맺으면 내 아버지께서 영광을 받으실 것이요 너희는 내 제자가 되리라. 과실 나무가 열매를 맺지 못하면, 그것을 찍어 버릴 수밖에 없다. 과실 나무를 심는 자는 목재를 쓰려고 심지 아니하고 열매를 따려고 심기 때문이다. 그러므로 열매를 맺지 못하는 신자는 나무와 같이 찍힘을 받을 위태로운 자리에 있는 것이다.

그러면 신자의 열매는 무엇인가? 그것은 우리가 성령의 은혜로 행실을 바로 행함이고(갈 5:22-23), 또한 사람들을 주님께로 인도함이다. 잠언 11:30에 말하기를 "의인의 열매는 생명나무라 지혜로운 자는 사람을 얻느니라"고 하였다. 사람의 영혼은 귀하다. 예수님은 말씀하시기를 한 영혼이 온 천하보다 귀하다고 하셨다(마 16:26). 예수님이 사람의 영혼이 귀하다고 하신 이유는, 그들이 세상 문화를 건설하기 때문이 아니다. 그들의 영혼을 귀하다고 하신 것은, 그들이 하나님을 알게 되겠기 때문이다. 다시 말하면 그에게서 여호와의 빛이 나타날 수 있기 때문이다. 잠언 20:27에 말하기를 "사람의 영혼은 여호와의 등불이라"고 하였다. 하나님은 사람들로 하여금 이런 등불이 되게 하는 운동, 곧 전도 운동을 기뻐하신다. 하나님은 의인 99명보다 회개하는 한 사람을 더 기뻐하신다(눅 15:7).

9 아버지께서 나를 사랑하신 것같이 나도 너희를 사랑하였으니 나의 사랑 안에 거하라. 이 구절부터 15절까지는 신자들끼리의 연합의 배경을 말해 준다. 곧 신자들은 하나님과 그리스도께서 이루신 구속의 사랑을 받았기 때문에 서로 사랑한다.

"아버지께서 나를 사랑하신 것." 이것은 하나님께서 그리스도로 하여금 속죄 사업을 담당하게 하신 것을 말한다(참조. 5:20-21).

"나도 너희를 사랑하였으니." 이것은 그리스도께서 우리를 위하여 십자가에 못 박혀 죽으시므로 이루실 속죄 사업을 가리킨다. 사람들이 이런 사랑에 거하는 것은 기쁜 일이요, 괴로운 일이 아니다. 사랑은 그들이 갈망하는 보금자리인데, 그들은 왜 거기서 떠날 것인가? 거기 거하는 방법은 예수님의 계명(신자들끼리 사랑하라는 계명)을 지킴이다.

10 내가 아버지의 계명을 지켜 그의 사랑 안에 거하는 것같이 너희도 내 계명을 지키면 내 사랑 안에 거하리라. 그리스도께서는 아버지 하나님께 순종하시되 땅 위에서나 어디서든지 완전히 하신다(10:17-18, 12:49-50, 14:31). 그것이 그가 하나님 아버지의 사랑 안에 거하시는 방법이다. 그와 같이 신자도 예수님의 계명을 순종함으로 그의 사랑 안에 거하게 된다. 크로샤이데(Grosheide)는 말하기를 "신자가 주님의 사랑에 거하는 방법은, 신비주의자들처럼 그의 사랑의 취미에 집중하며 즐기는 것이 아니고, 그의 계명을 지킴, 곧 생활로 그 사랑을

나타냄이다"라고 하였다.[200)]

11 내가 이것을 너희에게 이름은 내 기쁨이 너희 안에 있어 너희 기쁨을 충만하게 하려 함이라. "이것"이란 말은, 앞 절에서 가르친 내용을 가리킨다. 곧 신자들이 그리스도의 계명을 지킴으로 그리스도의 사랑을 받으라는 것이다. 그 사랑을 받으면 그들에게 기쁨이 넘친다.

"내 기쁨"이란 말은 그리스도께서 하나님의 사랑을 받아 기뻐하시는 기쁨을 가리킨다. 신자들도 그리스도의 사랑을 받아서 그렇게 기뻐할 수 있다. 그것은 물론 살아계신 주님을 증거하시는 성령님의 역사로 말미암아 오는 것이다(16:22). 우리가 이 기쁨을 가져야만 ① 원망, 불평, 의심을 이기며, ② 담력, 용기, 인내를 가지고 이 세상 모든 난관과 환난을 이기며, ③ 모든 수고로운 사랑의 책임들을 꾸준히 이행하게 되며, ④ 진정한 행복을 누리게 된다.

12 내 계명은 곧 내가 너희를 사랑한 것같이 너희도 서로 사랑하라 하는 이것이니라. 여기서는 10절에 말한 그리스도의 "계명"이 무엇임을 밝힌다. 바리새인들이 계명을 지키는 동기는 남을 사랑하려는 것이 아니었고, 자기 자신을 남들에게 종교가로 나타내려는데 있었다. 그러나 그것은 계명을 오해한 것이다. 계명의 목적은 사랑이다. 사랑만 이루면 그것은 완성된다(참조. 롬 13:8-10).

"서로 사랑하라"는 계명은 새로운 계명이면서도 실상은 옛 계명이다(13:34; 요일 2:7-8). 사랑은 이처럼 영원토록 변치 않는 진리이다(고전 13:13). 고데(F. Godet)는 말하기를 "예수님은 15:1-11절까지는 계명의 첫 부분(하나님과 연합해야 할 것)을 가르치시고, 12-17절까지는 그 둘째 부분(사람을 사랑해야 할 것)을 가르치신다."고 하였다.

성경은 신앙 사상이 같은 형제들끼리의 분리를 정당하게 여기지 않고 연

---

200) Jezus vraagt niet een mystick zwelgen in liefdegenot, Maar activiteit, liefd toonen.—Grosheide, Het Heilige Evangelie volgens Johannes, Kommentaar II, 1950, 346.

합을 강조한다. 예를 들면, "포도나무와 가지"의 비유와 "몸과 지체"의 비유(엡 1:22-23; 3:6; 4:15-16), "성전과 돌들"의 비유(벧전 2:5) 같은 것이다. 하나님은 인간에게서 반응을 부족하게 받으시더라도 사랑을 계속하실 수 있다. 그러나 인간의 사랑은 상대방에게서 반응(서로 사랑함)이 있으므로 계속된다. 사랑을 받은 자도 같은 사랑을 행할 수 있는 인격이니 사랑을 행해야 한다.

여기 "서로 사랑하라"는 계명의 실행은, 신자가 그 속사람의 영적 충동으로만 취할 행동인가? 그에게도 외부적 성질이 있는 계율들의 제재가 필요한가? 그렇다. 그는 그리스도 안에 있는 것이니만큼, 율법의 정죄에서 해방됐으므로 무엇에게 얽매인 바 없어도 자발적으로 선을 힘쓸 자요 자유자이다. 그러나 그는 이제부터 즐거운 마음으로 하나님의 종이 되었다는 것도 사실이다. 그는 주님의 뜻을 자세히 알아야 주님을 기쁘시게 할 수 있다. 그러므로 그는 외부적 표준으로 있는 율법을 상세히 알아야 하며, 지켜야 한다. 그는 이 율법을 폭군의 엄한 명령과 같이 생각하지 않는다. 그 율법은 실상 은혜에서 분리시킬 수 없는, 사랑하는 목자의 음성이다. 그것은 은혜의 한 방편이다. 그러므로 그리스도인이 신앙생활에 있어서 율법이나 계명을 지키게 되어 있는 사실은, 은혜의 원칙에 반대되는 것이 아니다. 그것은 은혜의 부요를 가져오는 거룩한 생활을 위한 것이다.

여기서 요한은 계명의 목적과 정신이 사랑이라는 의미에서 "계명"이란 말을 단수로 썼다(ἐντολή). 그러나 그것은 객관적인 복수적 율례들이 이제부터 신자와 관계없다는 의미는 아니다. 그는 그의 서신에서 계명이란 말을 복수로도 사용하였다(요일 3:22, 5:2).

신비가들은 내적 생명에 흥미를 가지고 외부적인 율법 조문들을 무시한다. 그러므로 그들 중에는 반 율법주의 경향이 많다.[201] 그들은 외부적인 신

---

201) H. Bavinck, Gereformeerde Dogmatiek Ⅳ, 499.

앙 규율, 곧 성경도 실상 무시한다. 16세기의 자유 형제파(Brethren of free Spirit)나 17세기의 란테르파(Ranters)는 그렇게 잘못 움직였다.[202] 이처럼 신비가들은 외부적 계율들보다 자기 마음에 온다는 영적 감동을 표준으로 삼기 때문에 도덕상 오류가 많다. 그들은 옳지 않은 일을 해놓고라도, 그것을 계시받아서 하였다고 하면서 통과하려 하였다.

13 **사람이 친구를 위하여 자기 목숨을 버리면 이보다 더 큰 사랑이 없나니.** 예수님이 신자들을 위하여 어떻게 큰 사랑으로 희생하실 것을 가리킨 말씀이다. 그는 자기의 사랑이 얼마나 큰 사실을 설명하여, 앞 절(12절)의 내용과 같이 신자들로 하여금 남들을 사랑하게 하려 하신다. 그리스도의 무한히 큰 사랑을 받은 우리들로서, 어찌 남들을 사랑할 마음이 없으랴?(참조. 요일 4:11).

예수님이 신자들을 "친구"라고 하신 것은, 그 앞에 죄인이요 원수 되었던 자들을 속죄의 사랑으로 사랑해 주신다는 뜻이다(참조. 롬 5:6-10). 그의 사랑은 우리의 죄악의 깊이보다 깊고, 우리의 죽음보다 강하다. 그가 우리를 사랑하심은, 다만 우리의 보통 유익을 위한 일반적인 적선이 아니었다. 그는 우리를 사랑하여 죽기까지 하셨으니, 다시 사신 뒤에 우리에게 대한 그의 사랑은 또 얼마나 클 것인가? 이처럼 신자들은 예수님의 친구 되는 큰 축복을 받았다. 아브라함도 하나님의 친구였다(사 41:8).

14 **희는 내가 명하는 대로 행하면 곧 나의 친구라.** "내가 명하는 대로 행함"은, 그가 그 제자들더러 서로 사랑하라고 하신 명을 순종함이다. 믿는 형제를 사랑하는 것은, 그리스도의 속죄의 사랑을 받은 증표이다. 누구든지 하나님의 사랑을 받지 않고는, 믿는 형제를 참으로 사랑할 수 없다(요일 4:7-21). 이 구절의 뜻은, 그리스도의 계명을 순종하는 자가 그리스도의 친구 된 자격, 곧 그 속죄의 사랑을 받은 자격을 발휘한다는 의미이다.

---

202) R.A. Knox, Enthusiasm, 173.

15 너희를 친구라 하였노니 내가 내 아버지께 들은 것을 다 너희에게 알게 하였음이라. 그리스도께서 이때까지 구속에 관한 모든 진리를 그 제자들에게 전하여 주셨다. 그것은 영원 전부터 하나님 아버지에게 깊이 감춰인 오묘한 진리였다(벧전 1:10-11).

16 너희가 나를 택한 것이 아니요 내가 너희를 택하여 세웠나니 이는 너희로 가서 열매를 맺게 하고 또 너희 열매가 항상 있게 하여 내 이름으로 아버지께 무엇을 구하든지 다 받게 하려 함이라. 그들이 사도로 세움 받은 것이 그리스도로 말미암아 된 것인 만큼, 그들의 일은 유력해진다. 그리스도께서 그들의 배경이기 때문에 그들은 영적 열매를 맺고, 그들이 열매를 맺기 때문에 그들의 기도가 응답된다. 하나님께서는 열매 없는 외식자의 기도를 응답하시지 않는다(마 3:7-8, 5:23-24, 6:14-15). 이 말씀(16절)은 주님과 신자가 연합하게 되는 것(1절 이하에 있는 말씀)이 전연 주님으로 말미암아서만 성립된다는 것을 알려 준다.

17 내가 이것을 너희에게 명함은 너희로 서로 사랑하게 하려 함이라. 15-16절의 말씀은 예수님이 우리를 먼저 사랑하신 사실을 보여 준다. 그가 이 사실을 신자들에게 알려 주시는 이유는, 신자들로 하여금 서로 사랑하게 하려는 것이다. 인간은 그리스도에게서 받은 사랑을 근거하여서만 남을 사랑할 수 있다.

18-27 이 부분에서는 그리스도께서 박해받을 사도들(신자들)에 대하여 몇 가지 위로의 말씀을 주신다. ① 그 박해는 결국 예수님을 미워하는 일이니(18절), 그들로서는 주님이 받으시는 미움에 동참함이 영광이다(행 5:41). ② 그들이 박해받는 것은 세상에 속하지 않은 증표이니(19절), 박해받음은 그들이 선택을 받아 구원 얻은 증표이다(빌 1:28). ③ 주인이 박해를 받으셨으니 종 된 자로서 그것을 면할 수 없다(20절). ④ 박해자들의 악행은 하나님에게 대한 그들의 무지를 드러내는 행동이며 따라서 무서운 죄악이니, 불쌍히 여길 대상이다(21-22절; 참조. 눅 23:34). ⑤ 신자를 박해하는 것은, 그리스도와 하나님 아버지를 미워하는 두려운 일이다(23-24절). 하나님을 알지 못

하는 것은 지식적 과오가 아니고 윤리적 죄악이다. 그것은 하나님을 미워하는 부패한 인간성을 원인으로 한 것이다. ⑥ 그것은 율법에 기록된 대로 되는 일이니, 박해를 받는 자들은 하나님의 작정대로 모든 것이 이루어지는 줄 믿고 안심할 따름이다(25절). ⑦ 그리스도에 대한 성령님의 증거가 사도들과 함께하실 것이므로, 그들은 박해를 이길 수 있다. 베드로전서 4:14에 말하기를 "너희가 그리스도의 이름으로 치욕을 당하면 복 있는 자로다 영광의 영 곧 하나님의 영이 너희 위에 계심이라"고 하였다.

18 세상이 너희를 미워하면 너희보다 먼저 나를 미워한 줄을 알라. 예수님은 이때까지 그 사도들이 받을 사랑에 대하여 말씀하셨다. 이제 그는 그들이 받을 미움에 대하여 말씀하신다. 그들이(일반 신자들도) 예수님에게서는 사랑을 받으나 세상에게서는 미움을 받는다. 그들이 박해를 받으면, 예수님은 그 사건에 있어서 그들보다 먼저 영적으로 박해를 받으시는 셈이다. 그만큼 그들과 예수님과의 관계는 밀접하다.

19 너희가 세상에 속하였으면 세상이 자기의 것을 사랑할 터이나 너희는 세상에 속한 자가 아니요 도리어 내가 너희를 세상에서 택하였기 때문에 세상이 너희를 미워하느니라. 세상이 그들을 사랑할 경우는 한 가지 조건밖에 없다. 그것은 그들의 근원이 그냥 세상에 속하고, 따라서 그들의 생활이 세상 죄악과 융화되어 있어야 할 조건이다. 그렇게 될 경우에 그들은 세상의 소유물이다. 그러나 그들이 세상의 사랑을 받지 못하는 이유는 세상과 반대되는 조건이 있는 까닭이다. 곧 그리스도께서 그들을 택하신 까닭이다. 그렇다면 그들이 세상에게서 미움 받는 것은 그리스도 때문이다. 그리스도와 세상 죄악은 이처럼 서로 반대된다(7:7).

20 내가 너희에게 종이 주인보다 더 크지 못하다 한 말을 기억하라 사람들이 나를 박해하였은즉 너희도 박해할 것이요. 참조, 13:16. 이 말씀은 ① 그리스도인이 박해받을 것이 필연적이니 피할 수 없다는 것과, ② 도덕적 처지에서도 그것을 받음

이 당연하다는 것이다.

내 말을 지켰은즉 너희 말도 지킬 터이라. 여기 "지킨다"는 말은 트집 잡는다는 뜻이다.

21-22 하나님께 대한 박해자들의 무지가 사도들을 박해하게 되었다. 그러나 그 무지는 무죄가 될 수 없다. 그 이유는 그리스도께서 오셔서 그들에게 증거 하셨는데도 불구하고, 그들이 불신앙하였기 때문이다. 그들이 그렇게 될 바에는 차라리 예수님을 보지 못하였더라면, 그들에게 좋을 뻔하였다 (Bengel).

23-24 참 신자들을 미워하는 것은 그리스도를 미워함이고(1절), 그리스도를 미워함은 하나님 아버지를 미워하는 큰 죄라는 의미에서 이 말씀을 하신다. 그리스도를 믿지 않으면서도 하나님 아버지를 사랑한다고 말하는 자는 스스로 속은 자이다. 그리스도와 하나님 아버지는 일체이시다(10:30). 이 점에 있어서 벵겔(Bengel)은 미움과 불신앙과의 관련성을 지적하여 말하기를 "그리스도에 대한 사랑은 신앙과 동반하나, 증오는 불신앙과 동반한다"라고 하였다.

내가 아무도 못한 일을 그들 중에서 하지 아니하였더라면 그들에게 죄가 없었으려니와. "아무도 못한 일"이란 예수님이 행하신 이적들을 가리킨다. 10:25의 해석을 참조하라. 예수님이 행하신 일들(이적들)은 너무도 위대하며, 그 일들은 하나님 아버지를 완전히 계시한다(5:17, 36, 14:9, 11). 그러므로 그것을 보고도 믿지 않는 것은, 다만 지식적 과오가 아니고 도덕적 반역이다.

25 그러나 이는 그들의 율법에 기록된 바 그들이 이유 없이 나를 미워하였다 한 말을 응하게 하려 함이라. 이 말씀은 시편 35:19의 인용이거나, 혹은 시편 69:4의 인용이다. 시편을 "율법"이란 이름 아래 넣어 말하는 것은 그때의 풍속이었다 (10:34). 그때는 사람들이 구약 초두 부분, 곧 율법으로써 구약 전체의 명칭을 삼았던 것이다.

26-27 이 세상 사람들이 사도들(신자들)을 미워해도(18-25절), 그들은 성령의 능력을 받으므로 세상에서 물러서지 않고 도리어 세상을 향하여 예수 그리스도를 증거하게 된다. 여기 그리스도에 대한 성령의 증거와 사도들의 증거가 함께 기록되어 있다. 이 두 증거는 실상 일체이다. 성령은 사도들을 통하여 역사하시며 증거하실 것이다(Wikenhauser, Schlatter).

너희도 처음부터 나와 함께 있었으므로. 이것은 그들이 예수님을 친히 목도한 사실을 가리키는데, 그것이 사도의 자격이다(고전 9:1; 행 10:41). 그러나 그들이 이와 같은 자격으로만 증인이 된 것은 아니다. 그들은 성령의 권능을 받아서 그리스도를 참으로 증거하게 되었다(참조. 행 1:8).

설교 기쁨을 충만하게 함에 대하여(15:9-12)

1. 기쁨의 필요

기쁨은 인간의 마음에 양약과 같다. 잠언 17:22에 말하기를 "마음의 즐거움은 양약이라도 심령의 근심은 뼈로 마르게 하느니라"고 하였다. 그만큼 기쁨은 인간에게 유익하다. 그러나 하나님께서 우리에게 즐거움을 주시는 목적은, 우리 육신의 유익을 위하심보다 경건의 유익을 위하신 것이다.

1) 기쁨이 있어야 신앙이 장성함. 사람의 마음에 기쁨이 없으면, 원망과 불평이 있다. 그런 마음에는 믿음이 점점 쇠약해진다. 광야에서 이스라엘 백성의 불신앙은 불평과 원망으로 나타났던 것이다.

2) 하나님께서 우리에게 기뻐하라고 하심. 그 이유는 우리에게 기쁨이 있어야 감사하기 때문이다. 감사는 인생이 하나님 앞에서 항상 가져야 할 것이다. 그것은 인생으로 하여금 하나님의 축복을 더 받게 하는 방법이다.

2. 어떻게 해야 기쁨이 충만할까

그리스도인의 기쁨은, 그가 주님의 계명을 지켜 사랑을 실행함으로 말미암아 생기는 것이다. 주님의 계명을 지키므로 기쁨이 생기는 이유는, 다음과 같은 사실로 말미암는다.

1) 계명을 지킴은, 곧 사랑을 행함이다. 사랑을 행하는 자에게 완전한 사랑(곧, 하나님과 그리스도의 사랑)이 임하여 두려움을 내쫓기 때문에, 기쁨이 충만해진다. 요한1서 4:18에 말하기를 "사랑 안에 두려움이 없고 온전한 사랑이 두려움을 내쫓나니"라고 하였다.

2) 그가 계명을 지킬 때 하나님이 그에게 임하시나니(14:21) 하나님은 기쁨의 원천이시다. 성경은 하나님을 가리켜 기쁨의 원천이란 의미에서 여러 가지로 말씀한다. 곧 "주께서 내 마음에 두신 기쁨은 그들의 곡식과 새 포도주가 풍성할 때보다 더하나이다"(시 4:7)라고 하였고, "주 밖에는 나의 복이 없다"(시 16:2) 하였으며, "주의 앞에는 충만한 기쁨이 있고 주의 오른쪽에는 영원한 즐거움이 있나이다"(시 16:11) 하였고, 또 "나의 큰 기쁨의 하나님"(시 43:4)이라고도 하였고, 이 밖에도 이와 비슷한 말씀이 많다. 기쁨은 그리스도인에게 절대 필요하며, 그것은 주님의 계명을 지킬 때 온다.

설교 기쁨 충만의 방법(15:9-12)

우리에게 기쁨이 없으면, 우리는 아무 일도 힘 있게 할 수 없다. 근심에 사로잡힌 자는 주님의 귀한 일들을 하려고 해도 마음에 용기도 없고 몸도 움직여지지 않는다. 그러므로 에베소서 6:15에 말하기를 "평안의 복음이 준비한 것으로 신을 신고"라고 하였다. 이 말씀의 뜻은 복음으로 심령에 평안을 가지지 못하면 열심 있게("준비한 것"이란 뜻) 활동("신을 신고"란 뜻)할 수 없다는 것이다. 조지 뮬러(George Müller)는 설교를 맡은 경우에 먼저 기도를 많이 하여 기쁨을 얻은 후에야 설교하러 나갔다고 한다.

그러면 기쁨 충만의 방법이 무엇인가? 이 방법에 대하여는 9-10절 말씀이 보여 준다. 곧 "아버지께서 나를 사랑하신 것같이 나도 너희를 사랑하였으니 나의 사랑 안에 거하라 내가 아버지의 계명을 지켜 그의 사랑 안에 거하는 것같이 너희도 내 계명을 지키면 내 사랑 안에 거하리라"고 하였다. 우리는 위의 말씀을 두 가지로 나누어 생각할 수 있다.

1. 아버지의 사랑과 같은 그리스도의 사랑이 기쁨의 원천이라는 것

본문 9절에 말하기를 "아버지께서 나를 사랑하신 것같이 나도 너희를 사랑하였으니"라고 하였다. 그리스도께서 하나님을 아버지라고 하신 것은 다른 이유도 있지만, 하나님의 사랑이 우리 인간 세계의 아버지의 사랑과 같은 방면을 지니고 있기 때문이다. ① 아버지의 사랑은 뜨겁다. 그 사랑은 아들을 자기 자신과 같이 생각하는 사랑이다. 그러므로 그것은 자기 것을 전부 계승시켜 주는 사랑이다. 하나님 아버지의 사랑도 그렇다. 그가 그리스도를 사랑하사 만물을 그에게 주시고(요 3:35), 또한 자기가 행하시는 것을 다 아들에게 보여주신다(5:20). 그리스도께서도 우리를 이처럼 뜨겁게 사랑하신다. ② 아버지의 사랑은 진실하다. 하나님 아버지의 사랑도 그러하다. 성경에 "하나님은 사랑이라"고 하였으니(요일 4:8, 16), 그의 사랑은 바로 그 본질이시다. 그뿐 아니라 그의 사랑은 변치 않으신다. 그리스도께서 우리를 사랑하시는 사랑도 마찬가지이다(히 13:8). 육신의 아버지의 사랑도 이와 비슷하다. 나는 어린 시절에 해변 어촌에서 살았다. 아버지께서 고기 잡으러 가실 때면 나는 그를 따라가기 좋아했다. 그리고 우리 집에서 30리 밖에 장터가 있었는데, 장날이면 나도 아버지를 따라 갔다. 특별한 일은 없으면서도 그렇게 아버지를 따라 그와 함께 가는 것이 나에게 즐거웠다.

2. 그리스도의 사랑을 깨닫고 느끼려면, 그의 계명을 지켜야 한다는 것

본문 10절에 말하기를 "내가 아버지의 계명을 지켜 그의 사랑 안에 거하는 것같이 너희도 내 계명을 지키면 내 안에 거하리라"고 한다. 이 말씀은 그리스도의 사랑이 나와 접촉되는 방법이라고 할 수도 있다. 이 점에 있어서 우리는 "너희도 내 계명을 지키면"이란 말씀의 조건부를 명심해야 한다. 이것은 하나님의 언약이요 계약이다. 그리스도는 우리 신자들과 계약하시고 그대로 일하신다. 그것이 그의 진실성이요, 살아계신 증거이기도 하다.

누구든지 계명 순종의 오묘를 배워야 그리스도의 사랑을 느낀다. 계명은 무거운 짐이 아니다(요일 5:3). 그것은 독수리에게 있어서 두 날개와 같다. 독수리가 날개를 무거운 짐처럼 지고 있으나, 실상은 그 두 날개로 높이 날아간다. 하나님께서 우리 신자들에게 계명을 주신 목적은 우리를 괴롭히시려는 것이 아니고, 우리를 축복하시려는 것이다. 그런데 신자들은 이 계명을 무거운 짐으로만 생각한다. 그들이 그렇게 생각하는 동안, 하나님의 사랑을 느끼지 못한다. 가정에서도 부모를 잘 순종하는 자녀들이 부모의 사랑을 깨닫고, 그렇지 못한 자녀들은 부모의 사랑을 다 알지 못한다. 그리스도의 계명을 달게 받지 아니하며 그것에 대하여 진지하게 순종하지 않는 태도는, 그리스도를 바로 믿는 태도가 아니다. 그것은 그리스도의 주(主)되심을 부인하는 태도이다. 그러나 그리스도의 계명을 지키는 자는, 믿음이 강하여지며 영안이 밝아져서 모든 것을 바로 해석하며 기쁜 생활을 유지한다. 그런 믿음은 환난을 소망으로 보며, 성경에 가득한 모든 약속들을 천국의 수표와 같이 본다.

설교 계명과 사랑(15:9-12)

1. 하나님의 계명은 그의 사랑임

본문을 읽어 보면, 계명과 사랑은 일체이다. 하나님께서 우리에게 계명을 주신 것은, 그의 사랑이 우리에게 찾아왔다는 내용과 같다. 특별히 10절에 말하기를 "내가 아버지의 계명을 지켜 그의 사랑 안에 거하는 것같이 너희도 내 계명을 지키면 내 사랑 안에 거하리라"고 하였으니, 그의 계명을 지킴이 곧바로 그의 사랑을 받음이라는 뜻이다. 우리는 하나님의 계명에서 무서운 인상을 받지 말고, 주님이 베푸시는 소망과 사랑의 인상을 받아야 한다.

왜 계명이 하나님의 사랑으로 간주되는가? 그 이유는 우리가 그것을 지키면 잘 되며, 생명을 얻기 때문이다. 잠언 4:13에 말하기를 "훈계를 굳게 잡아 놓치지 말고 지키라 이것이 네 생명이니라"고 하였다. 우리가 계명을 지킴은 생명을 보관함과 마찬가지로 중요하다. 한번은 미국의 큰 배가 남태평양에서 항해하고 있었다. 그때 큰 고래 한 마리가 여러 차례 배에 부딪쳐 왔으므로 배에 구멍이 뚫려서 물이 스며들기 시작하여 파선하게 되었다. 그때 선원들은 작은 보트들을 내려 타고 대피하기 시작하였다. 그런데 갑자기 두 사람이 물에 뛰어 들어가 헤엄쳐 큰 배로 되돌아가는 것이었다. 다른 선원들은 그 이유를 알 수 없었다. 그런데 후에 알고 보니, 그들이 배에 있던 나침반을 가져온 것이었다. 그들은 그것을 위하여 큰 모험을 하였으니, 그 이유는 항해할 때는 나침반을 생명과 같이 귀히 여기기 때문이다. 하나님의 계명은 우리로 하여금 생명에 이르게 하는 지침이다. 우리는 생명을 걸고 계명을 지켜야 한다. 이처럼 계명은 그것을 지키는 신자들에게 생명을 주기 때문에, 그것은 결코 무거운 짐과 같은 것은 아니다(요일 5:3). 우리에게 대하여 계명은 새에게 있어서 날개와 같다. 날개가 새에게 붙었지만 그것을 사용하므로 새는 공중에 날게 된다. 사람이 계명을 지키므로 유쾌해지고, 기쁘고, 은혜를 받으며, 영적 자유를 얻는다. 예수님도 아버지 하나님의 뜻에 순종하시는 것이, 음식을 잡수시는 것같이 만족하시다고 하셨다(요 4:34). 그러므로 계명을 지키는 자의 생활에는 기쁨이 충만하다. 그래서 본문 11절에 말하기를 "내가 이것을 너희에게 이름은 내 기쁨이 너희 안에 있어 너희 기쁨을 충만하게 하려 함이니라" 하였고, 마태복음 11:30에는 "내 멍에는 쉽고 내 짐은 가벼움이라"고 하였다.

2. 계명을 지킴은, 사랑의 복음자리에 거주하는 기쁜 일임

본문에 "사랑 안에 거한다"는 말이 세 번 나온다. 그것은 특수한 표현이다. 그것은 마치 사랑을 놓치지 않으려고 거기 단단히 부착한다는 인상을 준다. 그것은 계명을 지키는 자가 계명을 기쁘게 지킴을 가리킨다. 신자들은 늘 즐겁게 계명을 지켜야 한다. 그러나 사람들이 깊은 생각 없이 계명을 취급할 때, 그것은 무서운 명령처럼 생각되기 쉽다. 사람들은 남의 말에 순종하기를 기뻐하지 않는다. 그들은 자기 멋대로 살기를 좋아한다. 그러나 우리는 무슨 문제에 있어서든지 그것을 아는 자의 말을 순종해야 한다. 일전에 나는 관악산에서 고요히 며칠 동안 지내려고 그곳을 찾아 갔다. 사람들이 많이 가지 않는 장소에 가려고 했으나, 나는 어느 방향으로 가야 할지 알 수 없었다. 그때 두 소녀가 안내해 주므로 나는 그들의 인도를 믿고 따라가며, 오솔길밖에 없는 높은 산을 넘어가서 고요한 방을 빌리게 되었다. 더욱 우리는 생사 문제의 분기점에서 그 문제 해결의 권위자를 순종해야 한다. 예수님은 그런 권위자이시다. 그는 사랑으로 우리를 찾아오신 권위자이시다. 우리는 기쁨으로 그에게 순종해야 한다.

설교 친구를 만드시는 예수님(15:13-15)

1. 그는 사람들에게 장벽을 두지 않으심

예수님은 사람들과 자기 사이에 장벽을 두지 않으셨으므로 죄인들을 친구로 만드신 것이다. 우리도 불신자들과 우리 자신과의 사이에 장벽을 두지 말아야 그들의 친구가 된다. 예수님은 죄를 가장 미워하셨다. 그러나 그는 죄인들과 사귀며 죄인의 집에 들어가시기를 꺼리지 않으셨다. 마태복음 11:19을 보면, 바리새인들이 예수님을 비평하여 "보라 먹기를 탐하고 포도주를 즐기는 사람이요 세리와 죄인의 친구로다" 하였다. 예수님은 친구답지 못한 죄인들을 친구로 삼으시기 위하여 하늘에서 땅으로 내려오셔서 사람들과 섞이기를 원하셨다. 그는 그들을 위하여 죽기까지 하셨다. 신자가 불신자와 장벽을 두지 말아야 할 것은, 디도서 3:2-7의 말씀이 잘 가르쳐 준다. 곧 "아무도 비방하지 말며 다투지 말며 관용하며 범사에 온유함을 모든 사람에게 나타낼 것을 기억하게 하라 우리도 전에는 어리석은 자요 순종하지 아니한 자요 속은 자요 여러 가지 정욕과 행락에 종노릇 한 자요 악독과 투기를 일삼은 자요 가증스러운 자요 피차 미워한 자였으나 우리 구주 하나님의 자비와 사람 사랑하심이 나타날 때 우리를 구원하시되 우리가 행한 바 의로운 행위로 말미암지 아니하고 오직 긍휼하심을 따라 중생의 씻음과 성령의 새롭게 하심으로 하셨나니 우리 구주 예수 그리스도로 말미암아 우리에게 그 성령을 풍성히 부어 주사 우리로 그의 은혜를 힘입어 의롭다 하심을 얻어 영생의 소망을 따라 상속자가 되게 하려 하심이라"고 하였다.

우리는 친구를 구하는 사람이 되지 말고, 친구를 만드는 사람이 되어야 한다. 그 이유는 천연적 친구라는 것은 없기 때문이다. 그러면 구체적으로 친구를 만드는 비결은 무엇인가? 우리가 이웃을 가족과 같은 친구로 만드는 비결은, 예수님의 계명을 지킴으로 예수님을 모시는데 있다. 마태복음 19:29에 "또 내 이름을 위하여 집이나 형제나 자매나 부모나 자식이나 전토를 버린 자마다 여러 배를 받고 또 영생을 상속하리라"고 하였다.

2. 그는 모든 것을 우리에게 알게 하셨음

15절에 말하기를 "내가 내 아버지께 들은 것을 다 너희에게 알게 하였음이라"고 하였으니, 그가 복음을 우리에게 알게 하신 것을 의미한다. 예수님은 우리에게 하늘의 비밀을 모두 알게 하셨으니, 그것이 우리로 하여금 그의 친구가 되게 하신 것이다. 우리가 복음을 알면 예수님의 비밀을 맡은 셈이다. 우리가 실패할 때 예수님에게는 욕이 돌아간다. 그러므로 우리 자신이 이 맡은 비밀을 합당하게 취급하려면, 그 비밀을 믿어 드려야 한다. 그가 하늘의 비밀을 모두 내게 기울여 주셨으니, 내가 목석이 아닌 바에야 어찌 그대로 믿지 않으랴? 그가 나를 그래도 미쁘게 보시고 그의 비밀을 맡겨 주셨으니, 나는 나의 최고의 비밀을 그에게 맡기지 않으랴? 사람들에게 말할 수 없는 최고의 비밀이나 최대의 고통스러운 문제를 예수님에게만 알리고, 기다리며 참으며 소망하는 생활이 내게 있는가? 있다면, 그것이 신앙이다. 친첸도르프(Zinzendorf)라는 신앙가는 어렸을 때 예수님에게 편지를 써서 문 밖에 던졌다고 한다. 그가 그렇게 한 것은, 예수님으로 하여금 그 편지를 받아 보시도록 하기 위함이었다고 한다. 그는 장성하여 예수님을 신앙함에 있어서 신뢰심으로 예수님과 이야기하는 식으로 기도하였다고 한다.

제 16 장

⚜ 내용분해

1. 그리스도인들의 당할 박해에 대하여 예수께서 예언하심(1-4절)

2. 예수님의 떠나가심의 중요성 및 성령의 오심(5-15절)
   1) 예수께서 자기의 떠나가심에 대하여 가르치심(5-6절)
   2) 세상에 대한 성령의 역사(7-11절)
   3) 교회에 대한 성령의 역사(12-15절)

3. 그리스도의 돌아오심(16-24절) - 그의 부활과 성령의 강림
   1) "조금 있으면 너희가 나를 보지 못하겠고 또 조금 있으면 나를 보리라"는 문제(16-19절)
   2) 예수님의 해설(20-24절)
      ① 그의 수난으로 인한 제자들의 슬픔은 일시적임(20-21절)
      ② 그의 오심에 따라서 생길 제자들의 기쁨(22-24절)

4. 성령이 오신 후에는 신자들에게 비유로 말씀하시지 않고 영적으로 진리를 깨닫게 하시겠다고 하심(25-30절)

1) 예수님의 약속(25:30)

2) 제자들의 반응(29-30절)

5. 예수께서 제자들이 흩어질 것을 예언하심(31-32절)

6. 그리스도 안에는 평강이 있고, 세상에는 환난이 있다고 하심(33절)

개요

1. 신약 시대에 있을 박해를 예고하심(1-4절)

박해자들은 그리스도인들을 박해함으로 하나님을 섬기는 줄로 생각하리라고, 예수님은 말씀하신다(2절). 과연 박해자들이 그렇게 생각한 일은 역사상에 많이 있었다. 종교적 열심이라고 하여 다 좋은 것은 아니다. 예수님은 이 말씀을 사도들에게 예고하시며, 박해 사건이 일어날 때 견딜 수 있도록 단단한 각오를 가지게 하셨다(4절).

2. 신약 시대에 있을 성령의 역사(5-28절)

1) 예수님이 죽었다가 다시 사심의 필요성(5-7절). 위에 말한 바와 같이 그가 아버지께로 가심이, 하나님의 교회에 유익한 이유는 이렇다. 곧 그가 육신을 입으시고 땅에 계속하여 계셨다면, 그의 역사가 한 장소에 국한되었을 것이다. 그러나 그가 아버지께로 가시고 성령이 오심으로, 장소와 시간을 초월한 영적 구속 운동이 성립된 것이다. 이처럼 됨으로 천하의 어디서나 그 누

구든지 주님을 만날 수 있게 된 것이다. 그가 죽었다가 다시 살아 아버지께로 가심은, 성령이 오시도록 하신 불가결의 필요성을 가진 사건이다. 그가 죽었다가 다시 사신 것이 속죄의 완성이니, 이제 그것을 그의 백성에게 연결시켜 구원에 참여하게 하는 방법이 절대로 요구된다. 이 방법은 영적 역사가 아니면 안 될 것이었다. 그러므로 이제는 성령님이 오시는 것이 자연스러운 순서였다.

2) 성령은 죄와 의와 심판에 대하여 세상을 책망하심(8-11절). 그러면 위의 세 가지에 대하여 세상을 책망하신다 함은 무슨 뜻인가? 이것은 세상으로 하여금 신약 시대의 기초가 되는 세 가지 큰 사실을 깨닫게 한다. 곧 ① 예수 그리스도를 믿지 않는 것이 죄라는 것(9절). 신약 시대에는 누구든지 예수 그리스도를 믿으면 모든 죄를 사함 받는다. 그러나 예수 그리스도를 믿지 않는 것은 모든 죄를 죄로 당하게 만드는 큰 죄악이다. ② 예수님이 죽었다가 다시 살아 승천하신 것이 신자들의 구원을 성립시키는 유일한 의가 된다는 것(10절). 신약 시대에 나타난 것은 율법 외에 있는 의, 곧 예수 그리스도로 말미암아 성립된 하나님의 의이다(롬 3:21-22). ③ 세상 임금, 곧 마귀가 심판을 받아 망하게 된다는 것(11절). 마귀는 그리스도를 정죄하여 십자가에 못 박도록 활동하였으나, 그 사건으로 말미암아 도리어 자기 자신이 정죄를 받아 망하게 된 것이다(14:30; 골 2:15; 계 20:10). 예수님은 벌써부터 자기의 십자가로 말미암아 마귀가 패망할 것을 내다보셨다(눅 10:18). 예수님의 십자가를 영접하는 자를 마귀가 해하지 못한다.

위에 말한 신약 시대의 세 가지 큰 사실은, 사도들의 복음 전도의 내용을 구성한다. 이 세 가지 사실을 취급한 베드로의 설교를 들은 회중은 마음에 찔려, 베드로와 다른 사도들에게 말하기를 "형제들아 우리가 어찌 할꼬"라고 하였다(행 2:37).

3) 신약 시대의 풍성한 계시가 성령으로 말미암아 있을 것을 말씀하심

(12-28절). ① 성령께서 오셔서 사도들을 모든 진리 가운데로 인도하실 것이라고 말씀하셨음(13절). 여기 "모든 진리"라고 하였으니, 그것은 기독교의 사상 체계 전부를 말한 것이다. 그리고 이 모든 진리는 그리스도의 구속 사업을 가지고 해설하는 것이다. 성령께서는 예수님에게서 독립된 다른 내용으로 말씀하시는 이가 아니고, 예수님의 속죄에 대하여 말씀하시는 분이시다(13절 하, 14-15절). ② 성령이 오심으로 제자들은 빼앗길 수 없는 기쁨을 가짐(15-24절). 성령이 오신 신약 시대에 있어서 기쁨은 두 가지로 말미암아 일어난다. 곧 복음 진리를 깨닫게 되므로(너희가 아무 것도 내게 묻지 아니하리라 하심. -23절 상) 기쁘고, 또한 기도 응답을 받으므로 기쁘다(23절 하; 참조. 25-28절).

3. 결론(29-33절)

이 부분에서는 제자들이 아직 미숙하여 환난을 당할 때 다 흩어질 사실이 예고되었다(29-32절). 그러나 그는 그의 승리로 말미암아 그들이 환난 중에도 평안을 누릴 수 있게 될 것이라고 결론하신다.

⚘ 해석

1 내가 이것을 너희에게 이름은 너희로 실족하지 않게 하려 함이니. 곧 15:18-27의 말씀은, 그가 그 제자들로 하여금 박해 중에서 넘어지지 않도록 하기 위하여 하신 말씀이란 뜻이다.

2 사람들이 너희를 출교할 뿐만 아니라 때가 이르면 무릇 너희를 죽이는 자가 생각하기를 이것이 하나님을 섬기는 일이라 하리라. 이것은 불신 유대인들이 그리스도인들을 박해하게 될 것을 예언한 것이다. 그들은 하나님을 섬긴다고 자칭하면서 이

런 악한 짓을 한다. 사람이 이처럼 되는 원인은, 첫째는 하나님을 바로 알지 못하는 까닭이고, 둘째는 도덕이 부패하여 순진한 종교적 동기보다도 시기와 질투와 증오와 이권 등에 끌려서 움직이는 까닭이다.

3 그들이 이런 일을 할 것은 아버지와 나를 알지 못함이라. 그 박해자들이 진리에 대하여 무식한고로, 신자들을 박해하게 되리라는 말씀이다. 옛글은, 일반 학문상 무식을 가리켜서도 말하기를 "평안히 거하여 가르침을 받지 못하면 금수에 가깝다."고 하였다. 그것을 보아도 무식이 인간에게 불행인 줄 알 수 있다. 그러나 그보다도 종교적 무식은 더욱 불행하다. 우리 성경은 말하기를 "내 백성이 지식이 없으므로 망하는도다. 네가 지식을 버렸으니 나도 너를 버려 내 제사장이 되지 못하게 할 것이요 네가 네 하나님의 율법을 잊었으니 나도 네 자녀들을 잊어버리리라"(호 4:6) 하였고, 또 말하기를 "제사장의 입술은 지식을 지켜야 하겠고"(말 2:7)라고 하였다. 중세대의 교회 부패는 교역자들의 무식을 그 주요한 원인으로 한다. 찰스 하지(Charles Hodge)는 말하기를 "청년들이 배우지 않고 직접 교역에 들어가니 그것은 교회에 큰 재앙이 된다. 무식은 모든 과오의 근원이다. 지식으로 유력하게 준비된 두어 명의 교역자는, 무식하고 열심만 있는 많은 교역자들의 큰 무리보다 복음 전도에 능률을 낸다"라고 하였다.[203)]

4 오직 너희에게 이 말을 한 것은 너희로 그때를 당하면 내가 너희에게 말한 이것을 기억나게 하려 함이요 처음부터 이 말을 하지 아니한 것은 내가 너희와 함께 있었음이라. 신자들이 받을 박해에 대한 예수님의 예언은, 마침내 그들의 신앙을 굳게 한다. 그 이유는, 그들이 그 예언과 같이 실제로 박해를 받으면 예수님의 초자연적 권위가 드러나는(기억나는) 까닭이다. 그때는 그들이 당하는 수난 자체가 그들의 신앙을 굳게 할 것이다. 그때는 그들이 생각하기를 "예수님이 예언하신

---

203) Charles Hodge, Church Polity, 1878, 446-447.

환난이 지금 그대로 실현되는 것을 보니, 그가 예언하신 내세의 상급도 그대로 이루어질 것이 명백하구나!"라고 할 것이다.

"처음부터 이 말을 하지 아니한 것." 이 말씀은 무슨 뜻인가? 그는 성역 초기에도 박해 건에 대하여 말씀하셨다. 예컨대 마태복음 5:10-12의 말씀이다. 그러나 그것은 예수님이 땅 위에 계실 때 그를 따르는 자들이 당할 비방이나 욕설 정도의 곤란을 가리킨 것이다. 여기서 말씀하신 것(16:18-25)은, 그가 별세 후에 교회와 세상과의 근본적인 충돌로 인한 구체적인 박해와 환난을 의미한다. 마태복음 10:16-39의 말씀이 역시 이런 환난을 가리킨 것이다.

5-7 너희 중에서 나더러 어디로 가는지 묻는 자가 없고. 그리스도께서 하나님 아버지께로 가시는 것은, 구속 사업을 완성하시고 그 사업을 온 천하에 실시하시려고 가시는 것이었다. 그것은 중대한 행차였다. 그러나 제자들이 그 중대성을 잘 이해하지 못하였으므로 이 시점에 와서는 그것에 대하여 묻지 않았다.

도리어…너희 마음에 근심이 가득하였도다. 제자들은 아직도 육안에 보이는 사실만 중히 여기고 영적 사실을 등한시하는 정도였다. 따라서 그들은 예수님을 작별할 일에 대하여 근심한 것이다.

내가 떠나가지 아니하면 보혜사가 너희에게로 오시지 아니할 것이요. ① 만일 그리스도께서 죽었다가 다시 살아 승천하지 않으셨다면 승리하지 못하신 자니, 신자들에게 주실 선물(성령의 은사)이 없었을 뻔하였으며 (골 2:13-15; 엡 4:8-14), ② 그가 하나님 아버지께로 가지 않으셨더라면, 신자들을 하나님과 화해시킬 대제사장이 하늘에 없을 뻔하였다(히 9:24; 갈 3:14). ③ 그리스도의 속죄 사업과 성령의 강림하심은, 구원 경륜의 성질상 서로 밀접히 관계되어 있다. 그러므로 그리스도의 역사에 뒤이어 성령이 오실 것은, 구약 예언에도 가르친 하나님의 경륜이다(참조. 사 44:3; 겔 39:29; 욜 2:28). 세례 요한도 이 일을 메시아의 구속 사업과 관련시켜 예언하였다(마 3:11). 다시 말하면, 예수님이 완성하신 구원 행복을 모든 하나님의 백성에게 실시하기 위하여 영적 역사가 절대로 필요한 것이었다. 그러므로 그의 부활 승천에 뒤이어 성령이 오시도록 하신 것이 하나님의 경륜이다.

8 **그가 와서 죄에 대하여, 의에 대하여, 심판에 대하여 세상을 책망하시리라.** 여기서부터 장차 오실 성령의 역사에 대하여 말한다. 그러나 좀 더 깊이 생각하면, 벌써 5절부터 예수님이 성령의 역사를 염두에 두고 말씀하기 시작하셨다. 그가 이처럼 성령의 역사에 대해 말씀하시는 이유는, 이미 말씀하신 대로 박해받을 사도들을 위로하시려는 것이다. 그들이 박해 받을 때 그들 홀로 있는 것이 아니고, 성령께서 그들과 함께해 주시며 박해자들을 설복시킨다는 것이다(막 13:11; 마 10:19; 눅 12:11, 21:15). 여기서(8절부터) 예수님이 말씀하시는 것은, 성령께서 세상 사람들(사도들을 박해할 자들)을 책망하신다고 함이다. 책망한다는 말의 헬라어(ἐλέγξει)는 법정에서 항변하는 자와 변론하여 설득시키는 것을 말함이다. 이런 책망은 상대방의 양심을 찔러 돌이키게 한다. 과연 기독교회 설립 초기 사도들의 전도는 이런 효과를 거두었다. 베드로의 설교를 통하여 나타난 성령의 역사는, 무리들의 마음을 찔렀기 때문에 그들이 말하기를 "형제들아 · · · 어찌할꼬"라고 하였다(행 2:36-37).

"죄에 대하여, 의에 대하여, 심판에 대하여" 세상의 잘못을 확신(책망)하게 함은, 예수 그리스도를 불신앙함이 죄라는 사실과, 그의 승천이 의(승리)라는 사실과, 그가 사탄을 심판(정죄)하신 사실을 확신하게 함이다. 그러면 성령의 일은 예수그리스도를 중심하신 것이다. 이처럼 사람들로 하여금 그리스도 중심한 일들(복음)에 대하여 확신하게 하기는, 성령께서 교회 사역을 통하여 하신다(Barrett).

9 **죄에 대하여라 함은 그들이 나를 믿지 아니함이요.** 그리스도를 "믿지 아니함"이 죄라고 함은, 몇 가지 중요한 뜻을 내포한다. ① 하나님(하나님의 아들)을 불신앙함이 모든 죄악의 근원이니 만큼, 그것 하나만으로 죄를 대표하여 말

함이고, ② 하나님께서 그리스도를 세상에 보내신 것은, 그를 믿는 자들에게 한하여 모든 죄악을 죄악시하지 않으시려는 것이다. 그는 이제부터 인생들의 문제 해결을 그리스도에 대한 그들의 신앙에 붙이신 것이다. 그것은 그의 크신 자비이다. 그럼에도 불구하고 그리스도를 믿지 않는 것은, 하나님의 자비와 사랑을 무시하며 배척함이다. 그것은 다시 용서 받을 길 없는 큰 죄악이다.

10 의에 대하여라 함은 내가 아버지께로 가니 너희가 다시 나를 보지 못함이요. "의"란 말은 그리스도의 의를 말함인데, 곧 우리의 구원이 되는 의이다. 예수 그리스도께서 승천하신 것이 "의"가 된다함은 무슨 뜻인가? 그것은 그리스도께서 하나님께로 가신 것이, 그가 우리를 위하여 의를 이루신 최후 단계라는 의미이다. 그가 하나님이 주신 사명(십자가에 죽으심)을 완수하신고로, 하나님이 그를 지극히 높이셨다. 빌립보서 2:9에 말하기를 "이러므로 하나님이 그를 지극히 높여 모든 이름 위에 뛰어난 이름을 주사"라고 하였다(참조. 딤전 3:16). 이처럼 그가 부활 승천하셔서 우리로 하여금 하나님 앞에 의롭게 간주되게 하여 주셨다(엡 4:10; 롬 4:25). 로마서 8:33-34에 말하기를 "누가 능히 하나님께서 택하신 자들을 고발하리요 의롭다 하신 이는 하나님이시니 누가 정죄하리요 죽으실 뿐 아니라 다시 살아나신 이는 그리스도 예수시니 그는 하나님 우편에 계신 자요 우리를 위하여 간구하시는 자시니라"고 하였다.

비켄하우저(Alfred Wikenhauser)은 말하기를 "여기 '의'라는 것은 법정 재판에서 생각하는 개념으로 취급되어야 한다. 그것은 마치 법정에서 승리를 얻었다는 의미의 의라고 할 수 있다"라고 하였다.[204] 이것도 일리 있는 해

---

204) Gerechtigkeit ist im juristischen Sinne zu nehmen und als Rechtfertigung oder Schuldloserklärung vor Gericht, als Sieg im Prozess zu verstehen, weil es sich bei dem Überführen um einen Rechtsstreit handelt.—Alfred Wikenhauser, Das Evangelium nach Johannes, p. 294.

석이다. 예수 그리스도는 땅에 계실 때 유대인들에게서 많은 반대를 받으셨다. 그들은 예수님이 메시아가 아니라고 하며 그를 반대하였다. 그러나 그가 죽었다가 다시 살아 승천하심으로, 그가 메시아이신 사실이 마침내 확증되었다. 그가 이처럼 주(메시아)가 되셨으므로(행 2:36), 그는 모든 믿는 자들을 의롭다고 하여 주실 수 있는 완전하신 의를 소유하셨다. 그의 부활 승천은 우리를 의롭다고 하시는 일에 있어서 정점적인 중요성을 가지고 있다. 그러므로 기독교회 설립 초기의 전도자들은 모두 이 점을 강조하였다. 곧 예수님의 부활 승천이 그의 메시아이신 증거라는 것이다(행 2:36, 3:15, 5:31, 13:30; 빌 2:9; 딤전 3:16; 히 1:3; 벧전 3:22).

불트만(Bultmann)은 이 구절이 말한 "의"에 대하여 잘못 해석한다. 그는 "내가 아버지께로 가니 너희가 다시 나를 보지 못함이요"란 말씀이 종말관적 자유를 가리킨다고 한다. 그가 말하는 종말관적 자유란, 세상에게 보이지 않는 위치 또는 세상에게 붙잡히지 않는 위치를 의미한다고 한다.[205] 그는 본문의 "의"가 세상에서 초절된 그리스도의 입장을 의미한 듯이 말했으니 잘못이다. 성경에서 말하는 그리스도의 의는, 구원사적인 그의 죽으심과 다시 살아나심으로 성립되었고(롬 3:25-26, 4:25; 골 2:14-15), 그의 승천으로 선포되었다(롬 1:4; 행 2:36). 그런데 불트만이 구원사적인 그리스도 사건은 전연 언급하지 않고, 세상이 접촉할 수 없는 곳에 올라가신 그리스도의 위치만을 강조한 것은 잘못이다. 그것은 그의 초절주의에서 생각된 수직선적 종말관 색채를 보여 주고 있다. 물론 성경도 그리스도의 높아지심(승천)을 우리 구원에 관계시킨다. 그러나 그것은 어디까지나 구원사적인 그리스도 사건의 결과로서 의미를 가진다.

---

205) Und diese eschatologische Freiheit wird auch charakterisiert durch das καὶ οὐκέτι θεωρεῖτέ με· er ist für die Welt unsichtbar, ungreifbar geworden. -Bultmann, Johannes Evangelium, 435.

11 심판에 대하여라 함은 이 세상 임금이 심판을 받았음이라. 예수 그리스도께서 십자가에서 죽으심으로 사탄을 이기신 사실을 가리킨다(참조. 눅 10:18; 히 2:14-15; 요일 3:8, 5:18; 계 12:7-12). 이 심판은 그리스도가 다시 사심으로 시작되어 세상 종말에 완전히 실현된다.

불트만은 여기 "심판"이란 말을 성경과 달리 취급한다. 그는 심판이란 것이 우주적 종말을 가져오는 사건이 아니고, 역시 초절적인 종말관에 속한 것인 듯이 잘못 말한다. 그는 우주적 사건으로서의 심판은 계시문학의 종말관에 속하고,[206] 또는 구약 선지자들의 잘못된 종말관인 듯이 지적하고 있다.[207] 그러나 본문에 있는 "심판"은 선지자들이 내다보던 것이며, 역시 우주의 종말에 귀결될 것으로 말한다. 사탄이 그리스도의 속죄적 죽음으로 말미암아 실패된 것(심판 당한 것)은, 마침내 세상 종말의 역사적 사건으로 귀결된다. 성경이 말하는 심판은 역사와 관계없는 것이 아니고, 역사계에서 그 성취를 보도록 되어 있다.

12 내가 아직도 너희에게 이를 것이 많으나 지금은 너희가 감당하지 못하리라. 이 말씀을 보면, 14-16장에 "너희"란 말로써 가리키신 대상자가 당시의 사도들인 것이 분명하다.

"내가···이를 것이 많으나." 이 말씀은 성령을 통하여 앞으로 가르치실 것을 의미한다. 이 말씀을 보면, 그리스도의 역사와 성령의 역사는 일체인 것이 확실하다.

"지금은 너희가 감당하지 못하리라." 이것은 그들의 마음이 둔하여 감당하지 못한다는 말이 아니다. 이것은 계시의 역사적 계단으로 보아서 아직 주님의 죽으심과 부활하신 사실이 이루어지지 않은 것만큼, 그들이 그 이상 진

---

206) Die Welt redet von diesem Gericht als von einem Komischen Ereignis in naher oder ferner Zukunft, sei es im Sinne einer naiven apokalyptischen Eschatologie.—Johannes Evangelium, 436.

207) Theology of the New Testament, 31-32.

리를 깨닫지 못한다는 말씀이다. 장차 주님이 죽었다가 다시 사시고 성령이 오셔서 깨닫게 하여 주시는 때만, 그들이 그 진리들을 깨닫게 된다.

13 **그러나 진리의 성령이 오시면 그가 너희를 모든 진리 가운데로 인도하시리니.** 이 말씀은 어느 시대 신자들이든지 직접 계시를 받을 수 있다는 것을 가리키지 않는다. 그 이유는 다음과 같은 사실들이 알려 준다.

① 이 말씀이 사도들에게 국한하여 주어진 말씀이며(14:26), ② 이 구절 하에 "그가 스스로 말하지 않고 오직 들은 것을 말하시며"라고 한 것은, 성령께서 그리스도가 이루신 구속 사업에 대하여 설명하여 주실 뿐이라는 것이다. 그것은 사도들이 기록한 신약성경으로 나타났다.

그가 스스로 말하지 않고 오직 들은 것을 말하시며. 성령이 사도들에게 계시하여 주실 진리는, 그리스도 사건(그의 죽었다가 다시 사신 사건)에 대한 하나님 아버지의 설명을 전달하시는 것뿐이다. 성령께서는 아버지와 아들에게서 떠난 독창적인 진리를 취급하시지 않는다.

장래 일을 너희에게 알리시리라. 이것도 그리스도 사건에 대한 해설 이외의 어떤 독창적인 예언을 말씀하신다는 것이 아니다. 이 말씀이 그때는 사도들에게 밝히 이해되지 않았다. 이것은 그리스도의 부활 이후에 진전될 천국의 성격을 말함이다(Calvin). 다시 말하면 이것은 그리스도 사건을 중심한 복음의 계시를 가리킨다.

위의 말씀은 그리스도 사건에 관하여 사도들만이 받을 성령에 대한 해설이다. 그러므로 신약적 계시의 역사에 있어서 사도들의 지위는 독특하다고 할 수 있다. 헤르만 리델보스(Herman Ridderbos)는 이 문제에 대하여 다음과 같이 바로 해석하였다.

"요한복음 14-16장의 예수님의 이별사에 있어서, 그리스도께서는 사도들의 증거에 대한 성령님의 도우심을 길게, 또는 힘있게 말씀하셨다.···그가 사도들을 택하여 세우시고(15:16), 말씀을 주시고(15:20; 17:14),···그들을 세상에 보내시어 다른 사람들로 하여금 그들의 말을 듣고 믿도록 하신다(17:18; 20). 14:26, 15:26-27, 16:13-15을 보면 사도들의 증거에 대하여 말하고, 또 그 증거가 교회의 기본 역사인 것을 지적한다. 이처럼 요한복음도 그리스도의 인격과 사업의 역사성을 존중시하는 의미에서, 사도들의 친히 목격한 경험과 증거를 역설한다(15:27; 참조. 요일 1:2, 4:14; 요 12:17, 19:35, 21:24). 그것은 가룟 유다 대신 사도를 택할 때, '요한의 세례로부터 우리 가운데서 올려져 가신 날까지 주 예수께서 우리 가운데 출입하실 때 항상 우리와 함께 다니던 사람 중에 하나를 세워 우리와 더불어 예수께서 부활하심을 증언할 사람이 되게 하여야 하리라'(행 1:21) 한 말씀도 동조한다. 그뿐 아니라 증인 된 사도직의 특색으로서 성령님의 은사가 밀접히 관계되어 있다. 요한복음은 이 점을 더욱 강조한다. 증인 자격으로서 그들이 그리스도와 함께 있었다는 것도 중요한 조건이지만, 그것만으로 족한 것은 아니었다. 그들에게는 성령님의 도우심이 더욱 필요하였다. 그런데 성령님의 도우심(증거)은 사도들의 증거로 표현되도록 되어 있었다. '그가 스스로 말하지 않고'(13절), '오직 들은 것을 말하시며'(13절), '그가……내 것을 가지고 너희에게 알리겠음이니라'(14절)고 하신 말씀들은, 14:26의 '내가 너희에게 말한 모든 것을 생각나게 하시리라' 고 한 말씀과 같은 내용을 가진다. 이것은 성령께서 사도들로 하여금 땅 위에 계시던 예수님의 교훈들을 깨닫게 하신다는 뜻이다(참조. 2:17, 22). 그러므로 그 계시 약속은 특별히 사도들을 상대하신 것이다. '내가 너희에게 말한 모든 것을 생각나게 하시리라'는 말씀을 보니, 그 계시 약속의 상대자가 사도들인 것이 더욱 명백하다. 그들의 증거는, 보지 못한 자들로 하여금 믿게 하려고 기록되기까지 하였다(17:20, 19:35, 20:29, 31, 21:24; 요일 1:3-4). 이 기록은 교회를 세우는 기본 증거로서 오류가 없으며, 그리스도께서 권위를 주셨고, 성령님의 인도로 자격 있게 하신 것이다. 교회가 사도들이 기록한 문서들만을 정경이라고 제한한 것은, 성령의 역사를 방축으로 막는 일도 아니며, 이단을 방지하기 위한 표준 작정도 아니었다. 그것은 다만 사도적 증거의 단회적인 참된 권위를 승복한 행위뿐이다."[208]

16:13의 말씀을 오해하는 사람들은, 사도 이후 시대의 신자들도 사도들과 같은 수준으로 계시를 받는다고 주장한다. 제 2세기에 몬타누스(Montanus)는 그때 교회의 도덕적 부패에 대한 반동으로 새 운동을 일으켰다. 그는 보혜사가 임한 시대는 몬타누스 자신부터 시작하였다고 하였다. 그는 말하기를 "나는 아버지요, 말씀이요, 보혜사라."하였고, "새 예루살렘은 그때 벌써 임하였는데, 프리기아의 페푸자(Pepuza of Phrygia)에 자리 잡았다."고 하였다. 그의 제자 막시밀라(Maximilla)란 여자도 주장하기를 "내가 말씀이요, 영이요, 능력이다"라고 하였다. 그 여자는 자기를 최후의 선지자라고 하면서 주님의 재림은 가까웠다고 하였고, 자기가 죽은 뒤에 전쟁과 박해가 일어나리라고 하였다. 그러나 그가 죽은 후에도 13년 동안이나 평안하였다. 이처럼 몬타누스 일파는 망동하였고, 그때의 정통 신자들은 그 운동을 마귀의 일로 여겼다.[209]

14 그가 내 영광을 나타내리니 내 것을 가지고 너희에게 알리시겠음이라. 성령은 그리스도께서 이루신 구원을 모든 신자들에게 주시기 위하여 그 구원에 대하여 말씀하시리라는 뜻이다. 이처럼 성령께서 말씀하신 것이 사도들을 통하여 이루신 신약성경이다.

15 무릇 아버지께 있는 것은 다 내 것이라 그러므로 내가 말하기를 그가 내 것을 가지고 너희에게 알리시리라 하였노라. 하나님 아버지의 것이 예수님의 것이라고 한 이유는 ① 성부와 성자는 일체이기 때문이요, ② 성자 그리스도께서 죽었다가 다시 살아나셔서 승리하신 뒤에는 아버지께서 모든 것을 그의 손에 맡기신 까

---

208) Herman Ridderbos, De Apostolische Kerk, 1954, 57-60.

209) R. A. Knox, Enthusiasm, 37-38.

닭이다(13:3).

16 조금 있으면 너희가 나를 보지 못하겠고 또 조금 있으면 나를 보리라. 예수님이 죽었다가 다시 살아 승천하시므로 제자들이 그를 보지 못할 시기가 있겠지만, 마침내 성령께서 그를 대신하여 땅 위에 오실 것을 가리킨다. 이 말씀은 성령이 하시는 일이, 곧 그리스도의 일인 사실을 지적하기도 한다.

16-19절에는 "조금 있으면"이란 말(μικρόν, "미크론")이 일곱 번 나온다. 이것은 확실히 힘있게 말하는 중복체이다. 이것은 조금 후의 좋은 시대(성령이 오실 신약 시대)를 내다보고 강조한 표현이다. 그러므로 이것은 큰 소망을 보여주는 "조금 있으면"이다. 이와 같은 어법이 히브리서 10:37에도 인용되었으니 "잠시 잠깐 후면 오실 이가 오시리니 지체하지 아니하시리라"고 하였다. 이 말씀은 앞으로 주님을 영적으로 보는 시대, 곧 신약 시대가 올 것을 소망으로 보여 준다. 16:22 하-24의 말씀 역시 이같이 주님을 보는 신약 시대에 대하여 다시 해설한다. 이 아래 있는 "나를 보리라"는 말씀 해석을 참조하라.

"나를 보리라." 신자들이 육안으로 주님을 보리라는 것이 아니고, 영적으로 그를 보리라는 것이다. 예수님이 땅에 계실 때 무수한 유대인들이 육안으로는 그를 보았다. 그러나 그들 중 많은 사람들이 예수님을 믿지도 않았고, 그들 중에는 예수님을 십자가에 못 박은 자도 있다. 그러므로 구원 문제에 있어서는 사람이 육안으로 주님을 보았다는 것이 그리 중요하지 않다. 구원 문제에 있어서는 사람이 영적으로 주님을 본 것이 중요하다. 신약 시대에는 신앙이 진실한 자가 영적으로 주님을 본다. 그가 어디서든지 언제든지 진실하게(복종하므로) 주님을 대하기만 하면, 주님이 그 심령에 느껴진다. 그것은 주로 하나님의 말씀을 깨닫는 것으로 구체화 된다. 그때 신자의 심령 속에 진리를 깨달음과 함께 기쁨이 생긴다. 다시 말하면, 그는 육신적으로 그리스도를 대면하여 물어볼 필요 없이, 그저 그리스도의 이름으로 하나님께 기도하면 진리를 깨닫는다(23절). 그때 그에게 기쁨이 충만하여진다(24절 하). 그러므로 고린도전서 13:6 하에 말하기를, 사랑은 진리와 함께 기뻐한다고 하였다(참조. 빌 4:6-7).

17 제자 중에서 서로 말하되 우리에게 말씀하신 바 조금 있으면 나를 보지 못하겠고 또 조금 있으면 나를 보리라 하시며 또 내가 아버지께로 감이라 하신 것이 무슨 말씀이냐 하고. 제자들이 이해하지 못한 것은, 첫째로 16절에 있는 예수님의 말씀이 모순된 듯이 보이는 점이다. 어떻게 "조금 있으면 나를 보지 못한다"고 하시고는, 또 말씀하시기를 "조금 있으면 나를 보리라"고 하셨을까? 이 말씀의 뜻은 다음과 같다. 곧 조금 있으면 못 본다는 이유는 그가 별세하시게 되는 까닭이고, 조금 있으면 본다는 것은 그가 별세하심으로 말미암아 성령이 오시겠기 때문이다. 그가 별세하시므로 그들이 그의 육체는 보지 못하지만, 그가 보내실 성령님을 영접하게 된다. 그것이 그 자신(예수님)을 보는 것과 같은 것이다.

그뿐 아니라 그들에게는 예수님이 "내가 아버지께로 감이라"고 한 말씀(10절)도 의문이었다. 곧 아버지께로 가신다는 것은 땅에서는 영구히 떠나시게 됨인데, 어떻게 "조금 있으면 나를 보리라"는 말씀과 조화될 수 있는가 하는 의문이었다. 그러나 이것도 위의 첫째 난제의 해결과 같이 해결된다.

18-19 조금 있으면. 이 말씀에 대해 제자들이 재차 의아한 반응을 보이자 예수님은 동정을 표하신다. 여기 "조금 있으면"이란 말이 16절부터 일곱 번 나왔다. 이 말은 ① 글자대로 짧은 시일을 가리키기도 함. ② 이 세상에서 영생을 얻기 위한 결단의 기회가 언제나 있는 것이 아님을 보여줌(12:35). ③ 이 세상에서 받는 교회의 수난 시기는, 장차 받을 영광의 영원성에 비하여 잠깐 동안이라는 것도 보여 준다(롬 8:18; 벧전 1:6).

그때 제자들이 육신으로 계신 주님과 함께 있을 기회는 얼마 남지 않았다. 그렇다면 그 짧아진 기회는 그들의 가슴을 두근거리게 만들 것이었다. 그것은 영원한 생명의 효과를 낼만한 귀한 결단을 지을 중대한 때였다. 그러나 그와 동시에 그들은 "조금 있으면"이란 말씀에서 생명의 기쁜 날을 내다보았어야 할 것이었다. 구주님을 작별한 비애가 그들에게 언제까지나 계속될 것은 아니었다. 성도들이 세상에서 당하는 고난은 잠깐 동안이다(시 30:5). 그들은 잠시 후에 영적으로 생명의 구주님을 영원히 모신다는 것을 내다보아야 한다.

20 내가 진실로 진실로 너희에게 이르노니 너희는 곡하고 애통하겠으나 세상은 기뻐하리라 너희는 근심하겠으나 너희 근심이 도리어 기쁨이 되리라. 이것은 제자들의 의문에(17-18절)에 대한 주님의 해답이다. 이것은 그가 십자가에 죽으실 때는 그들이 근심 중에 빠졌다가 그 후에 오실 성령님을 받아 기뻐하게 될 것을 가리킨다. 이 구절부터 24절까지는 사도들(신자들)의 근심과 기쁨의 성격을 각각 말하였다. (1) 사도들의 근심은 세상 사람의 그것과 다름(20상). 세상 사람들이 기뻐할 때도 그들은 근심한다. 그러나 그들의 근심은 마침내 기쁨으로 화한다(20하). (2) 사도들의 기쁨은 주님(곧, 성령)께로부터 옴(22절 상). 그 기쁨은 그들의 근심처럼 일시적인 것이 아니고 영구한 것이다(22절 하). 이 기쁨의 내용은 그들이 성령을 받아 하나님과 화합함으로 말미암아 진리를 알게 되는 기쁨이다(23-28절). 성령께서 강림하신 후에 그들은 예수님이 땅에 계실 때와는 달리 (물어볼 필요조차 없이) 모든 진리를 알게 되고, 그리스도의 이름으로 기도 응답을 받으며 기쁨으로 충만하게 된다.

21 여자가 해산하게 되면 그 때가 이르렀으므로 근심하나 아이를 낳으면 세상에 사람 난 기쁨으로 말미암아 그 고통을 다시 기억하지 아니하느니라. 이것은 비유이다. 곧 십자가 위에서 죽으시는 예수 그리스도의 수난은 제자들에게도 해산하는 수고와 같은 어려움이었다. 그러나 그가 다시 사셔서 승천하신 뒤에 성령께서 오심은, 아이가 출생된 것과 같은 기쁨이란 뜻이다. 이 비유는 이사야 66:7-14 말씀과 관련을 가진다. 거기서도 메시아의 오심으로 그 백성에게 주실 구원의 즐거움을 아이 출생의 기쁨에 비유하였다. 예수님은 이 예언을 염두에 두셨다.

22 너희 마음이 기쁠 것이요 너희 기쁨을 빼앗을 자가 없으리라. 이 "기쁨"은, 그릇된 신비가들의 비정상적인 기쁨과 같은 것이 아니다. 이것은 사람이 성령으로 거듭 나서 성령과 진리 안에서 기뻐함(고전 13:6)을 가리킨다(참조. 빌 4:4; 살전 5:16).

불트만은 이 "기쁨"을 가리켜 말하기를 "그것은 기쁨의 심리 상태가 아니다.· · ·그것은 종말관적인 상태이다. 소경과 같은 그들의 근심은 제거되고, 미래는 그들을 위협하지 못한다. 그들은 영원한 오늘에 살고 있으니, 그들의 날은 종말관적인 시간이다"라고 하였다.[210] 이처럼 불트만은 본문에 말한 "기쁨"을 잘못 해석했다. 그는 그것이 심리 상태가 아니라고 하였으니, 그 기쁨의 시간과 공간성을 부인한 것이다. 성경은 그런 초절주의를 가르치지 않는다. 그뿐 아니라 그는 그 기쁨을 가리켜 종말관적 상태라고 하였으니, 그것도 잘못이다. 그 이유는 그의 종말관은 성경이 말한 것과 같은 수평선적인 것이 아니고, 수직선적인 것이기 때문이다. 그가 말한 영원한 오늘이란 것이 바로 그와 같은 그릇된 종말관을 의미한다. 우리도 신약 시대에 대하여 종말이라는 술어를 쓴다(히 1:2). 그러나 성경이 말하는 종말관은 구원사적이며, 예언 성취의 것이며, 따라서 수평선적인 것이다. 불트만은 시간적으로 내다볼 수 있는 종말관을 말하지 않고, 보이지 않는 위의 것을 향하여 결단을 내리는 심리적 종말관을 말하는 것뿐이다. 그것은 성경에 부합하지 않는다.

23 그 날에는 너희가 아무 것도 내게 묻지 아니하리라 내가 진실로 진실로 너희에게 이르노니 너희가 무엇이든지 아버지께 구하는 것을 내 이름으로 주시리라. 여기 "그 날에"는 종말관적 의미 있는 말일을 가리킨다(행 2:17; 히 8:10, 10:16). 곧 선지자들

---

210) Sie wird nicht als ein psychischer Zustand der Entzückungen Beschrieben ...Das aber ist eben die eschatologische Situation ...die Angst der Blindheit ist ihnen genommen, und die Zukunft ist nicht mehu bedrohlich; sie leben in einem ewigen "heute"; ihr Tag ist die eschatologische ἡμερα .—Johannes Evangelium, 449-450.

이 내다보던 '말일'의 성취로 임한 "그 날"이다(행 2:17; 히 1:2). 그것이 신약 시대이다. 주님의 재림은 이 시대 끝에야 한다. 그것은 이를테면 대종말이다.

"너희가 아무 것도 내게 묻지 아니하리라." 그의 제자들이 오순절에 성령을 받겠으니만큼, 예수님이 땅에 계실 때 주신 말씀을 잘 깨닫게 된 터이다. 그러므로 그들이 진리 문제에 있어서 앞으로는 그때(예수님이 땅에 계시던 때)와는 달리 물어볼 일이 없으리라는 뜻이다.

"너희가 무엇이든지 아버지께 구하는 것을 내 이름으로 주시리라." 이것은 사도들(신자들)이 진리 문제를 가지고 하나님 아버지께 구할 때 깨닫게 된다는 뜻이다. 그러나 이것은 그들이 무슨 일에든지 기도할 때 받을 응답을 의미하기도 한다. 기도 응답에 대하여는 그가 이미 말씀하셨는데(14:13), 여기서 거듭 역설하신다. 그가 이것을 역설하신 이유는, 기도가 응답되는 사실은 ① 그리스도의 속죄 사업이 완성된 증표이며, ② 따라서 신약 시대에 모든 신자와 하나님과의 사이가 완전히 열린 증표인 까닭이다.

위에 말한 행복은 먼저 사도들에게 주어진 것인 동시에, 일반 신자들과도 관계있는 것이다.

24 지금까지는 너희가 내 이름으로 아무 것도 구하지 아니하였으나 구하라 그리하면 받으리니 너희 기쁨이 충만하리라. 예수님의 이름으로 구한다는 것은, 주문 외우는 자들이 어떤 신의 이름을 불러서 마술적 효과를 기대함과 같은 것이 아니다. 예수님의 이름은 그의 권위와 공로와 계시를 포함한다. 그러므로 그의 이름으로 기도한다는 것은, 그의 이름 내용을 믿고 기구함이다. 이런 기도가 하나님의 응답을 받는다.

"너희 기쁨이 충만하리라." 위에 말한 바와 같이, 기도하여 응답 받는 신인 교통의 생활 상태는 기쁨으로 충만하다. 16절 해석과 22절 해석을 참조하라.

25 이것을 비유로 너희에게 일렀거니와 때가 이르면 다시 비유로 너희에게 이르지 않고 아버지에 대한 것을 밝히 이르리라. 이때까지 구속에 대한 예수님의 교훈은, 비

유로 말씀함과 같은 불가사의성을 지니고 있었다. 그러므로 말씀을 들은 자들이 다 이해하기는 곤란하였다. 그 이유는, 그것이 그의 십자가 수난과 부활 승천의 사실을 경유하기 전의 것이기 때문이다. 그러나 앞으로 그가 죽었다가 다시 사신 사건이 지나고, 성령님이 강림하셔서 그 사건을 영적으로 이해시키는 새 시대가 올 것이라고 말한다.

"비유"란 말의 헬라어(παροιμία)는, 비유를 의미하기보다는 차라리 불가사의한 말을 의미한다(Grosheide, Bauer). 곧 성령께서 강림하시기 전에 예수님이 가르치신 교훈에는 숨은 뜻이 있음을 가리킨다. "아버지에 대한 것"은 예수님의 전도를 가리킨다. 그가 하나님 아버지를 계시하심이 그의 전도의 내용이다.

26 그 날에 너희가 내 이름으로 구할 것이요 내가 너희를 위하여 아버지께 구하겠다 하는 말이 아니니. 사도들이나 일반 신자들이 예수님의 이름으로 직접 하나님께 기도할 새 시대는 이제 오게 마련이다. 곧 예수님이 죽었다가 다시 사셔서 속죄 사업을 완성하실 것이니만큼, 그들과 하나님 아버지와의 교제는 구약 시대와 달리 특별한 의미로 열리게 되었다. 그러므로 그들은 예수님의 이름으로 하나님 아버지께 당당히 기도할 수 있게 되었다.

"내가 너희를 위하여 아버지께 구하겠다 하는 말이 아니니." 이것은 예수님의 대제사장직의 영원성을 부인하는 의미가 아니다. 예수님은 하늘에 올라가서도 우리를 위하여 하나님 아버지께 도고하신다(롬 8:34; 히 7:25; 요일 2:1). 여기서 예수님이 말씀하신 요지는 신약 시대의 보편적인 신인 교통을 가리키는 의미이다.

27 이는 너희가 나를 사랑하고 또 내가 하나님께로부터 온 줄 믿었으므로 아버지께서 친히 너희를 사랑하심이라. 앞 절에서 언급한 것과 같이, 신자들이 신약 시대에 당당히 하나님께 기도할 수 있게 된 원인을 보여 준다. 그들이 예수님을 사랑하고 믿은 것이, 그 원인이라는 것이다. 사랑은 믿음의 결과라고 할 수 있으

나, 믿음의 동기라고도 할 수 있다. 우리는 주님이 진리이신고로 그를 믿는다. 그러나 주님의 사랑 때문에 우리 속에 사랑이 생기면서 그를 믿게 되는 것도 사실이다. 믿음은 냉랭한 이지적 승인만이 아니다.

"내가 하나님께로부터 온 줄 믿었으므로." 여기 말씀하신 "믿음"은 예수님을 메시아로 알고 믿은 믿음이니, 구원 받을 믿음이다.

28 내가 아버지에게서 나와 세상에 왔고 다시 세상을 떠나 아버지께로 가노라. 이 말씀은 사도들과 신자들의 믿음 내용(27절)을 좀 더 상세히 해설한다. 이 말씀에는 그리스도에 관하여 주로 세 가지가 계시되었다. ① "내가 아버지에게서 나와서"란 것은, 그의 영원성, 곧 신성을 가리키고, ② "세상에 왔고"란 말씀은, 그의 성육신을 가리키고, ③ "다시 세상을 떠나 아버지께로 가노라" 하신 것은, 그의 죽으심과 부활 승천을 가리킨다.

위의 세 가지 사실들은 그의 구속 사업 완성의 성립 요소들이다. 이 사실들 때문에 신자들은 당당히 하나님 아버지 앞에 나아갈 수 있게 되었다(26절; 참조. 히 4:16; 요일 5:14).

29 제자들이 말하되 지금은 밝히 말씀하시고 아무 비유로도 하지 아니하시니. 여기서 제자들은 예수님의 말씀을 오해하였다. 주님이 말씀하신 모든 교훈(23-27절)은 장차 오순절 성령 강림 후에 모든 진리가 제자들에게 명백하게 깨달아진다는 뜻이었다. 그런데 제자들은 방금 하신 그 말씀이 그런 명백성을 띠는 줄 잘못 생각하였다.

30 우리가 지금에야 주께서 모든 것을 아시고 또 사람의 물음을 기다리시지 않는 줄 아나이다 이로써 하나님께로부터 나오심을 우리가 믿사옵나이다. 이 말씀은 예수님이 그들의 질문 전에 벌써 그들의 마음속의 의문을 아시고 가르쳐 주신다는 뜻이다. 이 부분의 뜻을 전체적으로 다시 생각하면 이렇다. 제자들은 위의 예수님의 말씀(25-28절)을 오해하여, 그들이 그때 벌써(성령 강림 전) 그의 말씀을 깨달을 수 있는 듯이 말하였다. 곧 주님이 제자들의 물음도 기다리시지 않고

그들의 마음의 요구를 다 아시고 명확히 가르쳐 주심에 따라, 이제는 그들이 주님을 하나님께로부터 오신 분인 줄 알게 되었다는 것이다. 예수님이 그렇게 가르치심은 그의 전지(全知)하신 증표라고 그들은 말한다.

31 예수께서 대답하시되 이제는 너희가 믿느냐. 주님은 제자들의 신앙 정도가 아직도 풍랑을 이기고 나아가기에는 미급한 정도임을 암시하신다.

32 보라 너희가 다 각각 제 곳으로 흩어지고 나를 혼자 둘 때가 오나니. 이것은 예수님이 잡히실 때 제자들이 모두 달아날 것을 가리킨다. 그들이 달아남은, 그들이 주님의 가르치시는 진리를 아직 완전히 모르기 때문이다. 그럼에도 불구하고 그들은 그 현재에 있어서는 자신들을 과대평가한 것이다.

33 이것을 너희에게 이르는 것은 너희로 내 안에서 평안을 누리게 하려 함이라 세상에서는 너희가 환난을 당하나 담대하라 내가 세상을 이기었노라. 여기 "이것"이란 말은 14장 초두부터 하신 모든 위로의 말씀을 가리킨다.

"내 안에서 평안을 누리게 하려 함이라." 예수님의 구속 사업 때문에 사도들과 그리스도인들이 구원과 평안을 누리게 될 것을 가리킨다.

"내가 세상을 이기었노라." 이것은 그가 죽었다가 다시 살아서 구속 사업을 완성하실 것을 미리 당기어 하신 말씀이다.

설교 그리스도인과 기쁨(16:20-24)

그리스도인은 기쁨이 계속될 처지에 있다. 그 이유는 그리스도께서 그들을 위하여 죽었다가 다시 사셨고, 뒤이어 성령이 그들에게 오셨기 때문이다. 그러면 문제는 항상 기뻐할 가능성이 있는가 하는 것이다. 아무래도 신자들에게 있어서 기쁨은 잠깐이요, 우울한 때가 많은 것 같다. 그러나 반드시 그런 것은 아니다. 격동적 기쁨, 크게 웃으며 즐기는 때는 많지 않으나 심령의 기쁨은 계속될 수 있다.

1) 우리의 거듭난 생명은 언제든지 기쁨을 지니고 있다. 그것은 하나님에게서 난 자이므로 하나님을 즐거워하며, 또 성령을 즐거워한다.

2) 우리는 모든 진리들을 즐거워할 수 있다. 고린도전서 13:6에 말하기를 "진리와 함께 기뻐하고"라고 하였다. 진리는 우리에게 기쁨을 줄 수 있다. ① 하나님과의 언약을 생각하므로 하나님의 진실성을 기뻐한다. ② 하나님의 주권을 생각하므로 안전함을 느낀다. ③ 나는 아무런 의도 없이 하나님의 의를 옷 입듯이 얻은 것을 생각하여 영원한 정죄에서 해방된 느낌을 가진다. ④ 성도의 궁극적 구원(perseverance of saints)을 생각하여, 나는 언제나 부족함에도 불구하고 끝까지 건져 주시는 하나님의 긍휼을 느껴서 기뻐한다. ⑤ 그리스도의 재림과 성도들의 부활, 그리고 영광의 내세를 생각하므로 기뻐한다.

3) 하나님의 말씀대로 행할 때 기뻐할 수 있다. ① 사랑하여 보라. 사랑하는 자를 사랑해 보면 그것도 기쁨을 준다. 원수를 사랑하면 더 큰 기쁨이 있다. ② 참아 보라. 그것은 가장 큰 기쁨을 가져온다. 참으려면 끝까지 참아야 한다. 야고보는 말하기를 "인내를 온전히 이루라"(약 1:4)고 하였다. 스펄전(Spurgeon)은 말하기를 "밑 없는 구멍 같이 깊은 비애(悲哀) 속에 진주가 감춰 있다. 그런 것은 환락산 위에는 없는 것이다"라고 하였다. ③ 그래도 기쁨이 없는가? 그러면 기도하여라. 믿음의 기도는 산도 옮긴다.

제 17 장

⚜ 내용분해

1. 예수께서 자신을 위하여 기도하심(1-5절)
   1) 아들을 영화롭게 해 주시기를 구하심(1절)
   2) 아들을 영화롭게 하실 이유(2-4절)
   3) 그 영화의 종류(5절)

2. 예수께서 사도들을 위하여 기도하심(6-19절)
   1) 그들을 위하여 기도하시는 이유(6-11절 상)
   2) 그들을 보전하여 하나 되게 하시기를 구하심(11하-13절)
   3) 그들이 악에 빠지지 않고 거룩하게 되기를 구하심(14-19절)

3. 예수께서 모든 신자들을 위하여 기도하심(20-26절)
   1) 그들이 하나 되기를 위하여 기도하심(20-23절)
   2) 그들이 그의 계신 곳에 함께 있도록 기도하심(24-26절)

⚜ 개요

1. 예정론과 구원의 견고성

존 녹스(John Knox)는 자기의 첫 번째 닻을 요한복음 17장에 둔다고 하였다. 그 이유는 여기에 예정론이 명백하게 들어 있기 때문이다. 예정론(구원계약)은 바울 서신과 기타 서신에만 있는 것이 아니라 예수님의 교훈에도 많이 들어 있는데, 특히 요한복음 17장에 분명하게 나타난다. 성자 예수님은 구원계약을 말씀하시면서 특별히 아버지와 계약하신 것, 곧 영원한 계약을 계시하신다. 이 계시가 보여주는 대로 구원에 참여할 사람들은 하나님 아버지께서 주신 자들(택한 자들)이다. 예를 들면, "아버지께서 아들에게 주신 모든 사람에게 영생을 주게 하시려고 만민을 다스리는 권세를 아들에게 주셨음이로소이다"(2절), "세상 중에서 내게 주신 사람들에게 내가 아버지의 이름을 나타내었나이다 그들은 아버지의 것이었는데 내게 주셨으며 그들은 아버지의 말씀을 지키었나이다"(6절), "내가 그들을 위하여 비옵나니 내가 비옵는 것은 세상을 위함이 아니요 내게 주신 자들을 위함이니이다 그들은 아버지의 것이로소이다"(9절)라고 한 말씀들이 그것을 보여 준다.

기독교의 구원은 이같이 공고한 것이다. 구원에 대한 우리의 확신은 하나님의 예정에 근거하고 있다. 이러한 공고한 구원은 세상이나 마귀도 변동시키지 못하며, 또한 우리의 연약성도 그것을 변동시키지 못한다. 우리는 이와 같은 구원의 견고성을 확실히 믿는다. 그 이유는 (1) 그리스도와 하나님 아버지 사이에 이루어진 영원불변의 계약에 기준한 구원이며(2절), (2) 그 계약의 내용대로 그리스도께서 구속 사업을 완성하셨으며(4절), (3) 그리스도께서 구원 받을 자들을 위하여 대신 기도하시는 까닭이다(9, 20절). 로마서 8:34에 말하기를 "누가 정죄하리요 죽으실 뿐 아니라 다시 살아나신 이는 그리스도 예수시니 그는 하나님 우편에 계신 자요 우리를 위하여 간구하시는 자시니라"고 하였다.

2. 아버지의 뜻, 곧 거룩한 언약에 기준한 예수님의 기도

예수님은 하나님이 택하신 사람들만 위하여 기도하셨다(9절. 1절 참조). 진정한 기도는 하나님의 소원 성취를 위한 것이지, 인간의 소원 성취를 위한 것이 아니다. 이것이 진정한 기독교의 기도가 이교의 기도와 다른 점이다. 기도는 아무렇게나 함부로 할 것이 아니며 하나님 뜻의 지배를 받아야 한다. 따라서 기도는 신중해야 한다. 기도의 사람 하이드(Praying Hyde)가 윌버 채프먼(Wilbur Chapman)을 위하여 기도할 때, 꿇어앉은 지 5분 후에 "하나님이여!"라고 부르고 묵묵하더니, 또다시 5분이 지난 후에야 기도하는 말씀이 그 중심에서 흘러 나왔다고 한다. 채프먼은 그때 진정한 기도를 처음으로 배웠다고 하였다. 유명한 토마스 아 켐피스(Thomas à Kempis)는 기도하기를 "주님이여, 주님이 원하시는 바를 내게 주소서. 얼마나 원하시는지 그 분량만큼 내게 주소서. 주님이 원하시는 자리에 나를 세우시고, 모든 일에 주님의 소원대로 나를 취급하소서."라고 하였다. 무디(Moody)는 "주님이여, 주님이 요구하시는 그 목적대로만 나를 쓰소서. 여기 나의 빈 마음이 있습니다. 이것을 은혜로 채우소서."라고 기도하였다.

해석

1 눈을 들어 하늘을 우러러 이르시되 아버지여 때가 이르렀사오니 아들을 영화롭게 하사 아들로 아버지를 영화롭게 하게 하옵소서. "눈을 들어 하늘을 우러러"보며 기도하심은, 하나님 아버지에게 대하여 거리낌이 없으신 예수님의 특이하신 기도 모습이다. 세리는 기도하면서 감히 눈을 들어 하늘을 우러러 보지도 못하

였다(눅 18:13). 예수님의 이러한 태도가 하나님 앞에 사랑의 관계를 나타낸 것이라고 한다면, 세리의 태도는 하나님 앞에서 솔직한 죄인의 겸손을 나타낸 것이라고 할 수 있다.

"때가 이르렀사오니." 예수님이 별세하실 중대한 시기가 왔다는 뜻이다. 이 중대시기는 하나님께서 영원 전에 작정하셨다. 그리스도께서는 영원 전에 하나님께서 작정하신 내용이 이제 이루어지도록 기도하셨다(Calvin).

"아들을 영화롭게 하사." 수난으로부터 시작되는 그리스도의 부활 승천을 가리킨다. 이것은 그가 하늘 영광에 들어가심이니, 그것에 따라 복음의 승리가 이루어지며, 하나님 아버지께서도 영광을 받으신다(Meyer).

2 아버지께서 아들에게 주신 모든 사람에게 영생을 주게 하시려고 만민을 다스리는 권세를 아들에게 주셨음이로소이다. 헬라어 원문은 "카토스"(καθώς, "같이")로 시작하면서 이 구절의 내용 전부를 앞 절에 접속시킨다. 곧 앞 절의 '영화롭게 함'이 하나님의 백성에게 영생을 주시는 구원 역사의 실시라는 뜻이다. 그리스도께서 하늘 영광에 들어가신 뒤에야 그 일이 실시된다. '아들을 영화롭게 함'은 그의 죽으심도 포함한다.

"아들에게 주신 모든 사람에게 영생을 주게 하시려고." 하나님께서 미리 택하신 백성에게 영생을 주신다는 말씀이다. 그리스도의 권세가 모든 것에게 미치지만, 영생을 얻을 자들은 오직 하나님의 택한 백성뿐이다(참조. 6:37, 44, 45, 65).

3 영생은 곧 유일하신 참 하나님과 그가 보내신 자 예수 그리스도를 아는 것이니이다. "영생"이란 말의 뜻이 설명되고 있다. 영생은 참 하나님을 아는 것이고, 그리스도를 아는 것이다. 그리스도를 알지 못하면 참 하나님을 알 길이 없으므로, 여기에 "그리스도를 아는 것이니이다"란 문구를 그 지식 방법으로 첨부한다. 그리스도를 아는 것이 참 하나님을 아는 유일한 방법이다. 그 이유는 그리스도께서 유일한 중보자이시기 때문이다. 하나님을 아는 것이 영생이라

는 말씀은, 하나님을 아는 것이 영생의 본질이라는 사실을 의미한다. 안다는 것은 아는 대로 고백하며 또 그 아는 대로 생활하는 것을 말한다. 이것이 영생이다. 그러나 그 영생은 현재에서 시작하여 내세에 완성된다. 우리가 또다시 명심할 것은, 하나님을 안다는 것이 단지 관념적인 것이 아니고, 구체적이고 영적이라는 것이다. 비켄하우저(Wikenhauser)에 의하면, 사람이 하나님을 안다는 것은 하나님께 헌신함과 그의 계명을 지키는 생활을 의미한다고 했다.[211)]

우리는 이 말씀에서 영생이 하나님 중심임을 알 수 있다. 영생은 언제나 자율주의적인 인간의 속성일 수 없고, 오직 하나님의 성품이다(딤전 6:16). 사람이 하나님을 모시는 것이 바로 영생이다. 사람이 하나님을 떠나는 것은 영생을 떠남과 마찬가지이다. 우리가 구원을 얻었다는 것은 하나님이 우리 하나님이 되셨다는 것과 같은 말이다. "자연적 인생(거듭 나지 못한 인생)은 하나님을 알지 못하며 따라서 멸망한다."[212)]

4 아버지께서 내게 하라고 주신 일을 내가 이루어 아버지를 이 세상에서 영화롭게 하였사오니. 예수님이 땅에서 하실 구속 사업의 완성을 염두에 두고 하신 말씀이다. 예수님은 이 일을 다 이루셨다. 또한 이 일을 하실 때 기쁜 마음으로 행하셨다(4:34). 이 일의 끝(죽으심과 부활하심)이 아직 이르지 않았음에도 불구하고 그 일을 다 이루었다고 말씀하시는 것이 우리의 주의를 끈다. 예수님은 아직 남아 있는 일들도 이루어 마치실 것이 확실하므로, 이처럼 벌써 다 이루신 듯이 말씀하시는 것이다. 예수님은 이렇게 하실 일을 실패 없이 반드시 이루시는 완전하신 하나님이시다.

---

211) Die Erkenntnis Gottes ist aber zugleich seine Anerkennung, volle Hingabe an ihn, Halten seiner Gebote. -Das Evangelium nach Johannes, 303; 참조. 요일 2:3-5.

212) Schlatter. Das natürliche Leben gibt uns noch nicht die Erkenntnis Gottes und deshalb ist es vergänglich. -Der Evangelist Johannes, 318.

5 **아버지여 창세전에 내가 아버지와 함께 가졌던 영화로써 지금도 아버지와 함께 나를 영화롭게 하옵소서.** 그리스도께서 창세전부터 가지셨던 영광의 자리로 돌아가기를 원하시는 기도이다. 그는 본래 하나님 아버지와 같이 하늘에 계셨던 분이다. 불트만(Bultmann)은 그리스도의 이 말씀을 신화적인 언사로 보면서 "그리스도께서 자기의 본래 있던 곳을 사모하였으니 그것은 영지주의 철학의 신화에 해당한다"라고 하였다.[213] 불트만의 이 학설은 그릇된 것이다. 이것은 영지주의(범신론 철학)의 유출설에서 유신론인 기독교 사상이 유래되었다는 망설이다. 그리스도는 하나님 아버지와 동등하신 분으로서, 그 기쁘신 뜻대로 이 세상에 오신 분이다(참조. 빌 2:6-7).

6 **세상 중에서 내게 주신 사람들에게 내가 아버지의 이름을 나타내었나이다 그들은 아버지의 것이었는데 내게 주셨으며 그들은 아버지의 말씀을 지키었나이다.** 6절에서 19절까지는 사도들을 위한 예수님의 기도이다. 그런데 예수님은 그들을 위한 기도의 내용을 먼저 말씀하시지 않고, 그들을 위해 기도하는 동기에 대하여 길게 말씀하신다(6-10상). 곧 그가 지금까지 이루신 일에 대하여 길게 말씀하고 있다. 이것은 4절에서 "아버지께서 내게 하라고 주신 일을 내가 이루어 아버지를 이 세상에서 영화롭게 하였사오니"라고 한 말씀에 대한 구체적인 설명이라고 할 수 있다. 그가 이루신 일은 다른 것이 아니고, 장차 그를 전파할 사도들을 양성한 일이다. 사도들을 훈련시켜 내보내는 일은 예수님의 가장 중요한 사역이었다. 사도들의 역사는 교회를 세우는 데에 기초가 된다(엡 2:20; 계 21:14).

그러므로 예수님은 이 부분에서 사도들의 자격 육성에 대하여 강조하여 몇 가지를 말씀하셨다.

---

213) Die Sprache is mythologisch:der Sohn verlangt danach, aus seinem Erdendasein Wieder in die himmelische Herrlichkeit erhoben zu werden, die ihm einst in der Präexistenz eigen war, ganz der Denkweise des gnostischen Mythos entsprechend. -Das Evangelium des Johannes, 379.

1) 사도들은 하나님께서 택하셔서 그에게 주신 사람들이라는 것(6, 9절). "내게 주신 사람들"이란 택한 백성들의 표본이라고 할 수 있는 사도들을 가리킨다. 예수님은 사도들이 하나님께서 세우신 사람들이라고 역설하며 그들의 중요성을 강조하신다.

2) 그가 사도들에게 하나님의 말씀을 알려 주셨다는 것(6, 8절). "하나님의 이름"이란 '하나님의 말씀'을 의미한다. 이 둘은 여기서 서로 융통성 있게 사용된다.

3) 사도들은 그의 말씀을 바로 깨달아 그를 메시아로 완전히 알았다는 것(6, 7, 8절). 그들은 예수님의 말씀을 곧바로 하나님의 말씀으로 믿었다. 7절에 "내게 주신 것이 다 아버지로부터 온 것인 줄 알았나이다"라고 한 말씀이 그 뜻이다. 예수님이 늘 역설하신 것은, 자기의 말씀이 곧바로 하나님의 말씀이라는 것이다(참조. 3:11, 32, 34; 8:26, 28). 그는 일반 선지자들과 다른 분이며, 그의 말씀은 전폭적으로 하나님 아버지 자신의 말씀이다. 이것이야말로 최고도의 계시이며(히 1:2), 우리 신앙의 절대적 대상이다. 우리는 이보다 더 참된 것을 요구할 필요가 없다.

사도들은 예수님이 하나님께로부터 오신 사실을 알았으며, 또 믿었다(8절). 예수님이 하나님 아버지께로부터 오셨다는 사실은 그 자신이 바로 하나님이심을 의미한다. 하나님 자신이 세상에 오셔서 사람처럼 살아주신 역사는 오직 예수님이 땅 위에 사셨던 것 외에는 다시없다. 우리는 이보다 더 진정한 신앙의 대상을 찾을 수 없다. 위에서 말한 것같이 사도들은 예수님을 알고 믿었으니, 이것이 표준적인 믿음이다. 이 부분(6, 7, 8절)에 기록된 동사들, 예컨대 "지키었나이다"(6절), "알았나이다"(7절), "믿었사옵나이다"(8절)와 같은 것들은 모두 과거사로 되어 있다. 이것은 그들이 예수님의 말씀을 받아 사도의 자격을 완전히 갖추었다는 뜻이다.

4) 예수님 기도의 대상이 사도들을 위한 것이라는 것(9절). 예수님은 그

의 기도가 사도들을 위한 것이고, 세상을 위한 것은 아니라고 말씀하신다. 우리는 이 말씀에서 예수님의 구속 사업이 모든 인류를 위한 것이 아니고, 다만 택한 자들만을 위한 것이라는 사실을 알 수 있다. "내 것은 다 아버지의 것이요 아버지의 것은 내 것"이라는 말씀(10절)은 그가 기도하시는 대상이 택함 받은 자라는 것을 다른 말로 표현하신 것이다. 다시 말하면 그가 이루신 구속에 참여할 자("내 것"이란 말이 의미한 자)는 아버지께 속한 자라는 뜻이다. 예수님은 그들의 믿음에서 만족을 얻으신다. "내가 그들로 말미암아 영광을 받았나이다"라는 말씀(10절)이 그러한 의미이다.

예수님은 이처럼 사도들의 자격을 이루는 데에 중점을 두셨고, 또 이 일을 완성하셨다. 후일에 교회는 실제로 사도들의 역사를 기초로 하여 설립되었고, 또 언제나 그들의 전도 내용이 교회의 초석이 되고 있다.

7 지금 그들은 아버지께서 내게 주신 것이 다 아버지로부터 온 것인 줄 알았나이다. 예수님의 제자들은 그의 말씀이 하나님으로부터 유래된 것임을 알았다(3:35; 16:30 참조). 이것은 그들이 예수님을 하나님 아버지께로부터 오신 분으로 알았다는 뜻이다. 예수님은 이러한 사실에 만족하셨다. 그의 3년 성역의 결과로 열 한 사도가 그를 바로 안 사실을 감사히 생각하신 것이다. 그는 소수의 신실한 제자로 말미암아 그의 성역이 계승되고, 또 온 세상에 복음이 전파될 것을 아시고 족하게 여기셨다.

8 나는 아버지께서 내게 주신 말씀들을 그들에게 주었사오며 그들은 이것을 받고 내가 아버지께로부터 나온 줄을 참으로 아오며 아버지께서 나를 보내신 줄도 믿었사옵나이다. 이 구절은 헬라어 원문에서 "왜 그런고 하면"(ὅτι)이란 말로 시작하면서 위(7절)의 내용을 설명한다.

"나는 아버지께서 내게 주신 말씀들을 그들에게 주었사오며." 크로샤이데(Grosheide)는 다음과 같이 말하였다. "예수님께서 여기서 말씀에 관해서만 말씀하시고 이적에 관하여는 말씀하시지 않았다. 그 이유는 그의 성역에서 이적보다 말씀이 더 중요하기 때문이다. 그가 제자들을 수양시키기 위하여 조용히 물러갔을 때도 말씀만 하시고 이적은 별로 행하지 않으셨다. 그는 제자들을 말씀으로 준비시키셨다. 이적은 전도의 말씀에 따라간다. 전도는 이적으로 인하여 더욱 힘 있어진다. 그러나 이적이 말씀 없이는 이적답게 받아지지 않는다."[214] 그런데 그 "말씀"의 요지는 예수 그리스도에게 관한 것이다. 예수님이 전하시는 말씀을 듣는 제자들은 세 가지 태도로 관계하였다고 말한다. 곧 "받음", "참으로 앎", "믿음"이다.

"아버지께서 나를 보내신 줄도 믿었사옵나이다." 제자들은 예수님의 말씀을 바로 이해하고 믿었다고 말씀하신다. 곧 예수님이 구주이신 사실을 그들이 믿었다는 뜻이다. 아버지께서 보내셨다는 것은, 그에게 구주의 사명을 맡겨 세상에 보내셨다는 의미이다.

9 내가 그들을 위하여 비옵나니 내가 비옵는 것은 세상을 위함이 아니요 내게 주신 자들을 위함이니이다 그들은 아버지의 것이로소이다. "세상"은 택함 받지 못한 자들을 가리키고, "내게 주신 자들"은 택함 받은 자들을 말한다. 이 구절은 예수님의 구속 사업이 오직 택한 백성에게 국한된 것임을 말씀하신다. 예수님은 하나님이 예정하신대로 구속 받을 백성만을 위하여 기도하셨다. 그의 기도는 하나님의 뜻을 이탈하지 않고 다만 그 뜻 안에서 움직인 것이 분명하다. 이 세상에서 그의 성역의 목적은 하나님의 예정을 이루시는데 있다 (Grosheide).

10 내 것은 다 아버지의 것이요 아버지의 것은 내 것이온데 내가 그들로 말미암아 영광을 받았나이다. 이 말씀은 하나의 피조물로서는 할 수 없는 큰 말씀이다 (Luther).

"내가 그들로 말미암아 영광을 받았나이다." 예수님의 제자들이 그의 말

---

214) Het Heilige Evangelie Volgens Johannes, Kommentaar II, 1950, 409.

씀을 받아 믿었으므로 그에게 영광이 돌아감을 말한다. 이전에 나사로를 살리신 이적으로 말미암아 영광을 받으셨으나(11:4), 더욱 그의 제자들의 신앙으로 말미암아 영광을 받으신다. 그들은 예수님이 전하신 말씀을 나타냈고, 또한 그것을 계속하여 나타낼 것이었다.

11 나는 세상에 더 있지 아니하오나 그들은 세상에 있사옵고 나는 아버지께로 가옵나니 거룩하신 아버지여 내게 주신 아버지의 이름으로 그들을 보전하사 우리와 같이 그들도 하나가 되게 하옵소서. 이제 비로소 예수님이 사도들을 위한 기도내용이 표현되고 있다. 그것은 ① 그들을 보전하여 주시기를 원하시는 것, ② 그들로 하나가 되게 하여 주시기를 원하시는 것이다. 이 두 가지 기도에 대하여 다음 구절부터 하나씩 다시 해설된다. 그들을 보전하여 주시기를 원하시는 것에 대하여는 12-19절이 설명하고, 그들로 하나 되게 하여 주시기를 원하시는 것에 대하여는 20-26절이 설명한다.

"내게 주신 아버지의 이름"이란 예수님이 하나님 아버지에게서 받으신 계시를 가리키나니 곧 하나님의 말씀이다(17절). 우리는 하나님의 말씀으로 말미암아서만 하나님의 보호(우리로 범죄 하지 않게 하심)를 받으며(15-17절), 또한 서로 단합하게 된다(계 12:11 참조).

12 내가 그들과 함께 있을 때 내게 주신 아버지의 이름으로 그들을 보전하고 지키었나이다 그 중의 하나도 멸망하지 않고 다만 멸망의 자식뿐이오니 이는 성경을 응하게 함이니이다. 12-19절에서는 11절에 나온 두 가지 기도 가운데 하나인 제자들을 보호하여 주심에 대하여 자세히 해설한다. "내게 주신 아버지의 이름"에 대해서는 앞 절(11절)의 해석을 참조하라. "멸망의 자식"이란 멸망해 마땅한 극히 악한 자를 말한다. 이 해석은 특별히 마태복음 23:15에서 "너희보다 배나 더 지옥 자식이 되게 하는도다"라고 한 말씀이 성립시킨다. "지옥 자식"이란 말이 여기 "멸망의 자식"이란 말과 유사한 내용을 가진다. "지옥 자식"이란 지옥에 떨어질 만큼 극히 악한 자식을 말하며, "배나 더 지옥 자식이 되게" 한

다는 것은 바리새인들로 말미암아 그렇게 만들어진다는 뜻이다. 그러면 여기서 이 말은 누구를 가리키는가? 이것은 유다를 염두에 두고 하신 말씀이다. 여기서 "성경"은 시편 109:8을 가리킨다.

13 **지금 내가 아버지께로 가오니 내가 세상에서 이 말을 하옵는 것은 그들로 내 기쁨을 그들 안에 충만히 가지게 하려 함이니이다.** 이 말씀에 대해 학자들은 제자들이 기뻐할 이유에 대하여 다음과 같이 말한다. 예수님이 그들을 보호하여 주시기를 간구하는 기도를 그들이 듣고 기뻐하게 된다는 것이다. 또 다른 학자들은 생각하기를, 제자들이 기뻐할 이유가 그 당시 예수님의 기도를 들은 데에 있지 않고, 그 기도대로 하나님의 보호를 받는 은혜의 체험에 있다고 한다. 다시 말하면 예수님의 기도가 실현될 때 그들의 기쁨이 충만하여진다는 것이다. 후자의 해석이 정당하다.

14 **내가 아버지의 말씀을 그들에게 주었사오매 세상이 그들을 미워하였사오니 이는 내가 세상에 속하지 아니함 같이 그들도 세상에 속하지 아니함으로 인함이니이다.** 제자들이 하나님의 보호를 받아야 할 처지에 대하여 진술하고 있다. 그들이 하나님의 말씀을 대적하는 세상에 처해 있으므로 하나님의 보호가 필요하다는 것이다. 여기서 하나님의 보호는 육신을 보호한다는 의미가 아니고, 그들로 하여금 악한 세상의 적대행위에 못 견디어 범죄 하는 일이 없도록 영적으로 보호하실 것을 의미한다(15, 17절 참조).

15 **내가 비옵는 것은 그들을 세상에서 데려가시기를 위함이 아니요 다만 악에 빠지지 않게 보전하시기를 위함이니이다.** 예수님은 제자들이 세상에서 미움을 받는다고 하여 그들을 데려가시도록 기도하지 않으셨다. 세상의 증오 때문에 세상 떠나기를 원한다면, 그것은 염세주의이다. 하나님의 뜻은 그런 것이 아니다. 신자들이 세상에서 미움을 받아야 그들의 믿음이 연단을 받는다. 그뿐 아니라 그들이 이 괴로운 세상에서 천국을 위해 할 일이 있다.

16 **내가 세상에 속하지 아니함 같이 그들도 세상에 속하지 아니하였사옵나이다.** 14

절 하반절의 해석을 참조하라. 예수님이 제자들을 세상에서 데려가시기를 구하지 않는 이유를 보여 준다. 그들이 세상에 있으나 세상에 속하지 않았으므로 그들을 세상에서 데려갈 필요는 없다. 그들이 거룩하게 살도록 하나님의 보호를 받고 있으니, 세상에 있어도 든든하다. 크로샤이데는 다음과 같이 말하였다. "이 구절에도 예정 도리가 나타나 있다. 따라서 여기에 성도의 궁극적 구원에 관한 말씀이 포함되어 있다. 누구든지 그리스도 안에 있는 자는 세상에 속하지 않고 그리스도에게 연결되어 있다. 그러므로 예수님은 그들을 데려가 주시기를 기도하지 않고 도리어 세상에 머물게 해 주시기를 간구하셨다"라고 하였다.[215)]

17 그들을 진리로 거룩하게 하옵소서 아버지의 말씀은 진리니이다. 고데(F. Godet)는 말하기를 "주님께서는 소극적으로 그의 제자들이 악에 빠지지 않기를 간구하신 뒤에(15절), 여기서는 적극적으로 그들을 성결케 하여 주시기를 기도하신다"라고 하였다. "진리"는 하나님의 말씀이며, 그것으로써만 우리의 생활을 깨끗하게 할 수 있다(시 119:9; 요 15:3).

18 아버지께서 나를 세상에 보내신 것 같이 나도 그들을 세상에 보내었고. 예수님의 제자들이 거룩해져야 할 목적을 보여 준다. 제자들은 하나님의 말씀을 세상에 전하기 위하여 보내심을 받은 자들이므로 종교적으로 거룩해야 한다. 그들은 사상과 행위에 있어서 하나님의 사람으로서의 자격을 가져야 한다.

"같이." 예수님과 제자들의 관계가 하나님 아버지와 예수님과의 관계와 같다는 것은 요한복음에서 여러 방면으로 진술되고 있다(17:16, 18).

19 또 그들을 위하여 내가 나를 거룩하게 하오니 이는 그들도 진리로 거룩함을 얻게 하려 함이니이다. 예수님이 자기 자신을 거룩하게 하신다는 것은, 그가 그의 백성을 위하여 십자가에서 속죄제물이 되신다는 의미이다(요 1:29; 롬 3:25; 히

---

215) Het Heilige Evangelie Volgens Johannes, Kommentaar II,1950, 421.

9:14). 예수님이 거룩한 제물이 되셨기 때문에 그의 백성도 속죄함을 받아 거룩해진다(마 20:28). 고데(F. Godet)는 예수께서 자신을 거룩하게 하심은, 그가 하나님께 바치신 그의 생활 전부를 가리킨다고 하였다.

20 내가 비옵는 것은 이 사람들만 위함이 아니요 또 그들의 말로 말미암아 나를 믿는 사람들도 위함이니. 그가 이제부터 말씀하실 기도는 물론이고, 지금까지 그가 기도하신 것도 사도들만 위한 것이 아니라는 뜻이다(Wikenhauser). "이 사람들"이란 사도들을 가리키고, "그들의 말로 말미암아 믿는 사람들"은 모든 시대의 그리스도인들을 총칭한다. 예수님의 이러한 기도가 없었다면 사도들의 역사에 열매가 없었을 뻔하였다(Keil). "그들의 말"이란 사도들의 전도를 가리킨다.

21 아버지여, 아버지께서 내 안에, 내가 아버지 안에 있는 것 같이 그들도 다 하나가 되어 우리 안에 있게 하사 세상으로 아버지께서 나를 보내신 것을 믿게 하옵소서. 예수님은 신자들의 하나 됨을 위하여 기도하신다. 11절에서도 이것에 대하여 말씀하신 바 있다. 그렇지만 이것은 범신론적인 합일이 아니고 인격과 인격의 연합을 가리킨다. 크로샤이데는 이 점에 있어서 하나님 아버지와 그리스도와의 하나 되시는 관계에서 두 가지 특성을 지적한다. 곧 완전한 사랑의 관계와 완전한 동일성의 관계인데, 이 두 가지가 신자들의 관계에도 있어야 한다고 말하였다.[216)]

신자들은 자신들의 힘으로 단합하는 것이 아니라, 성부와 성자의 밀접한 연합을 본받아 그들이 함께 성부와 성자의 안에 있음으로 단합을 이루게 된다. "그들도 다 하나가 되어 우리 안에 있게 하사"란 말씀이 그런 뜻이다. 교회 단합이 되게 하는 배경과 능력은 성부와 성자이시다. 이렇게 하나가 되어야 하는 목적은 세상으로 하여금 회개하고 주님께로 돌아오도록 하려는 것

---

216) Het Heilige Evangelie Volgens Johannes, Kommentaar II, 1950, 426.

이다. "세상으로 아버지께서 나를 보내신 것을 믿게"한다는 말씀은, 불신자들이 회개하고 주님을 믿게 된다는 것을 뜻한다. 예수님이 하나님께서 보내신 그리스도이심을 믿는 것이 구원 받을 신앙이다.

22 내게 주신 영광을 내가 그들에게 주었사오니 이는 우리가 하나가 된 것 같이 그들도 하나가 되게 하려 함이니이다. "영광을 주셨다"는 말씀에 대한 학자들의 의견은 통일되어 있지 않다. ① 고데(F. Godet)는 이것이 신자들이 하나님의 자녀됨을 의미한다고 하고, ② 비켄하우저(Wikenhauser)은 여기서 "영광"이란 하나님의 이름, 곧 하나님의 말씀이라고 하며, ③ 혹은 신자들이 그리스도의 성결을 본받아 나감을 의미한다고 한다. ④ 우리는 신자들이 하나님과 함께 거하는 영광을 의미한다고 본다. 이와 같은 의미의 해설이 23절에 나와 있으니, 곧 "내가 그들 안에 있고 아버지께서 내 안에 계시어"란 말씀이 그것이다.

23 곧 내가 그들 안에 있고 아버지께서 내 안에 계시어 그들로 온전함을 이루어 하나가 되게 하려 함은 아버지께서 나를 보내신 것과 또 나를 사랑하심 같이 그들도 사랑하신 것을 세상으로 알게 하려 함이로소이다. 하나님 아버지와 예수님이 일체로 계시고, 또 예수님과 신자들이 일체로 있어야 할 것을 말씀하신다. 이와 같은 교회 연합이 있는 곳에는 복음이 증거가 유력하여 세상 사람들로 하여금 복음을 알게 한다. 곧 그들이 하나님 아버지께서 예수님을 보내신 것과 또 예수님을 사랑하심 같이 그들(신자들)도 사랑하신 것을 알게 된다.

24 아버지여 내게 주신 자도 나 있는 곳에 나와 함께 있어 아버지께서 창세 전 부터 나를 사랑하시므로 내게 주신 나의 영광을 그들로 보게 하시기를 원하옵나이다. "내게 주신 자"란 신자들을 의미하고, "나 있는 곳"이란 천국을 가리킨다(14:2).

25 의로우신 아버지여 세상이 아버지를 알지 못하여도 나는 아버지를 알았사옵고 그들도 아버지께서 나를 보내신 줄 알았사옵나이다. 예수께서 하나님을 "의로우신 아버지"라고 부르신 이유는 공의로운 판단대로 그의 교회를 대우해 주시기를 원하셨기 때문이다. 세상과 교회는 서로 다르다. 그러므로 그 둘을 같이 취급

할 수 없다. 하나님을 아는 교회는 주님의 영광에 참여함이 마땅하다(24절).

"나를 보내신 줄 알았사옵나이다." 8절 해석 참조. 그들은 예수님이 메시아 곧 그리스도이심을 알았다는 말씀이다. 이것은 구원에 이르는 신앙이다.

26 내가 아버지의 이름을 그들에게 알게 하였고 또 알게 하리니. "아버지의 이름"은 하나님의 계시, 곧 구속에 대한 말씀을 가리킨다. 예수님은 친히 사도들에게 이 말씀을 계시하셨다. 그 계시 행위는 성령님의 역사에 의하여 더욱 그의 백성에게 밀접하게 임하여, 예수님은 머리이시고 교회는 몸으로서 서로 밀접한 관계를 가지게 한다.

설교 영생(17:3)

본문에서 "영생"을 가리켜 "유일하신 참 하나님과 그가 보내신 자 예수 그리스도를 아는 것이니이다"라고 한다. 유일하신 참 하나님을 아는 것이 영생의 내용이라는 이유는 다음과 같이 설명된다. 생명의 근본 속성은 앎이다. 앎이 없으면 죽은 것이다. 누가 하나님을 안다고 하면, 벌써 하나님을 알 수 있는 생명이 그에게 있는 것이 확실하다. 그러므로 하나님을 안다는 것은 관념적으로 아는 것이 아니다. 하나님을 관념적으로 아는 것은 그를 참으로 아는 것이 아니다. 하나님을 안다는 것은, 그와 더불어 인격적인 관계를 가지고 안다는 것을 의미한다. 그것은 죽은 지식이 아니고, 사귀어 아는 것이어서 생명이 있고 즐기며 장성하는 것이다. 그렇기 때문에 여기서 '안다'는 말이 현재사로 사용되었다. 결론적으로 말해서 하나님을 안다는 것은 하나님과 교제함을 의미한다.

미국의 물리학자 두 사람이 만나 의논하다가 그중 한 사람이 묻기를 "하나님이 계신 최대의 증거가 무엇인가?" 하였다. 그때 다른 학자가 대답하기를 "그것은 내가 친히 하나님과 교제함이다"라고 하였다. 토번 감독(Bishop

Thoburn)이 한번은 하나님의 존재를 반대하는 무신론자들의 공격을 받았다. 그때 그는 대답하기를 "너희 이론이 놀랍다. 그러나 나는 40년 이상 하나님과 교제한 경험이 있으니, 하나님을 의심할 수 없다"라고 하였다. 미국에 유명한 광산 기사가 있었다. 그는 큰 광산을 경영하면서 자기 사무실 옆에 기도실을 가지고 있었다. 광산 경영에 어려움이 있을 때마다 그는 밀실에 들어가 기도하였다. 한번은 미국의 모든 광산 기사들이 다 모여서도 해결하지 못하는 문제를, 그가 그 밀실에 들어가 기도함으로 해결하였다고 한다.[217]

찰스 하지(Carles Hodge)는 신학생들에게 하나님과 더불어 진정한 교제를 하는 자는 영생을 소유하였다는 의미에서 다음과 같이 경고했다고 한다. "기도하는 영혼은 멸망하는 법이 없다. 기도를 외식으로만 하는 자는 물론 구원 받지 못한다. 그러나 참으로 기도하는 자는 하나님과 더불어 교제하나니, 그것이 구원이다." 그는 또 말하기를 "신령한 마음은 그리스도인에게 있어서 최고의 은혜이다. 그것은 그가 영생을 소유한 확실한 증거이다"라고 하였다.

설교 자기의 죽음을 영광으로 보신 예수님(17:1-5)

예수님은 요한복음 17장에서 자기 앞에 당면한 죽음을 생각하시고 기도하셨다. 우리는 이 기도에서 그가 사후에 들어가실 세계가 어떻다는 것을 알 수 있다. 그것은 한마디로 말해서 '영화'이다. 그에게 있어서 죽음은 영광으로 들어가는 문이었다. 뵈트너(Boettner)는 말하기를 "우리가 죽기를 두려워할 이유가 무엇인가? 죽으면 우리를 위하여 누구보다도 일을 많이 하셨고, 누구보다도 우리를 더 사랑하시는 구주를 만나게 될 터인데!"라고 하였

217) A.C. Wieand, The Gospel of praer, 60.

다. 이러한 뵈트너의 말은 성경을 바로 안 증거이다. 빌립보서 3:20에서 말씀하기를 "그러나 우리의 시민권은 하늘에 있는지라"라고 하였고, 시편 116:15에서는 말씀하기를 "그의 경건한 자들의 죽음은 여호와께서 보시기에 귀중한 것이로다"라고 하였으며, 전도서 12:7에서는 "흙은 여전히 땅으로 돌아가고 영은 그것을 주신 하나님께로 돌아가기 전에 기억하라"고 말씀하셨다. 그러므로 진실한 신자들은 죽음을 낙관한다.

어떤 사람이 웨슬리(John Wesley)에게 묻기를 "당신이 내일 저녁 열두 시에 죽을 것을 안다면 그동안 시간을 어떻게 쓰겠습니까?" 하였다. 그는 대답하기를 "나는 예정대로 오늘 밤에 글로스터(Gloucester)에서 설교하고, 내일 아침도 그러하고, 그다음에는 튜크스베리(Tewkesbury)로 말 타고 가서 오후에 설교하고, 저녁에 사람들을 만나고, 그다음 내 친구 마틴(Martin)이 기다리는 대로 그 집에 가서 이야기도 하고 기도하다가 열 시에 취침하여, 내 아버지 하나님께 나 자신을 부탁하고 누워 자다가 영광 세계에 들어가리라"라고 하였다고 한다.

설교 하나님의 보호를 받자(17:11-14)

인간은 이 세상에서 사는 동안 언제나 위험을 당하고 있다. 특별히 인간의 육신보다는 영혼이 잘못될 위험이 언제든지 있다. 사람의 마음은 참으로 물과 같아서 흔들리기 쉬우며, 마음이 흔들릴 때 그의 영혼은 위태하다. 그러므로 인간은 언제나 하나님의 보호를 받아야 한다.

1. 하나님의 보호는 어떤 것인가(12절)

하나님께서는 신자의 육신도 보호하신다. 과연 경건한 자는 이와 같은 신기한 보호를 받기도 한다. 잠언 14:27에서 말하기를 "여호와를 경외하는 것은 생명의 샘이니 사망의 그물에서 벗어나게 하느니라" 하였고, 시편 91:7에는 말하기를 "천 명이 네 왼쪽에서, 만 명이 네 오른쪽에서 엎드러지나 이 재앙이 네게 가까이 하지 못하리로다"라고 하였다. 어떤 군인이 전장에서 총에 맞아 정신을 잃어버렸다. 후에 그가 정신을 차리고 총알 맞은 데를 살펴보니, 자기 품에 품었던 성경을 뚫고 들어가다가 시편 91:7의 말씀에서 멎은 것을 발견하였다고 한다. 이와 같은 것은 하나님의 특별하신 보호가 아닐 수 없다.

그러나 그보다도 예수님이 여기서 염두에 두신 하나님의 보호라는 것은, 그들의 영혼이 하나님의 이름으로 보호받는 것을 말한다. "아버지의 이름"이란 그의 말씀을 가리킨다. 예수님의 이와 같은 표현은 그의 말씀의 중요성을 알게 한다. 하나님의 말씀은 그의 이름이라고 할 만큼 하나님과 일정한 관련을 가진다. 그의 말씀에 순종하는 것은 그 자신을 접촉하는 것과 같은 결과를 가져온다. 사람의 영혼은 하나님의 말씀(아버지의 이름)으로만 보호를 받는데, 그 이유는 다음에 말하는 몇 가지 때문이다.

첫째는 하나님의 말씀이 영혼을 살리는 역사를 하기 때문이다. 영혼을 살린다함은 다른 것이 아니고, 사람이 그 말씀을 순종할 때만 발생되는 효과인데, 그때는 그가 하나님을 본 것과 마찬가지인 생(生)의 약동을 느낀다.

둘째는 하나님 말씀에 있는 약속의 역할 때문이다. 신자는 그 약속을 믿고 힘을 얻으며, 모든 죄를 이겨 나간다. 이처럼 신자는 성결한 생활을 하게 된다. 이처럼 그 영혼이 성결한 생활을 보장 받을 때 역시 영원한 안전을 보장 받는다.

2. 하나님의 보호를 받는 신자의 기쁨(13절)

13절에서 "이 말을 하옵는 것은 그들로 내 기쁨을 그들 안에 충만히 가지게 하려 함이니이다"라고 말씀하셨다. 참다운 기쁨은 하나님으로 말미암아 생긴다. 하나님만이 신자의 기쁨이다. 하나님께서 보호하여 주신다는 것은, 그 보호를 받는 신자에게 큰 기쁨을 발생시킨다.

불신앙에는 참된 기쁨이 있을 수 없다. 볼테르(Voltaire)라는 배교자는 기쁨을 얻지 못하고 말하기를 "나는 나지 않았던 것만 못하다(I wish I had never been born)."라고 하였다. 그뿐 아니라 많은 금전도 참된 기쁨을 가져오지 못한다. 미국의 큰 부자 제이 굴드(Jay Gould)는 말하기를 "나는 땅 위에서 가장 비참한 마귀다(I suppose I am the most miserable devil on earth)."라고 하였다. 그뿐 아니라 쾌락주의도 사람에게 참다운 기쁨을 주지 못한다. 평생 쾌락주의자였던 시인 바이런(Lord Byron)은 자기의 마지막 생일에 다음과 같은 글을 썼다. "나의 평생은 누렇게 된 나뭇잎과 같고, 내 생활의 꽃과 열매는 다 사라지고 말았구나! 벌레들과 썩어짐과 슬픔만이 내 것이구나!"라고 하였다. 참된 기쁨이 없는 생활은 실상 죽은 것이다. 참된 기쁨은 하나님의 보호를 받는 생활에만 있다.

3. 하나님의 보호가 요구되는 환경(14절)

이 환경은 바로 이 세상이다. 세상 사람들은 참된 신자를 미워한다. 그 이유는 세상이 하나님을 미워하기 때문이다. 세상 사람들은 하나님을 알지도 못하고, 또한 하나님을 싫어한다. 그러므로 신자가 이 세상에서 사는 것은 다음과 같이 위태하다.

1) 신자가 세상 사람들과 함께 지내려고 할 때, 그들의 마음을 맞추기 위하여 하나님을 떠나기 쉽다.

2) 신자가 그들과 더불어 타협하지 않으려다가 또한 범죄하기도 쉽다. 그들과 함께 사회생활을 가지려 할 때, 혹은 무정해지거나 혹은 무례하여지기 쉽다.

3) 신자는 종종 이 세상에서 박해를 받는 일이 있다. 그런 때는 담대해야

되며, 또한 오래 참아야 한다. 그는 하나님의 말씀만 두려워하고, 사람을 두려워하지 말아야 한다. 잠언 29:25에 말하기를 "사람을 두려워하면 올무에 걸리게 되거니와 여호와를 의지하는 자는 안전하리라"고 하였다. 하나님의 말씀에 근거하여 진실한 신앙을 가지고 기도하는 자가 담대하여져서 세상을 이길 수 있다.

설교 그리스도인들을 위한 예수님의 기도(17:15-19)

예수께서 제자들을 위하여 하신 기도는 그 이후의 그리스도인들을 위한 것이기도 하다. 그 내용은 다음과 같다.

1. 그들이 악에 빠지지 않기를 기도하심(15절)

예수님은 제자들의 육신의 건강이나 장수를 위하여 기도하시지 않고, 그들로 하여금 범죄 하지 않기를 위하여 기도하셨다. 크리소스토모스(Chrysostom)는 주님을 위하여서는 감옥에 갇히는 것도 두려워하지 않았고, 죽음도 두려워하지 않았고, 오직 죄만 두려워하였다고 한다. 죄는 얼마나 무서운가? 두말할 것 없이 죄는 사람에게 들어가면 그 사람을 잡아먹고 만다. "욕심이 잉태한즉 죄를 낳고 죄가 장성한즉 사망을 낳느니라"고 야고보는 말하였다(약 1:15). 어떤 사람이 바다에서 굴을 따다가 큰 굴 한 개를 발견하였다. 껍질을 까보았더니, 그 속에는 고기가 한 마리 있을 뿐 굴 알맹이는 없었다. 알고 보니, 그 굴이 오래 전에 작은 고기를 껍질 속에 넣고 다물어 버리자 고기가 그 속에서 굴을 먹고 살게 되면서 굴은 죽고 고기가 자랐던 것이다. 이같이 사람이 죄를 마음속에 용납해 두면 결국 자기는 죽고 죄만 자란다.

2. 그들이 거룩해지기를 기도하심(17절)

사람의 몸은 물체이므로 물로 씻을 수 있으나, 그 영혼은 물로 씻을 수 없다. 영혼은 물체가 아니고 영체이므로 진리로만 접촉할 수 있으며, 다룰 수 있다. 그러면 진리란 무엇인가? 진리는 하나님을 중심한 것이다. 하나님을 중심하지 않은 것은 상대적 존재로서 스스로를 절대화 하는 것이니, 이는 자체의 구조(selfhood)에 위반하는 모순이다. 2×2=4도 하나님을 제외하고 스스로 성립하려 하면, 그것도 비진리이다. 하나님 중심주의를 주장하는 진리는 성경뿐이다. 이 사실로 성경 말씀이 유일한 진리인 것이 드러난다. 그러면 이 진리를 효과적으로 전하며 가르칠 자는 누구인가? 그는 진리대로 실제로 생활하는 자이다. 하나님은 그런 사람을 사용하신다. 하나님께서 사용하시는 사람이 진리를 전파하면, 그 전파되는 진리가 듣는 자의 영혼을 찔러 쪼개어 정화시킨다(히 4:12)

설교 하나가 되자(17:21-23)

예수님은 임종 시에 하나님께 기도하시면서 교회의 단합을 부탁하셨다. 그것이 본문의 내용이다. 교회의 단합이란 어떤 것인가?

1. 영적 단합

교회는 외부적인 것보다는 모든 신자들의 심령이 통일되어 있어야 한다. 예수님은 그것을 강조하시는 의미에서 "아버지께서 내 안에, 내가 아버지 안에 있는 것같이 그들도 다 하나가 되어"라고 하셨다(21절). 하나님과 그리스도께서 하나가 되신 것은 영적인 것이며, 이것이 교회 단합의 표준이다. 교회는 이렇게 내면적으로 단순성 있게 화평을 지녀야 한다. 그러므로 성경은 교회를 사람의 몸에 비유한다. 몸에 붙은 모든 지체들은 서로 다르게 생겼으나 이해관계를 동감한다. 손에 괴로움이 있으면 모든 지체들이 걱정하며 그 괴로운 손을 도와주려고 협력한다. 신자들은 서로 성격도 다르고 생활 습관도 다르다. 그러나 그들은 서로 도와주며 협력해야 한다. 교회의 영적 단합을 방해하는 장애물은 허영주의이다(갈 5:26; 빌 2:3). 교계에는 직분을 명예거리로 생각하는 관념이 없지 않다. 이것은 허영주의에 속한 죄악이다. 교회는 예수 그리스도를 믿는 단체이다. 교회는 사람에게 명예나 지위를 분배하는 단체가 아니다. 신자들이 교회에 들어와서 하나님께 예배할 수 있고 또 봉사할 수 있으면, 그것으로 목적을 이룬 것이다.

2. 하나님 중심의 단합

사람들이 아무리 서로 잘 단합하여 교회를 이룬다 하여도 거기에 하나님이 계시지 않는다면, 그것은 교회가 아니다. 본문에 "그들도···우리 안에 있게 하사"라고 하였으며(21절 하), 또한 "내가 그들 안에 있고 아버지께서 내 안에 계시어 그들로 온전함을 이루어 하나가 되게 하려" 한다고 하였다(23절). 참된 교회 안에는 하나님이 계신다는 뜻이다. 그러므로 바울은 교회를 가리켜 "살아 계신 하나님의 교회"라고 하였고, 뒤이어 "진리의 기둥과 터"라고도 하였다(딤전 3:15). 하나님은 진리를 지키는데 견고하여 기둥과 같고 터와 같은 교회 안에 살아 계시다는 뜻이다. 하나님께서 교회를 세우신 목적은 진리를 전파하기 위함인데, 진리를 지키지 않는 교회에는 계시지 않을 것이 명백하다. 사람들도 진리를 든든히 지키지 않는 교회를 마침내 신용하지 않을 것이다. 그들은 교회가 신임성을 보여야 교회에서 증거 하는 예수 그리스도를 받는다. 그들은 먼저 교회에서 하나님이 계신 증거를 자세히 찾으려 한다. 그들은 먼 데서 대강 보고 믿지 않고, 무엇이나 가까이 보고자 한다. 그들은 교회를 흔들어 보기도 원한다. 그들은 먼 데서 대강 보고 믿고자 하지 않는다.

하나님의 교회는 진리 파수에 견고하여야 되며, 또 요동하지 않아야 한다. ① 우리는 서로 위로하고 권면하며 회개하고 복종할 때 견고해진다. ② 우리가 하나님을 전적으로 의뢰할 때 힘을 얻어서 요동치 않게 된다. 우리가 하나님을 의지한다는 것은 가끔 신경질적으로 하나님께 매달리는 것이 아니다. 하나님을 의지하는 생활은 언제나 계속되어야 하며, 또한 겸하여 주 안에서 평안히 쉬는 것이어야 한다. 교회는 이처럼 영적으로 주 안에 쉴 때 자란다. 이는 마치 우리의 몸이 밤새도록 평안히 쉼으로 새로워지고, 자라며, 힘을 얻는 것과 같다. 우리가 주님을 위한다고 하면서 짜증내거나 초조하게 지냄으로 교회를 발전시킬 수 있는 것이 아니다. 어떠한 어려움이 닥쳐올지라도 더욱 침착하게 주님을 바라보며 침묵할 때 우리는 힘을 얻으며 영적으로 자란다.

이같이 하나님께서 함께 해 주시는 교회가 참된 교회이다.

제 18 장

⚘ 내용분해

1. 예수께서 잡히심(1-11절)

2. 예수께서 안나스에게 압송되심과 베드로의 첫 번째 배반(12-18절)

3. 예수께서 안나스 앞에서 재판을 받으심과 대제사장 가야바에게 압송되심(19-24절)

4. 베드로의 두 번째와 세 번째 배반(25-27절)

5. 예수께서 빌라도에게 재판을 받으심(28-40절)
   1) 예수님을 잡아 온 유대인들은 관정에 들어가지 않음(28절)
   2) 빌라도가 재판하기를 꺼림(29-32절)
   3) 빌라도가 예수님의 왕이신 사실에 대하여 심문함(33-38절 상)
   4) 예수님을 놓아 주려는 빌라도의 제안에 대하여 유대인들이 거부함(38 하-40절)

⚜ 개요

1. 예수님의 능력과 자비(1-11절)

1) 예수님은 이때 능력으로 충만하셨다(1-6절). 그가 그를 잡으러 온 무리들에게 "내로라" 하실 때 그들이 땅에 엎드러졌다. 그가 자신을 저희에게 내어 주시는 그 부드러운 음성 앞에서 왜 저희는 엎드러졌던가?

첫째, 기도에 승리하신 그의 강한 힘 때문이었다. 기도에 승리한 자는 고요히 있기만 해도 세상이 감당치 못한다. 보통 신자들도 기도에 승리하면, 아무런 인간적 수단을 쓰지 않아도 범사에 승리한다. 루터(Luther)가 보름스(Worms) 회의에서 승리한 것은 기도의 승리로 된 것이었다. 그 회의 전에 그가 골방에서 기도하고 나올 때 멜란히톤(Melanchthon)이 그를 보고 말하기를 "그는 자기 자신 이상 사람이 되어 가지고 나온다."고 하였다. 우리는 기도에 승리해야 한다. 그것은 실상 하나님 앞에서 나 자신이 지는 것이다. 하나님에게 내가 정복되어진 기도가 곧 승리의 기도이다. 예수님도 그의 겟세마네 기도에서 결론하신 바는 "나의 원대로 마시옵고 아버지의 원대로 하옵소서(마 26:39)"라고 하셨다. 우리가 이런 결론을 가져오는 기도를 하려면 많은 기도, 간절한 기도, 수고로운 기도를 해야 한다. 우리 자신이 하나님 앞에서 산산이 깨어지고 패배를 당해야 한다. 그러나 이것은 결코 쉬운 일이 아니다. 우리의 죄악성은 내장에 깊이 뿌리를 박고 있는 질병과 같은 것이다. 우리가 기도를 많이 한 후에 승리한 것 같기도 하고, 어떤 죄악을 이긴 것 같기도 하고, 은혜를 받은 것 같기도 한 때가 있다. 그러나 아직도 나를 죽이고도 남는 또 다른 죄악들이 나의 속 깊이 진을 치고 있는 것을 알아야 한다. 우리는 깨어 있어 계속하여 힘써 기도해야 한다.

둘째, 예수님이 "내가 그니라" 하실 때 저희가 땅에 엎드러진 원인은, 그가 하나님 앞에 제물 되신 사실에 있다. 예수님은 겟세마네 동산의 기도 이 전부터도 하나님 앞에서 제물로 행하셨다. 그는 특별히 겟세마네 동산의 기도로써 제물 되신 생활의 절정을 이루셨다. 제물은 순하다. 제물은 죽임이 되어 하나님 앞에 바쳐진다. 그러나 제물은 신성하다. 누구든지 마음대로 제물에 접촉하지 못한다.

예수님은 겟세마네 동산에서 기도하신 후 대속 제물로서 십자가에 못 박히실 분이었다. 그는 "세상 죄를 지고 가는 하나님의 어린 양"이시다(1:29). 그의 온유하신 성품이 특별히 드러난다(참조. 마 12:18-21; 벧전 2:22-24). 그가 이제 제물이 되심으로 그와 같이 하나님의 모든 종들도 하나님 앞에 제물이 되었으니, 그들이 어린 양처럼 부드럽고 아무런 대항 행동을 취하지 않아도 실상 그들은 하나님 능력의 그릇이 된다. 물론 이 점에 있어서 우리가 구분할 것은 있다. 예수님의 행동 원리는 하나님의 아들로서 하나님 앞에 제물 되신 모본이다. 그는 속죄 제물로서 능력을 가진 점에서 독특하다. 우리는 그런 속죄의 공효를 낼 수 있는 제물은 못된다. 그러나 우리는 예수님의 속죄를 믿고 감사하는 감사의 제물은 되어야 한다(롬 12:1). 우리가 감사의 제물이 되는 것 역시 양 같이 온유하게 행함으로 된다. 교역자로 헌신하려는 자가 그 속은 제물로 쓸 수 없는 이리나 쏘는 전갈이나 모든 흉악한 짐승 같다면 어찌 될 수 있으랴? 양과 같이 온유한 생활은 하나님께 제물 된 헌신의 표이다. 헌신자, 곧 제물이 된 자를 통하여 하나님은 능력 있는 역사를 하신다. 어떤 사람이 구세군의 윌리암 부드(W. Booth) 대장에게 성역 생활의 승리의 비결을 물을 때, 그는 말하기를 "하나님께서 내게 있는 것을 다 가지신 사실에 있다"라고 하였다.

2) 예수님은 이때 자비로우셨다(7-11절). 그가 어떠하신 분이신지에 대하여 또 한 가지 사실이 계시된다. 그것은 그의 자비이다. 그는 자비로써 제자들의 도망함을 용서하시고 도리어 그들을 도와주셨다(8-9절). 그뿐 아니라 그를 잡는 대제사장의 종 말고의 죄를 사하시고 도리어 그의 상한 귀를 만져

고쳐 주셨다. 이것을 보면, 그가 잡히시는 것이 그에게 힘이 없는 까닭이 아니었다. 그럼에도 불구하고 그가 잡히셨으니, 그것은 그가 아버지의 뜻을 순종하시되 능동적으로 자진하여 하심이다.

2. 예수께서 잡혀 결박을 당하심(12-14절)

예수님은 우리를 영원한 정죄에서 놓아 주시기 위하여 그 자신이 결박을 당하셨다. 그는 이처럼 우리 대신 온갖 고난을 당하셨다. 그가 그렇게 되시지 않고서는 우리를 죄에서 해방시키지 못하신다. 시편 116:16에 말하기를 "주께서 나의 결박을 푸셨나이다"라고 하였다. 예수님이 능력이 없어서 저 악도들에게 묶이신 것은 아니었다. 그는 그런 고난을 친히 받으셔야만 우리를 놓아주실 수 있는 하나님의 공의와 지혜를 아시고 순종하신 것이다. 그는 자기 뜻대로 그 결박을 끊지 않으신다. 스킬더(K. Schilder)는 말하기를 "예수께서 그때 약한 자들을 벼락으로 벌하지 않으시므로···성경이 말하는 참 하나님은 이 세상의 소위 신(神)들과 다른 사실이 증명되었다. 마귀들이 날뛰는 그때 우리의 목자이신 아버지 하나님은 그 아들과 함께(우리들 대신에) 공의와 진리의 엄격한 결박에 묶이신다"라고 하였다.[218]

3. 베드로의 배반으로 인한 예수님의 고통(5-18, 25-27절)

베드로는 예수님의 수제자였음에도 불구하고 예수님을 배반하였다. 그것은 예수님을 괴롭힌 슬픈 사건이다. 예수님은 여기서도 지옥 고통의 일면을 맛보시게 된 것이다. 스킬더는 다음과 같이 말하였다. "지옥에서는 영혼들이 서로 교제를 원치 않으며, 한 영혼의 표현은 남에게 검을 던지는 것과 같다.···제자들이 예수님을 저버렸으므로 그는 고독의 쓴 잔을 마신다. 그

218) Christ in His Suffering, Eerdmans, 1942, 447.

들의 냉정한 생각은 그의 심장을 칼로 찌름과 같았다. 창조자이신 하나님은 고독하시다. 오! 그리스도여, 교회의 왕이시며 교회의 아버지시여!"라고 하였다.

4. 예수께서 안나스 앞에 심문 받으시는 고통(19-24절)

1) 안나스는 실상 이때 대제사장이 아니고, 단지 대제사장 가야바의 장인이라는 관계로 예수님을 심문한 것이다. 그것은 불법 행위로써 예수님에게 고통을 준 일이었다.

2) 안나스의 질문의 요지 중 하나는 예수님 제자들의 수효를 알고자 한 것이었다. 그것은 교권자들의 상투적인 관심사이다. 그들은 영적 성과보다도 외부적 성공을 탐한다.

3) 안나스의 질문의 또 한 가지 요지는 예수님의 교훈을 어떤 음모의 성격으로 여기는 것이었다. 그것은 예수님의 진리의 광명 정대성을 모르는 무지였다. 예수님의 행동 원리와 교권자 안나스의 그것은 서로 반대된다. 안나스의 행동 원리는 어디까지나 음모의 성격을 띤 것이었다. 그러나 예수님의 교훈은 양심 세계에서 공인되며, 또한 종파적이 아니고 보편성을 띤 정도이기 때문에 그것을 "드러내놓고 세상에 말하였노라"고 하신다(20절).

4) 하속의 행패가 예수님에게 고통을 드렸다. 그때 대제사장의 아랫사람 하나가 예수님을 손으로 치며 말하기를 "네가 대제사장에게 이같이 대답하느냐"라고 하였으니, 그것은 예수님에게 육적 고통보다 심리적 고통을 더 많이 드린 악행이었다. 곧 하속의 폭행은 진리를 박해한 것이었다. 실상 참된 대제사장은 예수님이신데도 불구하고 무지한 하속은 그를 때리고 안나스를 대제사장으로 높였다.

5. 유대인들의 외식 행위로 인한 예수님의 고통(28-32절)

유대인들은 이방인 빌라도의 관정에 들어가면 이방인과의 접촉 때문에 더럽힘이 되어 유월절 먹는 일에 지장이 되는 줄 알았다. 그들은 이런 의식적인 순결을 파수하면서도 무죄한 사람을 죽임에 대하여는 기탄없이 행하였다. 이것이 하루살이는 걸러내고 약대는 삼키는 모순이다(마 23:24).

6. 진리의 왕을 모르는 빌라도의 심문으로 인한 예수님의 고통(33-40절)

빌라도는 예수님이 진리이심을 끝까지 확신하지 못하고 동요하였다(38절). 그가 그렇게 된 원인은 본문에 나타난 대로 독립 인격을 가지지 못한 데 있었다. 그가 독립 인격을 가지지 못한 사실은 그의 질문에 대한 예수님의 답변이 암시한다. 곧 "이는 네가 스스로 하는 말이냐"(34절)라고 한 말씀이 그것이다. 독립성이 없는 자는 언제나 진리에 서지 못한다. 그는 민중에게 아부하였다.

해석

1-2 예수께서 이 말씀을 하시고 제자들과 함께 기드론 시내 건너편으로 나가시니 그 곳에 동산이 있는데 제자들과 함께 들어가시니라 그곳은 가끔 예수께서 제자들과 모이시는 곳이므로 예수를 파는 유다도 그 곳을 알더라. "기드론 시내"는 성전 있는 산과 감람산 사이의 골짜기로 흐르는 시내이다. 히브리어 "기드론"(קִדְרוֹן)은 '어두움'을 의미한다. "동산"은 겟세마네 동산을 말한다. 예수님이 거기 가신 목적은 기도하시기 위함이었다. 그는 특히 자기의 십자가 수난을 앞두시고 저렇게 특별 기도를 하시기 원하셨다. 그를 잡아 넘길 유다가 그곳을 아는데도 불구하고 주님께서는 거기에 가셨으니, 고난받으실 일에 대한 그의 각오를 알 수 있다.

칼빈(Calvin)은 말하기를 "이것을 보아서도 예수님께서 잡히신 것과 죽으신 것은 마지못하여서 그렇게 하신 것이 아니고, 자원하셔서 한 것임을 알 수 있다. 이런 의미의 순종이 아니었다면 구속 사업은 성취되지 못하였을 것이다"라고 하였다.

3 **유다가 군대와 및 대제사장들과 바리새인들에게서 얻은 아랫사람들을 데리고 등과 횃불과 무기를 가지고 그리로 오는지라.** 누가복음에는 유다와 함께 온 자들을 "무리"라고 하였다(눅 22:47). 이 "무리"는 어떤 사람들을 가리키는가? 이 무리는 여러 방면의 사람들을 대표한 것과 같다. 예수님을 해한 자는 온 인류라고 할 수 있으니, 이처럼 여러 방면의 사람들이 대표로 왔다. ① 유다가 그들 가운데 있었으니, 그는 제자와 친구들의 대표라고 할 수 있고, ② 대제사장들과 장로들도 그들 가운데 함께 왔으니, 그들은 유대 종교의 대표자들이라고 할 수 있고, ③ 군관들과 하속들도 왔으니, 그들은 무력이나 폭력의 대표라고 할 수 있고, ④ 종들도 왔으니(10절), 그들은 미천한 계급의 대표요, ⑤ 로마의 군대와 천부장도 왔으니(요 18:12), 그들은 이방 세력의 대표였다. 이처럼 큰 무리가 와서 예수님을 체포하는 것은 불법한 일이다(눅 22:52). 예수님은 우리에게 의를 입혀 주시려고 그 자신은 언제나 불법과 불의한 대우를 받으셨다.

4-6 **그들이 물러가서 땅에 엎드러지는지라.** 예수님과 그 무리 사이에 몇 마디 문답이 있은 후, 저렇게 그들은 엎드러진다. 그들은 왜 엎드러졌을까? 이는 마치 빛 앞에서 어두움이 물러갈 수밖에 없는 것과 같다. 빛 앞에서 어두움이 물러가는 것은, 그 어두움이 뜻을 정하고 그리함이 아니다. 그것은 다만 그것의 본성이 그렇게 되어져서 그리함이다. 그러면 이때 그들이 땅에 엎드러지게 된 구체적인 원인이 무엇일까? 이 점에 대하여 두 가지 설명이 있다. ① 심리적 해석이니, 곧 이때 예수님을 잡으려던 무리가 그의 두려움 없으신 태도와 장엄하신 인격 앞에서 놀라서 그렇게 엎드러졌다고 한다. ② 기적으

로 생각하는 해석도 있으니, 곧 예수님이 그때 그 말씀의 위력이 어떻다는 것을 보여주시기 위하여 능력을 나타내셨다는 것이다. 그가 이렇게 하시므로 제자들은 그의 말씀이 죽은 자를 살릴 수도 있으며 마침내 악인들을 용이하게 심판하실 수 있다는 것을 깨닫게 될 것이었다. 칼빈은 말하기를 "그리스도께서 '내가 그니라' 하시는 간단한 말씀으로도 그렇게 큰 권능을 나타내신 것은, 이사야 11:4의 '그의 입의 막대기로 세상을 치며 그의 입술의 기운으로 악인을 죽일 것이며'란 말씀의 성취를 보여준 것이다"라고 했다. 이것을 보면, 예수님이 잡히신 것은 그가 능력이 없어서 그렇게 하신 것이 아니고, 다만 많은 사람들을 속죄하여 구원하시려고 그렇게 하신 것이다. 빛이 어두움에게 붙잡히는 법이 어디 있으랴? 그러나 예수께서 불법한 무리에게 잡히신 일은, 빛이 어두움에게 붙잡힌 일이다 그것은 그가 우리를 죄 가운데서 구원하시기 위한 것이다.

7 이에 다시 누구를 찾느냐고 물으신대 그들이 말하되 나사렛 예수라 하거늘. "누구를 찾느냐"고 하시는 예수님의 첫 번째 물으심(4절)에 대하여 그들이 "나사렛 예수라"고 대답할 때, 예수님은 "내가 그니라"고 말씀하셨던 것이다(6절). 그때 그들은 하나님 아들의 의에 부딪혀 땅에 엎드러지기까지 하였다(6절). 예수께서 이제 두 번째 "누구를 찾느냐" 하고 물으시니, 그들은 또다시 뻔뻔스럽게 "나사렛 예수라"고 대답하였다. 그들은 저렇게도 불신앙의 철면피였다. 하나님 아들의 의에 부딪혀 엎드러지고도 그냥 계속하여 하나님의 아들 예수 그리스도를 잡으려고 하였다.

8-9 나를 찾거든 이 사람들이 가는 것은 용납하라 하시니. 예수님의 목자적 심리를 보여 준다. 그는 그가 택하신 열둘의 단체를 잃지 않으시려고 보호하신다. 다만 유다는 예수님을 잡아 넘긴 죄를 범하였으니, 유기된 자였다. 그러나 선택된 영적 세계의 근본적 수효로서의 열둘은 깨어지지 않았다. 마치 유다는 포도나무를 가꾸는 데 있어서 마른 가지처럼 되어 제거된 것과 같다. '열 둘'

의 수효가 외부적으로는 저렇게 일부 깨어진 것 같으나, 근본에 있어서는 그대로 있는 것이다. 그러므로 스킬더는 말하기를 "유다의 입맞춤이 하나님의 세계와 천국에 대해서는 상처를 주지 못 하였다"라고 하였다.

이는 아버지께서 내게 주신 자 중에서 하나도 잃지 아니하였사옵나이다 하신 말씀을 응하게 하려 함이러라. 이것은 시편 109:8을 염두에 두고 하신 말씀이다. 크로샤이데(Grosheide)는 이 말씀이 여기서 상징적 의미로만 인용되었다고 하였다. 곧 17:12에서는 그 말씀이 영적 생명 관계로 인용되었으나, 여기서는 그것이 육체적 위험에서 면할 것을 상징하는 의미에서 인용되었다는 것이다. 이 말씀에 대하여 칼빈은 추측하여 해석하기를 "그때 제자들이 잡히지 않음이 그들의 영생 얻음에 유익하였다. 그 이유는 그때 그들이 잡혀서 믿음의 시험을 당하였더라면 혹시 주님을 배반하고 망하게 되었을지도 모른다"라고 하였다. 이 해석보다 첫째 해석이 옳다.

제자들이 예수님을 저버린 사건은 죄악이었다. 그러나 예수님은 저희들을 버리지 않으시고, 도리어 그 사건을 선하게 사용하여 그들의 영생 얻음에 유익하도록 하셨다. 그것이 18:9 말씀이 보여주는 사실이다. 사랑은 허다한 죄를 덮어 줄뿐만 아니라, 죄 많은 곳에 은혜도 많게 한다(벧전 4:8; 롬 5:20). 부모 된 자로서 그 어린 자식이 팔을 상했을 때 그 상처를 치료시켜 전보다 더욱 튼튼한 팔이 되도록 하여줄 마음이 없으랴?

10 대제사장의 종을 쳐서 오른편 귀를 베어 버리니. "베어 버리니"란 말은 부분적으로만 베어지고 한 부분은 붙어 있으므로 땅에 떨어지지 않고 매달려 있게 되었다는 뜻이고, 그 귀가 완전히 베어져(cut off) 땅에 떨어졌다는 뜻은 아닐 듯하다. 그 이유는 다음 구절에 말한 대로 예수님께서 말고의 귀를 고쳐 주심도 그저 "만져 낫게" 하신 것뿐이고, 떨어진 귀 조각을 땅에서 더듬어 찾아다가 붙이셨다는 기록은 없기 때문이다.

11 예수께서 베드로더러 이르시되 칼을 칼집에 꽂으라 아버지께서 주신 잔을 내가 마

시지 아니하겠느냐 하시니라. 아벨의 피는 검으로 갚음이 되지 않는다. 그 이유는 그 피가 호소하는 소리를 내기 때문이다. 그와 같이 예수님은 가인과 같은 원수들의 침해를 받으셨으나, 하나님이신 그는 그 원수를 해하지 않고 도리어 보호하셨다(말고의 귀를 고쳐 주셨음). 크로샤이데는 말하기를 "베드로의 급격한 행위가 예수님의 일을 땅에 속한 일처럼 만들어 버릴 위험성을 가졌다. 그러므로 예수님은 그것 때문에도 고통하셨다."고 하였다.[219] 언뜻 볼 때 이 말씀은 이상하다. 예수님의 위력 앞에 그 무리가 엎드러진 일도 있는데(6절), 이제 와서는 왜 그들에게 사로잡히시는가? 이것은 그가 약하여서 그들에게 붙잡히심이 아니고, 하나님 아버지에게 드릴 속죄 제물로서 순종하심이었다. 하나님 아들의 몸이 붙잡히심은 우리 영혼을 죄와 사탄의 올무에서 놓아 주시기 위함이다(Calvin). "군대와 천부장"은 로마인들이었고, "아랫사람들"은 유대인들이었다. 이처럼 이방인들과 유대인들이 합하여 대적하니(행 4:27), 그것은 주님의 고난을 최대한도로 증가시킨 것이다.

13 먼저 안나스에게로 끌고 가니 안나스는 그 해의 대제사장인 가야바의 장인이라. 예수님이 안나스 개인 앞으로 끌려가셔서 그에게 심문을 받으시게 된 것은, 유대인들이 꾸민 불법이었다. 그때 개인 앞에서 심문 받는 법은 없었다. 안나스는 주후 6-15년까지 대제사장으로 있었다. 그의 직위가 처음엔 자기 아들, 그다음엔 자기 사위 가야바에게로 계승되었다고 한다(Grosheide).

14 이 구절에 대하여는 11:50을 참조하라. 본의 아닌 예언을 하게 되는 일에 대하여는 민수기 23:7-8을 참조하라.

15-16 예수님이 대제사장 안나스와 산헤드린 공의회에 잡혀 가셔서 심문 받으신 일과 베드로가 예수님을 부인하는 장면이 여기에 섞여 기록된 이유가 무엇인가? ① 크로샤이데는 이것이 그 두 사건으로 말미암은 주님의 고

---

219) Het Heilige Evangelige Volgens Johannes, Kommentaar II, 1950, 446.

통이 특별하였다는 것을 암시하려는 데 있다고 한다.[220] 곧 산헤드린으로 대표된 자기 민족이 그를 죽이고자 함과 열심으로 따르던 수제자가 그를 부인하게 된 사건은, 그에게 큰 고통을 주었다는 것이다. ② 예수님이 안나스 앞에서 심문 받으신 그것과 꼭 같은 시간과 장소에서 된 일이므로, 목격자 요한은 그 일들의 진행 순서를 잘 살핀 대로 재료를 배열하였다는 것이다. 고데(Godet)도 이런 의미로 말하기를 "요한은 베드로가 배반한 사건을 나누어 말하였다. 곧 베드로의 배반 사건에서 예수님의 심문 사건으로 옮기고, 거기서 다시 베드로의 배반 사건으로 옮긴 것이다. 이처럼 보다 잘 배열된 기사가 그때 전개된 일들의 진상을 보여 준다"라고 하였다.[221] 이 해석이 옳다.

여기서 "다른 제자"는 누구를 가리켰을까? 혹은 이 사람을 유다(다대오)라 하고, 또는 아리마대 요셉이라고도 한다. 그러나 다 옳은 것 같지 않다. 크로샤이데는 그를 사도 요한일 것이라고 하였다. "다른 제자"라고만 하고 이름은 말하지 않은 것을 보아서, 그것이 자기 이름을 숨기는 저작자 요한의 필법에 적합하다(13:23). 예수님이 십자가에 못 박히시는 장면에도 그는 그 자리에 있었다(19:26). 체포되어 가시는 예수님을 접근하여 따라가게 된 요한의 용기는, 하필 예수님의 원수가 그의 지인이었던 관계에서 생겼다고 할 것은 없다. 그는 예수님을 믿으며 사랑하는 일편단심으로 따라간 것뿐이다. 요한복음은 예수님과 사도 요한의 관계를 유달리 사랑의 관계로 말한다.

17 그가 말하되 나는 아니라 하고. 이것은 베드로의 거짓된 말이니, 그의 타락의 중대한 걸음으로 나타난 것이다. 이것은 도망간 제자들의 죄보다 더 크다. 그들은 그래도 예수님을 안다는 사실을 그대로 보수하려고 도망한 것이다. 그들은 약하였으나 정직하였다.

---

220) Het Heilige Evangelie Volgens Johannes, Kommentaar Ⅱ, 1950, 447.
221) Commentary on the Gospel of John, Zondervan, 358.

18 그때가 추운 고로 종과 아랫사람들이 불을 피우고 서서 쬐니 베드로도 함께 서서 쬐더라. 예루살렘은 해발 720미터이므로 봄날 밤에는 춥다. 아프라하트(Aphrahat)란 사람은 여기 이 말씀도 예언 성취를 암시한다고 하였다. 곧 베드로가 공포심 때문에 더욱 떨려서 불을 쬐게 되었을 것이라고 한다(슥 14:6). 일설에 의하면, 베드로가 위험만을 면하기 위하여 거기 불에 둘러선 불신자들 중 하나인 체하였다고 한다.

19-24 예수님이 대제사장 안나스와 가야바에게 심문받으심에 대하여 말한다. 안나스는 개인적으로 예수님을 시기하여 한 번 그를 잡아서 자기 앞에 앉히고 임의로 심문해 보기를 원했을 것이다. 이제 예수님은 결박당하신 몸이 되어 교권주의로 늙고 부패한 대제사장 앞에 오시게 되었다.

1) 이 일은 너무도 천부당만부당한 것이다. 그것은 어두움이 빛을 심판해 보려고 함이며, 질그릇이 철장을 대항하려고 전쟁을 일으킴이고, 발뒤꿈치로 송곳을 차 보려는 어리석은 일이었다. 이것은 너무도 모순인 동시에 예수님에게는 비할 데 없는 모욕이 되는 불법이었다.

2) 예수님은 처음에 대제사장 안나스에게 심문을 받으시고(19-24절), 다음에는 산헤드린 공의회 앞에서(눅 22:66-71), 그리고 다시 빌라도 앞에서 재판을 받으셨다(18:28-19:16). 이것은 이 세상에 단 한 번만 있었던 가장 악한 불법 재판이었다. 이것은 죄목을 잡지도 못하면서 죄목을 잡아보려고 공연히 무죄한 사람을 여러 번 재판함이었다. 예수님은 이처럼 극단적인 불법 대우를 받으셨다. 그것이 우리에게 의가 된다.

3) 예수님은 이 모든 심문에 있어서 침묵하신 적이 많았고, 필요한 때 간혹 대답하셨다. 그가 침묵하시든지 대답하시든지 그 목적은 하나님 아버지 앞에서 어린 양처럼 희생제물로서 순종하심이었다. 그가 침묵하신 것은 세상의 모든 무법한 대우를 그대로 받으시는 표요, 그가 간혹 대답하신 것은 하나님 아버지의 충성된 증인으로서 진리를 증거 하신 것이다.

4) 예수님은 산헤드린 공의회, 최고의 종교 치리회 석상에서 그가 메시아이심을 증거하셨다(눅 22:69-70). 이 증거의 말씀은 중대하다. 대제사장(가야바)이 예수님의 대답을 듣고 자기의 옷을 찢었으니(마 26:65), 그것은 그의 대제사장직이 그때부터 영구히 몰락한 것임을 스스로 증거한 것이다. 대제사장으로서 그가 법복을 찢은 것은, 그의 대제사장 직분이 폐지된다는 의미의 행동이 되었다. 예수님은 멜기세덱의 반차(班次)대로 영원한 대제사장이 되시고, 가야바의 대제사장직은 실상 이제부터 사라진다.

19 대제사장. 이는 안나스를 말한다(13절).

예수에게 그의 제자들과 그의 교훈에 대하여 물으니. 인간의 영광을 항상 탐하는 대제사장은 심문에서 외관에 나타나는 예수님의 단체가 얼마나 큰가를 먼저 알아본다. 그가 예수님의 교훈에 대해 질문하는 이유는, 예수님의 교훈이 그때 바리새 교권을 전복시키려는 어떤 비밀 있는 것인 줄로 오해한 까닭인 듯하다. 대제사장의 이러한 질문은 한편으로는 예수님이 메시아임을 확인하기 위한 의도로 나온 것이다. 그때의 유대인들은 메시아가 올 때 처음엔 비밀히 공작하다가 후에 갑자기 나타난다고 생각하였던 것이다(7:27). 대제사장도 이런 그릇된 메시아 관념을 가진 것이다. 그런데 그가 이처럼 물어본 것은 예수님이 과연 메시아인 경우에 자기도 예수님을 따르고자 한 것은 아니었다. 이것은 마치 헤롯이 유대인의 왕이 난 곳을 물어본 것(마 2:2-8)과 마찬가지이다. 그는 예수님이 참으로 메시아일지라도 자신(대제사장)이 종교계의 왕이 되기를 끝까지 원하는 악한 탐욕에서 질문한 것이었다.

20-21 내가 드러내 놓고 세상에 말하였노라. 예수님의 교훈이 비밀로 된 것이 아니고 명백하게, 또는 당당하게 가르침이 되었다는 말씀이다. 이처럼 되는 것이 하나님의 계시 성격이다(Schlatter). 이사야 45:19에서 말씀하시기를 "나는 감추어진 곳과 캄캄한 땅에서 말하지 아니하였으며"라고 하셨다. 다시 말하면, 예수님이 자기를 가리켜 메시아라고 하신 주장은 떳떳하지 못하

게 은밀히 행하는 종파적 성격을 외면한다(Schlatter). 이처럼 명백하고도 당당하게 예수님의 말씀이 나타났으나, 그때의 대제사장들이 모른 이유는 그들의 교만과 불신앙 때문이었다. 이 진리가 알기 쉽게 나타났으므로 어린 아이들(무식하고 가난하나 겸손한 자들)이 순종하며 받았다(마 11:25-30).

어찌하여 내게 묻느냐. 예수님께서 대제사장의 불신앙을 책망하시는 말씀이다. 대제사장의 이 태도는 진리를 신앙하려는 것이 아니다. 그러므로 예수님은 그의 질문에 대하여 요구대로 응하여 주시지 않았다(참조. 눅 22:67-68).

22 아랫사람 하나가 손으로 예수를 쳐. "손으로···쳐"란 말을 '막대기로 쳐'라고 번역하는 이도 있다. 그러나 여기서는 손으로 얼굴을 친 것을 의미한다. 이것은 예수님에게 대한 큰 모욕이다. ① 거짓 대제사장을 옹호하기 위해 참 대제사장이신 예수님을 때렸으니, 이것은 진리의 신을 크게 격노하게 한 악행이다. ② 이것은 아랫사람이 대제사장을 맹목적으로 따르면서 의와 불의, 진리와 비진리의 분변은 중대시하지 않은 악행이다. 의에 대한 변증과 진리에 대한 옹호는 사람의 지위나 체면을 옹호함보다 더욱 중요한 것이다.

23 예수께서 대답하시되 내가 말을 잘못하였으면 그 잘못한 것을 증언하라 바른 말을 하였으면 네가 어찌하여 나를 치느냐 하시더라. 이것은 마태복음 5:39의 말씀에 위반되는 것이 아니다. "오른편 뺨을 치거든 왼편도 돌려 대며"란 말씀은 공의를 변증하지 말라는 뜻이 아니다. 이 말씀은 피해자가 ① 박해자에게 원수 갚지 말라는 뜻과 ② 계속하여 하나님의 복음을 옹호하다가 당하게 될 더 많은 희생과 고통을 각오하고 있으라는 뜻이다. 이 말씀(마 5:39-40)은 무지한 자들 앞에서 진리와 공의를 증거하지 말라는 것이 아니다. 우리가 박해를 받으면서라도 공의는 증거해야 한다. 예수님은 여기서 공의를 변호하신 것뿐이다. 예수님을 때린 아랫사람은 진리나 공의보다 대제사장의 지위를 옹호하기 위해 무지한 행동을 하였다. 그것에 대한 예수님의 답변은, 사람이 어떤 권세 앞에서라도 옳은 것이 무엇인지 밝히 말할 권리가 있다는 것을 보여주시는

것이다. 잠언 25:26에 말하기를 "의인이 악인 앞에 굴복하는 것은 우물 흐려짐과 샘이 더러워짐과 같으니라"고 하였다.

24 안나스. 이 대제사장은 매우 간교하고 수단이 많은 사람이었다. 그가 수리아 총독 발레리우스 그라투스(Valerius Gratus)에게 파면당한 후에 그의 아들 엘르아자르(Eleazar)가 1년 동안 대제사장이 되었고, 그 후에는 그의 사위 가야바가 대제사장이 되었다. 가야바 다음에도 안나스의 아들들이 대제사장이 된 일이 있다.

예수를 결박한 그대로 대제사장 가야바에게 보내니라. "결박한 그대로"라는 말은 우리에게 예수님의 고통이 얼마나 컸는지 보여 준다. 안나스는 예수님에게서 아무런 죄목도 찾지 못했음에도 불구하고 그를 결박시킨 대로 가야바에게 보낸 것이다. 이것은 너무도 불법한 일이다. 안나스가 예수님을 가야바에게 보내는 이유는, 그가 현직 대제사장이므로 산헤드린 공의회가 그의 소집으로 모일 수 있기 때문이다. 예수님은 이제 산헤드린 공의회 앞에서 심문을 받으시게 되었다.

25 시몬 베드로가 서서 불을 쬐더니 사람들이 묻되 너도 그 제자 중 하나가 아니냐 베드로가 부인하여 이르되 나는 아니라 하니. 이것은 베드로가 두 번째로 예수님을 부인한 것이다. 그의 중심은 예수님을 저버리지 않았으련만, 그의 말은 저렇게 냉정하게 예수님의 제자가 아니라고 버틴다. 예수님은 이렇게 수제자에게서도 버림을 받으셨다. 예수님은 이렇게 고독의 잔을 마시지 않을 수 없었다. 스킬더는 예수님이 당하신 고독에 대하여 다음과 같이 말하였다. "어두움은 인자를 모든 방면에서 몰아쳐 고립시켰다. · · ·제자들은 모두 달아나고, 어떤 이름 모를 청년도 따르기를 중단하였다(막 14:51-52). 천국은 영혼들이 개성을 잃지 않으면서 아주 녹아져 하나로 조화되는 곳이고, 지옥은 한 영혼이 다른 영혼과 아무런 교통도 못하는 곳이다. 거기서는 한 영혼이 표현하는 바가 다른 영혼에 대하여 칼을 던지는 것과 같다. · · ·사람들의 사상이 어떻게

그의 마음을 아프게 찔렀던가! 그는 고립되셨다. 그러나 고립이 없는 창조자는 없다. 창조자께서는 홀로 계실 때 모든 것을 창조하셨다! 인간은 모두 예수님을 버렸다. 그러나 감사한 것은 나도 인간으로서 본래 하나님 앞에 버림받은 자요, 나 자신이 그를 버리는 자임에도 불구하고 그는 나를 영접하셨다고 선언하신다. 그는 저렇게 고립을 당하셨다. 그러나 그가 그런 고립으로 말미암아 나의 고독을 깨뜨리셨다. 그가 당하신 고립 때문에 나와 하나님과의 영적 교제가 이루어졌다. 그가 당하신 고독 때문에 성도의 큰 무리가 생겼다. 고독의 세계는 깨어졌다! 나는 불원한 장래에 그 대중 가운데 한 사람으로서 하늘에서 그를 찬송하리로다!"라고 하였다.[222)]

27 곧 닭이 울더라. 예수님께서 베드로에게 말씀하신 예언이 놀랄만하게 이루어진 사실을 가리킨다. 예수님께서 전에 베드로에게 말씀하시기를 "내가 진실로 진실로 네게 이르노니 닭 울기 전에 네가 세 번 나를 부인하리라"고 하셨다(13:38). 그 예언이 여기서 정확히 이루어진 것이다. "곧"이란 말은 이 예언 성취의 정확성을 지적하는 것이다.

28-29 그들이 예수를 가야바에게서 관정으로 끌고 가니 새벽이라 그들은 더럽힘을 받지 아니하고 유월절 잔치를 먹고자 하여 관정에 들어가지 아니하더라 그러므로 빌라도가 밖으로 나가서 그들에게 말하되 너희가 무슨 일로 이 사람을 고발하느냐. 예수님이 빌라도에게 심문 받으시게 된 것을 가리킨다. 이것은 ① 예수님의 예언과 같이(막 10:33) 그가 이방인의 손에서 고난을 받으심이고(시 2:1-3), ② 권력자에게 고난을 받으심이다. 빌라도의 행동은 정치가들의 성질을 그대로 나타냈다. 곧 그가 군중의 마음을 얻으려고 의리를 버렸으며, 진리에 대하여는 무관심한 것이다. 빌라도가 예수님에게 "진리가 무엇이냐"(38절)라고 물은 것은, 그가 진리를 반드시 알아보려는 성의 있는 물음은 아니었다.

---

222) Christ in His Suffering, 465-466.

"관정"이란 빌라도의 궁전이었다. "더럽힘을 받지 아니"하려 한 것은, 그 때 유대인이 이방인의 집에 들어감으로 인하여 유월절 먹을 몸이 더럽혀진다(거기에는 누룩이 있기 때문에)고 생각한 것을 의미한다. 그들의 이와 같은 처신은 외식주의였다. 그들의 마음에는 그리스도를 죽이려는 악독이 가득하면서도, 사람이 만든 종교적 외식을 지키는 데는 저희가 힘을 다하였다. 그런 법은 유대인 랍비들이 만든 것이고 하나님의 율법이 아니다.[223)]

30 대답하여 이르되 이 사람이 행악자가 아니었더라면 우리가 당신에게 넘기지 아니하였겠나이다. 그들의 이 말은 부패한 종교가들의 교만에서 나온 것이다. 그들은 자기들이 결정한 것이면 무엇이나 옳은 줄 생각하였다. 그래서 그들은 도리어 법관인 빌라도의 말에 불평을 울린 것이다. 그러나 그것은 종교인으로서 당연히 지킬 국법을 무시한 몰상식한 행동이었다. 가이사의 것은 가이사에게 바쳐야 하지 않는가? 그런데 그때의 유대인들은 자기들이 결정한 그대로를 집행하여 달라고 빌라도에게 우겨댄다.

31-32 빌라도가 이르되 너희가 그를 데려다가 너희 법대로 재판하라 유대인들이 이르되 우리에게는 사람을 죽이는 권한이 없나이다 하니 이는 예수께서 자기가 어떠한 죽음으로 죽을 것을 가리켜 하신 말씀을 응하게 하려 함이러라. 빌라도는 처음부터 끝까지 예수님에게 관한 판결 책임을 피하려고 하였다. 그러나 그는 유대 교권자들과 군중의 강요에 못 견디어 마침내 판결을 하게 되었는데, 그것도 하나님의 섭리로 된 일이며, 예수님의 예언대로 된 일이다. 예수님이 이방인 빌라도에게 판결을 받으셔야만 십자가 처형을 받으시게 될 것이었다. 그렇게 되어야 마태복음 20:19의 예언 곧 "이방인들에게 넘겨 주어 그를 조롱하며 채찍질하며 십자가에 못 박게 할 것이나 제삼일에 살아나리라"고 하신 말씀이 이루어질 것이다.

---

223) Strack-Billerbeck, Kommentaar zum N. T. Aus Talmud und Midrasch Vol. 2, 838.

스킬더에 의하면 위의 28절은 유대인들의 율법주의와 외식주의의 불법을 지적하고, 여기서는 예수님의 초율법주의를 지적한다고 하였다. 곧 예수님이 죽으시는 방식이 모세 율법의 한계를 초월하였다(Christ raised above the sphere of Mosaic law)는 것이다. 그리스도께서 빌라도에게 판결을 받으셨기 때문에 로마의 사형 방식대로 십자가에 죽으시게 되었다. 그것은 유대만 아니라 온 세계가 앙망할 수 있도록 되어진 죽음이었다. 만일 그가 유대인의 손에서 죽으셨다면, 돌에 맞아 죽으셨을 것이다. 그렇게 되는 것은 하나님의 뜻이 아니었다. 그는 유대의 성전 그늘 속에서 죽으시지 않고, 혹은 랍비의 학교에서 죽으시지 않고, 온 세계의 밝은 해 아래서 죽으시도록 되었다. 그는 세계 만민을 위하셨으므로 높이 들리어 죽으시게 되었다(참조. 3:14-15, 12:32-33).

33-34 네가 유대인의 왕이냐 예수께서 대답하시되 이는 네가 스스로 하는 말이냐. 예수님의 이 말씀은 "네가 유대인의 왕이냐"라고 물은 빌라도의 말이 스스로 한 것이 아니라는 것을 암시한다. 예수님을 정치적 왕이라고 함은 빌라도의 본심이 아니고, 유대인의 간교한 고소로 말미암은 것이었다. 예수님이 참으로 정치적 왕이었다면 유대인들보다 먼저 빌라도가 오래 전에 알았을 것이고, 또 정죄하였을 것이다.

35 빌라도가 대답하되 내가 유대인이냐. 예수님에 대한 이 고소 사건은 자기가 직접 관계한 것이 아니고 유대인들이 일으킨 것이라는 말이다. 이 말을 보면 빌라도는 예수님이 정치범으로 걸리실 일이 없음을 알고 있었다. 그러나 그는 공의보다 군중을 두려워하는 마음 때문에 이 소송 건을 취급한다.

36 내 나라는 이 세상에 속한 것이 아니니라. 예수님은 자기의 왕권을 끝까지 부인하지 않으신다. 그 이유는 그가 왕이신 사실이 진리이기 때문이다. 그러나 그는 그 왕권의 성질이 이 세상에 속한 것이 아님을 밝히신다. "내 나라는 이 세상에 속한 것이 아니니라"고 하심은, 그 나라의 영적 성격과 초자연적 성

격을 의미한다. 이것은 그가 "본디오 빌라도를 향하여 선한 증언을 하신"(딤전 6:13) 것이니, 곧 천국에 대한 증거이다.

37 **내가 왕이니라 내가 이를 위하여 태어났으며 이를 위하여 세상에 왔나니.** "이를 위하여 태어났으며"란 말씀은 그의 나심이 왕 되시기를 목적하셨다는 뜻이다. "이를 위하여 세상에 왔나니" 란 말씀은, 그가 하나님 아버지의 보내심을 받아 이 세상에 오셔서 구원 역사를 하신다는 뜻이다(5:43, 7:28, 8:42, 12:44, 16:28).

곧 진리에 대하여 증언하려 함이로라. 그의 왕권이 영적인 것이고 권력에 속한 것이 아님을 보여 준다. 곧 그 나라(천국) 왕께서 세상을 정복하시는 방법은 가이사처럼 검으로 하지 않으시고 오직 좌우에 날선 검, 곧 하나님의 말씀으로 하신다. 그가 진리, 곧 하나님의 말씀을 증언하심이 그의 우주 통치의 방법이다. 진리 증언의 내용은 무엇인가? 크로샤이데는 말하기를 "거짓된 이 세상은 하나님을 하나님이 아니라고 큰 거짓말을 주장한다. 예수님의 역사는 실제에 있어서 사탄을 거스려 이런 거짓말을 파괴하시고, 하나님이 하나님이심을 주장하신 것이다"라고 하였다. 설교 "왕이신 예수님(33-38)"을 참조하라.

무릇 진리에 속한 자는 내 음성을 듣느니라. "진리에 속한 자"는 누구인가? 그는 택하심을 입은 자이다. 따라서 그는 성령을 받아 거듭난 진실한 자이다. 곧 그 자신의 죄악을 깨닫는 자이다. 누구든지 자기에게 죄 없다고 하는 자는 스스로 속이는 자이며, 하나님을 거짓말하는 이로 여기는 거짓된 자이다. 이런 자의 속에는 진리가 없다(요일 1:8, 10). 하나님 중심의 진리가 많지만, "나"와 직접 관계있는 것은 "내가 죄인이라"는 진리이다. 그것이야말로 하나님께서 내게 주신 "내 진리"이다. "나"라고 하는 나는, 먼저 이 진리에서 문제 해결을 받아야 한다. 곧 "나는 죄인이라"고 가장 진실하게 고백해야 한다. 그리하면 그가 모든 진리를 알게 되며, 그 모든 진리들의 왕이신 그리스도(하나님)에게 속하게 된다.

38 빌라도가 이르되 진리가 무엇이냐 하더라. 빌라도는 진리를 알아보려는 성의가 없었다. 그가 질문하던 말이 갑자기 끊기고 만 것을 보면, 성의 없는 것이 분명하다.

39-40 빌라도는 여기서도 약점을 보인다. 무죄하신 예수님을 그의 무죄하신 조건으로 놓을 것이지 왜 그를 죄수 취급하였는가? 왜 그를 죄 있는 사람 규례대로 취급하였는가? 이것은 그가 예수님보다 군중을 무서워하는 동기에서 생각한 방안이었다. 마태복음 27:19을 보면, 빌라도가 이 명절 때의 특별사면을 하기 위하여 재판석에 나아갔다고 한다. 빌라도의 아내가 예수님에 대한 꿈을 꾸고 그 남편에게 보고하여 말하기를 "저 옳은 사람에게 아무 상관도 하지 마옵소서"(마 27:19)라고 한 것도 이때의 일이었다. 그러나 빌라도는 결국 무리를 두려워하여 바라바는 놓아 주고, 예수님은 죽이라고 무리에게 내어 주고야 말았다. 그는 예수님을 놓을 수 있는 기회를 만들어 놓고도, 결국은 무리의 요구대로 끌려가고 말았다. 그는 자기 아내의 의미 있는 꿈의 경고가 있었음에도 불구하고 영원히 그 좋은 기회를 놓치고 말았다.

설교 베드로가 그리스도를 부인한 원인(18:15-18, 25-27)

베드로는 예수님의 수제자로서 매우 유망한 인물이었다. 예수님은 그를 가리켜 말씀하시기를 "네가 요한의 아들 시몬이니 장차 게바라 하리라"고 하셨다(1:42). 그런데 예수님께서 잡히신 때 베드로는 일시 배신하고, 3년 동안이나 따르던 선생님을 모른다고 하였다. 베드로가 이렇게 된 원인이 무엇일까?

1. 그가 이미 가지고 있었던 원인

1) 베드로는 자기 자신을 의지하였음. 그는 자신 있게 덤빈 일들이 일찍이 많았다. 예를 들면, 그가 예수님이 바다 위로 걸어오심을 보고 자기도 걸어가다가 실패한 일(마 14:22-33), 예수님이 겟세마네 동산에 들어가시기 전에 베드로는 말하기를 "모두 주를 버릴지라도 나는 결코 버리지 않겠나이다"(마 26:33)라고 한 것과 같은 것이다. 신앙생활에 있어서 자기를 믿는 것은 언제나 실패를 가져온다. 그러므로 잠언 28:26에 말하기를 "자기의 마음을 믿는 자는 미련한 자요"라고 하였고, 고린도전서 10:12에는 말하기를 "그런즉 선줄로 생각하는 자는 넘어질까 조심하라"고 하였다.

2) 베드로가 기도하지 않았음. 예수님은 겟세마네에서 베드로와 다른 제자들에게 "시험에 들지 않게 깨어 기도하라"고 하셨다(마 26:41). 그런데 그들은 기도하지 않고 잤다(마 26:40-43).

2. 사태가 발생했을 때 그의 부주의

1) 그가 합당치 않은 자들과 동반함. 베드로는 대제사장의 종과 하속들과 함께 불을 쬐었다(18절). 그가 그들과 함께 섞여 있는 동안 얻은 소득이 무엇이었던가? 그들과 함께 있는 동안 그가 받은 영향은 더욱더 예수님에게서 멀어지게 된 것뿐이었다. 그런 위기에는 말 한마디가 큰 힘이요, 심지어 얼굴빛이나 눈짓 같은 것까지도 마음을 움직이는 수가 있다. 옳지 않게 던진 한마디 말이 얼마나 큰 힘을 가지고 사람을 잘못되게 하는가? 조나단 에드워즈(Janathan Edwards)가 미국 프린스턴 대학교에서 부흥회를 인도할 때, 그의 손자는 그 대학교 학생이었다. 그가 하루 저녁에는 자기 조부의 설교에 크게 감동되어 예수를 믿기로 작정하기 위해서 교수 한 사람을 찾아가 의논하였다. 그때 그 교수는 말하기를 "지금 작정할 것이 없고, 집회가 끝나도록 기다려라"라고 하였다. 그래서 그는 믿기로 작정하기를 연기하였는데, 끝내 늙

어 죽을 때까지 작정하지 않았다고 한다.

2) 한 사람으로 두 주인을 섬기려 함. 베드로는 예수님께 충성하려고 하는 동시에, 이 세상도 놓지 않으려고 하였다. 그는 아직도 세상의 원조가 끊어지는 것을 원치 않았다. 그러므로 그는 세상에게도 잘 보이려고 힘쓰게 되었다. 원수들 중에서 가장 미약한 자, 곧 문 지키는 여종이 와서 "너도 이 사람의 제자 중 하나가 아니냐"라고 할 때, 그는 말하기를 "나는 아니라"고 하였다(17, 25, 27).

설교 왕이신 예수님(18:33-38)

예수께서는 빌라도 앞에서 자기가 왕이심을 명백히 말씀하셨다. 디모데전서 6:13은 이것이 아름다운 증거라고 말한다. 그러므로 우리에 대한 예수님의 왕권이 구원 문제를 좌우하고 있다. 왕이신 예수님은 이처럼 우리에게 중대한 관계를 가지고 임하신다.

1. 그의 왕국

그의 왕국은 이 세상에 속한 것이 아니라고 밝히 말씀하셨다(36절). 그가 이처럼 말씀하셨으므로, 그의 왕국은 이 세상과 다른 영역에 있음을 알 수 있다. 물론 그것은 영적 세계이다. 사람들은 이 세상만 알고 영계를 무시하는 경향이 많다. 그러나 보이지 않는 영계가 보이는 이 세상보다 참되고 영광스러운 곳임을 우리는 알아야 한다(참조. 히 11:3). 바닷속에 있는 고기들은 육지의 인간 사회를 이해하지 못한다. 그러나 인간 사회는 고기들이 살고 있는 바다의 세계보다 탁월하게 존재하는 것이다.

영계는 이 세상과 비교할 수 없이 중요하다. 그렇기 때문에 예수님은 이 세상을 위하여 싸우지 아니하셨다. 그뿐 아니라 이 세상에서 되는 일들은 영계를 중심하시는 하나님의 지배와 관할을 받고 있다(19:11). 그러므로 우리는 그의 나라와 그의 의를 위하여 살아야 한다(마 6:33).

2. 그의 왕격(37절)

본문에 말하기를 "내가 이를 위하여 태어났으며"라고 하였으니, 그 뜻은 예수님 자신이 참된 왕의 자격을 가지셨다는 것이다. 이 세상의 왕들은 참된 왕으로서의 자격을 가지지 못하고, 다만 이 세상 사람들의 손에서 추대와 권리를 받아서만 서게 된다. 물론 그 배후에도 하나님의 섭리는 있다. 이것은 이 세상 왕들과 관계된 원리이다. 그러나 그리스도를 왕이라고 함은, 인간의 구원 문제를 해결하는 근본적인 의미에서의 왕을 의미한다. 그는 왕으로 나셨다고 하셨으니, 자기 홀로 왕의 사업을 완성하시도록 되어 있다. 그의 왕격은 인간의 협조를 받아서 성립되는 것이 아니다. 그는 어떤 피조물에 의존하는 왕이 아니시다. 그는 권력이나 군대나 물질을 필요로 하지도 않으시고, 자기 자신이 홀로 구원 사업을 완성하시는 자충족자(自充足者)이시다. 이 점에 있어서 우리는 첫 사람 아담을 생각해 볼만하다. 첫 사람 아담도 범죄하기 전에는 세상의 후사가 될 만한 왕적 소질을 가졌다. 하나님께서 아담더러 "땅을 정복하라"는 명령을 주셨으니(창 1:28), 이것이 첫 사람에게 있었던 왕의 사명을 보여 준다. 만일 그가 범죄하지 않았다면, 만물이 그에게 순종하였을 것이다. 그는 만물을 다스리기 위하여 자기 자신 이외에 아무 다른 방법을 쓸 필요가 없었을 것이다. 그는 그저 말로써 만물을 거느릴 수 있었을 것이다. 그러나 그가 범죄한 후에는 모든 것이 그를 순종하지 않는 비극이 연출되었다. 인류를 구원하시기 위하여 오신 예수님은 범죄하기 전의 아담과 어느 정도 연관성을 가지고 계시다. 이런 의미에서 성경은 그를 가리켜 "둘째 아담" 혹은 "마지막 아담"이라고 부른다(고전 15:45, 47).

그는 자신의 소질과 권위에 의하여 자기 백성을 다스리시며, 만물을 새롭게 하신다. 그는 자기밖에 아무 다른 것들(피조물)을 의존하지 않으신다. 그에게는 정권이 필요치 않으며, 군대도 소용없다. 그는 다만 그의 말씀에 의하여 왕권을 시행하신다. 이런 의미에서 본문 37절은 그가 하시는 일이 진리에 대하여 증거하시는 것뿐이라고 한다. 진리는 물론 그 자신이며 그의 말씀이기도 하다. 그가 이처럼 왕권을 실행하시는 것이 이사야 예언의 성취라고 생각된다. 이사야는 그리스도의 하시는 일이 그의 말씀으로 말미암을 것을 역설하고 있다. 이사야 11:4 하에 "그의 입의 막대기로 세상을 치며 입술의 기운으로 악인을 죽일 것이며"라고 한 말씀이 바로 이 뜻이다. 데살로니가후서 2:8에 "그 때에 불법한 자가 나타나리니 주 예수께서 그 입의 기운으로 그를 죽이시고"라고 하였다. 그리고 요한계시록 19:15에 "그의 입에서 예리한 검이 나오니 그것으로 만국을 치겠고"라고 한 말씀과, 19:21에 "그 나머지는 말 탄 자의 입으로부터 나오는 검에 죽으매"라고 한 말씀들이 모두 이와 같은 사실을 보여 준다.

제 19 장

⚜ 내용분해

1. 빌라도와 예수님(1-16절)
   1) 빌라도가 예수님을 때려서 놓아 주려고 할 때 제사장들과 유대인들이 반대함(1-7절)
   2) 빌라도가 예수님을 심문하고, 또다시 놓아 주려고 할 때 유대인들이 다시금 반대함(8-12절)
   3) 빌라도가 정식으로 재판석에 앉아서 유대인 군중의 강청에 못 견디어 예수님을 그들에게 내어줌(13-16절)

2. 예수께서 십자가에 못 박히심(17-37절)
   1) 예수께서 십자가를 지고 가셔서 십자가에 못 박히심(17-18절)
   2) 예수님의 명패에 대한 유대인들과 빌라도의 언쟁(19-22절)
   3) 병정들이 예수님의 옷을 나누어 가짐 (23-24절)
   4) 예수께서 그 모친과 요한에게 각자 말씀을 주심(25-27절)
   5) 예수님의 목마르심과 그의 죽으심(28-30절)

6) 유대인들의 청원에 의한 군병들의 처사와 저작자의 해설(31-37절)

3. 예수님의 시체가 새 무덤에 장사됨(38-42절)

⚜ 개요

1. **빌라도의 심문과 재판**(1-16절)

1) 빌라도의 타협책. 그는 유대인의 마음을 기쁘게 하기 위하여 예수님을 때려 보기도 하였다(1절). 실상 이것은 예언 성취로 된 일이었다(사 53:5). 그는 또한 가시 면류관을 쓰신 예수님을 군중에게 보이면서 "보라 이 사람이로다" 하여 그들의 동정을 얻어 보려고도 하였다(5절).

2) 빌라도는 예수님의 무죄한 사실을 알고 그를 놓으려는 양심의 소리를 듣는 반면에, 불의하고 거짓된 유대인 군중의 위협에 공포를 느꼈던 것이다. 그는 예수님을 접촉할 때마다 그의 무죄를 선언하였고, 또 그를 놓으려고 했다(6, 12). 예수님에게는 전연 죄가 없으므로 그의 의로우신 인격 앞에서 빌라도는 압도를 당했을 것이다. 그러나 빌라도는 세속적 정치가인지라 결국 군중의 세력을 더욱 두려워했고, 그들에게로 끌리고 말았다(7절), 누가복음 23:23에 말하기를 "그들이 큰 소리로 재촉하여 십자가에 못 박기를 구하니 그들의 소리가 이긴지라"고 하였다. 정치가는 흔히 진리보다 민중을 더 두려워하기 쉽다. 그는 관리인지라 로마 황제 앞에 충신이란 명예에 손상을 받지 않으려는 마음의 노예가 되었다. 그는 이 명예에 관련하여 작은 손상이라도 받지 않으려고 신경을 썼던 것이다. 그는 예수님을 죽이도록 내어줄지언정 자기 명예에는 손상을 받지 않으려고 하였던 것이다(12, 15-16절).

2. 예수께서 십자가에 못 박히심(17-30절)

1) 저주의 죽음을 당하심. 예수님은 십자가에 못 박히는 로마식 사형을 받으셨다. 그것은 성경에 예언된 대로 저주의 죽음이다(갈 3:13; 신 21:23). 그뿐 아니라 그가 예루살렘 성 밖에서 십자가에 못 박히신 것은, 저주의 요소를 하나 더 받으심이다. 성 밖(진 밖)은 더러운 것들을 버리는 곳이며, 저주 받은 자를 죽이는 곳이다(참조. 출 29:14; 레 4:12, 21, 9:11, 24:14; 민 15:35, 19:3). 이처럼 예수님의 죽으심은 우연한 일이 아니고 예언 성취로 된 일이다.

2) 원수가 진리를 증거함. 예수님이 만왕의 왕이신 사실도 적그리스도 국가의 관리인 빌라도가 예언하였다. 그것은 그가 쓴 명패가 증명한다. 이 명패는 히브리, 헬라, 로마 말로 기록되었으니, 세계 모든 나라들을 대표한 것이다. 이것을 기록한 사람이 적그리스도 국가의 빌라도라는 것이 다시 우리를 놀라게 한다. 예수님이 만왕의 왕이신 사실은 너무도 참되기 때문에, 적그리스도 국가의 대표자까지 증거하였다. 이것 역시 가야바의 예언과 같은 종류의 것이다. 11:49-52의 해석 참조. 테오도르 찬(Theodor Zahn)은 빌라도가 쓴 명패의 의의에 대하여 다음과 같이 말하였다. "유대인들은 그들의 왕을 부인하였음에도 불구하고 십자가에 못 박히신 그는 그들의 왕이었다. 예수님이 죄인 아닌 죄인으로 정죄는 받으셨지만, 이제 모든 민족들은 그 분이 참된 왕이라는 사실을 읽어야 한다"라고 하였다.[224)]

3) 예수님의 재산과 가족의 분산. 이 세상에서 예수님의 육신적 생활의 근거가 없다는 것을 이 구절들(23-27절)이 가르친다. 그의 옷은 병정들에게 빼앗겼고, 그의 어머니는 그가 사랑하시는 제자 요한에게 맡겨졌다. 이 두 가지 사건은 그의 육신 생활에 있어서 세상에 남은 것이 전연 없음을 보여 준다. ① 그의 옷을 병정들이 빼앗았으므로, 그는 나체로 십자가에 달리게 되

---

224) Kommentaar zum Neuen Testament, Evangelium des Johannes, 651.

셨다. 그것은 그가 자기의 재산이란 것을 저축하신 것이 없었을 뿐만 아니라, 최후에 옷 한 벌도 몸에 감지 못하고 빼앗기셨다는 것을 보여 준다. 그뿐 아니라 이것은, 그가 우리의 죗값으로 벌거벗은 수치를 당하는 죄인의 처지를 취하게 되셨다는 뜻이다. 그가 벌거벗으셨으므로, 그의 백성은 의의 옷을 입는다(Schilder). ② 그가 그의 어머니를 사랑하는 제자에게 맡기셨다. 이 점에 있어서 그의 효성이 지극하신 사실도 알려진다. 만민의 속죄를 위하여 십자가에 달리시는 그는, 인륜도 깊이 기억하신다.

4) 예수님의 최후 고통. 이 단계에서 우리가 특별히 명심할 것이 두 가지 있다. ① 그가 끝까지 똑똑한 정신으로 고난을 받으셨다는 것. 28절에 말하기를 "성경을 응하게 하려 하사"라고 하였다. 이것을 보면, 그가 십자가 위에서도 친히 성경을 이루려고 하신 의식이 분명하셨던 것을 알 수 있다. 그는 자신이 성경의 성취로 오셔서 친히 성경을 이루시는 분이었다. 그의 죽음은 하나의 운명적인 것이 아니었다. 그것은 그가 성경대로 친히 행하신 제물 제공의 행동이었다. 그러므로 그것은 제물로서의 가치를 가진 것이다. ② 그의 수난의 최후 단계에 이르러 "목마르다" 하신 것(28절). 이는 그의 영적 또는 육체적 고갈이다. 그가 이처럼 목마르셨으므로, 신자들은 그에게 가서 생명수를 마시게 되었다(참조. 시 69:21). "다 이루었다"고 하신 말씀(30절)은, 그가 낮아지셔서 그의 육신과 영혼으로 받으실 고난을 다 받으셨다는 뜻이라고 한다(Schilder).

3. 예수님의 시체와 사람들(31-42절)

인간은 예수님의 말씀을 듣고도 변화되며, 그의 권능을 보고도 변화된다. 특별히 인간은 예수님의 시체를 보고 변화된다. 시체는 보통 사람의 것이라도 인간에게 교훈을 준다. 비록 완악한 자라도 시체를 보면, 그 심령이 녹아질 정도로 인생 문제에 대하여 심각하여진다. 하물며 메시아의 시체를 보는 자로서 인격의 본질에까지 변동을 받지 아니하랴! 물론 무슨 일에든지 예외는 있다. 그리스도를 십자가에 못 박도록 만든 유대인들은 예외이다.

1) 유대인들. 그들이 빌라도에게 청원하여 예수님의 다리를 꺾어 달라고 하였으니 얼마나 완악하였는가?(31절) 사람이 완악해지는 것은 은혜를 많이 받는 가운데서도 생기기 쉬운 것이다. 옛날에 이스라엘 사람들은 다른 민족보다 특수하게 하나님의 은혜를 받았다. 그들은 광야에서 메추라기와 만나를 하나님의 은혜로 받아먹었으며, 바위에서 물을 내어 마셨고, 불기둥과 구름기둥으로 인도함을 받았다. 그들이 저렇게 은혜를 많이 받는 중에도 은혜를 심상히 여겨 오다가 완악하여졌던 것이다(참조. 히 3:7-8, 13, 15-17). 그뿐 아니라 유대인들은 예수님의 시체 앞에서도 외식하였다. 율법의 목적과 내용은 예수 그리스도이신데, 그들이 예수님은 죽이고 율법의 의식은 지키려고 하여 안식일에 시체들을 십자가에 두지 않으려고 하였다(신 21:22-23). 그들이 율법의 근본이 되는 것은 범하면서 그 외부적인 한 방면을 지키려고 하였다. 그것은 큰 것보다 작은 것을 중대시 함이니, 약대는 통으로 삼키고 하루살이는 걸러 먹는 것과 같다. 이처럼 성경을 오용하는 것은 성경에 대하여 도적질함이다. 그것은 성경의 내용을 바로 사용함이 아니고, 인간의 사욕을 위하여 성경을 이용함이다.

2) 예수님의 시체를 바로 본 자들. 사도 요한은 예수님의 시체를 보고 크게 깨달아 증인의 생활을 하게 되었다. 그는 예수님의 시체로 말미암아 심혼골수까지 녹아졌다. 그는 메시아의 죽음의 의의를 알고 이렇게 증인이 되었다(35절). 그것은 백부장이 하나님께 영광을 돌린 일과(눅 23:47) 군중이 가슴을 두드리며 돌아간 일과(눅 23:48) 마찬가지이다. 물론 사도 요한의 경우는 좀 더 예수님의 시체를 바로 본 점에서 그들과 다르다. 그는 자기만 아니라 천하 만민을 죽음에서 생명으로 돌아오게 할 수 있는 힘이 예수님의 죽음에 있는 줄 알았다. 예수님의 죽음은 천지를 변화시킬 능력으로 알았다.

아리마대 요셉은 본래 겁약하여 드러나게 예수님을 따르지 못하였다(38절). 그러나 이제 가장 담대하게 예수님의 시체를 장사하게 되었다. 그는 가장 무서운 날에 가장 담대하게 되었다. 이것은 그가 예수님의 시체를 본 까닭이었다. 니고데모도 본래 겁약하여 밤중에 남모르게 예수님을 찾아왔던 자였다(39절). 그러나 그도 역시 이제 담대하여져서 예수님의 시체를 가져다가 향품과 함께 세마포로 싸게 된 것이다(39-40절). 이렇게 예수님의 시체 앞에서 사람들의 인생관이 근본적으로 변하였다.

해석

1 이에 빌라도가 예수를 데려다가 채찍질 하더라. 빌라도는 이처럼 예수님을 채찍질함으로써 사형을 대신하게 하여, 예수님을 죽이려는 유대인들의 마음을 만족하게 하려고 꾀한 것이다. 이것은 빌라도의 나약하고 야비한 수단이다. 이 채찍질은 로마 형법에 의한 것인데, 외국인들이나 종들에게 주는 형벌이다. 이런 형벌을 할 때는 죄수를 벌거벗겨서 기둥 같은 데 매고 채찍으로 마구 때렸다. 이처럼 매 맞는 자들은 그 자리에서 죽는 일도 있었다고 한다. 이사야 58:5에 말하기를 "그가 채찍에 맞음으로 우리는 나음을 받았도다"라고 하였다. 그가 이처럼 매를 맞으신 것은 아무런 법적 정죄 없이 당하신 것이다. 그가 이처럼 불법 취급을 받으심으로, 그를 믿는 우리에게 하늘의 의를 입혀 주신 것이다.

2 군인들이 가시나무로 관을 엮어 그의 머리에 씌우고. ① 가시나무는 인류 범죄의 결과이니(창 3:18), 그가 가시나무 관을 쓰시게 된 것은, 그가 인류의 죗값을 대신 받으신다는 표이다. 그가 이러한 고통의 면류관을 머리에 쓰신 이유는, 인류가 사상적으로 많은 죄를 범하기 때문이다. ② 군인들의 이 행동은

예수님의 왕이심을 조롱함이니, 참된 왕을 부인하는 악행의 극단이다. ③ 빌라도가 군인들의 이러한 행동을 허락해 둔 목적은 유대인들로 하여금 그것을 보고 만족을 얻도록 하려는 것이었다. 그는 이처럼 유대인들을 만족시키고 예수님을 놓으려고 하였다. 그러나 이것은 그의 불의한 수단이요, 나약하고 비루한 타협이다. 진리는 진리로만 세워지고, 불의한 수단이나 나약한 타협으로 세워지는 것이 아니다.

자색 옷을 입히고. "자색 옷"은 왕이 입는 옷인데, 이런 옷을 예수님께 입히는 것은 예수님의 왕 되심을 조롱하는 악행이다. 마태복음에는 그들이 예수님의 손에 갈대를 들리었다고 한다(마 27:29). 그것은 갈대로 왕의 홀을 대신하게 하여 그를 조롱함이다. 그리고 다시 마태복음에는 이 점에 대하여 더욱 자세한 기록이 있으니, "그 앞에서 무릎을 꿇고 희롱하여 이르되 유대인의 왕이여 평안할지어다 하며 그에게 침 뱉고 갈대를 빼앗아 그의 머리를 치더라"(마 27:29-30)고 하였다. 그들이 예수님에게 "평안할지어다" 하고 거짓되이 인사한 끝에 때렸으니, 이것은 극악한 조롱이다. 거짓된 인사도 큰 조롱인데, 그런 인사를 하면서 때린 것은 말로 다 할 수 없는 악행이다.

3 앞에 가서 이르되 유대인의 왕이여 평안할지어다. 예수님은 진정한 왕이시다. 그런데 그가 군병들로 말미암아 왕권에 대한 조롱을 당하셨다. 그것은 참되신 왕이 도리어 가짜 왕 취급을 당하심이다. 그것은 가장 가슴 아픈 멸시와 천대였던 것이다.

4-5 빌라도는 매 맞아 비참한 모양이 되신 예수님을 유대인들에게 구경거리로 보여 주었다. 4절에 "보라"는 말(ἴδε)이 있고, 5절에도 "보라"는 말이 있다. 예수님을 때린 것도 그에게 대한 극단의 모욕인데, 그렇게 모욕당하신 그의 모습을 구경거리로 만드는 행위는 극단적 모욕의 이중인 것이다. 빌라도가 매 맞아 상처 입으신 예수님을 유대인들에게 구경시킨 목적은, 예수님에 대한 그들의 동정을 얻어서 그를 놓고자 함이었다. 이것은 비진리에 타협

함으로써 동정을 얻어서 진리를 세우려는 모순이요, 이 세상의 도움을 구하여 하나님 나라를 전파하려는 모순이다. 이처럼 빌라도는 나약한 타협을 문제 해결의 최고 방법으로 삼은 것이다.

그러나 예수님은 모든 일의 열쇠가 하나님을 바라보는데 있다고 보셨다. 그는 말씀하시기를 "위에서 주지 아니하셨더라면 나를 해할 권한이 없었으리니"(11절)라고 하셨다. 예수님의 이 말씀은 빌라도의 그릇된 사상을 책망하시는 것이다.

6 **대제사장들과 아랫사람들이 예수를 보고 소리 질러 이르되 십자가에 못 박으소서 십자가에 못 박으소서.** 그들이 "십자가에 못 박으소서"라고 두 번씩이나 말한 것은, 예수님에 대한 그들의 지독한 미움을 표시한다. 무죄하신 예수님을 때려서 유대인들을 만족시킴으로 문제 해결을 보려던 빌라도의 악한 타협주의는 이처럼 기대에 어긋나는 결과를 가져온 것이다. 진리를 위한다는 자가 비진리와 타협하면, 언제나 진리를 세우지 못하고 도리어 진리를 무너뜨린다.

너희가 친히 데려다가 십자가에 못 박으라. 이 말도 빌라도가 결단의 취지로 한 것은 아니었다. 그는 이 말로써 한 번 더 나약한 태도를 나타낸 것뿐이다. 그것은 다음 구절에서 유대인들의 태도가 빌라도의 약점을 알고 굳세어지는 것을 보아서 알 수 있다.

7 **유대인들이 대답하되 우리에게 법이 있으니.** 이것은 빌라도에게 대한 그들의 협박이다. 그들은 이제 빌라도의 나약함을 알고 두려워하지 않는다. "우리에게 법이 있다" 함은, 하나님을 훼방한 자나 거짓 선지자를 죽일 수 있는 종교적 법이었다(레 24:16; 신 18:20). 그들은 참된 하나님의 아들을 모르고 이처럼 악한 죄인으로 취급하였다. 이때 예수님의 고통은 무한히 컸을 것이다. 진리는 사람들이 불신앙하는 그때 가장 큰 고통을 당한다(참조. 사 1:12-14).

8 **빌라도가 이 말을 듣고 더욱 두려워하여.** 이 재판에서 무리를 두려워하는 나약한 마음으로 의지대로 결단하지 못하는 빌라도의 약한 태도를 지적하는

말씀이다. 빌라도는 이 재판에서 줄곧 두려움을 가지고 있었지만, 이 지점에 이르러서는 "더욱 두려워"하였다. 그가 더욱 두려워한 이유는 무엇인가? 그것은 ① 유대인들의 태도가 강경하여 재판 건에 그를 의뢰하지 않을 듯한 기세를 보인 까닭이며(7상), ② 빌라도는 예수님이 자신을 가리켜 하나님의 아들이라고 하신다는 유대인들의 말(7하) 뜻을 완전히 이해하지 못한 것이다. 그러나 그는 그의 그릇된 종교적 관념으로써 "하나님의 아들"이란 말이 어떤 신께 대한 칭호인 줄로 짐작은 하였다. 그러므로 예수님을 죽이도록 내어주는 일이 그에게는 큰 두려움이었을 것이다. 그리하여 그는 재판에 결론을 내리지 못하고 다시 예수님에게 가서 심문한다.

9 너는 어디로부터냐. 빌라도가 예수님의 내력을 묻는다. 이것은 그가 유대인들의 말("그가 자기를 하나님의 아들이라 함이니이다"라고 한 말)을 듣고 겁이 나서, 예수님이 누구이심을 알아보려는 질문이다. 이것은 그가 예수님을 믿으려는 진실한 질문은 아니었다. 예수님이 자신에 대하여 벌써 빌라도에게 분명히 증거하신 바 있는데(18:33-37), 또다시 질문하는 것은 공연한 일이었다. 예수님은 이런 불신실한 질문에 대하여는 대답하지 않으셨다.

10-11 이 두 구절은 최고의 권리가 자기에게 있는 줄 아는 빌라도의 인본주의와, 모든 권세의 근원이 하나님께 있다는 예수님의 신본주의를 대조시킨다.

놓을 권한도 있고 십자가에 못 박을 권한도 있는 줄 알지 못하느냐(10절). 빌라도는 이 말로써 자기의 무식과 교만을 나타낸다. 그는 인간인 자기가 최후 단안을 내릴 수 있는 권세의 소유자라고 자처한다. 그것은 모든 권세의 주재이신 하나님을 모르는 무식이다. 이런 무식은 그에게 교만을 낳아 주었다. 언제나 교만은 무식의 아들이다. 진리를 아는 자는 겸손해지는 법이다.

예수께서 대답하시되 위에서 주지 아니 하셨더라면 나를 해할 권한이 없었으리니(11절). 하나님께서 빌라도에게 예수님을 해할 권세를 주지 아니하셨다면 그는 예수님을 해하지 못하였으리라는 말씀이다. 빌라도는 사람만 보고 모든 것을 그릇되게 판단하지만, 예수님은 하나님만 보시고 진리대로 판단하신다. 정치적 권세도 하나님이 주지 아니하시면 아무도 받을 수 없다.

그러므로 나를 네게 넘겨 준 자의 죄는 더 크다 하시니라. 이 말씀에 대한 해석은 몇 가지 가 있다. ① 빌라도의 정권은 하나님이 주신 것인데도 불구하고 대제사장들이 그것을 하나님의 아들 예수님을 죽이는 데 사용했으니, 그 죄가 더욱 크다는 뜻이다(Calvin). ② 슐라터(Schlatter)는 말하기를 "빌라도가 자기에게 주어진 권력을 잘못 사용한 것은 죄악이다. 그러나 그 죄는 받은 권세 없이, 또는 예수님을 잡도록 강요된 일도 없이 행동한 자들(제사장들과 바리새인들)의 죄보다는 가벼운 것이다"라고 하였다.[225] 예수님을 잡아서 빌라도에게 넘겨 준 대제사장들과 바리새인들은 정권을 가진 자들이 아니었다. 그들의 죄악은 더 크다. 이 해석이 더 유력하다. 이 말씀을 보면, 부패한 시대에 옳지 않은 교역자들이 정권에 붙어서 하나님의 진실한 종들을 박해하는 것이 무엇보다 큰 죄악임을 알 수 있다.

12 이러하므로 빌라도가 예수를 놓으려고 힘썼으나. 예수님의 말씀을 들은 빌라도는 공포심에 끌려서 그를 놓으려고 다시 애쓴다. 빌라도는 한편 예수님을 두려워하는 듯한 태도를 가진 것이다.

13 빌라도가…돌을 깐 뜰(히브리 말로 가바다)에 있는 재판석에 앉아 있더라. "돌을 깐 뜰"은 그때 유대인들이 쓰던 말로는 "가바다"(גַּבְּתָא)라고 하는데 언덕을 의미한다. 이곳은 아마도 돌을 깔아 놓은 높은 장소를 가리킨 듯하다.

14 이 날은 유월절의 준비일이요 때는 제 육시라. "유월절의 준비일"이란 얼른 보면 모순된 듯하다. 예수님이 잡히시기 전날 밤에 벌써 유월절 만찬을 잡수시

---

225) Pilatus missbraucht die ihm gegebene Macht und das ist Schuld; sie ist geringer als die Schuld dessen, der ohne ἐξουσία a handelte, den also nichts nötigte, sich an Jesus zu vergreifen.-Der Evangelist Johannes, 345.

지 않았는가? 이것이 문제될 듯하다. "유월절의 준비일"이란 말에 대하여 두 가지 해석이 있다. ① '참 유월절'의 준비일, 곧 '참 유월절' 양이신 그리스도께서 죽으시는 날이라는 뜻이다(Grosheide). ② 유월절 주간의 안식일의 예비일, 곧 금요일을 의미한 것이라는(Lenski) 견해이다. 이 둘째 해석이 옳다(마 27:62; 막 15:42; 눅 23:54).

"때는 제 육시라." 예수님이 빌라도에게 재판 받으신 시각이다. 마가복음 15:25에는 예수님이 십자가에 못 박히신 시간을 "제 삼시"라고 하였는데, 여기서 요한은 예수님이 재판 받으신 시간을 "제 육시"라고 하였다. 이 두 사건에 있어서 시간상 선후가 맞지 않는 듯하다. 그러나 이 문제는 다음과 같이 해결된다. 곧 요한은 로마의 시간 계산법대로 말한 것이다. 로마의 시간 계산법(오늘날 우리의 시간 계산법과 같음)대로 오전 6시에 예수님이 빌라도에게 판결을 받으시고(19:14-16; 참조. 마 27:1-2), 골고다까지 끌려가시는 데는 상당한 시간이 걸렸을 것이다(눅 23:26-31).

그 후에 예수님이 십자가에 못 박히신 시간은 오전 9시였다. 오전 9시는 유대의 시간 계산법대로 "제 삼시"이다(막 15:25). 요한은 예수님이 빌라도에게 최후 판결을 받으신 시간을 말하였고, 마가는 예수님이 십자가에 못 박히신 시간을 말하였으니, 그 두 기록이 시간문제에 있어서 서로 다를 수밖에 없다.

15 그들이 소리 지르되 없이 하소서 없이 하소서 그를 십자가에 못 박게 하소서 빌라도가 이르되 내가 너희 왕을 십자가에 못 박으랴 대제사장들이 대답하되 가이사 외에는 우리에게 왕이 없나이다. "그들"이란 일반 유대인들, 곧 군중을 가리킨다(12절). 군중은 저렇게 대제사장들이나 기타 종교 지도자들의 선전에 넘어가 그들의 수족 노릇을 한다. 군중들이 예수님의 선한 일들을 본 적도 있었으련만, 그들은 그것을 아는 듯 모르는 듯 저렇게 부화뇌동하여 대제사장들이 시키는 대로 악하게 움직인다.

"가이사 외에는 우리에게 왕이 없나이다." 대제사장들은 간교하게도 저렇게 마음에 없는 말을 한다. 그들이 로마 황제 가이사를 사랑하여 저런 말을 한 것은 아니다. 그들은 가이사를 미워하였다. 그러나 그들이 예수님을 가장 미워하였으므로 다른 미운 사람들은 모두 저희에게 한편처럼 느껴진 것이다. 이와 같은 일은 흔히 도의나 양심이 없는 세계에서 일어나는 것이다. 그런 사람들은 자기 개인의 이해관계만 생각하고 행동한다. 그들에게는 진리나 도덕의 일정한 표준이 없다.

16 이에 예수를 십자가에 못 박도록 그들에게 넘겨 주니라. 빌라도는 자기가 책임지지 않기를 원하면서도 예수님을 십자가에 못 박도록 내주고야 말았다. 그러므로 그에게 책임이 있으니, 그것은 그가 판결을 내렸기 때문이다.

17-37절. 이 부분에서는 예수님이 십자가에 못 박히신 사건을 말한다.

1) 누가복음에 있는 대로 예루살렘의 여자들이 십자가에 못 박히려고 나아가시는 예수님을 뒤따르면서 운 것은, 예수님의 괴로움을 위로하는 효과를 못 냈다. 그들은 예수님을 불행한 자로 알고 운 것이었다. 그러나 예수님은 불행한 자가 아니었다. 예수님은 '마른 나무'(자기 죄로 인하여 망할 수밖에 없는 악인)가 아니었고 '푸른 나무'였다. 그는 생명나무, 곧 의로우신 중보자 주님이시다(눅 23:28, 31).

2) "해골이라 하는 곳"은 예루살렘 성 밖에 있었는데, 두개골과 같이 좀 두드러진 언덕이었으며, 큰길 가에 있어서 행인들이 익히 보며 지나던 곳이다. 이곳은 지형으로 보아 예수님이 죽으실 장소로 적합하였다. 예수님의 죽으심은 온 천하에 공포되어야 할 속죄의 죽음이었다. 이 죽음은 높은 데서 전파되어야 하겠고, 큰 길 가에서 선포되어야 할 것이었다. 그것은 은밀히 감출 것이 아니었고 얼마든지 드러내어 선포될 일이었다.

3) 또다시 누가복음에 있는 대로 예수님이 두 강도들 가운데서 십자가에

못 박히셨으니 그것도 뜻이 있다. 그것은 그가 우리를 대신하여 가장 악한 죄인처럼 취급받으신 사건이다(눅 23:33).

4) 예수님을 십자가에 못 박는 자들이 그의 옷을 벗기었다(23-24절). 그것은 그에게 큰 수치를 끼침이었다. 그가 벌거벗은 수치를 당하심으로 그를 믿는 자들은 의(義)의 옷을 입게 하신다.

5) 예수께서 십자가에 못 박히실 때 사람들이 그로 하여금 고통을 느끼지 않게 하려고 쓸개 탄 포도주를 드렸다. 그러나 그는 그것을 맛보고 마시지 않으셨다(마 27:34). 그가 그것을 마시지 않은 이유는, 그가 가장 중요한 속죄제물을 드리는 그 시간에 최후까지 깨어 있고자 하신 까닭이었다. 그 시간은 중보 역사의 가장 중요한 때이므로 마취제로 취함이 되어서는 안 될 때였다. 그는 십자가의 고통을 무감각하게 당하려 하지 않으시고 그것을 다 받으려고 깨어 있기 원하셨다.

6) 예수님이 십자가에 죽으심은 두 가지 뜻을 나타낸다. 첫째는 그의 죽으심이 높이 들리어 모든 사람들이 바라볼 수 있게 됨을 의미하고, 둘째는 그의 죽으심이 우리를 대신하신 저주의 죽으심을 의미한다. 구약에 말한 대로 나무에 달려 죽음은 저주의 죽음이었다(신 21:23). 그가 우리를 대신하여 저주를 받으신 고로 우리는 생명의 축복을 받게 된다.

7) 마가복음에 있는 대로 예수님이 십자가에 못 박히신 동안이 여섯 시간이었는데(막 15:25, 34, 37), 세 시간 동안 온 땅에 어두움이 임하였다(막 15:33; 마 27:45). 그것은 인류의 대표 되신 그리스도 예수님에게 내리신 하나님의 진노의 표시였다. 빛은 하나님께서 이 세상을 창조하시고 첫 선물로 주신 것이었으니, 그것이야말로 자연에 가장 좋은 선물이며 축복이다. 그런데 이제 빛이 없는 세계는 하나님의 진노로 가득하였음이 분명하다. 그리스도께서 이처럼 하나님의 진노를 당하셨으므로, 우리가 마땅히 당할 수밖에 없었던 영원한 진노는 없어졌다.

17 해골(히브리 말로 골고다)이라 하는 곳. "해골"이란 말은 두개골을 의미한다. 찬(Zahn)은 이것이 두골 형상으로 생긴 언덕의 이름이고, 해골이 있는 곳을 가리킴이 아니라고 하였다.[226] 그러나 많은 학자들이 그곳 이름의 유래를 확실히 모르겠다고 한다. 어쨌든 그곳이 예루살렘 성 밖에 있은 것만은 확실하다. 그리스도께서 성 밖에서 죽임이 되신 것은, 역시 그의 죽음의 수욕된 성격이다(히 13:12-13; 참조. 출 29:14; 레 4:12, 9:11, 24:14; 민 15:35, 19:3). 그가 수욕과 저주를 당하셨으므로(신 21:23; 갈 3:13), 그를 믿는 자들은 구원을 받는다. "골고다"는 라틴어로 칼바리아(Calvaria)이다.

18 십자가에 못 박을새. 그때 로마 풍속대로 십자가에 못 박는 방식은 이러하였다고 한다. 못 박힐 자의 등을 십자가에 가져다 대고, 그의 두 손을 나무의 좌우편 끝에 가져다가 못 박고, 두 발은 나무에 결박하든지 혹은 함께 겹쳐서 못 박든지 하였다고 한다(Hastings, Dic. of the Bible). 요한복음 20:20, 25, 27에는 예수님의 발에 대한 말씀이 없으므로 예수님은 그의 손만 못 박히셨다고 하는 학설이 있다. 그러나 누가복음 24:39에는 그의 발에 대한 말씀도 있다.

다른 두 사람. 이들은 두 행악자를 가리킨다(마 27:38, 44; 막 15:27; 눅 23:33).

19 빌라도가 패를 써서 십자가 위에 붙이니 나사렛 예수 유대인의 왕이라 기록되었더라. 빌라도가 이렇게 한 것은 성령의 인도로 말미암아 한 것이다. 그는 예수님의 죽으심이 어떤 죄목으로 인한 것이 아니고, 유대인의 왕격으로 애매하게 그렇게 되었다는 뜻으로 저렇게 "패"를 써 붙인 것이다. 그는 예수님이 십자가에 못 박히도록 판결해 놓고, 이제 와서 힘껏 그를 높인다. 그가 그리스도를 높인 것은 우연한 일이 아니고 성령님의 인도로 말미암아 된 것이었다.

20 히브리와 로마와 헬라 말로 기록되었더라. "유대인의 왕"이란 메시아를 의미

---

226) Hier name eine schädelformigen Hügels nicht ein Platz wo Schädel liegen.

하는데, 빌라도가 그것을 세 나라 말로 쓴 것은 메시아께서 세계 만민의 구주이심을 알게 하려는 하나님의 섭리로 된 것이었다.

21-22 **유대인의 대제사장들이 빌라도에게 이르되 유대인의 왕이라 쓰지 말고 자칭 유대인의 왕이라 쓰라 하니 빌라도가 대답하되 내가 쓸 것을 썼다 하니라.** 대제사장들은 예수님의 죽으심의 죄책을 예수님 자신에게 넘겨씌우려는 목적으로 저런 청원을 하였다. 그러나 하나님께서는 빌라도의 마음을 굳게 하시므로 그의 뜻을 이루신다. 진리에 대한 빌라도의 약한 마음은 결국 예수님을 십자가에 못 박도록 내주었다. 그러나 그것도 하나님 모르시게 된 일은 아니었다. 그것도 하나님의 섭리 가운데서 되었다. 하나님은 이제 예수님의 죽으심에 대한 올바른 해석을 빌라도의 굳센 마음과 붓을 통하여 밝히 나타내셨다. 빌라도는 대제사장들의 청원을 일축하고 이미 쓴 그대로 굳게 주장하였다.

23-24 군인들이 예수님의 옷을 나눠 가진 사실에 대하여 말한다. 예수님은 모든 것을 빼앗기신다. 그는 땅 위에서도 용납 받으실 자리가 없고, 하늘도 그때는 그를 영접하지 않았다. 그는 벌거벗기고 모든 사람들 앞에서 조롱거리가 되셨다. "내 겉옷을 나누며 속옷을 제비 뽑나이다"(시 22:18)라고 한 예언이 여기서 성취되었다.

25 **예수의 십자가 곁에는 그 어머니와 이모와 글로바의 아내 마리아와 막달라 마리아가 섰는지라.** 예수님의 "이모"란 사도 요한의 어머니 살로메를 말한다(마 27:55-56; 막 15:40). "글로바"는 헤게시푸스(Hegesippus)의 말에 의하면 요셉의 동생이었다고 하나, 확실히 알 수 없다. 이 여자들이 십자가 곁에 선 것은, 그들의 신앙적 담력을 나타낸다. 어떤 때는 여자들이 의리를 위하여 남자들보다 더 담대하다.

26 **예수께서 자기의 어머니와 사랑하시는 제자가 곁에 서 있는 것을 보시고 자기 어머니께 말씀하시되 여자여 보소서 아들이니이다 하시고.** 여기서 세 가지 의미를 생각한다. ① 예수님은 최후까지 하나님께 순종하심에 있어서도 인륜을 잊지 않으

셨다. 그는 어머니에 대하여 하실 바 책임을 다하셨다. 그는 모친 부양의 책임을 사랑하는 제자 요한에게 맡기셨다. ② 예수님이 자기 어머니를 사랑하시는 제자에게 맡기신 것은 그의 보다 큰 사명, 곧 영적 사명을 위한 것이다. 그것은 자연에 속한 것들이 모두 영에 속한 것을 위하여 수종들어야 할 것을 가르치시는 중대한 교훈이다. ③ 예수님은 혈육보다 영적 가족을 더 귀히 여기셨다. 그래서 자기 어머니를 동생들보다 사도 요한에게 맡기셨다. 영적 계통은 영원한 것이며 하나님 중심이니 만큼, 그것을 위주 할수록 하나님과 가까워진다. 바울은 그렇게 살았다. 그는 루포의 어머니를 자기 어머니라고 하였고, 디모데와 디도를 자기의 참 아들이라고 하였다(딤전 1:2; 딛 1:4). 예수님은 "하늘에 계신 내 아버지의 뜻대로 하는 자가 내 형제요 자매요 어머니이니라"(마 12:50)고 하셨다. 인간이 그 사랑을 혈통 가족에게만 줄 때 협착한 개인주의에서 썩고 만다. 그가 자기 가족만 사랑한다는 것은, 그 자신 하나만 사랑한다는 것과 같다. 그것은 실상 사랑이 아니다. 사랑은 자아에서 떠나서부터 있기 시작하는 법이다. 사랑은 자아 아닌 자를 대상으로 가진다. 우리는 이것을 알아야 한다. 인간은 사랑에서만 진정한 생명력을 발휘한다는 것이다. 누구든지 사랑이 넓을수록 그의 생이 넓으며, 사랑이 깊을수록 그 생이 깊다. 테니슨(Tennyson)이 읊은 시를 보면 "남들의 슬픔에 대하여 내가 깊이 생각해 준 거기에 나의 가장 좋은 날이 있었도다. 자신을 잊어버린 때 우리는 살기를 배우는도다"라고 한 구절이 있다.

28　그 후에 예수께서 모든 일이 이미 이루어 진 줄 아시고 성경을 응하게 하려 하사 이르시되 내가 목마르다 하시니. 십자가에 못 박히신 그가 죽으실 것이 확실함에 따라 인류를 구속하실 대 사업이 완성된 줄 아셨다. 이제는 자기 자신에 대한 말씀, 곧 "목 마르다"라고 말씀하실 수 있었다(Grosheide). "성경을 응하게"한다 함은, 시편 69:21의 성취를 염두에 두고 하신 말씀이다. 목마름은 십자가 위에서 죽는 자들이 당하는 특수한 고통이라고 한다. 그가 그렇게 목마르신 고

통을 당하셨으므로, 우리 신자들에게는 생명수가 공급된 것이다(참조. 7:37).

29 **거기 신 포도주가 가득히 담긴 그릇이 있는지라 사람들이 신 포도주를 적신 해면을 우슬초에 매어 예수의 입에 대니.** "신 포도주"는 예수님이 십자가에 못 박히시던 초두에 사람들이 드렸던 "쓸개 탄 포도주"(마 27:34)와 같은 것이 아니다. "쓸개 탄 포도주"는 마취제였다. 그러나 "신 포도주"는 군인들이 마시는 술이라고 한다. "우슬초"는 갈대 같은 식물인데 그 길이는 90-120cm 정도이다. "해면"은 솜을 의미한다.

30 **다 이루었다 하시고.** "다 이루었다" 하심은, 하나님의 백성을 대속하는 거룩한 사역을 완성하셨다는 뜻이다(참조. 눅 18:31, 22:37; 행 13:29). 이 말씀은 그가 십자가 위에서 하신 여섯 번째 말씀이다. 십자가 위에서 하신 말씀은 모두 일곱 마디인데, 다음과 같은 차례대로 말씀하셨다. 눅 23:34, 43; 요 19:26; 마 27:46; 요 19:28, 30; 눅 23:46.

31 **이 날은 준비일이라 유대인들은 그 안식일이 큰 날이므로 그 안식일에 시체들을 십자가에 두지 아니하려 하여 빌라도에게 그들의 다리를 꺾어 시체를 치워 달라 하니.** 예수님이 십자가에 못 박히신 날은 금요일이었으니, 안식일 바로 전날이었다. 유대인들은 안식일에 거리낌이 없도록 하기 위하여 그날 모든 준비를 한 것이다. 시체를 안식일까지 그냥 십자가 위에 두는 것은 율법을 어기는 것이었다(신 21:23; 수 8:29, 10:27). 그러므로 그들은 빌라도에게 시체를 치워 달라고 청원하였다.

32 **군인들이 가서 예수와 함께 못 박힌 첫째 사람과 또 그 다른 사람의 다리를 꺾고.** 그들이 이와 같은 행동을 취한 목적은 십자가에 못 박힌 두 강도들을 완전히 죽이려는 것이었다. 이것은 그들의 잔인한 행동의 극단이다. 그때 그들의 눈앞에는 처형된 자들의 생명이 남아 있을 수 없었다.

33 **예수께 이르러서는 이미 죽으신 것을 보고 다리를 꺾지 아니하고.** 이때 예수님은 확실히 죽으신 것으로 드러났다. 그는 십자가에 못 박히는 데 있어서 영적인

고통이 컸으므로 강도들보다 빨리 죽을 수밖에 없었다. 다시 말하면 그가 하나님으로부터 내버림이 되신 것은 그에게 무한한 고통이었다. 그뿐 아니라 그는 빌라도와 군인들에게 많은 괴로움을 당하셨다. 이렇게 예수님은 하나님의 백성을 위하여 무한한 고통을 받으셨기 때문에 비교적 빨리 죽으셨던 것이다. 그러므로 그 무지한 병정들도 이 사실을 알았다. 이 모든 사실은 결국 그의 뼈가 하나도 꺾이지 아니하리라는 예언(시 34:20)을 성취시켰다.

34 그 중 한 군인이 창으로 옆구리를 찌르니 곧 피와 물이 나오더라. 예수님의 옆구리에서 "피와 물"이 나온 사실에 대하여는 다음과 같은 몇 가지 해석이 있다. ① 피와 물이 각각 따로 나온 것은, 그가 벌써 죽어서 몸에 부패 작용이 시작된 까닭이라고 한다(Westcott). ② 피와 물이 각각 따로 나온 것은, 예수님의 심장이 많은 고통으로 인하여 벌써 파열되어 있었기 때문에 그렇게 되었다고 한다(Stroud, Bergsma).

어쨌든 이 사실은 예수님이 확실히 죽으신 것을 증거하는 것이다. 요한이 증거한 사실도 이것이다. 이 사실을 근거로 하여 학자들은 영적 의미를 지적하기도 한다. 아우구스티누스(Augustine)에 의하면 "물"은 세례를 상징하고 "피"는 성찬을 상징한다고 한다. 또 다른 학자에 의하면 "물"은 성령(혹은 말씀)을, "피"는 속죄를 각각 상징한다고 한다. 슐라터는 영적 의미에 대하여 말하기를 "물과 피는 그의 교회에 대하여 주실 은혜를 확증하는 것이다. 그것이 사도 요한에게는 중대한 것이다. 그것이 예수님의 십자가로 말미암아 확실히 이루어졌다"라고 하였다.[227] 그러나 크로샤이데(F. W. Grosheide)는 여기에 영적 의미를 붙이는 것은 옳지 않다고 하며, 그것으로 예수님의 죽으신 사실만 확증된 것뿐이라고 하였다.

35 이를 본 자가 증언하였으니 그 증언이 참이라 그가 자기의 말하는 것이 참인 줄 알

227) Erläuterungen zum Neuen Testament I, 810.

고 너희로 믿게 하려 함이니라. 앞 절에서 말한 "물과 피"는, 사도 요한이 친히 본 참 사람 예수님이 죽으신 사실을 말하는 것이다. 예수님이 하신 일들은 하나님이 하시는 일들이었음이 너무도 분명했다. 따라서 그가 사람인 것이 의심날 정도였다. 그러므로 그가 사람인 사실도 증언하는 것이 필요하였다. "물과 피"의 증거는 하나님의 아들이 참된 사람이신 사실에 대한 사도적 증언이기도 하다. 사도적 증언은 성령의 증언과 동행한다(14:26; 15:26-27). 사도 요한은 예수님이 참으로 죽으신 광경을 보고 그 죽음을 증언하였다. 하나님의 아들이 우리 신자들을 대신하여 죽으신 사실은 영원히 보배로운 사실이다. 사도는 십자가에 가까이 서서 그 사실을 보았고, 이제 그것을 증언하였다. 크로샤이데는 사도 요한의 이 증언의 동기를 다음과 같이 말해 준다. "사도 요한이 이것을 기록하기는, 하나님의 아들이 참으로 인간성을 취하여 인간처럼 죽을 수 있을까 하고 의심하는 이단 영지주의가 주장하는 가현설(docetism)을 반박하려는 데 있다."[228]

36 이 일이 일어난 것은 그 뼈가 하나도 꺾이지 아니하리라 한 성경을 응하게 하려 함이라. "뼈가 하나도 꺾이지 아니하리라"고 한 것은, 하나님께서 의인을 보호하신다는 의미로 말씀한 구절(시 34:20))의 인용이라고 할 수 있다. 그보다도 이것은 예수님을 유월절 양에 비유한 의미에서 민수기 9:12의 인용이라고 할 수 있다. 예수님을 "유월절 양"에 비유한 말씀은 고린도전서 5:7-8 에 있다.

37 그 찌른 자를 보리라. 예수님이 찔려 죽임이 되실 것을 예언하였다는 뜻이다. 이 예언은 스가랴 12:10에 있다.

38 아리마대 사람 요셉은 예수의 제자이나 유대인이 두려워 그것을 숨기더니 이 일 후에 빌라도에게 예수의 시체를 가져가기를 구하매 빌라도가 허락하는지라 이에 가서 예수의 시체를 가져가니라. "아리마대"란 곳은 베냐민 지방과 라마 지방의 사이에 있는

---

228) Het Heilige Evangelie Volgens Johannes, Kommentaar II, 1950, 510.

곳을 의미한다는 의견이 있고, 에브라임에 있는 라마 지방을 가리킨다는 의견도 있다. "요셉은 예수의 제자"라고 한 것은, 그가 일찍이 드러나게 예수님을 따르지는 않았으나 역시 은밀히 그를 사모하던 제자였다는 의미이다. 우리는 예수님을 봉사한 사람들 중에 요셉이란 이름을 가진 이들을 유의해서 본다. 예수님의 어린아이 때도 요셉이란 사람이 그를 보호하였고, 이제 그가 십자가에 달린 후에도 또 다른 요셉이란 사람이 나타나 봉사한다. 그런데 이 요셉이 나와서 예수님의 시체를 장사한 일에 대하여 몇 가지 생각할 교훈이 있다. ① 그는 감춰어진 의인이라고 할 수 있다. 엘리야는 하나님의 선지자 중 자기만 남은 줄 알았으나, 하나님의 말씀은 바알에게 무릎을 꿇지 않은 자 7천 명을 남겨 두었다고 하셨다(왕상 19:14, 18). 의인은 악한 시대에 낙심할 필요 없다. 그도 알지 못하는 중에 그와 공명하는 자들이 있다. 평시에 그에게 친밀하지 않은 듯한 자가 환난 때는 친밀해지는 일도 있다. 아리마대 요셉은 그 무서운 환난 중에도 담대히 나와서 예수님의 시체를 장사하였다. 이 용기는 하나님께서 주신 것이다. ② 예수님의 장례는 가장 쓸쓸하고 적막한 것이었다. 그것도 역시 고난의 메시아 성격을 보여 준다. 그의 많은 제자들 중 아무도 십자가에 못 박히신 예수님의 몸을 건사하는 자가 없었다. 다만 산헤드린 공의회, 곧 그의 원수들의 회중에 숨었던 한 사람이 나와서 요셉과 함께 예수님의 시체를 장사한 것이다.

39-40 "니고데모"도 본래 겁약했던 사람이었으나, 이와 같은 위기에 도리어 담대히 봉사하였다.

41 **아직 사람을 장사한 일이 없는 새 무덤.** 마태복음 27:59-60을 보면, 이 "새 무덤"은 아리마대 사람 요셉의 소유이다(참조. 눅 23:50-58). 이 말씀은 그의 장례의 또 한 가지 적막한 방면을 가리킨다. 그는 묻히실 곳도 없어서 남의 무덤을 빌리게 되셨다. 예수님은 이제 세상의 구주로서 최후적 단계에까지 미천해지셨으며, 또 그 백성을 체휼하시는 단계에 들어가셨다. 그것은 그가

지하의 무덤 속에 매장되신 사실이다. 그것은 예언대로 이루어진 것이다(사 53:9).

42 **이 날은 유대인의 준비일이요.** 곧 안식일 지킬 준비로 지내는 날이란 뜻이다. 이것은 오늘날의 금요일을 가리킨다.

설교 어머니에게 대한 효행(19:25-27)

예수님은 십자가에 못 박히신 중에서도 그 어머니를 잊지 않으셨다. 우리는 예수님에게서 효행도 배우자. 그는 어머니를 그가 가장 사랑하시는 제자 요한에게 부탁하셨다. 그가 왜 그 어머니를 하필 요한에게 부탁하셨을까? 그때 그의 형제들은 불신자들이었으니 그들은 그 어머니에게 영적 평안을 줄 수 없었다. 그 어머니에게는 영적 평안이 필요하였다.

효행은 기독교 이외의 종교와 도덕에서도 어느 정도 가르치고 있다. 그러나 기독교는 이에 대하여 진리대로 강조하며 가르친다. 구약에는 효행에 대한 교훈과 모본이 많이 기록되었다. "내 아들아 네 아비의 명령을 지키며 네 어미의 법을 떠나지 말고 그것을 항상 네 마음에 새기며 네 목에 매라"(잠 6:20-21), "지혜로운 아들은 아비를 기쁘게 하거니와 미련한 아들은 어미의 근심이니라"(잠 10:1), "지혜로운 아들은 아비를 즐겁게 하여도 미련한 자는 어미를 업신여기느니라"(잠 15:20), "네 부모를 즐겁게 하며 너를 낳은 어미를 기쁘게 하라(잠 23:25)"고 하였다.

부모에게 효도한 모범적인 사람들 중에 특별히 룻을 생각해 볼 만하다. 그는 남편을 여의고 홀로 되었어도 시어머니를 떠나지 않고 끝까지 따라가 섬겼다. 그의 시어머니 나오미가 말하기를 "네 동서는 그의 백성과 그의 신들에게로 돌아가나니 너도 너의 동서를 따라 돌아가라"룻 1:15)고 하였다. 그때 룻은 대답하기를 "내게 어머니를 떠나며 어머니를 따르지 말고 돌아가라 강권하지 마옵소서 어머니께서 가시는 곳에 나도 가고 어머니께서 머무시는 곳에서 나도 머물겠나이다 어머니의 백성이 나의 백성이 되고 어머니의 하나님이 나의 하나님이 되시리니 어머니께서 죽으시는 곳에서 나도 죽어 거기 묻힐 것이라 만일 내가 죽는 일 외에 어머니를 떠나면 여호와께서 내게 벌을 내리시고 더 내리시기를 원하나이다"(룻 1:16, 17) 라고 하였다.

1. 효행은 권위 인식에서 나옴

육신으로 말하면 예수님은 그 모친에게서 나셨다. 소생이 그의 근본을 존중함은 결국 권위를 존중하는 덕이다. 권위를 존중하라는 말씀은 성경에 많이 있다. 로마서 13:7에 "두려워할 자를 두려워하며 존경할 자를 존경하라"고 하였다. 그리고 유다서 8절에는 이단자들이 권위를 업신여긴다고 하였다. 그러면 우리는 부모의 권위를 존중히 하되 그 권위가 하나님에게서 난 것을 알고 더욱 그리해야 한다. 하나님이 세워 주신 권위를 무시하는 자는 망한다.

2. 효행은 사랑 인식에서 나옴

인간에 대한 하나님의 관계는 사랑이다. 하나님의 권위 있는 율법도 결국 사랑이라는 말 한 마디로 요약할 수 있다. 워터링크(Waterink)는 그의 저서 『기독교 교육학의 근본 개념』(Basic Concept in Christian Pedagogy)이란 책에서 말하기를 "사랑과 권위는 서로 분리될 수 없다."고 하였다. 자식에 대한 부모의 관계도 부족하나마 사랑으로 성립되어 있다.

성경은 하나님의 사랑을 어머니의 사랑으로 비유하기도 하였다. 이사야 49:15-16에 말하기를 "여인이 어찌 그 젖 먹는 자식을 잊겠으며 자기 태에서 난 아들을 긍휼히 여기지 않겠느냐 그들은 혹시 잊을지라도 나는 너를 잊지 아니할 것이라 내가 너를 내 손바닥에 새겼고 너의 성벽이 항상 내 앞에 있나니"라고 하였다. 이처럼 하나님의 사랑을 비유하는 어머니의 사랑이 자식을 바로 만든다. 존 웨슬리(John Wesley)의 어머니는 열아홉 자녀들을 기르면서 규칙적으로 양육하였으며, 무디(Moody) 선생은 자기의 된 것이 어머니 때문이라고 하였고, 웅변가 다니엘 웹스터(Daniel Webster)는 영어를 능하게 쓰게 된 것이 자기 어머니의 교훈으로 말미암았다고 하였으며, 유명한 아프리카 선교사 로버트 모패트(Robert Moffatt)는 그가 선교사 된 것이 어머니의 감화로 되었다고 하였으며, 워너메이커(John Wanamaker)도 자기 어머니 옆에 꿇어앉아서 기도를 배웠다고 하였으며, 스펄전(Spurgeon)은 주일 저녁마다 그 어머니에게서 성경을 배웠다고 하였다. 선원들을 위하여 일생 헌신하고 전도한 뉴턴(John Newton)의 어머니는, 그 아들 뉴턴이 악한 사람으로 지낼 때 쉬지 않고 기도한 결과 마침내 뉴턴이 회개하고 유력한 전도자가 되었다. 그의 전도를 통하여 유명한 토머스 스코트(Thomas Scott)와 윌리엄 쿠퍼(William Cowper)가 나오게 되었다. 모든 위인들의 배후에는 어머니의 역할이 컸다. 보통 사람들에게도 역시 어머니의 감화가 큰 것을 우리는 알아야 한다.

설교 그리스도의 죽음을 증거하는 자(19:31-37)

1. 그리스도의 죽음은 어떤 사실인가

그리스도의 죽음은 성경적 사실이다. 곧 그것은 예언대로 된 사실이다. 요한이 예수님의 옆구리에서 물과 피가 흘러나옴을 보고야 예수님의 죽으심을 확인하게 된 것은 아니었다. 그는 벌써 그 사실을 알고 있었다(33절). 그러나 그는 그 흘러나온 피와 물로 인해서 그 사실을 재확인한 것이다. 우리는 이 점을 기억하자! 기독교의 진리는 단지 사람이 목도한 사실의 성격을 가진 것만이 아니고, 성경적 진리라는 것이다. 성경적 진리는 반석과 같이 든든하다. 천지는 폐할지언정 그 진리는 폐할 수 없다. 그 이유는 그것이 하나님의 말씀이기 때문이다. 곧 그것은 하나님이 예언하신 대로 이루어진 사실이기 때문이다. 예언대로 이루어진 사실은 네 겹으로 믿음을 준다. ① 그 예언을 주신 하나님을 믿게 하고, ② 그 예언이 기록된 책, 곧 성경을 믿게 하고, ③ 그 예언이 성취되어 나타난 사건을 믿게 하고, ④ 그 성취된 사건이 내포한 장래의 축복을 믿게 한다. 이제 생각하건대, 예수님의 죽으심은 그의 부활과 같이 중요한 신앙 진리이니 만큼, 그것도 성경적 진리여야 한다. 과연 그것은 성경적 진리이다. 본문(36, 37절)에도 말하기를, 그가 창에 찔리게 될 사실이 시편 34:20과 스가랴 12:10에 예언되었다고 한다.

2. 예수님이 죽으신 사실을 본 자의 책임

본문 35절에 말하기를 "이를 본 자가 증언하였으니 그 증언이 참이라 그가 자기의 말하는 것이 참인 줄 알고 너희로 믿게 하려 함이니라"고 하였다. 예수님의 죽으심이 참인 줄 아는 자는 가만히 있을 수 없다. 하나님 아들의 죽음을 보고 어찌 가만히 있으랴? 그의 죽음은 우리의 모든 죽음을 죽이는 죽음이다. 그의 죽음을 사실로 알고 그 죽음을 자기 죗값으로 믿는 자는 영생을 얻는다. 이처럼 그 죽음에 대한 신앙은 중대한 것이다. 따라서 이것을 믿는 자는 견딜 수 없어서 남들에게도 이 사실을 증거하여 그들로 하여금 믿게 한다. 사람들은 그리스도에 대한 증거를 통해서만 그를 믿게 된다. 위대한 전도자들도 보통 인물들의 증거로 말미암아 회개한 자들이었다. 토레이(Torrey)는 그의 어머니가 회개시켰고, 조지 뮬러(George Müller)는 그의 친구의 증거로, 위트필드(Whitefield)는 책의 증거로, 친첸도르프(Zinzendorf)는 그림을 보고 각각 회개하였다.

설교 예수님의 시체와 유대인들의 행동(19:31-42)

1. 유대인들의 완악(31-37절)

본문 31절에 말하기를 "이 날은 준비일이라 유대인들은 그 안식일이 큰 날이므로 그 안식일에 시체들을 십자가에 두지 아니하려 하여 빌라도에게 그들의 다리를 꺾어 시체를 치워 달라 하니"라고 한다. 이 말을 보면, 그들이 예수님의 시체의 다리도 꺾으라는 것이니, 이것은 유대인들의 완악해진 마음을 보여 준다. 사람이란 아무래도 시체 앞에서는 생각이 부드러워지고 과거의 잘못을 뉘우칠 줄 알건만, 이때의 유대인들은 여전히 외식주의를 그냥 취하였다. 누가복음 23:47-48을 보면, 백부장도 십자가에 못 박히신 예수님을 보고 감동받아 예수님을 "의인이었도다"라고 하였고, 구경꾼들도 "다 가슴을 치며 돌아갔다"고 하였다. 그만큼 명백한 의인을 죽이고도 유대인들은 죄책감이 없었다. 그들은 종교 문제를 매일같이 취급하면서 스스로 된 줄 알고, 저렇게 스스로 안전감을 가지고 있었다. 그것은 거짓된 안전감이다. 그것은 예레미야의 말과 같이 거짓된 평강이다. 예레미야 6:14에 "그들이 내 백성의 상처를 가볍게 여기면서 말하기를 평강하다 평강하다 하나 평강이 없도다"라고 하였다. 거짓된 안전감은 마음을 악으로 든든하게 한다. 악으로 든든함은 마침내 깨어지고 만다. 건전한 안전감은 믿음에서 오는 사랑을 소유함으로 이룬다. 이와 같은 사랑을 소유한 자는 두려움이 없다. 요한1서 4:18에 말하기를 "사랑 안에 두려움이 없고 온전한 사랑이 두려움을 내쫓나니"라고 하였다.

2. 그들의 외식(31절)

그들이 안식일에 시체를 나무에 달아 두지 않으려고 한 것은, 성경대로 종교의식을 지키려는 것이었다(신 21:23; 수 8:29; 10:27). 그러면서도 그들은 종교의 생명인 양심 문제는 돌아보지 않았다. 종교의 정신을 버리고 그 의식만 지키는 것은 외식주의이다. 하나님의 종교가 사람을 악마에게서 보호하는 갑옷은 되나, 사람들 앞에 자랑할 겉옷은 아니다. 성경을 외식으로만 사용하거나 의식적으로만 사용하는 것은, 성경을 인간의 사욕대로 이용하는 오만한 죄악이다.

제 20 장

내용분해

1. 예수님의 부활과 빈 무덤(1-10절)
    1) 막달라 마리아가 무덤에 왔다가 돌아가서 제자들에게 보고함(1-2절)
    2) 베드로와 다른 제자가 무덤에 와서 확인함(3-10절)
2. 마리아가 무덤 밖에서 울다가 천사들과 예수님을 만남(11-18절)
3. 예수께서 제자에게 나타나심(19-23절)
4. 예수님의 부활을 믿지 않던 도마가 후에 믿게 됨(24-29절)
5. 저작자의 해설(30-31절)

개요

1. 직접 보고 믿는 것보다 성경적 진리인고로 믿는 것이 중요함(1-10절)

사도 요한은 예수님의 부활의 확실성을 우리에게 알려주기 위하여, 예수님의 무덤에서 시체가 없어지고 비게 된 것을 말해 준다(2절). 사도 요한 자신이 빈 무덤과 거기 수건과 세마포의 위치를 보고 부활 신앙을 얻게 되었다(8절). 이처럼 사도가 그리스도의 구속 사실(그리스도의 죽으심과 부활하심)을 보고 믿은 것은 참되다. 그러나 보통 사람들은 무엇을 볼 때 잘못 보게 되는 일이 많다. 사람의 시각은 절대적 권위를 가지지 못한다. 우리는 구속 사실에 대한 신앙이 우리의 시각보다 성경에 근거한다는 것을 잊으면 안 된다. 그러므로 9절에 말하기를 "그들은 성경에 그가 죽은 자 가운데서 다시 살아나야 하리라 하신 말씀을 아직 알지 못하더라"고 하였다. 그것은 부활이 성경적 진리에 근거했기 때문에 믿어야 한다는 뜻이다. 우리 눈으로 본 것보다 성경적 진리가 더욱 진리성을 가진다고 하는 것이 성경의 교훈이다(눅 16:31). 예수님의 부활은 성경적 진리의 부문에 속한다. 고린도전서 15:3-4에 말하기를 "내가 받은 것을 먼저 너희에게 전하였노니 이는 성경대로 그리스도께서 우리 죄를 위하여 죽으시고 장사 지낸바 되셨다가 성경대로 사흘 만에 다시 살아나사"라고 하였다.

2. 부활하신 예수님이 그를 알아보지 못하는 마리아에게 그를 깨닫게 하여 주심(11-18절)

마리아는 부활하신 주님을 자기 뒤에 모시고도 깨닫지 못하였다. 그때 주님은 마리아의 이름을 불러 주심으로 그를 알게 하셨다. 이것은 목자가 그 양을 찾으시는 구원 행위를 대표한다고 생각된다. 그가 마리아를 찾으신 것처럼 그의 백성들을 찾으신다. 그런데 그들이 이것을 못 듣는 원인은, 그들의 죄로 인하여 심령의 귀가 어두워진 까닭이다. 나는 어렸을 때 기절한 때가 있었다. 그때 나의 사랑하는 어머니가 내 이름을 계속 부르면서 나를 꼬집기도 하고 때리기도 하였다고 한다. 내가 어렴풋이 정신을 차릴 때, 어머니가 내 이름을 계속 부르시는 것이 들리기 시작하였다. 그와 같이 그리스도께서 그의 백성 된 자들을 복음 전파로 부르신다. 그것은 마치 그가 문 밖에 서서 두드림과도 같다. 요한계시록 3:20에 말하기를 "볼지어다 내가 문 밖에 서서 두드리노니 누구든지 내 음성을 듣고 문을 열면 내가 그에게로 들어가 그와 더불어 먹고 그는 나와 더불어 먹으리라"고 하였다.

3. 부활하신 예수님이 제자들에게 나타나 사명을 주심(19-23절)

예수님이 제자들에게 나타나셔서 "너희에게 평강이 있을지어다"라고 하신 것은, 보통으로 문안하는 평강을 말함이 아니다. 그의 부활하신 몸에 대한 확증이 있은 뒤에(20절), 이것(평강)을 다시 말씀하시는 것을 보니(21절), 그것이 주님의 부활로 말미암은 구원의 평강을 가리킨 것임이 확실하다. 주님의 부활은 그의 구원 역사의 완성을 의미하므로 이제부터 믿는 자들에게는 영원한 평강이 있을 수 있다. 주님께서 그들에게 "아버지께서 나를 보내신 것같이 나도 너희를 보내노라"고 하신 것은, 그의 대리자 격으로 그들이 이제부터 땅에서 복음을 전해야 할 것을 가리킨다. 그리고 그가 그들로 하여금 그 사명을 감당하게 하시려고 성령을 주셨고(22절), 또 영적 권세를 주셨으니(23절), 그것은 사죄의 권세이다. 그것은 물론 그들이 그리스도의 권위에 속하여 역사하는 한, 있을 수 있는 것이다. 다시 말하면, 그것은 그들이 복음을 전함으로만 실현되는 것이다. 사죄의 권세는 하나님께만 있다.

4. 예수님의 부활에 대한 도마의 의심(24-25절)

도마가 예수님의 부활을 의심한 것은, 그가 병적인 인간의 비판으로 헤아렸기 때문이다. 아담 이후의 인류 역사는 병적이다. 사람은 죽는 것이 본래 원리가 아니었으나, 인류 타락 후의 역사는 죽음의 역사가 되었다. 그 역사는 인류가 장애인 곧 맹인임을 알려 준다. 그들 가운데 가장 현명하다는 인물들이 인생 문제 해결의 진리에 대하여는 무식을 고백하였다. 철학자 소크라테스(Socrates)는 자기의 무식을 아는 것이 지혜라고 하였고, 플라톤(Plato)은 하나님과 선을 동일시하고 하나님을 인격적 신으로 알지 못하였다.[229] 근대의 칸트(Kant)를 위대한 철학자라고 하나, 그는 기독교를 오해했고 이적이 있을 수 없다고 하였다. 동양에서는 아직까지 공자와 같은 철학자가 없다고 한다. 그러나 공자도 인생 문제를 해결하지 못하였다. 그는 "사람이 죽은 후의 일은 모른다."고 하였다. 요컨대 인류의 역사는 오늘날까지 인생 스스로는 진리를 알지 못한 역사이다. 그러므로 인류는 타율적 지식, 곧 하나님의 계시를 요구하지 않으면 안 되게 되었다.

인간은 자기가 아는 것보다 높은 지식의 세계가 있음을 부인하지 않아야 한다. 그것은 인간이 항상 새것을 조금씩 찾아내는 것을 보아서도 확실하다. 들에서 풀을 뜯어 먹는 소가 그 들판을 감상하는 것과, 인간이 그것에 대하여 감상하는 것은 서로 다르다. 이같이 지금 알고 있는 지식의 세계는, 앞으로 더 발달할 세계에서는 유치하게 볼 것이다. 앞으로 인간이 찾아낼 최후의 지식 세계도, 인간이 언제나 찾아내지 못할 초자연적 지식 세계 앞에서는 극히 낮은 것이다. 다시 말해 우리는 인간이 가질 수 있는 지식의 전체보다 지극히 높은 하나님의 지식 세계가 있음을 확신한다. 이것으로 보아서 자율주의(인간이 알 수 있는 세계만 있다는 주의)의 사색은 확실히 잘못된 것이다. 그것이 잘못되었기 때문에 예수님의 부활을 의심한다. 인간이 접촉할 수 없는 지식 세계가 있음을 아는 자는, 이 세상의 것을 취급함에 있어서도 올바로 하게 될 것이다. 그는 이 세상이 작은 것인 줄 알 것이다. 그는 이 세상 건너편을 확실히 바라보게 될 것이다. 그는 자신이 돼지가 먹던 팥 껍질로 영원히 살아갈 자가 아닌 줄을 확실히 알고, 깨어 일어나서 보다 크고, 보다 참되고, 보다 영화로운 세계를 사모할 것이다. 도마가 이런 신앙을 가졌더라면, 예수님의 부활을 의심하지 않았을 것이다.

---

229) A History of Philosophy by Schwegler, 96.

5. 예수께서 의심하는 제자에게 그의 부활을 믿게 하심(26-29절)

예수님은 그를 의심하는 도마에게 말씀하시기를 "네 손가락을 이리 내밀어 내 손을 보고 네 손을 내밀어 내 옆구리에 넣어 보라 그리하여 믿음 없는 자가 되지 말고 믿는 자가 되라"(27절)고 하셨다. 예수님은 그의 부활하신 몸이 이 세상 사람들에게 접촉될 수도 있다는 분명한 사실을 밝히셨다. 부활하신 그는 초자연적이면서도 자연을 무시하지 않으시고, 자연과의 교제를 가지셨다. '자연'이 그와 더불어 교제할 수 있도록 허락하시고 또 가능하게 해주시는 동안은, 자연과 그와의 교제가 있을 수 있다. 그의 몸이 부활하신 사실은, 자연계라도 파악할 수 있는 최고급의 진실성 있는 증거를 가진 것이다. 그러므로 편견의 소유자 외에는 이 사실을 믿지 않는 자가 없어야 마땅하다. 미국의 최대 법률학자 그린리프(Greenleaf)는 법정 재판에서 증거를 채택하는 원리로 예수님의 부활 역사를 연구하고, 예수님의 부활하신 사실을 그대로 믿어야 마땅하다고 하면서 세 가지 큰 변증서책을 저술하였다. 그는 특히 예수님의 부활에 대한 기록의 진실성에 대하여 다음과 같은 논조로 말하였다. 그 저자들의 말이 어떤 점에서는 서로 충돌하는 듯하나, 우리가 깊이 연구해 보면 오히려 서로 조화된다. 이 세상의 위증자들은 계획적으로 서로 일치하게 말하여, 남들이 용이하게 믿도록 하려고 한다. 그러나 예수님의 부활을 증거한 기사들은, 연구하지 않는 보통 사람들에게는 그 증인들끼리 서로 모순되는 것과 같이 보인다(사실은 그렇지 않지만). 이것이 진실한 증인들의 태도이다. 그들은 독자로 하여금 믿게하기 위해 사실 이상의 과장이나 수식하는 표현을 전연 쓰지 않았다. 그들은 복음 전도에 중대하게 관련 있는 인물들(예컨대 베드로)의 실수도 그대로 기록했다. 그들의 필법은 그저 사실 그대로를 나타낸 것뿐이다. 이같이 기록된 사실들을 믿지 않는 자들은, 성경을 공정한 태도로 깊이 연구한 자들이 아니다. 성경에 기록된 이적을 의심한 회의주의자 데이비드 흄(David Hume)은 신약을 절반도 읽지 못하였다고 한다.

⚜ 해석

1 **안식 후 첫날 일찍이 아직 어두울 때 막달라 마리아가 무덤에 와서 돌이 무덤에서 옮겨 간 것을 보고.** "일찍이 아직 어두울 때" 마리아가 예수님의 무덤을 찾아 간 것은, 예수님에게 대한 그의 정성스런 봉사를 나타낸다. 그는 안식일이 지난 그 밤이 밝기를 고대하여 이처럼 예수님의 무덤에 찾아온 것이다. 이 말씀은 심리와 행동을 그대로 그린 진실한 역사를 드러낸다.

"막달라 마리아." 일곱 귀신이 들렸던 여자였는데(막 16:9), 부활하신 예수님을 가장 먼저 만났다(14절). 예수님은 무한하신 긍휼을 가지셨고, 또 창조의 권능을 가지셨으므로 그런 가련한 사람을 구원하사 천국의 귀한 성도로 만드셨다. 다른 복음서에는 여러 여자들이 무덤에 왔던 사실을 말한다. 마태는 이들을 "막달라 마리아와 다른 마리아"(마 28:1)라 하였고, 마가는 "막달라 마리아와 야고보의 어머니 마리아와 또 살로메"(막 16:1)라 하였고, 누가는 "막달라 마리아와 요안나와 야고보의 모친 마리아라 또 그들과 함께 한 다른 여자들"(눅 24:10)이라고 하였다. 이러한 기록의 차이는 동일한 사건에 대한 저자들의 취급이 다소 다른 데서 일어났다. 그것은 그들의 기록의 오착이 아니고, 각기 관점과 필요에 의하여, 혹은 간단하게 기록하고, 혹은 상세하게 기록한 것뿐이다. 요한은 이 여러 여자들을 다 말하지 않고 막달라 마리아에 대해서만 말하였다. 그러나 여기 기록된 막달라 마리아의 보고(2절)에 "우리"란 말이 있는 것을 보아서 그와 동행하였던 다른 여인들이 있었던 것이 명백하다. 그러므로 우리는 다음과 같이 생각할 수 있다. 처음에 막달라 마리아가 무덤에 갔고, 그 다음에 다른 여자들도 간 듯하다. 막달라 마리아는 무덤에서 돌이 굴려진 것을 보고 들어가 보지는 않고 뛰어 돌아와서 베드로와 요한에게 보고하였을 것이다. 그는 다시 돌이켜서 무덤에 갔다가 거기서 부활하신 예수님을 보았을 것이다. 그때는 다른 여인들이 예수님을 보지 못하고 무덤에서 떠나 돌아간 틈이었다. 그들은 돌아가던 도중에 예수님을 만나 보았다(마 28:8-9).

"돌이 무덤에서 옮겨 간 것을 보고." 이 돌은 한 두 사람의 힘으로는 옮길 수 없는 큰 돌이다. 그러므로 여자들이 서로 말하기를 "누가 우리를 위하여 무덤 문에서 돌을 굴려 주리요"(막 16:3)라고 하였던 것이다. 불신앙자들이 예수님의 부활을 부인하면서 말하기를 "예수께서 십자가에서 완전히 죽지 않고 기절하였다가 후에 무덤에서 깨어난 것뿐이다"라고 한다. 그러나 그것은 너무도 부당한 억측이다. 기절하였던 예수님이라면 그가 어떻게 그 큰 돌을 굴려 옮길 수 있었으랴?

2 시몬 베드로와 예수께서 사랑하시던 그 다른 제자에게 달려가서 말하되. 이 부활 기사는 자연스럽게 또는 솔직하게 그 당시 이루어진 사실 그대로를 말한다. 마리아가 무덤에서 떠나서 사도들을 찾아간 행동은, 피할 수 없는 그의 여성적 심리 경향이었다. 그는 중대한 일에 있어서 결국 사도들의 처사를 구한 것이다.

사람들이 주님을 무덤에서 가져다가 어디 두었는지 우리가 알지 못하겠다 하니. 예수님이 다시 사셨기 때문에 무덤은 비었던 것이다. 예수님의 시체가 없어진 이유는 오직 그가 부활하신 까닭이다. 그러므로 순교자 손양원 목사는 말하기를 "기독교는 창시자의 무덤을 소유하지 않았다. 그것이 기독교의 특징이다. 부활의 사실을 소유하지 못한 다른 종교들은 그 교조들의 무덤을 크게 쌓고 있으며 거기에 제사한다. 예컨대 유교나 이슬람교가 그러하다"라고 하였다.

3-4 베드로와 그 다른 제자가 나가서 무덤으로 갈새 둘이 같이 달음질하더니 그 다른 제자가 베드로보다 더 빨리 달려가서 먼저 무덤에 이르러. 두 제자가 달음질한 것을 보면, 그들이 흥분되었던 표가 나타난다. 이 기록의 역사성이 여기서도 확실하다. 그들은 청년들이니 마리아의 놀랄만한 보고를 듣고 어찌 달음질하지 않았으랴? 그리고 그 다른 제자(사도 요한)는 더욱 젊었던 고로 베드로보다 앞

셨을 것은 자연스럽다.

5-7 구부려 세마포 놓인 것을 보았으나 들어가지는 아니하였더니 시몬 베드로는 따라 와서 무덤에 들어가 보니 세마포가 놓였고 또 머리를 쌌던 수건은 세마포와 함께 놓이지 않고 딴 곳에 쌌던 대로 놓여 있더라. 시체를 쌌던 옷이 무덤 속에 질서 있게 놓여 있는 것은 확실히 예수님이 부활하신 사실을 증명한다. 만일 어떤 사람들이 예수님의 시체를 운반하였다면 시체 쌌던 옷을 벗겼을 리가 없다. 누가 시체를 나체로 운반하기 좋아하랴?

8-9 그 때야 무덤에 먼저 갔던 그 다른 제자도 들어가 보고 믿더라 (그들은 성경에 그가 죽은 자 가운데서 다시 살아나야 하리라 하신 말씀을 아직 알지 못하더라). 여기 "믿더라"고 한 말은 무엇을 믿었다는 뜻인가? 이것은 그가 무덤 안에서 세마포와 머리를 쌌던 수건이 각각 놓여 있는 것을 보고서 예수님이 부활하신 사실 믿었다는 것이다(눅 24:5-12). 그러나 그가 아직 예수님의 부활이 성경 상으로 보아서 당연한 줄은 몰랐던 것이다. 그만큼 그의 신앙은 든든하지 못하였다. 우리가 친히 내 눈으로 보고 믿는 것보다 성경 말씀이므로 믿고, 그 말씀대로 이루어졌으므로 믿는 것이 더욱 든든하다(눅 16:31; 고전 15:3-4).

10 이 구절에 대하여는 7:53의 해석을 참조하라.

11 마리아는 무덤 밖에 서서 울고 있더니 울면서 구부려 무덤 안을 들여다보니. 베드로와 요한은 무덤에 와서 세마포와 수건의 놓인 것을 보고(주님이 부활하신 고로) 위로를 얻은 편이었다(참조. 8절 주해). 그들은 어느 정도 소망을 가지고 돌아갔다. 그러나 마리아는 아직까지 위로를 얻지 못하였다. 그는 너무 정서적으로만 열중했기 때문에 그때의 사태를 사색적으로 볼 줄 몰랐다. 여기에는 여성의 심리 작용이 그대로 나타났으니, 이 기록이 역사적 사실 그대로인 것이 드러난다.

12 흰 옷 입은 두 천사가 예수의 시체 뉘었던 곳에 하나는 머리 편에, 하나는 발 편에 앉았더라. 두 천사가 그곳에 오는 행동은 그 여자에게 보이지 않았는데, 어느새

그들이 와 있었다. 이것은 천사들의 순종적인 성격을 잘 나타낸다. 그들은 자신들의 책임 실행에 있어서만 그들 자신을 나타낸다. 그들은 자신들의 편의를 위하여 시간을 쓰지 않고, 내왕을 위해서도 자신을 오랫동안 보이게 하지도 않는다. 그들은 하나님 앞에서 받은 사명에 대하여 이처럼 충성한다. 마태와 마가는 한 천사가 나타난 것으로 말하나(마 28:2; 막 16:5), 누가와 요한은 두 천사를 말한다(눅 24:4). 이 점에 대해 문학의 표현법을 생각하면 문제는 해결된다. 문학은 수학과 달라서 수효를 말할 때 관점 중심의 약식으로 말하는 일이 많다. 성경은 수학이 아니고 문학체로 기록된 하나님의 말씀이다. 마태와 마가는 나타난 천사들 중에 특별히 그 말하는 천사만을 대표적으로 들어 말한 것이다.

14 이 말을 하고 뒤로 돌이켜 예수께서 서신 것을 보나 예수이신 줄 알지 못하더라. 부활하신 예수님은 전과 같은 예수님이시지만, 전과 달리 영광을 취하셨으므로 인간의 눈이 얼른 그의 모습을 알아보기 어려웠다. 그런 때는 그가 그의 음성으로(16절), 혹은 떡을 떼심으로(눅 24:30) 그를 알아보게 하셨다. 칼빈(Calvin)은 마리아가 예수님을 몰라 본 허물이 그 여자 자신에게 있다고 하였다. 곧 예수님은 그저 변함없이 나타나셨으나, 인간의 감각기관이 세상과 마귀에게 속아서 진리를 보지 못하게 되었다고 하였다. 이 학설도 일리가 있다.

15 예수께서 가라사대 여자여 어찌하여 울며 누구를 찾느냐 하시니 마리아는 그가 동산지기인 줄로 알고. 주님은 이처럼 우리가 모르는 가운데 오묘하게 행하신다. 아브라함에게는 행객으로 나타나셨고(창 18:1-5, 33), 야곱에게는 씨름하는 사람으로 나타나셨으며(창 32:24-29), 여호수아에게는 군인으로 나타나셨고(수 5:13-15), 엘리야에게는 한 고요한 소리로 나타나셨다(왕상 19:11-13).

이르되 주여 당신이 옮겼거든 어디 두었는지 내게 이르소서 그리하면 내가 가져가리이다. 사람이 죽었으면 그만이라는 인상은 너무도 굳게 사람들의 머리와 마음에 새겨져 있다. 따라서 사람들에게는 부활의 사실이 믿어지기 어렵다. 그러나 우리가 기억할 것은 죽는 법도 하나님께서 내셨다는 것이다. 하나님께서 그 법을 내지 않으셨으면 사람이 죽을 수 없다. 인간은 그 죗값으로 인하여 사망의 법아래 매이게 되었다. 그러나 하나님께서는 죽은 사람이 다시 살 수 있는 법도 내셨다. 예수님은 영광의 부활을 받으신 첫 사람이다. 우리가 그의 부활을 믿기만 하면, 이 후에 모든 성도들이 받을 부활을 믿기는 어렵지 않다. 예수님은 부활하셨다.

16 예수께서 마리아야 하시거늘 마리아가 돌이켜 히브리 말로 랍오니 하니(이는 선생님이라는 말이라). 양은 목자의 음성을 분별한다(10:3). 예수님이 마리아를 호명하시는 말씀 한마디에 마리아는 마음의 눈이 열렸고, 육안도 열렸다. 예수님의 말씀은 다소를 막론하고 저렇게 힘 있는 역사를 일으킨다. "랍오니"란 말은 마리아가 예수님을 알아보고 옛날에 쓰던 존칭으로 부른 것이다. 어떤 학자는 "랍오니"란 말이 하나님을 가리키는 때도 있다고 한다(Strack-Billerbeck on Mark 10:51).

17 예수께서 이르시되 나를 붙잡지 말라 내가 아직 아버지께로 올라가지 못하였노라. 예수님이 여기서 "나를 만지지 말라"고 하신 말씀의 뜻은 무엇인가? 이것은 ① "나를 지금 경배하지 말라"는 의미는 아니다. 그 이유는 예수님이 앞으로 다른 사람들에게서 경배를 받으시겠기 때문이다(마 28:9, 17; 눅 24:52). ② "내가 즉시 아버지께로 갈 것이니, 나를 단단히 붙잡지 말라"는 의미도 아니다. 왜냐하면 그가 다시 살아나신 후 40일을 땅 위에 계시겠기 때문이다. ③ "나를 신앙의 손으로 만지고 육신의 손으로는 만지지 말라"는 의미도 아니다. 예수님은 여기서 육신적으로 붙잡는 것과 영적으로 붙잡는 것을 대조시키는 내용을 나타내지 않으셨다. ④ 이 말씀의 의미는 다음과 같다. 곧 마리아는 다시 사신 예수님을 볼 때 너무 반가워서 붙잡고 다시는 예수님을 잃지 않으려고 하였다. 그의 심리를 아시는 예수님은 "나를 만지지 말라" 하시며 그를 안심시켰다. 그가 안심시키시는 말씀의 의미는 다음과 같다. 첫째는,

그가 당분간 제자들과 함께 땅에 계실 것이니 마리아는 그를 잃어버릴 염려가 없다는 것. 둘째는, 그가 장차 아버지께로 가실 때는 더욱 성령에 의하여 땅 위의 신자들과 함께 계실 것이니 마리아는 그를 잃을 염려가 없다는 것이다(마 28:20).

이 점에 있어서 벵겔(Bengel)의 영적 해석은 참고할 만하다. 마리아는 ① 벌써 그를 믿었으니 그를 만질 필요가 없고, ② 만질 필요 없이 생기는 고급 신앙의 방침이 멀지 않아(그의 승천 후 성령 강림으로 말미암아) 올 터이므로 그를 만질 필요 없다는 뜻이라고 하였다.

너는 내 형제들에게 가서 이르되 내가 내 아버지 곧 너희 아버지, 내 하나님 곧 너희 하나님께로 올라간다 하라. "형제들"이란 말은, 그들도 주님과 같이 부활의 복에 참여할 것을 생각하여 하신 말씀이다. 예수님은 부활의 복에 참여하심에 있어서 맏아들이요(계 1:5; 히 1:6), 모든 신자들은 둘째 아들과 같다. 그러므로 예수님과 그의 신자들은 이 점에서는 형제이다(히 2:10-11). 그가 그의 제자들을 "형제"라고 하시기는 여기가 처음이다. 그는 여기서 제자들(모든 신자들)도 부활의 축복에 동참하게 될 것을 선포하신다. 그가 그의 제자들에게 이 칭호를 주심은 부활하신 그의 말씀으로서 적절하다.

18 막달라 마리아가 가서 제자들에게 내가 주를 보았다 하고 또 주께서 자기에게 이렇게 말씀하셨다 이르니라. 예수님의 부활을 증거한 자는 남자들만이 아니고 여자들도 있다. 이것을 보면, 예수님이 부활하신 사실은 한 방면에서만 증거된 것이 아니고 다른 방면에서도 그렇게 된 것이다. 이처럼 여러 방면의 증인들은 그 사건에 대하여 서로 미리 아무런 연락을 한 일이 없었으나, 증거함에 있어서는 같은 내용을 말한다. 그들은 아무런 주관적 욕구나 편견이 없는 객관적 사건에 부딪쳤던 것이 분명하다. 그들의 증거는 참으로 믿을 만하다.

19 가운데 서서 이르시되 너희에게 평강이 있을지어다. 이 사건은 예수님의 부활 사건에 대한 다각적인 증거의 또 한 가지 재미있는 것이다. 그는 그의 제자들

로 하여금 귀중한 부활의 사실을 믿게 하려고 이처럼 여러 방면으로 증거하신 것이다.

"가운데 서서." 그가 이처럼 그 회석의 중앙에 서신 이유는, 그 자리의 모든 사람들로 하여금 주목하게 하시려는 까닭이었다. 그는 이처럼 자기가 부활하신 사실을 밝히 증거하고자 하셨다. 이것을 통해 우리는 한 가지 중요한 사실을 알 수 있다. 곧 예수님의 부활을 증거하는 운동의 최초 출발이 사도들에게서 난 것이 아니고, 부활하신 예수님으로 말미암았다는 것이다. 그가 친히 그의 부활하신 사실을 그 제자들에게 증거하지 않으셨다면, 사도들이 그것(예수님의 부활)을 믿지 못했을 것이다.

20 이 말씀을 하시고 손과 옆구리를 보이시니 제자들이 주를 보고 기뻐하더라. 그때까지 회중은 예수님이 부활하신 사실을 확실히 알지 못하였다. 그들은 다시 사신 그를 보고도 아직 마음에 부활하신 예수님이라고 확신하지 않고, 도리어 낯설고 두려워하는 마음을 가졌다. 예수님은 그들이 이런 마음을 정복하시기까지 친히 증거하셨던 것이다. 그들이 부활하신 예수님을 따뜻한 구면의 스승 그대로 알게 된 것은, 결단코 그들의 어떤 선입관념에서 발생한 것이 아니었다. 그들은 예수님이 부활하신 사실을 믿고 싶은 마음이 있었던 것이 아니고, 그것을 믿지 않으려는 편견을 가졌던 것이다. 이 편견이 깨어지기까지 예수님의 증거운동이 있었다.

"손과 옆구리를 보이시니." 그가 못 박히셨던 수족을 보여주시며 제자들에게 옛 스승인 사실을 알려 주셨다. 특별히 그의 못 박히셨던 수족은 그들을 구원하시기 위한 사랑의 표이므로, 그들의 마음속에 지금까지 있었던 낯선 생각을 없애고 친애하는 생각을 일으킬 수 있다. 따라서 제자들은 그를 옛날에 따르던 예수님으로 알고, 또 쉽게 믿게 될 것이었다. 신앙은 단순히 지식만으로 성립되는 것이 아니다. 그것은 지식보다 사랑으로부터 일어나고, 또한 그것으로 완성된다. 예수님에게 대하여 우리가 기억할 것은 특별히 이

한 가지이다. 곧 그가 우리를 사랑하시되 죽음에 이르기까지 사랑하셨다는 것이다. 그는 나를 가장 사랑한 분이시므로 나는 그를 가장 든든히 믿는다.

"제자들이 주를 보고 기뻐하더라." 기쁨은 그들의 마음에 싹튼 신앙으로 말미암은 심리이다. 그들은 그때 이처럼 별천지에서 움직였다. 그런 분위기는 창세 이후 오직 그때 한 번만 있었던 것이다.

21 예수께서 또 이르시되 너희에게 평강이 있을지어다 아버지께서 나를 보내신 것같이 나도 너희를 보내노라. "또"란 말은 '다시'란 뜻이다. 그가 이미 "평강"을 말하셨는데(19절) 여기서 다시 "평강"을 말씀하심은, 그 제자들이 아직 그 뜻을 알지 못하기 때문이다. "평강"은 인사하는 말뿐이 아니고, 그가 높아지시므로(부활 승천하시므로) 그의 백성에게 주실 구원의 평안을 가리킨 것이다. 이 "평강"은 그가 세상을 이기시고(높아지시어) 얻으신 것이니 만큼, 사도들은 그것을 배경으로 하고 복음 전파의 사명을 완성할 수 있다. 그러므로 그는 이제 사도들을 정식으로 내어 보내는 의미로 말씀하신다.

22 이 말씀을 하시고 그들을 향하사 숨을 내 쉬며 이르시되 성령을 받으라. "숨을 내쉬신" 것은 일종 상징적 행동으로서, 그 제자들에게 성령 주심을 외형적으로 나타내신 것이다. 그것은 제자들로 하여금 성령을 주시는 이가 예수님 자신이심을 알게 하려는 것이다. 예수님이 내 쉰 숨기운 때문에 성령님이 그들에게 오신 것이 아니고, 예수님의 약속하신 말씀 때문에 오셨다. 테오도르 찬은 말하기를, 오순절에 오신 성령님의 역사는 교회에 오셔서 역사하시는 것이고, 이때 임하신 성령님의 은사는 사도들을 위한 외부적 역사, 곧 사도직의 실행 능력을 위한 것이라고 하였다. 그러나 예수님의 이 행동이 오순절 성령 강림을 상징하였다고 함이 옳다.

23 너희가 누구의 죄든지 사하면 사하여질 것이요 누구의 죄든지 그대로 두면 그대로 있으리라 하시니라. 이것은 사도들이 맡은 복음 전도가 가질 영적 권세를 가리킨다. 사도들의 자연 인격이 그런 권세를 가진 것은 아니었다. 다만 그들이 전

하는 복음이 그런 권세를 가져서, 그것을 믿는 자들은 사죄함을 받고(고후 5:18), 믿지 않는 자들은 정죄를 받는다(고후 2:16). 그러므로 고데(F. Godet)는 예수님께서 선언하신 이 특권이 사도들에게 국한되지 않고, 모든 신자들에게 관계된 것이라고 한다.[230)]

24 열 두 제자 중의 하나로서 디두모라 불리는 도마는 예수께서 오셨을 때 함께 있지 아니한지라. "디두모"는 쌍둥이란 의미이다. 도마의 사적에 대하여는 11:16, 14:5을 참조하라. 예수께서 첫 번째 나타나셨을 때 도마가 왜 거기 없었는지 확실히 모르겠다. 그러나 장소 문제나 거리 문제 때문에 주님의 은혜를 받을 자가 못 받는 법은 없다(Bengel; 참조. 민 11:29). 도마도 마침내 부활하신 주님의 나타나심을 보게 된다(27절).

25 다른 제자들이 그에게 이르되 우리가 주를 보았노라 하니 도마가 이르되 내가 그의 손의 못 자국을 보며 내 손가락을 그 못 자국에 넣으며 내 손을 그 옆구리에 넣어 보지 않고는 믿지 아니하겠노라 하니라. "우리가 주를 보았노라"고 한 말은, 예수님의 부활을 증거하는 복음 전도이다. 예수님이 부활하신 것은 그의 행적의 최고봉이며, 그의 구원 역사의 총 요점이다. 그러므로 로마서 10:9에 말하기를 "하나님께서 그를 죽은 자 가운데서 살리신 것을 네 마음에 믿으면 구원을 받으리라"고 하였다.

도마는 "내가 그의 손의 못 자국을 보며 내 손가락을 그 못 자국에 넣으며 내 손을 그 옆구리에 넣어 보지 않고는 믿지 아니하겠노라"고 말하였다. 주님께서 다른 사도들에게도 "손과 옆구리"를 보이신 일이 있었다(20절). 그러므로 그들이 그 사실도 도마에게 이야기했을 것이다. 그는 그 이야기를 듣고, 저렇게 믿을 증거를 구하였을 것이다. 그러나 그는 주님이 그 다른 사도들에게 보여주신 이상으로 "손가락을 그 못 자국에 넣으며···손을 그 옆구리

---

230) F. Godet, Commentary on the Gospel of John. Vol. Ⅱ. 423.

에 넣어 보지 않고는 믿지 아니하겠노라"고 하였다. 도마는 이렇게 의심이 많았던 사람이다. 그러나 그것은 모든 표적을 보고도 안 믿는 완악한 죄는 아니고(12:37), 자기 자신의 표준에 맞는 표적을 구하는 과분한 요구였던 것이다(Grosheide; 참조. 2:18). 도마가 예수님 손의 못 자국과 그 옆구리(창 자국)를 만져 보고야 믿겠다고 하였으니, 주님이 고통 받으신 흔적들이 또다시 귀한 역할을 하게 마련이다. 그것이 사람들의 믿음을 도와준다.

26 여드레를 지나서 제자들이 다시 집 안에 있을 때 도마도 함께 있고 문들이 닫혔는데 예수께서 오사 가운데 서서 이르시되 너희에게 평강이 있을지어다 하시고. 그들이 문을 닫은 이유는 유대인들을 두려워한 까닭이었다(19절). 그러나 그들이 그런 때 서로 모여 있는 것은 피차 위로하며 용기를 길러주는 지혜였다(히 10:25). 문을 닫았는데도 예수님이 들어오신 사건에 대하여 ① 칼빈은 그가 권능으로 문을 열고 들어오신 것이라고 하며, 그것은 문 잠근 옥에서 베드로가 천사의 권능으로 문이 열려 나오게 된 것과 같다(행 12:10)고 하였다. ② 그러나 부활하신 그리스도의 몸은 신령한 몸(고전 15:46)이므로 그 자체가 초자연적이다. 그러므로 잠긴 문도 그에게는 문제가 되지 않았다.

27 도마에게 이르시되 네 손가락을 이리 내밀어 내 손을 보고 네 손을 내밀어 내 옆구리에 넣어 보라 그리하여 믿음 없는 자가 되지 말고 믿는 자가 되라. 예수님은 도마의 요구(25절)를 그의 전지하신 성품에 의하여 아셨다. 그는 이제 그것을 이루어 주신다. 이와 같은 그의 초자연적 역사 앞에서 도마는 의심을 버리고 만족한 신앙을 고백하게 되었다.

28 도마가 대답하여 이르되 나의 주님이시요 나의 하나님이시니이다. 예수님을 "주님"이라고 함은 구약에 있는 여호와(יְהוָה)를 염두에 두고 말한 것이다. 구약의 여호와란 말은 70인역(LXX)에서 "주"란 말(κύριος)로 번역되었다. "나의 하나님"이란 말은 그 위의 "나의 주님"이란 말에 대한 설명이다. 도마가 예수님을 하나님이라고 믿은 것은 만족한 믿음이라고 생각된다.

29 예수께서 이르시되 너는 나를 본 고로 믿느냐 보지 못하고 믿는 자들은 복되도다 하시니라. 이 말씀은 사람들이 주님을 믿게 함에 있어서 외부적 이적이 필요 없다는 것이 아니다. 하나님께서는 계시 시대 사람들에게 믿음을 주시기 위하여 외부적 이적들도 행하셨다. 그것이 그 후대 사람들이 그를 믿게 하는 데도 필요하다. 그 중에도 특별히 기초적인 그리스도 사건이 어느 시대 사람들에게든지 신앙의 근거가 된다. 그러나 하나님께서 그 후대의 사람들을 위하여 그리스도 사건과 같은 기초적인 이적들을 다시 일으키실 필요는 없다. 그는 후대 사람들에게 대하여는 말씀과 성령에 의해 그리스도 사건을 믿도록 하신다. 말씀과 성령의 역사도 초자연적 성격을 가진 것이라고 할 수 있으나, 외부적인 이적을 직접 보도록 하는 것과는 다르다. 이처럼 하나님의 역사가 말씀과 성령으로 인간의 내부 생활에 실현되어, 하나님은 가르치시고 사람은 배운다(6:45). 이것은 듣기만 하고 믿는 일반 신자들의 신앙을 높은 수준으로 보신 것이다. "하나님의 역사는 점차 낮아지는 것이 아니고 점차 올라간다."[231]

가장 좋은 것들은 보이지 않는다. 보이지 않는 좋은 것들을 누가 가르치는가? 그것들은 성경 말씀이 가르친다. 우리는 그것들을 보지 못하여도 성경 말씀에 근거하여 믿어야 한다. 오늘날 우리가 우주에 대한 지식을 체험적으로 가지지는 못했지만, 우주인들의 보고를 듣고 그대로 믿는다. 이같이 우리는 신령하신 하나님과 내세의 일들에 대하여는 하나님의 말씀에만 근거하여 믿는다. 무디(Moody)는 큰 믿음을 얻기 위하여 여러 달 동안 기도하였다고 한다. 그는 어느 날 큰 믿음이 번개 같이 올 줄 알았으나 믿음은 오지 않았다. 그러던 중 어느 날 그는 로마서 10:17의 "믿음은 들음에서 나며 들음은 그리스도의 말씀으로 말미암았느니라" 한 말씀을 읽은 뒤에는, 성경 말씀을

---

231) Schlatter, Der Evangelist Johannes, 362.

보며 들음으로만 믿음이 장성하는 것을 체험하였다고 한다. 루터(Luther)는 다음과 같이 말하였다. "마음의 느낌은 오고 간다. 마음의 느낌은 나를 속인다. 나에게 확실한 것은 하나님의 말씀 밖에 없다. 비록 내 마음은 어떤 단맛 있는 증표를 얻지 못하여 할 수 없이 되나, 내 마음보다 더 큰 이가 계시다. 그의 말씀은 깨어지지 않는다. 나는 내 영혼과 몸이 서로 떠날 때까지 하나님의 변치 않는 말씀을 믿으리라. 그 이유는 모든 것이 다 지나가되 하나님의 말씀은 영원토록 있을 것이기 때문이다."

30 **예수께서 제자들 앞에서 이 책에 기록되지 아니한 다른 표적도 많이 행하셨으나.** 2:2, 3:2, 6:2, 7:31, 12:37 해석을 참조하라.

31 **오직 이것을 기록함은 너희로 예수께서 하나님의 아들 그리스도이심을 믿게 하려 함이요 또 너희로 믿고 그 이름을 힘입어 생명을 얻게 하려함이니라.** 이 책을 기록한 저자가 도마의 신앙 고백에 뒤이어서 모든 다른 사람들도 그렇게 믿어서 구원 얻으라고 권면하는 것은 자연스러운 결론이다(참조. 요일 1:3-4; 5:13).

"이것을 기록함은 너희로···믿게 하려 함." ① 만일 사도들이 입으로만 하나님의 말씀을 전하고 기록하지 않았다면, 그 전한 복음이 후대에 전해지지 못했을 것이며, 또 널리 전해지지 못했을 것이다. ② 인류는 죄악 때문에 어두워졌고, 또한 하나님의 진리를 저희들의 표준에 맞도록 변경시켜 가지려고 한다. 인간의 이와 같은 나쁜 근성을 아시는 하나님께서 우리에게 전할 말씀을 그가 친히 써 주신 것도 있고(출 32:16; 34:1, 28), 그의 종들을 시켜서 신령한 감동으로 기록하도록 주신 책들도 있다. 크로샤이데(Grosheide)는 말하기를 "온 세상과 모든 시대가 하나님을 진리의 권위자로 알게 되기 위하여 기록된 '카논'(κανών), 곧 성경이 필요하게 되었다. 이 세상이 무죄한 세상이었다면 그런 기록이 필요하지 않았을 것이다. 깨끗한 세상은 하나님의 말씀을 성취하고 가장 큰 보배로 여길 것이다. 그러나 죄 있는 세상은 하나님의 권위를 반대한다. 그러므로 하나님은 그의 말씀을 보관하시기 위하여 행동을 취하실 수밖에 없으셨다. 그 이유는 그가 세상의 죄를 반대하시고 자기 권위를 주장하시기 때문이다"라고 하였다.[232]

설교 정서주의와 이지주의(20:1-29)

20장에는 두 인물이 대조되어 있으니, 곧 마리아와 도마이다. 마리아는 정서적으로 주님을 대하였고, 도마는 이지적으로 대하였다. 그들이 각각 장점을 가진 반면에 단점도 가진 것이 드러났다.

1. 마리아의 정서주의

예수님의 부활 사건에 관하여 마리아는 확실히 정서적으로 움직였다. 그가 아침 일찍이 아직 어두울 때 예수님의 무덤으로 왔던 사실(1절)과 예수님의 무덤 밖에 서서 운 것(11절), 또 그가 연약한 여성으로서 담대하게도 예수님의 시체를 찾으려고 말하기를 "당신이 옮겼거든 어디 두었는지 내게 이르소서 그리하면 내가 가져가리이다"(15절)라고 한 것과 같은 것은 모두 정서적으로 나온 행동이다.

1) 그리스도 신앙에 정서는 귀하다. 인격에 정서가 없으면 종교 생활의 주관적인 면이 없을 것이다. 정서는 인생 생활에 중요한 역할을 한다. 어린 아이는 정서적으로 그 부모의 사랑을 요구하여 부모를 의지한다. 이같이 사람은 하나님의 사랑을 요구하여 하나님을 의지한다. 그것이 신앙이다. 이처럼 정서는 인생의 생활에 중요한 역할을 하고 있다. 화란의 칼빈주의 철학자 폴렌호벤(Vollenhoven)과 도예베르트(Dooyeweerd)는 철학적 사색도 이지적이 아닌 다른 심리적 요소에 의하여 일어난다고 하였다. 그들이 의미한 바는, 철

232) Algemeene Canoniek Van Het Nieuwe Testament, 1935, 14.

학도 진리에 대한 인간의 정서적 충동 때문에 일어난다는 것이다(Torch and Trumpet, Vol. 4, No. 3, p. 31). 우리는 심리학자나 철학자들이 정서를 인격의 중요한 요소라고 해서 정서를 중요하다고 하는 것보다, 성경 말씀에 의지하여 그렇게 생각한다. 성경은 신앙생활에 있어서 마음의 관계를 중대시하였다. 로마서 10:9에 말하기를 "또 하나님께서 그를 죽은 자 가운데서 살리신 것을 네 마음에 믿으면 구원을 받으리라"고 하였다. 여기 "마음"이란 것은 정서의 근원 되는 부분이다. 그러나 우리가 주의해야 될 것은 정서가 신앙생활의 전부를 점령해도 된다는 것은 아니다. 신앙생활은 우리 인격의 모든 부분을 다 합해서 해야 한다. 마태복음 22:37에 말하기를 "예수께서 이르시되 네 마음을 다하고 목숨을 다하고 뜻을 다하여 주 너의 하나님을 사랑하라"고 하였다. 헤르만 바빙크(Herman Bavinck)는 말하기를 "종교는 사람의 한 가지 능력으로만 결정될 것이 아니다. 그것은 온 인격으로 관계할 일이다. 하나님은 우리 생활의 중심이 되어야 하고 전부가 되어야 한다. 우리는 우리의 온 마음, 영혼, 능력들을 다하여 그를 사랑해야 한다. 하나님이 하나님이신 만큼, 그는 우리의 전부를 요구하시기에 마땅하다. 곧 그는 우리의 영혼, 몸, 모든 재능, 모든 관계를 점령하시기에 마땅하다"라고 하였다.[233] 그러나 신앙생활에 있어서 정서의 움직임이 중요한 것만은 확실하다. 사람이 아무리 좋은 것들을 많이 가져도 그것 때문에 그의 마음이 하나님께로 향해지는 것은 아니다. 그런데 그가 고통을 당하여 눈물을 많이 흘리면 하나님을 찾게 된다. 그러므로 우리는 정서와 신앙이 얼마나 중대한 관계가 있음을 알 수 있다. 디한(M. R. DeHaan)이란 의사는 말하기를 "인류가 세상에 있은 후 오늘까지 흘린 눈물을 모은다면, 뉴욕에서 샌프란시스코까지 배가 뜰만한 큰 강을 이룰

---

233) Herman Bavinck, Gereformeerde Dogmatiek, I, 241.

것이다"라고 하였다.[234] 그것은 인류에게 눈물이 적었다는 증거일 뿐이다. 과거에 인류가 흘린 눈물이 온 지구를 덮을 만큼 많았다면, 현대 인류의 운명은 보다 행복하게 되었을 것이며, 하나님을 공경하는 세상을 이루었을 것이다.

2) 정서로만 치우치면 실수한다. 마리아가 부활하신 주님을 알아본 다음에 그를 붙잡으려고 하였다(16-17절). 그것은 신앙이 정서적으로만 움직이는 중에 나타난 부족한 점이다. 그것은 그리스도에 대하여 감각의 접촉을 가짐으로 종교적 만족을 얻으려는 그릇된 행동이다. 그것은 하나님과 인간 사이에 있어야 할 거리를 잊어버린 과오이다. 스멜릭(E. L. Smelik)도 이와 같은 뜻으로 마리아의 행동을 해석하였다. "마리아는 급히 나무에 오르는 자처럼 오르려고 하였다. 그것은 영적 위험인데, 흔히 여성들이 잘 범한다. 그런 행동에 대하여 예수님은 경고하시기를 '나를 만지지 말라'고 하셨다. 그것은 하나님이나 그리스도의 성결과 우리 사이에 거리를 무시한 어떤 종류의 영적 교제든지 다 금하시는 경고이다. 그것은 모든 범신론적 또는 신비주의적 행동을 교정하시는 말씀이다. 사람과 다르신 하나님의 장엄성은, 창조자와 피조물의 경계선을 없애려는 인간의 접근을 막아버린다"라고 하였다.[235] 예수님이 왜 마리아에게 "나를 만지지 말라 내가 아직 아버지께로 올라가지 못하였노라"고 하셨을까? 그것은 마리아의 심리를 아시고 하신 말씀이다. 마리아는 그렇게 만짐으로 주님을 만족히 모시는 줄 알았던 것이다. 예수님은 그런 생각을 잘못으로 여기신다. 주님을 붙들어 모시는 길은 그렇게 만지는데 있지 않고, 그의 승천으로 인하여 임하시는 성령으로 말미암는다는 사실을 분명히 알게 하셨다. 그의 승천으로 인하여 신자들은 그의 형제가 되고,

---

234) Chemistry fo the Blood, 159.

235) Het Evangelie naar Johannes, 263.

하나님은 그들의 아버지가 되시며 그들의 하나님이 되신다(참조. 17절 하). 하나님과 사람과의 관계에서 그렇게 되는 것이 가장 가깝고 영구하다.

2. 도마의 이지주의

도마는 분명히 지식주의를 가졌던 자이다. 다른 제자들이 그에게 말하기를 "우리가 주를 보았노라" 하니, 그가 대답하기를 "내가 그의 손의 못 자국을 보며 내 손가락을 그 못 자국에 넣으며 내 손을 그 옆구리에 넣어보지 않고는 믿지 아니하겠노라"고 하였다(25절).

지식은 귀하다. 잠언 16:16에 말하기를 "지혜를 얻는 것이 금을 얻는 것보다 얼마나 나은고 명철을 얻는 것이 은을 얻는 것보다 더욱 나으니라"고 하였고, 호세아 4:6에서 말하기를 "내 백성이 지식이 없으므로 망하는도다 네가 지식을 버렸으니 나도 너를 버려 내 제사장이 되지 못하게 할 것이요 네가 네 하나님의 율법을 잊었으니 나도 네 자녀들을 잊어버리리라"고 하였으며, 말라기 2:7에서 말하기를 "제사장의 입술은 지식을 지켜야 하겠고 사람들은 그의 입에서 율법을 구하게 되어야 할 것이니 제사장은 만군의 여호와의 사자가 됨이거늘"이라고 하였다. 그런데 이 세상의 것들 중 비록 좋은 것이라도 그것을 지나치게 강조하면 해독을 가져온다.

1) 지식이 유익한 경우. 우리 지식은 하나님을 아는 데로 집중시켜야 하고, 하나님을 아는 지식을 지식의 근본으로 여겨야 한다. 인생은 여호와를 경외하기 위하여 지음을 받았다. 전도서 12:13에 말하기를 "일의 결국을 다 들었으니 하나님을 경외하고 그의 명령들을 지킬지어다 이것이 모든 사람의 본분이니라"고 하였다. 여기 "사람의 본분"이란 말은 히브리 원어로 콜 하아담('δ"ἄῆλΚ')이니 '사람에게 전부'란 말이다. 그러므로 70인역(LXX)은 "이것이 인생 전부"라고 하였다(τοῦτο πᾶς ὁ ἄνθρωπος). 곧 인간의 가치가 전적으로 하나님 경외에만 달렸다는 뜻이다. 사람은 그 구조에서 벌써 하나님을 경외

해야 할 자로 되었다. 전도서 3:11에 말하기를 "하나님이 모든 것을 지으시되 때를 따라 아름답게 하셨고 또 사람들에게는 영원을 사모하는 마음을 주셨느니라"고 하였다. 그러므로 사람이 하나님을 경외하지 않는 것은 벌써 어리석은 일이다. 그런 사람은 자기가 살아있는 목적을 잊었으니 어리석은 자요, 미친 자이다.[236] 그러므로 인간이 하나님을 경외하는 경건을 지니고 있지 않는 한, 그는 아무 것도 아니다.

2) 지식주의의 위험한 방면. 위에 말한 바와 같이 지식은 유익한 방면이 있다. 그러나 도마의 지식주의는 단점도 가지고 있다. 그것은 그가 너무 과도하게 신앙의 대상을 검토하려는 것이었다. 그가 "보지 않고는 믿지 아니하겠노라"고 하며 맹세하다시피 말한 것은, 너무도 신앙 사리를 자기의 인간적 지식 판단에 맡기는 치우친 생각이다. 이 때문에 그는 예수님에게 책망 비슷한 말씀을 들었으니, 곧 "믿음 없는 자가 되지 말고 믿는 자가 되라"(27절)는 말씀과 "너는 나를 본 고로 믿느냐"(29절)라고 하신 말씀이다.

도마가 그 지식주의를 주님을 알려는 데 사용한 것은 귀하나, 당분간 회의주의의 기미를 띤 것도 확실하다. 의심이란 것은 여러 가지 원인으로 생긴다. 그것은 주로 지식에 절제하지 못함과 교만함과 혹은 의지의 연약함에서 생긴다. 우리는 인간으로서 모르는 것들이 당연히 있다고 생각하여 겸손해야 한다. 그것이 지식의 절제이다. 그리하지 않는 자는 하나님을 무시하는 자이다. 그뿐 아니라 교만한 자도 하나님을 무시하는 자이다. 또한 의지가 약하여 진리 신앙을 결단하지 않는 자도 역시 하나님을 무시하는 자이다. 자기가 약한 줄 알진대, 왜 하나님을 더욱 믿지 않는가? 도마는 회의주의 경향을 가졌으나, 그에게는 주님의 부활을 알고자 하는 진정한 열심이 있었다. 그러므로 그도 주님의 용서와 사랑을 받아 마침내 믿음에 이르렀다.

---

236) Calvin, Commentary on the Psalms Ⅳ. Eerdmans, 1949, 318.

설교 천사들의 전도(20:11-15)

예수 그리스도에 대한 증거는 천사들로 말미암아 제일 먼저 실시되었다. 우리는 그들의 전도 내용을 살펴볼 만하다.

1. 천사 전도의 의의

천사 전도와 인간 전도의 차이점에 대해 고려해 보고자 한다.

1) 천사들은 인류의 구원을 목적으로 한 그리스도의 천국 운동에 대하여 제 삼자적 위치에 있다. 베드로전서 1:12에 "천사들도 살펴보기를 원하는 것이니라"고 하였으니, 그들도 인류를 위한 속죄 사업에 간접적인 관계가 있음을 말해 준다. 그러나 인간은 천국 운동에 대하여 직접적 관계를 가진다. 그러므로 천사보다 인간이 전도에 더욱 열심이 있어야 마땅하다.

2) 천사는 인간처럼 연약하지 아니하므로 전도자의 자격으로는 그다지 적합하지 못하다. 바울은 말하기를 "우리가 이 보배를 질그릇에 가졌으니 이는 심히 큰 능력은 하나님께 있고 우리에게 있지 아니함을 알게 하려 함이라"고 하였고(고후 4:7), "내 능력이 약한 데서 온전하여짐이라"(고후 12:9)고 하였다. 흰빛은 검은 바탕에서 그 본색을 잘 드러낸다.

3) 천사는 사람을 대할 때, 사람이 사람을 대할 때만큼 감동을 주지 못한다. 복음은 사람을 무섭게 하여 전해지는 것이 아니고, 오직 감동시켜서만 전해지는 것이다. 인간으로서의 전도자는 눈물과 피와 기타 희생의 미덕으로 복음을 남들의 마음속에 새겨 주지만, 천사는 그렇게 못한다. 그 때문에 하나님께서 사람이 되셔서 이 세상에 오셨다. 그러면 천사가 전도하러 온 이유는 무엇인가? 그렇게 비교적 효과적이 아닌 천사의 전도도 필요한 때가 있다. ① 천사들밖에는 아직 훈련받은 전도자들이 없을 때, ② 전도 운동을 도우려고 할 때 제 삼자적인 천사들도 협력한 것이다. 우리는 베드로전서 1:12

의 "천사들도"란 말을 기억해야 한다. 천사들이 전도 운동의 주력 부대는 아니지만, 그들이 전도할 때도 우리는 신앙의 힘을 얻는다. 가령 어느 별세계에 사람이 산다고 가정할 경우에, 그곳에서 이 땅에 온 사람이 그리스도의 복음을 전한다면, 그것 때문에 이 땅 위의 신자들은 신앙적으로 큰 힘을 얻을 것이다. 그러나 우리는 굳이 어떤 별세계에서 사람이 왔다는 가정을 하며 우리의 이론을 유력하게 해 보려고 할 것까지는 없다. 천사들의 세계에서 그리스도를 증거하는 자가 왔다고 본문이 말한 것으로 족하다. 이성이 있는 피조물은 인생들과 천사들뿐이다. 천사들까지 그리스도를 증거했으니, 그것은 이성 있는 피조물 세계들은 모두 그리스도를 안다는 사실이 성립된다. 그것은 의미심장한 사실로서 우리의 신앙을 한 번 더 굳게 해 준다. 우리가 천사에 대하여 생각할 때 그 세계의 방대함을 알아야 한다. 헤르만 바빙크(Herman Bavinck)는 말하기를 "천사들의 세계는 이 세상보다 도리어 부요하나, 이 세상에 많은 종류의 피조물들이 있어서 통일되어 있음과 같이 천사들의 세계도 그러하다"라고 하였다.[237] 그러므로 이같이 무수한 천사들이 그리스도를 알고 있다는 것은 우리의 신앙을 더욱 확고하게 만든다.

2. 천사 전도의 성격은 우리에게 신앙을 줌

그리스도에 대한 증거자로서 천사의 자격은 어떠한가? 우리는 그들을 진리의 증거자로서 특수한 자들이라고 본다.

1) 그들은 육이 아니고 영이므로 영계의 일을 사람보다 밝히 알고 있다. 우리가 영들의 증거를 더욱 받을 만하지 않은가? 전등은 우리의 눈만큼 친근하지는 못하나, 물건을 밝혀주는 데는 사람의 눈보다 낫다. 천사의 전도가 사람의 전도처럼 친근하지는 못해도 확실하기는 하다.

---

237) Herman Bavinck, Geref. Dog. II, 473.

2) 그들은 하나님이 계시하시는 일에 수종드는 자들로서 하나님이 신용하시는 자들이다.[238] 계시에 수종들만한 그들의 자격은 몇 가지이다. ① 그들은 근면하고 충성되고 열성이 많다. 그들은 여행 중에나 혹은 휴식하기 위하여 시간을 낭비하지도 않는다. 그들은 문득(혹은 홀연히) 나타났다가 홀연히 보이지 않는다(눅 2:11-13). 그뿐 아니라 그들은 성도들을 위해 일하려고 대비하고 있다(마 18:10). ② 그들은 거룩하다고 하였고(막 8:38), 빛의 사자들이라고 하였고(고후 11:14), 하나님을 순종하는 데 있어서 우리의 모범이라고 하였다. 마태복음 6:10에 말하기를 "뜻이 하늘에서 이루어진 것같이 땅에서도 이루어지이다"라고 한 말씀이 그 뜻이다. 하늘에 있는 천사들은 하나님의 뜻을 이룬다.

3. 천사 전도의 내용

1) "무서워 말라"고 하였음(마 28:5). 이것은 그리스도가 하신 일을 바로 본 말이다. 그리스도는 부활하셔서 우리로 하여금 공포심을 가질 필요가 없도록 만들어 주셨다. 히브리서 2:15에 말하기를 "또 죽기를 무서워하므로 한 평생 매여 종노릇 하는 모든 자들을 놓아주려 하심이니"라고 하였다.

2) "어찌하여 우느냐"라고 하였음(요 20:13). 이것은 기쁜 소식이다. 그 기쁨의 이유는 그리스도의 승리가 바로 우리의 승리가 되기 때문이다. 16:22에 "지금은 너희가 근심하나 내가 다시 너희를 보리니 너희 마음이 기쁠 것이요 너희 기쁨을 빼앗을 자가 없으리라"고 하셨다.

3) "살아나셨느니라 와서 그가 누우셨던 곳을 보라"고 하였음(마 28:6). 이것은 예수님의 부활에 대한 천사의 증거이니, 이 증거도 빈 무덤을 근거로

---

238) 창 18:1-2, 19:1-2, 28:12-15, 32:1; 왕하 19:35; 단 10:13, 21; 마 4:11, 28:2-7; 눅 1:11-20, 26-38, 2:10, 22:43; 요 1:51; 행 1:10, 7:53; 갈 3:19; 히 2:2.

말하였다. 예수님의 부활은 어떤 비역사적인 이상적 사실이 아니고, 곧 바로 현세에서 되어진 몸의 부활인 것이 여기서도 증거된다.

4) "너희보다 먼저 갈릴리로 가시나니 거기서 너희가 뵈오리라 하라"고 하였음(마 28:7). 주님께서 죽으시기 전에 다시 사셔서 제자들과 만나시겠다고 약속하신(마 26:32) 그 지점에 그대로 나타나신 것은, 역시 그 부활의 확실성을 증명해준다. 천사는 이 중요한 점을 중점으로 지적하였다.

앞에 말한 천사의 전도 내용은 머지않아 나타날 성숙한 복음 운동이 줄 선물이다. 이런 선물은 제자들이 얼마 후에야(특히 성령 강림하신 뒤에) 비로소 체험하고 확실히 알게 될 것들이다. 그러나 천사들은 예수님의 부활하신 결과로 오게 될 이와 같은 축복들을 제자들보다도 일찍이 알았다. 그만큼 그들은 지능면에 있어서 이 세상 사람들보다 앞선다. 그들의 지능을 전등에 비유한다면, 현세 사람의 지능은 눈과 같다. 전등은 눈이 못 보는 것을 밝혀 주기는 한다. 그러나 눈과 같이 우리의 지각에 친근미 있게 관계하지는 못한다. 천사가 인간보다 더욱 밝은 지능을 가진 방면으로 보아 그 증거가 우리에게 믿어진다. 그러나 그리스도에 대한 인간의 증거는 눈의 증거와 같아서, 우리에게 친근미 있게 임하는 것으로는 우수하다. 그리스도에 대한 증인으로서 인간은 상대방(전도 받을 사람)에게 눈물과 피와 희생 등의 아름다운 힘으로 임한다.

설교 막달라 마리아가 본 부활하신 예수님(20:11-18)

우리는 남자들의 장점을 볼 수도 있으나(고전 16:13), 여자들에게서도 장점을 발견한다. 여자들의 장점은 특별히 그 단순성과 뜨거운 애정이라고 할 수 있다. 마리아는 애정이 풍부하여 은혜를 간절히 사모한 여성이었다. 그가 예수님의 무덤에 제일 먼저 찾아간 것과 그가 거기서 울었다는 사실이 이것을 보여 준다. 그는 그가 받은 은혜를 기억하였으므로 그렇게 행하였다. 예수님이 일곱 귀신 들린 그를 고쳐 주셨으니, 그는 예수님을 언제나 잊어버릴 수 없었다. 실상 은혜를 받은 자는 마리아뿐만 아니라 다른 사람들도 은혜를 받았다. 그러나 은혜를 기억하고 사모함에 있어서 마리아가 가장 뜨거웠다고 생각된다. 성경에 기록된 성도들은 하나님을 간절히 사모하던 자들이다. 시편 42:1에 말하기를 "하나님이여 사슴이 시냇물을 찾기에 갈급함 같이 내 영혼이 주를 찾기에 갈급하니이다"라고 하였으며, 욥은 말하기를 "내가 그의 입술의 명령을 어기지 아니하고 정한 음식보다 그의 입의 말씀을 귀히 여겼도다"(욥 23:12)라고 하였다. 막달라 마리아는 예수님을 간절히 사모하였으므로, 마침내 부활하신 예수님을 그 누구보다도 먼저 만나게 되었다. 그러나 그가 주님을 알아보기까지는 시간이 걸렸다. 그 이유는 주님의 부활하신 몸이 영광을 얻으셨기 때문이다.

1. 예수님을 바로 알아보지 못함(14-15절)

14절에 말하기를 "이 말을 하고 뒤로 돌이켜 예수께서 서 계신 것을 보았으나 예수이신 줄은 알지 못하더라"고 하였다. 부활하신 주님에 대하여 처음에는 누구든지 몰라보았다. 일곱 제자도 바닷가에 서신 예수님을 처음에는 알아보지 못하다가 후에 알아보았고(요 21:4, 7), 엠마오로 가던 두 제자도 그와 동행하면서도 몰라보았다(눅 24:15-16). 그는 전과 다름없는 예수님이었지만, 이제부터 이처럼 사람들이 알아보기 어렵게 되셨다. 그 이유는 그의 몸이 변화하셨기 때문이다. 오랜 세월 동안 타국에서 살면서 모습이 변한 요셉을, 그의 형들이 만나서도 알아보지 못하였다. 더욱이 이제 신령한 몸으로 변화된 예수님을 사람들이 얼른 식별할 수 없었다. 그는 "육의 몸"이 아니라 "신령한 몸"이요, "흙에 속한 자의 형상"이 아니라 "하늘에 속한 자의 형상"이기 때문이다(고전 15:44, 48-49). 그러나 그렇다고 하여 그의 부활하신 몸이 살과 뼈가 없었던 것은 아니었다(눅 24:39).

2. 예수님을 선생님으로 발견함

16절에 말하기를 "예수께서 마리아야 하시거늘 마리아가 돌이켜 히브리 말로 랍오니 하니(이는 선생님이라는 말이라)"라고 하였다. 마리아가 예수님을 선생님으로 알아보게 된 것은, 예수님께서 그렇게 해 주셔서 된 것이다. 그가 "마리아야" 하시면서 마리아의 영안을 열어 주셨다. 언제든지 우리 자신의 지혜로는 하나님을 알 수 없다. 구원은 전적으로 그에게 달려 있다. 우리가 하나님을 우리 하나님으로 삼고 우리 아버지로 모시는 것도, 그가 그렇게 되게 하신다. 그렇기 때문에 그는 아버지께로 올라가기까지 하셔야 한다. 그가 올라가셔서 이 큰 일을 이루신다. 그러므로 그는 마리아에게 "나를 만지지 말라"고 하셨다(17절). "만지지 말라" 하심은, 그를 아주 땅에 만류시키려 하지 말라는 뜻이다. 그가 승천하시지 않으면, 인류가 하나님을 아버지로 모시는 구원이 완성될 수 없었다.

설교 그리스도의 평강(20:19-23)

사람은 누구든지 평안을 원한다. 그러나 우리는 평안을 원하되 참된 평안을 원해야 한다. 그 이유는 이 세상에는 거짓된 평안도 많기 때문이다. 이 세상의 평안은 생명 없는 썩은 평안이다. 그것은 사람의 마음속에는 평안을 주지 못하고 외부적인 환경에 일시적 평안을 줄 뿐이다. 그것은 회칠한 무덤과 같다. 소위 평안의 시기란 것은, 머지않은 장래의 불안을 마련하는 기간이라고 할 수 있다. 그러므로 지혜 있는 사람은 그런 평안에서 도리어 불안을 느낀다. 그런 평안은 가만히 담겨 있는 썩은 물과 같다. 그러면 그리스도의 평강은 어떤 것인가?

1. 생명 얻은 자의 평강

다시 사신 예수님은 제자들에게 말씀하시기를 "너희에게 평강이 있을지어다"라고 하셨다(19절). 그것은 그가 생명으로 오셔서 생명을 보장해 주시면서 "평강이 있을지어다" 하신 것이다. 사람들은 늘 죽기를 두려워한다. 그러나 그리스도께서는 부활하시므로 그들을 그런 공포에서 놓아 주셨다. 히브리서 2:15에 그리스도에 대하여 말하기를 "죽기를 무서워하므로 한평생 매여 종노릇 하는 모든 자들을 놓아 주려 하심이니"라고 하였다.

제자들은 예수님이 보여 주시는 그 손과 옆구리를 보고 기뻐하였다고 했다(참조. 19절). 그들의 기쁨이 곧바로 생명의 평강이다. 그들은 생명의 주님을 만져 본 것이다. 그들은 그때 참 생명과의 접촉을 가졌다. 예수님의 부활 전까지는 '생명'이란 인간이 알 수 없는 수수께끼였다. 생명을 알아보기 위하여 생물을 과학적으로 해부해 보면, 생명은 사라져 버린다. 그러나 예수님이 죽었다가 다시 살아나신 때 생명은 나타났다. 죽었다가 다시 살아나신 그분이 바로 생명이시다(요일 1:1-2). 그분을 소유한 자마다 영생하는 법이다.

2. 사죄 받은 자의 평강

사람에게 불안을 가져오는 것은 죄악이다. 그것은 왜 그렇게 되는가? ① 죄는 인간의 양심을 괴롭히기 때문이며, ② 하나님께서 죄 있는 자에게 진노하시기 때문이다. 여러 해 전에 어떤 강도가 체포되어 고백하기를 "죄 짓고는 못살겠더라"라고 하였다. 그런데 이제 기쁜 일은 다시 살아나신 예수님이 인류에게 사죄의 평안을 주신 것이다. 그는 두 번째로 "너희에게 평강이 있을지어다" 하신 다음에 그 뒷받침으로 주신 말씀이 사죄에 관한 말씀이었다. 곧 "너희가 누구의 죄든지 사하면 사하여질 것이요 누구의 죄든지 그대로 두면 그대로 있으리라"고 하셨다(23절). 이 말씀은 조심스럽게 해석할 필요가 있다. 얼른 보면 사죄에 대해서만 말한 것이 아니고 정죄에 대해서도 말씀한 것 같다. 그러나 이것은 사죄에 대해서만 말씀하신 것이다. "누구의 죄든지 그대로 두면 그대로 있으리라"고 한 말씀은, 사죄는 사도들의 전한 복음으로만 성립되고 다른 방도로는 성립될 수 없다는 뜻이다. 그러므로 23절 말씀은 복음으로 말미암는 유일한 참 사죄의 길이 열렸다는 뜻이다.

참된 사죄를 받은 사람의 마음에 평강이 있다. 왜 그런가? 그것은 다음과 같이 설명된다. 사람이 참된 사죄를 받으면, 하나님께서 그와 함께하신다. 다윗은 하나님을 가리켜 "주는 내가 항상 피하여 숨을 바위가 되소서"(시 71:3)라고 하였다. 많은 사람들은 하나님을 멀리하고 살고자 하며, 외식자들은 주일만 잠깐 하나님을 모시려고 한다. 그것은 어린아이와 같은 신앙생활이다. 무엇 때문에 참된 평강이신 하나님을 멀리 하고자 하는가?

설교 그리스도의 평강(20:19-29)

예수님이 부활하신 후에 제자들에게 오셔서 인상 깊게 주신 것은 "너희에게 평강이 있을지어다" 하신 말씀이다. 이와 같은 말씀이 20장에 세 번 나온다(19, 21, 26). 이것은 단순한 인사 정도의 문안이 아니고, 구속을 완성하신 구주님으로부터 오는 실제적 평안의 수여를 의미한다(Grosheide, Bouma). 이제 우리는 인생들에게 평안이 필요하다는 것과, 그리스도가 주시는 평안의 성질을 생각해 보려고 한다.

1. 인생에게 평안이 필요함

예수님의 제자들은 그때 유대인을 두려워하여 문들을 닫았다고 한다(19절). 그들은 매우 불안에 싸여 있었다. 그들은 좁은 세계라고 할 수 있는 한 간 집에서도 문을 열지 못하고 사는 형편이었다. 그들은 이처럼 좁은 세계에 들어가므로 평안을 얻어 보려고 하였다. 그러나 좁은 세계에 들어갈지라도 심령의 불안은 해소되지 않는 법이다. 인간이 저렇게 백계무책(百計無策)으로 불안에 싸여 있는 원인은 무엇인가? 그것은 다음과 같이 말할 수 있다.

인간이 자칭 평안하다 하는 것은 모두 스스로 자기 마음에 아첨하는 것뿐이고 진정한 평안은 아니다. 나 자신이 평안하다 평안하다 하는 것은 스스로 속는 것이다. 마귀로 말미암아 담대해진 자들을 그리스도께서 두렵게 할 날이 반드시 이른다. 인생은 이처럼 불안에 싸여 있다. 그가 이런 불안 가운데서 처신하는 술책은, 마음 문을 닫고 자기가 만든 감옥에 죄수처럼 스스로 가둬 버림이다. 거기에는 불안이 계속하여 있는 법이다. 우리가 마음 문을 닫고 마음을 좁힐수록 불안 가운데 빠진다. 그 이유는 우리의 마음은 원수의 마음에라도 들어가야 사는 것이기 때문이다. 그러나 누구의 마음이 저렇게 강하여서 아무런 방위도 가질 필요 없이 사망의 골짜기에라도 다닐 수 있으며, 원수들의 진지에라도 기탄없이 다닐 수 있을까? 그것은 인간의 마음 그 자체로써는 할 수 없고, 오직 그리스도의 마음을 가진 자라야 할 수 있다. 그리스도의 마음을 가지지 못한 마음은 별 수 없이 문 닫은 집과 같아서 모든 사람들을 막기 위하여 자기를 방위하며, 결국 자기 자신을 더욱 공포의 노예로 만들어 버린다. 예수님의 제자들이 그때 아직 그리스도를 영적으로 완전히 모시지 못하였으므로 유대인들을 대단히 두려워하여 문을 닫았던 것이다. 그들은 아직도 예수님이 부활하신 사실을 몰랐으며, 속죄의 경험도 없었다. 그러므로 잠언 28:1에도 말하기를 "악인은 쫓아오는 자가 없어도 도망하나 의인은 사자 같이 담대하니라"고 하였다. 인간은 공연한 공포심과 걱정으로 도리어 불행을 자취한다. 우리가 두려워하는 것들 중 대부분은 실제로 우리에게 오지 않는 것들이다. 이런 공포의 두려움으로부터 벗어나게 해 주시는 이는 오직 예수님 밖에 없다. 그는 친히 죽음을 이기시고 다시 사심으로, 참된 기쁨과 자유를 우리에게 주신다.

2. 그리스도가 주시는 평안

1) 두려워서 문을 닫고 있는 제자들에게 예수님은 오셔서 "평강이 있을지어다"라고 하셨다. 마귀가 우리를 두렵게 하는 때 그리스도는 우리를 찾아오셔서 담대하게 하여 주신다. 성도는 그때를 잃지 말아야 한다. 부활하신 예수님은 제자들에게 오셔서 "너희에게 평강이 있을지어다" 하시고는 그의 "손과 옆구리"를 보여주셨다(19-20절). 그것은 그가 주신 평강과 그가 못 박히셔서 흘리신 피와의 관계를 보여주신 행동 설교이다. 그가 우리를 사랑하시므로 십자가에서 내려오시지 못하셨다. 그가 흘리신 피는 우리의 죄를 씻고 영원히 살리기까지 하신다. 그 이유는 그가 다시 사셨기 때문이다. 그는 다시 사셔서 우리를 위해 흘리신 피의 효과를 거두신다. 다시 살아나신 예수님은 그의 흘리신 보혈로써 구원의 평안을 우리에게 가져오게 한 것이다. 마이어(F. B. Meyer)는 말하기를 "우리가 하나님으로 더불어 화평을 이룰 조건이 그리스도로 말미암아 완성되었다. 하나님의 거룩하신 공의도, 신자가 이 화평을 누림에 대하여 말썽을 일으키지 못한다. 그 공의가 억만 세계를 멸망시켜야 만족하게 될 것이었다 하더라도 그것은 하나님 아들의 죽으심에서 만족함이 되었다. 그것은 입법자 자신의 속죄적 희생으로 화해되었다. 우리는 혹시 이 사실을 잊어도, 하나님은 언제나 이 사실을 잊지 않으신다. 따라서 예수님이 흘리신 피는, 한 시대뿐만 아니라 억만대가 지나도록 쇠하여지지 않는 구속의 힘을 가지고 역사한다"라고 하였다(Peace, Perfect Peace, pp. 15-17). 아벨의 피도 늘 하나님께 호소하는 힘이 있을진대(히 11:4), 하나님 아들의 피야 말할 것이 무엇이랴? 예수님이 흘리신 피로 말미암은 평강은 완전한 평강이고(사 26:3), 강과 같이 풍성히 흐르는 평강이고(사 48:18), 지극히 큰 평강이고(사 54:13), 환난을 문제시하지 않는 평강이고(요 16:33), 지각에 넘치는 평강이다(빌 4:7).

3. 이 평강을 누리게 된 신자들을 해롭게 할 것은 다시 없다.

로마서 8:28에 말하기를 "우리가 알거니와 하나님을 사랑하는 자 곧 그의 뜻대로 부르심을 입은 자들에게는 모든 것이 합력하여 선을 이루느니라" 하였고, 로마서 8:35에는 "누가 우리를 그리스도의 사랑에서 끊으리요 환난이나 곤고나 박해나 기근이나 적신이나 위험이나 칼이랴" 하였으며, 로마서 8:37-39에는 "그러나 이 모든 일에 우리를 사랑하시는 이로 말미암아 우리가 넉넉히 이기느니라 내가 확신하노니 사망이나 생명이나 천사들이나 권세자들이나 현재 일이나 장래 일이나 능력이나 높음이나 깊음이나 다른 어떤 피조물이라도 우리를 우리 주 그리스도 예수 안에 있는 하나님의 사랑에서 끊을 수 없으리라"고 하였다. 이 점에 있어서 우리가 특별히 주목해야 될 것은 "이 모든 일에 우리를 사랑하시는 이로 말미암아 우리가 넉넉히 이기느니라" 고 하신 말씀이다. 여기 "넉넉히 이기느니라"고 한 말의 헬라어(ὑπερνικῶμεν)는 '이기고 남는다'는 뜻이다. 우리를 사랑하시는 그리스도의 사랑은, 하나님 아버지께서 그 아들 그리스도를 사랑하신 때와 같이 오래 전에 시작하여 영원까지 이르는 것이다. 이것이야말로 지각에 넘치는 사랑이다. 이런 사랑을 통하여 평강을 누리게 된 그때 예수님의 제자들은 더 이상 문을 닫아 둘 필요조차 없다. 그들은 특별히 그들의 마음 문을 더 이상 닫아 둘 필요가 없다. 그들은 마음 문을 활짝 열고 다시 사신 주님을 모셔 들여야 한다. 그들은 이제부터 예수님이 그들에게 모든 것의 모든 것임을 알아야 될 것이었다. 이제부터 문을 닫아 두는 처세술 따위는 그들의 안중에 더 이상 더 없어야 될 것이었다. 그들은 천하를 정복하며 우주를 정복하고 남는 진리와 능력과 생명과 부요를 가지게 되었다. 그것들은 예수님의 부활로 말미암아 오는 것들이다. 이제 그들의 평안은 우주를 정복한 평안이고, 무한과 영원을 축복으로 가진 평안이다.

2) 이 평강을 누리는 신자들이 할 일은 복잡할 것도 없고 어려울 것도 없

다. 이 점에서 마이어의 다음과 같은 말을 소개한다. 곧 이 평강을 소유하는 문제에 있어서, 우리는 우리의 느끼는 정도 여하를 과히 중대시할 것 없다. 그리고 이 점에 있어서 신앙의 대소(大小)도 크게 문제될 것 없다. 작은 믿음도 믿음이다. 겨자씨만한 신앙도 산을 옮긴다고 한 말씀의 뜻은, 작은 신앙도 예수 그리스도로 말미암아 산과 같이 큰 속죄의 효과와 혜택을 입는다는 뜻이기도 하다. 신앙이 힘이 되는 원인은 신앙 자체의 양에 관계된 것이 아니라, 오직 신앙의 대상인 예수 그리스도에게만 달린 것이다. 그렇다고 하여 이 말은 우리가 큰 신앙을 가지기 원할 필요가 없다는 것은 아니다. 이것은 다만 신앙이란 것이 무엇임을 다른 관점에서 생각해 본 것뿐이다. 그리스도의 평강 문제에 있어서 우리는 우리가 느끼는 정도 여하를 과히 중대시할 것도 아니고, 우리의 신앙의 대소 문제도 과히 관련시키지 않아야 한다. 우리는 그저 예수님의 보혈을 바라볼 뿐이며, 하나님께서 그 말씀대로 우리를 구원하신다는 것을 믿을 뿐이다. 존 번연(John Bunyan)은 종종 죄 때문에 마음이 불안하였으나, 하나님이 그의 심령에 보여주신 말씀, 곧 "그의 십자가의 피로 화평을 이루사"(골 1:20)란 말씀을 기억하고 평안을 얻었다. 그는 자기 죄와 예수님의 피를 비교할 때, 자기 죄는 큰 들판에 놓여 있는 작은 돌맹이같이 보였다. 예수님의 피로 사유하지 못할 죄가 어디 있으랴(참조. 엡 2:16-17). 자마이카(Jamaica)에서 선교한 윌리엄 니브(William Knibb)는 임종 시에 "나는 죽기를 두려워하지 않는다. 예수님의 피가 나의 모든 죄를 씻으셨다. 내가 믿는 바는 그의 피다"라고 하였다.

설교 보지 못하고 믿는 자의 복(20:29)

피조물이요 죄인 된 인생의 진정한 행복은, 그가 믿는 것이 무엇인지에 따라서 결정된다. 그의 행복은 그가 믿어야 할 것을 잘 믿을 때 생기며 증가

된다. 예수님은 우리의 행복이 오직 그를 믿을 때만 있다는 의미에서 다음과 같이 말씀하셨다. "수고하고 무거운 짐 진 자들아 다 내게로 오라 내가 너희를 쉬게 하리라"고 하셨다(마 11:28). 그런데 이처럼 우리에게 행복을 주는 믿음은 어떤 것이어야 하는가?

1. 인간의 시각보다 하나님의 말씀에 근거함

인간의 시각은 일시적인 것은 볼 수 있으나 영원한 것들은 못 본다. 시각의 대상은 이 세상에 속한 것인데, 그것들은 다 지나가는 것들이고, 인생에게 남겨 주는 것은 수고와 슬픔뿐이요, 신속히 가는 것뿐이다(시 90:10). 따라서 시각은 언제나 불만을 느끼며, 무슨 믿을 만한 증거를 보았다 해도 또다시 불만의 시기가 온다. 우리는 영원한 것을 믿어야 되는데, 그것은 보이는 것이 아니다. 고린도후서 4:18에 말하기를 "우리가 주목하는 것은 보이는 것이 아니요 보이지 않는 것이니 보이는 것은 잠깐이요 보이지 않는 것은 영원함이라"고 하였다. 그러면 보이지 않는 것을 믿게 하는 것은 무엇인가? 그것은 하나님의 말씀(성경)이다.

2. 약속으로 주신 구원을 상대함

약속으로 주신 구원은 말할 수 없이 복되다. "우리가 소망으로 구원을 얻었으매 보이는 소망이 소망이 아니니 보는 것을 누가 바라리요 만일 우리가 보지 못하는 것을 바라면 참음으로 기다릴지니라"(롬 8:24-25)고 성경은 말한다. 우리는 하나님이 약속하신 바가 이루어질 때만 기뻐하며 그에게 감사할 뿐만 아니라, 그 약속이 이루어지기 전에도 그 약속하신 말씀만 믿고 순종하면서 하나님을 영화롭게 해야 한다. 하나님의 약속이 이루어진 때 그를 찬송하기는 쉽다. 그러나 그 약속이 이루어지기 전, 평소에 늘 그것을 인하

여 그를 영화롭게 하는 생활이 없었다면, 그 찬송은 가치 없는 것이다.[239)]

우리는 이제 생각해 보자! 예수님의 초림에 대한 예언이 구약에 456번 있는데, 주님의 재림에 대한 예언은 신구약에 모두 1,518번이나(신약에만 300번) 있다고 한다. 456번 예언된 예수님의 초림이 성취되었는데, 1,518번이나 예언된 재림이 성취되지 않으랴? 우리는 몇 천 번이라도 대답하기를 "그 약속은 이루어진다."고 할 것이다. 그의 약속은 곧 사실과 같은 것이며, 진리 자체이다. 그는 수 천 년을 앞두고 약속하시며, 기약이 이르면 성취하신다. 그러나 인간은 단 몇 해의 앞일도 절대 안전하게 약속하지 못한다. 그 이유는 인간은 거짓되고 변하며 죽기 때문이다. 로마서 3:4에 말하기를 "사람은 다 거짓되되 오직 하나님은 참되시다 할지어다"라고 하였다.

3. 하나님의 인격을 믿은 신앙

인격 신앙은 복되다. 하나님은 물질이 아니며 육신이 아니다. 그는 영이시다(4:24). 보이지 않는 이를 상대하며 관계함에 있어서, 보이는 것들이 종종 방해가 된다. 그것들은 멀리 있는 별들을 보려는 망원경에 묻은 때와 같은 것이다. 우리가 주님으로 더불어 인격적 교제를 가짐에 있어서 그의 말씀 이상 더 좋은 근거는 없다. 우리가 현세에 있어서는 그의 말씀밖에 다른 진리나 다른 사랑을 구하지 않아야 한다. 그는 우리에게 하실 말씀을 다 하셨으니, 그것은 성경이다. 우리가 할 일은 이제 믿음과 순종뿐이다.

---

239) Irish Evangelical, Vol. 29, No. 8, 13.

제 21 장

⚘ 내용분해

1. 예수께서 고기 잡던 제자들에게 나타나심(1-4절)
   1) 베드로의 인도로 일곱 제자들이 고기 잡으러 감(1-3절)
   2) 그들에게 예수님이 나타나심(4절)
   3) 예수께서 그들을 지도하셔서 고기를 많이 잡도록 하심(5-6절)
   4) 베드로와 요한이 예수님을 알아봄(7절)
   5) 제자들이 그물에 든 고기를 육지에 끌어옴과 숯불 위에 생선 놓인 것을 발견함(8-9절)
   6) 예수님의 명령에 따라 베드로가 고기 든 그물을 끌어 올림(10-1절)
   7) 예수께서 제자들을 위하여 조반을 예비하심(12-13절)
   8) 부활하신 예수님의 나타나심에 대한 저작자의 해설(14절).

2. 예수께서 베드로에게 사명을 주심과 그에 따른 교훈(15-23절)
   1) 주님을 사랑하는 여부에 대한 다짐 및 사명을 주심(15-17절)
   2) 베드로의 순교에 대한 예언(18-19절)

3) 예수께서 사도 요한의 장래에 대한 베드로의 물음에 대하여 주신 교훈(20-23절)

3. 결론(24-25절)

* * * * *

{특별참고}

요한복음 21장의 저작자 문제

20:30-31에서는 명백하게 요한복음 전체의 결론을 매듭짓고 있다. 그럼에도 불구하고 그 뒤에 또 한 장(21장)이 나타난 것은 자연스럽지 않은 것 같다. 그래서 많은 학자들이 21장을 추후의 보충으로 본다. 그러나 문제는 이것을 사도 요한이 저술하였는가, 혹은 그와 관계없는 어떤 후대인이 기록하였는가 하는 것이다. 불트만(Bultmann)은 이것이 사도 요한의 저술이 아니라는 의미에서 21장의 몇 가지 문투들이 앞장 및 요한 서신들의 그것들과 다르다고 지적한다. 그 가운데 중요한 것은 "나타내셨으니"(ἐφανέρωσεν)라는 말(1절), "얘들아"(παιδία)라는 말(5절), "불과"(μακρa,n)라는 말(8절), "묻는"(ἐξετa,sai)이라는 말(12절), "돌이켜"(ἐπιστραφείς)라는 말(20절) 등이다. 불트만은 계속하여 말하기를 21장의 내용은 1-20장에 비하여 성격이 전연 다르다고 하였으며,[240] 21장은 저작자가 단일화되어 있지 않다고 하였다.[241]

240) Zudem hat die Erzählung in Kap. 21 einen völlig anderen Charakter als die bisherige.

241) Kap. 21 ist kein Einheit. -Das Evangelium des Johannes, 543.

그러나 우리는 21장에 있는 몇 가지 낱말들의 특이한 점만을 가지고 21장을 사도 요한의 저술이 아니라고 단언할 수 없다. 크로샤이데(Grosheide)는 21장의 문체와 성격이 사도 요한의 것이 틀림없다고 단언했다.[242] 그는 말하기를 "사도 요한 자신이 1-20장을 기록한 후에 즉시 21장을 보충하였든지, 혹은 그의 제자들을 시켜서 보충하였을 것이다.· · ·그리고 이 보충은 요한복음의 다른 부분(1-20장)을 저술하던 그때 하였을 것이다"라고 하였다.[243] 우리는 21장을 사도 요한이 직접 보충한 기록으로 본다. 만일 이 부분(21장)이 어떤 후대인의 보충이라고 한다면, 사본상에 그런 증거가 나타났어야 할 것이다. 만일 요한복음 1-20장까지 기록된 책이 세상에 나타났던 일이 있다면, 어찌하여 그런 사본이 세상에 전연 전해지지 않았을까?

⚜ 개요

1. 일곱 제자가 고기 잡은 비결(1-14절)

이 부분의 말씀은 영적 의미가 있는 것으로 간주되어야 한다. 그것은 그들 자력으로는 고기를 한 마리도 잡지 못한 사실이 증명한다.

1) 그들이 밤새도록 고기를 하나도 못 잡음(3-5절). "얘들아 너희에게 고기가 있느냐" 하시는 예수님의 물음에 대하여 "없나이다"라고 한 제자들의 대답은 우리의 흥미를 끈다. 그것은 사람을 낚는 일에 있어서 인력으로는 할 수 없다는 것을 보여 준다.

---

242) De stijl en het karakfer zijn Johanneisch.

243) Het kan door den apostel zief zijn opgesteld, maar ook door een van zijn leerlingen. ...Het aanhangsel is dus zeer oud en mischien is het terstond bij het schrijven aan het ev. toegevoegd....Het Heilige Evangelie Volgens Johannes, Kommentaar II, 550-551.

2) 예수님의 명령에 순종함으로 고기를 잡음(6절). "순종은 제사보다 낫다"고 사무엘은 말하였다(삼상 15:22). 예수님의 제자들은 그 노숙한 고기잡이 기술을 써 보았으나, 그들은 고기를 한 마리도 잡지 못하였다. 그런데 그들이 하나님 아들의 지시대로 순종하였더니 많은 고기가 잡혔다. 인간의 기술보다 나은 것은 하나님의 권능이다.

3) 두 제자가 예수님을 알아봄(7절). 신자들은 하나님의 능력을 체험해야 하나님을 알게 된다. 체험 없는 신자는 확신이 없다.

4) 다른 제자들은 예수님이 마련하신 숯불 위의 고기를 보았음(8-9절). 이런 신기한 공급은 주께서 친히 마련하신 것이다. 복음을 전하는 자들도 때로는 이런 위로를 받는다.

5) 예수님이 제자들에게 제공하신 조반 식사의 의미(11-13절). 베드로는 잡은 고기를 153마리로 세었다. 사람을 낚는 어부들도 영혼을 천하보다 귀히 여기므로, 하나님께 돌아온 사람들의 수효를 세어본다. 그러나 그보다 더 귀한 일은 전도자들 자신이 영적 양식을 먹는 일이다. 남들은 구원시키고 자기 자신들은 영적으로 주려 죽을 지경이 될 수는 없다.

이런 은혜(먹을 것)를 받은 제자들은 그 조반을 제공하시는 이가 예수님이신 줄 알기 때문에 "누구십니까?" 하고 감히 묻는 자가 없었다. 사람이 큰 은혜를 받으면 말이 적어진다. 그런 사람은 자아가 죽어진 사람으로서 침묵을 즐거워한다. 신자들은 기이한 주님의 사랑 속에 깊이 안기어서 말없이 안전감을 느끼고 즐거워해야 한다.

2. 예수님과 베드로(15-23절)

1) 예수님이 세 번이나 베드로에게 물어보심(15-17절). 예수님은 배반하였던 베드로를 찾아 오셔서 그의 신앙을 다짐하셨다. 그것은 "네가 나를 사랑하느냐" 하신 말씀으로 되어 있다. 참된 신앙은 참된 사랑으로 증명된다.

믿음과 사랑은 언제나 함께 있다(고전 13:13).

2) 예수님이 베드로의 순교에 대하여 예언하심(18-19절). 여기 이른바 "남이 네게 띠 띠우고 원하지 아니하는 곳으로 데려가리라"고 하신 말씀은 분명히 그의 순교에 대한 예언이다. 이 점에 대하여 저작자가 그 아래 구절에서 밝혀준다. 그것은 베드로의 죽음이 하나님께 영광을 돌린다는 말씀이다. 하나님께서 그의 사랑하시는 자들에게는 그들의 죽음에 있어서도 하나님을 영화롭게 하도록 하신다.

3) 베드로가 사도 요한의 장래에 대하여 물어봄과 주님의 답변(20-23절). 예수님은 베드로의 이와 같은 물음을 부당한 간섭이란 의미에서 제재시키셨다. 여기서도 신자들은 어디까지나 남의 일에 간섭하지 말고 주님만 따라야 할 것이 계시되어 있다(갈 6:4-5).

해석

1 그 후에 예수께서 디베랴 호수에서 또 제자들에게 자기를 나타내셨으니 나타내신 일이 이러하니라. 14절에 말한 대로 예수님이 "제자들"에게 자기를 나타내신 것은 이번이 세 번째이다. 그리고 일반적으로 알려진 대로 공관복음을 참조하면 이번이 일곱 번째 나타나심이다. 이제 간단히 예수님이 나타나신 총 횟수를 꼽으면 다음과 같다. ① 막달라 마리아에게 나타나심(막 16:9; 요 20:11-18). ② 여인들에게 나타나심(마 28:9-10). ③ 글로바와 그 동행자에게 나타나심(눅 24:13-35), ④ 시몬에게 나타나심(눅 24:34; 고전 15:5), ⑤ 도마 없을 때 제자들에게 나타나심(요 20:19-25), ⑥ 도마 있을 때 제자들에게 나타나심(요 20:26-29). 이 일들은 예루살렘과 그 부근에서 일어난 것이다. ⑦ 디베랴 바다에서 나타나심(요 21:1-14), ⑧ 갈릴리 산에서 제자들에게 나타나심(마

28:16-20), ⑨ 500여 형제에게 나타나심(고전 15:6), ⑩ 주님의 동생 야고보에게 나타나심(고전 15:7), ⑪ 승천하실 때 감람산에서 11제자에게 나타나심(행 1:4-9; 눅 24:50-51), ⑫ 승천 후 다메섹 도상에서 바울에게 나타나심(행 9:3-7, 22:6-10, 26:12-18; 고전 9:1, 15:8)이다. 이 밖에도 주님께서 다시 사신 후에 다른 사람에게도 나타나신 적이 있었을 것이라고 헨드릭슨(Hendriksn)은 추측한다(참조. 행 1:3).

2 "나다나엘"은 공관복음에 나오는 바돌로매와 동일 인물이다(마 10:3). "세베대의 아들들"은 물론 야고보와 요한이다. 학자들은 말하기를 21장을 사도 요한이 기록했다면, 그가 "세베대의 아들들"이란 말을 사용했을 리 없다고 한다. 그 이유는 1-20장에서는 매번 저작자 요한이 자기와 자기 친속에 대하여 이름을 붙여서 말하지 않았기 때문이라고 한다. 그러나 이와 같은 이론은 확실성이 없다(Grosheide).

3 **시몬 베드로가 나는 물고기 잡으러 가노라 하니 그들이 우리도 함께 가겠다 하고 나가서 배에 올랐으나 그 날 밤에 아무 것도 잡지 못하였더니.** 여기서도 시몬 베드로가 선두에서 움직였다. 그는 부활하신 예수님을 두어 차례 만나 보았으나, 이제 와서는 전에 가졌던 직업, 곧 어업으로 돌아가려고 하였다. 다른 제자들도 그와 동감이었다. 예수님이 그런 때 그들을 찾아와 위로하시고, 다시금 그들에게 사명감을 확고히 하여 주셨다. 이것이 역시 그의 부활하신 증거이다.

"아무 것도 잡지 못하였더니." 하나님께서 주신 성직을 버리고 다른 사업을 하면 성공하지 못하는 법이다.

여기 기록된 고기잡이에 대한 말씀이 이후에 나오는 모든 말씀과 함께 상징적 의미를 가질까? 많은 학자들이 이것을 영적으로 해석하고 있으니, 이 문제를 명확히 할 필요가 있다. 누가복음 5:1-11 말씀을 보면, 예수님의 제자들이 고기 잡은 사실을 예수님 자신이 영적으로 해석하셨다(눅 5:10). 그뿐 아니라 본문 3-11절이 보여준 대로 예수님이 계시지 않을 때는 그들이 아무 것도 잡지 못하였으나(3절 끝), 예수님의 지도를 받아 그물을 던졌을 때 많은 고기를 잡았다(6절 하)는 사실이 너무도 현저한 대조를 보여주면서 특별한 의미를 가르친다. 곧 사람들이 예수님 없이는 아무것도 할 수 없다는 사실이다(15:5). 그뿐 아니라 제자들이 고기 잡은 사건에 뒤이어 예수님이 모든 사도들의 대표라고 할 수 있는 베드로에게 교회를 목양하라고 맡기신 사실이, 역시 현저하게 우리의 주의를 끈다. 그 사실은 베드로로 하여금 사람을 낚는 어부로 삼으신 셈이다. 그렇다면 이 사실도 21장 초두에 나오는 고기 잡은 사건과 관련을 가지고 있다. 그러므로 여기에 기록된 대로 제자들이 고기 잡은 사건은 상징적으로도 해석되어야 한다. 슐라터(Schlatter)는 말하기를 "고기 잡은 사건은 사도들의 역사에 있어서 풍부한 열매 맺을 것을 보장하여 준다"라고 하였다.[244] 비켄하우저(Wikenhauser)도 말하기를 "베드로가 이처럼 어업에 출동하게 된 것은 상징적 의미를 위해 중요한 것이었다"라고 하였다.[245]

4 날이 새어갈 때 예수께서 바닷가에 서셨으나 제자들이 예수이신 줄 알지 못하는지라. 헹스텐베르크(Hengstenberg)에 의하면, "날이 새어갈 때"란 말은 구원운동의 서광을 상징하고, "예수께서 바닷가에 서신 것"은 그가 부활하셨으므로 이제는 세상에 계시지 않고 세상 건너편에 계심을 상징한다고 하였다. "바다"는 세상을 상징한다.

5 예수께서 이르시되 얘들아 너희에게 고기가 있느냐 대답하되 없나이다. 예수님이 사도들을 가리켜 "얘들"이라고 하신 것은, 그가 하나님 아들이신 처지에서 권위 있게 하신 말씀이다. 그가 사도들에게 "너희에게 고기가 있느냐"라고 하셨으니, 그것은 가장 자연스러운 접촉이다. 이는 마치 그가 물 긷는 사마

---

244) Der Fischfang verbürgt den Jüngern die fruchtbare Grösse ihres apostolischen Werks.—Der Evangelist Johannes, 368.

245) Dass Petrus diesen Fischzug in Gang brngt und ihn leitet, ist wegen seiner symbolischen Bedeutung wichtig.—Das Evangelium nach Johannes, p. 349.

리아 여인에게 물 좀 달라고 하신 것과 같다. 그는 이처럼 자연스러운 접촉을 통하여 자기가 진정한 사람이신 것을 알리려 하신 것이다. 그는 하나님이시면서 역시 사람이시다.

6 **이르시되 그물을 배 오른편에 던지라 그리하면 잡으리라 하시니 이에 던졌더니 물고기가 많아 그물을 들 수 없더라.** 헹스텐베르크는 여기서도 영적 해석을 취하여 "오른 편"이란 말이 이방인들을 상징한다고 하였다. 곧 사도들이 전도할 때 이방인들 중에서 많은 신자들이 생기리라는 것이 이 구절에 포함되었다고 한다. 이 시간까지 사도들은 예수님을 알아보지 못했는데 어떻게 그분의 말을 청종하였을까? 그것은 하나님께서 그들의 마음에 역사하셨으므로 그들은 그 낯모르는 사람의 지도대로 하였을 것이다.

7 **예수께서 사랑하시는 그 제자가 베드로에게 이르되 주님이시라 하니 시몬 베드로가 벗고 있다가 주님이라 하는 말을 듣고 겉옷을 두른 후에 바다로 뛰어 내리더라.** "그물을· · ·던지라"는 명령과 던진 결과로 고기를 많이 잡은 광경은, 제자들로 하여금 전에 고기 잡은 사건(눅 5:4-11)을 연상하게 하였을 것이다. 그러므로 "사랑하시는 그 제자", 곧 요한은 그 사람이 예수님인줄 알아보게 되었다. 베드로는 이 장면에서도 자기의 특성을 드러낸다. 그는 예수님을 만나려고 급히 헤엄쳐 간 것이다. "그리스도의 사랑은 사람으로 하여금 불과 물이라도 통과하여 오도록 이끈다."(Bengel).

8 베드로는 바다에 뛰어내려 헤엄쳐 예수님께로 갔으나, 다른 제자들은 작은 배를 타고 갔다. 베드로는 그리스도를 사랑하는 마음으로 저렇게 성급하게 물에 뛰어 내렸다.

9 **육지에 올라보니 숯불이 있는데 그 위에 생선이 놓였고 떡도 있더라.** 고기 잡는 것이 구령 운동을 비유한 동시에, 주님께서 숯불에 고기를 굽고 떡을 구워 제자들을 먹이신 것은 영력 공급을 비유하였다(Godet). 여기 준비된 고기와 떡은 그가 권능으로 마련하셨을 것이다. 주님께서 이같이 조반을 예비하신 것

은, 낙심하였던 제자들을 위로하시는 자비의 표현이기도 하다. 주님은 이처럼 수시로 교회를 위안하신다.

10 예수께서 이르시되 지금 잡은 생선을 좀 가져오라 하시니. 잡은 고기를 가져오라고 하심은, 그것을 잡도록 하신 이가 실상 자신이기 때문이다. 그가 이 말씀으로 명하신 것은 인간이 그 직장에서 얻은 것이 실상 주님의 것임을 가르친다. 주님이 주신 것은 무엇이든지 선물로 인식되어야 한다. 웨스트코트(Westcott)도 이런 뜻으로 이 구절을 해석하였다.

11 시몬 베드로가 올라가서 그물을 육지에 끌어 올리니 가득히 찬 큰 물고기가 백쉰세 마리라 이같이 많으나 그물이 찢어지지 아니하였더라. 여기서 이른바 153이란 숫자는, 학자들의 영적 해석에 의하면 하나님의 교회를 상징하는데, 100은 이방인들, 50은 유대인들, 3은 하나님을 의미한다고 한다(Cyril of Alexandria). 그러나 153은 많은 고기가 잡혔다는 것을 나타낼 뿐이다. 길리기아 사람 오피안(Oppian)은 물고기의 종류가 모두 158종인데, 그때 잡힌 고기가 이처럼 많은 종류였다고 한다. 그러나 믿을 수 없는 이론이다. “그물이 찢어지지 않은 것”도 일종 이적이었는데, 그것은 하나님께서 교회 안에 있는 자들을 보호하심을 상징한다(Godet).

12 예수께서 이르시되 와서 조반을 먹으라 하시니 제자들이 주님이신 줄 아는 고로 당신이 누구냐 감히 묻는 자가 없더라. 거기 나타나셨던 인물이 다시 사신 예수님이었음이 확실하므로, 그들은 물어볼 필요가 없었다. “조반을 먹으라”는 예수님의 사랑 때문에 그들은 그를 알아보게 되었다.

13 예수께서 가셔서 떡을 가져다가 그들에게 주시고 생선도 그와 같이 하시니라. 이때 부활하신 예수님은 그 제자들에게 식사를 친히 제공하시는 친절로 사랑을 베푸셨다. 이것은 몇 가지 중요한 뜻을 내포한다. ① 그가 영광의 몸으로 부활하셨으나 여전히 인간 성품을 가지시어 먹고 마시는 인간들과 함께 하신다는 사실. 그는 이렇게 하심으로 그의 부활의 확실성을 증명하여 주

셨다. 그가 부활하신 몸으로 음식을 취급하시며 자기의 부활을 증거하신 일이 다른 때도 있었다(참조. 눅 24:30, 42). ② 그가 이처럼 제자들에게 식사를 제공하신 것은, 그들을 위로하시며 또 격려하시려는 목적도 가지셨다. 하나님께서는 거의 낙심 지경에 있던 엘리야에게 식물을 제공하신 일도 있다(왕상 19:5-8). ③ 그가 이같이 행하신 것은 신자들과 사랑으로 연합하시는 증표였다. 그런 친근한 연합은 식물을 제공하는 것으로 표시되는 법이다(참조. 계 3:20). 슐라터는 말하기를 "부활하신 예수께서 유대인 대중으로 더불어 식사를 나누신 일은 한 번도 없었으나, 오직 그는 그의 제자들과 더불어 이처럼 식사를 나누셨다"라고 하였다.[246)]

14 세 번째로 제자들에게 나타나신 것이라. 여기서 "세 번"이란 것은, 다만 사도들의 단체에 나타나신 사건들을 염두에 둔 차례이다. 사도들의 단체에 나타나신 횟수는, 그가 다시 사신 저녁에 나타나심(20:19-23)과, 그 뒤에 8일을 지나서 나타나심(20:26-29)과 그리고 이번이 "세 번째"이다. 그동안에 예수님이 다른 개인들에게 나타나신 사실들에 대해서는 저작자가 알면서도 말하지 않은 것뿐이다. 1절의 해석을 참조하라.

15 그들이 조반 먹은 후에 예수께서 시몬 베드로에게 이르시되 요한의 아들 시몬아 네가 이 사람들보다 나를 더 사랑하느냐 하시니 이르되 주여 그러하나이다 내가 주님을 사랑하는 줄 주님께서 아시나이다 이르시되 내 어린 양을 먹이라 하시고. "요한의 아들"이란 말은 사본상 차이가 있다. 중요한 사본들(B, C, D, L, W)이 우리 번역과 같고, 다른 사본(Received Text)은 "요나의 아들"로 씌어 있다. "이 사람들보다"란 말은, "다른 사도들이 예수님을 사랑함보다 더욱"이란 뜻을 가진다. 예수님이 이처럼 물으신 이유는, 베드로가 전에는 누구보다도 자기가 가장 주님을 사

---

246) Der Auf-erstandene hält das Mahl nicht mehr wie einst mit der grossen jüdischen Schar, sondern mit seinen Jüngern. -Der Evangelist Johannes, 369.

랑한다고 자처하며 교만하였기 때문이다(마 26:33; 막 14:29). 예수님은 베드로의 교만이 여전한지 알아보신다. 이제 그의 대답에는 그러한 자취가 없다. ① 이제는 비교하는 식으로 말하지 않으며, ② 그가 주님을 사랑하는 줄 그 자신이 안다고도 하지 않고, 그저 주님이 아신다고 하여 극히 겸손한 신앙 고백을 하였으며, ③ 그 고백이 겸손하면서도 내용은 확실하다. 그 이유는 주님이 알아주시는 진실한 사랑 내용을 그가 가졌기 때문이다. 그러므로 주님은 "내 양을 먹이라"는 부탁으로써 베드로의 사랑을 인정하셨다.

"내 어린 양을 먹이라." 주님의 양 된 신자들을 먹이는 것은 어려운 일이다. 신자들은 그 성품도 다르고, 그 처지도 모두 다르니, 그들을 목양하는 데는 주님을 사랑하는 그 사랑만이 요구된다. 사랑은 수고를 돌보지 않으므로 그것이 있으면 목양의 수고를 감당할 수 있다. 사랑도 보통 사랑이 아니라, 주님을 사랑하는 그 사랑이 요구된다. 주님을 사랑하는 자는, 양 무리에게서 아무런 보수가 없어도 그들을 사랑할 수 있게 된다. 그는 주님 때문에 그들을 사랑하기 때문이다.

17 세 번째 이르시되 요한의 아들 시몬아 네가 나를 사랑하느냐 하시니 세 번째 네가 나를 사랑하느냐 하시므로 베드로가 근심하여 이르되 주님 모든 것을 아시오매 내가 주님을 사랑하는 줄을 주님께서 아시나이다 예수께서 이르시되 내 양을 먹이라. 저자는 여기서 "세 번째" 물으셨다는 점에 중점을 둔다. 세 번째 물으심은 베드로로 하여금 전에 세 번이나 주님을 부인한 슬픈 사실을 연상하게 한다. 그래서 그가 근심했을 것이다. 그러나 그는 확실히 주님을 사랑하므로 여기서도 전과 같은 말로 대답하면서 "주님 모든 것을 아시오매"란 말을 한 마디 더 하였다. 주님께서는 전지하시므로 사람들의 마음과 과거의 행위와 미래의 행위를 다 아신다(1:42, 47-48, 2:25, 4:29, 6:64, 70, 11:11). 이런 주님인 줄 알고 주님 앞에서 "내가 주님을 사랑하는 줄 주님께서 아시나이다"라고 말하기는 어려운 일이다. 그러나 그는 그런 신앙 고백을 한 것이다. 주님에게 대한 그의 사랑은 이

제 반석같이 든든해진 것이 사실이다. 그는 주님의 예언과 같이(1:42) 이제 과연 반석이 된 것이다. "내 양을 먹이라"는 말씀에 대하여는 15절의 같은 말 해석을 참조하라.

"사랑하느냐." 이 부분(15-17절)의 사랑한다는 말에 대하여 우리가 주의할 점이 있다. 예수님과 베드로의 대화에서 예수님이 "사랑하느냐"고 물으실 때 첫 번째와 두 번째에는 헬라어 "아가파오"(ἀγαπάω)란 말을 사용하셨다. 이에 대하여 베드로는 두 번 다 "필레오"(φιλέω)란 말로 대답하였다. 그리고 세 번째엔 예수님도 "필레오"란 말로 물으셨는데, 베드로는 역시 "필레오"라고 대답하였다. "아가파오"란 말은 법적이며 고귀한 사랑을 의미하고, "필레오"는 인정적 사랑을 의미한다. 그러나 이 두 가지 말에 대한 사도 요한의 용법이, 과연 그런 구분을 가지고 있는가 하는 것이 문제이다. 교부들과 고대 번역 성경은 이 두 낱말에 별로 구분이 없는 것으로 생각하였다. 그러나 고대의 해석가들은 이 두 가지를 위에 말한 것과 같이 엄격하게 구분했다. 그러므로 근대의 유력한 주석가 테오도르 찬(Theodor Zahn)은 다음과 같이 말하였다. "베드로에게 아가파오란 말로 대답할 만한 용기가 없었기 때문에 예수님도 마침내 베드로가 사용한 휠레오란 술어를 채용하셨다."(Γροσηειδε).

"양"이란 말의 헬라어를 보면, 첫째 문답에는 "어린 양"이란 뜻이 있는 말(ἀρνία)이 사용되었고, 둘째 문답과 셋째 문답에는 그저 "양"(πρόβατα)으로 되어 있다. 그리고 첫째 문답과 셋째 문답에는 "먹이라"(βόσκε)는 말이 사용되었고, 둘째 문답에는 "치라"(ποίμαινε)는 말이 사용되었다. 우리는 이런 차이점들을 주의해 보아야 한다. "먹인다"는 말은 꼴을 먹임이고, "친다" 함은 양을 보호함과 찾음과 고쳐줌과 다스림을 가리킨다(참조. 겔 34:15-16; 행 20:28).

18-19절. 이 두 구절은 베드로가 어떤 죽음을 당할 일에 대하여 예언하신

것이다. 주님을 사랑함이 확실한 그는, 이제 주님을 위하여 고난 받을 복에 참여한다.

18 내가 진실로 진실로 네게 이르노니 네가 젊어서는 스스로 띠 띠고 원하는 곳으로 다녔거니와 늙어서는 네 팔을 벌리리니 남이 네게 띠 띠우고 원하지 아니하는 곳으로 데려가리라. 주님께서는 베드로에게 "내 양을 먹이라"는 부탁으로 복직시키신 뒤에, 그가 장차 받을 고난을 미리 각오하게 하신다. 베드로가 고난 받을 것을 미리 알고 있어야 ① 그의 마음에 일어나는 정욕을 진정시키며, ② 하나님의 양 무리에게 주장하는 자세를 하지 않게 되며(벧전 5:3), ③ 그가 가는 길이 위험한 줄 알고 늘 하나님의 도우심을 간구하게 될 터이다(Hengstenberg). 그로티우스(Grotius)는 말하기를 "성직을 받는 것이 얼마나 어려운 일인지! 그것은 생명과 자유를 희생하는 것을 포함하는 일이다"라고 하였다. 하나님의 종 된 목자는 양들만 아니라 이리들도 취급하는 것이니, 고생이 막심하고 죽음을 각오해야 한다. 그는 해산하는 수고를 해야 한다(갈 4:19).

"띠 띠우고." 띠를 띠는 것은 일하기 위하여 준비하는 행동이다(눅 17:8; 출 12:11; 왕하 4:29; 행 12:8). 그런데 "남이 네게 띠 띠우고"란 말은 자유하지 못하고 피동적으로 활동하게 됨을 의미한다. 이것은 베드로가 하나님 교회의 목자가 된 후부터는 자기의 자유대로 일할 수 없고, 전적으로 하나님 중심, 교회 중심으로 봉사하는 종이 될 것이라는 뜻도 포함한다. 그러나 그보다도 이것은 직접 그가 원수들에게 잡혀가서 순교하게 될 것을 의미한다.

19 이 말씀을 하심은 베드로가 어떠한 죽음으로 하나님께 영광을 돌릴 것을 가리키심이러라. 이 구절은 베드로가 순교하게 될 것을 설명하는 말이다(참조. 벧전 4:16). "나를 따르라"는 말씀은 십자가를 지신 예수님을 본받으라는 말씀이니, 순교의 고난을 각오하라는 뜻이다(Henstenberg). 그러나 우리가 늘 주의할 것은, 예수님이 지신 십자가는 하나님 백성의 죗값을 담당하신 무한히 큰 죽음이고, 신자들의 순교는 주님에게서 속죄 받은 것이 너무 감사하여 주님

께 충성하는 희생뿐인 것을 구별해야 한다. 그러면 교역자는 예수님의 죽으심을 본받는 자라는 의미에서 "주님을 따르는 자"이다. 그렇다면 교역자는 매일 같이 죽음을 각오해야 한다. 그러므로 그는 어떠한 고통이든지 주님을 위한 것이면 참아야 한다. 죽음을 참아야 할 자가 다른 것들을 못 참으랴! 그것들은 아직 죽음에 비교하면 아무 것도 아니다.

20-21 베드로가 돌이켜 예수께서 사랑하시는 그 제자가 따르는 것을 보니 그는 만찬석에서 예수의 품에 의지하여 주님 주님을 파는 자가 누구오니이까 묻던 자더라 이에 베드로가 그를 보고 예수께 여짜오되 주님 이 사람은 어떻게 되겠사옵나이까. 베드로는 사도 요한의 문제에 관하여 쓸데없는 참견을 한다. 그는 자기가 받을 직분을 받았은즉, 그 직분에나 충성하는 것으로 만족해야 될 것이었다. 그런데 그는 지금 남의 문제에 참견한다. 그것은 아마도 그 자신이 주님을 위해 고독한 운명에 처하게 될 것이므로, 자기와 함께 고독한 걸음을 걸어줄 사람이 그리워진 탓일 것이다. 그래서 그는 사도 요한의 장래에 대하여 알고 싶어 한 것이다. 그러나 그것은 그가 참견할 일이 아니었다(참조. 갈 6:5).

22 너는 나를 따르라. 이 말씀은 베드로에게 ① 남의 일에 대하여 간섭할 것 없다는 것을 가르치시며, ② 장래 일에 대하여는 주님께서 주관하실 것이니, 베드로 자신은 그것을 걱정할 것 없이 다만 그날그날 주님만 따르라고 가르쳐 주신 것이다.

23 이 구절은 형제들 가운데 돌고 있었던 오해(곧 그 제자는 죽지 아니하겠다 함)를 지적하고, 예수님이 말씀하신 뜻 그대로를 내세운 것이다. 그런데 "내가 올 때까지"란 말씀 뜻이 무엇이기에 그들이 그런 오해를 하였을까? "내가 올 때까지"란 말씀은, 가까운 장래(성령 강림)를 의미하지 않았을 것이다. 가까운 장래에는 다른 제자들도 남아 있을 터인데, 하필 그 사랑하시는 제자만 그때까지 머물러 있게 하신다는 것은 무의미하다. 그러므로 이 말씀은 먼 장래, 곧 주님께서 재림하실 그때를 가리킨다.

24 일들을 증언하고 이 일들을 기록한 제자가 이 사람이라. 여기 "이 사람"은 누구였을까? 그는 물론 위에 언급된 바 "예수의 사랑하시는 제자"(20절)이다. 그러면 "예수의 사랑하시는 제자"는 누구였을까? 그는 그때 디베랴 바다에 고기 잡으러 갔던 일곱 제자 중 한 사람으로서 세베대의 아들(1절)일 것이다. 그는 물론 사도 요한이다.

25 예수께서 행하신 일이 이 외에도 많으니 만일 낱낱이 기록된다면 이 세상이라도 이 기록된 책을 두기에 부족할 줄 아노라. 얼른 보면 이 말씀은 과장인 듯하다. 그러나 다시 생각하면 이 말씀은 참이다. 예수님의 행적은 바로 하나님 아들의 행적이니, 그 포함한 진리가 무궁하다. 예수님의 말씀 한 구절을 가지고 설교한다고 해도, 몇 만 번 이상이라도 다르게 늘 새 맛이 나게 할 수 있다. 그러므로 예수님의 행적에 대하여 책을 쓴다면, 무궁무진할 것이다. 따라서 이 세상이라도 그 기록된 책을 두기에 부족할 것이다.

설교 그리스도의 말씀을 순종함에 대하여(21:1-14)

디베랴 바다에서 일곱 제자들이 고기를 잡으려다가 한 마리도 못 잡고 피곤하여 있을 즈음에, 부활하신 주님이 나타나셔서 "그물을 배 오른 편에 던지라"고 명령하셨다. 제자들이 순종하여 그대로 하였더니 고기를 많이 잡았다. 그 결과 요한은 그 명령자가 예수님이신 줄 알게 되었다. 우리는 이 사건을 보고 몇 가지 깨달을 것이 있다.

1. 그리스도의 말씀을 순종하면 형통함

인간은 남의 말에 순종하기를 즐기지 않는 경향이 있다. 사람마다 제 멋대로 하기를 좋아한다. 그것은 병통이다. 그러나 사느냐 죽느냐 하는 분기점에서는 사람들이 갈 길을 묻는다. 어느 길이 살 길이냐 하는 문제는 인생에게 너무나도 중대하니, 이 문제 앞에서는 권위자에게 물어야 할 것이 아닌가? 이런 문제에 있어서 진정한 권위자는 누구인가? 그는 그리스도이시며, 그의 해답은 성경 말씀이다. 우리가 그리스도의 말씀대로 하면 형통할 뿐이다. 그는 말씀하시기를 "수고하고 무거운 짐 진 자들아 다 내게로 오라"고 하셨다(마 11:28).

일곱 제자는 고기를 잡으려고 밤새도록 애썼지만 하나도 못 잡았다. 그들은 실패하였다. 그러나 그들이 주님의 말씀에 순종하였더니 일은 달라졌다. 사람이 주님의 말씀만 순종하면 그의 암흑한 장면도 변화될 수 있다. 에크론(Akron) 대학 교수 텅크스(Tunks) 박사에 의하면, 유사 이래 문명시대가 21회나 있었는데 그 모든 멸망의 원인들이 하나님을 거스른 데 있다고 하였다.[247)]

2. 사람이 그리스도의 말씀을 순종한 결과 주님을 알아보게 됨

그때 제자들이 주님의 말씀에 순종한 결과 고기를 많이 잡게 되었다. 그리고 그때 "예수께서 사랑하시는 그 제자가 베드로에게 이르되 주님이시라"고 하였다(7절). 그들이 고기를 많이 잡은 것도 다행이지만, 이제 주님을 알아보게 된 것은 더욱 다행한 일이다. 이것이야말로 일거양득이다. 그러므로 베드로는 너무 기뻐서 그때 벗었던 몸에 겉옷을 두르고 바다로 뛰어 내렸던 것이다(17절).

인류 역사상의 사건들을 얼른 보면, 맹목적인 우연과 강철 같은 운명이 아무런 의미 없이 빚어내는 산물인 듯이 생각되기 쉽다(A. Maclaren). 그러나 역사상 사건들을 그렇게 보는 자들은 가장 불행한 자들이다. 그들은 그 안에 움직이고 있는 주님의 사랑을 모르는 자들이다. 그런데 역사상 사건들 중

---

247) J. V. McGee, The Fruit of the Sycamore Tree, 62.

에서 주님을 알아보는 비결은 어디 있는가? 그것은 본문이 보여주는 대로 주님의 말씀에 순종하여 성공을 맛보는데 있다. 주님은 그의 말씀을 순종하는 자에게 성공을 가져다주시며, 거기에 따라서 자기를 알리신다. 우리가 혹시 죄를 범하여 실패한다 할지라도, 다시 돌아서서 그를 순종하면, 그의 용서와 은총을 입어 그의 사랑을 깨달아 그를 알아보게 된다. 호세아 6:1-3에 말하기를 "오라 우리가 여호와께로 돌아가자 여호와께서 우리를 찢으셨으나 도로 낫게 하실 것이요 우리를 치셨으나 싸매어 주실 것임이라 여호와께서 이틀 후에 우리를 살리시며 셋째 날에 우리를 일으키시리니 우리가 그의 앞에서 살리라 그러므로 우리가 여호와를 알자 힘써 여호와를 알자 그의 나타나심은 새벽 빛 같이 어김없나니 비와 같이, 땅을 적시는 늦은 비와 같이 우리에게 임하시리라"고 하였다.

3. 예수님이 사랑하시는 자가 예수님을 먼저 알아 봄

본문에 말하기를 "예수께서 사랑하시는 그 제자가 베드로에게 이르되 주님이시라"고 하였다(7절). 예수님이 사랑하시는 자는 어떤 사람인가? 그는 예수님의 계명을 지키는 자이다. 14:23에 말하기를 "예수께서 대답하여 이르시되 사람이 나를 사랑하면 내 말을 지키리니 내 아버지께서 그를 사랑하실 것이요 우리가 그에게 와서 거처를 그와 함께하리라"고 하였다(참조. 14:21). 그러면 주님의 계명을 지키는 자가 곧 주님이 사랑하시는 자이다. 그런데 이 점에 대하여 또 한 가지 기억할 것은, 주님의 계명을 지킨다는 것은 결단코 자율적 노력으로 계명의 조문들이나 힘써 지키는 정도가 아니라는 것이다. 주님의 계명을 지킨다고 함은, 주님을 믿는 믿음을 하나님과 사람 관계에 반영시키는 것이다. 그것은 또 다음과 같이 표시될 수 있다. 곧 계명을 지킴은 주님을 사랑함인데, 그것은 실상 사람 편에서 자율적 노력으로 주님에게 대하여 애정을 발생시키거나 집중시킴이 아니다. 사람이 주님을 사랑한다고 함은 ① 먼저 주님의 속죄의 사랑을 받음이다. 로마서 11:35에 말하기를 "누가 주께 먼저 드려서 갚으심을 받겠느냐" 하였고, 요한1서 4:10에는 말하기를 "사랑은 여기 있으니 우리가 하나님을 사랑한 것이 아니요 하나님이 우리를 사랑하사 우리 죄를 위하여 화목제물로 그 아들을 보내셨음이니라" 고 하였다. ② 이처럼 그리스도의 속죄를 받은 자는 열매를 맺는 의미에서 대외적으로 사랑을 나타낸다. 곧 하나님과 사람에게 대하여 사랑을 나타낸다 (요일 4:11; 참조. 요일 4:20-21).

설교 주님을 사랑함과 목회의 관계(21:15-17)

1. 주님을 사랑하는 자는 누구인가

1) 그는 주님의 사랑을 받은 자이다. 주님은 우리에게 주시기를 원하시며 모든 것을 다 주셨다. 이것을 보면 그가 얼마나 우리의 받는 행동을 기뻐하심을 알 수 있다. 우리가 주님을 위하는 일은, 무엇보다도 그가 주시는 것을 받음이다. 그것은 믿음이다. 6:29에 말하기를 "예수께서 대답하여 이르시되 하나님께서 보내신 이를 믿는 것이 하나님의 일이니라"고 하였다.

2) 많이 받는 믿음은 결국 많이 감사한다. 예수님께서 그의 발에 기름 부은 여자에게 관하여 하신 말씀은 이러하니, 곧 "이러므로 내가 네게 말하노니 그의 많은 죄가 사하여졌도다. 이는 그의 사랑함이 많음이라 사함을 받은 일이 적은 자는 적게 사랑하느니라"고 하였다(눅 7:47). 우리가 주님을 사랑한다는 것은 모두 감사 행위이다. 우리가 우리의 생명을 바친다고 해도 그것은 그에게 감사하는 일의 한 부분을 성립시킬 뿐이다.

2. 양을 치는 일에 대하여

그리스도께서 베드로에게 그를 사랑하는 자격 때문에 그의 양을 치라고 하셨다. 우리는 교회를 봉사함에 있어서 그리스도를 사랑하는 동기로 해야 한다. 곧 우리는 다음 몇 가지 일에 있어서 특별히 그렇게 해야 한다.

1) 설교에 있어서, 교역자는 그리스도를 사랑하는 동기에서 설교 듣는 사람들을 사랑해야 한다. 유명한 리처드 백스터(Richard Baxter) 목사에게 설교의 최대 비결을 물으니, 그는 대답하기를 "이때까지 한 번도 설교해 본 적이 없는 자처럼 힘들여 할 것이며, 방금 운명하려는 자가 운명하려는 자들에게 부탁하듯이 하라"라고 하였다.

2) 그리스도께서 죄를 미워하신 것같이, 교역자로서는 교회의 성결을 위하여 죽도록 힘써야 한다. 그리스도께서 죄를 미워하여 십자가에서 죽기까지 하셨으니, 교회는 죄를 용납할 수 없다. 존 웨슬리(John Wesley)는 말하기를 "만일 나에게 하나님만을 사모하고 죄를 짓는 것을 두려워하는 사람 백 명만 있다면 나는 세계를 움직일 수 있다"라고 하였다.

3) 그리스도를 사랑하는 목회자는 교회가 하나 되는 것을 힘쓴다. 예수께서 별세하시기 전에 기도하신 내용 중에, 교회가 하나 되는 것을 위하여 두 번이나 역설하셨다(17:11, 22-23절). 물론 이 연합은 로마 가톨릭교회에서 주장하는 외부적 통일을 의미함보다, 그리스도 안에서 가지는 영적 통일을 의미하는 것이다. 이것은 성경에 많이 고조된 화목으로 이루어 나아가야 한다.

4) 그리스도 중심인 목회자는 교회가 하나님의 은혜로 잘 되어가도록 기도에 힘쓴다. 고린도전서 3:7에 말하기를 "그런즉 심는 이나 물주는 이는 아무 것도 아니로되 오직 자라나게 하시는 이는 하나님뿐이니라"고 하였다. 교역자는 기도로써만 참다운 목회를 할 수 있다. 기도로써 한 일은 영구히 남는다. 우리는 기도의 사람 데dl비드 브레이너드(David Brainerd)의 위대한 선교 업적을 안다. 그는 29세에 별세하였으니 그 일한 기간이 짧다. 그러나 아메리카 인디언을 위한 잊을 수 없는 그의 영구한 복음의 업적이 세계적으로

알려져 있다. 유명한 선교사 헨리 마틴(Henry Martyn)은 31세에 별세하였다. 그러나 그의 기도로 인하여 이루어진 선교 업적은 만고에 빛난다.

설교 네가 나를 사랑하느냐(21:15-17)

예수님은 부활하신 후 베드로를 만나셔서 그가 범한 과오를 문책하시지 않았다. 예수님은 누구든지 회개하고 바로 서는 것만으로 족하게 여기신다.

1. 그리스도를 사랑한다 함은 무엇을 의미하는가?

1) 그를 믿는 것. 믿음과 소망과 사랑, 이 세 가지는 항상 함께 있다(고전 13:13). 믿음 없는 곳에는 사랑도 없다. ① 예수님의 사상을 믿음. 사람들은 서로 사상이 다를 때 상대방과 호응하여 행할 일이 전연 없다. 그 이유는 사상은 피보다 강하기 때문이다. 아무리 한 피로 된 민족이라도 사상이 달라지면 서로 전쟁도 한다. 양자의 사이는 우선 꽉 막혀 버린다. 그러니 어떻게 사랑이 통하랴? 사람이 예수님의 사상을 믿지 아니할 때도 그와 꼭 같은 현상이 생긴다. 예수 그리스도를 믿지 않는다는 것은 그를 미워함과 같다. 악을 행하는 자마다 빛을 미워하여 빛으로 오지 아니한다(요 3:20). 예수님을 믿지 않는 자는 그 체질 속에 예수님을 미워하는 소질이 있다. 그것은 예수님을 대적하는 소질이다. 그것은 언제든지 기회만 있으면 적대하는 행동으로 터져 나온다. ② 속죄를 믿음. 그리스도를 믿지 않는 것은 그의 십자가의 속죄적 희생을 믿지 않음이다. 그러나 그를 믿는 것은 그의 속죄를 액면 그대로 받음이다. 예수님은 자기의 속죄적 성업을 자기의 생명보다 더 사랑하셨다. 그는 그 일을 위하여 생명을 버리셨다. 우리가 그것을 믿을 때 그것은 그의 생명을 사랑함과 마찬가지이다. 우리가 그것을 믿어서 그가 생명 버리신 목적을 이루어 드리는 것 이상 더 큰 사랑은 없다. 그것이야말로 그의 최고의 소원을

이루어 드리는 큰 사랑이다.

2) 그의 살아계신 인격을 심령에 모시고 즐거워함. 베드로전서 1:8에 말하기를 "예수를 너희가 보지 못하였으나 사랑하는도다 이제도 보지 못하나 믿고 말할 수 없는 영광스러운 즐거움으로 기뻐하니"라고 하였다. 사람은 다른 인격과 교통하며 산다. 고립된 생명은 기쁨도 없고 행복도 없다. 그런데 하나님 외에 모든 다른 인격들은 다 우리에게 영원하고 완전한 행복을 주지 못한다. 그것들은 모두 믿을 수 없다. 그러나 주님은 믿는 자에게 생명을 무한히 공급하신다. 그분은 나에게 모든 행복이 되신다.

2. 주님을 사랑하는 사랑의 성격은 어떠한가?

그것은 우리 인격의 가장 요긴하고 깊은 자리, 곧 마음속에 그 사랑을 가짐이다. 그것이 그를 사랑함이다. 베드로의 고백에도 이와 같은 사랑이 진술된다. "내가 주를 사랑하는 줄 주님께서 아시나이다"라고 한 말이다 . 주님께서 알아주시는 사랑이야말로 신자의 마음속 깊이 있는 것이다. 그것은 양심적으로 인정되는 사랑이며 참된 사랑이다. 예수님이 베드로에게 세 번이나 "네가 나를 사랑하느냐?" 하고 물으신 목적이, 이와 같은 참 사랑을 알아보시려는 것이었다. 예수님을 사랑한다는 사람들 중에는 자기 자신도 모르면서 막연하게 "예수님을 사랑한다."고 하는 일이 많다. 흔히 신자들도 자기의 육체적 영리나 명예 등을 위하여 예수님에게 나오며, 또 예수님을 사랑한다고도 한다. 세상 사람들의 사랑에는 거짓이 많다. 베드로의 대답에 "내가 주를 사랑하는 줄 주님께서 아시나이다"라고 한 것은, 주님께 대한 그의 사랑의 유무를 베드로 자신이 잘 모르겠다는 뜻이 아니다. 이 말 뜻은 그가 확실히 주님을 사랑하는 줄을 주님이 아신다는 뜻이다. 우리가 이처럼 깨닫게 되는 이유는, 그 말씀 앞에 "그러하외다"(사랑한다는 뜻)란 말이 있기 때문이다. 그리고 "주님께서 아시나이다"란 말에서 우리가 알게 된 것은, 그의 사랑이 양심적으로 확실하므로 사람이 다 몰라주어도 주님은 아신다는 것이며, 또한 그 사랑은 오직 주님만 사랑하는 참된 것임을 보여 준다.

주님이 세 번이나 물으신 말씀은 이런 참된 사랑이 있는가 하여 다짐하신 것이었는데, 베드로의 대답은 이처럼 그런 물음에 응한 것이다. 주님에 대한 그의 사랑은 참된 것이었다.

설교 성직을 맡은 사도 베드로의 처신 원리(21:18-23)

베드로는 부활하신 주님을 만나서 뜻깊은 문답 후에, 그리스도의 양을 먹이는 성직을 받았다. 그 시취 문답에 있어서 주님은 같은 말씀을 세 번 거듭 물어보시는 신중을 기하신 동시에, 베드로의 과거의 잘못에 대하여는 일절 언급하지 않으신 하늘같이 넓은 관대함을 나타내셨다. "닭 울기 전에 네가 세 번 나를 부인하리라"하고 예언하신 대로 된 베드로의 비참한 범죄에 대하여, 이제 부활하신 주님께서 한 번 언급하실 만한 때는 그때가 아니었던가? 그러나 그는 그 사건을 영원히 매장해 버리셨다. 마태복음 12:18-20은 말하기를 "보라 내가 택한 종 곧 내 마음에 기뻐하는 바 내가 사랑하는 자로다 내가 내 영을 그에게 줄 터이니 그가 심판을 이방에 알게 하리라 그는 다투지도 아니하며 들레지도 아니하리니 아무도 길에서 그 소리를 듣지 못하리라 상한 갈대를 꺾지 아니하며 꺼져가는 심지를 끄지 아니하기를 심판하여 이길 때까지 하리니"라고 하였다.

1. 베드로의 성숙한 신앙생활(성직 생활)의 처신 원리

예수님은 성직을 받은 베드로가 이제는 성숙한 신앙생활을 가져야 할 것을 권고하시는 의미로 말씀하신다. 곧 "내가 진실로 진실로 네게 이르노니 네가 젊어서는 스스로 띠 띠고 원하는 곳으로 다녔거니와 늙어서는 네 팔을 벌리리니 남이 네게 띠 띠우고 원하지 아니하는 곳으로 데려가리라" 고 하셨다(18절). 베드로가 젊었을 때는 자행자지하여 덤비면서 많은 실수를 한 반면에, 늙어서는(특히 영적으로 성숙한 시기에는) 그리할 수 없다는 것이 이 구절의 뜻이기도 하다. 사람이 젊었을 때는 무엇을 해 보려는 것도 많고, 자기 마음대로 덤비는 일도 많고, 실수도 많다. 그러나 노년기에는 젊은 시절과는 달리 그의 활동 무대가 좁아지고, 비교적 안정되고 자리가 잡힌다. 또한 그 때는 그렇게 되어야 한다. 교역자는 누구든지 영적 성숙의 시기에 처한 자라고 할 수 있다(비록 육신의 연령은 아직 노년은 아닐지라도). 교역자의 생활 특징은 자기 마음대로 못 함이다. 그는 산 위에 세운 성과 같아서 만인이 바라보는 모본이 되는 것이므로, 하나님께 영광되지 않는 일을 감행할 수 없다. 그는 이제 익은 열매를 내어 대의적으로 제공하는 것이 급선무이다. 그는 이제 죽어서 비로소 소용되는 제물과 같은 존재이다. 이것은 과연 어려운 일이다. 따라서 그에게 특별한 처신 원리가 필요한 것이다. 그러므로 예수님은 베드로에게 말씀하시기를 "나를 따르라"고 하셨다. 예수님을 따르는 것이 그런 어려운 형편에 처한 자의 처신 원리이다. 예수님이 말씀하신 "나를 따르라" 는 명령은 책임 있게 나온 발언이다. 그가 자기를 따르라고 하신 것은, 그가 그 따르는 자의 모든 짐을 다 져 주시겠다는 약속을 내포한다. 우리가 주님을 따른다 함은 ① 참 사람인 동시에 참 하나님을 따름이다. 그가 사람이신 것만큼 따르기 쉽고, 그가 하나님이신 것만큼 그 따르는 자에게 무궁한 능력과 구원과 문제 해결의 근원이 되신다. 그러므로 우리는 모든 것을 다 바치고, 모든 것을 다하여 영원토록 그를 따를 만하다. ② 우리가 주님을 따른다고 함은 또한 어린양인 동시에 목자이신 그리스도를 따름이다. 그가 어린양(제물)이신 것만큼 우리의 짐(특별히 죄 짐)을 다 지셨고, 그가 목자이신 것만큼 우리에게 부족함이 없도록 모든 것을 공급하여 주신다(시 23편).

주님을 따르는 것으로 유일한 처신 비결을 삼은 조지 뮬러(George

Müller)는 큰 고아원을 경영하였고, 70세에 순회 복음 전도를 시작하여 90세가 넘도록 세계를 여덟 번 순회하였다. 그가 젊었을 때는 병약하여 병역도 면제되었고 별로 좋은 일을 못하였다고 한다. 그의 고백대로 고령임에도 그렇게 힘차게 일하며 장수한 원인은, 그가 주님을 따르는 생활에 전력한 것만큼 ① 양심에 거리끼는 죄를 그대로 두지 않고 밝힌 까닭이며, ② 그가 성경을 사랑하였으므로 성경의 능력이 그의 존재 전체에 역사한 까닭이며, ③ 주님과 주님의 일을 즐거워하며 사랑한 것만큼 근심이나 걱정이 그를 침해하지 못한 까닭이었다.

2. 사람들과의 관계에 있어서의 처신 원리

예수님은 베드로의 장래가 순교로 마칠 것을 예언하셨다(18절 하). 베드로는 거기에 뒤이어 다른 제자, 곧 사도 요한의 장래가 어떠할 것을 물었다(21절). 이 질문은 베드로의 분수를 넘는 것이었다. 주님의 다른 종들이 어떻게 되는 문제에 대하여 누가 간섭한다면, 그것은 주님의 주권에 간섭하는 죄악이다. 로마서 14:4에 말하기를 "남의 하인을 비판하는 너는 누구냐 그가 서있는 것이나 넘어지는 것이 자기 주인에게 있으매 그가 세움을 받으리니 이는 그를 세우시는 권능이 주께 있음이니라"고 하였다. 예수님께서는 자기 종들의 일에 대하여 같은 종들이 간섭할 권리가 없음을 역설하셨으니, 그것은 22절에 있다. 곧 "예수께서 이르시되 내가 올 때까지 그를 머물게 하고자 할지라도 네게 무슨 상관이냐"라고 하였다. 누구든지 베드로처럼 분수를 넘은 생각을 가지다가는 ① 주님이 잘 되게 하시는 종을 잘못되게 하려는 악한 마음을 가지기 쉽다. 그런 마음이 시기를 발생하여 주님의 종의 잘하는 성역에 대하여 호감을 가지지 않게도 된다. 그것은 선을 반대하는 악행이다. ② 누구든지 남의 일에 간섭하다가는 공연히 허송세월하고 주님을 따르는 자신의 걸음은 지체되며, 심하면 탈선하여 주님을 잃어버리게도 된다.